会计、出纳税务、记账查账岗位实战手册

孙金文　田　妍◎编著

中国铁道出版社有限公司
CHINA RAILWAY PUBLISHING HOUSE CO., LTD.

图书在版编目（CIP）数据

会计、出纳、纳税、记账、查账岗位实战手册/孙金文，田妍编著．—北京：中国铁道出版社有限公司，2021.5

ISBN 978-7-113-27523-5

Ⅰ.①会… Ⅱ.①孙… ②田… Ⅲ.①财务会计-手册 Ⅳ.①F234.4-62

中国版本图书馆 CIP 数据核字（2021）第 030126 号

书　　名：会计、出纳、税务、记账、查账岗位实战手册
作　　者：孙金文　田　妍

责任编辑：王　佩　　　编辑部电话：(010)51873022　　　邮箱：505733396@qq.com
封面设计：宿　萌
责任校对：焦桂荣
责任印制：赵星辰

出版发行：中国铁道出版社有限公司（100054，北京市西城区右安门西街 8 号）
印　　刷：国铁印务有限公司
版　　次：2021 年 5 月第 1 版　2021 年 5 月第 1 次印刷
开　　本：787 mm×1 092 mm　1/16　印张：36.25　字数：773 千
书　　号：ISBN 978-7-113-27523-5
定　　价：128.00 元

前 言

财务工作是企业经营发展的重中之重。财务工作质量的高低，影响着会计质量的优劣，进一步影响企业经营管理者的决策行为，各个企业都要对企业财务工作给予足够的关心和重视。

为了满足企业内部经营管理对会计信息的需要，现代企业会计已经渗透到了企业内部经营管理的各个方面。而企业会计准则、税法等也在不断修正过程中，这导致对于某些项目的会计处理方法及税款的计算都需要进行相应地调整。财务工作的严谨性和专业性决定了财务工作者必须要及时更新自己的知识储备，掌握最新的会计处理方法，严格按照新准则、新税制的要求进行财务处理。

本书内容

基于财务工作的重要性及财务人员更新知识储备的必要性，我们推出这本能够帮助财务人员掌握财务工作要领的指南。考虑到财务工作的多样性，本书从会计、出纳、纳税、记账和查账五个方面进行分门别类地归纳与总结，尽可能做到全面丰富且通俗易懂。

本书共有四大部分，第一部分是会计、记账篇，既有会计的理论基础，包括会计要素与会计等式，会计科目与会计账户等，也有会计确认、计量的具体方法，并对财务报表进行了详细解读。第二部分是出纳篇，从出纳应掌握的基本技能入手，具体介绍了出纳的现金票据管理业务、银行结算业务以及出纳的纠错、交接等，内容详细，实操性强。第三部分是纳税篇，分别对增值税、消费税、房产税等几大税种做了详细地分析，并对税收优惠、纳税申报及纳税双方法律责任等进行了解释。第四部分是查账篇，从常见的错弊和舞弊行为及其常见手段入手，对不同业务类型的审查方法进行了详细梳理，其中包含了大量的案例，有助于财务会计人员充分掌握防范财务漏洞和会计错弊的有效措施与工作方法。

本书特色

在编写过程中，充分考虑到不同水平的财务会计人员的要求，运用通俗易懂的语言介绍了企业财务工作的四个方面，主要有以下几方面的特色。

第一，图文结合。本书力图减少财务人员在学习中遇到的阻碍，在阐述每部分知识点时，都加入了对应的思维导图以辅助理解，这些思维导图将财务知识剖析得清楚明白，同时也让财务会计人员对该部分的整体框架有一个宏观的把握。会计部分在介绍记账凭证时，给出了按不同标准分类的思维导图，出纳部分对票据进行讲解时，也附图说明，避免了“盲人摸象”式的学习方式。

第二，案例丰富。财务人员在应对本岗位工作时，遇到的问题纷繁复杂，如何正确使用相关会计准则、法律法规来解决实际工作中遇到的问题，即使是专业人员有时都会拿捏不准。本书坚持理论与实际相结合的原则，列举大量实务案例，以案例为载体，对一些重点、难点问题答疑解惑，帮助财务会计人员举一反三，融会贯通。

第三，内容全面。企业的财务工作包括很多方面，财务部门的人员各司其职，互相联系又互不冲突。本书在进行财务知识讲解时，针对不同岗位的需求，分为会计、出纳、纳税、记账和查账五个部分进行讲解。每个部分都从最基础的理论讲起，深入浅出，确保不同部门的财务、会计人员都能掌握本岗位所需的技能。

第四，与时俱进。我国企业会计准则与国际会计准则处于趋同阶段，税法也处于不断成熟阶段。本书立足于最新的企业会计准则和税收法规之上，紧扣改革脉搏，联系实践前沿，所有的内容及时更新，与时俱进，保证了本书内容对于当前实际工作的适用性。

本书将带给你什么

本书体系完整，内容全面，并与最新的会计、税收法规保持同步。通过阅读、查询本书，将会给不同需求的读者带来不同的收获。

大中专院校的会计专业学生：了解企业会计、纳税、财务工作的基本知识。

初入职场的会计新人：了解企业会计、税务、财务工作的基本流程和具体要求。

会计主管：了解最新的会计、财务、税法最新法规，把握实务工作的关键要点。

中小企业高管：了解最新的会计、财务、税法最新法规，把握财会工作的趋势与要点。

中介服务的会计、审计人员：查询最新的会计、财务、税法法规。

本书在编写过程中，得到了多位企业财务人员、国家税务机关工作人员的热情支持，在此一并表示感谢。由于水平有限，书中疏漏在所难免，恳请广大读者不吝指正，本书编委会联系方式 duzhezixun@139.com。

编　者

2020 年 6 月

目　录

第一章

会计基础知识图解
——帮你快速走进会计天地

1.1　会计是什么

内容概览

会计是一个当今最为热门、需求极为广泛的岗位，也是每一个经济单位不可或缺的一部分。会计工作的知识体系庞大而复杂，需要多年的实践经验，然而大部分不了解会计这个职业的人，以为会计就是一种简单而机械的工作，甚至有人认为会计就是“算账的”，这是对会计工作的极大误解。

在本章的学习中，我们将解决读者的以下问题：

（1）会计究竟是什么？

（2）会计包含哪些职能？

（3）初学者应该掌握哪些最基础的会计知识？

1.1.1　会计的含义

在我国，对会计本质的认识可概括为：会计是以货币为主要计量单位，核算和监督企业、政府和非营利组织等单位经济活动的一种经济管理工作，同时，它又是一个以提供财务信息为主的经济信息系统。

这个定义我们可以通过图 1-1 来理解。

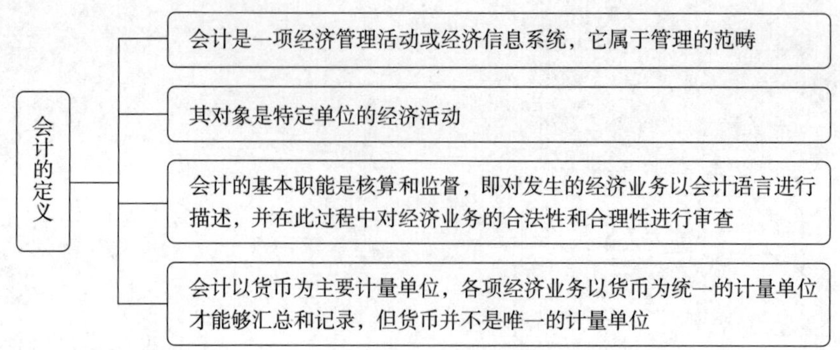

图 1-1　会计的定义

1.1.2　会计的基本职能

会计的职能是指会计所具有的功能，会计的基本职能如图 1-2 所示。

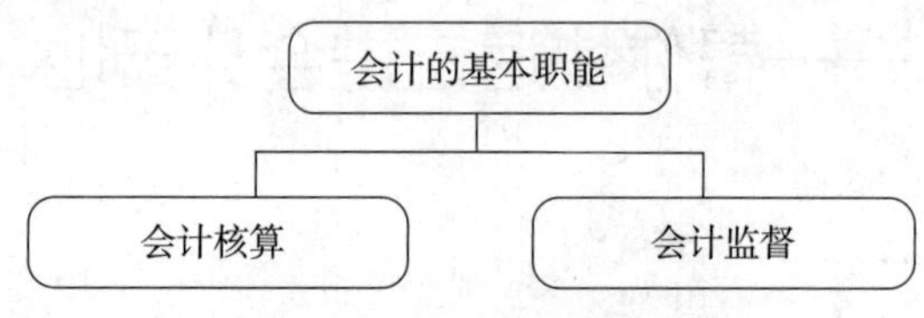

图 1-2　会计的基本职能

（1）会计核算

会计核算是指会计以货币为主要计量单位，通过确认、计量、记录和报告等环节，反映特定会计主体的经济活动，向有关各方提供会计信息。会计核算是会计的首要职能，有两个特点，具体如图 1-3 所示。

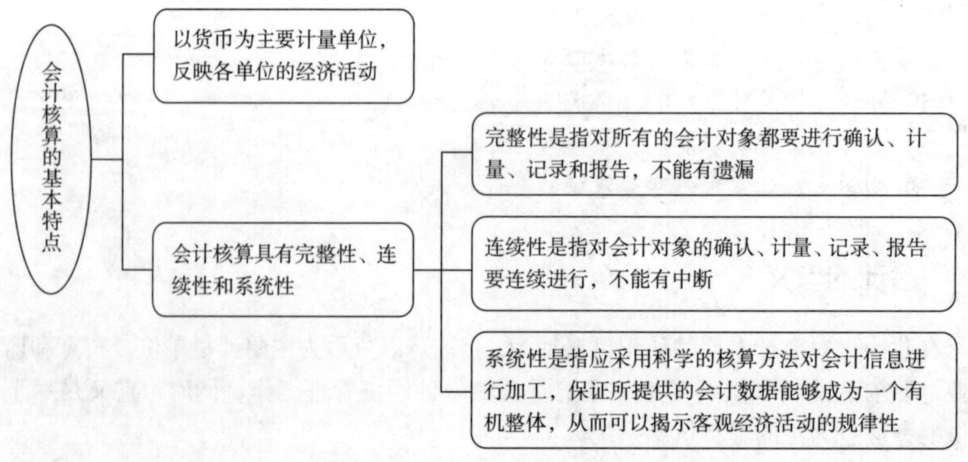

图 1-3　会计核算的基本特点

会计核算包括四个环节，如图 1-4 所示。

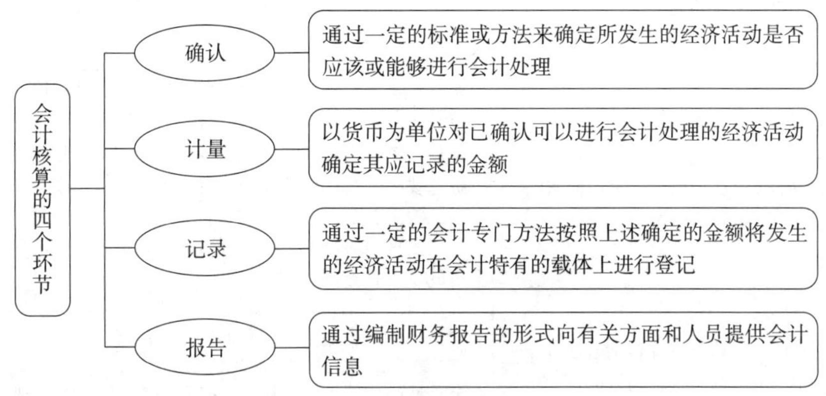

图 1-4 会计核算的四个环节

会计核算的具体方法包括：设置会计科目和账户、复式记账、填制和审核会计凭证、登记账簿、成本计算、财产清查、编制会计报表，上述七种会计核算方法的基本运作程序如图 1-5 所示。

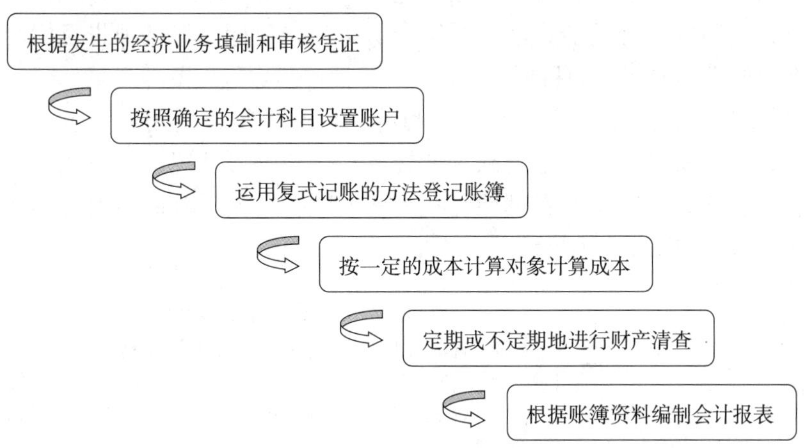

图 1-5 会计核算方法的基本运作程序

（2）会计监督

会计监督职能是指会计人员在进行会计核算的同时，对特定主体经济活动的合法性、合理性进行审查。会计监督的特点如图 1-6 所示。

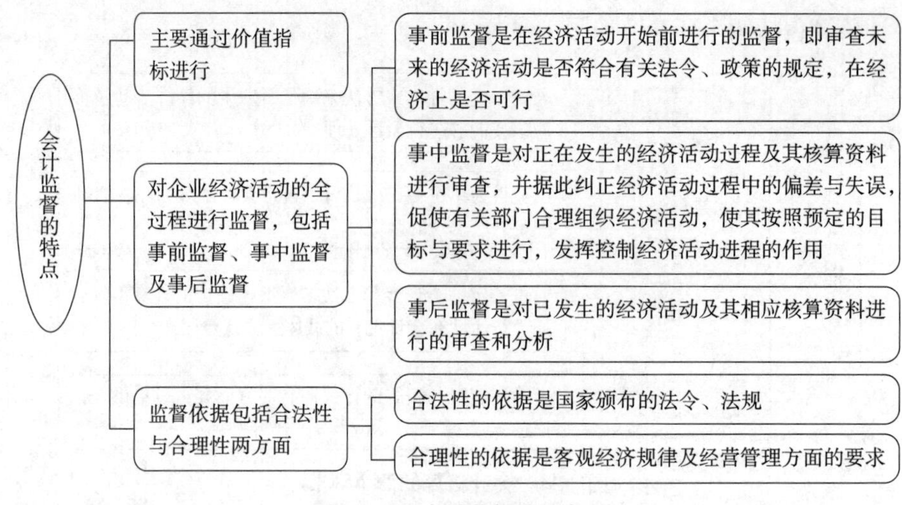

图 1-6　会计监督的特点

1.1.3　财务报告目标

财务报告目标也称会计目标，指在一定的社会经济环境下，会计工作所要达到的境地或标准，企事业单位的会计活动要符合财务报告目标。财务报告目标可以分为总目标、基本目标等不同层次的目标。

根据《企业会计准则》，财务报告的目标是向财务报告使用者（包括投资者、债权人、政府及其有关部门和社会公众等）提供与企业财务状况、经营成果和现金流量等有关的会计信息，反映企业管理层受托责任的履行情况，有助于财务会计报告使用者做出经济决策，如图 1-7 所示。

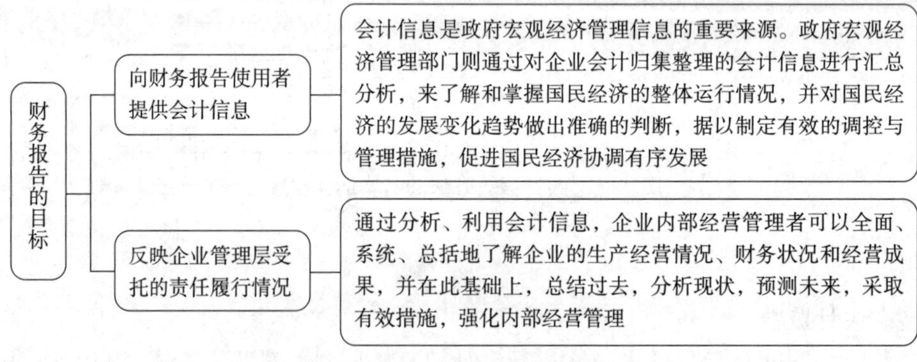

图 1-7　财务报告的目标

1.2　会计基本假设和记账基础

1.2.1　会计基本假设

会计基本假设是会计确认、计量和报告的前提，是对会计核算所处时间、空间、环境等所做出的合理设定。会计基本假设包括会计主体、持续经营、会计分期和货币计量，如图 1-8 所示。

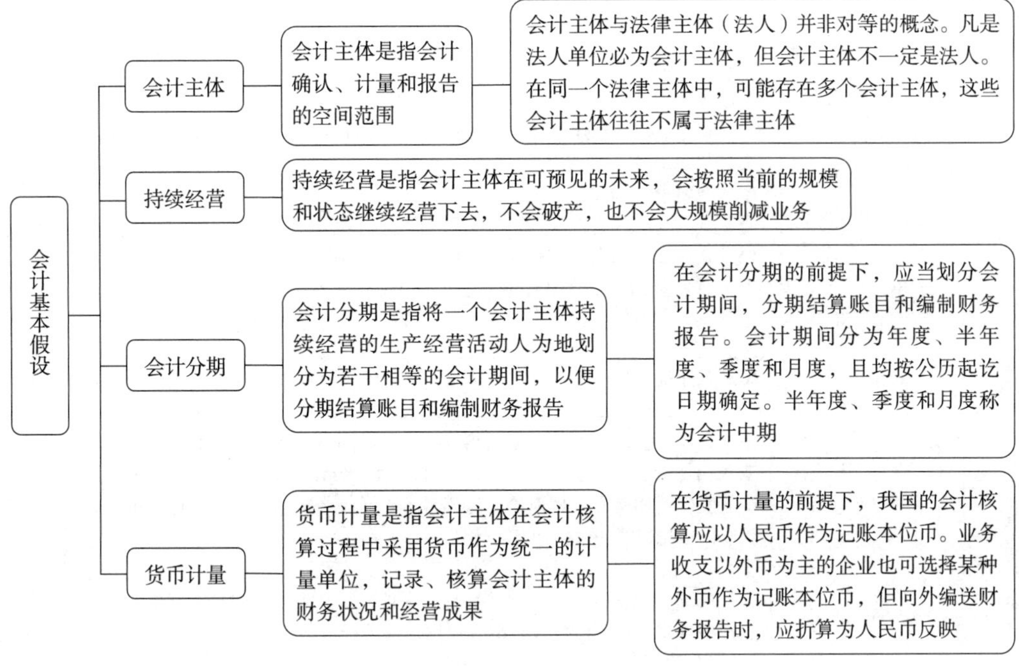

图 1-8　会计基本假设

1.2.2　会计记账基础

企业会计的确认、计量和报告应当以权责发生制为基础，与权责发生制相对应的是收付实现制，两者关系如图 1-9 所示。

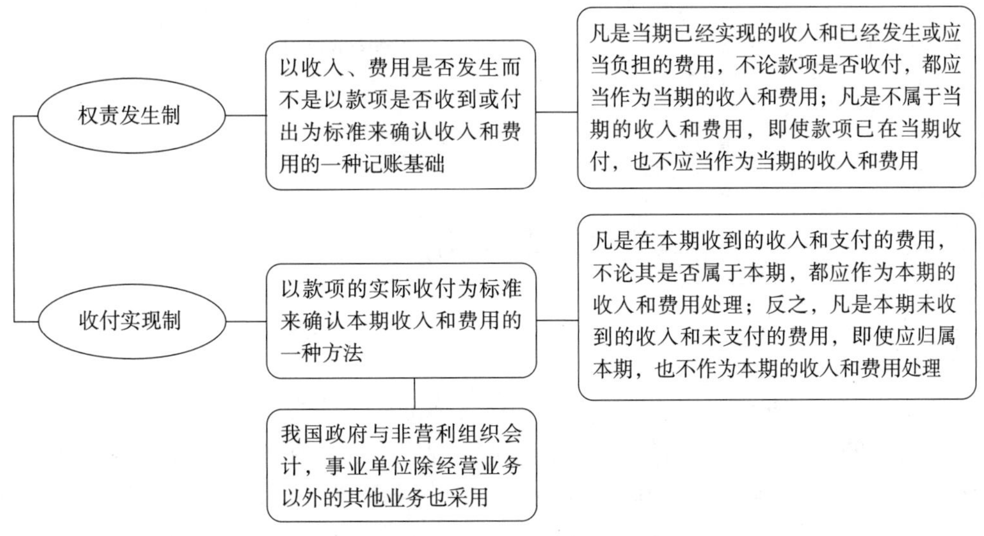

图 1-9　权责发生制和收付实现制的关系

1.3 会计信息的质量要求

根据《企业会计准则——基本准则》规定，会计信息的质量要求包括 8 个，如图 1-10 所示。

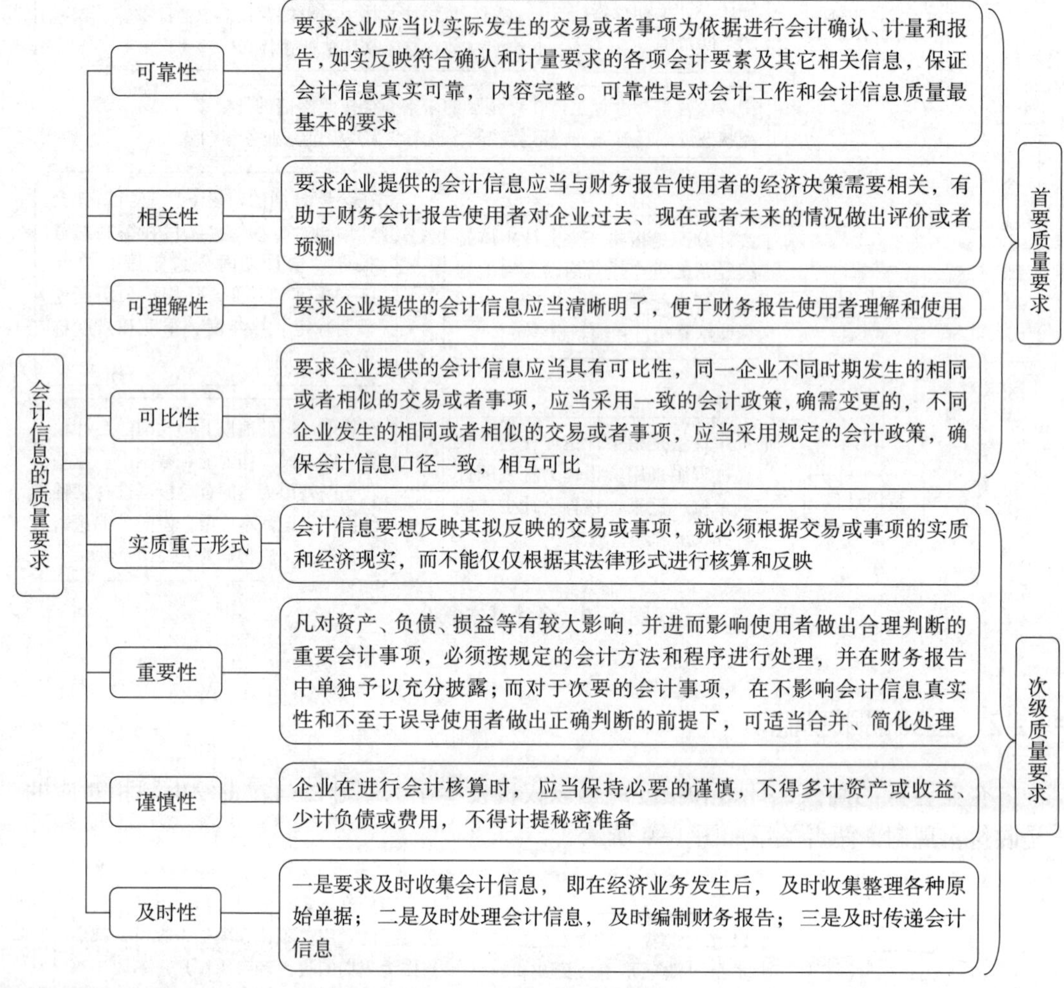

图 1-10　会计信息的质量要求

1.4 会计要素和会计等式

1.4.1 会计要素

会计要素是根据交易或事项的经济特征所确定的会计核算内容的基本分类，是会计核算内容的具体化，从会计的角度描述经济活动的基本要素。会计要素包括资产、负债、所有者权益、收入、费用和利润六个要素，如图 1-11 所示。由于会计的最终目的是编制财务报告，财务报告的核心内容是财务报表，财务报表就是以会计要素为内容构架的，因此，会计要素又称财务报表要素。

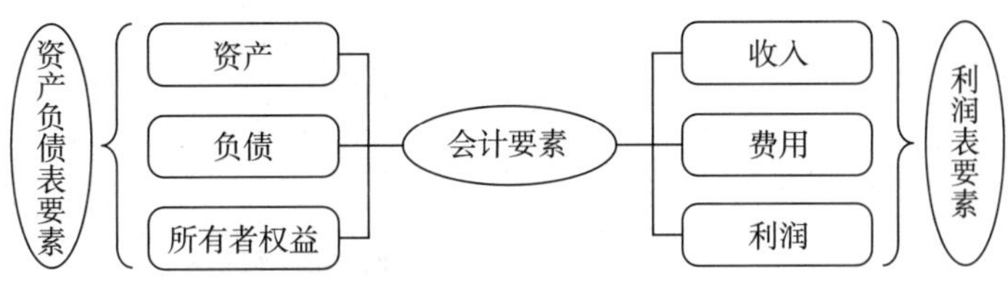

图 1–11　会计要素构成

（1）资产

资产，指过去的交易或者事项形成的、并由企业拥有或者控制的、预期会给企业带来经济利益的资源。资产是企业从事生产经营活动的物质基础，任何一个企业要进行正常的生产经营活动，都必须拥有一定数量和结构的资产。一般将资产按流动性不同进行划分，如图 1–12 所示。

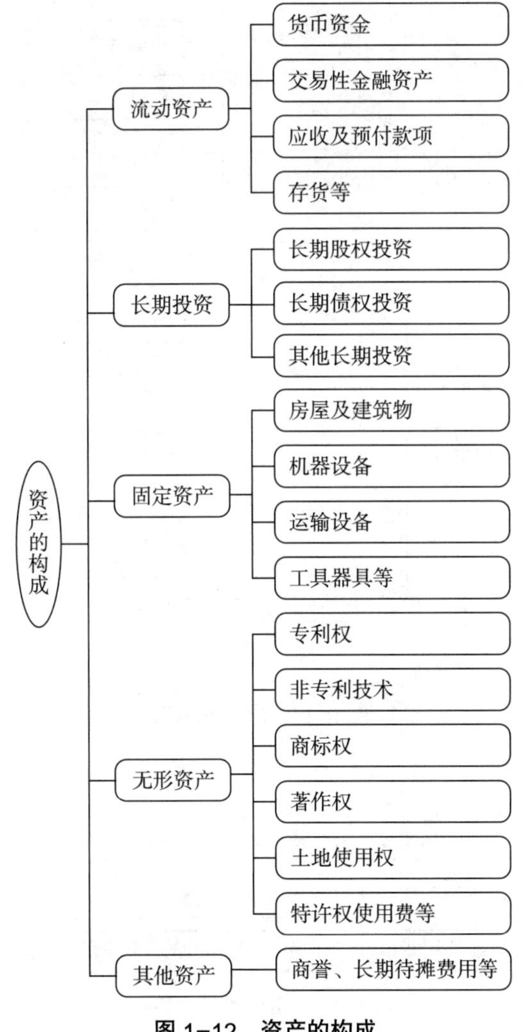

图 1–12　资产的构成

资产的基本特征如图 1-13 所示。

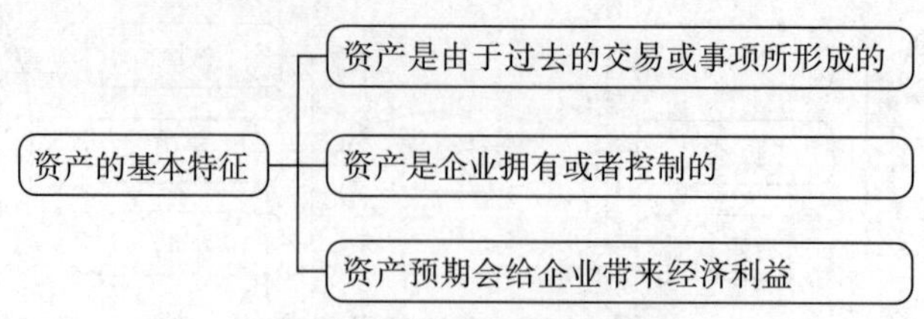

图 1-13　资产的基本特征

（2）负债

负债，指过去的交易或者事项所形成的、预期会导致经济利益流出企业的现时义务。负债实质上反映了企业与债权人之间的一种债权、债务关系，它所代表的是企业对债权人所承担的全部经济责任或义务。负债的确认意味着权利、义务关系的形成；负债的偿还则表明权利、义务关系的解除。负债通常按照流动性不同来进行划分，如图 1-14 所示。

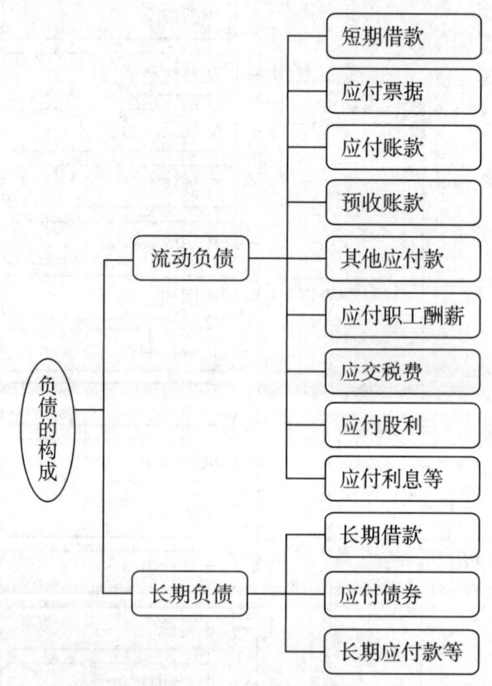

图 1-14　负债的构成

负债的基本特征如图 1-15 所示。

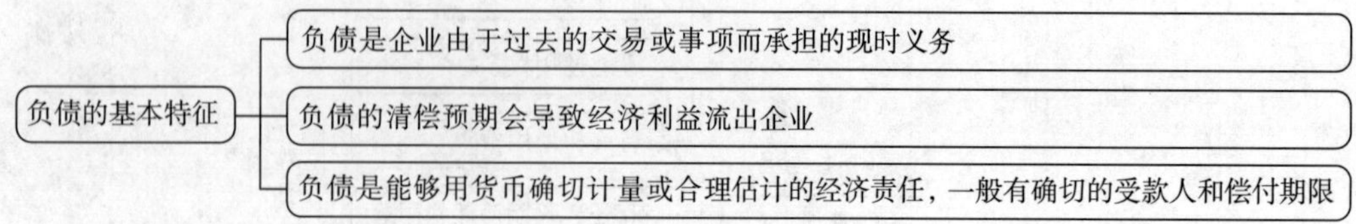

图 1-15　负债的基本特征

（3）所有者权益

所有者权益，指所有者在企业资产中的剩余权益，其金额为资产减去负债后的余额。资产减去负债后的余额称为净资产，因此，所有者权益实际上是投资者（即所有者）对企业净资产的所有权。所有者权益的来源包括所有者投入的资本、直接计入所有者权益的利得和损失、留存收益等，如图 1–16 所示。

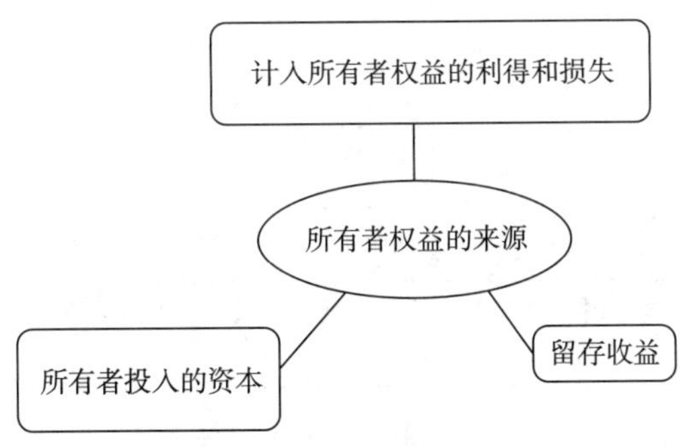

图 1–16 所有者权益的来源

直接计入所有者权益的利得和损失，指不应计入当期损益、会导致所有者权益发生增减变动的、与所有者投入资本或者向所有者分配利润无关的利得或者损失。留存收益是所有者（股东）权益的重要组成部分，它是企业在历年生产经营活动中取得净利润的留存额。所有者权益的构成如图 1–17 所示。

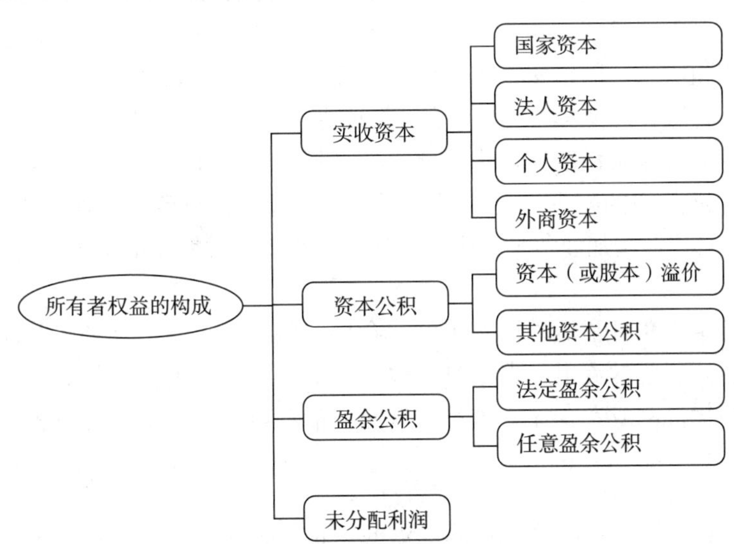

图 1–17 所有者权益的构成

所有者权益与负债共同构成企业全部资产的来源，但二者有着本质的不同。所有者权益表明了企业的产权关系，即企业是由谁投资的、归谁所有。企业的全部资产，除了归债权人所有外，还应归投资者所有。

（4）收入

收入的分类如图 1-18 所示。

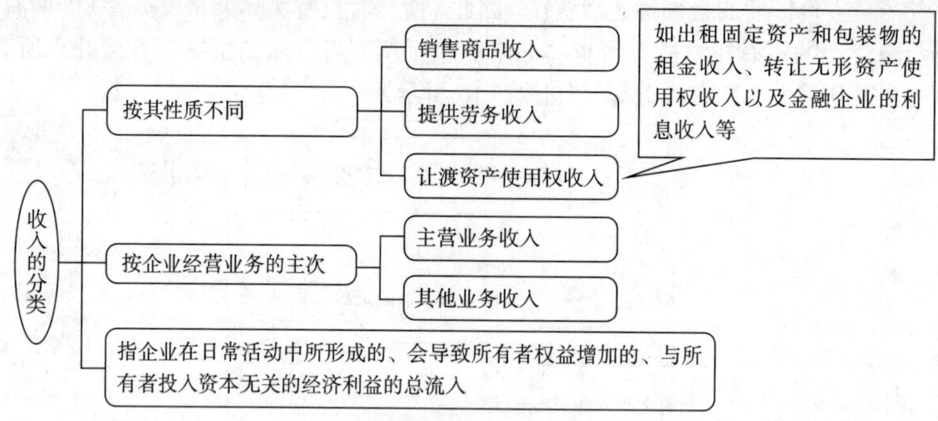

图 1-18　收入的分类

工业企业的主营业务收入主要包括销售产成品、自制半成品和提供工业性劳务等取得的收入。商品流通企业的主营业务收入主要包括销售商品所取得的收入。旅游企业的主营业务收入主要包括客房收入、餐饮收入等。金融企业的主营业务收入主要包括贷款利息收入和办理结算所取得的手续费收入等。主营业务收入一般比较稳定，占企业收入的比重较大，对企业的经济效益具有较大的影响。其他业务收入是指基本业务以外的其他日常活动所产生的收入，工业企业的其他业务收入主要包括材料销售收入、包装物出租收入、固定资产出租收入、无形资产使用权转让收入和提供非工业性劳务收入等。其他业务收入不是很稳定，一般占企业收入的比重较小。

收入从企业的日常活动中形成，而不是从偶发的交易或事项中产生，它表现为企业资产的增加或负债的减少，或两者兼而有之，最终会导致企业所有者权益的增加。但是，并非所有资产增加或负债减少而引起的所有者权益增加都是企业的收入。

（5）费用

费用是指企业在日常活动所发生的、会导致所有者权益减少的、与向所有者分配利润无关的经济利益的流出。费用是与收入相对应而存在的，它代表企业为取得一定收入而付出的代价，或者企业为进行生产经营活动所发生的资源的牺牲。费用的构成如图 1-19 所示。

（6）利润

利润，是指企业在一定会计期间的经营成果。企业实现了利润，表明企业所有者权益增加、业绩得到了提升；反之，若企业发生了亏损，表明企业所有者权益减少、业绩下滑。各利润计算方式如图 1-20 所示。

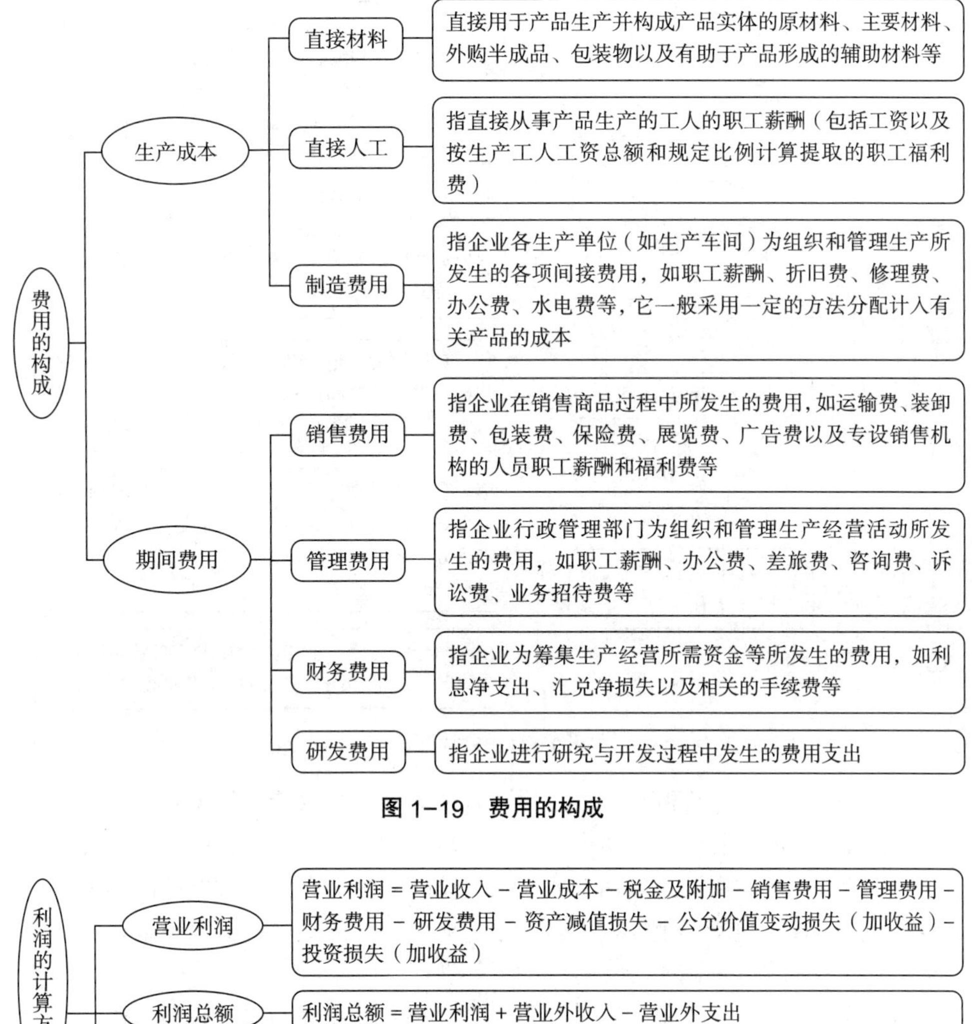

图 1-19　费用的构成

利润的计算方式

- 营业利润：营业利润 = 营业收入 - 营业成本 - 税金及附加 - 销售费用 - 管理费用 - 财务费用 - 研发费用 - 资产减值损失 - 公允价值变动损失（加收益）- 投资损失（加收益）
- 利润总额：利润总额 = 营业利润 + 营业外收入 - 营业外支出
- 净利润：净利润 = 利润总额 - 所得税费用

图 1-20　利润的计算方式

1.4.2　会计等式

会计等式是指反映各项会计要素之间基本关系的表达式，也称会计恒等式、会计方程式或会计平衡公式。从形式上看，会计等式反映了会计对象的具体内容，即各项会计要素之间的内在联系。从实质上看，会计等式揭示了会计主体的产权关系和基本财务状况。会计等式如图 1-21 所示。

为便于理解会计等式的恒等关系，现分两种情况举例加以说明。

第一种情况：不考虑收入和费用时会计等式的恒等关系。无论经济业务多么复杂和千变万化，它所引起的会计要素的变化，归纳起来不外乎以下几种情况。

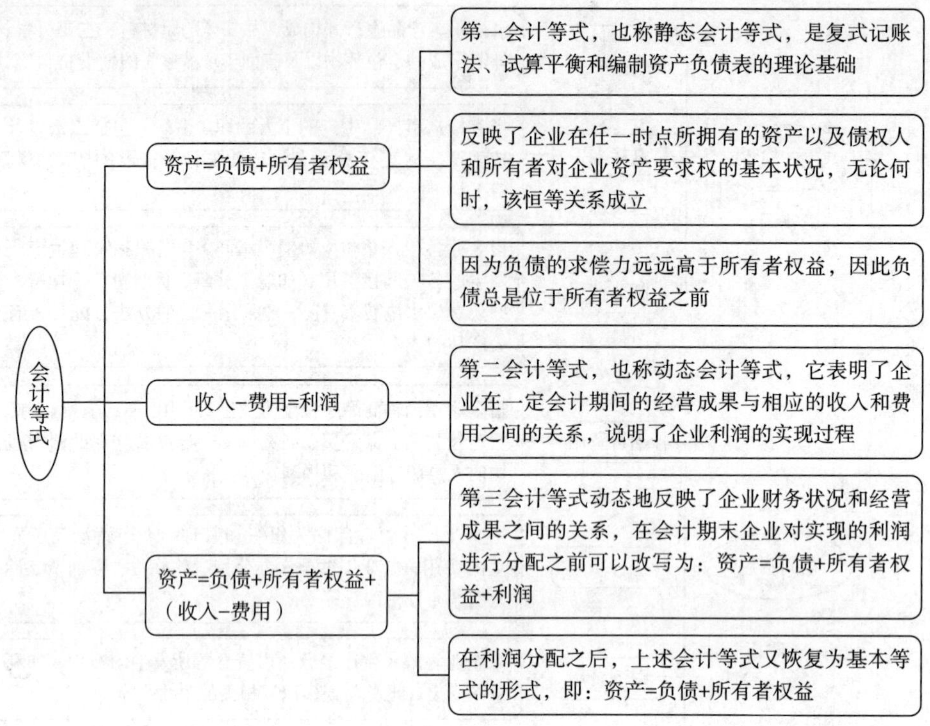

图 1-21　会计等式

（1）某个会计要素内部两个项目一增一减，会计等式保持恒等关系；

（2）会计等式的左右两边的两个要素项目同时增加，会计等式保持恒等关系；

（3）会计等式的左右两边的两个要素项目同时减少，会计等式保持恒等关系；

（4）会计等式右边的两个要素项目一增一减，会计等式保持恒等关系。

现以紫竹公司为例来说明会计等式的恒等性。

【例 1-1】假设 2×18 年 12 月 31 日紫竹公司的会计要素和项目余额如表 1-1 所示，会计等式的平衡关系成立。

表 1-1　会计科目余额表　　单位：元

资产类科目	金额	负债和所有者权益类科目	金额
库存现金 银行存款	1 000 199 000	短期借款 应付账款 盈余公积 实收资本	30 000 50 000 20 000 100 000
合计	200 000	合计	200 000

紫竹公司 2×19 年 1 月发生的经济业务如下。

（1）紫竹公司从银行提取现金 20 000 元备用。这一项业务表现为一项资产减少 20 000 元，另一项资产增加 20 000 元，资产的总金额不变，会计等式左右相等。

（2）紫竹公司向银行借款 40 000 元归还到期的应付货款 40 000 元。这一项业务表现为一项负债增加 40 000 元，另一项负债减少 40 000 元，负债的总金额不变，会计等式左右相等。

（3）紫竹公司召开董事会，决定从盈余公积中拿出 12 000 元转增实收资本，办理转账手续。此项业务表现为一项所有者权益项目减少 12 000 元，另一项所有者权益项目增加 12 000 元，所有者权益的总金额不变，会计等式左右相等。

上述三种情况属于前述第一类事项，某个会计要素内部两个项目一增一减，会计等式保持恒等关系。

（4）一位新的投资者向紫竹公司增加货币投资 100 000 元，资金已存入银行。此项业务表现为资产增加 100 000 元，所有者权益增加 100 000 元。会计等式的左右两边同时增加 100 000 元，会计等式左右相等。

（5）紫竹公司向银行借款 100 000 元存入银行。这一项业务表现为资产增加 100 000 元，负债增加 100 000 元。会计等式的左右两边同时增加 100 000 元，会计等式左右相等。

上述两种情况属于前述第二类事项，即会计等式左右两边的两个要素项目同时增加，会计等式保持恒等关系。

（6）紫竹公司的原有投资者之一减少对紫竹公司的投资 50 000 元，用银行存款支付。这一项业务表现为资产减少 50 000 元，所有者权益减少 50 000 元。会计等式的左右两边同时减少 50 000 元，会计等式左右相等。

（7）紫竹公司归还短期借款 30 000 元，用银行存款支付。这一项业务表现为资产减少 30 000 元，负债减少 30 000 元。会计等式的左右两边同时减少 30 000 元，会计等式左右相等。

上述两种情况属于前述第三类事项，即会计等式左右两边的两个要素项目同时减少，会计等式保持恒等关系。

（8）投资者代紫竹公司偿还到期的银行短期贷款 100 000 元，以此作为对紫竹公司的追加投资 100 000 元，已办理有关手续。此项业务表现为一项负债减少 100 000 元，另一项所有者权益增加 100 000 元。会计等式右边的两个会计要素一增一减，会计等式左右相等。

上述情况属于前述引起会计要素变化的第四类事项，即会计等式右边的两个要素项目一增一减，会计等式保持恒等关系。

紫竹公司在上述业务结束后，计算会计要素项目的金额，会计要素和余额如表 1-2 所示，会计等式的平衡关系依然存在。

表 1-2　科目余额表　　单位：元

资产类科目	金额	负债和所有者权益类科目	金额
库存现金 银行存款	21 000 299 000	短期借款 应付账款 盈余公积 实收资本	40 000 10 000 8 000 262 000
合计	320 000	合计	320 000

第二种情况：考虑收入和费用时会计等式的恒等关系。为了说明收入和费用的发生不影响会计等式的恒等性，我们使用公式：资产 = 负债 + 所有者权益 + 收入 − 费用。

收入可能带来资产的增加，也可能使负债减少。

承接【例 1-1】。紫竹公司 2×19 年 1 月发生的经济业务如下：

（1）紫竹公司销售产品，价款共计 30 000 元，以银行存款方式收取货款。此项业务表现为资产增加 30 000 元，收入增加 30 000 元。等式两边的会计要素同时增加，等式左右两边相等。

（2）紫竹公司销售产品，价款 10 000 元抵付应付账款，此项业务表现为负债减少 10 000 元，收入增加 10 000 元。等式右边的会计要素一增一减，等式左右两边相等。

费用可能带来资产的减少，也可能使负债增加。

（3）紫竹公司用银行存款支付水电费 1 000 元。此项业务表现为资产减少 1 000 元，费用增加 1 000 元。由于费用项目是等式右边的减项，因此，等式两边的金额同时减少，等式左右两边相等。

（4）紫竹公司计算本月应付职工薪酬 2 000 元，款项尚未支付。此项业务表现为负债增加 2 000 元，费用增加 2 000 元。由于费用项目是等式右边的减项，因此，等式右边的金额不变，等式左右两边相等。

紫竹公司在上述业务结束后，计算会计要素的项目和金额，收入和费用计入未分配利润项目，会计要素和余额如表 1-3 所示，会计等式的平衡关系依然存在。

表 1-3　科目余额表　　单位：元

资产类科目	金额	负债和所有者权益类科目	金额
库存现金	21 000	短期借款	40 000
银行存款	328 000	应付账款	0
		应付职工薪酬	2 000
		盈余公积	8 000
		实收资本	262 000
		未分配利润	37 000
合计	349 000	合计	349 000

1.4.3　会计要素、会计等式与基本财务报表的关系

会计要素、会计等式与基本财务报表的关系如图 1-22 所示。

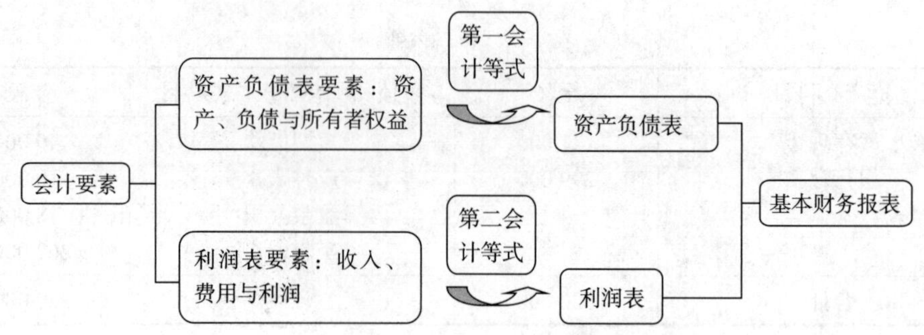

图 1-22　会计要素、会计等式与基本财务报表的关系

资产负债表的格式分为两种：报告式和账户式，如图 1–23 所示。

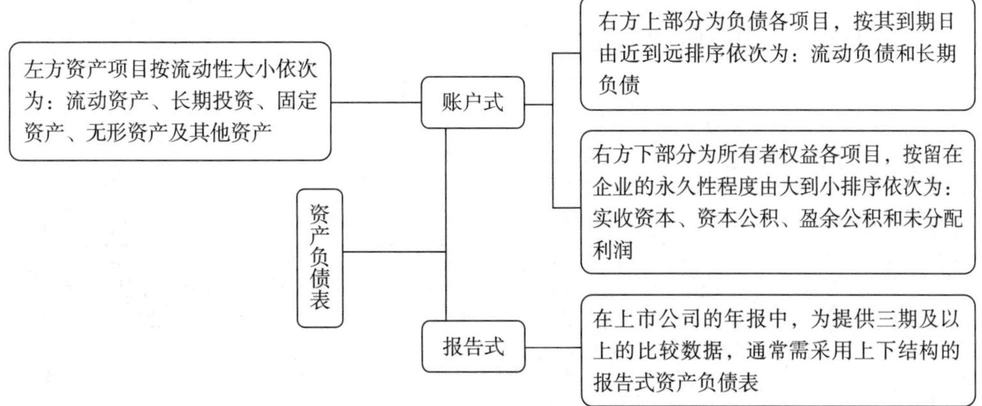

图 1–23 资产负债表的格式

1.5 会计确认与会计计量

1.5.1 关于会计确认

会计确认是指确定某一项目、交易或事项应否、应在何时以及如何将一项会计要素（如资产、负债、所有者权益、收入、费用或利润）正式地计入账内、列入财务报表的过程。其解决的问题如图 1–24 所示。

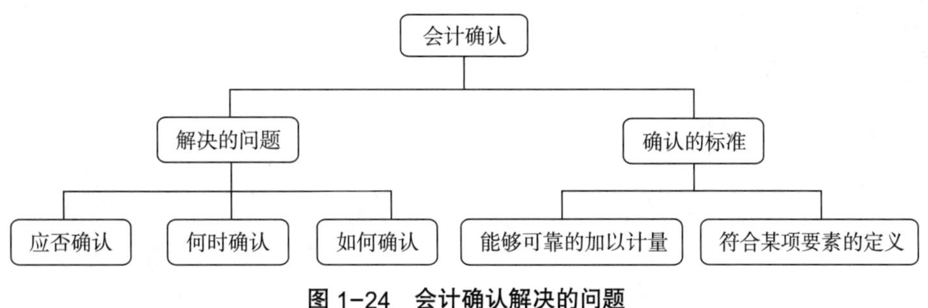

图 1–24 会计确认解决的问题

1.5.2 关于会计计量

会计计量也是财务会计的一项重要程序，它是指用数量尤其是用金额对应列入报表的各项要素加以描述的基本方式。会计计量通常被认为是财务会计的核心问题，计量是一种模式，它主要由计量单位和计量属性两方面内容构成，会计计量属性的内容如图 1–25 所示。

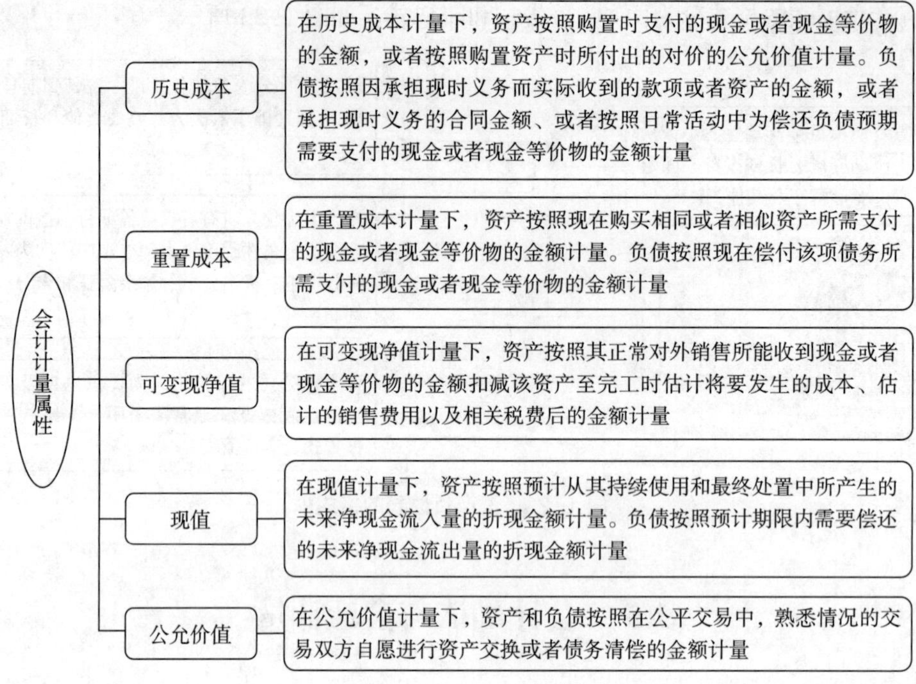
会计计量属性
历史成本
在历史成本计量下，资产按照购置时支付的现金或者现金等价物的金额，或者按照购置资产时所付出的对价的公允价值计量。负债按照因承担现时义务而实际收到的款项或者资产的金额，或者承担现时义务的合同金额、或者按照日常活动中为偿还负债预期需要支付的现金或者现金等价物的金额计量
重置成本
在重置成本计量下，资产按照现在购买相同或者相似资产所需支付的现金或者现金等价物的金额计量。负债按照现在偿付该项债务所需支付的现金或者现金等价物的金额计量
可变现净值
在可变现净值计量下，资产按照其正常对外销售所能收到现金或者现金等价物的金额扣减该资产至完工时估计将要发生的成本、估计的销售费用以及相关税费后的金额计量
现值
在现值计量下，资产按照预计从其持续使用和最终处置中所产生的未来净现金流入量的折现金额计量。负债按照预计期限内需要偿还的未来净现金流出量的折现金额计量
公允价值
在公允价值计量下，资产和负债按照在公平交易中，熟悉情况的交易双方自愿进行资产交换或者债务清偿的金额计量

图 1-25　会计计量属性

第二章

熟悉会计科目和账户

——掌握会计学科的四梁八柱

内容概览

在学习会计核算的方法和内容之前，熟悉会计科目和账户是十分必要的，因为掌握这些知识是学习会计核算的基础和前提。

在本章的学习中，我们将解决读者的以下问题：

（1）会计科目是什么？如何分类？

（2）账户是什么？如何分类？账户的基本结构是什么样的？

（3）账户和会计科目有哪些区别和联系？

2.1　会计科目：会计核算的前提

2.1.1　会计科目是什么

会计科目就是按照经济内容对各会计要素的具体内容做进一步分类核算的项目，它以客观存在会计要素的具体内容为基础，根据核算和管理的需要进行设置。即根据会计核算的需要，对资产、负债、所有者权益、收入、费用、利润六个会计要素的具体内容进行科学分类，每一类确定一个合适的名称，这些就是会计科目。合理设置会计科目是正确组织会计核算的前提。

2.1.2 会计科目的分类

（1）按提供核算指标的详细程度分类

会计科目按提供核算指标详细程度及其统驭关系不同，分总分类科目和明细分类科目。具体的分类如表 2-1 所示。

表 2-1 会计科目按提供指标的详细程度进行的分类

总分类科目（一级科目或总目）	明细分类科目	
	二级科目（子目）	明细科目（细目）
原材料	原料及主要材料	圆钢 角钢
	辅助材料	油漆 铁钉
应交税费	应交增值税	销项税额

（2）按经济内容的性质分类

会计科目按反映经济内容的性质，即按其反映的会计对象要素不同，可以分为资产类科目、负债类科目、所有者权益类科目、成本类科目和损益类科目等。我国财政部2019年修订并颁布的《企业会计准则——应用指南》规定的会计科目，如表 2-2 所示。

表 2-2 《企业会计准则——应用指南》规定的会计科目

编号	会计科目名称	编号	会计科目名称
一、资产类		2001	短期借款
1001	库存现金	2002	存入保证金
1002	银行存款	2201	应付票据
1012	其他货币资金	2202	应付账款
1101	交易性金融资产	2203	预收账款
1121	应收票据	2211	应付职工薪酬
1122	应收账款	2221	应交税费
1123	预付账款	2231	应付利息
1131	应收股利	2232	应付股息
1132	应收利息	2241	其他应付款
1221	其他应收款	2401	递延收益
1231	坏账准备	二、负债类	
1401	材料采购	2501	长期借款
1402	在途物资	2502	应付债券
1403	原材料	2701	长期应付款

续表

编号	会计科目名称	编号	会计科目名称
1404	材料成本差异	2711	专项应付款
1405	库存商品	2801	预计负债
1406	发出商品	2901	递延所得税负债
1407	商品进销差价	三、所有者权益类	
1408	委托加工物资	4001	实收资本
1411	周转材料	4002	资本公积
1471	存货跌价准备	4101	盈余公积
1501	债权投资	4103	本年利润
1502	债权投资减值准备	4104	利润分配
1503	其他债权投资	四、成本类	
1511	长期股权投资	5001	生产成本
1512	长期股权投资减值准备	5101	制造费用
1521	投资性房地产	5201	劳务费用
1531	长期应收款	5301	研发支出
1532	未实现融资收益	5401	合同履约成本
1601	固定资产	5402	合同取得成本
1602	累计折旧	五、损益类	
1603	固定资产减值准备	6001	主营业务收入
1604	在建工程	6051	其他业务收入
1605	工程物资	6111	投资收益
1606	固定资产清理	6301	营业外收入
1607	合同资产	6401	主营业务成本
1611	未担保余值	6402	其他业务成本
1632	累计折耗	6403	税金及附加
1701	无形资产	6601	销售费用
1702	累计摊销	6602	管理费用
1703	无形资产减值准备	6603	财务费用
1711	商誉	6701	资产减值损失
1801	长期待摊费用	6702	信用减值损失
1811	递延所得税资产	6711	营业外支出
1901	待处理财产损溢	6801	所得税费用
2702	未确认融券费用	6901	以前年度损益调整
2703	合同负债		

在会计科目表中，每个会计科目都有确定的号码，作为顺序号，其作用在于了解使用会计科目总数，也是会计科目的代号，便于登记账册和查阅账目，为实现会计数据处理手段现代化、实行会计电算化提供了条件。会计科目编号的第一位数代表会计要素的类别，“1”代表资产类，“2”代表负债类，“3”代表金融企业的共同类，“4”代表所有者权益类，“5”代表成本类，“6”代表损益类。

2.1.3 会计科目的设置原则

设置会计科目是会计核算的一种专门方法，为了更好地发挥会计科目在核算中的作用，正确使用会计科目，在设置会计科目应遵守的原则如图 2-1 所示。

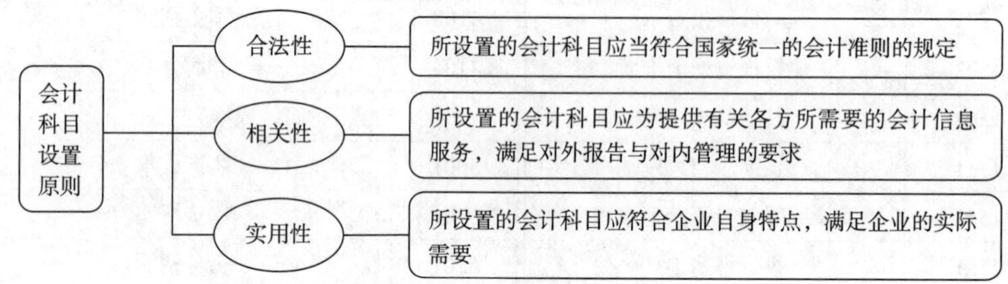

图 2-1 会计科目设置原则

2.2 账户：会计核算的方法

2.2.1 账户是什么

账户是根据会计科目设置、具有一定格式和结构、用以分类反映会计要素增减变动情况及其结果的载体。账户以会计科目作为它的名称，同时又具备一定的格式（即结构）。设置账户是会计核算的重要方法之一。

2.2.2 账户的分类

账户的分类如图 2-2 所示。

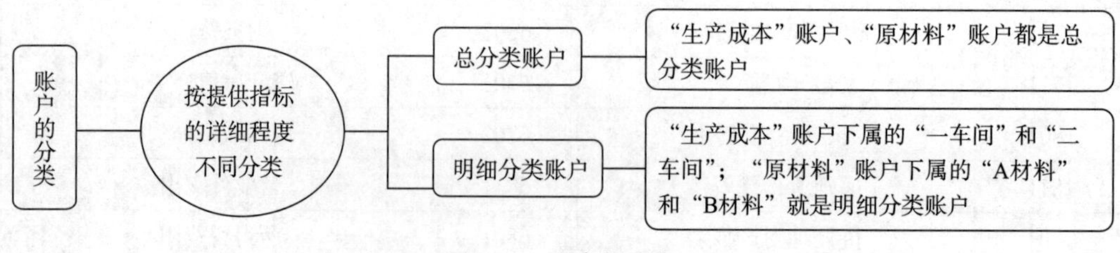

图 2-2 账户的分类

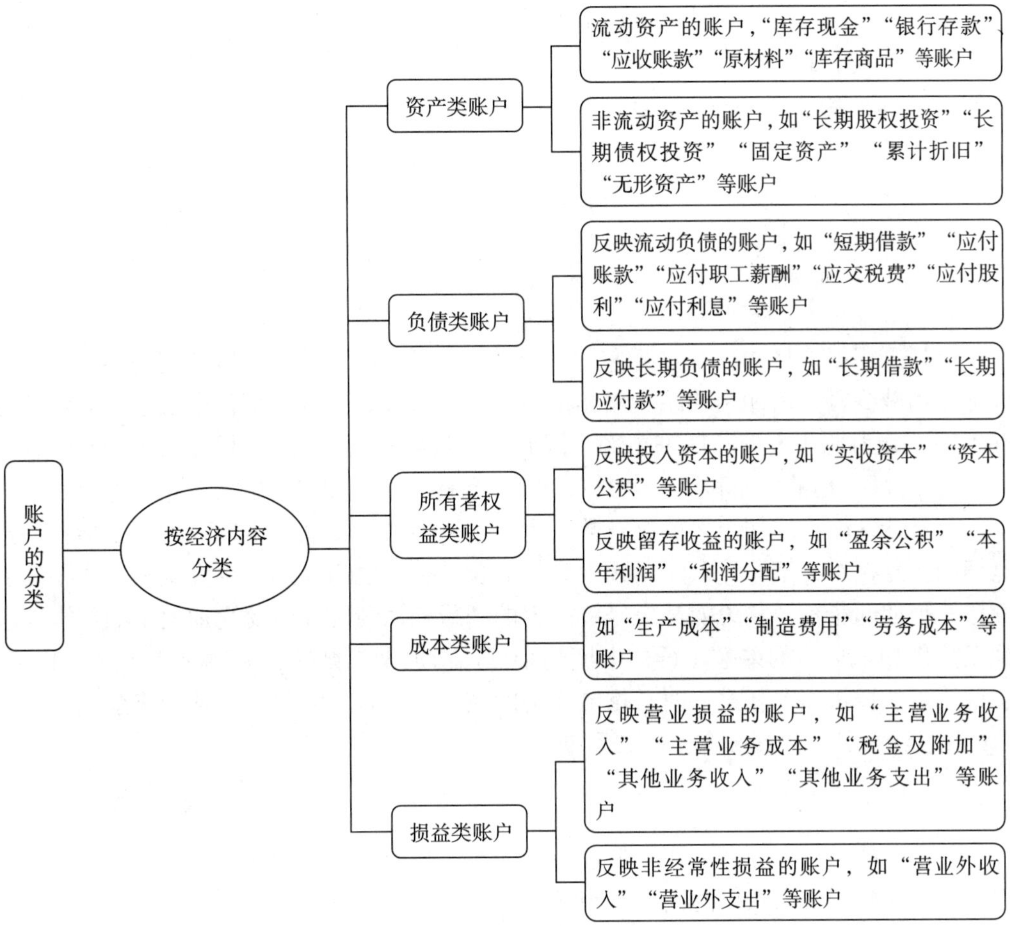

账户的分类
按经济内容分类
资产类账户
流动资产的账户，“库存现金”“银行存款”、“应收账款”“原材料”“库存商品”等账户
非流动资产的账户，如“长期股权投资”“长期债权投资”“固定资产”“累计折旧”“无形资产”等账户
负债类账户
反映流动负债的账户，如“短期借款”“应付账款”“应付职工薪酬”“应交税费”“应付股利”“应付利息”等账户
反映长期负债的账户，如“长期借款”“长期应付款”等账户
所有者权益类账户
反映投入资本的账户，如“实收资本”“资本公积”等账户
反映留存收益的账户，如“盈余公积”“本年利润”“利润分配”等账户
成本类账户
如“生产成本”“制造费用”“劳务成本”等账户
损益类账户
反映营业损益的账户，如“主营业务收入”“主营业务成本”“税金及附加”“其他业务收入”“其他业务支出”等账户
反映非经常性损益的账户，如“营业外收入”“营业外支出”等账户

图 2-2　账户的分类（续）

2.2.3　账户的基本结构

账户的基本结构如图 2-3 所示。

账户的结构
基本结构
账户的内容
账户左方为借方，右方为贷方
账户的名称
日期和摘要
增加方和减少方的金额及余额
凭证号数

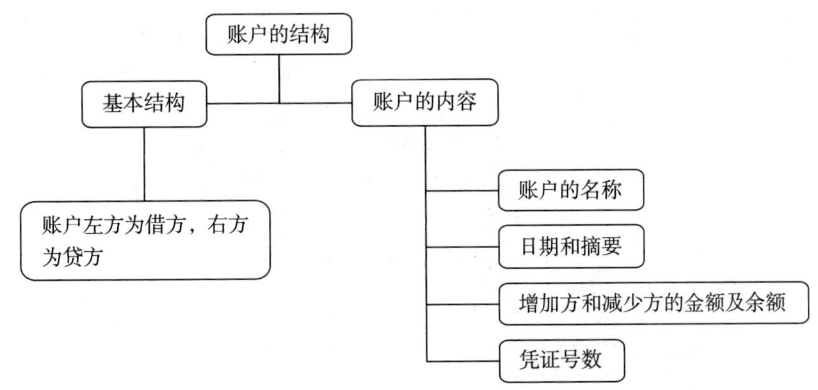

图 2-3　账户的基本结构

在会计实务中，账户是根据以上的基本内容来设计账簿格式的。账户的基本结构通常可简化为丁字账户（或T型账户），丁字账户的基本结构如表2-3所示。

表2-3　丁字账户的基本结构

左方（借方）	账户名称（会计科目）	右方（贷方）

上列丁字账户格式分左右两方，分别用来记录经济业务发生所引起的会计要素的增加额和减少额。增加额和减少额相抵的差额，形成账户的余额，余额按其表示的时点不同，分为期初余额和期末余额。因此，通过账户记录的金额可以提供期初余额、本期增加额、本期减少额和期末余额四个核算指标。本期增加额是指在一定时期内（月、季、年）计入账户增加金额的合计数，也叫本期增加发生额。本期减少额是指在一定时期内（月、季、年）计入账户减少金额的合计数，也叫本期减少发生额。本期发生额是一个期间指标，它说明某类经济内容的增减变动情况。本期增加发生额与本期减少发生额相抵以后的差额，再加上期初余额，形成期末余额。余额是一个时点指标，它说明某类经济内容在某一时日增减变动的结果。通常，账户的本期期末余额就是下期的期初余额。上述四项金额的关系是：

本期期初余额＋本期增加发生额－本期减少发生额＝本期期末余额

上式中的期初余额、本期增加发生额、本期减少发生额和期末余额，称为账户的四个金额要素。应当指出的是，本期增加发生额和本期减少发生额是记在账户的左方还是右方、账户的余额反映在左方还是右方取决于账户的性质和类型。

2.2.4　账户与会计科目的联系和区别

两者的联系和区别如图2-4所示。

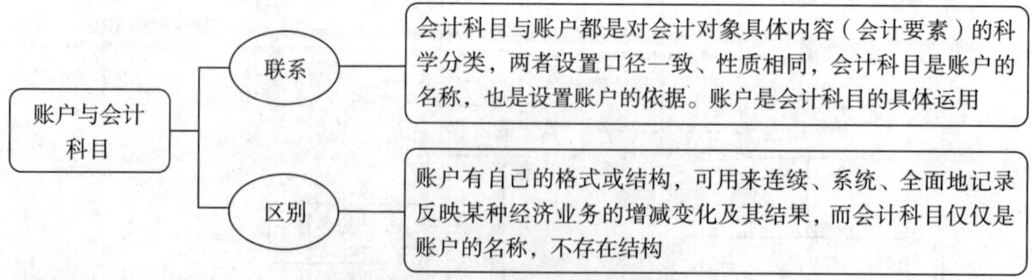

图2-4　账户与会计科目的联系与区别

第三章

学会复式记账法

——帮你学懂会计学科中的灵魂

内容概览

会计是一门非常科学而严谨的学科，这在复式记账法上体现得尤为突出。复式记账法经过了300余年的演变才取得了重大突破，形成一套科学的理论体系，甚至被誉为会计中的“灵魂”。

在本章的学习中，我们将解决读者的以下问题：

（1）什么是复式记账法？

（2）借贷记账法下的账户结构、记账规则和试算平衡有哪些内容？

（3）会计分录是什么？如何分类？编制步骤是怎样的？

（4）总分类账和明细分类账的平行登记要求分别是什么？

3.1　单式记账法与复式记账法

记账方法按记账的方式不同，一般分为单式记账法和复式记账法，如图3-1所示。

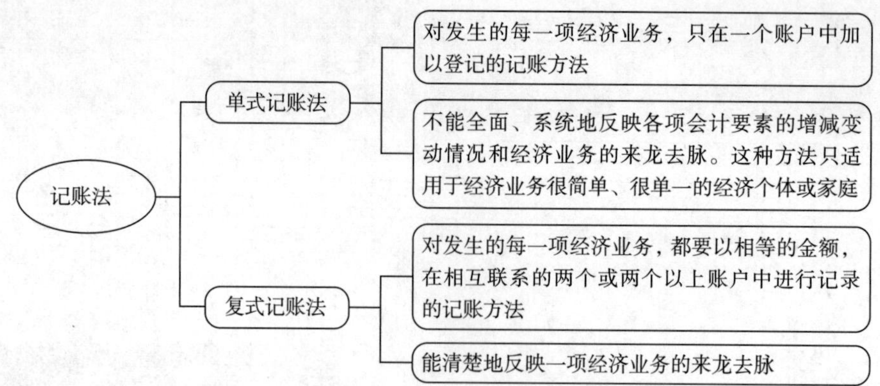

图 3-1　单式记账法与复式记账法

复式记账法有两个明显的特点，如图 3-2 所示。

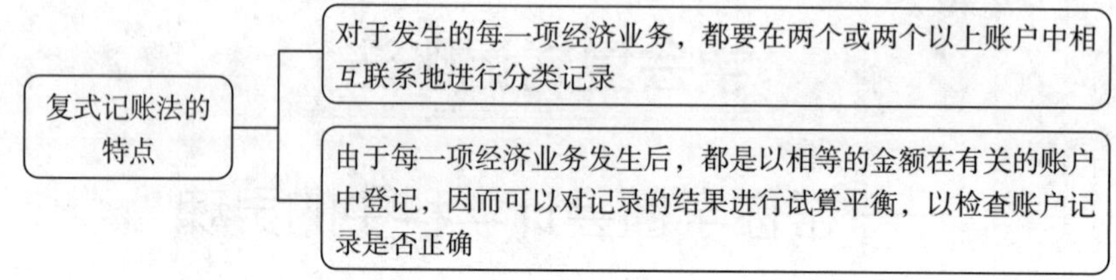

图 3-2　复式记账法的特点

3.2　借贷记账法

3.2.1　借贷记账法的含义和符号

借贷记账法的内容如图 3-3 所示。

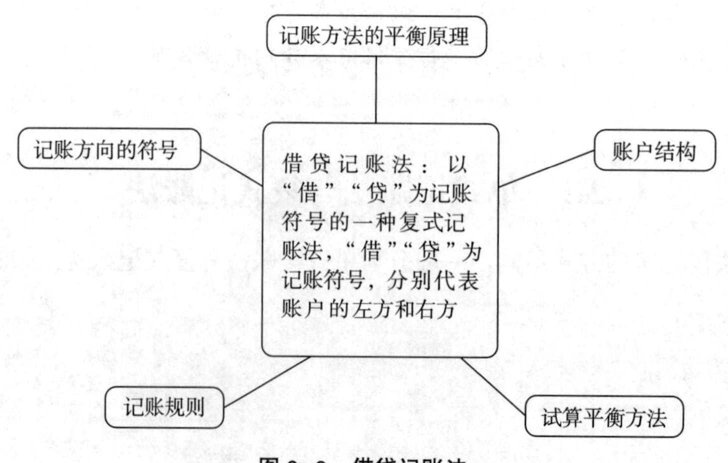

图 3-3　借贷记账法

3.2.2　借贷记账法下的账户结构

各类账户的结构和期末余额的计算方式如表 3-1 所示。

表 3–1　账户结构

	账户的结构	期末余额的计算公式
资产类	资产的增加记录在账户的借方，资产的减少记录在账户的贷方，账户的余额在借方（见表 3–3）	借方期末余额 = 借方期初余额 + 借方本期发生额 – 贷方本期发生额
负债类	负债的增加记录在账户的贷方，负债的减少记录在账户的借方，账户的余额在贷方（见表 3–4）	贷方期末余额 = 贷方期初余额 + 贷方本期发生额 – 借方本期发生额
所有者权益类	所有者权益增加记录在账户的贷方，所有者权益减少记录在账户的借方，账户的余额在贷方（见表 3–5）	贷方期末余额 = 贷方期初余额 + 贷方本期发生额 – 借方本期发生额
收入类	收入的增加记在账户的贷方，收入的减少记录在账户的借方（见表 3–6）	期末本期发生的收入增加额减去本期发生的减少额的差额转入所有者权益类有关账户，期末无余额
费用类	费用（支出、成本）的增加在账户的借方，费用（支出、成本）的减少记在账户的贷方（见表 3–7）	期末本期发生的费用增加额减去本期发生的费用减少额的差额转入所有者权益类有关账户，期末一般无余额，如有余额，必为借方余额

丁字账户的结构如表 3–2 所示。

表 3–2　丁字账户结构

借方	账户名称（会计科目）	贷方

表 3–3　资产类账户

借	贷
资产增加额 资产期末余额	资产减少额

表 3–4　负债类账户

借	贷
负债减少额	负债的期初余额 负债增加额 负债的期末余额

表 3-5　所有者权益类账户

借	贷
所有者权益减少额	所有者权益的期初余额 所有者权益增加额 所有者权益的期末余额

表 3-6　收入类账户

借	贷
收入减少或结转额 本期发生额（收入减少额合计）	收入增加额 本期发生额（收入增加额合计）

表 3-7　费用类账户

借	贷
费用增加额 本期发生额（费用增加额合计）	费用减少额或结转额 本期发生额（费用减少额合计）

上述各类账户的结构在借贷记账法下借、贷双方所登记的内容以及账户余额的方向，可以归纳成如表 3-8 所示。

表 3-8　账户名称

借	贷
资产的增加 负债的减少 所有者权益的减少 费用（支出成本）的增加 收入的减少 资产的期末余额	资产的减少 负债的增加 所有者权益的增加 费用（支出，成本）的减少 收入的增加 负债的期末余额 所有者权益的期末余额

3.2.3　借贷记账法的记账规则：有借必有贷，借贷必相等

每一种复式记账法都有一定的记账规则，都建立在会计等式“资产 = 负债 + 所有者权益”平衡原理的基础上。借贷记账法的记账规则可以概括为“有借必有贷，借贷必相等”，即对于每一笔经济业务都要在两个或两个以上相互联系的账户中，以借方和贷方相等的金额进行登记。

3.2.4　借贷记账法的试算平衡

借贷记账法的试算平衡如图 3-4 所示。

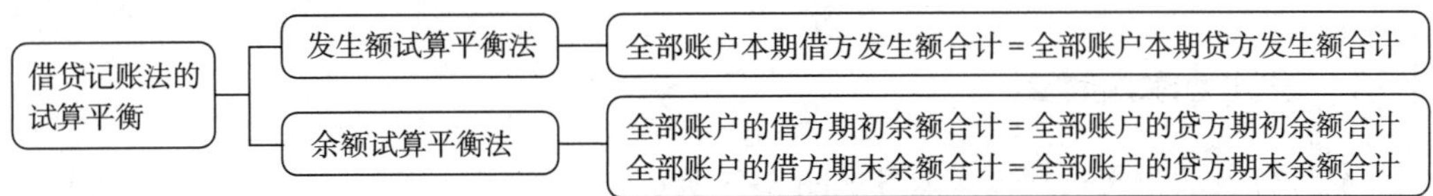

图 3-4　借贷记账法的试算平衡

实际工作中，余额试算平衡通过编制试算平衡表的方式进行。发生额和余额试算平衡表分别如表 3-9、表 3-10 所示。

表 3-9　各账户本期发生额试算平衡表

科目名称	本期借方发生额	本期贷方发生额	试算结果
合计			

表 3-10　各账户余额试算平衡

科目名称	借方余额	贷方余额	试算结果
合计			

上述试算平衡方法主要是从账户的发生额和余额的角度验证记账是否正确的方法。在日常会计核算中，通常是在月末进行一次试算平衡，既可以分别编制发生额试算表和账户余额试算表，也可以将二者合并编制成一张发生额和余额试算表，格式如表 3-11 所示。

表 3-11　各账户本期发生额和余额试算平衡

科目名称	期初余额		本期发生额		期末余额		试算结果
	借方	贷方	借方	贷方	借方	贷方	
合计							

3.3　会计分录

3.3.1　会计分录是什么

会计分录的含义及其包含内容如图 3-5 所示。

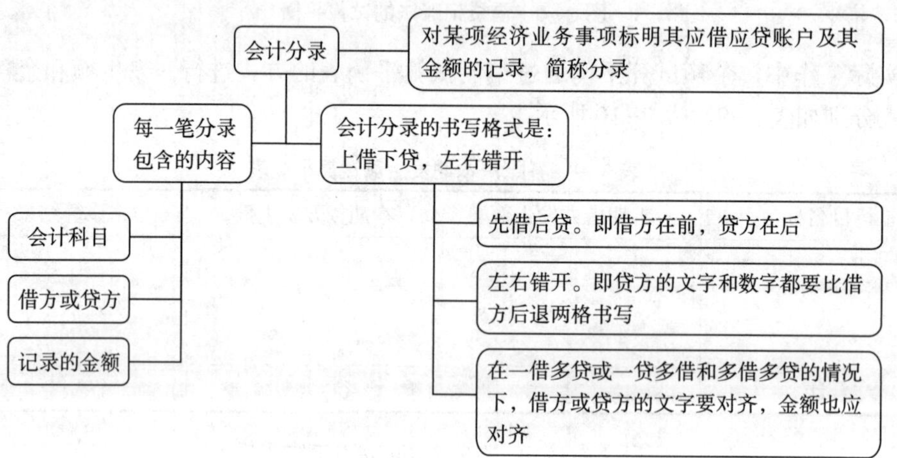

图 3-5　会计分录的含义及其内容

3.3.2　会计分录的分类

会计分录的分类如图 3-6 所示。

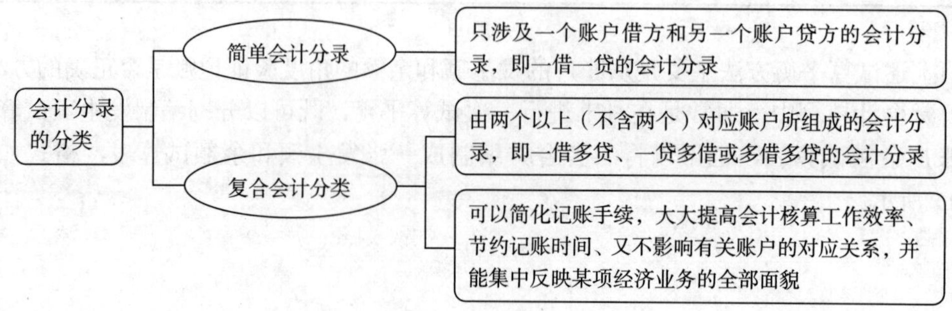

图 3-6　会计分录的分类

3.3.3　会计分录的编制步骤

当一笔经济业务发生后，需要从四个方面分析编制会计分录，步骤如图 3–7 所示。

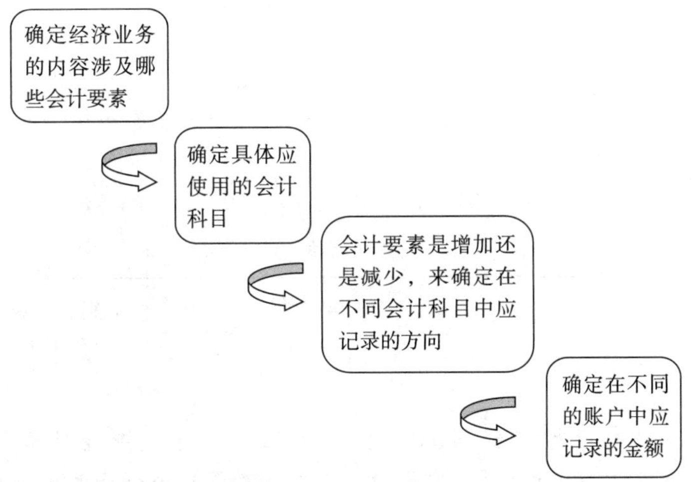

图 3–7　会计分录的编制步骤

3.3.4　借贷记账法下会计分录和登记账户的举例

【例 3–1】现以紫竹发展股份有限公司（以下简称“紫竹公司”）为例来说明借贷记账法下会计分录和登记账户的具体做法（增值税的核算省略）。假设 2×19 年 12 月 31 日紫竹公司的会计科目和余额如表 3–12 所示。

表 3–12　　　　单位：元

资产类科目	金额	负债和所有者权益类科目	金额
库存现金	1 000	短期借款	300 000
银行存款	1 999 000	应付账款	500 000
		盈余公积	200 000
		实收资本	1 000 000
合计	2 000 000	合计	2 000 000

紫竹公司 2×20 年 1 月发生的经济业务如下。

（1）一位新的投资者向紫竹公司增加货币投资 1 000 000 元，资金已存入银行。这项业务表现为资产增加 1 000 000 元，所有者权益增加 1 000 000 元。它涉及“银行存款”这个资产类账户和“实收资本”这个所有者权益类账户，两者都增加了 1 000 000 元。由于资产类账户增加记在借方，所有者权益类账户增加记在贷方，因此，这项业务计入“银行存款”账户的借方和“实收资本”账户的贷方。会计分录是：

借：银行存款　　　　1 000 000

贷：实收资本　　　　　　　　　　　　　　　　　　　　　　　　1 000 000

根据上述会计分录，登记有关账户，如表 3-13 所示。

表 3-13

借方	银行存款	贷方
期初余额 1 999 000 ① 1 000 000		

借方	实收资本	贷方
		期初余额 1 000 000 ① 1 000 000

（2）紫竹公司向银行借款 100 000 元存入银行。这一项业务表现为资产增加 100 000 元，负债增加 100 000 元。它涉及“银行存款”这个资产类账户和“短期借款”这个负债类账户，两者都增加了 100 000 元，由于资产类账户增加记在账户的借方，负债类账户增加记在账户的贷方，因此，这一项业务计入“银行存款”账户的借方和“短期贷款”账户的贷方，会计分录是：

借：银行存款　　　　　　　　　　　　　　　　　　　　　　100 000

　　贷：短期借款　　　　　　　　　　　　　　　　　　　　　　100 000

根据上述会计分录，登记有关账户，如表 3-14 所示。

表 3-14

借方	银行存款	贷方
期初余额 1 999 000 ① 1 000 000 ② 100 000		

借方	短期借款	贷方
		期初余额 300 000 ② 100 000

（3）紫竹公司的原有投资者之一撤资 500 000 元，用银行存款支付。这一项业务表现为资产减少 500 000 元，所有者权益减少 500 000 元。它涉及“银行存款”这个资产类账户和“实收资本”这个所有者权益类账户，两者都减少了 500 000 元，由于资产类账户减少记在账户的贷方，所有者权益类账户减少记在账户的借方，因此，这项业务应计入“银行存款”账户的贷方和“实收资本”账户的借方，会计分录是：

借：实收资本　　　　500 000

　　贷：银行存款　　　　500 000

根据上述会计分录，登记有关账户，如表 3-15 所示。

表 3-15

借方	实收资本	贷方
③ 500 000		期初余额 1 000 000 ① 1 000 000

借方	银行存款	贷方
期初余额 1 999 000 ① 1 000 000 ② 100 000		③ 500 000

（4）紫竹公司归还银行贷款 100 000 元，用银行存款支付。这一项业务表现为资产减少 100 000 元，负债减少 100 000 元，它涉及“银行存款”这个资产类账户和“短期贷款”这个负债类账户，两者都减少 100 000 元，由于资产类账户减少记在账户的贷方，负债类账户减少记在账户的借方，因此，这项业务应计入“短期借款”账户的借方和“银行存款”账户的贷方，会计分录是：

借：短期借款　　　　100 000

　　贷：银行存款　　　　100 000

根据上述会计分录，登记有关账户，如表 3-16 所示。

表 3-16

借方	短期借款	贷方
④ 100 000		期初余额 300 000 ② 100 000

借方	银行存款	贷方
期初余额 1 999 000 ① 1 000 000 ② 100 000		③ 500 000 ④ 100 000

（5）紫竹公司从银行提取库存现金 20 000 元备用。这一项业务表现为一项资产减少 20 000 元，另一项资产增加 20 000 元。它涉及“银行存款”和“库存现金”这两个

资产类账户，“银行存款”账户减少，“库存现金”账户增加。由于资产类账户增加记在借方，减少记在贷方，因此，这项业务应计入“库存现金”账户的借方和“银行存款”账户的贷方，会计分录是：

借：库存现金　　20 000

　　贷：银行存款　　20 000

根据上述会计分录，登记有关账户，如表 3–17 所示。

表 3–17

借方	库存现金	贷方
期初余额 1 000		
⑤ 20 000		

借方	银行存款	贷方
期初余额 1 999 000		③ 500 000
① 1 000 000		④ 100 000
② 100 000		⑤ 20 000

（6）紫竹公司向银行借款 50 000 元归还到期的应付货款 50 000 元。这一项业务表现为一项负债增加 50 000 元，另一项负债减少 50 000 元。它涉及“短期借款”和“应付账款”这两个负债类账户，“短期借款”账户增加，“应付账款”账户减少。由于负债类账户增加记在贷方，减少记在借方，因此，这项业务应计入“应付账款”账户的借方和“短期借款”账户的贷方，会计分录是：

借：应付账款　　50 000

　　贷：短期借款　　50 000

根据上述会计分录，登记有关账户，如表 3-18 所示。

表 3–18

借方	应付账款	贷方
⑥ 50 000		期初余额 500 000

借方	短期借款	贷方
		期初余额 300 000
④ 100 000		② 100 000
		⑥ 50 000

（7）紫竹公司召开董事会，决定从盈余公积中拿出 12 000 元转增资本金，办理转账手续。这项业务表现为一项所有者权益项目减少 12 000 元，另一项所有者权益项目增加 12 000 元。它涉及“盈余公积”和“实收资本”这两个所有者权益类账户，“盈余公积”账户减少，“实收资本”账户增加。由于所有者权益类账户增加记在贷方，减少记在借方，因此，这项业务应计入“盈余公积”账户的借方和“实收资本”账户的贷方。会计分录是：

借：盈余公积　　12 000

　贷：实收资本　　12 000

根据上述会计分录，登记有关账户，如表 3-19 所示。

表 3–19

借方	盈余公积	贷方
⑦ 12 000		期初余额 200 000

借方	实收资本	贷方
③ 500 000		期初余额 1 000 000 ① 1 000 000 ⑦ 12 000

（8）投资者代紫竹公司偿还到期的银行短期贷款 50 000 元，并同意作为对紫竹公司的追加投资 50 000 元，已办理有关手续。这项业务表现为一项负债减少 50 000 元，另一项所有者权益增加 50 000 元。它涉及“短期借款”这个负债类账户和“实收资本”这个所有者权益类账户，“短期借款”账户减少，“实收资本”账户增加。由于负债类账户减少记在借方，所有者权益类账户增加记在贷方，因此，这项业务应计入“短期借款”账户的借方和“实收资本”账户的贷方，会计分录是：

借：短期借款　　50 000

　贷：实收资本　　50 000

根据上述会计分录，登记有关账户，如表 3–20 所示。

表 3–20

借方	短期借款	贷方
④ 100 000 ⑧ 50 000		期初余额 300 000 ② 100 000 ⑥ 50 000

借方	实收资本	贷方
		期初余额 1 000 000
③ 500 000		① 1 000 000
		⑦ 12 000
		⑧ 50 000

(9)新投资者所欠的银行短期贷款30 000元，决定以后到期时由紫竹公司代为偿还，并同意作为对紫竹公司投资的减少30 000元，紫竹公司已在银行办理有关贷款转移手续。这项业务表现为一项负债增加30 000元，另一项所有者权益减少30 000元。它涉及“短期借款”这个负债类账户和“实收资本”这个所有者权益类账户，“短期借款”账户增加，“实收资本”账户减少。由于负债类账户增加记在贷方，所有者权益类账户减少记在借方，因此，这项业务应计入“实收资本”账户的借方和“短期借款”账户的贷方，会计分录是：

借：实收资本　　30 000

　　贷：短期借款　　30 000

根据上述会计分录，登记有关账户，如表3-21所示。

表3-21

借方	实收资本	贷方
		期初余额 1 000 000
③ 500 000		① 1 000 000
⑨ 30 000		⑦ 12 000
		⑧ 50 000

借方	短期借款	贷方
		期初余额 300 000
④ 100 000		② 100 000
⑧ 50 000		⑥ 50 000
		⑨ 30 000

上述9项经济业务所编制的会计分录都是简单的会计分录，即会计分录是一借一贷，账户对应关系清楚。此外，还有一些复杂的经济业务，可以编制复合分录，复合分录一般表现为一借多贷或一贷多借。

(10) 紫竹公司销售产品，价款共计30 000元，其中以银行存款方式收取货款10 000元，其余20 000元记作应收账款，这项业务表现为资产增加30 000元，其中银行存款增加10 000元，应收账款增加20 000元，收入增加30 000元，由于资产类账户增加记在借方，收入类账户增加记在贷方，因此，这项业务应记入“银行存款”和“应收账款”账户的借方，记入“主营营业收入”账户的贷方，会计分录是两借一贷，分录如下：

借：银行存款　　　　　　　　　　　　　　　　10 000
　　应收账款　　　　　　　　　　　　　　　　20 000
　　贷：主营业务收入　　　　　　　　　　　　　　30 000

根据上述会计分录，登记有关账户，如表 3-22 所示。

表 3-22

借方	银行存款	贷方
期初余额 1 999 000 ① 1 000 000 ② 100 000 ⑩ 10 000		③ 500 000 ④ 100 000 ⑤ 20 000

借方	应收账款	贷方
期初余额 0 ⑩ 20 000		

借方	主营业务收入	贷方
		期初余额 0 ⑩ 30 000

上述举例所运用的借贷记账法是对发生的经济业务进行复式记账，编制会计分录，登记有关账户，这样在有关账户之间就总是存在一种应借、应贷的相互关系，我们把与一笔会计分录中有关账户之间形成的应借、应贷关系称作“账户的对应关系”，发生对应关系的账户称为“对应账户”。通过账户的对应关系与对应账户，可以了解这项经济业务的内容及资金的来龙去脉，了解这项经济业务的全貌。

现根据上述 10 笔业务计算各账户本期发生额和期末余额，对本期发生额和期末余额进行试算平衡，如表 3-23 所示。

表 3-23

借方	库存现金	贷方
期初余额 1 000 ⑤ 20 000 本期发生额 20 000 期末余额 21 000		

银行存款

借方	贷方
期初余额 1 999 000	
① 1 000 000	③ 500 000
② 100 000	④ 100 000
⑩ 10 000	⑤ 20 000
本期发生额 1 110 000	620 000
期末余额 2 489 000	

应收账款

借方	贷方
期初余额 0	
⑩ 20 000	
本期发生额 20 000	
期末余额 20 000	

短期借款

借方	贷方
④ 100 000	期初余额 300 000
⑧ 50 000	② 100 000
	⑥ 50 000
	⑨ 30 000
本期发生额 150 000	180 000
期末余额	330 000

应付账款

借方	贷方
⑥ 50 000	期初余额 500 000
本期发生额 50 000	
期末余额	450 000

盈余公积

借方	贷方
⑦ 12 000	期初余额 200 000
本期发生额 12 000	
期末余额	188 000

实收资本

借方	贷方
③ 500 000	期初余额 1 000 000
⑨ 30 000	① 1 000 000
	⑦ 12 000
	⑧ 50 000
本期发生额 530 000	1 062 000
期末余额	1 532 000

借方	主营业务收入	贷方
		期初余额 0
		⑩ 30 000
本期发生额		30 000
期末余额		30 000

各账户本期发生额和余额试算平衡如表 3-24 所示。

表 3-24　各账户本期发生额和余额试算平衡

2×20 年 1 月　　　　单位：元

科目名称	期初余额		本期发生额		期末余额	
	借方	贷方	借方	贷方	借方	贷方
库存现金	1 000		20 000		21 000	
银行存款	1 999 000		1 110 000	620 000	2 489 000	
应收账款			20 000		20 000	
短期借款		300 000	150 000	180 000		330 000
应付账款		500 000	50 000			450 000
盈余公积		200 000	12 000			188 000
实收资本		1 000 000	530 000	1 062 000		1 532 000
主营业务收入				30 000		30 000
合计	2 000 000	2 000 000	1 892 000	1 892 000	2 530 000	2 530 000

3.4　总分类账户与明细分类账户

3.4.1　总分类账户与明细分类账户的含义

总分类账户与明细分类账户的含义如图 3-8 所示。

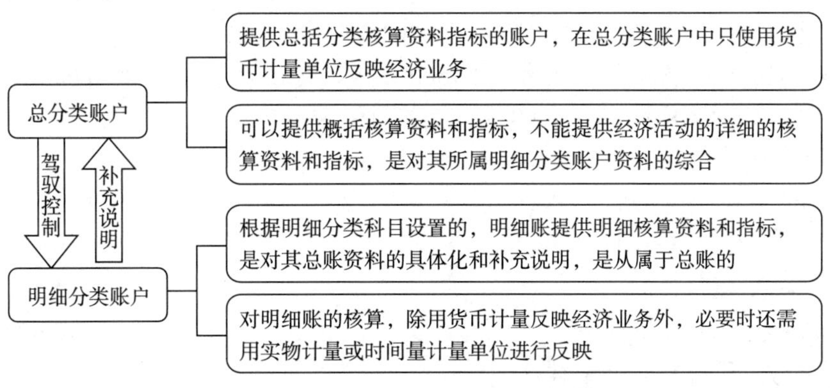

图 3-8　总分类账与明细分类账户的含义

3.4.2 总分类账户与明细分类账户的平行登记

平行登记的要求和结果如图 3-9 所示。

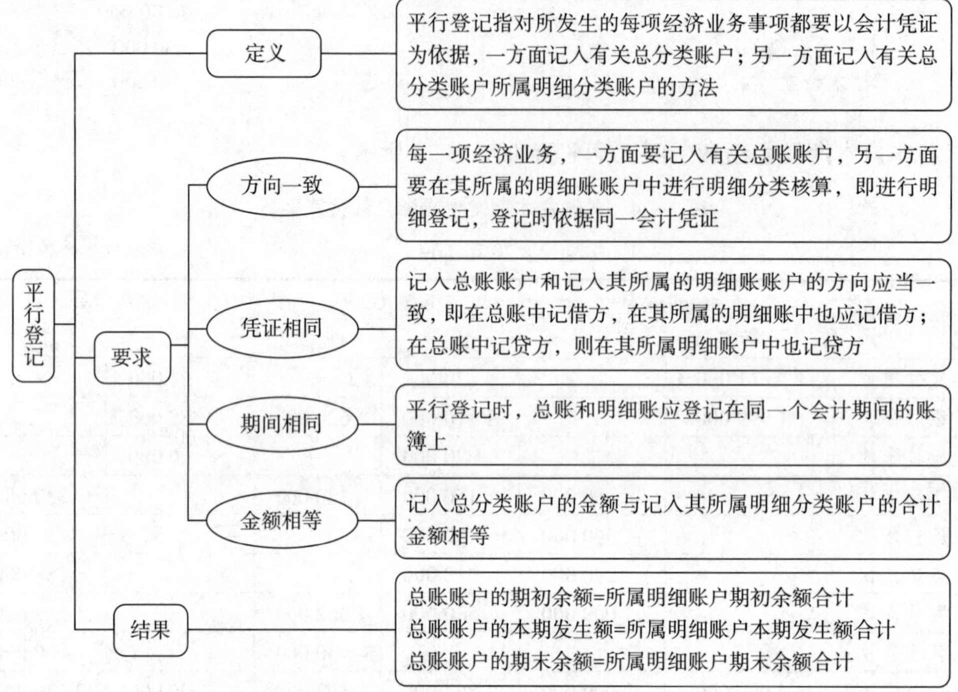

图 3-9 平行登记的要求和结果

现以原材料账户为例，说明平行登记的方法。

【例 3-2】某企业 2×19 年 6 月初原材料总分类账户及所属明细分类账户余额如下。原材料总分类账户借方余额为 20 000 元，所属明细账户借方余额为：

A 种材料 400 公斤，每公斤 10 元，计 4 000 元。

B 种材料 2 000 公斤，每公斤 8 元，计 16 000 元。

6 月发生以下材料采购和收发业务。

1. 6 月 2 日购进 A 种材料 200 公斤，单价为 10 元，计 2 000 元；B 种材料 1 000 公斤，单价为 9 元，计 9 000 元，贷款 11 000 元从银行支付。

2. 6 月 10 日从仓库发出 A 种材料 500 公斤，每公斤 10 元，计 5 000 元；B 种材料 700 公斤，每公斤 8 元，计 5 600 元，直接用于生产产品。

根据上述发生的经济业务，编制会计分录如下：

（1）借：原材料——A 材料 2 000
　　　　　　——B 材料 9 000
　　贷：银行存款 11 000

（2）借：生产成本 10 600
　　贷：原材料——A 材料 5 000
　　　　　　——B 材料 5 600

根据上述会计分录登记原材料总分类账和明细分类账，原材料总账和明细账如表3-25、表3-26、表3-27所示。

表3-25 原材料总分类账

2×19年		凭证编号	摘要	借方	贷方	借或贷	余额
6月	日						
	1		月初余额			借	20 000
	2	1	购进原材料	11 000			
	10	2	领用原材料		10 600		
	30		本月合计	11 000	10 600		20 400

表3-26 A原材料明细分类账

2×19年		凭证编号	摘要	单价	借方		贷方		余额	
6月	日				数量	金额	数量	金额	数量	金额
	1		月初余额	10					400	4 000
	2	1	购进原材料	10	200	2 000				
	10	2	领用原材料	10			500	5 000		
	30		本月合计		200	2 000	500	5 000	100	1 000

表3-27 B原材料明细分类账

2×19年		凭证编号	摘要	单价	借方		贷方		余额	
6月	日				数量	金额	数量	金额	数量	金额
	1		月初余额	8					2 000	16 000
	2	1	购进原材料	9	1 000	9 000				
	10	2	领用原材料	8			700	5 600		
	30		本月合计		1 000	9 000	700	5 600	2 300	19 400

编制原材料总账及明细账本期发生额和余额表，如表3-28所示。

表3-28 原材料总账及明细账本期发生额和余额表

账户名称	计量单位	月初余额			本期发生额						月末余额		
		数量	单价	金额	收入			发出			数量	单价	金额
					数量	单价	金额	数量	单价	金额			
A材料	公斤	400		4 000	200		2 000	500		5 000	100		1 000
B材料	公斤	2 000		16 000	1 000		9 000	700		5 600	2 300		19 400
合计				20 000			11 000			10 600			20 400

本章实操要点

（1）了解账户的结构，理解性记忆各类账户的借贷方向。

（2）运用试算平衡法从账户的发生额和余额的角度验证记账是否正确。

（3）掌握会计分录的步骤。

（4）总账账户的期初余额 = 所属明细账户期初余额合计

总账账户的本期发生额 = 所属明细账户本期发生额合计

总账账户的期末余额 = 所属明细账户期末余额合计

第四章

会计凭证

——会计记账的真凭实据

内容概览

会计工作最基本的一点是要做到“有凭有据”，在会计工作中，会计核算就是依据的会计凭证。

在本章的学习中，我们将解决读者的以下问题：

（1）会计凭证是什么？有哪些种类？

（2）原始凭证是什么？有哪些种类？原始凭证的基本内容有哪些？如何填制和审核原始凭证？

（3）记账凭证是什么？有哪些种类？记账凭证的基本内容有哪些？如何填制和审核记账凭证？

（4）如何传递和保管会计凭证？

4.1　会计凭证的含义、作用和分类

4.1.1　会计凭证的含义和作用

会计凭证的意义和作用如图 4-1 所示。

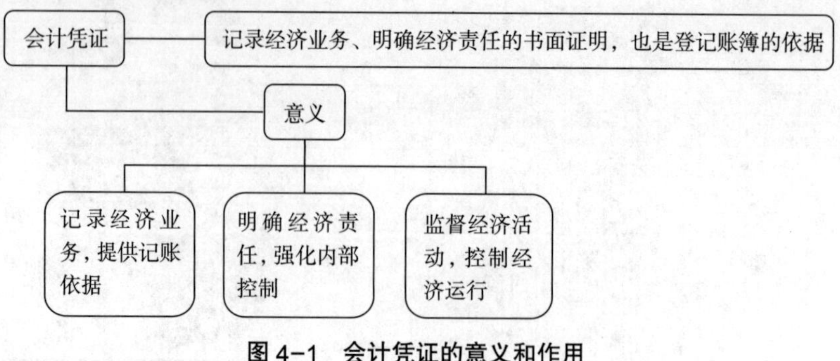

图 4-1　会计凭证的意义和作用

4.1.2　会计凭证的分类

会计凭证的分类如图 4-2 所示。

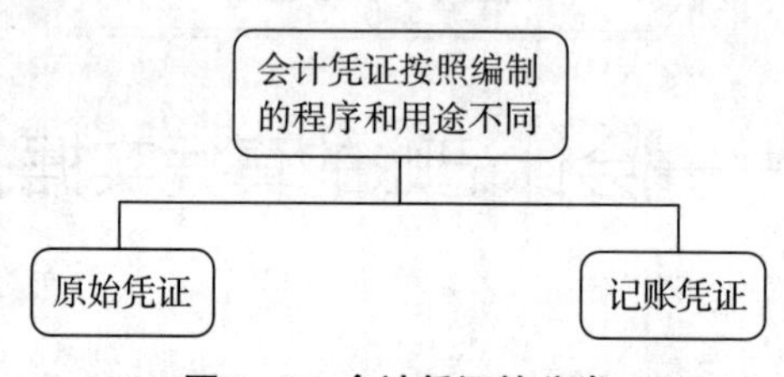

图 4-2　会计凭证的分类

4.2　原始凭证

4.2.1　原始凭证是什么

原始凭证又称单据，是在经济业务发生或完成时取得或填制的，用以记录或证明经济业务的发生或完成情况的文字凭据。它不仅能用来记录经济业务发生或完成情况，还可以明确经济责任，是进行会计核算工作的原始资料和重要依据，是会计资料中最具有法律效力的一种证明文件。

4.2.2　原始凭证的种类

原始凭证的种类如图 4-3 所示。

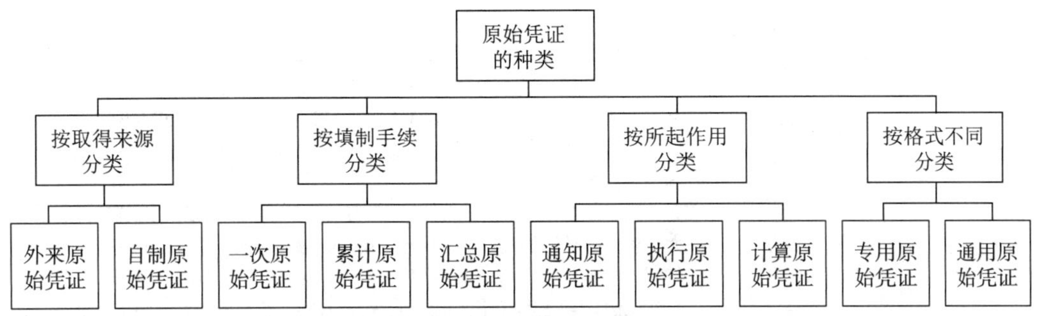

图 4-3 原始凭证的种类

4.2.3 原始凭证的基本内容

由于各种经济业务的内容和经营管理的要求不同，原始凭证的名称、格式和内容是多种多样的，关于原始凭证的填制如图 4-4 所示。

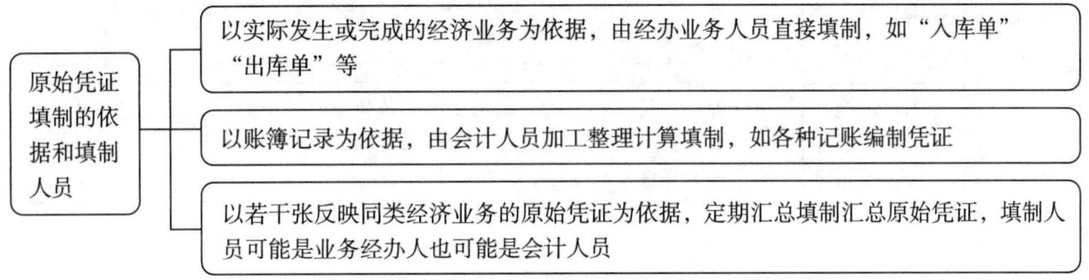

图 4-4 原始凭证的填制依据和人员

原始证证必须具备以下基本内容，如图 4-5 所示。

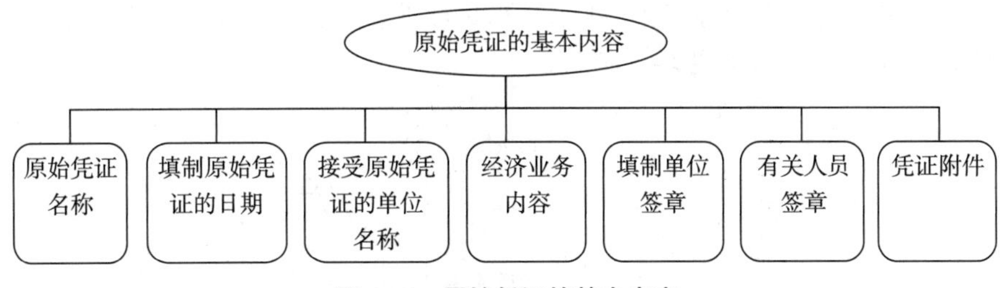

图 4-5 原始凭证的基本内容

4.2.4 原始凭证的填制要求

原始凭证的填制要求如图 4-6 所示。

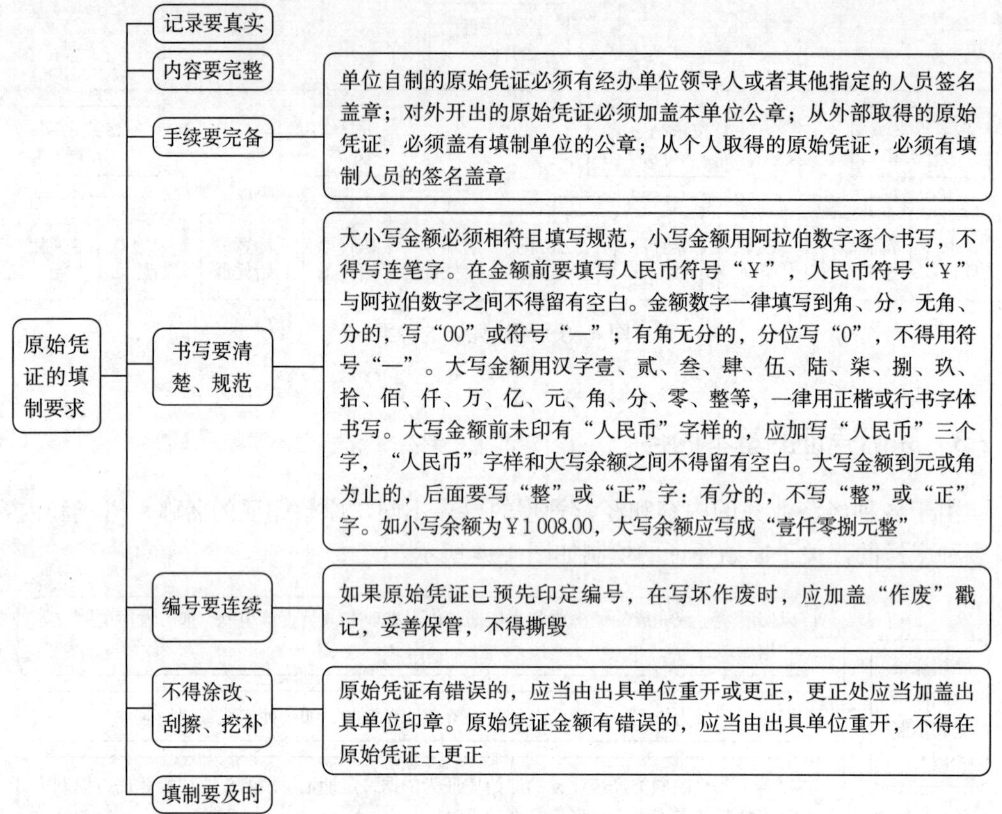

图 4-6　原始凭证的填制要求

4.2.5　原始凭证的审核内容

审核原始凭证是会计核算工作中必不可少的环节，是国家赋予财会人员的监督权限。原始凭证的审核内容如图 4-7 所示。

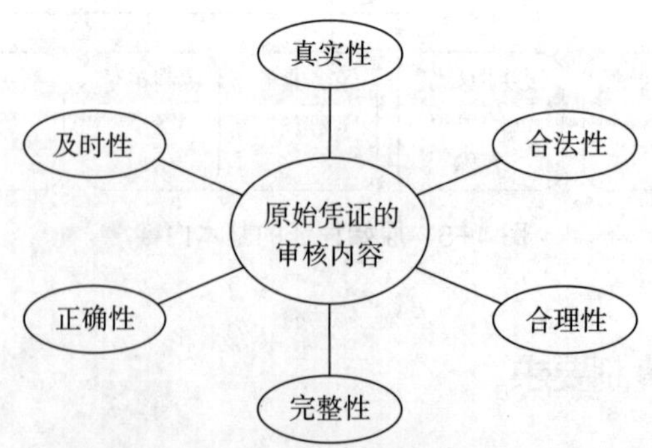

图 4-7　原始凭证的审核内容

经审核的原始凭证应根据不同情况进行处理，如图 4-8 所示。

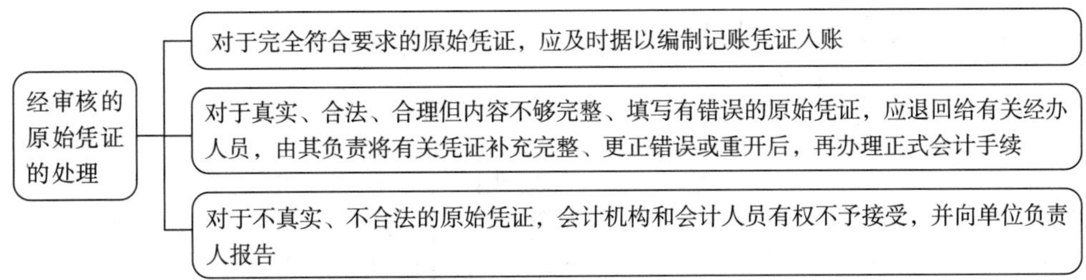

图 4-8　经审核的原始凭证的处理

4.3　记账凭证

4.3.1　记账凭证是什么

记账凭证又称记账凭单，是会计人员根据审核无误的原始凭证按照经济业务事项的内容加以归类，并据以确定会计分录后所填制的会计凭证，是登记账簿的直接依据。记账凭证也叫作分录凭证，记账凭证可以根据每一张原始凭证编制，也可以根据同类原始凭证汇总编制或根据原始凭证汇总表编制。

记账凭证和原始凭证同属于会计凭证，但二者在填制人员、填制依据、填制内容、凭证用途等方面都有较大的差别。

4.3.2　记账凭证的种类

记账凭证可以按不同标准分类，具体的分类结果如图 4-9 所示。

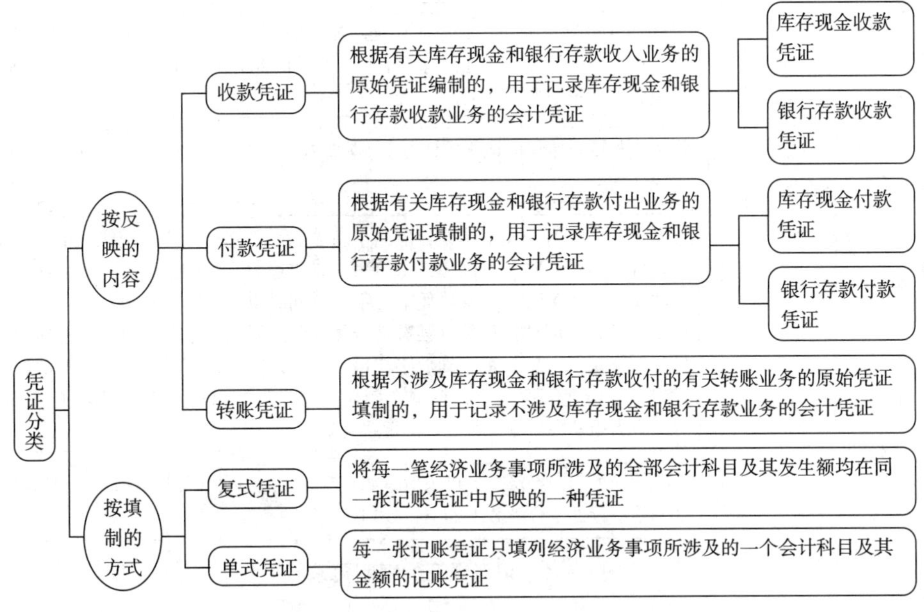

图 4-9　记账凭证的分类

4.3.3 记账凭证的基本内容

作为记账凭证必须具备以下一些基本内容，如图 4-10 所示。

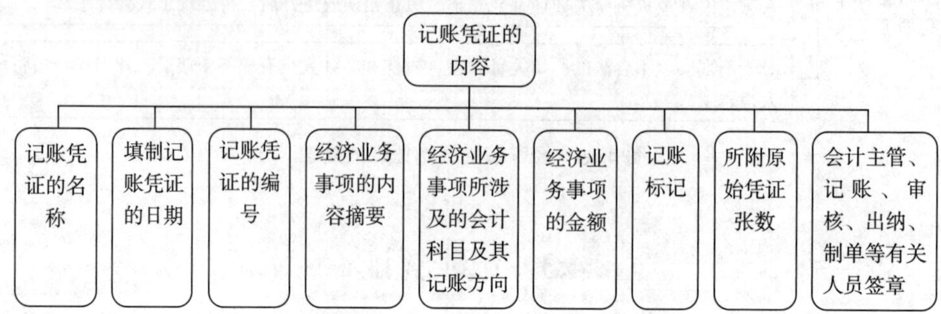

图 4-10 记账凭证的基本内容

4.3.4 记账凭证的编制要求

编制记账凭证，是会计核算的一个重要环节，是对原始凭证的整理和归类，并按复式记账的要求，运用会计科目，确定会计分录，作为登记账簿的依据。这不仅便于原始凭证的保管和查阅，也能保证记账工作的质量，简化了记账工作。如图 4-11 所示概括了记账凭证的编制要求。

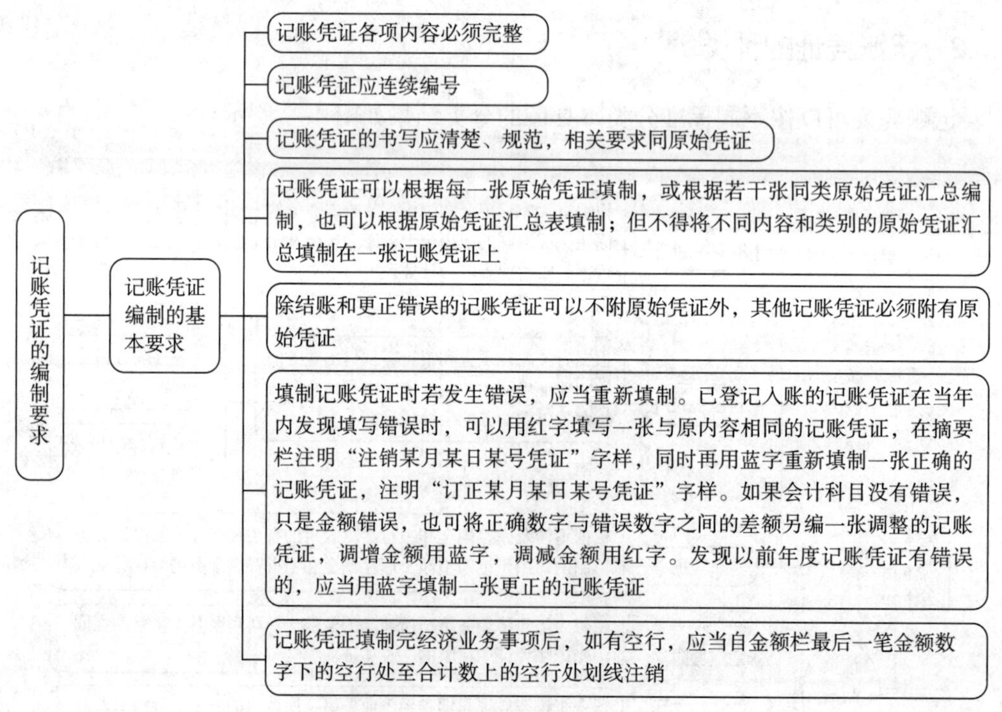

图 4-11 记账凭证的编制要求

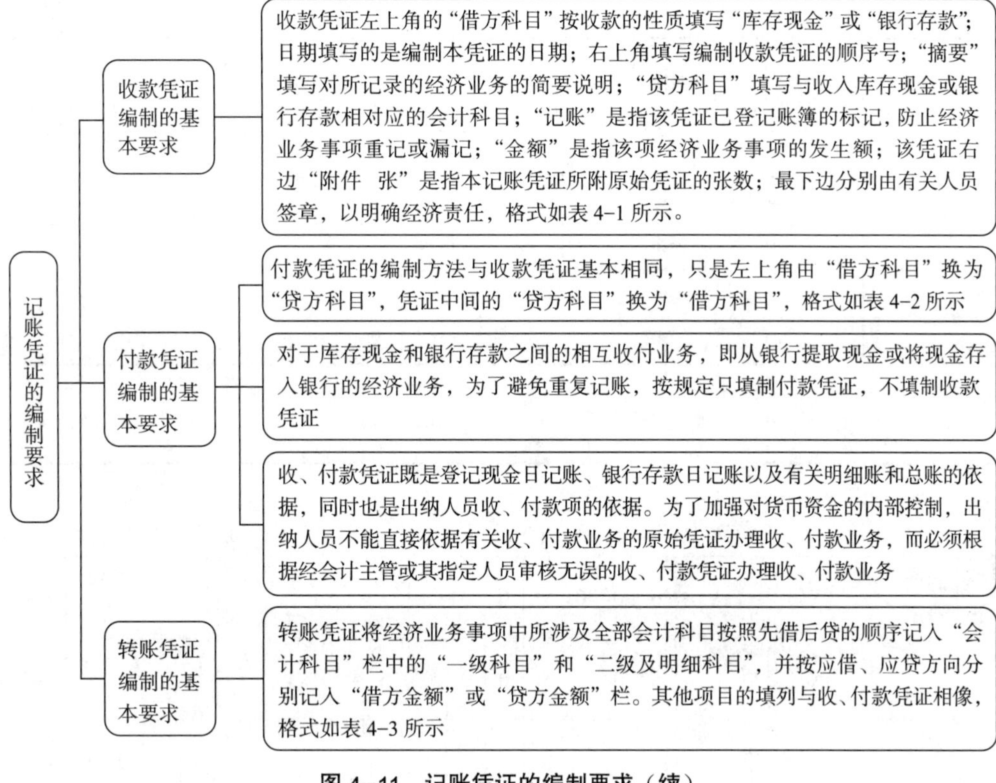

图 4-11　记账凭证的编制要求（续）

收款凭证、付款凭证、转账凭证的具体格式如表 4-1、表 4-2、表 4-3 所示。

表 4-1　收款凭证

借方科目：银行存款　　　　2×19 年 5 月 6 日　　　　银收字第 12 号

摘要	贷方总账科目	明细科目	记账符号	金额									
				千	百	十	万	千	百	十	元	角	分
销售产品 5 件	主营业务收入	乙产品	√				2	4	6	8	0	0	0
	应交税费	应交增值税	√					4	1	9	5	6	0
合计						¥	2	8	8	7	5	6	0

财务主管（印）　　记账（印）　　出纳（印）　　审核（印）　　制单（印）

表 4-2　付款凭证

借方科目：库存现金　　　　2×19 年 6 月 4 日　　　　现付字第 19 号

摘要	借方总账科目	明细科目	记账符号	金额									
				千	百	十	万	千	百	十	元	角	分
买办公用品	管理费用	办公费	√						6	5	2	0	0

续表

摘要	借方总账科目	明细科目	记账符号	金额									
				千	百	十	万	千	百	十	元	角	分
合计						¥			6	5	2	0	0

财务主管（印）　　记账（印）　　出纳（印）　　审核（印）　　制单（印）

表 4-3　转账凭证

摘要	总账科目	明细科目	√	借方金额										√	贷方金额									
				千	百	十	万	千	百	十	元	角	分		千	百	十	万	千	百	十	元	角	分
计提折旧	制造费用		√				6	0	0	0	0	0	0											
	管理费用		√				5	0	0	0	0	0	0											
	累计折旧													√			1	1	0	0	0	0	0	0
合计					¥	1	1	0	0	0	0	0	0			¥	1	1	0	0	0	0	0	0

财务主管（印）　　记账（印）　　出纳（印）　　审核（印）　　制单（印）

4.3.5　记账凭证的审核内容

出纳人员在办理收款或付款业务后，应在凭证上加盖“收讫”或“付讫”的戳记，以避免重收重付。

为了保证账簿记录的正确性，监督款项的收付，填制记账凭证后，必须有专人进行审查。记账凭证的审核内容如图 4-12 所示。

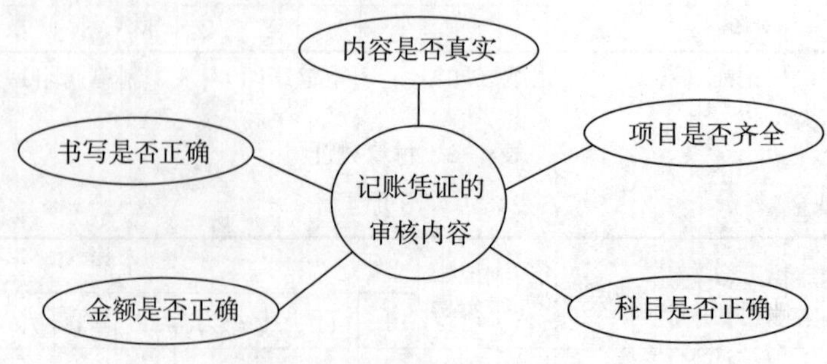

图 4-12　记账凭证的审核内容

需要注意的是，原始凭证和记账凭证之间存在以下区别，如图 4-13 所示。

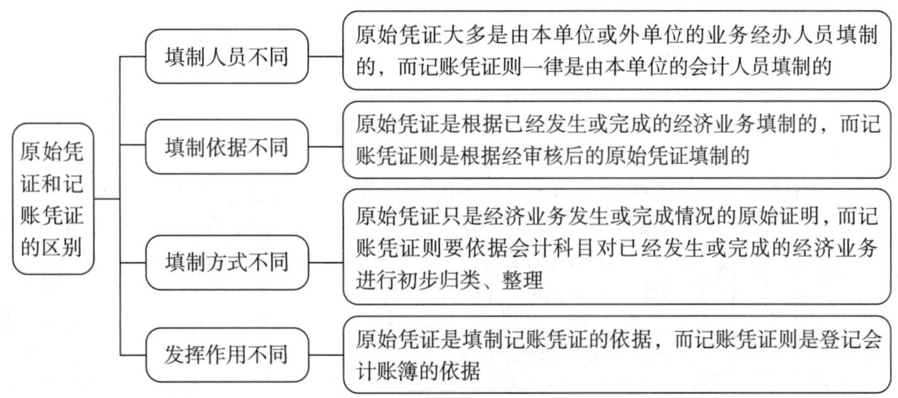

图 4-13　原始凭证和记账凭证的区别

4.4　会计凭证的传递和保管

4.4.1　会计凭证的传递

会计凭证的传递是指从会计凭证的取得或填制时起至归档保管过程中，在单位内部有关部门和人员之间的传送程序。

（1）会计凭证传递的作用

会计凭证的传递，指会计凭证从编制时起到归档时止，在单位内部各有关部门及人员之间的传递程序和传递时间。会计凭证传递的具体作用如图 4-14 所示。

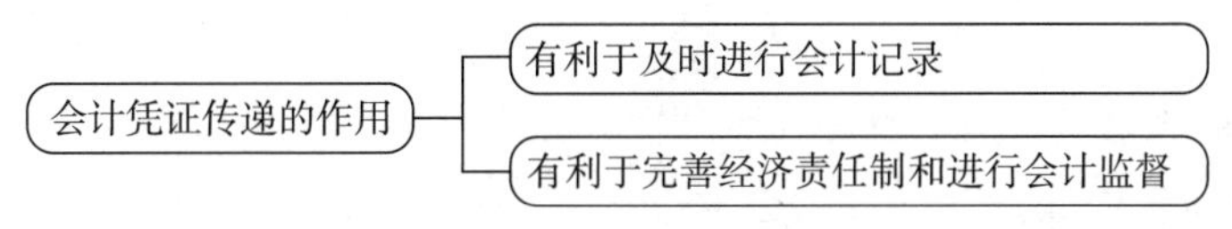

图 4-14　会计凭证传递的作用

（2）会计凭证传递的设计原则

会计凭证的传递关键在于会计凭证传递程序和传递时间的设计，会计凭证的联次和格式的设计合理与否也直接关系到会计凭证传递的质量。在对会计凭证的传递进行设计时，应遵循以下原则，如图 4-15 所示。

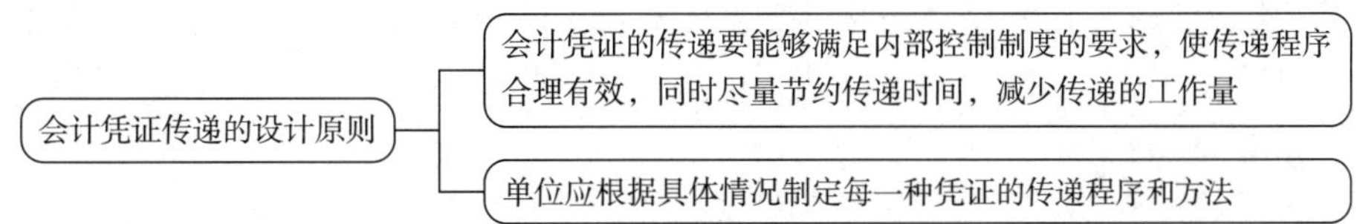

图 4-15　会计凭证传递的设计原则

4.4.2 会计凭证的保管

会计凭证的保管是指会计凭证记账后的整理、装订、归档和存查工作。会计凭证的保管要求如图 4-16 所示。

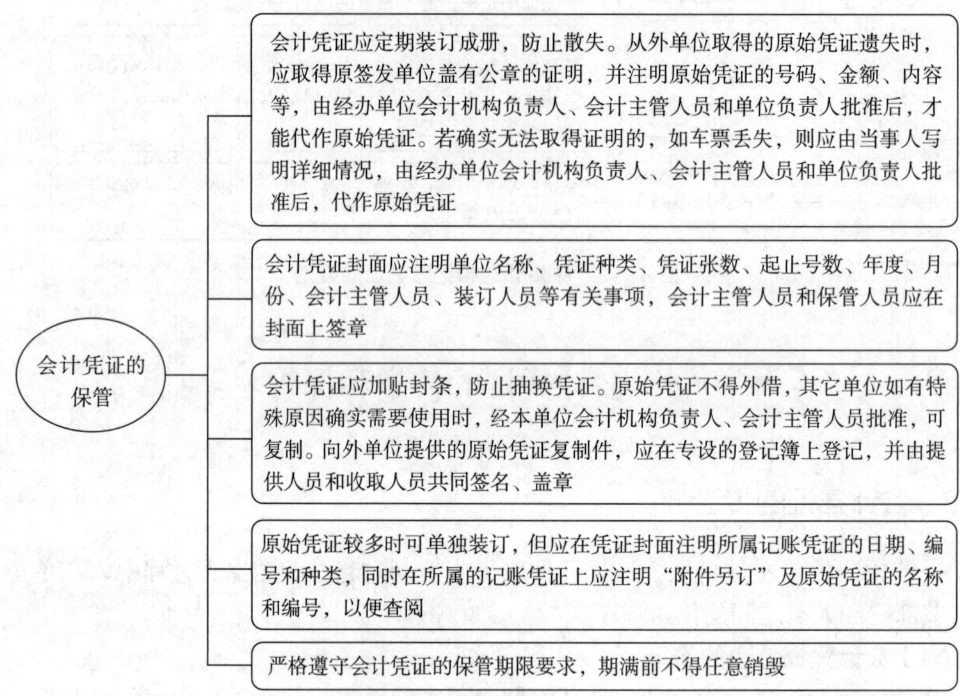

图 4-16 会计凭证的保管

本章实操要点

（1）原始凭证以实际发生或完成的经济业务为依据，由经办业务人员直接填制；以账簿记录为依据，由会计人员加工整理计算填制；以若干张反映同类经济业务的原始凭证为依据，定期填制汇总原始凭证，填制人员可能是业务经办人也可能是会计人员。

（2）出纳人员在办理收款或付款业务后，应在凭证上加盖“收讫”或“付讫”的戳记，以避免重收重付。

（3）原始凭证与记账凭证的区别是：填制人员、填制依据、填制方式和发挥作用不同。

会计账簿

——帮你成为一名“账房先生”

内容概览

对各种会计账簿的登记是会计工作中我们耳熟能详的内容，也是会计工作中每天最基本的日常工作。

在本章的学习中，我们将解决读者的以下问题：

（1）什么是会计账簿？会计账簿与账户是什么关系？会计账簿分几类？

（2）会计账簿有哪些内容？会计账簿的启用与登记有什么规则？

（3）登记会计账簿要遵循什么样的格式？用怎样的登记方法？

（4）对账和结账应掌握的知识有哪些？

（5）如何更换和保管会计账簿？

5.1　会计账簿的含义和种类

5.1.1　会计账簿的含义和意义

（1）会计账簿是什么

会计账簿（简称“账簿”）是指由一定格式账页组成的，以经过审核的会计凭证为依据，全面、系统、连续地记录各项经济业务的簿籍。账簿从外表形式上看，是由具有专门格式而又相互连接在一起的若干账页组成的；从记录的内容看，是对所有的经济业务，按照账户进行归类并序时地进行记录的簿籍。各单位应当按照规定和业务需要设置会计账簿。

在会计核算工作中，为了把分散在会计凭证上的大量核算资料加以集中和归类整理，以便为经营管理提供系统、完整的核算资料，就必须运用设置和登记账簿这一会计核算的专门方法。

（2）设置和登记账簿的意义

设置和登记账簿，是加工整理、积累、贮存会计资料的一种重要方法，是会计核算工作的一个重要环节，它对于加强经营管理，提高经济效益具有重要意义。设置和登记账簿的意义如图 5–1 所示。

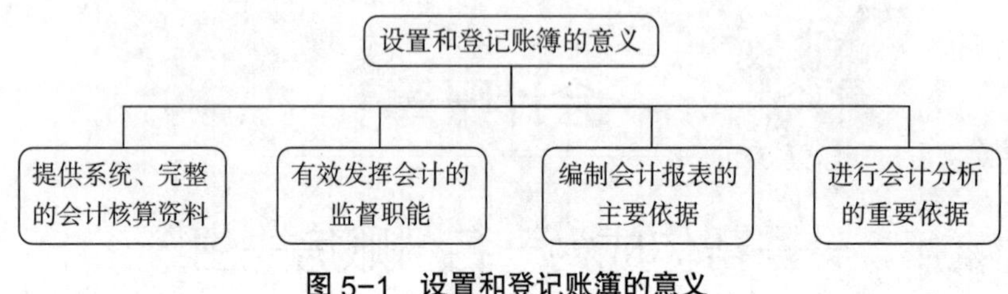

图 5–1　设置和登记账簿的意义

设置和登记账簿是编制会计报表的基础，是联结会计凭证与会计报表的中间环节，在会计核算中具有重要意义。通过账簿的设置和登记，可以记载、储存会计信息，分类、汇总会计信息，检查、校正会计信息，编报、输出会计信息。

5.1.2　会计账簿与账户的关系

账户存在于账簿之中，账簿中的每一账页就是账户的存在形式和载体，没有账簿，账户不能独立存在：账簿序时、分类地记载经济业务，是在账户中完成的。因此，账簿只是一个外在形式，账户才是其内在真实内容，二者间的关系是形式和内容的关系。

5.1.3　会计账簿的分类

在实际工作中，由于各个单位的经济业务和经营管理的要求不同，所设置的账簿也有所不同。按照不同的标准对会计账簿进行分类，如图 5–2 所示。

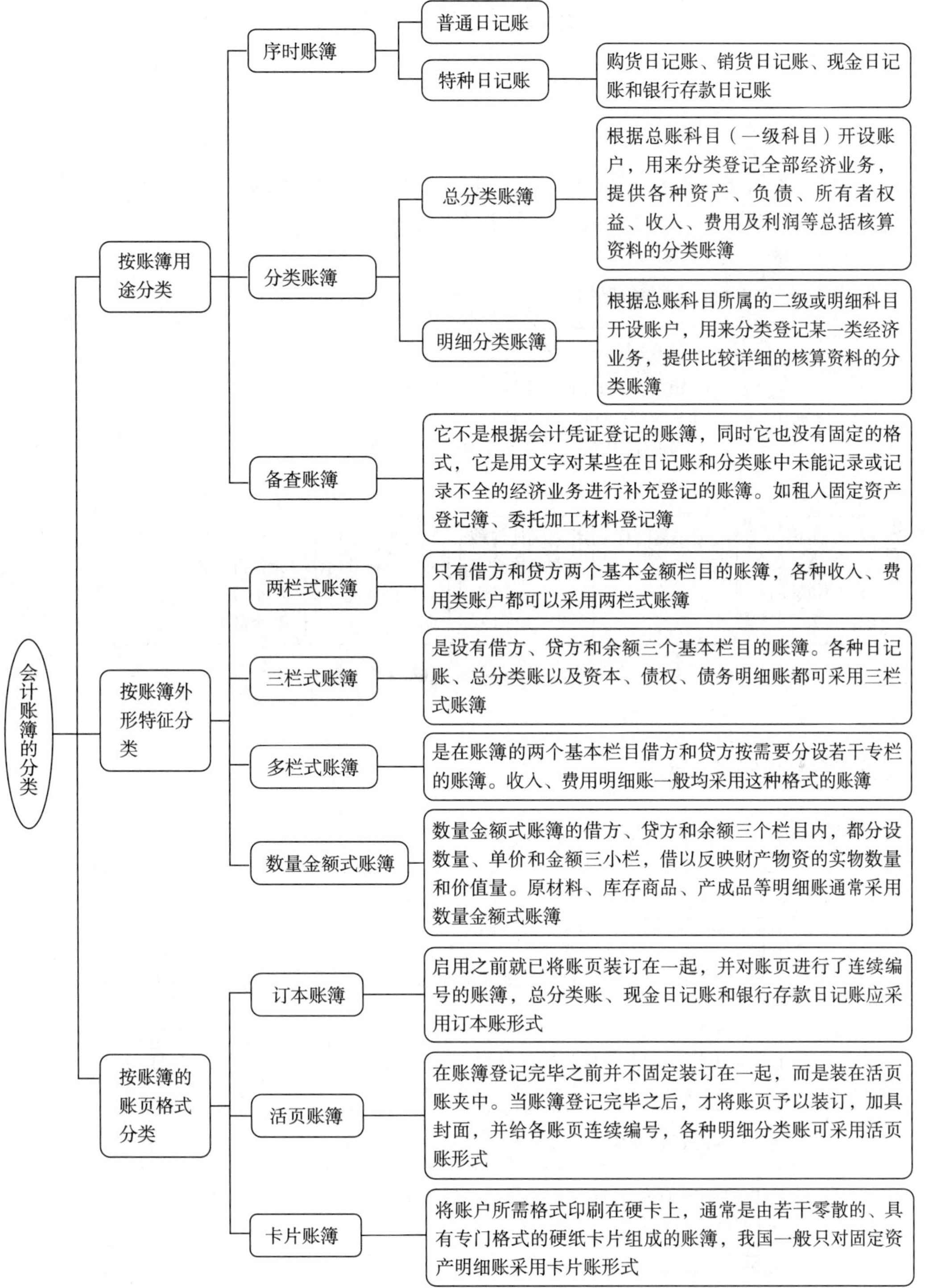
会计账簿的分类
按账簿用途分类
序时账簿
普通日记账
特种日记账
购货日记账、销货日记账、现金日记账和银行存款日记账
分类账簿
总分类账簿
根据总账科目（一级科目）开设账户，用来分类登记全部经济业务，提供各种资产、负债、所有者权益、收入、费用及利润等总括核算资料的分类账簿
明细分类账簿
根据总账科目所属的二级或明细科目开设账户，用来分类登记某一类经济业务，提供比较详细的核算资料的分类账簿
备查账簿
它不是根据会计凭证登记的账簿，同时它也没有固定的格式，它是用文字对某些在日记账和分类账中未能记录或记录不全的经济业务进行补充登记的账簿。如租入固定资产登记簿、委托加工材料登记簿
按账簿外形特征分类
两栏式账簿
只有借方和贷方两个基本金额栏目的账簿，各种收入、费用类账户都可以采用两栏式账簿
三栏式账簿
是设有借方、贷方和余额三个基本栏目的账簿。各种日记账、总分类账以及资本、债权、债务明细账都可采用三栏式账簿
多栏式账簿
是在账簿的两个基本栏目借方和贷方按需要分设若干专栏的账簿。收入、费用明细账一般均采用这种格式的账簿
数量金额式账簿
数量金额式账簿的借方、贷方和余额三个栏目内，都分设数量、单价和金额三小栏，借以反映财产物资的实物数量和价值量。原材料、库存商品、产成品等明细账通常采用数量金额式账簿
按账簿的账页格式分类
订本账簿
启用之前就已将账页装订在一起，并对账页进行了连续编号的账簿，总分类账、现金日记账和银行存款日记账应采用订本账形式
活页账簿
在账簿登记完毕之前并不固定装订在一起，而是装在活页账夹中。当账簿登记完毕之后，才将账页予以装订，加具封面，并给各账页连续编号，各种明细分类账可采用活页账形式
卡片账簿
将账户所需格式印刷在硬卡上，通常是由若干零散的、具有专门格式的硬纸卡片组成的账簿，我国一般只对固定资产明细账采用卡片账形式

图 5-2 会计账簿的分类

5.2　会计账簿的内容、启用与登记规则

5.2.1　会计账簿的基本内容

各种账簿所记录的经济业务不同，虽然账簿的种类和格式是多种多样的，但各种主要账簿都应具备以下基本内容，如图 5-3 所示。

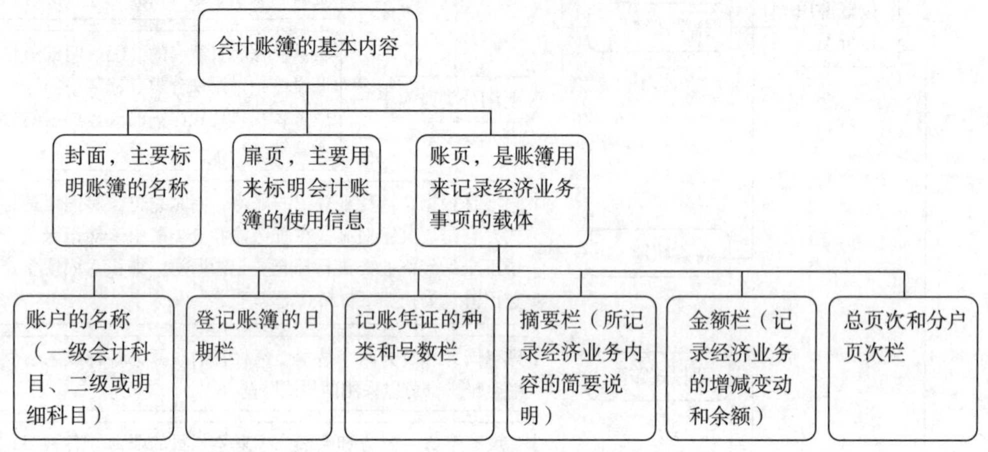

图 5-3　会计账簿的基本内容

5.2.2　会计账簿的启用

会计账簿的启用要注意以下问题，如图 5-4 所示。

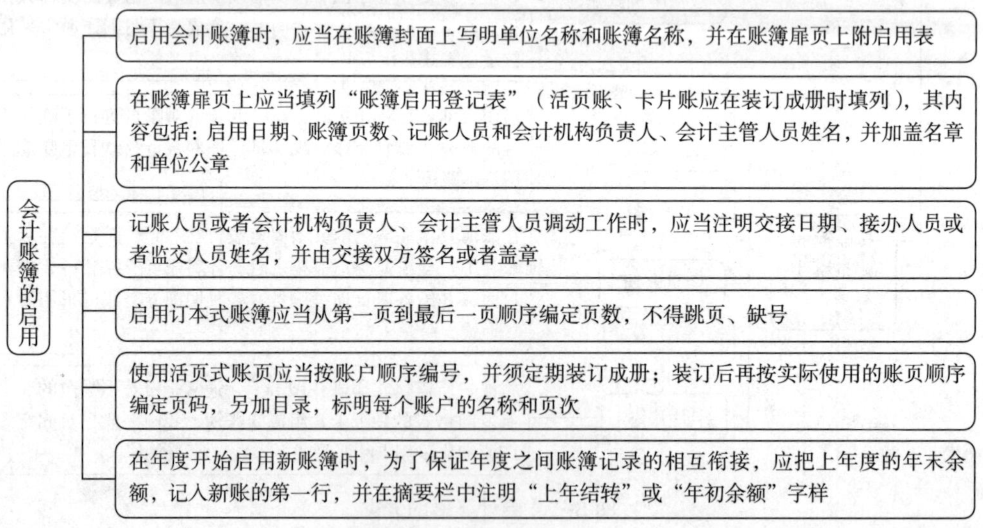

图 5-4　会计账簿的启用

5.2.3　会计账簿的记账规则

会计账簿的记账规则如图 5-5 所示。

会计账簿记账规则

- 登记会计账簿时，应当将会计凭证日期、编号、业务内容摘要、金额和其它有关资料逐项记入账内，做到数字准确、摘要清楚、登记及时、字迹工整
- 登记完毕后，要在记账凭证上签名或者盖章，并注明已经登账的符号，表示已经记账
- 账簿中书写的文字和数字上面要留有适当空格，不要写满格，一般应占格距的1/2
- 登记账簿要用蓝黑墨水或者碳素墨水书写，不得使用圆珠笔（银行的复写账簿除外）或铅笔书写
- 下列情况可以用红色墨水记账：按照红字冲账的记账凭证，冲销错误记录；在设借贷等栏的多栏式账页中，登记减少数；在三栏式账户的余额栏前，如未印明余额方向的，在余额栏内登记负数余额；根据国家统一的会计准则的规定可以用红字登记的其它会计记录
- 各种账簿应按页次顺序连续登记，不得跳行、隔页。如果发生跳行、隔页，应当将空行、空页划线注销或者注明“此行空白”“此页空白”字样，并由记账人员签名或者盖章
- 凡需要结出余额的账户，结出余额后，应当在“借或贷”等栏内写明“借”或者“贷”等字样。没有余额的账户，应在“借或贷”栏内写“平”字，并在“余额”栏用“0”表示
- 每一账页登记完毕结转下页时，应当结出本页合计数及余额，写在本页最后一行和下页第一行有关栏内，并在摘要栏内注明“过次页”和“承前页”字样；也可以将本页合计数及金额只写在下页第一行有关栏内，并在摘要栏内注明“承前页”字样
- 对需要结计本月发生额的账户，　结计“过次页”的本页合计数应当为自本月初起至本页末止的发生额合计数；对需要结计本年累计发生额的账户，结计“过次页”的本页合计数应当为自年初起至本页末止的累计数；对既不需要结计本月发生额，也不需要结计本年累计发生额的账户，可以只将每页末的余额结转次页

5-5　会计账簿的记账规则

5.3　各种会计账簿的登记方法

5.3.1　日记账的格式和登记方法

为了加强对货币资金的管理，各单位都应当设置现金日记账和银行存款日记账，用以逐日核算和监督库存现金与银行存款的收入、支出和结存情况。现金日记账和银行存款日记账必须采用订本式账簿，并为每一张账页顺序编号。现金日记账是用来核算和监督库存现金每天的收入、支出和结存情况的账簿，其格式有三栏式和多栏式两种。无论采用三栏式还是多栏式现金日记账，都必须使用订本账。银行存款日记账是用来核算和监督银行存款每日的收入、支出和结余情况的账簿。银行存款日记账应按

企业在银行开立的账户和币种分别设置，每个银行账户设置一本日记账。日记账的格式和登记方法如图 5-6 所示。

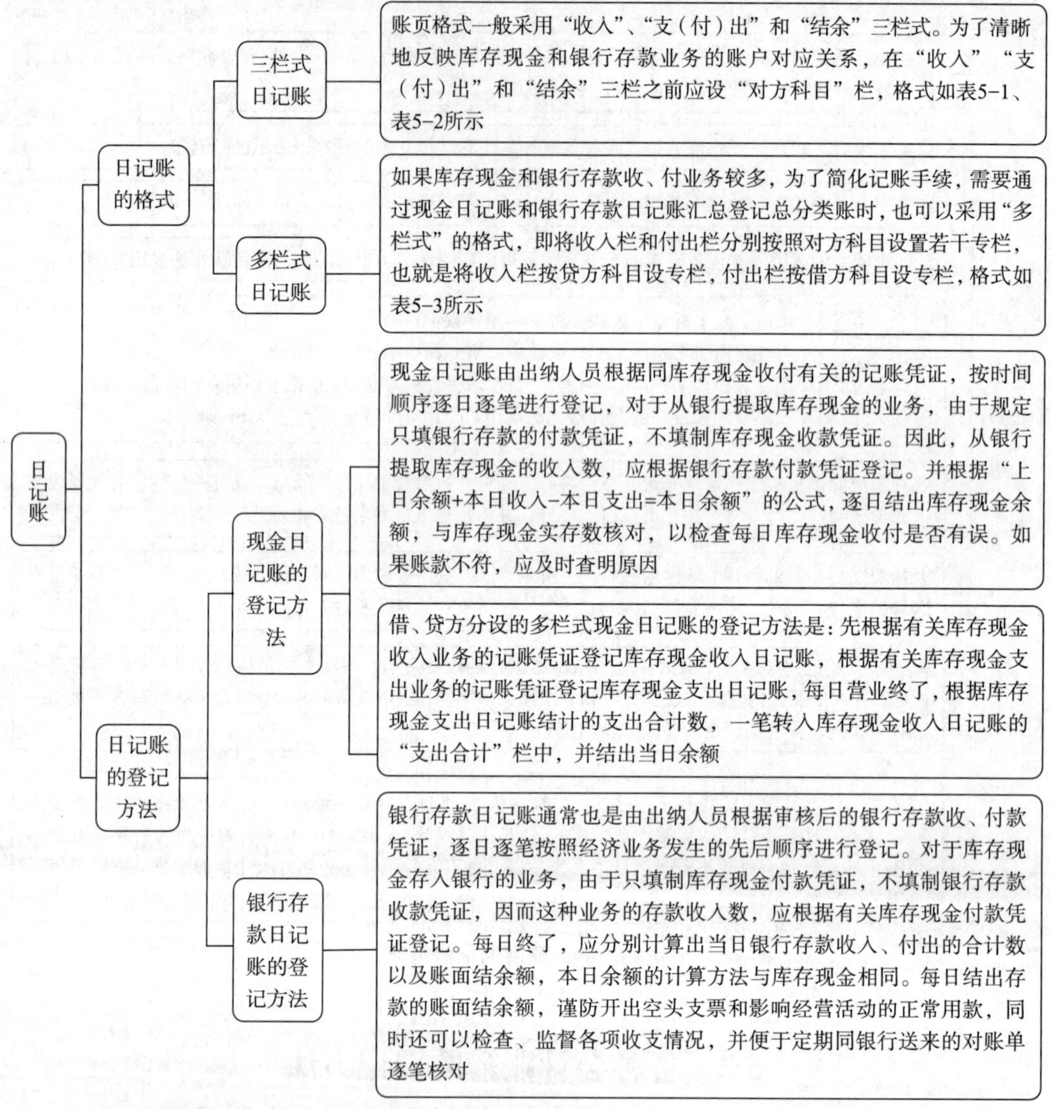

图 5-6　日记账的格式和登记方法

日记账的具体格式举例及一般格式如表 5-1、表 5-2、表 5-3 所示。

表 5-1　现金日记账

2×18 年		凭证		摘要	对方科目	页数	借方	贷方	余额
月	日	种类	号数						
6	1			承前页					800
	2	银付	1	提取现金	银行存款		3 000		3 800
	2	现付	1	王明借差旅费	其他应收款			1 500	2 300

续表

2×18 年		凭证		摘要	对方科目	页数	借方	贷方	余额
月	日	种类	号数						
	2	现付	2	购买办公用品	管理费用			1 000	1 300
	2	现收	1	销售商品	营业收入		1 200		2 500
	2	现付	3	将多余库存现金存银行				1 500	1 000
				本日合计			4 200	4 000	1 000

表 5-2 银行存款日记账

账号： 户名：

2×18 年		凭证		摘要	对方科目	支票号	借方	贷方	余额
月	日	种类	号数						
6	1			承前页					80 000
	2	银收	1	销售收入存银行	营业收入		2 800		82 800
	2	银付	1	提取库存现金	库存现金			1 500	81 300
	2	银付	2	支付水电费	管理费用			2 000	79 300
	2	银付	3	购买材料	材料采购			3 000	76 300
	2	现付	3	将多余库存现金存银行			1 500		77 800
				本日合计			4 300	6 500	77 800

表 5-3 现金（银行存款）日记账

××年		凭证		摘要	收入（对方科目）						付出（对方科目）					余额
月	日	种类	号数							小计					小计	

5.3.2 总分类账的格式和登记方法

总分类账是按照总分类账户分类登记以提供总括会计信息的账簿。总分类账最常用的格式为三栏式，设置借方、贷方和余额三个基本金额栏目。为了总括、全面地反映经济活动情况，并为编制会计报表提供资料，一切单位都要设置总分类账。总分类账必须采用订本式账簿，总分类账的格式和登记方法如图 5-7 所示。

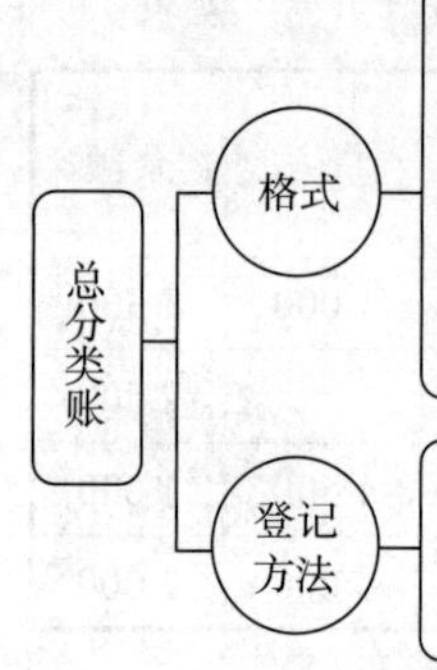

总分类账一般按照会计科目的编码顺序，并为各个账户预留账页。总分类账的账页格式有三栏式和多栏式两种。大多数总分类账一般采用借方、贷方、余额三栏式的订本账。根据实际需要，在总分类账中的借贷两栏内，也可增设对方科目栏。多栏式总分类账是把所有的总账科目合设在一张账页上，这种格式的总分类账，兼有序时账和分类账的作用，实际上多是序时账与分类账相结合的联合账簿，即日记总账。表5-4为三栏式的总分类账的格式，表5-5为多栏式总分类账的格式

总分类账可以直接根据记账凭证逐笔登记，也可以通过一定的汇总方式，先把各种记账凭证汇总编制成科目汇总表或汇总记账凭证，再据以登记。月终，在全部经济业务登记入账后，结出各账户的本期发生额和期末余额

图 5-7　总分类账的格式和登记方法

总分类账的一般格式如表 5-4、表 5-5 所示。

表 5-4　总分类账（三栏式）

××年		凭证		摘要	借方	贷方	余额
月	日	种类	号数				

表 5-5　总分类账（多栏式）

××年		凭证		摘要	发生额	_科目		_科目		_科目		_科目		…… ……	科目	
月	日	种类	号数			借方	贷方	借方	贷方	借方	贷方	借方	贷方		借方	贷方

5.3.3　明细分类账的格式和登记方法

明细分类账是根据二级账户或明细账户开设账页，分类、连续地登记经济业务以提供明细核算资料的账簿。它所提供的有关经济活动的详细核算资料，是对总分类账所提供的总括核算资料的必要补充，同时也是编制会计报表的依据之一。因此，各个单位在设置总分类账的基础上，还应根据实际需要，按照总账科目设置必要的明细分类账。明细分类账一般采用活页式账簿，也有的采用卡片式账簿（如固定资产明细账）。根据管理的要求和各种明细分类账所反映的经济内容，明细分类账的格式主要有三栏

式、多栏式、数量金额式和横线登记式（或称平行式）等多种格式，其分类与登记方法如图 5-8 所示。

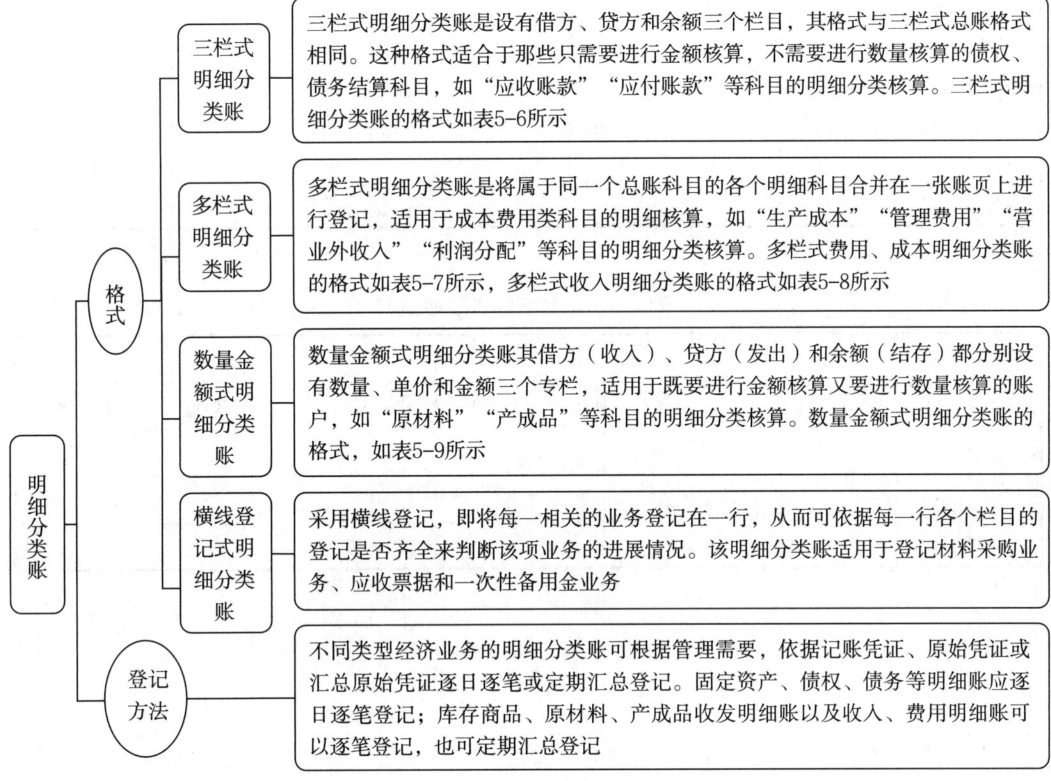

图 5-8　明细分类账的格式与登记方法

明细分类账的一般格式如表 5-6 ～表 5-9 所示。

表 5-6　账簿名称（双栏式）

×× 年		凭证		摘要	借方	贷方	借或贷	余额
月	日	种类	号数					

表 5-7　账簿名称（借方单栏式）

×× 年		凭证		摘要	借方（项目）					贷方	余额
月	日	种类	号数						合计		

表 5-8 账簿名称（贷方单栏式）

××年		凭证		摘要	借方	贷方（项目）						余额
月	日	种类	号数								合计	

表 5-9 账簿名称（三栏式）

××年		凭证		摘要	借方			贷方			余额		
月	日	种类	号数		数量	单价	金额	数量	单价	金额	数量	单价	金额

5.4 对　账

所谓对账就是核对账目，对账簿记录的正确与否进行核对。在会计核算中，记账时会发生各种差错，造成账实不符、账证不符，为了保证账簿记录的正确性，必须进行对账工作，通过对账来保证各种账簿记录的真实、正确、完整，以确保账证相符、账账相符、账实相符。对账的内容如图 5-9 所示。

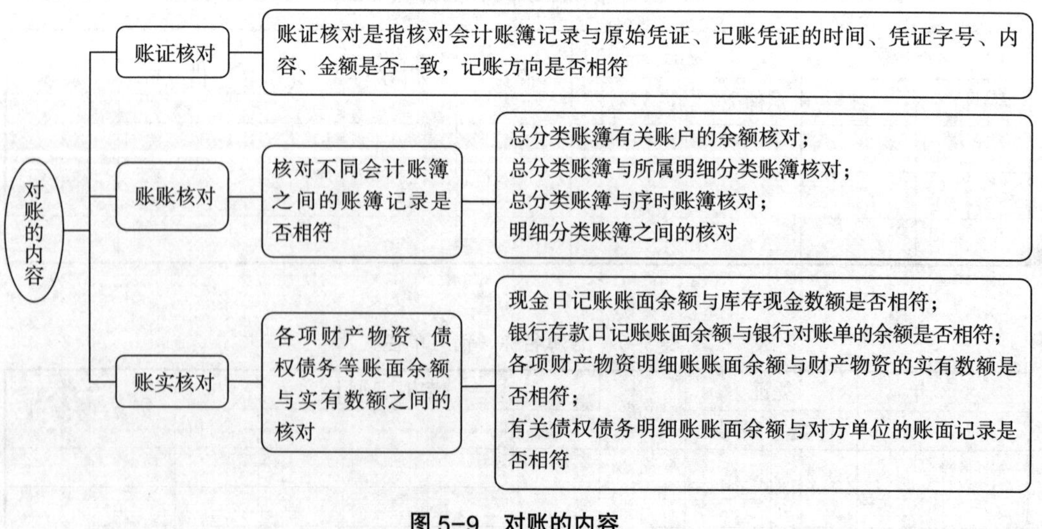

图 5-9 对账的内容

5.5　错账更正方法

账簿记录发生错误，不准涂改、挖补、刮擦或者用药水消除字迹，不准重新抄写，必须按错账更正法更正，如图 5-10 所示。

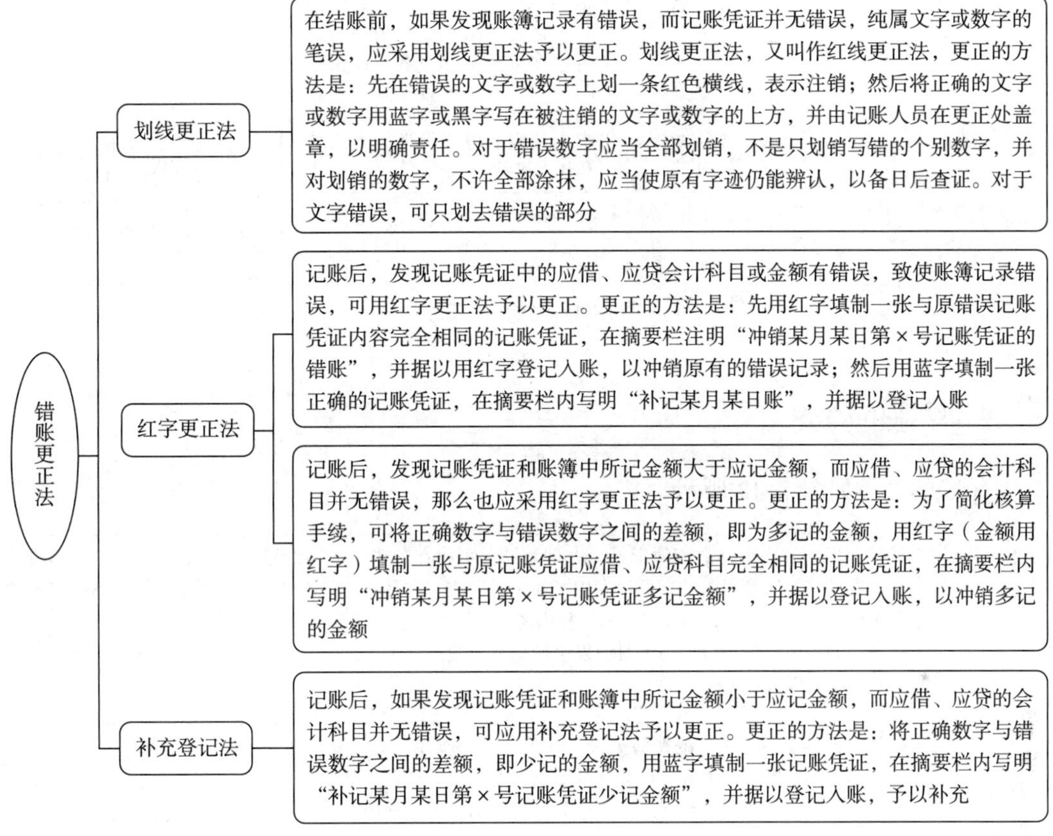

图 5-10　错账更正法

5.6　结　　账

5.6.1　结账的程序

所谓结账就是在会计期末（月末、季末、年末）将本期内所有发生的经济业务全部登计入账以后，计算出本期发生额和期末余额。结账工作是编制会计报表的先决条件，做好结账工作，十分重要。结账的程序如图 5-11 所示。

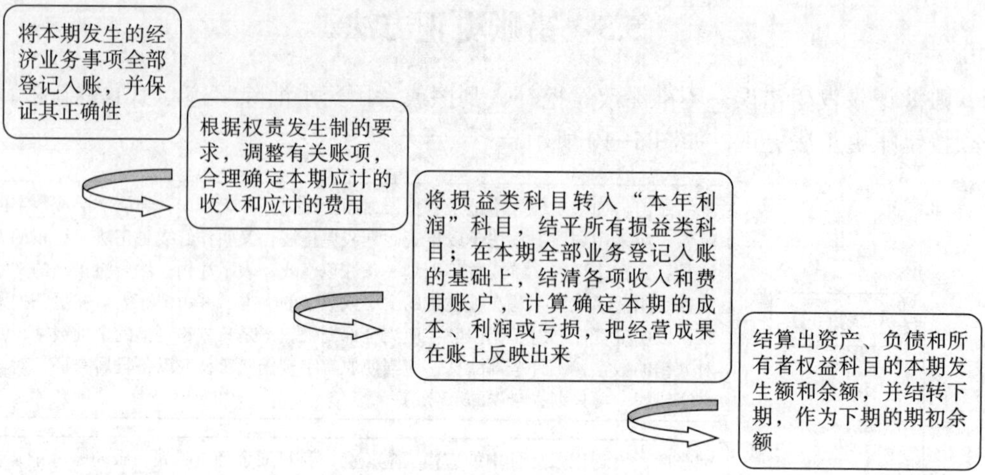

将本期发生的经济业务事项全部登记入账，并保证其正确性

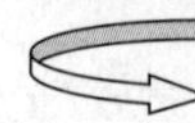

根据权责发生制的要求，调整有关账项，合理确定本期应计的收入和应计的费用

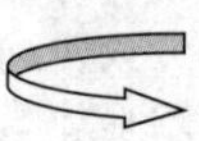

将损益类科目转入“本年利润”科目，结平所有损益类科目；在本期全部业务登记入账的基础上，结清各项收入和费用账户，计算确定本期的成本、利润或亏损，把经营成果在账上反映出来

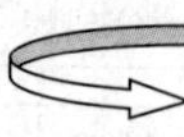

结算出资产、负债和所有者权益科目的本期发生额和余额，并结转下期，作为下期的期初余额

图 5-11　结账的程序

5.6.2　结账的种类

结账的种类如图 5-12 所示。

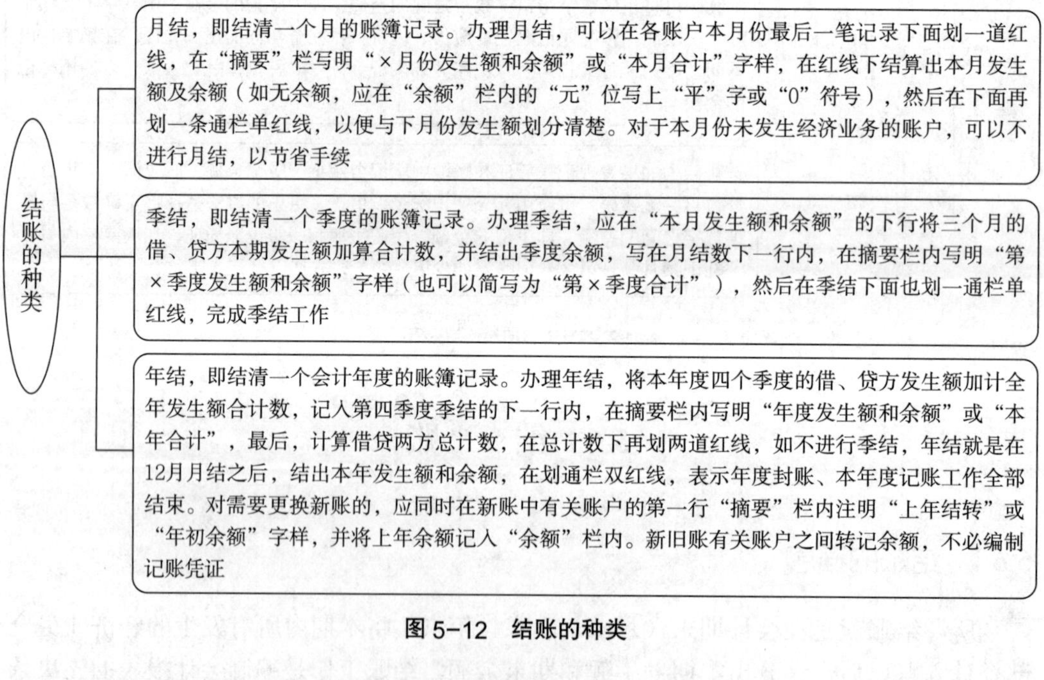

结账的种类

- 月结，即结清一个月的账簿记录。办理月结，可以在各账户本月份最后一笔记录下面划一道红线，在“摘要”栏写明“×月份发生额和余额”或“本月合计”字样，在红线下结算出本月发生额及余额（如无余额，应在“余额”栏内的“元”位写上“平”字或“0”符号），然后在下面再划一条通栏单红线，以便与下月份发生额划分清楚。对于本月份未发生经济业务的账户，可以不进行月结，以节省手续
- 季结，即结清一个季度的账簿记录。办理季结，应在“本月发生额和余额”的下行将三个月的借、贷方本期发生额加算合计数，并结出季度余额，写在月结数下一行内，在摘要栏内写明“第×季度发生额和余额”字样（也可以简写为“第×季度合计”），然后在季结下面也划一通栏单红线，完成季结工作
- 年结，即结清一个会计年度的账簿记录。办理年结，将本年度四个季度的借、贷方发生额加计全年发生额合计数，记入第四季度季结的下一行内，在摘要栏内写明“年度发生额和余额”或“本年合计”，最后，计算借贷两方总计数，在总计数下再划两道红线，如不进行季结，年结就是在12月月结之后，结出本年发生额和余额，在划通栏双红线，表示年度封账、本年度记账工作全部结束。对需要更换新账的，应同时在新账中有关账户的第一行“摘要”栏内注明“上年结转”或“年初余额”字样，并将上年余额记入“余额”栏内。新旧账有关账户之间转记余额，不必编制记账凭证

图 5-12　结账的种类

5.6.3　结账的方法

结账的方法如图 5-13 所示。

结账的方法

- 对不需按月结计本期发生额的账户，每次记账后，都要随时结出余额，每月最后一笔余额即为月末余额。月末结账时，只需在最后一笔经济业务事项记录之下通栏划单红线，不需要再结计一次余额
- 库存现金、银行存款日记账和需要按月结计发生额的收入、费用等明细账，每月结账时，要结出本月发生额和余额，在摘要栏内注明“本月合计”字样，并在下面通栏划单红线
- 需要结计本年累计发生额的某些明细账户，每月结账时，应在“本月合计”行下结出自年初起至本月末止的累计发生额，登记在月份发生额下面，在摘要栏内注明“本年累计”字样，并在下面通栏划单红线。12月末的“本年累计”就是全年累计发生额，全年累计发生额下通栏划双红线
- 总账账户平时只需结出月末余额。年终结账时，将所有总账账户结出全年发生额和年末余额，在摘要栏内注明“本年合计”字样，并在合计数下通栏划双红线
- 年度终了结账时，有余额的账户，要将其余额结转下年，并在摘要栏注明“结转下年”字样；在下一会计年度新建有关会计账户的第一行余额栏内填写上年结转的余额，并在摘要栏注明“上年结转”字样

图 5-13　结账的方法

5.7　会计账簿的更换与保管

会计账簿的更换与保管如图 5-14 所示。

会计账簿的更换与保管

- 更换：会计账簿的更换通常在新会计年度建账时进行。总账、日记账和多数明细账应每年更换一次。在更换新账时，应将各账户的余额结转到新账簿第一行的余额栏内，并注明方向，同时在摘要栏内注明“上年结转”字样。变动较小的明细账可以连续使用，不必每年更换。备查账簿可以连续使用
- 保管：年度终了，各种账户在结转下年、建立新账后，通常要把旧账送交总账会计集中统一管理。会计账簿暂由本单位财务会计部门保管1年，期满之后，由财务会计部门编造清册，移交本单位的档案部门保管

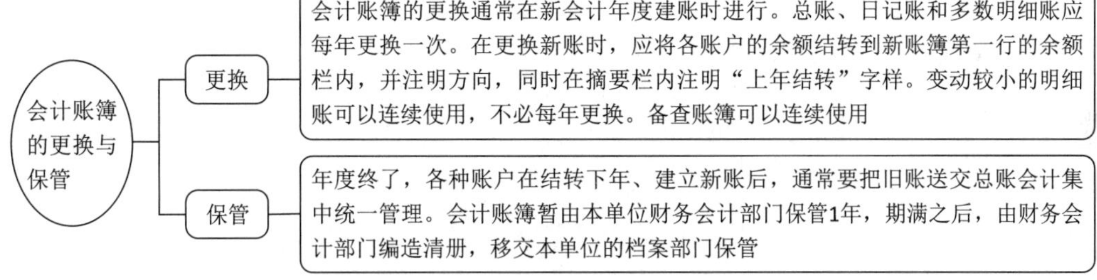

图 5-14　会计账簿的更换与保管

本章实操要点

（1）账簿是一个外在形式，账户是其内在真实内容，二者之间的关系是形式和内容的关系。

（2）各种账簿应按页次顺序连续登记，不得跳行、隔页。如果发生跳行、隔页，应当将空行、空页划线注销或者注明“此行空白”“此页空白”字样，并由记账人员签名或者盖章。

（3）日记账分为三栏式日记账和多栏式日记账。

（4）一切单位都必须设置总分类账，总分类账必须采用订本式账簿。

（5）总分类账可以直接根据记账凭证逐笔登记，也可以通过一定的汇总方式，先

把各种记账凭证汇总编制成科目汇总表或汇总记账凭证，再据以登记。月终，在全部经济业务登计入账后，结出各账户的本期发生额和期末余额。

（6）明细分类账是根据二级账户或明细账户开设账页，分类、连续地登记经济业务以提供明细核算资料的账簿。各个单位应根据实际需要，按照总账科目设置必要的明细分类账。明细分类账一般采用活页式账簿，也有的采用卡片式账簿。

（7）对账包括账证核对、账账核对和账实核对。

（8）注意划线更正法、红字更正法和补充登记法的区别。

第六章

账务处理程序

——按部就班，急而不乱

内容概览

账务处理程序主要包括对记账凭证账务和科目汇总表账务的处理程序，是在会计凭证、会计账簿基础上所进行的进一步处理。经过账务处理程序后，生成的总分类账和明细分类账等更加简洁、系统，是日后编制财务报表的资料来源。

在本章的学习中，我们将解决读者的以下问题：

（1）账务处理程序的种类有哪些？

（2）记账凭证账务处理程序是什么？有哪些优缺点？适用范围如何？

（3）汇总记账凭证账务处理程序是什么？有哪些优缺点？适用范围如何？

（4）科目汇总表账务处理程序是什么？有哪些优缺点？适用范围如何？

6.1 账务处理程序的种类

账务处理程序也称会计核算组织程序或会计核算形式，指会计凭证、会计账簿、会计报表相结合的方式，包括会计凭证和账簿的种类、格式，会计凭证与账簿之间的联系方法，由原始凭证到编制记账凭证、登记明细分类账和总分类账、编制会计报表的工作程序和方法等。账务处理程序的种类如图 6-1 所示。

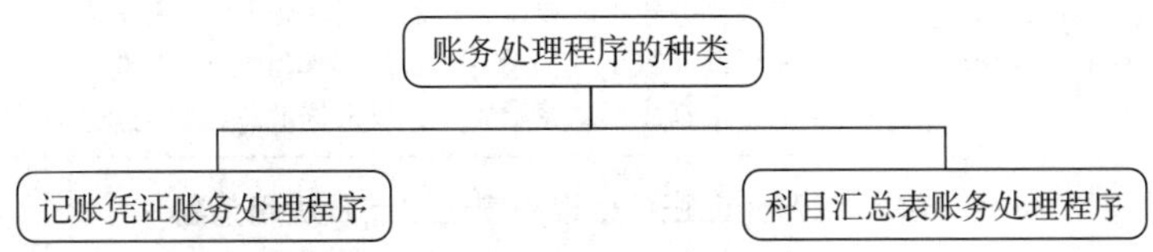

图 6-1 账务处理程序的种类

6.2 账务处理程序的具体内容

6.2.1 记账凭证账务处理程序

记账凭证账务处理程序是指对发生的经济业务事项，都要根据原始凭证或汇总原始凭证编制记账凭证，然后直接根据记账凭证逐笔登记总分类账的一种账务处理程序。在此种账务处理程序下，记账凭证可以采用通用格式，也可分别采用收款凭证、付款凭证、转账凭证三种格式。设置的账簿一般包括现金日记账、银行存款日记账、总分类账和明细分类账。其中，总分类账应按总账科目设置，总分类账和日记账的格式均可采用三栏式。明细分类账可根据管理的需要设置，采用三栏式、数量金额式或多栏式格式。记账凭证账务处理程序的步骤，如图 6-2 所示。

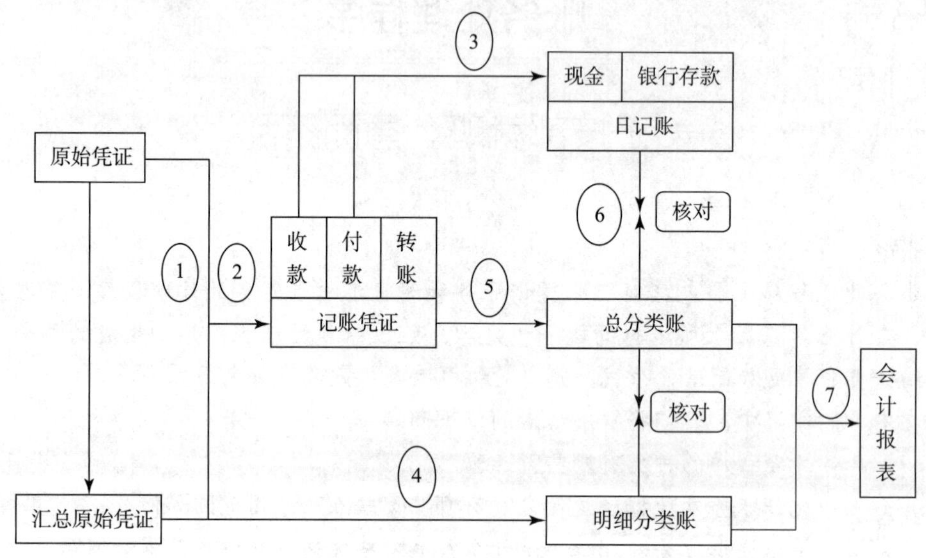

图 6-2 记账凭证账务处理程序

账务处理程序的优缺点和适用范围如图 6-3 所示。

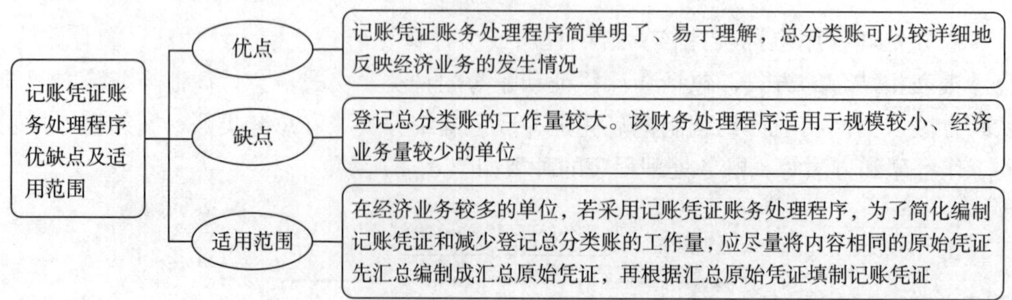

图 6-3 记账凭证账务处理程序优缺点及适用范围

6.2.2　科目汇总表账务处理程序

科目汇总表账务处理程序又称记账凭证汇总表账务处理程序，它是根据记账凭证定期编制科目汇总表，再根据科目汇总表登记总分类账的一种账务处理程序。其主要特点在于，定期将所有记账凭证汇总编制成科目汇总表，然后根据科目汇总表汇总登记总分类账。由于总分类账是根据科目汇总表登记的，故被称为科目汇总表账务处理程序。采用科目汇总表账务处理程序，所需设置的账簿的种类和格式与记账凭证账务处理程序下基本相同。在记账凭证的设置上，一般也应设置收款凭证、付款凭证和转账凭证，但为了便于相同账户的归类汇总，避免差错，要求所有记账凭证中的科目对应关系，只能是一个借方科目与一个贷方科目相对应，即每一张记账凭证中只能编制简单会计分录。对于转账凭证最好复写一式两份，以便分别用来归类汇总借方科目和贷方科目的本期发生额，或者所有记账凭证采用单式记账凭证格式。在这种账务处理程序下，由于科目汇总表不反映各个科目的对应关系，因而总分类账可采用不设立“对方科目”栏的借、贷、余三栏式账页。总分类账可以根据每次汇总编制的科目汇总表，随时进行登记。在科目汇总表采用图表的情况下，也可以在月末根据科目汇总表的借方发生额和贷方发生额的全月合计数一次登记。

（1）科目汇总表的编制方法

科目汇总表的编制方法是：根据一定时间内的全部记账凭证，按照相同的会计科目归类，定期（如 5 天或 10 天）汇总出每一个会计科目的借方本期发生额和贷方本期发生额，并填写在科目汇总表的相关栏内。对于科目汇总表中“库存现金”“银行存款”科目的借方本期发生额和贷方本期发生额，也可以直接根据现金日记账和银行存款日记账的收入合计与支出合计填列，而不再根据收款凭证和付款凭证归类汇总填列。科目汇总表可以每汇总一次编制一张，也可以按旬汇总一次，每月编制一张。任何格式的科目汇总表，都只反映各个会计科目的借方本期发生额和贷方本期发生额，不反映各个会计科目的对应关系。科目汇总表的一般格式如表 6–1、表 6–2 所示。

表 6–1　科目汇总表（每汇总一次编制一张）

年　　月　　日　　　　　　　　第　　号

会计科目	记账凭证起讫号数	本期发生额		总账页数
		借方	贷方	
合计				

表 6–2　科目汇总表（每月编制一张）

年　　月　　日止

会计科目	总账页数	1 至 10 日		11 至 20 日		21 至 31 日		本月合计	
		借方	贷方	借方	贷方	借方	贷方	借方	贷方
合计									

（2）科目汇总表账务处理程序的一般步骤

科目汇总表账务处理程序的一般程序如图 6-4 所示。

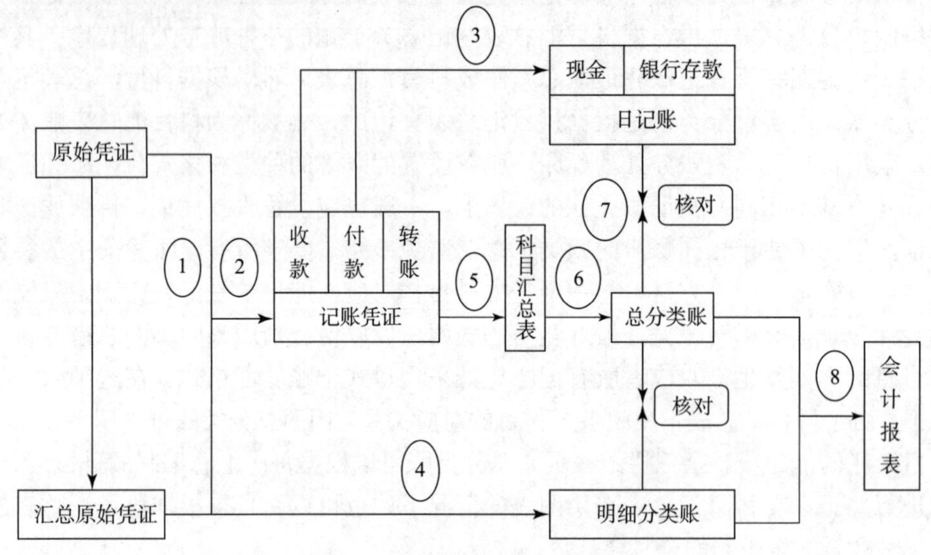

图 6-4　科目汇总表账务处理程序

（3）科目汇总表账务处理程序的优缺点与适用范围

科目汇总表账务处理程序的优缺点及适用范围如图 6-5 所示。

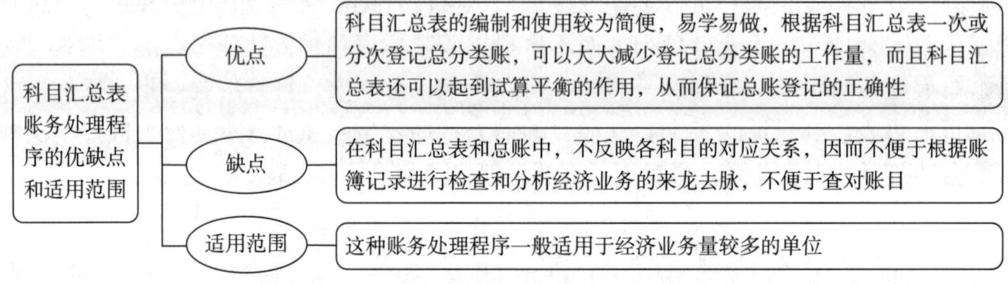

图 6-5　科目汇总表账务处理程序的优缺点和适用范围

本章实操要点

（1）记账凭证账务处理程序的适用范围：在经济业务较多的单位，若采用记账凭证账务处理程序，为了简化编制记账凭证和减少登记总分类账的工作量，应尽量将内容相同的原始凭证先汇总编制成汇总原始凭证，再根据汇总原始凭证填制记账凭证。

（2）科目汇总表账务处理程序的适用范围：一般适用于经济业务量较多的单位。

第七章 资 产

——帮助企业获得利润的物质基础

内容概览

资产是构成资产负债表的三大会计要素之一，它的一级科目内容繁多，包含货币资金、交易性金融资产、应收及预付款项、存货、固定资产、无形资产和其他资产等。

在本章的学习中，我们将解决读者的以下问题：

（1）货币现金包含什么？如何核算现金、银行存款和其他货币资金？

（2）交易性金融资产是什么？如何核算？

（3）应收及预付款项是什么？如何核算？

（4）存货有哪些内容？如何核算？

（5）长期股权投资包含什么？如何核算？

（6）固定资产是什么？如何核算？

（7）无形资产有哪些？如何核算？

（8）如何进行应收款项、存货、长期股权投资、固定资产和无形资产减值的核算？

资产是指企业的过去交易或事项形成的、由企业拥有或控制的、预期会给企业带来经济利益的资源。

资产按照不同的标准可以作不同的分类，如图 7–1 所示。

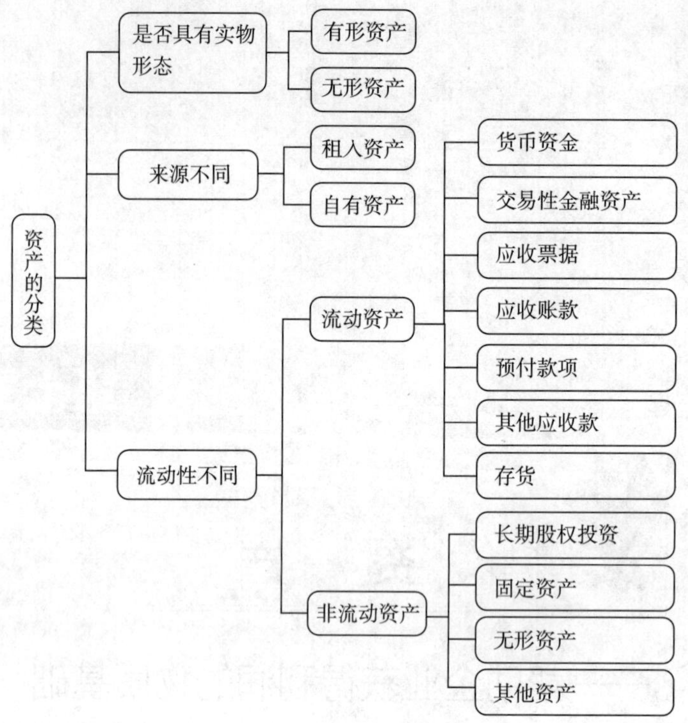

图 7-1　资产的分类

7.1　货币资金

货币资金是指企业生产经营过程中处于货币形态的资产，包括库存现金、银行存款和其他货币资金。

7.1.1　库存现金

库存现金是指通常存放于企业财会部门、由出纳人员经管的货币。库存现金是企业流动性最强的资产，企业应当严格遵守国家有关现金管理制度，正确进行现金收支的核算，监督现金使用的合法性与合理性。

（1）现金管理制度

根据国务院发布的《现金管理暂行条例》的规定，现金管理制度的内容如图 7-2 所示。

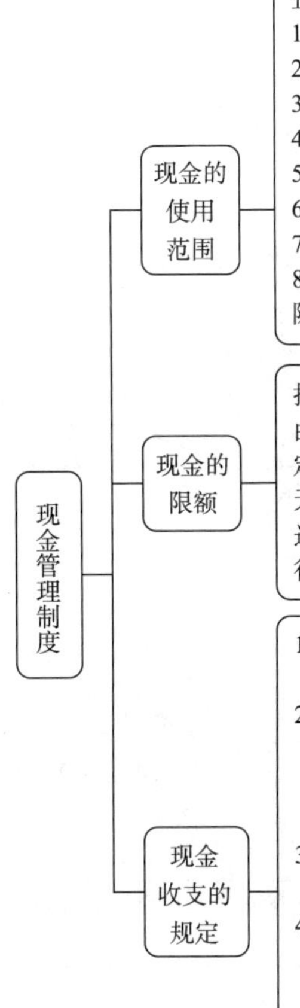

现金的使用范围

企业可用现金支付的款项有：
1. 职工工资、津贴；
2. 个人劳务报酬；
3. 根据国家规定颁发给个人的科学技术、文化艺术、体育等各种奖金；
4. 各种劳保、福利费用以及国家规定的对个人的其他支出；
5. 向个人收购农副产品和其他物资的款项；
6. 出差人员必需随身携带的差旅费；
7. 结算起点以下的零星支出；
8. 中国人民银行确定需要支付现金的其他支出；

除上述情况可以用现金支付外，其他款项的支付应通过银行转账结算；

现金的限额

指为了保证企业日常零星开支的需要，允许单位留存现金的最高数额。这一限额由开户银行根据单位的实际需要核定，一般按照单位3~5天日常零星开支的需要确定，边远地区和交通不便地区开户单位的库存现金限额，可按多于5天但不超过15天的日常零星开支的需要确定。核定后的现金限额，开户单位必须严格遵守，超过部分应于当日终了前存入银行。需要增加或减少现金限额的单位，应向开户银行提出申请，由开户银行核定

现金收支的规定

1. 开户单位收入现金应于当日送存开户银行，当日送存确有困难的，由开户银行确定送存时间；
2. 开户单位支付现金，可以从本单位库存现金中支付或从开户银行提取，不得从本单位的现金收入中直接支付，即不得“坐支”现金，因特殊情况需要坐支现金的单位，应事先报经有关部门审查批准，并在核定的范围和限额内进行，同时，收支的现金必须入账；
3. 开户单位从开户银行提取现金时，应如实写明提取现金的用途，由本单位财会部门负责人签字盖章，并经开户银行审查批准后予以支付；
4. 因采购地点不确定、交通不便、抢险救灾及其他特殊情况必须使用现金的单位，应向开户银行提出书面申请，由本单位财会部门负责人签字盖章，并经开户银行审查批准后予以支付；
5. 不准用不符合国家统一会计制度的凭证顶替库存现金；不准谎报用途套取现金；不准用银行账户代其他单位和个人存入或支取现金；不准用单位收入的现金以个人名义存入储蓄；不准保留账外公款；不得设置“小金库”等。银行对于违反上述规定的单位，将按照违规金额的一定比例予以处罚

图 7-2 现金管理制度

（2）库存现金的会计核算

现金的核算如图 7-3 所示。

库存现金的核算

- 企业应当设置“库存现金”科目，借方登记现金的增加，贷方登记现金的减少，期末余额在借方，反映企业实际持有的库存现金的金额
- 企业应当设置现金总账和现金日记账，分别进行企业库存现金的总分类核算和明细分类核算
- 企业内部各部门周转使用的备用金，可以单独设置“备用金”科目进行核算
- 现金日记账由出纳人员根据收付款凭证，按照业务发生顺序逐笔登记。每日终了，应当在现金日记账上计算出当日的现金收入合计额、现金支出合计额和结余额，并将现金日记账的账面结余额与实际库存现金额相核对，保证账款相符；月度终了，现金日记账的余额应当与现金总账的余额核对，做到账账相符

图 7-3 库存现金的核算

（3）库存现金的清查

库存现金的清查规则如图 7-4 所示。

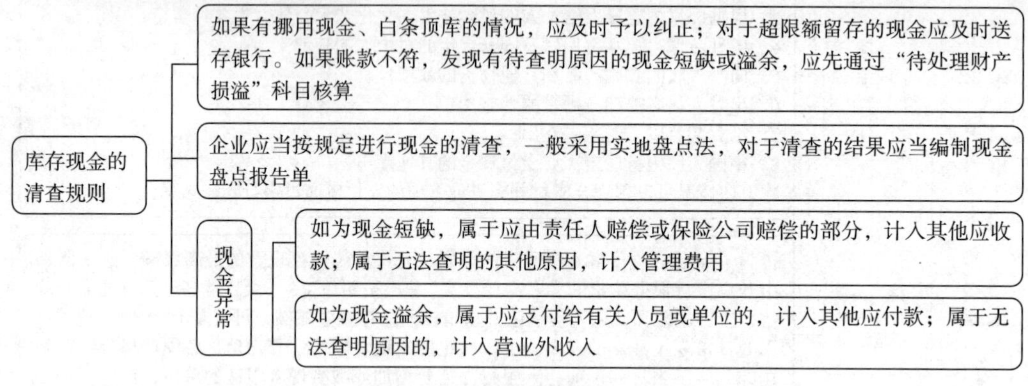

图 7-4　库存现金的清查规则

7.1.2　银行存款

银行存款是指企业存入银行或其他金融机构的各种款项。银行存款的核算如图 7-5 所示。

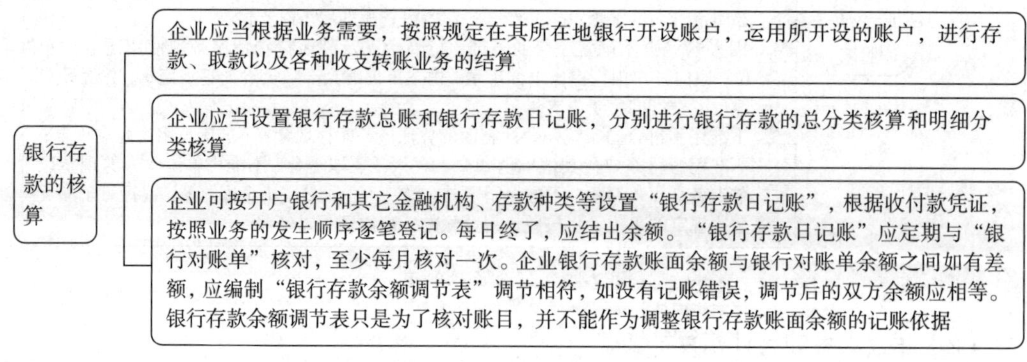

图 7-5　银行存款的核算

【例 7-1】紫竹公司 2×19 年 12 月 31 日银行存款日记账的余额为 5 400 000 元，银行转来对账单的余额为 8 300 000 元。经逐笔核对，发现以下未达账项。

（1）企业送存转账支票 6 000 000 元，并已登记银行存款增加，但银行尚未记账。

（2）企业开出转账支票 4 500 000 元，但持票单位尚未到银行办理转账，银行尚未记账。

（3）企业委托银行代收某公司购货款 4 800 000 元，银行已收妥并登记入账，但企业尚未收到收款通知，尚未记账。

（4）银行代企业支付电话费 400 000 元，银行已登记企业银行存款减少，但企业未收到银行付款通知，尚未记账。

计算结果如表 7-1 所示。

表 7-1 银行存款余额调节表 单位：元

项目	金额	项目	金额
企业银行存款日记账余额	5 400 000	银行对账单余额	8 300 000
加：银行已收、企业未收款	4 800 000	加：企业已收、银行未收款	6 000 000
减：银行已付、企业未付款	400 000	减：企业已付、银行未付款	4 500 000
调节后的存款余额	9 800 000	调节后的存款余额	9 800 000

本例中，反映了企业银行存款账面余额与银行对账单余额之间不一致的原因，是因为存在未达账项。发生未达账项的具体情况有四种，如图 7-6 所示。

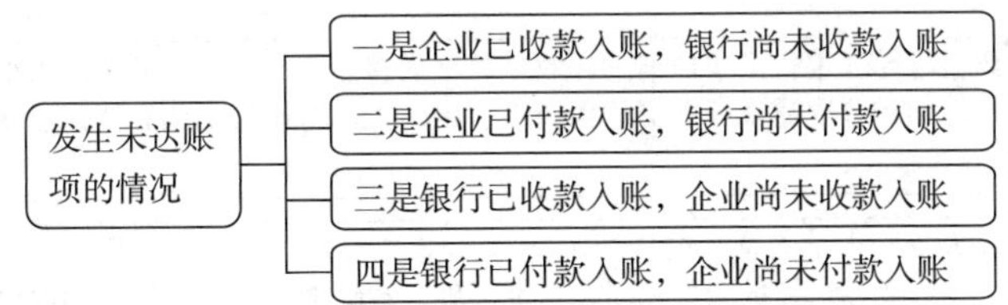

图 7-6 发生未达账项的情况

7.1.3 其他货币资金

（1）其他货币资金的内容

其他货币资金是指企业除库存现金、银行存款以外的各种货币资金，主要内容如图 7-7 所示。

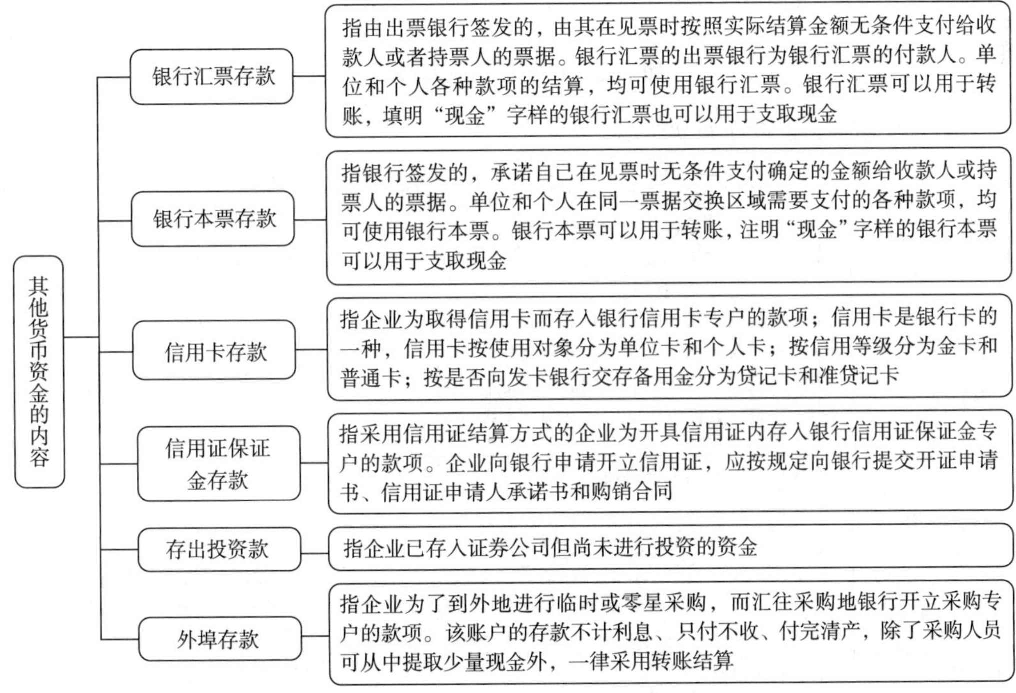

图 7-7 其他货币资金的内容

（2）其他货币资金的核算

为了反映和监督其他货币资金的收支与结存情况，企业应当设置“其他货币资金”科目，借方登记其他货币资金的增加数，贷方登记其他货币资金的减少数，期末余额在借方，反映企业实际持有的其他货币资金。本科目应按其他货币资金的种类设置明细科目。

①银行汇票存款

银行汇票的使用规则如图 7-8 所示

- 银行汇票的使用规则
  - 汇款单位（即申请人）使用银行汇票，应向出票银行填写“银行汇票申请书”，填明收款人名称、汇票金额、申请人名称、申请日期等事项并签章，签章为其预留银行的签章
  - 出票银行受理银行汇票申请书，收妥款项后签发银行汇票，并用压数机压印出票金额，将银行汇票和解讫通知一并交给申请人。申请人应将银行汇票和解讫通知一并交付给汇票上记明的收款人
  - 收款人受理申请人交付的银行汇票时，应在出票金额以内，根据实际需要的款项办理结算，并将实际结算的金额和多余金额准确、清晰地填入银行汇票和解记通知的有关栏内，到银行办理款项入账手续
  - 收款人可以将银行汇票背书转让给被背书人，银行汇票的背书转让以不超过出票金额的实际结算金额为准。未填写实际结算金额或实际结算金额超过出票金额的银行汇票，不得背书转让
  - 银行汇票的提示付款期限为自出票日起一个月，持票人超过付款期限提示付款的，银行将不予受理。持票人向银行提示付款时，必须同时提交银行汇票和解讫通知，缺少任何一联，银行不予受理
  - 银行汇票丧失，失票人可以凭人民法院出具的其享有票据权利的证明，向出票银行请求付款或退款

图 7-8　银行汇票的使用规则

银行汇票的核算如图 7-9 所示

- 银行汇票的核算
  - 企业填写“银行汇票申请书”，将款项交存银行：
借：其他货币资金——银行汇票
　　贷：银行存款
  - 企业持银行汇票购货，收到有关发票账单：
借：材料采购、原材料、库存商品
　　应交税费——应交增值税（进项税额）
　　贷：其他货币资金——银行汇票
  - 采购完毕收回剩余款项：
借：银行存款
　　贷：其他货币资金——银行汇票
  - 企业收到银行汇票、填制进账单到开户银行办理款项入账手续时，根据进账单及销货发票：
借：银行存款
　　贷：主营业务收入
　　　　应交税费——应交增值税（销项税额）

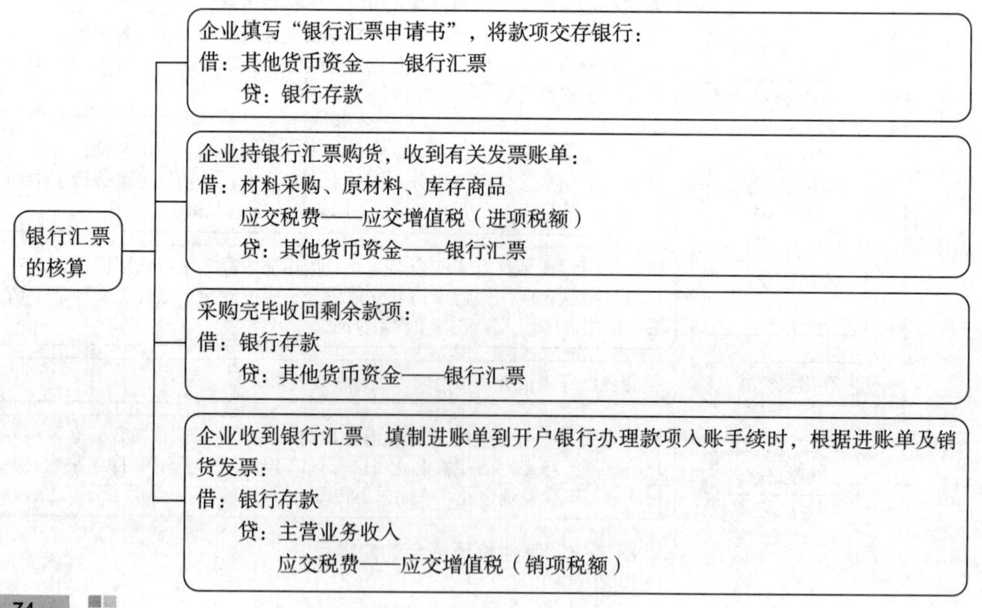

图 7-9　银行汇票的核算

② 银行本票存款

银行本票分为不定额本票和定额本票两种。定额本票面额为 1 000 元、5 000 元、10 000 元和 50 000 元。银行本票的使用规则如图 7-10 所示。

- 银行本票的使用规则
  - 银行本票的提示付款期限自出票日起最长不得超过两个月。在有效付款期内，银行见票付款。持票人超过付款期限提示付款的，银行不予受理
  - 申请人使用银行本票，应向银行填写“银行本票申请书”。申请人或收款人为单位的，不得申请签发现金银行本票
  - 出票银行受理银行本票申请书，收妥款项后签发银行本票，在本票上签章后交给申请人。申请人应将银行本票交付给本票上记明的收款人。收款人可以将银行本票背书转让给被背书人
  - 申请人因银行本票超过提示付款期限或其它原因要求退款时，应将银行本票提交到出票银行并出具单位证明。出票银行对于在本行开立存款账户的申请人，只能将款项转入原申请人账户；对于现金银行本票和未到本行开立存款账户的申请人，才能退付现金
  - 银行本票丧失，失票人可以凭人民法院出具的其享有票据权利的证明，向出票银行请求付款或退款

图 7-10 银行本票的使用规则

银行本票的核算如图 7-11 所示。

- 银行本票的核算
  - 企业填写“银行本票申请书”，将款项交存银行：
借：其他货币资金——银行本票
　　贷：银行存款
  - 企业持银行本票购货，收到有关发票账单：
借：材料采购、原材料、库存商品
　　应交税费——应交增值税（进项税额）
　　贷：其他货币资金——银行本票
  - 企业收到银行本票、填制进账单到开户银行办理款项入账手续时，根据进账单及销货发票：
借：银行存款
　　贷：主营业务收入
　　　　应交税费——应交增值税（销项税额）

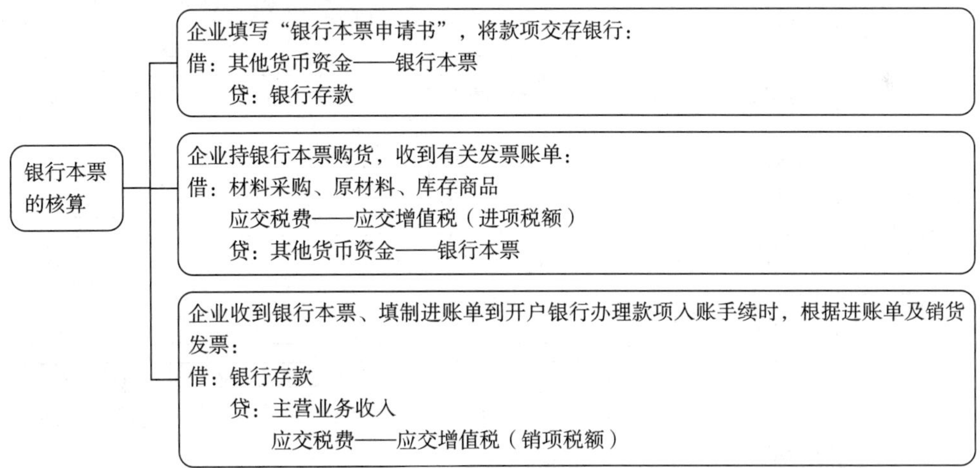

图 7-11 银行本票的核算

③ 信用卡存款

信用卡的使用规则如图 7-12 所示。

信用卡的使用规则

- 凡在中国境内金融机构开立基本存款账户的单位可申领单位卡。单位卡可申领若干张，持卡人资格由申领单位法定代表人或其委托的代理人书面指定和注销
- 单位卡账户的资金一律从其基本存款账户转账存入，不得交存现金，不得将销货收入的款项存入其账户。持卡人可持信用卡在特约单位购物、消费，但单位卡不得用于 10 万元以上的商品交易、劳务供应款项的结算，不得支取现金
- 特约单位在每日营业终了，应将当日受理的信用卡签购单汇总，计算手续费和净计金额，并填写汇（总）计单和进账单，连同签购单一并送交收单银行办理进账
- 信用卡按是否向发卡银行交存备用金分为贷记卡、准贷记卡两类。贷记卡是指发卡银行给予持卡人一定的信用额度，持卡人可在信用额度内先消费、后还款的信用卡。准贷记卡是指持卡人须先按发卡银行要求交存一定金额的备用金，当备用金账户余额不足支付时，可在发卡银行规定的信用额度内透支的信用卡
- 准贷记卡的透支期限最长为 60 天，贷记卡的首月最低还款额不得低于其当月透支余额的 10%

图 7-12 信用卡的使用规则

信用卡的核算如图 7-13 所示。

信用卡的核算

- 企业应填制“信用卡申请表”，连同支票和有关资料一并送存发卡银行，根据银行盖章退回的进账单第一联：
借：其他货币资金——信用卡
　　贷：银行存款
- 企业用信用卡购物或支付有关费用，收到开户银行转来的信用卡存款的付款凭证及所附发票账单：
借：管理费用
　　贷：其他货币资金——信用卡
- 企业信用卡在使用过程中，需要向其账户续存资金：
借：其他货币资金——信用卡
　　贷：银行存款
- 企业的持卡人如不需要继续使用信用卡时，应持信用卡主动到发卡银行办理销户，销卡时，单位卡科目余额转入企业基本存款户，不得提取现金：
借：银行存款
　　贷：其他货币资金——信用卡

图 7-13 信用卡的核算

④ 信用证保证金存款

信用证保证金存款的核算如图 7-14 所示。

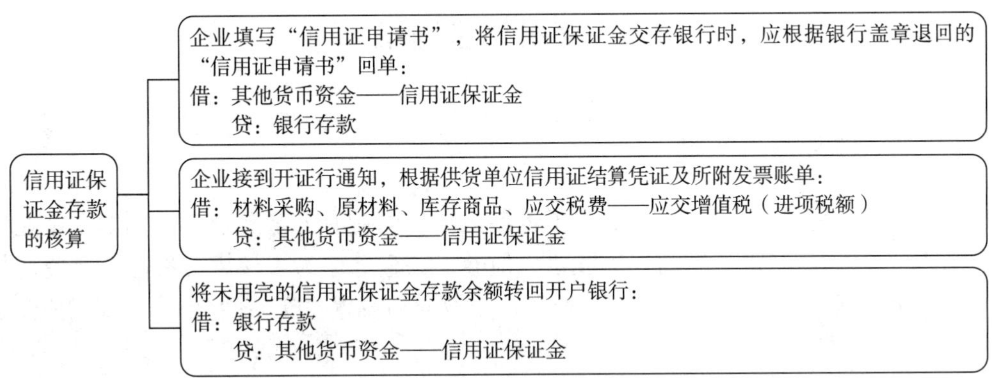

图 7-14 信用证保证金存款的核算

⑤ 存出投资款

存出投资款的核算如图 7-15 所示。

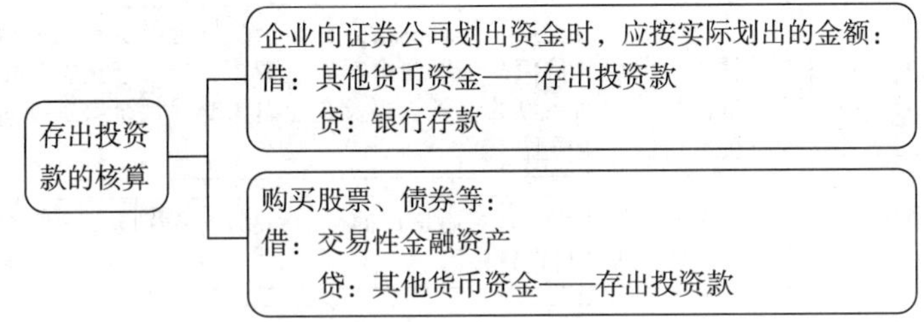

图 7-15 存出投资款的核算

⑥ 外埠存款

外埠存款的使用规则及核算如图 7-16 所示。

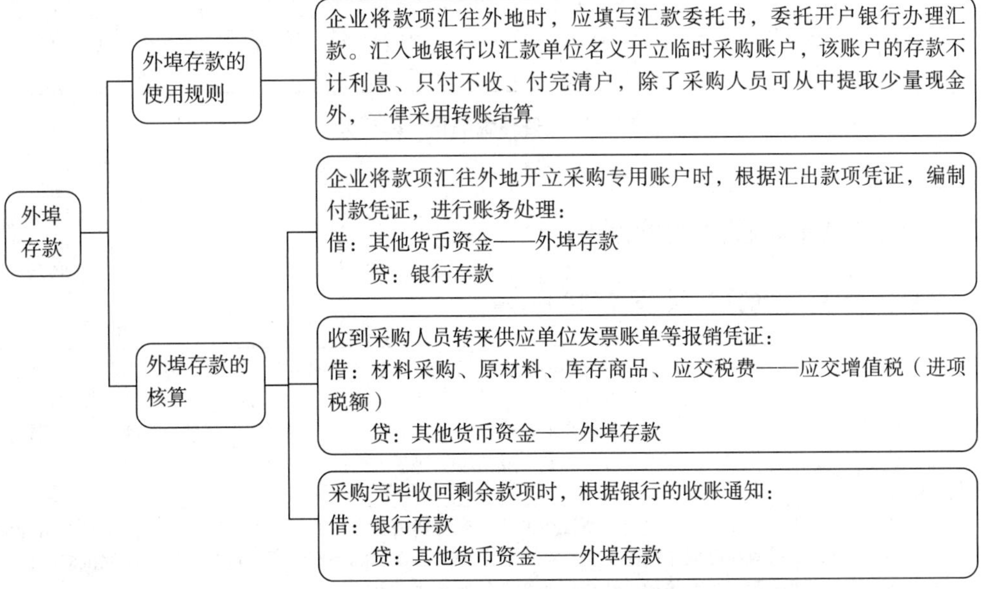

图 7-16 外埠存款的使用规则及核算

7.2 交易性金融资产

7.2.1 交易性金融资产概述

交易性金融资产主要是指企业为了近期内出售而持有的金融资产，例如，企业以赚取差价为目的从二级市场购入的股票、债券、基金等。为了核算交易性金融资产的取得、收取现金股利或利息、处置等业务，企业应当设置“交易性金融资产”“公允价值变动损益”“投资收益”等科目。

各种金融资产的核算如图 7-17 所示。

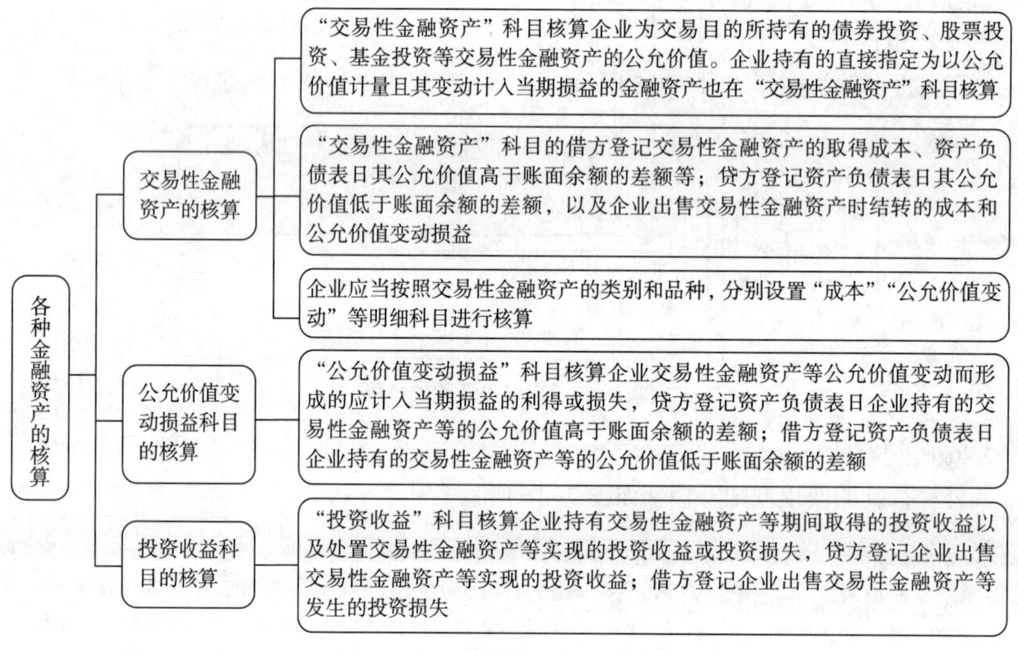

图 7-17 各种金融资产的核算

7.2.2 交易性金融资产的取得

交易性金融资产的核算如图 7-18 所示。

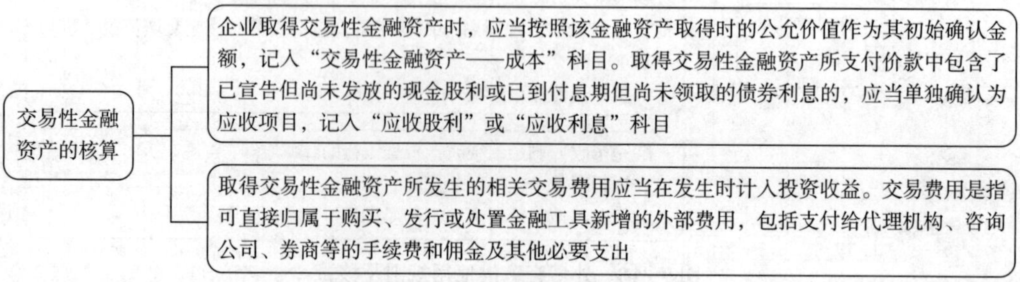

交易性金融资产的核算

- 企业取得交易性金融资产时，应当按照该金融资产取得时的公允价值作为其初始确认金额，记入“交易性金融资产——成本”科目。取得交易性金融资产所支付价款中包含了已宣告但尚未发放的现金股利或已到付息期但尚未领取的债券利息的，应当单独确认为应收项目，记入“应收股利”或“应收利息”科目
- 取得交易性金融资产所发生的相关交易费用应当在发生时计入投资收益。交易费用是指可直接归属于购买、发行或处置金融工具新增的外部费用，包括支付给代理机构、咨询公司、券商等的手续费和佣金及其他必要支出

图 7-18 交易性金融资产的核算

【例 7−2】2×19 年 1 月 20 日，紫竹公司委托某证券公司从上海证券交易所购入 A 上市公司股票 100 万股，并将其划分为交易性金融资产。该笔股票投资在购买日的公允价值为 1 000 万元，另支付相关交易费用金额为 2.5 万元。

紫竹公司应做如下会计处理：

（1）2×19 年 1 月 20 日，购买 A 上市公司股票时：

借：交易性金融资产——成本　　10 000 000

　　贷：其他货币资金——存出投资款　　10 000 000

（2）支付相关交易费用时：

借：投资收益　　25 000

　　贷：其他货币资金——存出投资款　　25 000

在本例中，取得交易性金融资产所发生的相关交易费用 25 000 元应当在发生时计入投资收益。

7.2.3　交易性金融资产的现金股利和利息

企业持有交易性金融资产期间对于被投资单位宣告发放的现金股利或企业在资产负债表日按分期付息、一次还本债券投资的票面利率计算的利息收入，应当确认为应收项目，记入“应收股利”或“应收利息”科目，并计入投资收益。

【例 7−3】2×19 年 1 月 8 日，紫竹公司购入甲公司发行的公司债券，该笔债券于 2×18 年 7 月 1 日发行，面值为 2 500 万元，票面利率为 4%，债券利息按年支付。紫竹公司将其划分为交易性金融资产，支付价款为 2 600 万元（其中包含已宣告发放的债券利息 50 万元），另支付交易费用 30 万元。2×19 年 2 月 5 日，紫竹公司收到该笔债券利息 50 万元。2×20 年 2 月 10 日，紫竹公司收到债券利息 100 万元。紫竹公司应做如下会计处理：

（1）2×19 年 1 月 8 日，购入甲公司的公司债券时：

借：交易性金融资产——成本　　25 500 000

　　应收利息　　500 000

　　投资收益　　300 000

　　贷：银行存款　　26 300 000

（2）2×19 年 2 月 5 日，收到购买价款中包含的已宣告发放的债券利息时：

借：银行存款　　500 000

　　贷：应收利息　　500 000

（3）2×19 年 12 月 31 日，确认甲公司的公司债券利息时：

借：应收利息　　1 000 000

　　贷：投资收益　　1 000 000

（4）2×20 年 2 月 10 日，收到持有甲公司的公司债券利息时：

借：银行存款　　1 000 000

　　贷：应收利息　　1 000 000

在本例中，取得交易性金融资产所支付价款中包含了已宣告但尚未发放的债券利息 500 000 元，应当记入“应收利息”科目，不记入“交易性金融资产”科目。

7.2.4 交易性金融资产的期末计量

资产负债表日，交易性金融资产应当按照公允价值计量，公允价值与账面余额之间的差额计入当期损益。企业应当在资产负债表日按照交易性金融资产公允价值与其账面余额的差额，借记或贷记“交易性金融资产——公允价值变动”科目，贷记或借记“公允价值变动损益”科目。

【例 7-4】承【例 7-3】，假定 2×19 年 6 月 30 日，甲公司购买的该笔债券的市价为 2 580 万元；2×19 年 12 月 31 日，甲公司购买的该笔债券的市价为 2 560 万元。

甲公司应做如下会计处理。

（1）2×19 年 6 月 30 日，确认该笔债券的公允价值变动损益时：

借：交易性金融资产——公允价值变动　　300 000

　　贷：公允价值变动损益　　300 000

（2）2×19 年 12 月 31 日，确认该笔债券的公允价值变动损益时：

借：公允价值变动损益　　200 000

　　贷：交易性金融资产——公允价值变动　　200 000

在本例中，2×19 年 6 月 30 日，该笔债券的公允价值为 2 580 万元，账面余额为 2 550 万元，公允价值大于账面余额 30 万元，应计入“公允价值变动损益”科目的贷方；2×19 年 12 月 31 日，该笔债券的公允价值为 2 560 元，账面余额为 2 580 万元，公允价值小于账面余额 20 万元，应计入“公允价值变动损益”科目的借方。

7.2.5 交易性金融资产的处置

交易性金融资产的处置如图 7-19 所示。

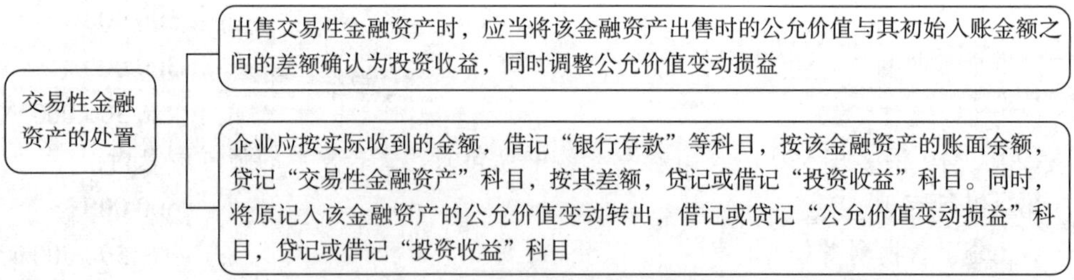

交易性金融资产的处置

- 出售交易性金融资产时，应当将该金融资产出售时的公允价值与其初始入账金额之间的差额确认为投资收益，同时调整公允价值变动损益
- 企业应按实际收到的金额，借记“银行存款”等科目，按该金融资产的账面余额，贷记“交易性金融资产”科目，按其差额，贷记或借记“投资收益”科目。同时，将原记入该金融资产的公允价值变动转出，借记或贷记“公允价值变动损益”科目，贷记或借记“投资收益”科目

图 7-19　交易性金融资产的处置

【例 7-5】承【例 7-4】，假定 2×19 年 1 月 15 日，紫竹公司出售了所持有的甲公司的公司债券，售价为 2 565 万元，应做如下会计处理：

借：银行存款　　25 650 000

　　贷：交易性金融资产——成本　　25 500 000

——公允价值变动　　100 000

投资收益　　50 000

同时，

借：公允价值变动损益　　100 000

贷：投资收益　　100 000

在本例中，企业出售交易性金融资产时，还应将原记入该金融资产的公允价值变动转出，即出售交易性金融资产时，应按“公允价值变动”明细科目的贷方余额100 000元，借记“公允价值变动损益”科目，贷记“投资收益”科目。

7.3　应收及预付款项

应收及预付款项是指企业在日常生产经营过程中发生的各项债权，包括应收款项和预付款项。应收款项包括应收票据、应收账款和其他应收款等，预付款项则是指企业按照合同规定预付的款项，如预付账款等。

7.3.1　应收票据

（1）应收票据概述

应收票据是指企业因销售商品、提供劳务等而收到的商业汇票。商业汇票是一种由出票人签发，委托付款人在指定日期无条件支付确定金额给收款人或者持票人的票据。商业汇票的使用如图 7–20 所示。

（2）应收票据的核算

为了反映和监督应收票据取得、票款收回等经济业务，企业应当设置“应收票据”科目，借方登记取得的应收票据的面值，贷方登记到期收回票款或到期前向银行贴现的应收票据的票面余额，期末余额在借方，反映企业持有的商业汇票的票面金额。本科目可按照开出、承兑商业汇票的单位进行明细核算，并设置“应收票据备查簿”，逐笔登记商业汇票的种类、号数和出票日。票面金额、交易合同号和付款人、承兑人、背书人的姓名或单位名称、到期日、背书转让日、贴现日、贴现率和贴现净额以及收款日和收回金额、退票情况等资料。商业汇票到期结清票款或退票后，在备查簿中应予注销。取得应收票据和收回到期票款的核算如图 7–21 所示。

- 商业汇票
  - 根据承兑人不同
    - 商业承兑汇票是指由付款人签发并承兑，或由收款人签发交由付款人承兑的汇票
      - 商业承兑汇票的付款人收到开户银行的付款通知，应在当日通知银行付款。付款人在接到通知日的次日起三日内（遇法定休假日顺延）未通知银行付款的，视同付款人承诺付款，银行将于付款人接到通知日的次日起第四日（遇法定休假日顺延）上午开始营业时，将票款划给持票人。付款人提前收到由其承兑的商业汇票，应通知银行于汇票到期日付款。银行在办理划款时，付款人存款账户不足支付的，银行应填制付款人未付票款通知书，连同商业承兑汇票邮寄持票人开户银行转交持票人
    - 银行承兑汇票是指由在承兑银行开立存款账户的存款人（这里也是出票人）签发，由承兑银行承兑的票据
      - 企业申请使用银行承兑汇票时，应向其承兑银行按票面金额的万分之五缴纳手续费。银行承兑汇票出票人应于汇票到期前将票款足额交存其开户银行，承兑银行应在汇票到期日或到期日后的见票当日支付票款。银行承兑汇票出票人于汇票到期前未能足额交存票款时，承兑银行除凭票向持票人无条件付款外，对出票人尚未支付的汇票金额按照每天万分之五计收利息
  - 商业汇票是一种由出票人签发的，委托付款人在指定日期无条件支付确定金额给收款人或者持票人的票据
    - 商业汇票的付款期限，最长不得超过六个月。定日付款的汇票付款期限自出票日起计算，并在汇票上记载具体到期日；出票后定期付款的汇票付款期限自出票日起按月计算，并在汇票上记载；见票后定期付款的汇票付款期限自承兑或拒绝承兑日起按月计算，并在汇票上记载。商业汇票的提示付款期限，为自汇票到期日起10日。符合条件的商业汇票的持票人，可以持未到期的商业汇票连同贴现凭证向银行申请贴现

图 7-20　商业汇票的使用

- 取得应收票据和收回到期票款的核算
  - 因债务人抵偿前欠货款而取得的应收票据：
    借：应收票据
    　　贷：应收账款
  - 因企业销售商品、提供劳务等而收到开出、承兑的商业汇票：
    借：应收票据
    　　贷：主营业务收入
    　　　　应交税费——应交增值税（销项税额）
  - 商业汇票到期收回款项时，应按实际收到的金额：
    借：银行存款
    　　贷：应收票据

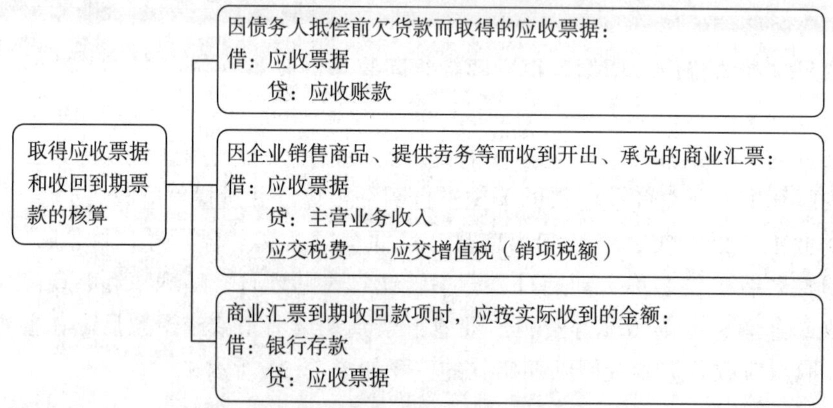

图 7-21　取得应收票据和收回到期票款的核算

【例 7-6】紫竹公司 2×19 年 6 月 1 日向乙公司销售一批产品，货款价税合一为 1 695 000 元，尚未收到，已办妥托收手续，适用增值税税率为 13%。则紫竹公司应做如下会计处理。

借：应收账款　　　　　　　　　　　　1 695 000

　　贷：主营业务收入　　　　　　　　　　1 500 000

应交税费——应交增值税（销项税额）　　195 000

6月15日，紫竹公司收到乙公司寄来的1张3个月期的商业承兑汇票，面值为1 695 000元，抵付产品货款。

紫竹公司应做如下会计处理：

借：应收票据　　1 695 000

　　贷：应收账款　　1 695 000

在本例中，乙公司用商业承兑汇票抵偿前欠的货款1 695 000元，应借记“应收票据”科目，贷记“应收账款”科目。

9月15日，紫竹公司上述应收票据到期收回票面金额1 695 000元存入银行。

紫竹公司应做如下会计处理：

借：银行存款　　1 695 000

　　贷：应收票据　　1 695 000

转让应收票据的核算如图7-22所示。

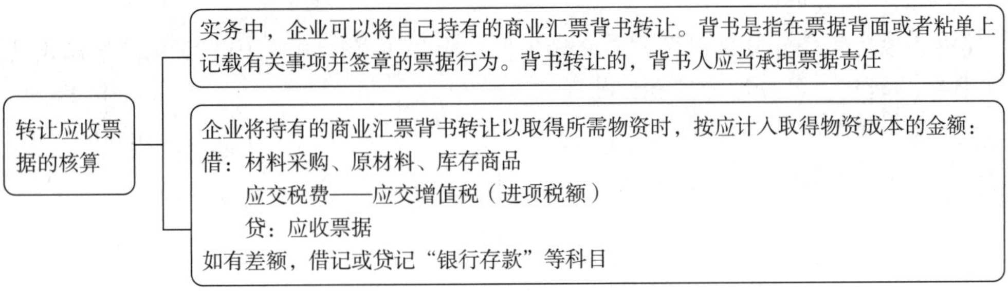

转让应收票据的核算

实务中，企业可以将自己持有的商业汇票背书转让。背书是指在票据背面或者粘单上记载有关事项并签章的票据行为。背书转让的，背书人应当承担票据责任

企业将持有的商业汇票背书转让以取得所需物资时，按应计入取得物资成本的金额：
借：材料采购、原材料、库存商品
　　应交税费——应交增值税（进项税额）
　　贷：应收票据
如有差额，借记或贷记“银行存款”等科目

图7-22　转让应收票据的核算

【例7-7】承【例7-6】，假定紫竹公司于7月15日将上述应收票据背书转让，以取得生产经营所需的A种材料，该材料金额为1 500 000元，适用增值税税率为13%。应做如下会计处理：

借：原材料　　1 500 000

　　应交税费——应交增值税（进项税额）　　195 000

　　贷：应收票据　　1 695 000

7.3.2　应收账款

应收账款是指企业因销售商品、提供劳务等经营活动，应向购货单位或接受劳务单位收取的款项，主要包括企业销售商品或提供劳务等，应向有关债务人收取的价款及代购货单位垫付的包装费、运杂费等。

为了反映应收账款的增减变动及其结存情况，企业应设置“应收账款”科目，不单独设置“预收账款”科目的企业，预收的账款也在“应收账款”科目核算。“应收账款”科目的借方登记应收账款的增加，贷方登记应收账款的收回及确认的坏账损失，期末余额一般在借方，反映企业尚未收回的应收账款；如果期末余额在贷方，则反映企业预收的账款。

【例 7-8】紫竹公司采用托收承付的结算方式向丙公司销售商品一批，货款 300 000 元，增值税额 39 000 元，以银行存款代垫运杂费 6 000 元，已办理托收手续。紫竹公司应做如下会计处理：

借：应收账款　　345 000
　　贷：主营业务收入　　300 000
　　　　应交税费——应交增值税（销项税额）　　39 000
　　　　银行存款　　6 000

需要说明的是，企业代购货单位垫付包装费、运杂费也应计入应收账款，通过“应收账款”科目核算。

紫竹公司实际收到款项时，应做如下会计处理：

借：银行存款　　345 000
　　贷：应收账款　　345 000

企业应收账款改用应收票据结算，在收到承兑的商业汇票时，借记“应收票据”科目，贷记“应收账款”科目。

【例 7-9】紫竹公司收到丙公司交来的商业汇票 1 张，面值 10 000 元，用以偿还其前欠货款。紫竹公司应做如下会计处理：

借：应收票据　　10 000
　　贷：应收账款　　10 000

7.3.3 预付账款

预付账款是指企业按照合同规定预付的款项。

企业应当设置“预付账款”科目，核算预付账款的增减变动及其结存情况。预付款项情况不多的企业，可以不设置“预付账款”科目，而直接通过“应付账款”科目核算。预付账款的核算如图 7-23 所示。

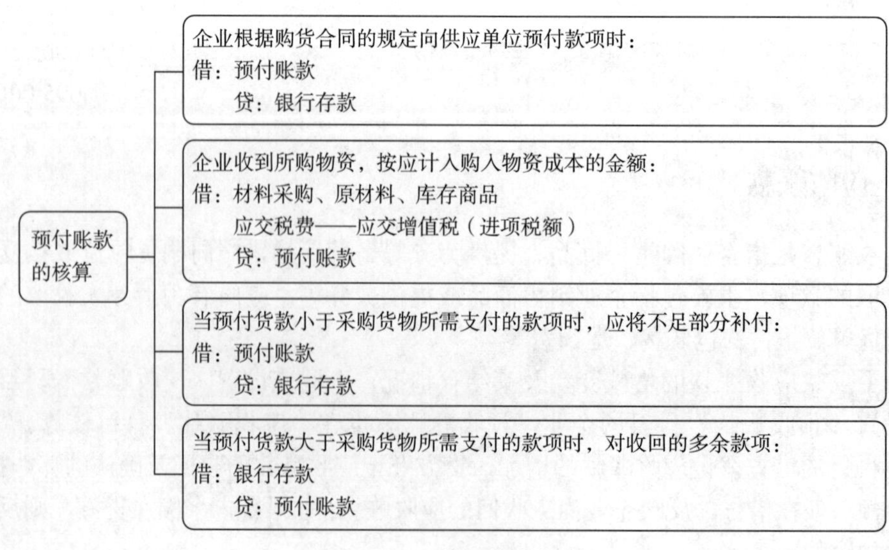

图 7-23　预付账款的核算

【例 7-10】紫竹公司向丁公司采购材料 5 000 吨，单价 10 元，所需支付的款项总额 50 000 元。按照合同规定向丁公司预付货款的 50%，验收货物后补付其余款项。紫竹公司应做如下会计处理：

（1）预付 50% 的货款时：

借：预付账款——丁公司　　25 000

　　贷：银行存款　　25 000

（2）收到丁公司发来的 5 000 吨材料，验收无误，增值税专用发票记载的货款为 50 000 元，增值税额为 6 500 元。紫竹公司以银行存款补付所欠款项 31 500 元。

借：原材料　　50 000

　　应交税费——应交增值税（进项税额）　　6 500

　　贷：预付账款——丁公司　　56 500

借：预付账款——丁公司　　31 500

　　贷：银行存款　　31 500

7.3.4 其他应收款

其他应收款是指企业除应收票据、应收账款、预付账款等以外的其他各种应收及暂付款项，其主要内容如图 7-24 所示。

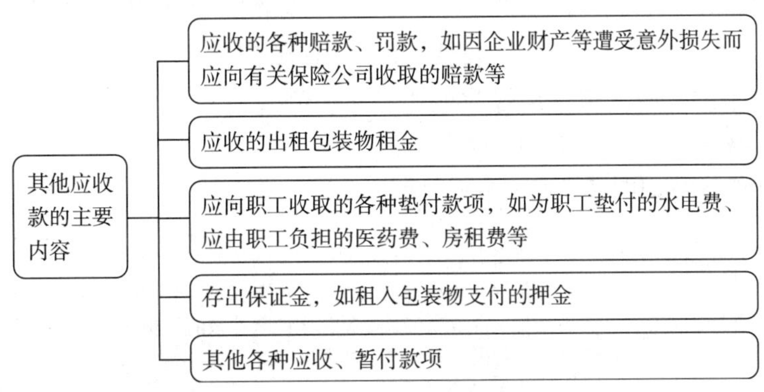

图 7-24　其他应收款的主要内容

为了反映其他应收账款的增减变动及其结存情况，企业应当设置“其他应收款”科目进行核算。“其他应收款”科目的借方登记其他应收款的增加，贷方登记其他应收款的收回，期末余额一般在借方，反映企业尚未收回的其他应收款项。

【例 7-11】紫竹公司在采购过程中发生材料毁损，按保险合同规定，应由保险公司赔偿损失 30 000 元，赔款尚未收到。

借：其他应收款——保险公司　　30 000

　　贷：材料采购　　30 000

【例 7-12】承【例 7-11】，上述保险公司赔款如数收到。

借：银行存款　　30 000

贷：其他应收款——保险公司　30 000

【例 7-13】紫竹公司以银行存款替副总经理垫付应由其个人负担的医疗费 5 000 元，拟从其工资中扣回。

（1）垫支时：

借：其他应收款　5 000

　贷：银行存款　5 000

（2）扣款时：

借：应付职工薪酬　5 000

　贷：其他应收款　5 000

【例 7-14】紫竹公司租入包装物一批，以银行存款向出租方支付押金 10 000 元。

借：其他应收款——存出保证金　10 000

　贷：银行存款　10 000

【例 7-15】承【例 7-14】，租入包装物按期如数退回，紫竹公司收到出租方退还的押金 10 000 元，已存入银行。

借：银行存款　10 000

　贷：其他应收款——存出保证金　10 000

7.3.5 应收款项减值

企业应当在资产负债表日对应收款项的账面价值进行检查，有客观证据表明该应收款项发生减值的，应当将该应收款项的账面价值减记至预计未来现金流量现值，减记的金额确认减值损失，计提坏账准备。

坏账准备的核算说明如图 7-25 所示。

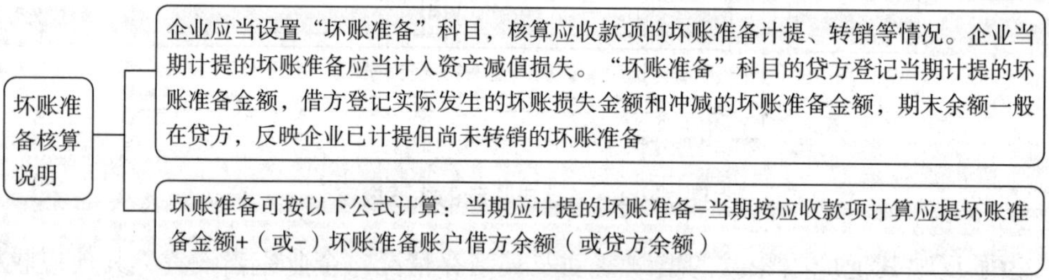

坏账准备核算说明

- 企业应当设置“坏账准备”科目，核算应收款项的坏账准备计提、转销等情况。企业当期计提的坏账准备应当计入资产减值损失。“坏账准备”科目的贷方登记当期计提的坏账准备金额，借方登记实际发生的坏账损失金额和冲减的坏账准备金额，期末余额一般在贷方，反映企业已计提但尚未转销的坏账准备
- 坏账准备可按以下公式计算：当期应计提的坏账准备=当期按应收款项计算应提坏账准备金额+（或-）坏账准备账户借方余额（或贷方余额）

图 7-25　坏账准备的核算说明

坏账准备的核算如图 7-26 所示。

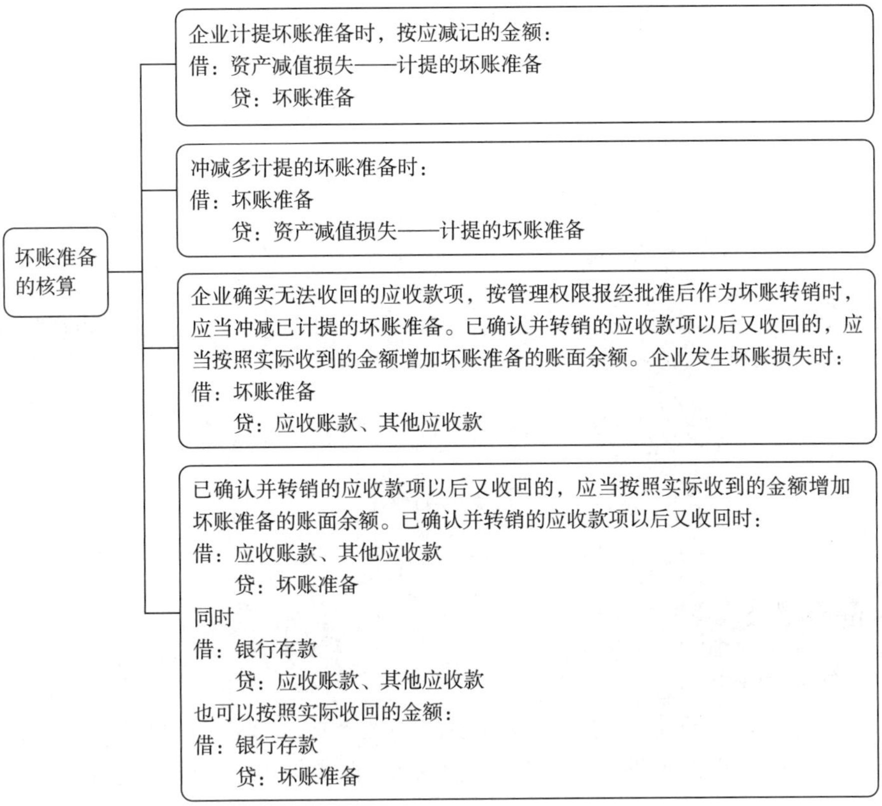

坏账准备的核算

企业计提坏账准备时，按应减记的金额：
借：资产减值损失——计提的坏账准备
　　贷：坏账准备

冲减多计提的坏账准备时：
借：坏账准备
　　贷：资产减值损失——计提的坏账准备

企业确实无法收回的应收款项，按管理权限报经批准后作为坏账转销时，应当冲减已计提的坏账准备。已确认并转销的应收款项以后又收回的，应当按照实际收到的金额增加坏账准备的账面余额。企业发生坏账损失时：
借：坏账准备
　　贷：应收账款、其他应收款

已确认并转销的应收款项以后又收回的，应当按照实际收到的金额增加坏账准备的账面余额。已确认并转销的应收款项以后又收回时：
借：应收账款、其他应收款
　　贷：坏账准备
同时
借：银行存款
　　贷：应收账款、其他应收款
也可以按照实际收回的金额：
借：银行存款
　　贷：坏账准备

图 7–26　坏账准备的核算

【例 7–16】2×18 年 12 月 31 日，紫竹公司对应收丙公司的账款进行减值测试。应收账款余额合计为 1 000 000 元，紫竹公司根据丙公司的资信情况确定按 10% 计提坏账准备。2×18 年末计提坏账准备的会计分录为：

借：资产减值损失——计提的坏账准备　　100 000
　　贷：坏账准备　　100 000

【例 7–17】紫竹公司 2×19 年对丙公司的应收账款实际发生坏账损失 30 000 元。确认坏账损失时，应做如下会计处理：

借：坏账准备　　30 000
　　贷：应收账款　　30 000

【例 7-18】承【例 7–16】和【例 7–17】，紫竹公司 2×19 年本应收丙公司的账款余额为 1 200 000 元，经减值测试，紫竹公司决定仍按 10% 计提坏账准备。

根据紫竹公司坏账核算方法，其“坏账准备”科目应保持的贷方余额为 120 000（1 200 000×10%）元；计提坏账准备前，“坏账准备”科目的实际余额为贷方 70 000（100 000–30 000）元，因此本年末应计提的坏账准备金额为 50 000（120 000–70 000）元。紫竹公司应做如下会计处理：

借：资产减值损失——计提的坏账准备　　50 000
　　贷：坏账准备　　50 000

【例 7–19】紫竹公司 2×20 年 4 月 20 日收到 2×18 年已转销的坏账 20 000 元，已存入银行。紫竹公司应做如下会计处理：

借：应收账款　　20 000
　　贷：坏账准备　　20 000
借：银行存款　　20 000
　　贷：应收账款　　20 000

或，

借：银行存款　　20 000
　　贷：坏账准备　　20 000

7.4 存货

7.4.1 存货概述

（1）存货的概念

存货是指企业在日常活动中持有以备出售的产成品或商品、处在生产过程中的在产品、在生产过程或提供劳务过程中耗用的材料或物料等，包括的内容如图 7–27 所示。

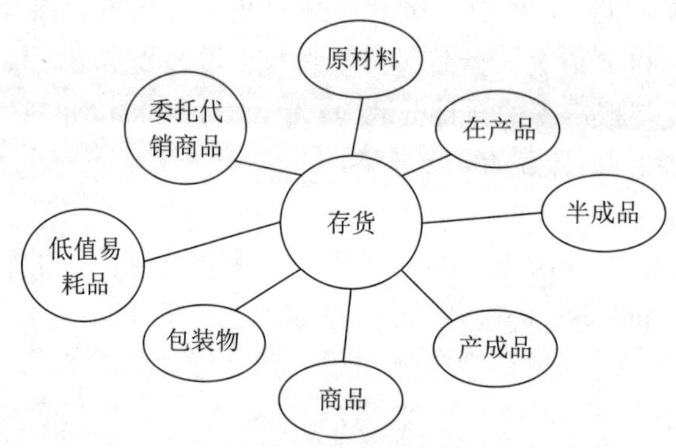

图 7–27　存货的内容

（2）存货成本的确定

存货应当按照成本进行初始计量，存货成本包括的内容如图 7–28 所示。

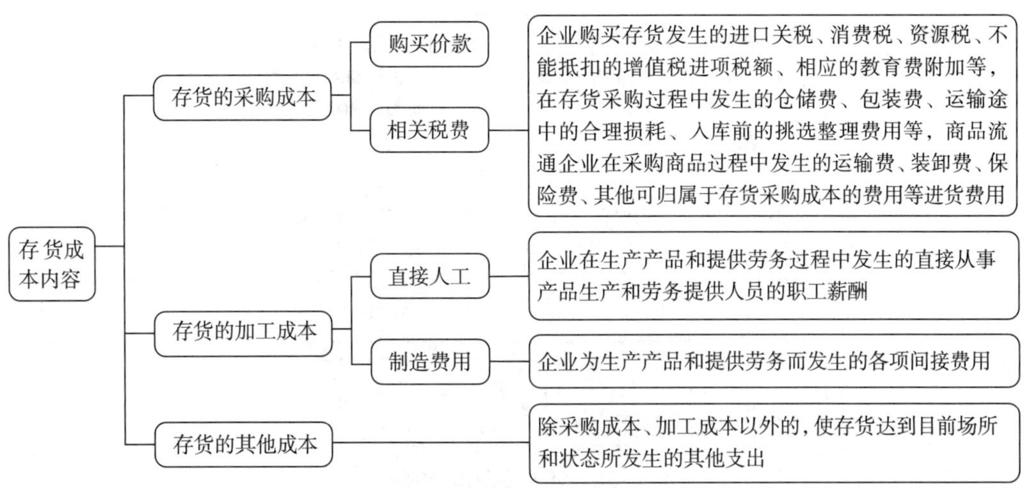

图 7-28 存货成本的内容

对于已售商品的进货费用，计入当期损益；对于未售商品的进货费用，计入期末存货成本。企业采购商品的进货费用金额较小的，可以在发生时直接计入当期损益。

企业设计产品发生的设计费用通常应计入当期损益，但是为特定客户设计产品所发生的、可直接确定的设计费用应计入存货的成本。

存货的来源不同，其成本的构成内容也不同。原材料、商品、低值易耗品等通过购买而取得的存货的成本由采购成本构成；产成品、在产品、半成品等自制或需委托外单位加工完成的存货的成本由采购成本、加工成本以及使存货达到目前场所和状态所发生的其他支出构成。实务中具体按以下原则确定，如图 7-29 所示。

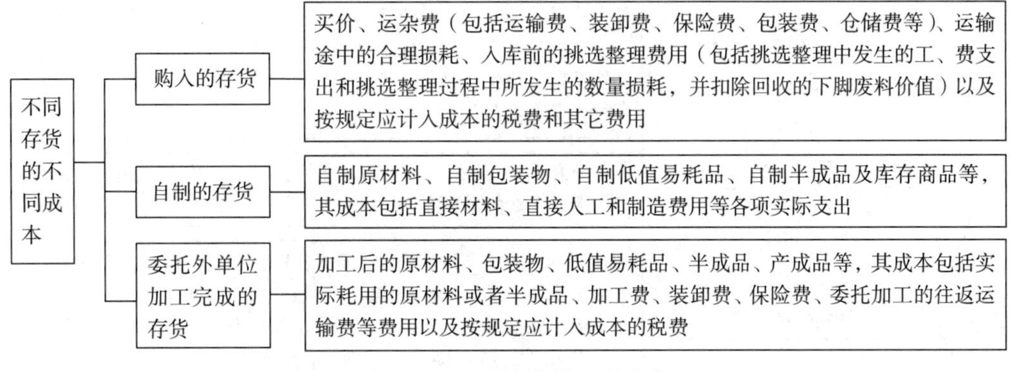

图 7-29 不同存货的不同成本

但是，下列费用不应计入存货成本，而应在其发生时计入当期损益，如图 7-30 所示。

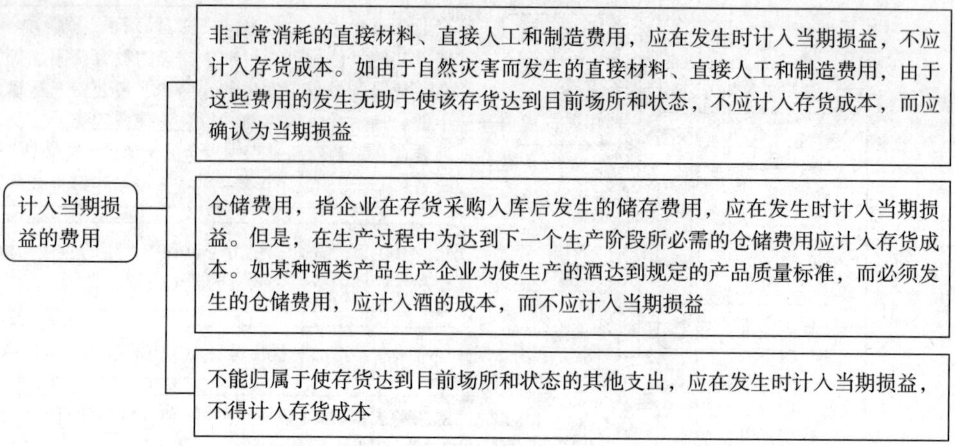

计入当期损益的费用
非正常消耗的直接材料、直接人工和制造费用，应在发生时计入当期损益，不应计入存货成本。如由于自然灾害而发生的直接材料、直接人工和制造费用，由于这些费用的发生无助于使该存货达到目前场所和状态，不应计入存货成本，而应确认为当期损益
仓储费用，指企业在存货采购入库后发生的储存费用，应在发生时计入当期损益。但是，在生产过程中为达到下一个生产阶段所必需的仓储费用应计入存货成本。如某种酒类产品生产企业为使生产的酒达到规定的产品质量标准，而必须发生的仓储费用，应计入酒的成本，而不应计入当期损益
不能归属于使存货达到目前场所和状态的其他支出，应在发生时计入当期损益，不得计入存货成本

图 7-30　计入当期损益的费用

（3）发出存货的计价方法

日常工作中，企业发出的存货，可以按实际成本核算，也可以按计划成本核算。如采用计划成本核算，会计期末应调整为实际成本。

企业应当根据各类存货的实物流转方式、企业管理的要求、存货的性质等实际情况，合理地确定发出存货成本的计算方法，以及当期发出存货的实际成本。在实际成本核算方式下，企业可以采用的发出存货成本的计价方法包括个别计价法、先进先出法、月末一次加权平均法和移动加权平均法等。

对个别计价法的描述如图 7-31 所示。

个别计价法
概念
也称个别认定法、具体辨认法、分批实际法，采用这一方法是假设存货具体项目的实物流转与成本流转相一致，按照各种存货逐一辨认各批发出存货和期末存货所属的购进批别或生产批别，分别按其购入或生产时所确定的单位成本计算各批发出存货和期末存货成本的方法
计算方法
在这种方法下，是把每一种存货的实际成本作为计算发出存货成本和期末存货成本的基础
优缺点及适用范围
个别计价法的成本计算准确，符合实际情况，但在存货收发频繁的情况下，其发出成本分辨的工作量较大。因此，这种方法适用于一般不能替代使用的存货、为特定项目专门购入或制造的存货以及提供的劳务，如珠宝、名画等贵重物品

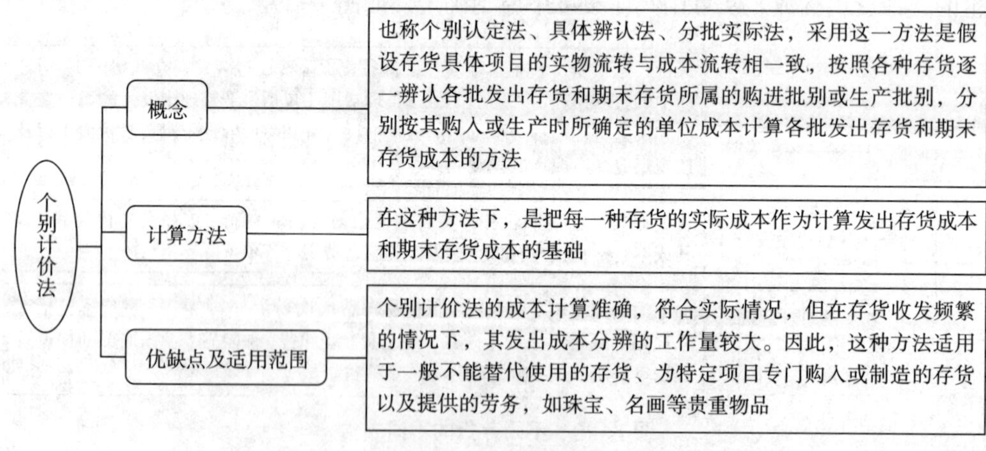

图 7-31　个别计价法

对先进先出法的描述如图 7-32 所示。

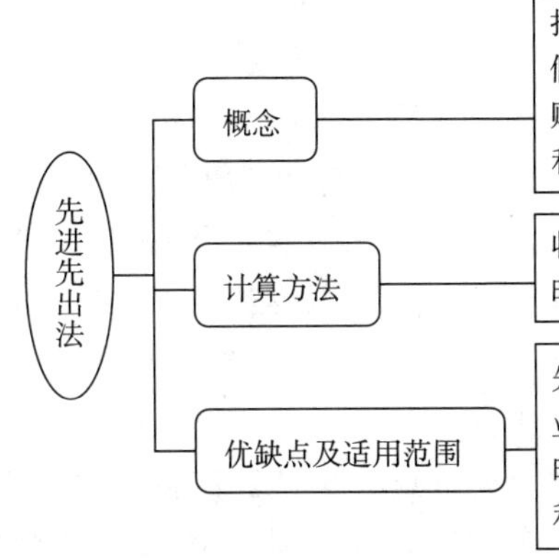

图 7-32　先进先出法

对月末一次加权平均法的描述如图 7-33 所示。

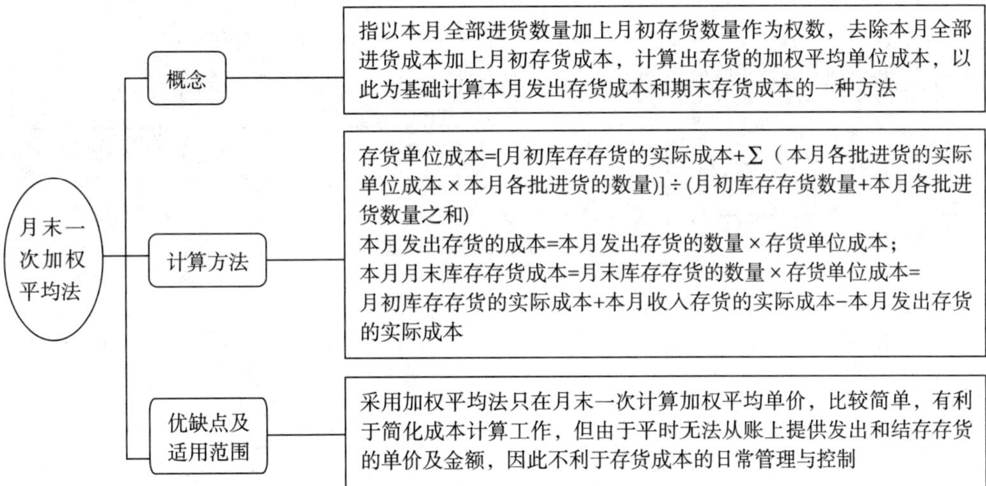

图 7-33　月末一次加权平均法

对移动加权平均法的描述如图 7-34 所示。

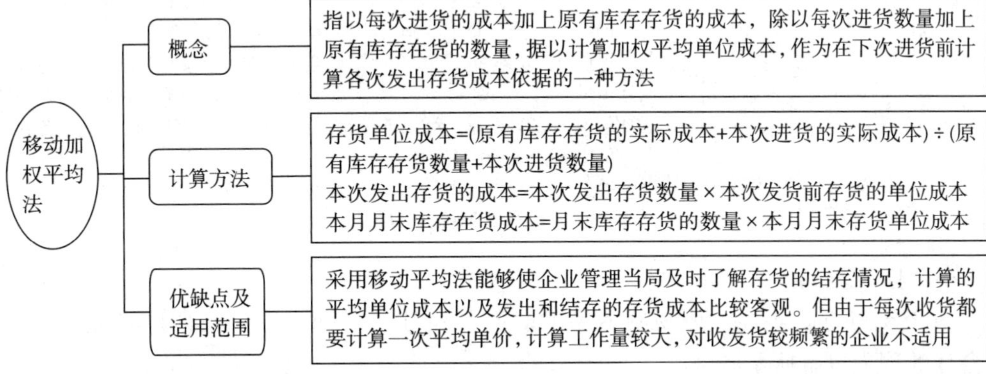

图 7-34　移动加权平均法

7.4.2 原材料

原材料是指企业在生产过程中经过加工改变其形态或性质并构成产品主要实体的各种原料、主要材料和外购半成品，以及不构成产品实体但有助于产品形成的辅助材料。原材料具体包括原料及主要材料、辅助材料、外购半成品（外购件）、修理用备件、包装材料、燃料等。原材料的日常收发及结存，可以采用实际成本核算，也可以采用计划成本核算。

1. 采用实际成本核算

材料按实际成本计价核算时，材料的收发及结存，无论总分类核算还是明细分类核算，均按照实际成本计价。使用的会计科目有“原材料”“在途物资”等，“原材料”科目的借方、贷方及余额均以实际成本计价，不存在成本差异的计算与结转问题。但采用实际成本核算，日常反映不出材料成本是节约还是超支，从而不能反映和考核物资采购业务的经营成果，因此这种方法通常适用于材料收发业务较少的企业。在实务工作中，对于材料收发业务较多并且计划成本资料较为健全、准确的企业，一般可以采用计划成本进行材料收发的核算。实际成本核算的科目如图 7-35 所示。

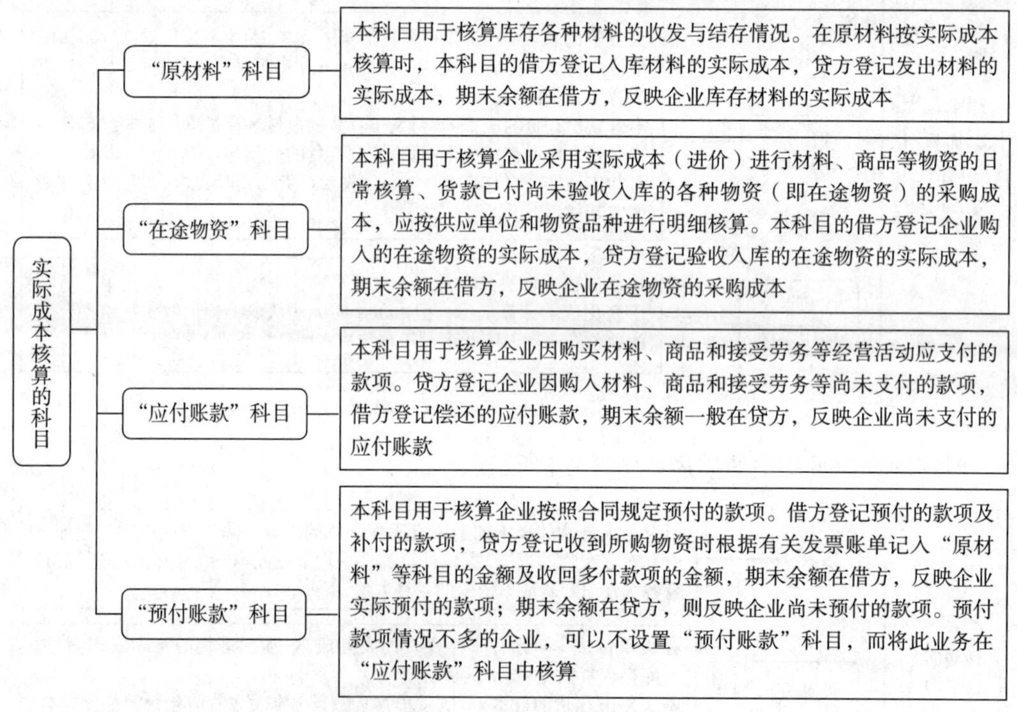

图 7-35 实际成本核算的科目

（1）购入材料

由于支付方式不同，原材料入库的时间与付款的时间可能一致，也可能不一致，在会计处理上也有所不同。

① 货款已经支付或开出、承兑商业汇票，同时材料已验收入库。

【例 7-20】紫竹公司购入 C 材料一批，增值税专用发票上记载的货款为 500 000 元，增值税额 65 000 元，另对方代垫包装费 1 000 元，全部款项已用转账支票付讫，材料已验收入库。

借：原材料——C 材料　　501 000
　　应交税费——应交增值税（进项税额）　　65 000
　　贷：银行存款　　566 000

本例属于发票账单与材料同时到达的采购业务，企业材料已验收入库，因此应通过“原材料”科目核算，对于增值税专用发票上注明的可抵扣的进项税额，应借记“应交税费——应交增值税（进项税额）”科目。

【例 7-21】紫竹公司持银行汇票 1 874 000 元购入 D 材料一批，增值税专用发票上记载的货款为 1 600 000 元，增值税额 208 000 元，对方代垫包装费 2 000 元，材料已验收入库。

借：原材料——D 材料　　1 602 000
　　应交税费——应交增值税（进项税额）　　208 000
　　贷：其他货币资金——银行汇票　　1 810 000

【例 7-22】紫竹公司采用托收承付结算方式购入 E 材料一批，货款 40 000 元，增值税额 5 200 元，对方代垫包装费 5 000 元，款项在承付期内以银行存款支付，材料已验收入库。

借：原材料——E 材料　　45 000
　　应交税费——应交增值税（进项税额）　　5 200
　　贷：银行存款　　50 200

② 货款已经支付或已开出、承兑商业汇票，材料尚未到达或尚未验收入库。

【例 7-23】紫竹公司采用汇兑结算方式购入 F 材料一批，发票及账单已收到，增值税专用发票上记载的货款为 20 000 元，增值税额 2 600 元，支付保险费 1 000 元，材料尚未到达。

借：在途物资　　21 000
　　应交税费——应交增值税（进项税额）　　2 600
　　贷：银行存款　　23 600

本例属于已经付款或已开出、承兑商业汇票，但材料尚未到达或尚未验收入库的采购业务，应通过“在途物资”科目核算；待材料到达、入库后，再根据收料单，由“在途物资”科目转入“原材料”科目核算。

【例 7-24】承【例 7-23】，上述购入的 F 材料已收到，并验收入库。

借：原材料　　23 600
　　贷：在途物资　　23 600

③ 货款尚未支付，材料已经验收入库。

【例 7-25】紫竹公司采用托收承付结算方式购入 G 材料一批，增值税专用发票上记载的货款为 50 000 元，增值税额 6 500 元，对方代垫包装费 1 000 元，银行转来的结算凭证已到，款项尚未支付，材料已验收入库。

借：原材料——G 材料　51 000
　　应交税费——应交增值税（进项税额）　6 500
　　贷：应付账款　57 500

【例 7-26】紫竹公司采用委托收款结算方式购入 H 材料一批，材料已验收入库，月末发票账单尚未收到也无法确定其实际成本，暂估价值为 30 000 元。

借：原材料　30 000
　　贷：应付账款——暂估应付账款　30 000

下月初做相反的会计分录予以冲回：

借：应付账款——暂估应付账款　30 000
　　贷：原材料　30 000

在这种情况下，发票账单未到也无法确定实际成本，期末应按照暂估价值先入账，但是，下期初做相反的会计分录予以冲回，收到发票账单后再按照实际金额记账，相关核算如图 7-36 所示。

对于材料已到达并已验收入库，但发票账单等结算凭证未到，货款尚未支付的采购业务，应于期末按材料的暂估价值：
借：原材料
　　贷：应付账款——暂估应付账款

下期初做相反的会计分录予以冲回，以便下月付款或开出、承兑商业汇票后，按正常程序：
借：原材料
　　应交税费——应交增值税（进项税额）
　　贷：银行存款、应付票据

图 7-36　相关核算

【例 7-27】承【例 7-26】，上述购入的 H 材料于次月收到发票账单，增值税专用发票上记载的货款为 31 000 元，增值税额 4 030 元，对方代垫保险费 2 000 元，已用银行存款付讫。

借：原材料——H 材料　33 000
　　应交税费——应交增值税（进项税额）　4 030
　　贷：银行存款　37 030

④ 货款已经预付，材料尚未验收入库。

【例 7-28】根据与某钢厂的购销合同规定，紫竹公司为购买 J 材料向该钢厂预付 100 000 元货款的 80%，计 80 000 元，已通过汇兑方式汇出。

借：预付账款　80 000
　　贷：银行存款　80 000

【例 7-29】承【例 7-28】，紫竹公司收到该钢厂发运来的 J 材料，已验收入库。有关发票账单记载，该批货物的货款 100 000 元，增值税额 13 000 元，对方代垫包装费 3 000 元，所欠款项以银行存款付讫。

a. 材料入库时：

借：原材料——J 材料　103 000

应交税费——应交增值税（进项税额） 13 000

贷：预付账款 116 000

b. 补付货款时：

借：预付账款 116 000

贷：银行存款 116 000

（2）发出材料

【例 7-30】紫竹公司 2×19 年 3 月 1 日结存 B 材料 3 000 公斤，每公斤实际成本为 10 元；3 月 5 日和 3 月 20 日分别购入该材料 9 000 公斤和 6 000 公斤，每公斤实际成本分别为 11 元和 12 元；3 月 10 日和 3 月 25 日分别发出该材料 10 500 公斤和 6 000 公斤。按先进先出法核算时，发出和结存材料的成本如表 7-2 所示。

表 7-2

2×19 年		凭证号	摘要	收入			发出			结存		
月	日			数量	单价	金额	数量	单价	金额	数量	单价	金额
3	1	略	期初结存							3 000	10	30 000
	5		购入	9 000	11	99 000				3 000 9 000	10 11	30 000 99 000
	10		发出				3 000 7 500	10 11	30 000 82 500	1 500	11	16 500
	20		购入	6 000	12	72 000				1 500 6 000	11 12	16 500 72 000
	25		发出				1 500 4 500	11 12	16 500 54 000	1 500	12	18 000
	31		合计	15 000		171 000	16 500		183 000	1 500	12	18 000

【例 7-31】承【例 7-30】，采用月末一次加权平均法计算 B 材料的成本如下：

B 材料平均单位成本 =(30 000+171 000)÷(3 000+15 000)=11.17（元）

本月发出存货的成本 =16 500×11.17=184 305（元）

月末库存存货的成本 =30 000+171 000−184 305=16 695（元）

【例 7-32】承【例 7-30】，采用移动加权平均法计算 B 材料的成本如下。

第一批收货后的平均单位成本 =(30 000+99 000)÷(3 000+9 000)=10.75（元）

第一批发货的存货成本 =10 500×10.75=112 875（元）

当时结存的存货成本 =1 500×10.75=16 125（元）

第二批收货后的平均单位成本 =(16 125+72 000)÷(1 500+6 000)=11.75（元）

第二批发货的存货成本 =6 000×11.75=70 500（元）

当时结存的存货成本 =1 500×11.75=17 625（元）

B 材料月末结存 1 500 公斤，月末库存存货成本为 17 625 元；本月发出存货成本合计为 183 375（112 875+70 500）元。

企业各生产单位及有关部门领用的材料具有种类多、业务频繁等特点。为了简化核算，可以在月末根据“领料单”或“限额领料单”中有关领料的单位、部门等加以归类，编制“发料凭证汇总表”，据以编制记账凭证、登记入账。发出材料实际成本的确定，可以由企业从上述个别计价法、先进先出法、月末一次加权平均法、移动加权平均法等方法中选择。计价方法一经确定，不得随意变更。如需变更，应在附注中予以说明。

【例 7-33】紫竹公司根据“发料凭证汇总表”的记录，1 月份基本生产车间领用 K 材料 500 000 元，辅助生产车间领用 K 材料 40 000 元，车间管理部门领用 K 材料 5 000 元，企业行政管理部门领用 K 材料 4 000 元，总计 549 000 元。

借：生产成本——基本生产成本	500 000	
——辅助生产成本	40 000	
制造费用	5 000	
管理费用	4 000	
贷：原材料——K 材料		549 000

2. 采用计划成本核算

材料采用计划成本核算时，材料的收发及结存，无论总分类核算还是明细分类核算，均按照计划成本计价。使用的会计科目有“原材料”“材料采购”“材料成本差异”等。材料实际成本与计划成本的差异，通过“材料成本差异”科目核算。月末，计算本月发出材料应负担的成本差异并进行分摊，根据领用材料的用途计入相关资产的成本或者当期损益，从而将发出材料的计划成本调整为实际成本。计划成本核算如图 7-37 所示。

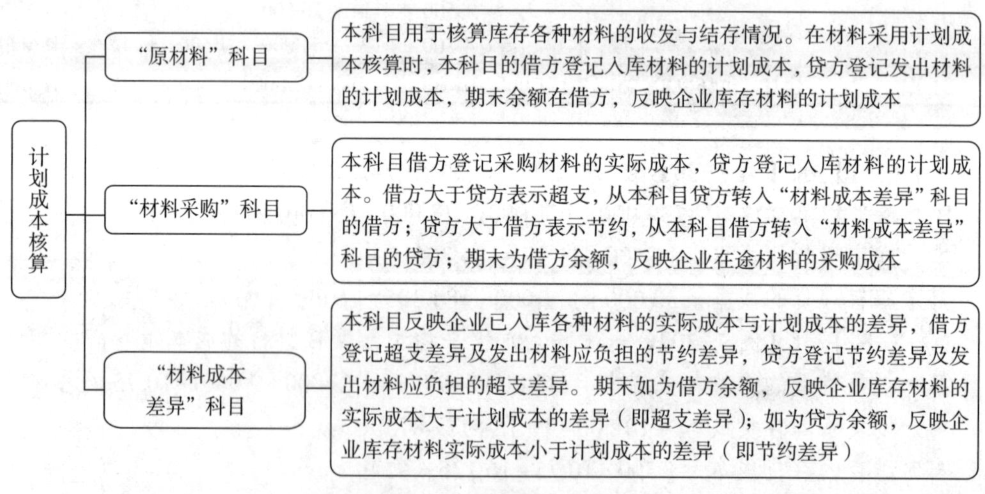

图 7-37 计划成本核算

（1）购入材料

① 货款已经支付，同时材料验收入库。

【例 7-34】紫竹公司购入 L 材料一批，专用发票上记载的货款为 3 000 000 元，增值税额 390 000 元，发票账单已收到，计划成本为 3 200 000 元，已验收入库，全部款项以银行存款支付。

借：材料采购　　3 000 000

　应交税费——应交增值税（进项税额）　　390 000

　贷：银行存款　　3 390 000

在计划成本法下，取得的材料先要通过“材料采购”科目进行核算，企业支付材料价款和运杂费等构成存货实际成本的，计入“材料采购”科目。

② 货款已经支付，材料尚未验收入库。

【例 7–35】紫竹公司采用汇兑结算方式购入 M1 材料一批，专用发票上记载的货款为 200 000 元，增值税额 26 000 元，发票账单已收到，计划成本 180 000 元，材料尚未入库。

借：材料采购　　200 000

　应交税费——应交增值税（进项税额）　　26 000

　贷：银行存款　　226 000

③ 货款尚未支付，材料已经验收入库。

【例 7–36】紫竹公司采用商业承兑汇票支付方式购入 M2 材料一批，专用发票上记载的货款为 500 000 元，增值税额 65 000 元，发票账单已收到，计划成本 520 000 元，材料已验收入库。

借：材料采购　　500 000

　应交税费——应交增值税（进项税额）　　65 000

　贷：应付票据　　565 000

【例 7–37】紫竹公司购入 M3 材料一批，材料已验收入库，发票账单未到，月末按照计划成本 600 000 元估价入账。

借：原材料　　600 000

　贷：应付账款——暂估应付账款　　600 000

下月初做相反的会计分录予以冲回：

借：应付账款——暂估应付账款　　600 000

　贷：原材料　　600 000

在这种情况下，对于尚未收到发票账单的收料凭证，月末应按计划成本暂估入账，相关核算如图 7–38 所示。

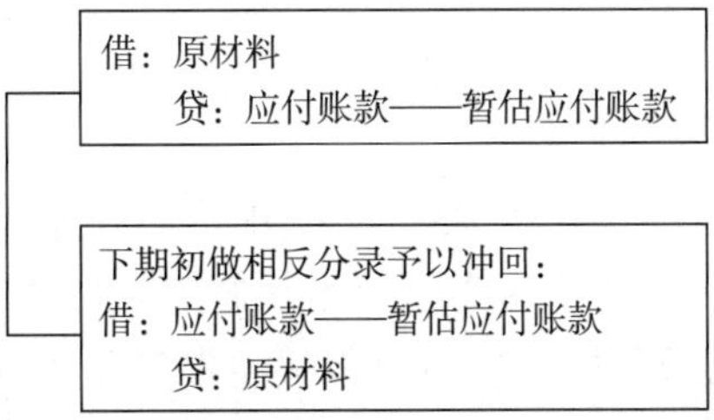

借：原材料
　贷：应付账款——暂估应付账款

下期初做相反分录予以冲回：
借：应付账款——暂估应付账款
　贷：原材料

图 7–38　相关核算

企业购入验收入库的材料核算如图 7-39 所示。

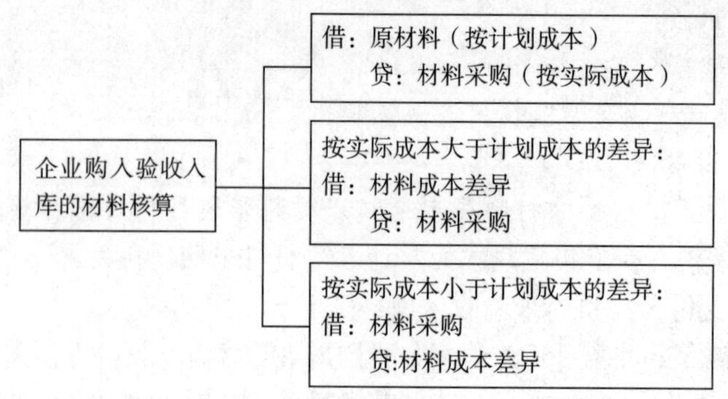

7-39 企业购入验收入库的材料核算

【例 7-38】承【例 7-34】和【例 7-36】，月末，紫竹公司汇总本月已付款或已开出并承兑商业汇票的入库材料的计划成本 3 720 000（3 200 000+ 520 000）元。

借：原料——L 材料　　3 200 000
　　——M2 材料　　520 000
　贷：材料采购　　3 720 000

上述入库材料的实际成本为 3 500 000（3 000 000+ 500 000）元，入库材料的成本差异为节约 220 000（3 500 000—3 720 000）元。

借：材料采购　　220 000
　贷：材料成本差异——L 材料　　220 000

（2）发出材料

月末，企业根据领料单等编制“发料凭证汇总表”结转发出材料的计划成本，应当根据所发出材料的用途，按计划成本分别计入“生产成本”“制造费用”“销售费用”“管理费用”等科目。

【例 7-39】紫竹公司根据“发料凭证汇总表”的记录，某月 L 材料的消耗（计划成本）为：基本生产车间领用 2 000 000 元，辅助生产车间领用 600 000 元，车间管理部门领用 250 000 元，企业行政管理部门领用 50 000 元。

借：生产成本——基本生产成本　　2 000 000
　　　　　——辅助生产成本　　600 000
　制造费用　　250 000
　管理费用　　50 000
　贷：原材料——L 材料　　2 900 000

根据《企业会计准则第 1 号——存货》的规定，企业日常采用计划成本核算的，发出的材料成本应由计划成本调整为实际成本，通过“材料成本差异”科目进行结转，按照所发出材料的用途，分别计入“生产成本”“制造费用”“销售费用”“管理费用”等科目。发出材料应负担的成本差异应当按期（月）分摊，不得在季末或年末一次计算。

【例 7-40】承【例 7-38】和【例 7-39】，紫竹公司某月月初结存 L 材料的计划成本为 1 000 000 元，成本差异为超支 30 740 元；当月入库 L 材料的计划成本 3 200 000 元，成本差异为节约 200 000 元。则：

材料成本差异率 =(30 740−200 000)÷(1 000 000+3 200 000)×100%=−4.03%

结转发出材料的成本差异的分录。

借：材料成本差异——L 材料　　116 870

　　贷：生产成本——基本生产成本　　80 600

　　　　　　　　——辅助生产成本　　24 180

　　　　制造费用　　10 075

　　　　管理费用　　2 015

7.4.3 包装物

包装物是指为了包装本企业商品而储备的各种包装容器，如桶、箱、瓶、坛、袋等。

为了反映和监督包装物的增减变化及其价值损耗、结存等情况，企业应当设置“周转材料——包装物”科目进行核算。对于生产领用包装物，应根据领用包装物的实际成本或计划成本，借记“生产成本”科目，贷记“周转材料——包装物”“材料成本差异”等科目。随同商品出售而不单独计价的包装物，应于包装物发出时，按其实际成本计入销售费用。随同商品出售且单独计价的包装物，一方面应反映其销售收入，计入其他业务收入；另一方面应反映其实际销售成本，计入其他业务成本。包装物的摊销方法有一次转销法和五五摊销法两种，有关五五摊销法的举例参见【例 7−45】。

包装物的核算如图 7−40 所示。

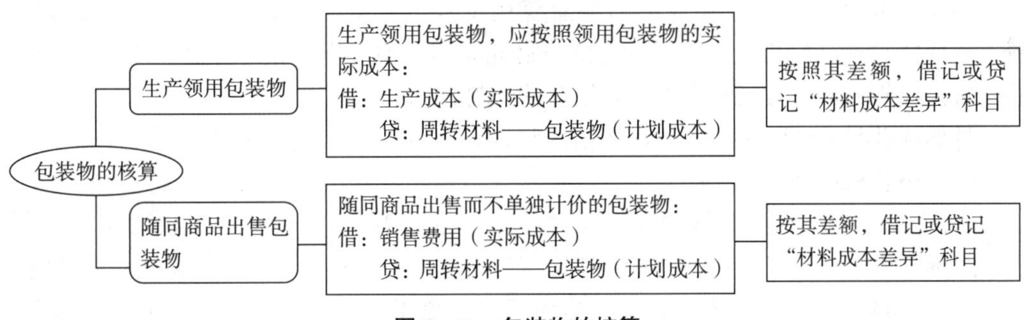

图 7−40 包装物的核算

【例 7−41】紫竹公司对包装物采用计划成本核算，某月生产产品领用包装物的计划成本为 100 000 元，材料成本差异率为 −3%。

借：生产成本　　97 000

　　材料成本差异　　3 000

　　贷：周转材料——包装物　　100 000

【例 7−42】紫竹公司某月销售商品须用不单独计价包装物的计划成本为 50 000 元，材料成本差异率为 −3%。

借：销售费用　　48 500

材料成本差异　　1 500
贷：周转材料——包装物　　50 000

【例 7-43】紫竹公司某月销售商品领用单独计价包装物的计划成本为 80 000 元，销售收入为 100 000 元，增值税额为 13 000 元，款项已存入银行。该包装物的材料成本差异率为 3%。

（1）出售单独计价包装物：

借：银行存款　　113 000
贷：其他业务收入　　100 000
应交税费——应交增值税（销项税额）　　13 000

（2）结转所售单独计价包装物的成本：

借：其他业务成本　　82 400
贷：周转材料——包装物　　80 000
材料成本差异　　2 400

7.4.4 低值易耗品

低值易耗品通常被视同存货，作为流动资产进行核算和管理，一般划分为一般工具、专用工具、替换设备、管理用具、劳动保护用品、其他用具等。

为了反映和监督低值易耗品的增减变化及其结存情况，企业应当设置“周转材料——低值易耗品”科目，借方登记低值易耗品的增加，贷方登记低值易耗品的减少，期末余额在借方，通常反映企业期末结存低值易耗品的金额。

为了反映和监督低值易耗品的增减变化及其结存情况，企业应当设置“周转材料——低值易耗品”科目，借方登记低值易耗品的增加，贷方登记低值易耗品的减少，期末余额在借方，通常反映企业期末结存低值易耗品的金额。

低值易耗品的摊销方法有一次转销法和五五摊销法。

（1）一次转销法

采用一次转销法摊销低值易耗品，在领用低值易耗品时，将其价值一次性全部计入有关资产成本或者当期损益，主要适用于价值较低或极易损坏的低值易耗品的摊销。

【例 7-44】紫竹公司某基本生产车间领用一般工具一批，实际成本为 30 000 元，全部计入当期制造费用。应做如下会计处理：

借：制造费用　　3 000
贷：周转材料——低值易耗品　　3 000

（2）五五摊销法

采用五五摊销法摊销低值易耗品，低值易耗品在领用时先摊销其账面价值的一半，在报废时再摊销其账面价值的另一半，即低值易耗品分两次各按 50% 进行摊销。五五摊销法既适用于价值较低、使用期限较短的低值易耗品，也适用于每期领用数量和报废数量大致相等的低值易耗品。在采用五五摊销法的情况下，需要单独设置“周转材料——低值易耗品——在用”、“周转材料——低值易耗品——在库”和“周转材料——低值易耗品——摊销”明细科目。

【例 7-45】紫竹公司的基本生产车间领用专用工具一批，实际成本为 100 000 元，采用五五摊销法进行摊销。应做如下会计处理。

（1）领用专用工具：

借：周转材料——低值易耗品——在用　　100 000

　　贷：周转材料——低值易耗品——在库　　100 000

（2）领用时摊销其价值的一半：

借：制造费用　　50 000

　　贷：周转材料——低值易耗品——摊销　　50 000

（3）报废时摊销其价值的一半：

借：制造费用　　50 000

　　贷：周转材料——低值易耗品——摊销　　50 000

同时，

借：周转材料——低值易耗品——摊销　　100 000

　　贷：周转材料——低值易耗品——在用　　100 000

7.4.5 委托加工物资

委托加工物资是指企业委托外单位加工的各种材料、商品等物资。

企业委托外单位加工物资的成本包括加工中实际耗用物资的成本、支付的加工费用及应负担的运杂费等，支付的税金，包括委托加工物资所应负担的消费税（指属于消费税应税范围的加工物资）等。

为了反映和监督委托加工物资增减变动及其结存情况，企业应当设置“委托加工物资”科目，借方登记委托加工物资的实际成本，贷方登记加工完成验收入库的物资的实际成本和剩余物资的实际成本，期末余额在借方，反映企业尚未完工的委托加工物资的实际成本和发出加工物资的运杂费等。委托加工物资也可以采用计划成本或售价进行核算，其方法与库存商品相似。

（1）发出物资

【例 7-46】紫竹公司委托某量具厂加工一批量具，发出材料一批，计划成本 70 000 元，材料成本差异率 4%，以现金支付运杂费 2 200 元。

（1）发出材料时：

借：委托加工物资　　72 800

　　贷：原材料　　70 000

　　　　材料成本差异　　2 800

（2）支付运杂费时：

借：委托加工物资　　2 200

　　贷：银行存款　　2 200

需要说明的是，企业发给外单位加工物资时，如果采用计划成本或售价核算的，还应同时结转材料成本差异或商品进销差价，贷记或借记“材料成本差异”科目，或借记“商品进销差价”科目。

（2）支付加工费、运杂费等

【例 7-47】承【例 7-46】紫竹公司以银行存款支付上述量具的加工费用 20 000 元。

借：委托加工物资　　20 000

　　贷：银行存款　　20 000

（3）加工完成验收入库

【例 7-48】承【例 7-46】和【例 7-47】，紫竹公司收回由某量具厂代加工的量具，以银行存款支付运杂费 2 500 元。该量具已验收入库，其计划成本为 110 000 元。应做如下会计处理。

（1）支付运杂费时：

借：委托加工物资　　2 500

　　贷：银行存款　　2 500

（2）量具入库时：

借：周转材料——低值易耗品　　110 000

　　贷：委托加工物资　　97 500

　　　　材料成本差异　　12 500

【例 7-49】紫竹公司委托丁公司加工商品一批（属于应税消费品）100 000 件，有关经济业务如下。

（1）1 月 20 日，发出材料一批，计划成本为 6 000 000 元，材料成本差异率为 −3%。应做如下会计处理。

①发出委托加工材料时：

借：委托加工物资　　6 000 000

　　贷：原材料　　6 000 000

②结转发出材料应分摊的材料成本差异时：

借：材料成本差异　　180 000

　　贷：委托加工物资　　180 000

（2）2 月 20 日，支付商品加工费 120 000 元，支付应当缴纳的消费税 660 000 元，该商品收回后用于连续生产，消费税可抵扣，紫竹公司和丁公司均为一般纳税人，适用增值税税率为 13%。应做如下会计处理。

借：委托加工物资　　120 000

　　应交税费——应交消费税　　660 000

　　　　　　——应交增值税（进项税额）　　15 600

贷：银行存款 795 600

（3）3 月 4 日，用银行存款支付往返运杂费 10 000 元。

借：委托加工物资 10 000

贷：银行存款 10 000

（4）3 月 5 日，上述商品 100 000 件（每件计划成本为 65 元）加工完毕，公司已办理验收入库手续。

借：库存商品 6 500 000

贷：委托加工物资 5 950 000

商品进销差价 550 000

需要注意的是，需要缴纳消费税的委托加工物资，由受托方代收代交的消费税，收回后用于直接销售的，计入“委托加工物资”科目；收回后继续用于加工的，计入“应交税费——应交消费税”科目。

7.4.6 库存商品

（1）库存商品的内容

库存商品具体包括库存产成品、外购商品、存放在门市部准备出售的商品、发出展览的商品、寄存在外的商品、接受来料加工制造的代制品和为外单位加工修理的代修品等。已完成销售手续、但购买单位在月末未提取的产品，不应作为企业的库存商品，而应作为代管商品处理，单独设置代管商品备查簿进行登记。库存商品可以采用实际成本核算，也可以采用计划成本核算，其方法与原材料相似。采用计划成本核算时，库存商品实际成本与计划成本的差异，可单独设置“产品成本差异”科目核算。

为了反映和监督库存商品的增减变化及其结存情况，企业应当设置“库存商品”科目，借方登记验收入库的库存商品成本，贷方登记发出的库存商品成本，期末余额在借方，反映各种库存商品的实际成本或计划成本。

（2）库存商品的核算

库存商品的核算如图 7-41 所示。

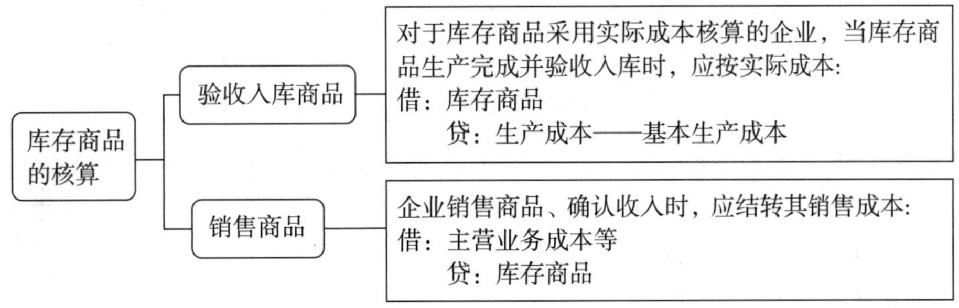

图 7-41 库存商品的核算

【例 7-50】紫竹公司“商品入库汇总表”记载，某月已验收入库 Y 产品 1 000 台，实际单位成本 5 000 元，计 5 000 000 元；Z 产品 2 000 台，实际单位成本 1 000 元，计

2 000 000 元。紫竹公司应做如下会计处理：

借：库存商品——Y 产品　　5 000 000

　　　　　　——Z 产品　　2 000 000

　贷：生产成本——基本生产成本（Y 产品）　　5 000 000

　　　　　　　　基本生产成本（Z 产品）　　2 000 000

【例 7-51】紫竹公司月末汇总的发出商品中，当月已实现销售的 Y 产品有 500 台，Z 产品有 1 500 台。该月 Y 产品实际单位成本 5 000 元，Z 产品实际单位成本 1 000 元。在结转其销售成本时，应做如下会计处理：

借：主营业务成本　　4 000 000

　贷：库存商品——Y 产品　　2 500 000

　　　　　　　——Z 产品　　1 500 000

企业购入的商品可以采用进价或售价核算。采用售价核算的，商品售价和进价的差额，可通过“商品进销差价”科自核算。月末，应分摊已销商品的进销差价，将已销商品的销售成本调整为实际成本，借记“商品进销差价”科目，贷记“主营业务成本”科目。

商品流通企业的库存商品还可以采用毛利率法和售价金额核算法进行日常核算。

① 毛利率法。

毛利率法的核算如图 7-42 所示。

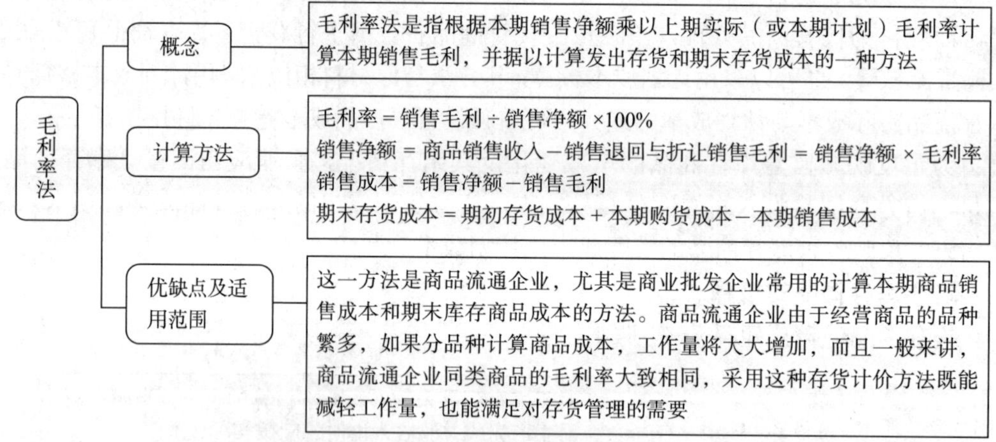

图 7-42　毛利率法

【例 7-52】某商场 2×20 年 4 月 1 日针织品存货 1 800 万元，本月购进 3 000 万元，本月销售收入 3 400 万元，上季度该类商品毛利率为 25%。本月已销商品和月末库存商品的成本计算如下：

本月销售收入 =3 400（万元）

销售毛利 =3 400×25%=850（万元）

本月销售成本 =3 400−850=2 550（万元）

库存商品成本 =1 800+3 000−2 550=2 250（万元）

② 售价金额核算法。

售价金额核算法如图 7-43 所示。

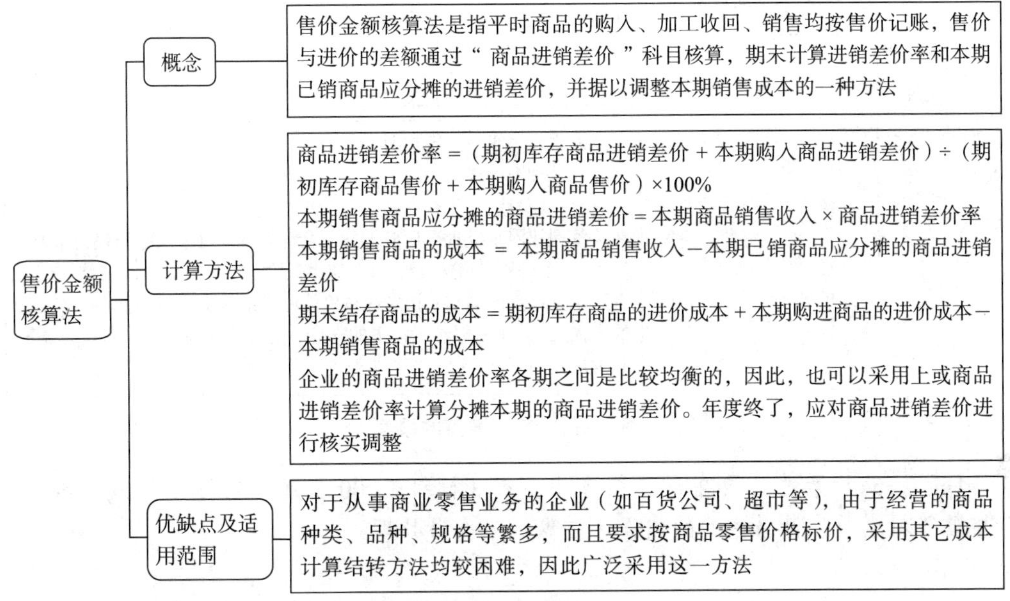

图 7-43 售价金额核算法

【例 7-53】某商场 2×20 年 7 月期初库存商品的进价成本为 100 万元，售价总额为 110 万元，本月购进该商品的进价成本为 75 万元，售价总额为 90 万元，本月销售收入为 120 万元。有关计算如下：

商品进销差价率 =（10+15）÷（110+90）×100%=12.5%

已销商品应分摊的商品进销差价 =120×12.5%=15（万元）

本期销售商品的实际成本 =120−15=105（万元）

期末结存商品的实际成本 =100+75−105=70（万元）

7.4.7 存货清查

存货清查是指通过对存货的实地盘点，确定存货的实有数量，并与账面结存数核对，从而确定存货实存数与账面结存数是否相符的一种专门方法。

为了反映企业在财产清查中查明的各种存货的盘盈、盘亏和毁损情况，企业应当设置“待处理财产损溢”科目，借方登记存货的盘亏、毁损金额及盘盈的转销金额，贷方登记存货的盘盈金额及盘亏的转销金额。企业清查的各种存货损溢，应在期末结账前处理完毕，期末处理后，本科目应无余额。

存货清查的核算如图 7-44 所示。

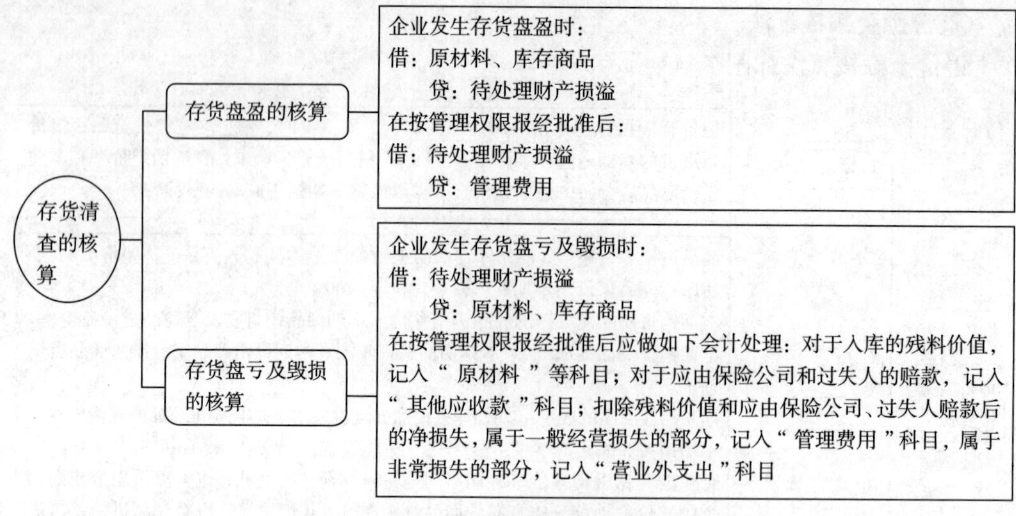

图 7-44　存货清查的核算

【例 7-54】紫竹公司在财产清查中盘盈 J 材料 1 000 公斤，实际单位成本 60 元，经查属于材料收发计量方面的错误。应做如下会计处理：

（1）批准处理前：

借：原材料　60 000

　　贷：待处理财产损溢　60 000

（2）批准处理后：

借：待处理财产损溢　60 000

　　贷：管理费用　60 000

【例 7-55】紫竹公司在财产清查中发现盘亏 K 材料 500 公斤，实际单位成本 200 元，经查属于一般经营损失。应做如下会计处理：

（1）批准处理前：

借：待处理财产损溢　100 000

　　贷：原材料　100 000

（2）批准处理后：

借：管理费用　100 000

　　贷：待处理财产损溢　100 000

【例 7-56】紫竹公司在财产清查中发现毁损 L 材料 300 公斤，实际单位成本 100 元，经查属于材料保管员的过失造成的，按规定由其个人赔偿 20 000 元，残料已办理入库手续，价值 2 000 元。应做如下会计处理：

（1）批准处理前：

借：待处理财产损溢　30 000

　　贷：原材料　30 000

（2）批准处理后：

①由过失人赔款部分：

借：其他应收款 20 000
　　贷：待处理财产损溢 20 000
②残料入库：
借：原材料 2 000
　　贷：待处理财产损溢 2 000
③材料毁损净损失：
借：管理费用 8 000
　　贷：待处理财产损溢 8 000

【例 7-57】紫竹公司因台风造成一批库存材料毁损，实际成本 70 000 元，根据保险责任范围及保险合同规定，应由保险公司赔偿 50 000 元。应做如下会计处理。

(1) 批准处理前：
借：待处理财产损溢 70 000
　　贷：原材料 70 000
(2) 批准处理后：
借：其他应收款 50 000
　　营业外支出——非常损失 20 000
　　贷：待处理财产损溢 70 000

7.4.8 存货减值

（1）存货跌价准备的计提和转回

资产负债表日，存货应当按照成本与可变现净值孰低计量。其中，成本是指期末存货的实际成本，如企业在存货成本的日常核算中采用计划成本法、售价金额核算法等简化核算方法，则成本为经调整后的实际成本。可变现净值是指在日常活动中，存货的估计售价减去至完工时估计将要发生的成本、估计的销售费用以及相关税费后的金额。可变现净值的特征表现为存货的预计未来净现金流量，而不是存货的售价或合同价。

存货成本高于其可变现净值的，应当计提存货跌价准备，计入当期损益。以前减记存货价值的影响因素已经消失的，减记的金额应当予以恢复，并在原已计提的存货跌价准备金额内转回，转回的金额计入当期损益。

（2）存货跌价准备的会计处理

存货跌价准备的会计处理如图 7-45 所示。

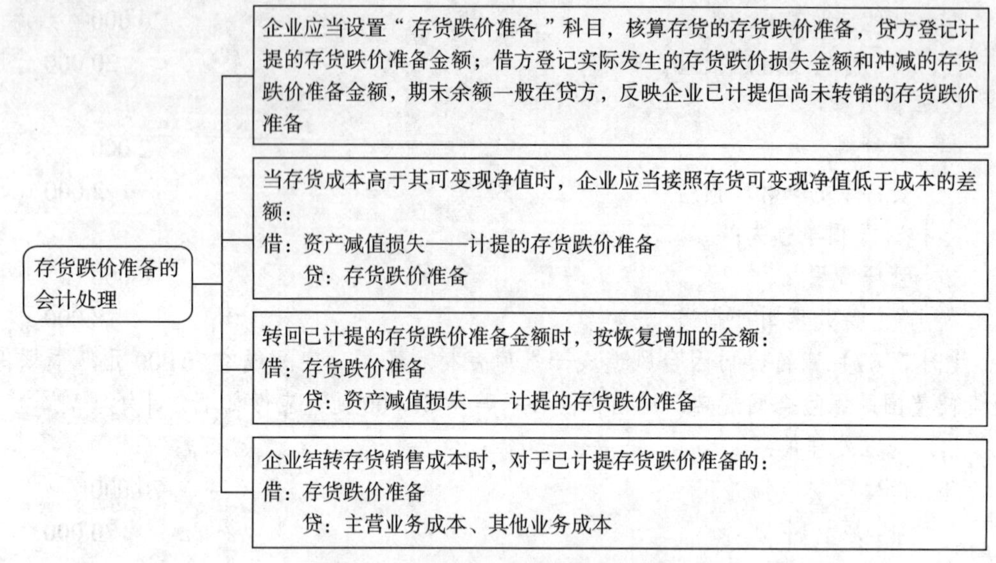

图 7-45　存货跌价准备的会计处理

【例 7-58】2×19 年 12 月 31 日，紫竹公司 X 材料的账面金额为 100 000 元，由于市场价格下跌，预计可变现净值为 80 000 元，由此应计提的存货跌价准备为 20 000 元。应做如下会计处理：

借：资产减值损失——计提的存货跌价准备　　20 000

　　贷：存货跌价准备　　20 000

假设 2×20 年 6 月 30 日，X 材料的账面金额为 100 000 元，由于市场价格有所上升，使得 X 材料的预计可变现净值为 95 000 元，应转回的存货跌价准备为 15 000 元。应做如下会计处理：

借：存货跌价准备　　15 000

　　贷：资产减值损失——计提的存货跌价准备　　15 000

7.5　长期股权投资

7.5.1　长期股权投资概述

（1）长期股权投资的概念

长期股权投资包括企业持有的对其子公司、合营企业及联营企业的权益性投资等以及企业持有的对被投资单位不具有控制、共同控制或重大影响，且在活跃市场中没有报价、公允价值不能可靠计量的权益性投资。

企业能够对被投资单位实施控制的，被投资单位为本企业的子公司。企业与其他方对被投资单位实施共同控制的，被投资单位为本企业的合营企业。企业能够对被投资单位施加重大影响的，被投资单位为本企业的联营企业。

（2）长期股权投资的核算方法

长期股权投资的核算方法如图 7-46 所示。

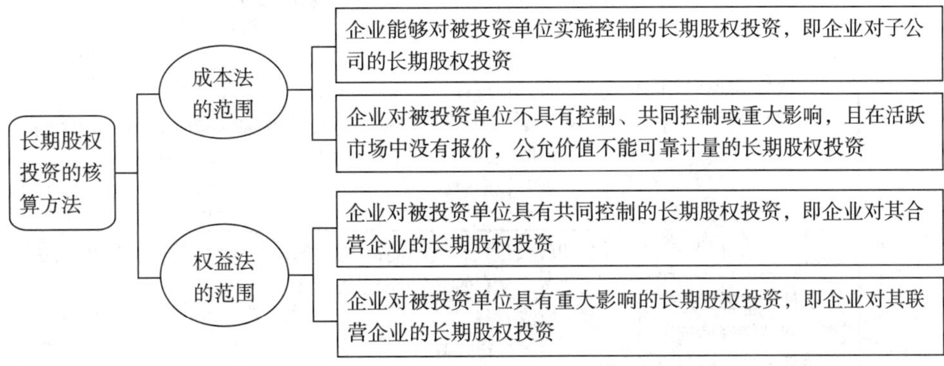

图 7-46 长期股权投资的核算方法

为了核算企业的长期股权投资，企业应当设置“长期股权投资”“投资收益”等科目。

“长期股权投资”科目核算企业持有的采用成本法和权益法核算的长期股权投资，借方登记长期股权投资取得时的成本以及采用权益法核算时，按被投资企业实现的净利润计算的应分享的份额，贷方登记收回长期股权投资的价值，或采用权益法核算时被投资单位宣告分派现金股利或利润时，企业按持股比例计算应享有的份额，及按被投资单位发生的净亏损计算的应分担的份额，期末借方余额，反映企业持有的长期股权投资的价值。

7.5.2 采用成本法核算的长期股权投资

除企业合并形成的长期股权投资以外，以支付现金取得的长期股权投资，应当按照实际支付的购买价款作为初始投资成本。企业所发生的与取得长期股权投资直接相关的费用、税金及其他必要支出应计入长期股权投资的初始投资成本。

此外，企业取得长期股权投资，实际支付的价款或对价中包含的已宣告但尚未发放的现金股利或利润，作为应收项目处理，不构成长期股权投资的成本。

采用成本法核算的长期股权投资核算方法如图 7-47 所示。

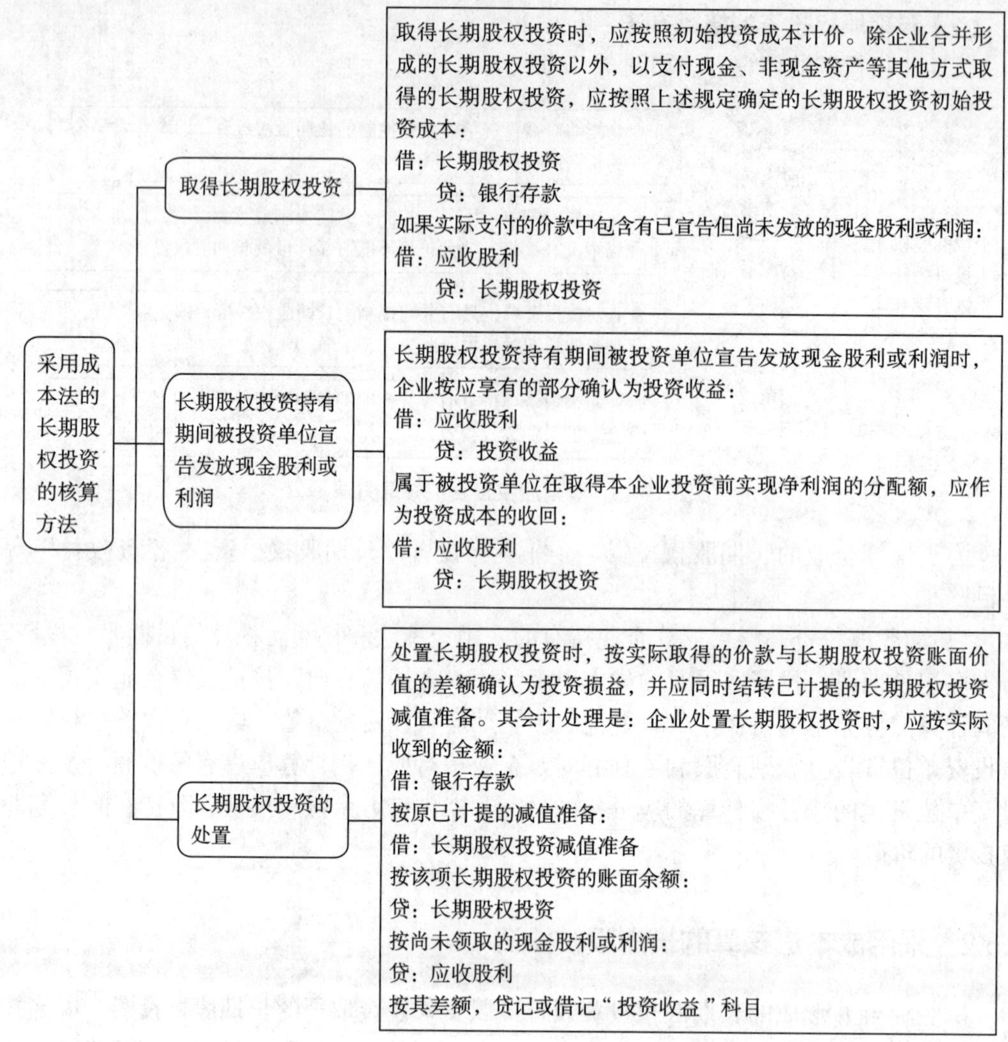

图 7-47　采用成本法的长期股权投资的核算方法

7.5.3　采用权益法核算的长期股权投资

采用权益法的长期股权投资的核算方法如图 7-48 所示。

- 采用权益法的长期股权投资的核算方法
  - 取得长期股权投资
    - 取得长期股权投资，长期股权投资的初始投资成本大于投资时应享有被投资单位可辨认净资产公允价值份额的，不调整已确认的初始投资成本：
      借：长期股权投资——成本
      　　贷：银行存款
      长期股权投资的初始投资成本小于投资时应享有被投资单位可辨认净资产公允价值份额的：
      借：长期股权投资——成本
      　　贷：银行存款
      按其差额：
      贷：营业外收入
  - 持有长期股权投资期间被投资单位实现净利润或发生净亏损
    - 根据被投资单位实现的净利润计算应享有的份额：
      借：长期股权投资——损益调整
      　　贷：投资收益
      被投资单位发生净亏损做相反的会计分录，但以本科目的账面价值减记至零为限：
      借：投资收益
      　　贷：长期股权投资——损益调整
      被投资单位宣告发放现金股利或利润时，企业计算应分得的部分：
      借：应收股利
      　　贷：长期股权投资——损益调整
      收到被投资单位宣告发放的股票股利，不进行账务处理，但应在备查簿中登记
  - 持有长期股权投资期间被投资单位所有者权益的其他变动
    - 在持股比例不变的情况下，被投资单位除净损益以外所有者权益的其它变动，企业按持股比例计算应享有的份额，借记或贷记“长期股权投资——其他权益变动”科目，贷记或借记“资本公积——其他资本公积”科目
  - 长期股权投资的处置
    - 处置长期股权投资时，按实际取得的价款与长期股权投资账面价值的差额确认为投资损益，并应同时结转已计提的长期股权投资减值准备。其会计处理是：企业处置长期股权投资时，应按实际收到的金额：
      借：银行存款
      按原已计提的减值准备：
      借：长期股权投资减值准备
      按该长期股权投资的账面余额：
      贷：长期股权投资
      按尚未领取的现金股利或利润：
      贷：应收股利
      按其差额，贷记或借记“投资收益”科目：
      同时，还应结转原记入资本公积的相关金额，借记或贷记“资本公积——其他资本公积”科目，贷记或借记“投资收益”科目

图 7–48　采用权益法的长期股权投资的核算方法

7.5.4　长期股权投资减值

长期股权投资减值的核算如图 7–49 所示。

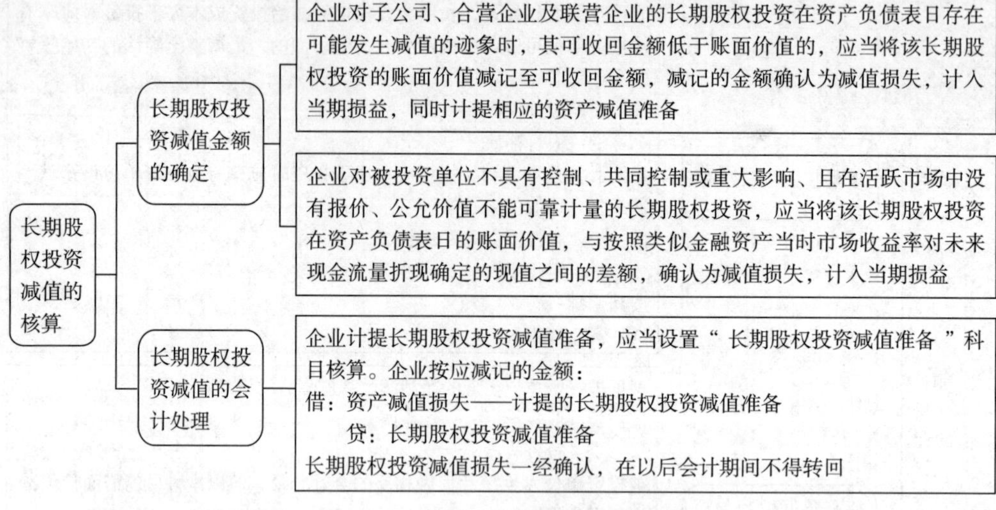

图 7-49　长期股权投资减值的核算

7.6　固定资产

7.6.1　固定资产概述

（1）固定资产的概念和特征

固定资产是指同时具有以下特征的有形资产：(1) 为生产商品、提供劳务、出租或经营管理而持有的；(2) 使用寿命超过一个会计年度。

固定资产的特征如图 7-50 所示。

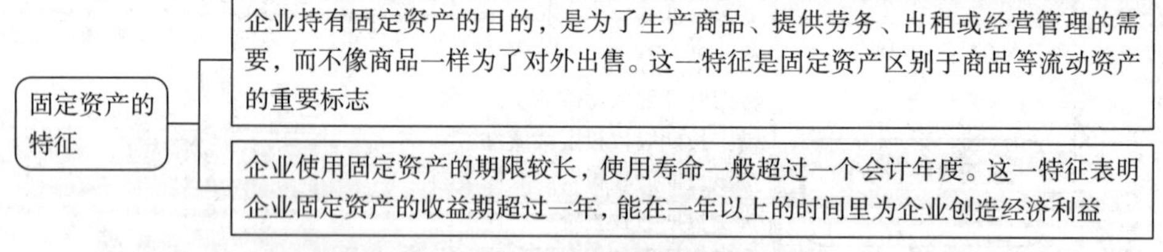

图 7-50　固定资产的特征

（2）固定资产的确认

固定资产的确认如图 7-51 所示。

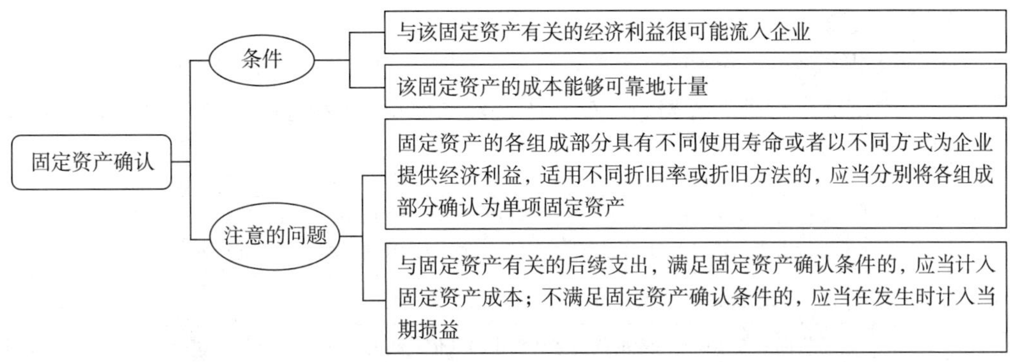

图 7-51　固定资产的确认

（3）固定资产的分类

企业的固定资产种类繁多、规格不一，为加强管理、便于组织会计核算，有必要对其进行科学、合理地分类。固定资产的分类如图 7-52 所示。

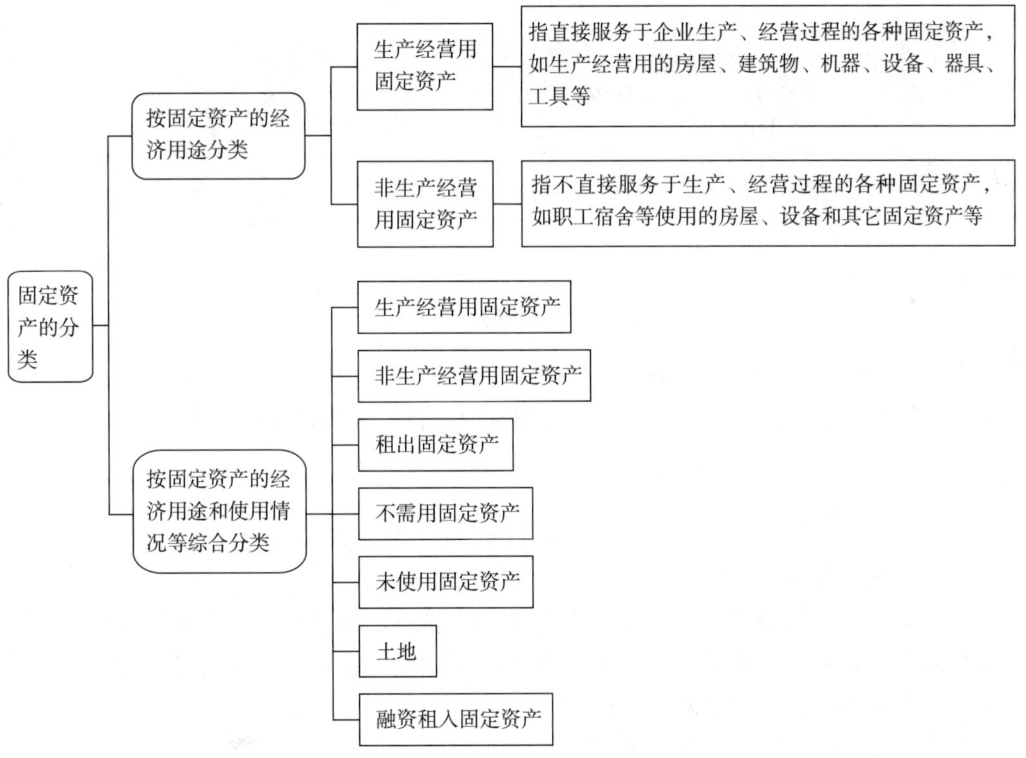

图 7-52　固定资产的分类

由于企业的经营性质不同，经营规模各异，对固定资产的分类不可能完全一致。但在实际工作中，企业大多采用综合分类的方法作为编制固定资产目录，进行固定资产核算的依据。

（4）固定资产的核算

为了核算固定资产，企业一般需要设置“固定资产”“累计折旧”“在建工程”“工程物资”“固定资产清理”等科目，核算固定资产取得、计提折旧、处置等情况。固定资产的核算如图 7-53 所示。

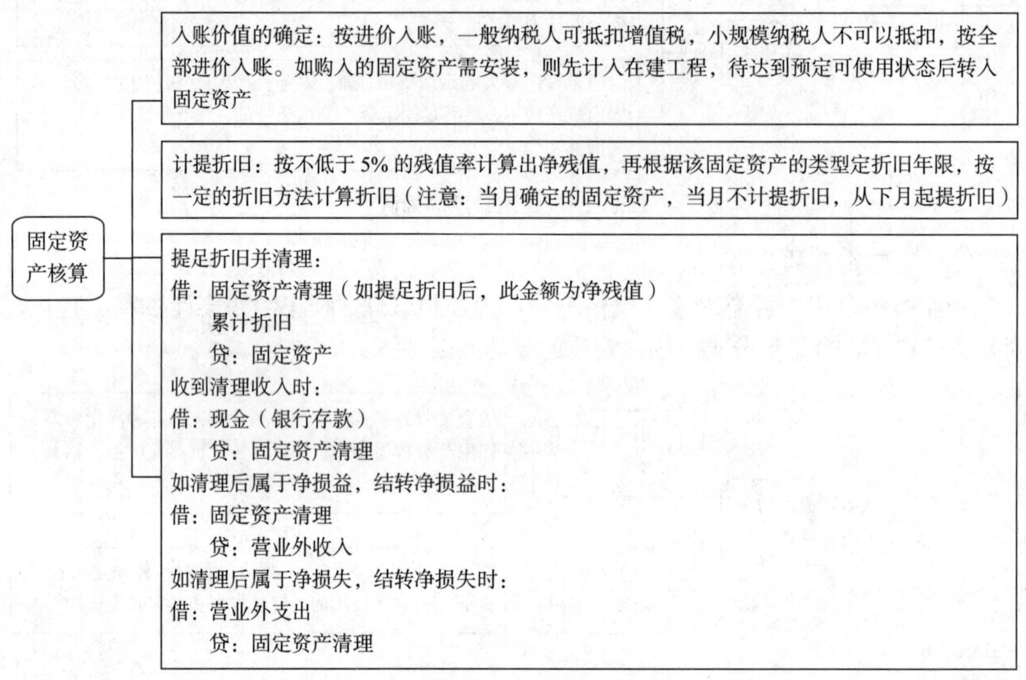

图 7-53　固定资产的核算

此外，企业固定资产、在建工程、工程物资发生减值的，还应当设置“固定资产减值准备”“在建工程减值准备”“工程物资减值准备”等科目进行核算。

7.6.2　取得固定资产

（1）外购固定资产

企业外购的固定资产，应按实际支付的购买价款、相关税费、使固定资产达到预定可使用状态前所发生的可归属于该项资产的运输费、装卸费、安装费和专业人员服务费等，作为固定资产的取得成本。

外购固定资产的核算如图 7-54 所示。

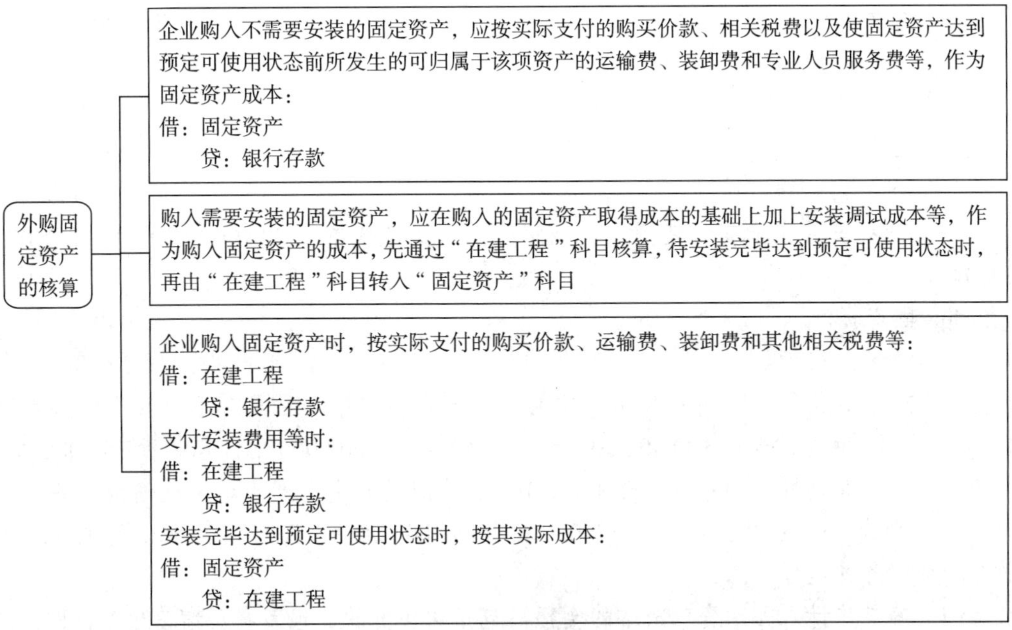

外购固定资产的核算

- 企业购入不需要安装的固定资产，应按实际支付的购买价款、相关税费以及使固定资产达到预定可使用状态前所发生的可归属于该项资产的运输费、装卸费和专业人员服务费等，作为固定资产成本：
  借：固定资产
  　　贷：银行存款
- 购入需要安装的固定资产，应在购入的固定资产取得成本的基础上加上安装调试成本等，作为购入固定资产的成本，先通过“在建工程”科目核算，待安装完毕达到预定可使用状态时，再由“在建工程”科目转入“固定资产”科目
- 企业购入固定资产时，按实际支付的购买价款、运输费、装卸费和其他相关税费等：
  借：在建工程
  　　贷：银行存款
  支付安装费用等时：
  借：在建工程
  　　贷：银行存款
  安装完毕达到预定可使用状态时，按其实际成本：
  借：固定资产
  　　贷：在建工程

图 7-54　外购固定资产的核算

企业基于产品价格等因素的考虑，可能以一笔款项购入多项没有单独标价的固定资产。如果这些资产均符合固定资产的定义，并满足固定资产的确认条件，则应将各项资产单独确认为固定资产，并按各项固定资产公允价值的比例对总成本进行分配，分别确定各项固定资产的成本。

【例 7-59】紫竹公司购入一台不需要安装即可投入使用的设备，取得的增值税专用发票上注明的设备价款为 30 000 元，增值税额为 3 900 元，另支付运输费 300 元，包装费 400 元，款项以银行存款支付。假设紫竹公司不属于实行增值税转型的企业。

紫竹公司应做如下会计处理：

（1）计算固定资产的成本：

固定资产买价	30 000
加：增值税	3 900
运输费	300
包装费	400
共计	34 600

（2）编制购入固定资产的会计分录：

借：固定资产　　34 600
　　贷：银行存款　　34 600

【例 7-60】紫竹公司用银行存款购入一台需要安装的设备，增值税专用发票上注明的设备买价为 200 000 元，增值税额为 26 000 元，支付运输费 10 000 元，支付安装费 30 000 元。紫竹公司应做如下会计处理。

（1）购入进行安装时：

借：在建工程　　236 000

　　贷：银行存款　　236 000

（2）支付安装费时：

借：在建工程　　30 000

　　贷：银行存款　　30 000

（3）设备安装完毕交付使用时，确定的固定资产成本为236 000+30 000=266 000（元）。

借：固定资产　　266 000

　　贷：在建工程　　266 000

【例7-61】紫竹公司向乙公司一次购进了三台不同型号且具有不同生产能力的设备A、B、C，共支付款项100 000 000元，增值税额13 000 000元，包装费750 000元，全部以银行存款转账支付；假定设备A、B、C均满足固定资产的定义及确认条件，公允价值分别为45 000 000元、38 500 000元、16 500 000元；不考虑其他相关税费。紫竹公司的账务处理如下：

（1）确定应计入固定资产成本的金额，包括购买价款、包装费及增值税额，即：

100 000 000+13 000 000+750 000=113 750 000（元）

（2）确定设备A、B、C的价值分配比例。

A设备应分配的固定资产价值比例为：

45 000 000÷（45 000 000+38 500 000+16 500 000）×100%=45%

B设备应分配的固定资产价值比例为：

38 500 000÷（45 000 000+38 500 000+16 500 000）×100%=38.5%

C设备应分配的固定资产价值比例为：

16 500 000÷（45 000 000+38 500 000+16 500 000）×100%=16.5%

（3）确定A、B、C设备各自的成本。

A设备的成本为：113 750 000×45%=51 187 500（元）

B设备的成本为：113 750 000×38.5%=43 793 750（元）

C设备的成本为：113 750 000×16.5%=18 768 750（元）

（4）紫竹公司应做如下会计处理。

借：固定资产——A设备　　51 187 500

　　　　　　——B设备　　43 793 750

　　　　　　——C设备　　18 768 750

　　贷：银行存款　　113 750 000

（2）建造固定资产

企业自行建造固定资产，应按建造该项资产达到预定可使用状态前所发生的必要支出，作为固定资产的成本。

自建固定资产应先通过“在建工程”科目核算，工程达到预定可使用状态时，再从“在建工程”科目转入“固定资产”科目。企业自建固定资产，主要有自营和出包两种方式，由于采用的建设方式不同，其会计处理也不同。

① 自营工程

自营工程是指企业自行组织工程物资采购、自行组织施工人员施工的建筑工程和安装工程。

自营工程的核算如图 7-55 所示。

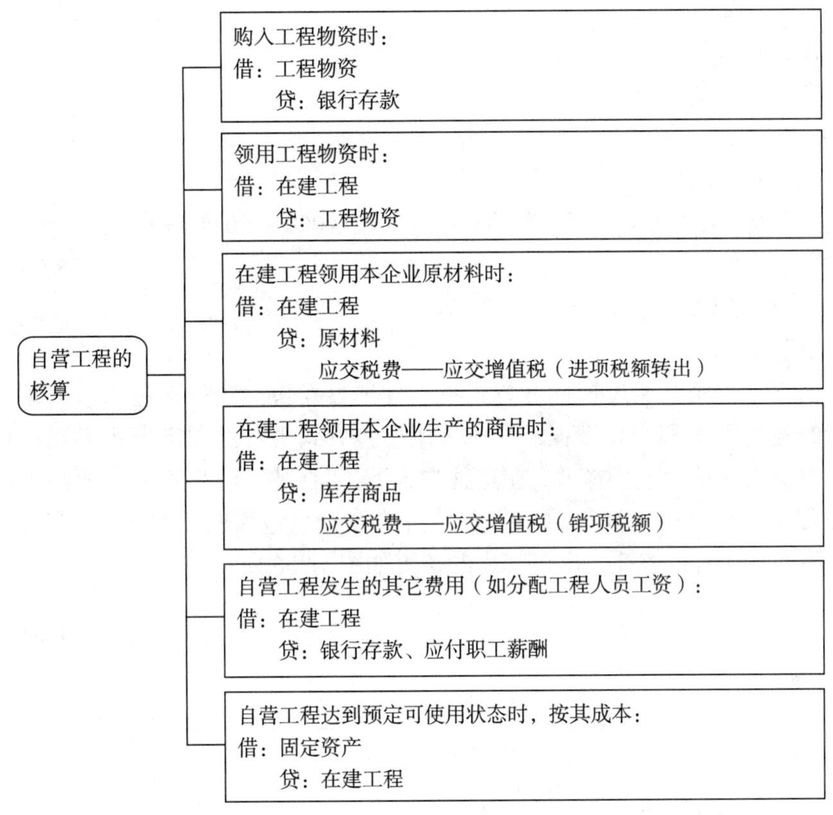

图 7-55 自营工程的核算

【例 7-62】紫竹公司自建厂房一幢，购入为工程准备的各种物资 500 000 元，支付的增值税额为 65 000 元，全部用于工程建设。领用本公司生产的水泥一批，实际成本为 80 000 元，税务部门确定的计税价格为 100 000 元，增值税税率 13%；工程人员应计工资 100 000 元，支付的其他费用 30 000 元，工程完工并达到预定可使用状态。紫竹公司应做如下会计处理：

（1）购入工程物资时：

借：工程物资 565 000

　　贷：银行存款 565 000

（2）工程领用工程物资时：

借：在建工程 565 000

　　贷：工程物资 565 000

（3）工程领用本公司生产的水泥，确定应计入在建工程成本的金额为：

80 000+100 000×13%=93 000（元）

借：在建工程　　93 000
　　贷：库存商品　　80 000
　　　　应交税费——应交增值税（销项税额）　　13 000

（4）分配工程人员工资时：

借：在建工程　　100 000
　　贷：应付职工薪酬　　100 000

（5）支付工程发生的其他费用时：

借：在建工程　　30 000
　　贷：银行存款　　30 000

（6）工程完工转入固定资产成本为：565 000+93 000+100 000+30 000=788 000（元）。

借：固定资产　　788 000
　　贷：在建工程　　788 000

②出包工程

出包工程是指企业通过招标等方式将工程项目发包给建造承包商，由建造承包商组织施工的建筑工程和安装工程。企业采用出包方式进行的固定资产工程，其工程的具体支出主要由建造承包商核算；在这种方式下，“在建工程”科目主要是企业与建造承包商办理工程价款的结算科目，企业支付给建造承包商的工程价款作为工程成本，通过“在建工程”科目核算。出包工程的核算如图 7-56 所示。

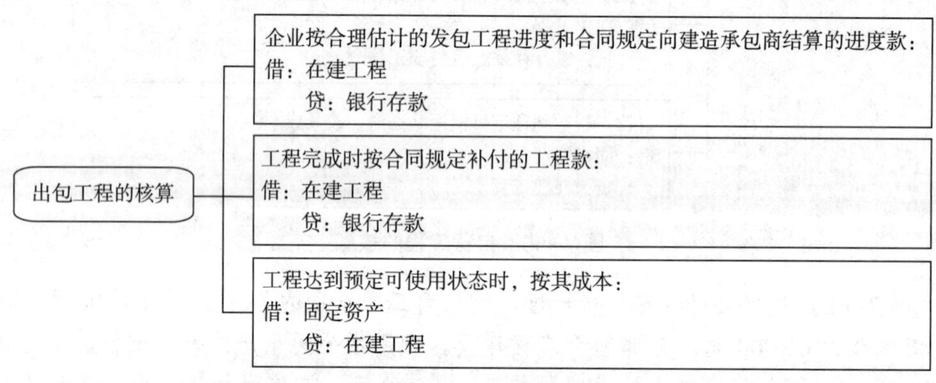

图 7-56　出包工程的核算

【例 7-63】紫竹公司将一幢厂房的建造工程出包给丙公司承建，按合理估计的发包工程进度和合同规定向丙公司结算进度款 600 000 元，工程完工后，收到丙公司有关工程结算单据，补付工程款 400 000 元，工程完工并达到预定可使用状态。紫竹公司应做如下会计处理：

（1）按合理估计的发包工程进度和合同规定向丙公司结算进度款时：

借：在建工程　　600 000
　　贷：银行存款　　600 000

（2）补付工程款时：

借：在建工程　　400 000

贷：银行存款　　400 000

（3）工程完工并达到预定可使用状态时：

借：固定资产　　1 000 000

贷：在建工程　　1 000 000

7.6.3 固定资产的折旧

（1）固定资产折旧概述

企业应当在固定资产的使用寿命内，按照确定的方法对应计折旧额进行系统分摊，根据固定资产的性质和使用情况，合理确定固定资产的使用寿命和预计净残值。影响固定资产折旧的因素如图 7-57 所示。

影响固定资产折旧的因素
固定资产原价
预计净残值
固定资产减值准备
固定资产的使用寿命

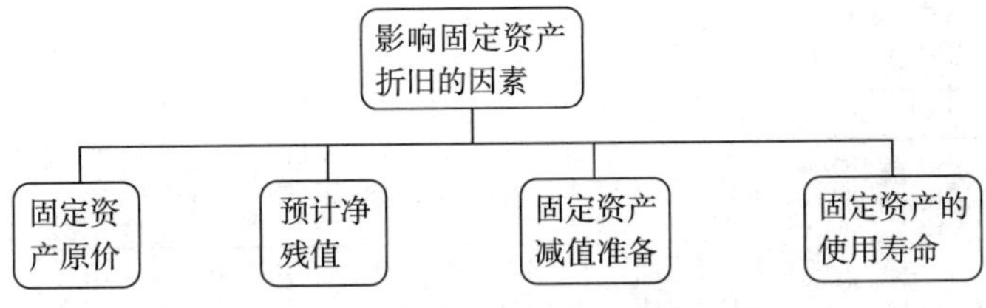

图 7-57 固定资产折旧的影响因素

除以下情况外，企业应当对所有固定资产计提折旧：

① 已提足折旧仍继续使用的固定资产；

② 单独计价入账的土地。

确定计提折旧的注意事项如图 7-58 所示。

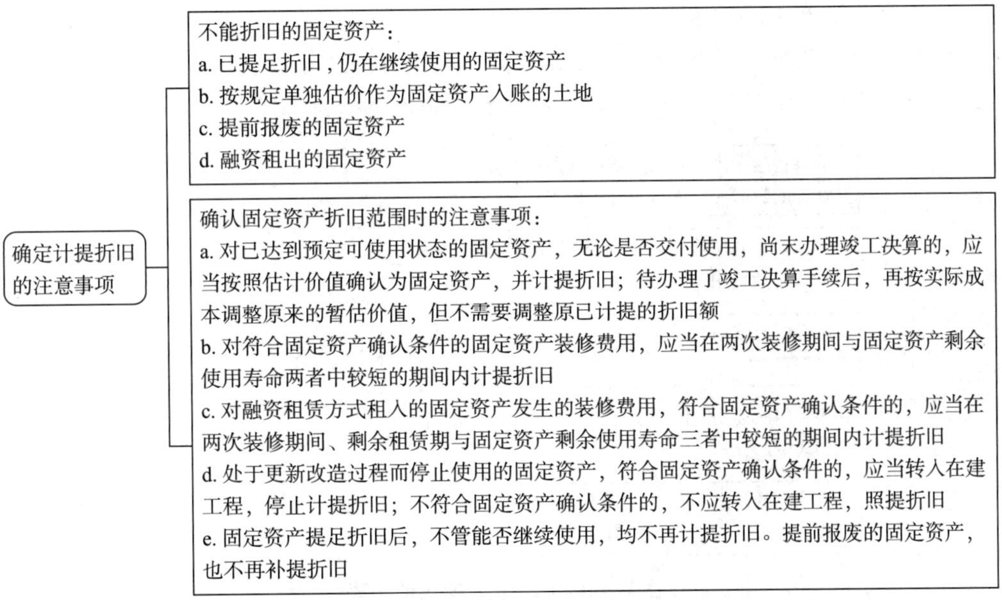

确定计提折旧的注意事项
不能折旧的固定资产：
a. 已提足折旧，仍在继续使用的固定资产
b. 按规定单独估价作为固定资产入账的土地
c. 提前报废的固定资产
d. 融资租出的固定资产
确认固定资产折旧范围时的注意事项：
a. 对已达到预定可使用状态的固定资产，无论是否交付使用，尚未办理竣工决算的，应当按照估计价值确认为固定资产，并计提折旧；待办理了竣工决算手续后，再按实际成本调整原来的暂估价值，但不需要调整原已计提的折旧额
b. 对符合固定资产确认条件的固定资产装修费用，应当在两次装修期间与固定资产剩余使用寿命两者中较短的期间内计提折旧
c. 对融资租赁方式租入的固定资产发生的装修费用，符合固定资产确认条件的，应当在两次装修期间、剩余租赁期与固定资产剩余使用寿命三者中较短的期间内计提折旧
d. 处于更新改造过程而停止使用的固定资产，符合固定资产确认条件的，应当转入在建工程，停止计提折旧；不符合固定资产确认条件的，不应转入在建工程，照提折旧
e. 固定资产提足折旧后，不管能否继续使用，均不再计提折旧。提前报废的固定资产，也不再补提折旧

图 7-58 确定计提折旧的注意事项

在确定计提折旧的范围时，还应注意以下事项。企业至少应当于每年年度终了，对固定资产的使用寿命、预计净残值和折旧方法进行复核。使用寿命预计数与原先估计数有差异的，应当调整固定资产使用寿命。预计净残值预计数与原先估计数有差异的，应当调整预计净残值。与固定资产有关的经济利益预期实现方式有重大改变的，应当改变固定资产折旧方法。固定资产使用寿命、预计净残值和折旧方法的改变应当作为会计估计变更。

（2）固定资产的折旧方法

企业应当根据与固定资产有关的经济利益的预期实现方式，合理选择固定资产折旧方法。可选用的折旧方法包括年限平均法、工作量法、双倍余额递减法和年数总和法等，如图 7-59 所示。

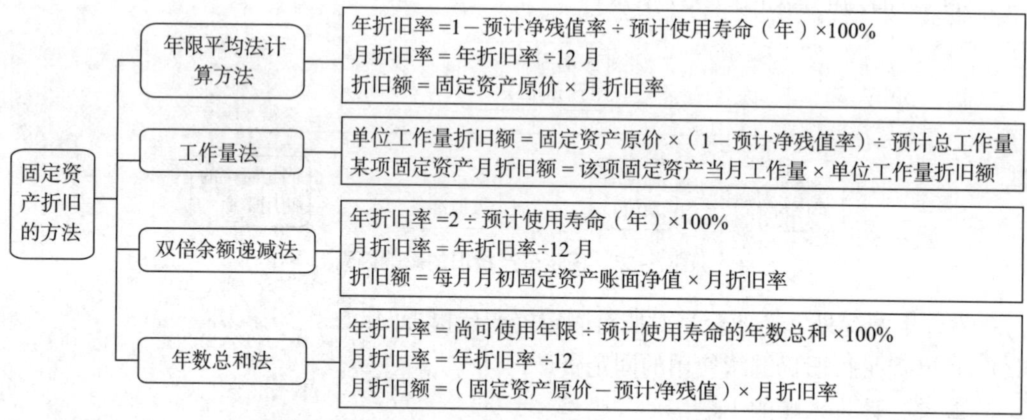

图 7-59　固定资产折旧的方法

（3）固定资产折旧的核算

固定资产应当按月计提折旧，计提的折旧应当计入“累计折旧”科目，并根据用途计入相关资产的成本或者当期损益。固定资产折旧的核算如图 7-60 所示。

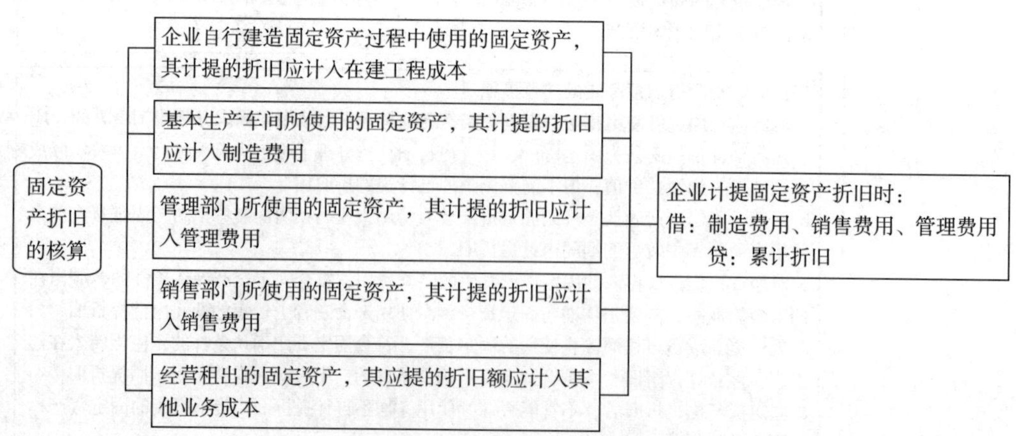

图 7-60　固定资产折旧的核算

【例 7-64】紫竹公司采用年限平均法对固定资产计提折旧。2×20 年 1 月份根据“固定资产折旧计算表”，确定的各车间及厂部管理部门应分配的折旧额为：一车间 1 500 000 元，二车间 2 400 000 元，三车间 3 000 000 元，厂管理部门 600 000 元。该公司应做如下会计处理：

借：制造费用——一车间　　1 500 000
　　　　　　——二车间　　2 400 000
　　　　　　——三车间　　3 000 000
　　管理费用　　600 000
　　贷：累计折旧　　7 500 000

【例 7-65】紫竹公司 2×20 年 6 月份固定资产计提折旧情况如下：一车间厂房计提折旧 3 800 000 元，机器设备计提折旧 4 500 000 元；管理部门房屋建筑物计提折旧 6 500 000 元，运输工具计提折旧 2 400 000 元；销售部门房屋建筑物计提折旧 3 200 000 元，运输工具计提折旧 2 630 000 元。当月新购置机器设备一台，价值为 5 400 000 元，预计使用寿命为 10 年，该企业同类设备计提折旧采用年限平均法。

本例中，新购置的机器设备本月不计提折旧。本月计提的折旧费用中，车间使用的固定资产计提的折旧费用计入制造费用，管理部门使用的固定资产计提的折旧费用计入管理费用，销售部门使用的固定资产计提的折旧费用计入销售费用。紫竹公司应做如下会计处理：

借：制造费用——一车间　　8 300 000
　　管理费用　　8 900 000
　　销售费用　　5 830 000
　　贷：累计折旧　　23 030 000

7.6.4 固定资产的后续支出

固定资产的后续支出是指固定资产在使用过程中发生的更新改造支出、修理费用等。企业的固定资产投入使用后，由于各个组成部分耐用程度不同或者使用的条件不同，因而往往发生固定资产的局部损坏。为了保持固定资产的正常运转和使用，充分发挥其使用效能，就必须对其进行必要的后续支出。

固定资产后续支出的核算如图 7-61 所示。

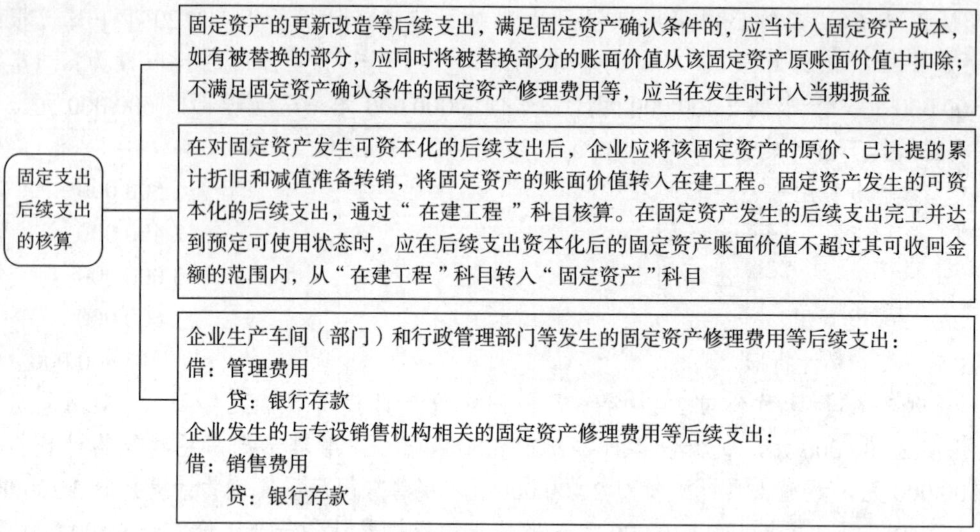

固定支出后续支出的核算

- 固定资产的更新改造等后续支出，满足固定资产确认条件的，应当计入固定资产成本，如有被替换的部分，应同时将被替换部分的账面价值从该固定资产原账面价值中扣除；不满足固定资产确认条件的固定资产修理费用等，应当在发生时计入当期损益
- 在对固定资产发生可资本化的后续支出后，企业应将该固定资产的原价、已计提的累计折旧和减值准备转销，将固定资产的账面价值转入在建工程。固定资产发生的可资本化的后续支出，通过"在建工程"科目核算。在固定资产发生的后续支出完工并达到预定可使用状态时，应在后续支出资本化后的固定资产账面价值不超过其可收回金额的范围内，从"在建工程"科目转入"固定资产"科目
- 企业生产车间（部门）和行政管理部门等发生的固定资产修理费用等后续支出：
借：管理费用
　　贷：银行存款
企业发生的与专设销售机构相关的固定资产修理费用等后续支出：
借：销售费用
　　贷：银行存款

图 7-61　固定支出后续支出的核算

【例 7-66】2×20 年 6 月 1 日，紫竹公司对现有的一台生产机器设备进行日常修理，修理过程中发生的材料费 100 000 元，应支付的维修人员工资为 20 000 元。

本例中，对机器设备的日常修理没有满足固定资产的确认条件，因此，应将该项固定资产后续支出在其发生时计入当期损益，属于生产车间（部门）和行政管理部门等发生的固定资产修理费用等后续支出，应计入"管理费用"科目，紫竹公司应做如下会计处理：

借：管理费用　　120 000

　　贷：原材料　　100 000

　　　　应付职工薪酬　　20 000

【例 7-67】2×20 年 8 月 1 日，紫竹公司对其现有的一台管理部门使用的设备进行修理，修理过程中发生支付维修人员工资为 5 000 元。

本例中，紫竹公司对管理用设备的维修没有满足固定资产的确认条件，因此，应将该项固定资产后续支出在其发生时计入当期损益，由于属于生产车间（部门）和行政管理部门等发生的固定资产修理费用等后续支出，应计入"销售费用"科目。紫竹公司应做如下会计处理：

借：管理费用　　5 000

　　贷：应付职工薪酬　　5 000

7.6.5　固定资产的处置

企业在生产经营过程中，可能将不适用或不需用的固定资产对外出售转让，或因磨损、技术进步等原因对固定资产进行报废，或因遭受自然灾害而对毁损的固定资产进行处理。对于上述事项在进行会计核算时，应按规定程序办理有关手续，结转固定资产的账面价值，计算有关的清理收入、清理费用及残料价值等。

固定资产处置包括固定资产的出售、报废、毁损、对外投资、非货币性资产交换、债务重组等。处置固定资产应通过“固定资产清理”科目核算。具体环节如图 7-62 所示。

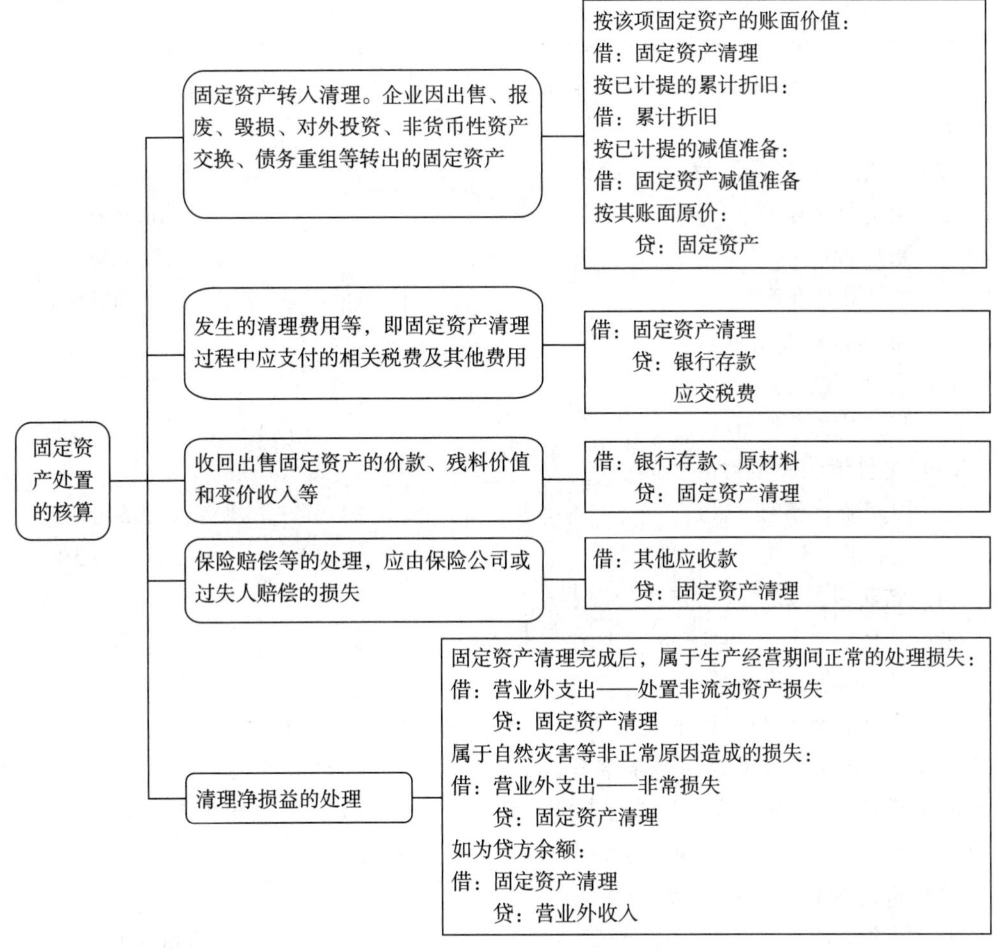

图 7-62 固定资产处置的核算

【例 7-68】紫竹公司出售一座建筑物，原价为 2 000 000 元，已计提折旧 1 000 000 元，未计提减值准备，实际出售价格为 1 200 000 元，已通过银行收回价款。紫竹公司应做如下会计处理。

（1）将出售固定资产转入清理时：

借：固定资产清理　　1 000 000

　　累计折旧　　1 000 000

　　贷：固定资产　　2 000 000

（2）收回出售固定资产的价款时：

借：银行存款　　1 200 000

　　贷：固定资产清理　　1 200 000

（3）结转出售固定资产实现的利得时：

借：固定资产清理　　120 000

　　贷：营业外收入——非流动资产处置利得　　120 000

【例 7-69】乙公司现有一台设备由于性能等原因决定提前报废，原价为 500 000 元，已计提折旧 450 000 元，未计提减值准备。报废时的残值变价收入为 20 000 元，报废清理过程中发生清理费用 3 500 元。有关收入、支出均通过银行办理结算，乙公司应做如下会计处理：

（1）将报废固定资产转入清理时：

借：固定资产清理　　50 000

　　累计折旧　　450 000

　　贷：固定资产　　500 000

（2）收回残料变价收入时：

借：银行存款　　20 000

　　贷：固定资产清理　　20 000

（3）支付清理费用时：

借：固定资产清理　　3 500

　　贷：银行存款　　3 500

（4）结转报废固定资产发生的净损失时：

借：营业外支出——非流动资产处置损失　　33 500

　　贷：固定资产清理　　33 500

【例 7-70】紫竹公司因遭受水灾而毁损一座仓库，该仓库原价 4 000 000 元，已计提折旧 1 000 000 元，未计提减值准备。其残料估计价值 50 000 元，残料已办理入库。发生的清理费用 20 000 元，以现金支付。经保险公司核定应赔偿损失 1 500 000 元，尚未收到赔款。紫竹公司应做如下会计处理：

（1）将毁损的仓库转入清理时：

借：固定资产清理　　3 000 000

　　累计折旧　　1 000 000

　　贷：固定资产　　4 000 000

（2）残料入库时：

借：原材料　　50 000

　　贷：固定资产清理　　50 000

（3）支付清理费用时：

借：固定资产清理　　20 000

　　贷：库存现金　　20 000

（4）确定应由保险公司理赔的损失时：

借：其他应收款　　1 500 000

　　贷：固定资产清理　　1 500 000

（5）结转毁损固定资产发生的损失时：

借：营业外支出——非常损失 1 470 000
　　贷：固定资产清理 1 470 000

7.6.6 固定资产清查

企业应定期或者至少于每年年末对固定资产进行清查盘点，以保证固定资产核算的真实性，充分挖掘企业现有固定资产的潜力。在固定资产清查过程中，如果发现盘盈、盘亏的固定资产，应填制固定资产盘盈、盘亏报告表。清查固定资产的损溢，应及时查明原因，并按照规定程序报批处理。

（1）固定资产盘盈

企业在财产清查中盘盈的固定资产，作为前期差错处理。企业在财产清查中盘盈的固定资产，在按管理权限报经批准处理前应先通过“以前年度损益调整”科目核算。盘盈的固定资产，应按以下规定确定其入账价值，如图 7-63 所示。

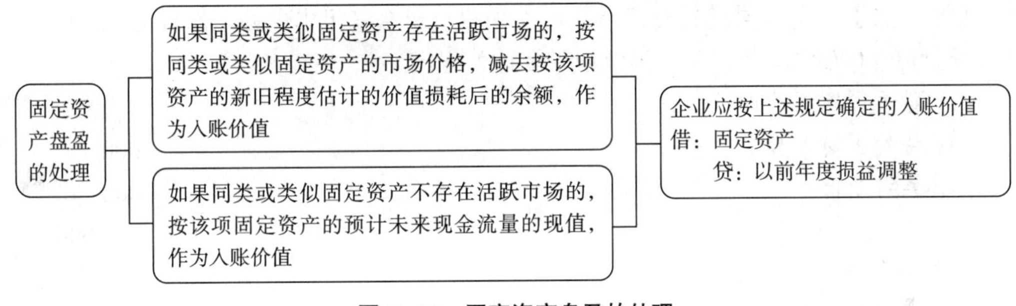

图 7-63 固定资产盘盈的处理

【例 7-71】紫竹公司在财产清查过程中，发现一台未入账的设备，按同类或类似商品市场价格，减去按该项资产的新旧程度估计的价值损耗后的余额为 30 000 元（假定与其计税基础不存在差异）。根据《企业会计准则第 28 号——会计政策、会计估计变更和差错更正》规定，该盘盈固定资产作为前期差错进行处理。假定紫竹公司适用的所得税税率为 25%，按净利润的 10% 计提法定盈余公积。紫竹公司应做如下会计处理。

（1）盘盈固定资产时：

借：固定资产 30 000
　　贷：以前年度损益调整 30 000

（2）确定应交纳的所得税时：

借：以前年度损益调整 7 500
　　贷：应交税费——应交所得税 7 500

（3）结转为留存收益时：

借：以前年度损益调整 22 500
　　贷：盈余公积——法定盈余公积 2 250
　　　　利润分配——未分配利润 20 250

（2）固定资产盘亏

固定资产盘亏的处理如图 7-64 所示。

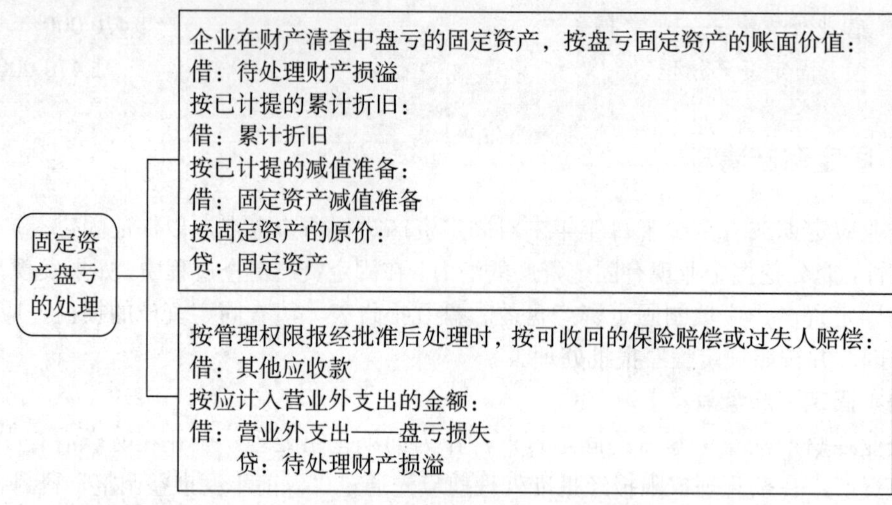

图 7-64 固定资产盘亏的处理

【例 7-72】紫竹公司进行财产清查时发现短缺一台笔记本电脑，原价为 10 000 元，已计提折旧 7 000 元。紫竹公司应做如下会计处理。

（1）盘亏固定资产时：

借：待处理财产损溢　　3 000
　　累计折旧　　7 000
　　贷：固定资产　　10 000

（2）报经批准转销时：

借：营业外支出——盘亏损失　　3 000
　　贷：待处理财产损溢　　3 000

7.6.7 固定资产减值

固定资产在资产负债表日存在可能发生减值的迹象时，其可收回金额低于账面价值的，企业应当将该固定资产的账面价值减记至可收回金额，减记的金额确认为减值损失，计入当期损益，同时计提相应的资产减值准备，借记“资产减值损失——计提的固定资产减值准备”科目，贷记“固定资产减值准备”科目。固定资产减值损失一经确认，在以后会计期间不得转回。

【例 7-73】2×19 年 12 月 31 日，紫竹公司的某生产线存在可能发生减值的迹象。经计算，该机器的可收回金额合计为 1 230 000 元，账面价值为 1 400 000 元，以前年度示对该生产线计提过减值准备。

由于该生产线的可收回金额为 1 230 000 元，账面价值为 1 400 000 元，可收回金额低于账面价值，应按两者之间的差额 170 000（1 400 000－1 230 000）元计提固定资产减值准备。紫竹公司应做如下会计处理：

借：资产减值损失——计提的固定资产减值准备　　170 000
　　贷：固定资产减值准备　　170 000

7.7 无形资产及其他资产

7.7.1 无形资产

（1）无形资产的概念和特征

无形资产是指企业拥有或者控制的没有实物形态的可辨认非货币性资产。无形资产具有4个主要特征，如图7-65所示。

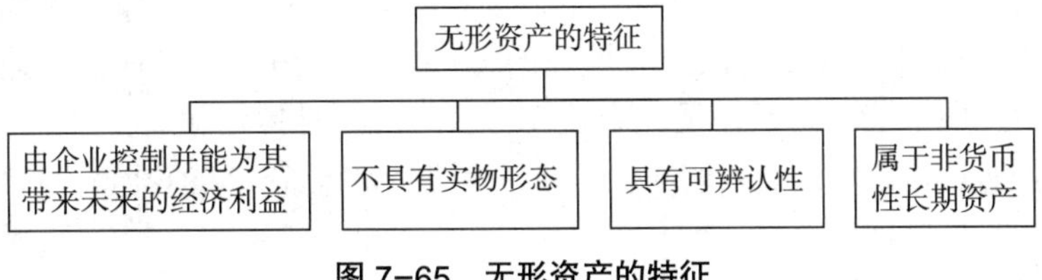

图7-65 无形资产的特征

（2）无形资产的确认

无形资产的确认条件如图7-66所示。

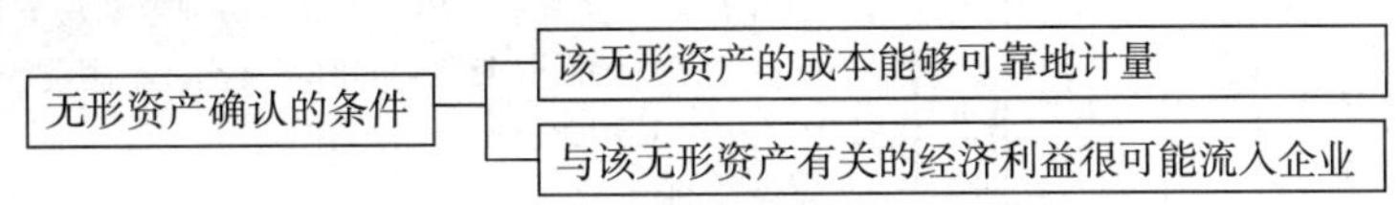

图7-66 无形资产的确认条件

（3）无形资产的构成

无形资产主要包括专利权、非专利技术、商标权、著作权、土地使用权、特许权等，如图7-67所示。

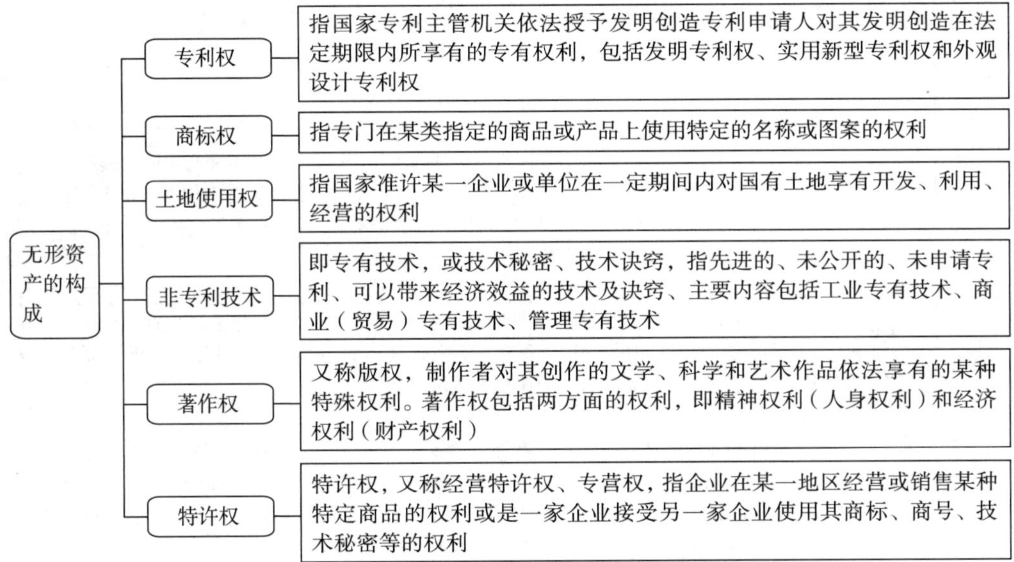

图7-67 无形资产的构成

（4）无形资产的核算

为了核算无形资产的取得、摊销和处置等情况，企业应当设置“无形资产”“累计摊销”等科目。

“无形资产”科目核算企业持有的无形资产成本，借方登记取得无形资产的成本，贷方登记出售无形资产转出的无形资产账面余额，期末借方余额，反映企业无形资产的成本。本科目应按无形资产项目设置明细账，进行明细核算。

“累计摊销”科目属于“无形资产”的调整科目，核算企业对使用寿命有限的无形资产计提的累计摊销，贷方登记企业计提的无形资产摊销，借方登记处置无形资产转出的累计摊销，期末贷方余额，反映企业无形资产的累计摊销额。

此外，企业无形资产发生减值的，还应当设置“无形资产减值准备”科目进行核算。

无形资产的核算如图 7-68 所示。

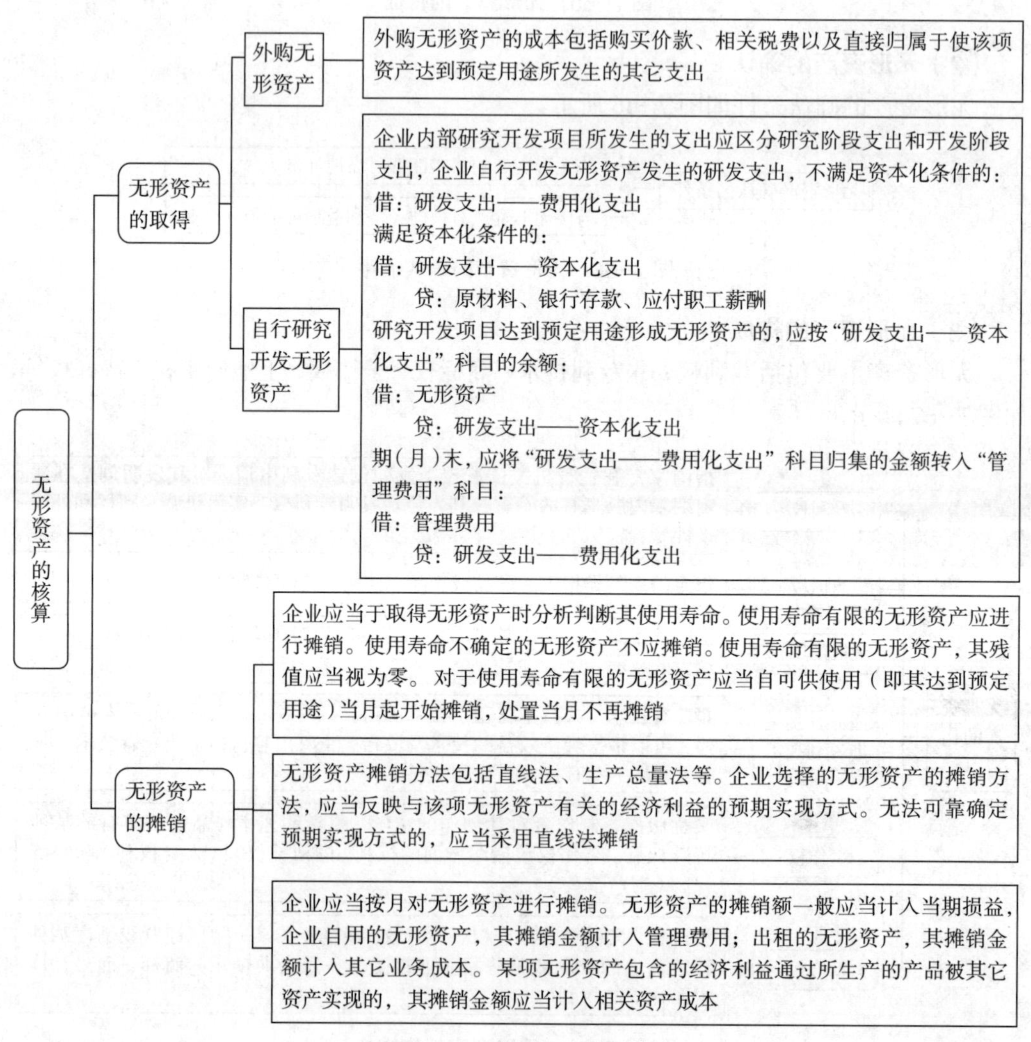

图 7-68 无形资产的核算

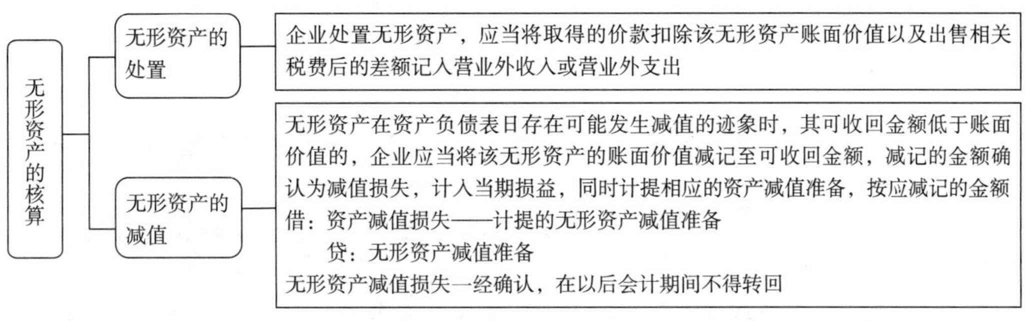

图 7-68　无形资产的核算（续）

7.7.2　其他资产

其他资产是指除货币资金、交易性金融资产、应收及预付款项、存货、长期股权投资、固定资产、无形资产等以外的资产，如长期待摊费用等。

长期待摊费用是指企业已经发生但应由本期和以后各期负担的分摊期限在一年以上的各项费用，如以经营租赁方式租入的固定资产发生的改良支出等。

【例 7-74】2×19 年 4 月 1 日，丙公司对其以经营租赁方式新租入的办公楼进行装修，发生以下有关支出：须用生产用材料 500 000 元，购进该批原材料时支付的增值税进项税额为 65 000 元；辅助生产车间为该装修工程提供的劳务支出为 180 000 元；有关人员工资等职工薪酬 435 000 元。2×19 年 12 月 1 日，该办公楼装修完工，达到预定可使用状态并交付使用，并按租赁期 10 年开始进行摊销。假定不考虑其他因素，丙公司应做如下会计处理。

（1）装修领用原材料时：

借：长期待摊费用　　565 000

　　贷：原材料　　500 000

　　　　应交税费——应交增值税（进项税额转出）　　65 000

（2）辅助生产车间为装修工程提供劳务时：

借：长期待摊费用　　180 000

　　贷：生产成本——辅助生产成本　　180 000

（3）确认工程人员职工薪酬时：

借：长期待摊费用　　435 000

　　贷：应付职工薪酬　　435 000

（4）2×19 年摊销装修支出时：

借：管理费用　　118 000

　　贷：长期待摊费用　　118 000

本章实操要点

（1）库存现金是企业流动性最强的资产。

（2）企业银行存款账面余额与银行对账单余额之间不一致的原因是存在未达账项，掌握未达账项的四种情况，会编制银行存款余额调节表。

（3）掌握交易性金融资产的初始计量和后续计量，以公允价值计入初始成本，交易费用计入当期损益。

（4）当期应计提的坏账准备＝当期按应收款项计算应提坏账准备金额（或＋）贷方（或借方）余额－“坏账准备”科目的坏账准备应提坏账准备金额（或＋）贷方（或借方）余额。

（5）存货成本的计价方法包括个别计价法、先进先出法、月末一次加权平均法和移动加权平均法等。

（6）长期股权投资是重点，掌握成本法、权益法的适用条件和账务处理。

（7）固定资产应当按月计提折旧，当月增加的固定资产，当月不计提折旧，从下月起计提折旧；当月减少的固定资产，当月仍计提折旧，从下月起不计提折旧。

（8）无形资产减值损失一经确认，在以后会计期间不得转回。

第八章

负　　债

——防范企业财务风险的“避风港”

内容概览

负债是资产负债表的一个重要组成部分，企业在融资的过程中不免要依靠负债，在日常经营中也总是会产生一系列的应付款项。企业对于负债的管理好坏和清偿能力，决定着企业财务风险的规避，对企业健康、持续的经营起着至关重要的作用。

在本章的学习中，我们将解决读者的以下问题：

（1）短期借款利息、短期借款取得和偿还、应付票据、附有现金折扣的应付账款、企业冲销确实无法支付的应付账款、预收账款的会计处理分别是怎样的？

（2）应付职工薪酬的核算内容是什么？各项职工薪酬主要包含什么内容？确认应付职工薪酬和发放职工薪酬的会计处理是怎样的？应付职工薪酬计量中应注意的问题有哪些？

（3）应交税费的核算内容有哪些？一般纳税企业和小规模纳税企业的增值税、增值税进项税额转出、视同销售行为与购进货物改变用途时增值税、应交消费税的会计处理分别是怎样的？增值税、消费税等主要税费的内容是什么？其他应交税费的内容及主要会计处理是怎样的？

（4）应付利息和应付股利如何进行会计处理？应当注意哪些问题？其他应付款的会计处理是怎样的？

（5）怎样对长期借款进行会计处理？应付债券的发行价格如何确定？应付债券如何进行会计处理？

负债是指企业过去的交易或者事项形成的、预期会导致经济利益流出企业的现时义务。负债通常具有以下几个基本特征：（1）负债是基于企业过去的交易或事项而产生的。也就是说，导致负债的交易或事项必须已经发生，例如，企业向供应商购买货物会产生应付款（已经预付或是在交货时支付的款项除外），从银行借入款项则会产生偿还借款的义务等。企业正在筹划的未来交易或事项，如借款计划等，并不会产生负债。(2)负债是企业承担的现时义务，一般是由具有约束力的合同或因法定要求等而产生的。所谓现时义务，指企业在现行条件下已承担的义务。未来发生的交易或者事项形成的义务不属于现时义务，因此也不属于负债。（3）负债的发生往往伴随着资产或劳务的取得，或者费用或损失的发生；并且负债通常需要在未来某一特定时日用资产或劳务来偿付。

负债按流动性分类，可分为流动负债和非流动负债。

8.1 流动负债

流动负债是指预计在一个正常营业周期中清偿、或者主要为交易目的而持有、或者自资产负债表日起一年内（含一年）到期应予以清偿、或者企业无权自主地将清偿推迟至资产负债表日后一年以上的负债。流动负债主要包括短期借款、应付票据、应付账款、预收账款、应付职工薪酬、应交税费、应付利息、应付股利、其他应付款等。

8.1.1 短期借款

短期借款是指企业向银行或其他金融机构等借入的期限在一年以下（含一年）的各种借款，通常是为了满足正常生产经营的需要。无论借入款项的来源如何，企业均需要向债权人按期偿还借款的本金及利息。在会计核算上，企业要及时如实地反映短期借款的借入、利息的发生和本金及利息的偿还情况。

企业应通过“短期借款”科目，核算短期借款的取得及偿还情况。短期借款的核算如图 8-1 所示。

【例 8-1】紫竹公司于 2×20 年 1 月 1 日向银行借入一笔生产经营用短期借款，共计 120 000 元，期限为 9 个月，年利率为 8%。根据与银行签署的借款协议，该项借款的本金到期后一次归还；利息分月预提，按季支付。紫竹公司的有关会计处理如下。

（1）1月 1 日借入短期借款时：

借：银行存款　　　　120 000

　　贷：短期借款　　　　120 000

（2）1 月末，计提 1 月份应计利息时：

借：财务费用　　　　800

　　贷：应付利息　　　　800

本月应计提的利息金额 =120 000×8%÷12=800（元）

本例中，短期借款利息 800 元属于企业的筹资费用，应计入“财务费用”科目。

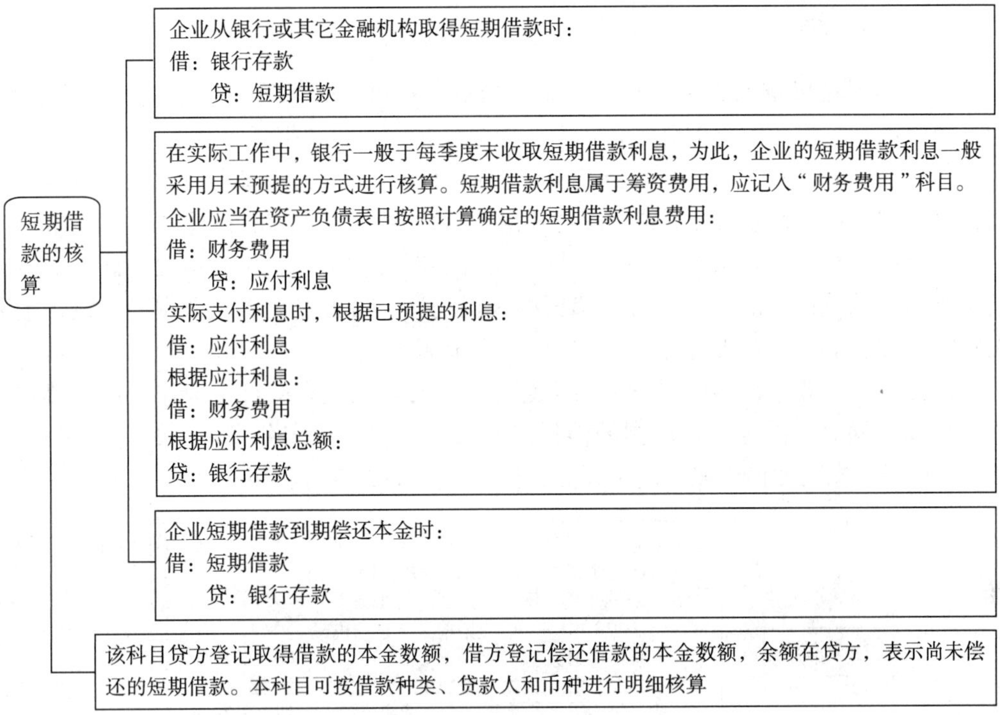

短期借款的核算

企业从银行或其它金融机构取得短期借款时：
借：银行存款
　　贷：短期借款

在实际工作中，银行一般于每季度末收取短期借款利息，为此，企业的短期借款利息一般采用月末预提的方式进行核算。短期借款利息属于筹资费用，应记入“财务费用”科目。
企业应当在资产负债表日按照计算确定的短期借款利息费用：
借：财务费用
　　贷：应付利息
实际支付利息时，根据已预提的利息：
借：应付利息
根据应计利息：
借：财务费用
根据应付利息总额：
贷：银行存款

企业短期借款到期偿还本金时：
借：短期借款
　　贷：银行存款

该科目贷方登记取得借款的本金数额，借方登记偿还借款的本金数额，余额在贷方，表示尚未偿还的短期借款。本科目可按借款种类、贷款人和币种进行明细核算

图 8-1　短期借款的核算

2 月末计提 2 月份利息费用的处理与 1 月份相同。

（3）3 月末支付第一季度银行借款利息时：

借：财务费用　　800
　　应付利息　　1 600
　　贷：银行存款　　2 400

本例中，1 月至 2 月已经计提的利息为 1 600 元，应借记“应付利息”科目，3 月份应当计提的利息为 800 元，应借记“财务费用”科目；实际支付利息 2 400 元，贷记“银行存款”科目。

第二、三季度的会计处理同上。

（4）10 月 1 日偿还银行借款本金时：

借：短期借款　　120 000
　　贷：银行存款　　120 000

如果上述借款期限是 8 个月，则到期日为 9 月 1 日，8 月末之前的会计处理与上述相同。9 月 1 日偿还银行借款本金，同时支付 7 月和 8 月已提未付利息：

借：短期借款　　120 000
　　应付利息　　1 600
　　贷：银行存款　　121 600

8.1.2 应付票据

应付票据是指企业购买材料、商品和接受劳务供应等而开出、承兑的商业汇票，包括商业承兑汇票和银行承兑汇票。企业应当设置"应付票据备查簿"，详细登记商业汇票的种类、号数和出票日期、到期日、票面余额、交易合同号和收款人姓名或单位名称以及付款日期和金额等资料。应付票据到期结清时，应当在备查簿内予以注销。

企业应通过"应付票据"科目，核算应付票据的发生、偿付等情况。该科目贷方登记开出、承兑汇票的面值及带息票据的预提利息，借方登记支付票据的金额，余额在贷方，表示企业尚未到期的商业汇票的票面金额。

通常而言，商业汇票的付款期限不超过六个月，因此在会计上应作为流动负债管理和核算。同时，由于应付票据的偿付时间较短，在会计实务中，一般均按照开出、承兑的应付票据的面值入账。应付票据的核算如图 8-2 所示。

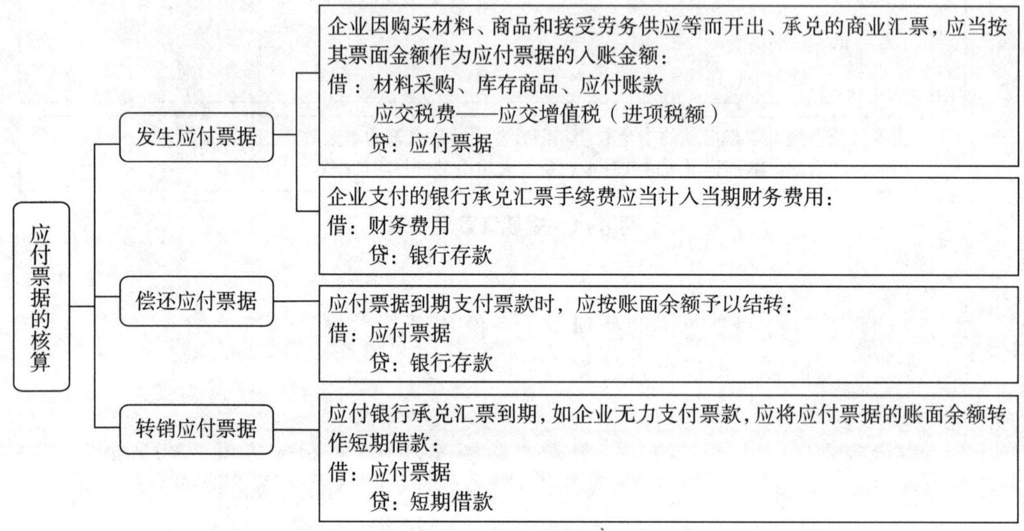

图 8-2 应付票据的核算

【例 8-2】紫竹公司为增值税一般纳税人。该公司于 2×20 年 2 月 6 日开出一张面值为 56 500 元、期限 5 个月的不带息商业汇票，用以采购一批材料。增值税专用发票上注明的材料价款为 50 000 元，增值税额为 6 500 元。该公司的有关会计分录如下：

借：材料采购　　50 000

　　应交税费——应交增值税（进项税额）　　6 500

　　贷：应付票据　　56 500

紫竹公司团购买材料、商品和接受劳务供应等而开出、承兑商业汇票时，所支付的银行承兑汇票手续费应当计入财务费用。

【例 8-3】承【例 8-2】，假设上例中的商业汇票为银行承兑汇票，紫竹公司已缴纳承兑手续费 29.25 元。该公司的有关会计分录如下：

借：财务费用　　29.25

　　贷：银行存款　　29.25

【例 8-4】承【例 8-2】，2×20 年 7 月 6 日，紫竹公司于 2 月 6 日开出的商业汇票到期。紫竹公司通知其开户银行以银行存款支付票款。该公司的有关会计分录如下：

借：应付票据　　56 500

　　贷：银行存款　　56 500

【例 8-5】承【例 8-2】，假设上述商业汇票为银行承兑汇票，该汇票到期时紫竹公司无力支付票款。该公司的有关会计分录如下：

借：应付票据　　56 500

　　贷：短期借款　　56 500

8.1.3 应付和预收款项

（1）应付账款

应付账款是指企业因购买材料、商品或接受劳务供应等经营活动应支付的款项。应付账款，一般应在与所购买物资所有权相关的主要风险和报酬已经转移，或者所购买的劳务已经接受时确认。

企业应通过“应付账款”科目，核算应付账款的发生、偿还、转销等情况。该科目贷方登记企业购买材料、商品和接受劳务等发生的应付账款，借方登记偿还的应付账款，或开出商业汇票抵付应付账款的款项，或已冲销的无法支付的应付账款，余额一般在贷方，表示企业尚未支付的应付账款余额，本科目一般应按照债权人设置明细科目进行明细核算。应付账款的核算如图 8-3 所示。

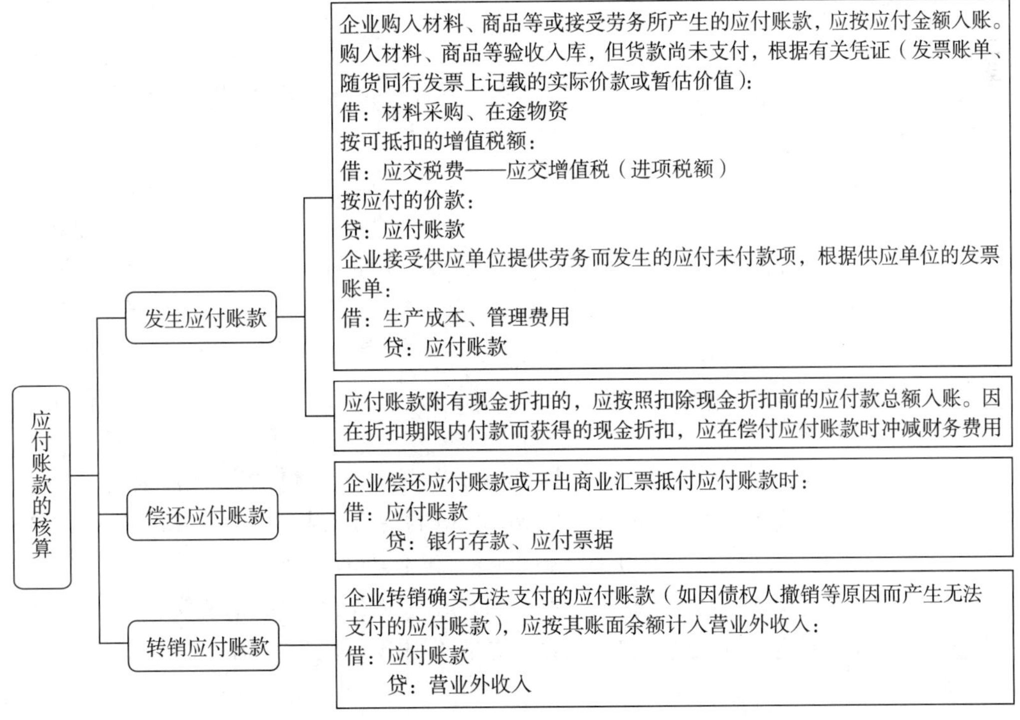

图 8-3 应付账款的核算

【例 8-6】紫竹公司为增值税一般纳税人。2×20 年 3 月 1 日，紫竹公司从 A 公司购入一批材料，货款 100 000 元，增值税额 13 000 元，对方代垫运杂费 1 000 元。材料已运到并验收入库（该企业材料按实际成本计价核算），款项尚未支付。紫竹公司的有关会计分录如下：

借：材料采购　　101 000
　　应交税费——应交增值税（进项税额）　　13 000
　　贷：应付账款——A 公司　　114 000

【例 8-7】紫竹公司于 2×20 年 4 月 2 日，从 A 公司购入一批家电产品并已验收入库。增值税专用发票上列明，该批家电的价款为 1 000 000 元，增值税为 130 000 元。按照购货协议的规定，紫竹公司如在 15 天内付清货款，将获得 1% 的现金折扣（假定计算现金折扣时需考虑增值税）。紫竹公司的有关会计分录如下：

借：库存商品　　1 000 000
　　应交税费——应交增值税（进项税额）　　130 000
　　贷：应付账款——A 公司　　1 130 000

本例中，紫竹公司对 A 公司的应付账款附有现金折扣，应按照扣除现金折扣前的应付款总额 1 130 000 元计入“应付账款”科目。

【例 8-8】根据供电部门通知，丙企业本月应支付电费 48 000 元。其中生产车间电费 32 000 元，企业行政管理部门电费 16 000 元，款项尚未支付。丙企业的有关会计分录如下：

借：制造费用　　32 000
　　管理费用　　16 000
　　贷：应付账款——××电力公司　　48 000

【例 8-9】承【例 8-6】，3 月 31 日，紫竹公司用银行存款支付上述应付账款。该公司的有关会计分录如下：

借：应付账款——A 公司　　114 000
　　贷：银行存款　　114 000

【例 8-10】承【例 8-7】，紫竹公司于 2×20 年 4 月 10 日，按照扣除现金折扣后的金额，用银行存款付清了所欠 A 公司货款。紫竹公司的有关会计分录如下：

借：应付账款——A 公司　　1 130 000
　　贷：银行存款　　1 118 700
　　　　财务费用　　11 300

本例中，紫竹公司在 4 月 10 日（即购货后的第 8 天）付清所欠 A 公司的货款，按照购货协议可以获得现金折扣。紫竹公司获得的现金折扣 =1 130 000×1%=11 300（元），实际支付的货款 =1 130 000−1 130 000×1%=1 118 700（元）。

因此，紫竹公司应付账款总额 1 130 000 元，应借记“应付账款”科目；获得的现金折扣 11 300 元，应冲减财务费用，贷记“财务费用”科目，实际支付的货款 1 118 700 元，应贷记“银行存款”科目。

【例 8-11】2×20 年 12 月 31 日，丁企业确定一笔应付账款 4 000 元为无法支付的款项，应予转销。该企业的有关会计分录如下：

借：应付账款　　　　4 000

　　贷：营业外收入——其他　　　　4 000

本例中，丁企业转销确实无法支付的应付账款 4 000 元，应按其账面余额计入“营业外收入——其他”科目。

（2）预收账款

预收账款是指企业按照合同规定向购货单位预收的款项。与应付账款不同，预收账款所形成的负债不是以货币偿付，而是以货物偿付。有些购销合同规定，销货企业可向购货企业预先收取一部分货款，待向对方发货后再收取其余货款。企业在发货前收取的货款，表明企业承担了会在未来导致经济利益流出企业的应履行的义务，就成为企业的一项负债。

企业应通过“预收账款”科目，核算预收账款的取得、偿付等情况。该科目贷方登记发生的预收账款的数额和购货单位补付账款的数额，借方登记企业向购货方发货后冲销的预收账款数额和退回购货方多付账款的数额。预发账款核算如图 8-4 所示。

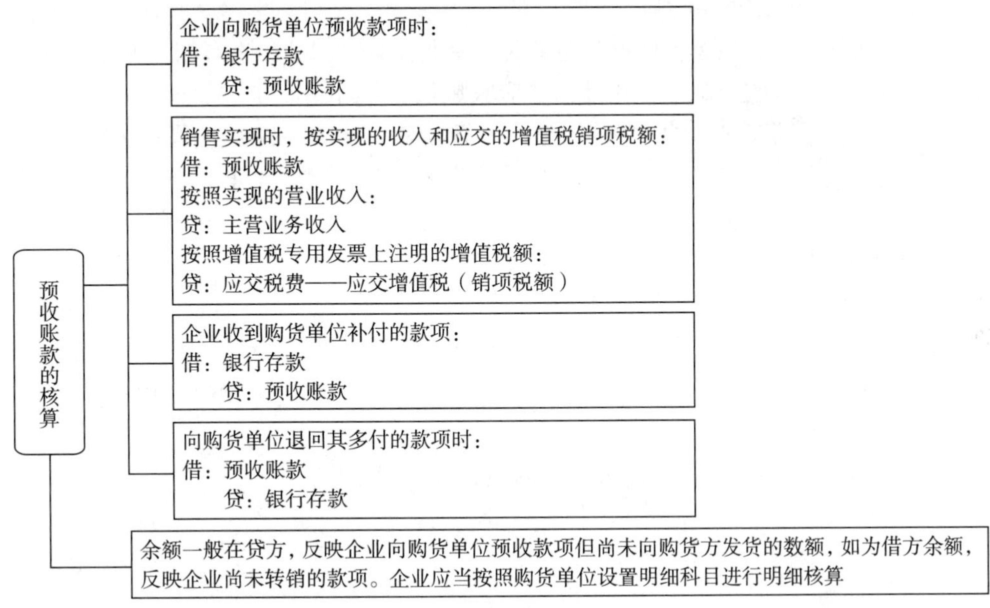

图 8-4　预收账款的核算

【例 8-12】紫竹公司为增值税一般纳税人。2×20 年 6 月 3 日，紫竹公司与甲公司签订供货合同，向其出售一批设备，货款金额共计 100 000 元，应缴纳增值税 13 000 元。根据购货合同规定，甲公司在购货合同签订一周内，应当向紫竹公司预付货款 60 000 元，剩余货款在交货后付清。2×20 年 6 月 8 日，紫竹公司收到甲公司交来的预付款 60 000 元并存入银行，6 月 18 日紫竹公司将货物发到甲公司并开出增值税发票，甲公司验收合格后付清了剩余货款。紫竹公司的有关会计处理如下。

（1）6 月 8 日收到甲公司交来预付款 60 000 元：

借：银行存款　　60 000

　贷：预收账款——甲公司　　60 000

（2）6 月 18 日紫竹公司发货后收到甲公司剩余货款：

借：预收账款——甲公司　　113 000

　贷：主营业务收入　　100 000

　　应交税费——应交增值税（销项税额）　　13 000

借：银行存款　　53 000

　贷：预收账款——甲公司　　53 000

甲公司补付的货款 =113 000−60 000=53 000（元）

本例中，假若紫竹公司只能向甲公司供货 40 000 元，则紫竹公司应退回预收款 14 800 元，有关会计分录如下：

借：预收账款——甲公司　　60000

　贷：主营业务收入　　40 000

　　应交税费——应交增值税（销项税额）　　5 200

　　银行存款　　14 800

此外，在预收账款核算中值得注意的是，企业预收账款情况不多的，也可不设“预收账款”科目，将预收的款项直接计入“应收账款”科目的贷方。

【例 8-13】以【例 8-12】的资料为例，假设紫竹公司不设置“预收账款”科目，通过“应收账款”科目核算有关业务。紫竹公司的有关会计处理如下。

（1）6 月 8 日收到甲公司交来预付款 60 000 元：

借：银行存款　　60 000

　贷：应收账款——甲公司　　60 000

（2）6 月 18 日紫竹公司发货后收到甲公司剩余货款：

借：应收账款——甲公司　　113 000

　贷：主营业务收入　　100 000

　　应交税费——应交增值税（销项税额）　　13 000

借：银行存款　　53 000

　贷：应收账款——甲公司　　53 000

8.1.4 应付职工薪酬

（1）应付职工薪酬核算的内容

应付职工薪酬是指企业根据有关规定应付给职工的各种薪酬，包括职工工资、奖金、津贴和补贴，职工福利费，医疗、养老、失业、工伤、生育等社会保险费，住房公积金，工会经费，职工教育经费，非货币性福利等因职工提供服务而产生的义务。从广义上讲，职工薪酬是企业必须付出的人力成本，是吸引和激励职工的重要手段，也就是说，职工薪酬既是职工对企业投入劳动获得的报酬，也是企业的成本费用。具体而言，职工薪酬主要内容如图 8-5 所示。

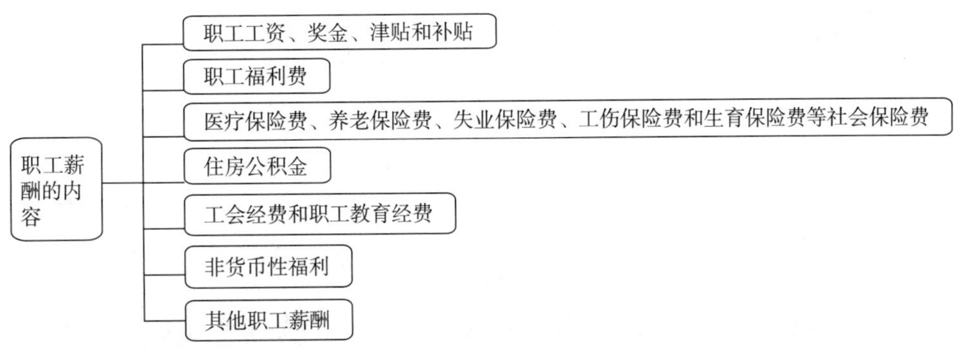

图 8-5 职工薪酬的内容

（2）应付职工薪酬的核算

企业应当通过“应付职工薪酬”科目，核算应付职工薪酬的提取、结算、使用等情况。该科目贷方登记已分配计入有关成本费用项目的职工薪酬的数额，借方登记实际发放职工薪酬的数额；该科目期末贷方余额，反映企业应付未付的职工薪酬。“应付职工薪酬”科目应当按照“工资”“职工福利”“社会保险费”“住房公积金”“工会经费”“职工教育经费”“非货币性福利”等应付职工薪酬项目设置明细科目，进行明细核算。外商投资企业按规定从净利润中提取的职工奖励及福利基金，也在本科目核算。

（3）确认应付职工薪酬

① 货币性职工薪酬。企业应当在职工为其提供服务的会计期间，根据职工提供服务的受益对象，将应确认的职工薪酬（包括货币性薪酬和非货币性福利）计入相关资产成本或当期损益，同时确认为应付职工薪酬。具体分别以下情况进行处理，如图 8-6 所示。

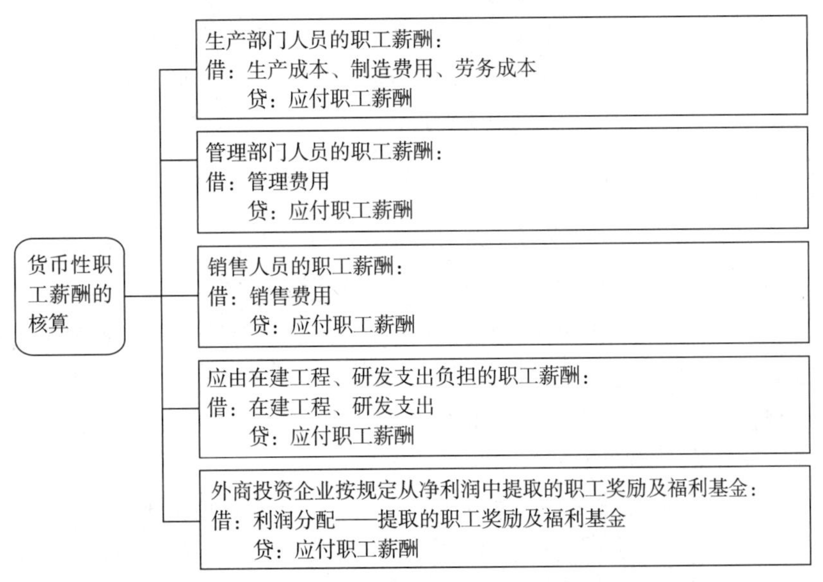

图 8-6 货币性职工薪酬的核算

【例 8-14】紫竹公司本月应付工资总额 462 000 元，工资费用分配汇总表中列示的产品生产人员工资为320 000元，车间管理人员工资为70 000元，公司行政管理人员工资为60 400元，销售人员工资为11 600元。紫竹公司的有关会计分录如下：

借：生产成本——基本生产成本　　320 000
　　制造费用　　70 000
　　管理费用　　60 400
　　销售费用　　11 600
　　贷：应付职工薪酬——工资　　462 000

本例中，根据不同职工提供服务的受益对象不同，产品生产人员工资320 000元应计入“生产成本——基本生产成本”科目，车间管理人员工资70 000元应计入“制造费用”科目，行政管理人员工资60 400元应计入“管理费用”科目，销售人员工资11 600元应计入“销售费用”科目。

企业在计量应付职工薪酬时，应当注意将国家有相关的明确计提标准加以区别处理。一般而言，企业应向社会保险经办机构（或企业年金基金账户管理人）缴纳的医疗保险费。养老保险费、失业保险费、工伤保险费、生育保险费等社会保险费，应向住房公积金管理中心缴存的住房公积金，以及应向工会部门缴纳的工会经费等，国家（或企业年金计划）统一规定了计提基础和计提比例，应当按照国家规定的标准计提；而职工福利费等职工薪酬，国家（或企业年金计划）没有明确规定计提基础和计提比例，企业应当根据历史经验数据和实际情况，合理预计当期应付职工薪酬。当期实际发生金额大于预计金额的，应当补提应付职工薪酬。当期实际发生金额小于预计金额的，应当冲回多提的应付职工薪酬。

【例8-15】紫竹公司下设一所职工食堂，每月根据在岗职工数量及岗位分布情况、相关历史经验数据等计算需要补贴食堂的金额，从而确定紫竹公司每期因职工食堂而需要承担的福利费金额。2×19年11月，紫竹公司在岗职工共计100人，其中管理部门20人，生产车间80人，紫竹公司的历史经验数据表明，对于每个职工公司每月需补贴食堂120元。紫竹公司的有关会计分录如下：

借：生产成本　　9 600
　　管理费用　　2 400
　　贷：应付职工薪酬——职工福利　　12 000

紫竹公司应当提取的职工福利 =120×100=12 000（元）

其中，生产车间职工相应的福利费9 600元应计入“生产成本”科目，管理部门职工相应的福利费2 400元应计入“管理费用”科目。

【例8-16】根据国家规定的计提标准计算，紫竹公司本月应向社会保险经办机构缴纳职工基本养老保险费共计64 680元，其中，应计入基本生产车间生产成本的金额为44 800元，应计入制造费用的金额为9 800元，应计入管理费用的金额为10 080元。紫竹公司的有关会计处理如下：

借：生产成本——基本生产成本　　44 800
　　制造费用　　9 800
　　管理费用　　10 080

贷：应付职工薪酬——社会保险费（基本养老保险） 64 680

② 非货币性职工薪酬。非货币性职工薪酬的核算如图 8-7 所示。

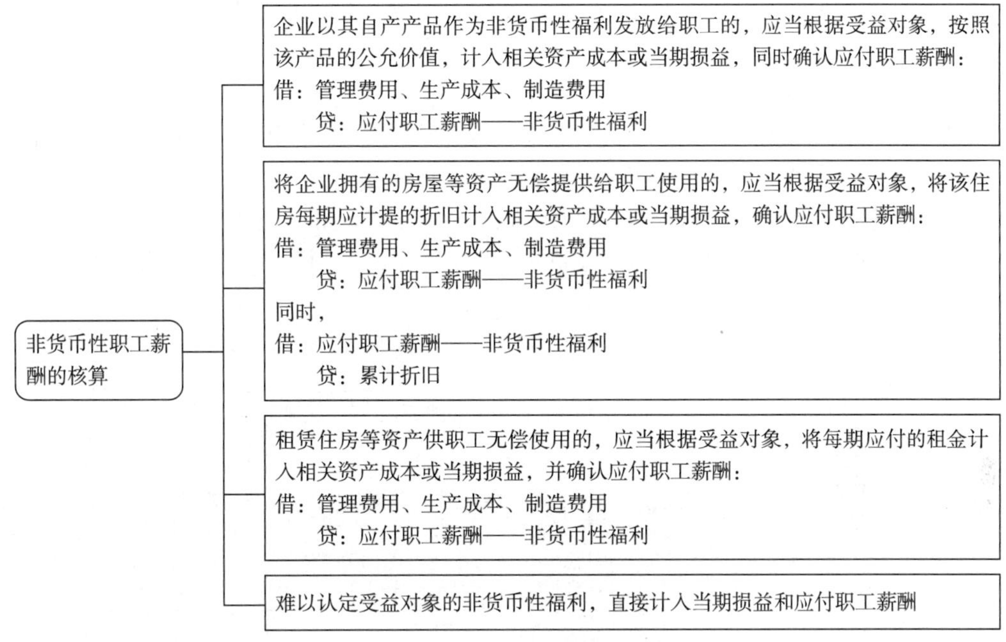

图 8-7 非货币性职工薪酬的核算

【例 8-17】紫竹公司为小家电生产企业，共有职工 200 名，其中 170 名为直接参加生产的职工，30 名为总部管理人员。2×19 年 2 月，紫竹公司以其生产的每台成本为 900 元的电暖器作为春节福利发放给公司每名职工。该型号的电暖器市场售价为每台 1 000 元，紫竹公司适用的增值税税率为 13%。紫竹公司的有关会计处理如下；

借：生产成本 192 100

管理费用 33 900

贷：应付职工薪酬——非货币性福利 226 000

本例中，应确认的应付职工薪酬 =200×1 000×13%+200×1 000=226 000（元）。

其中，应记入“生产成本”科目的金额 =170×1 000×13%+170×1 000=192 100（元）

记入“管理费用”科目的金额 =30×1 000×13%+30×1 000=33 900（元）。

【例 8-18】紫竹公司为总部各部门经理级别以上职工提供汽车免费使用，同时为副总裁以上高级管理人员每人租赁一套住房。紫竹公司总部共有部门经理以上职工 20 名，每人提供一辆桑塔纳汽车免费使用，假定每辆桑塔纳汽车每月计提折旧 1 000 元；该公司共有副总裁以上高级管理人员 5 名，公司为其每人租赁一套面积为 200 平方米带有家具和电器的公寓，月租金为每套 8 000 元。紫竹公司的有关会计处理如下：

借：管理费用 60 000

贷：应付职工薪酬——非货币性福利 60 000

借：应付职工薪酬——非货币性福利 20 000

贷：累计折旧　　20 000

本例中，紫竹公司为总部各部门经理级别以上职工提供汽车免费使用，同时为副总裁以上高级管理人员租赁住房使用，根据受益对象，确认的应付职工薪酬应当计入管理费用。

应确认的应付职工薪酬 =20×1 000+5×8 000=60 000（元）

其中，提供企业拥有的汽车供职工使用的非货币性福利 =20×1 000=20 000（元）。

租赁住房供职工使用的非货币性福利 =5×8 000=40 000（元）。

此外，紫竹公司将其拥有的汽车无偿提供给职工使用的，还应当按照该部分非货币性福利 20 000 元，借记“应付职工薪酬——非货币性福利”科目，贷记“累计折旧”科目。

③ 发放职工薪酬。发放职工薪酬的核算如图 8-8 所示。

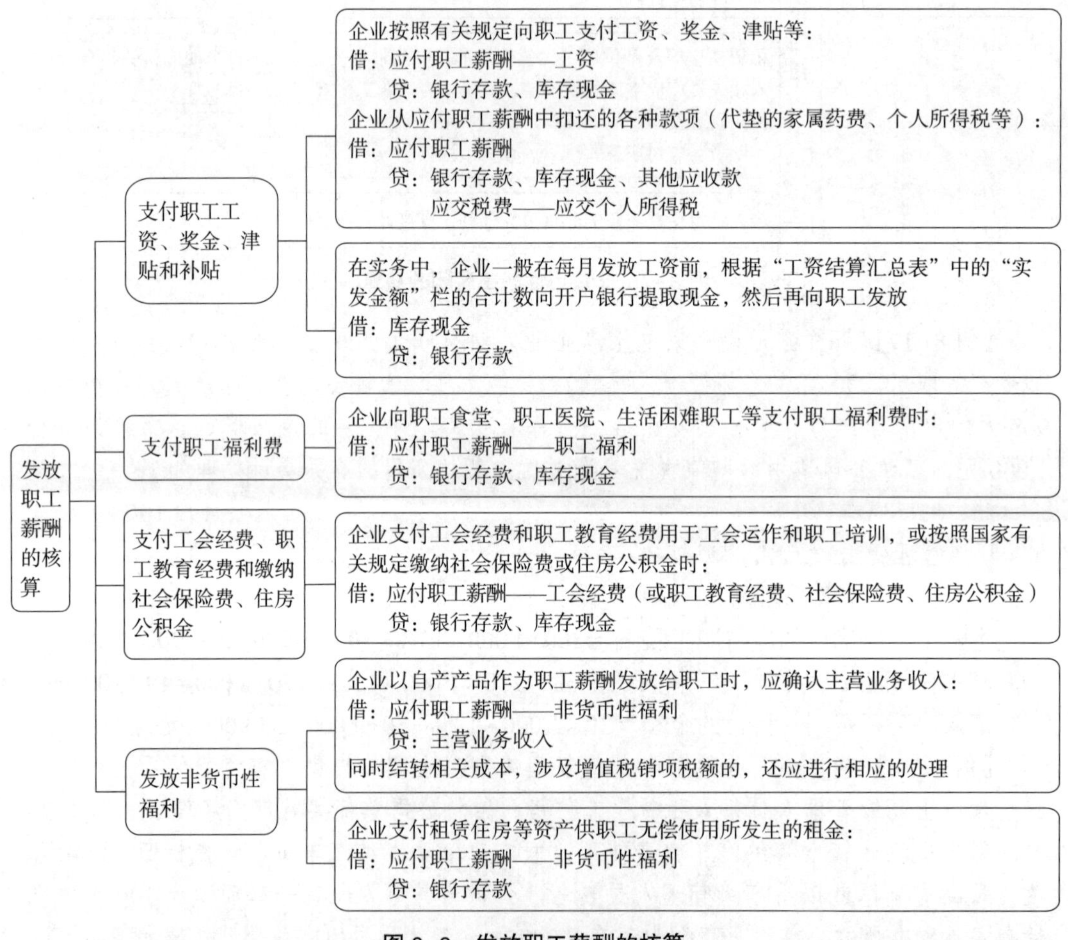

图 8-8　发放职工薪酬的核算

【例 8-19】紫竹公司根据“工资结算汇总表”结算本月应付职工工资总额 462 000 元，代扣职工房租 40 000 元，企业代垫职工家属医药费 2 000 元，实发工资 420 000 元。

紫竹公司的有关会计处理如下：

（1）向银行提取现金：

借：库存现金 420 000

贷：银行存款 420 000

（2）发放工资，支付现金：

借：应付职工薪酬——工资 420 000

贷：库存现金 420 000

（3）代扣款项：

借：应付职工薪酬——工资 42 000

贷：其他应收款——职工房租 40 000

——代垫医药费 2 000

本例中，公司从应付职工薪酬中代扣职工房租 40 000 元、扣还代垫职工家属医药费 2 000 元，应当借记“应付职工薪酬”科目，贷记“其他应收款”科目。

【例 8-20】2×19 年 9 月，紫竹公司以现金支付职工张某生活困难补助 800 元。紫竹公司的有关会计分录如下：

借：应付职工薪酬——职工福利 800

贷：库存现金 800

【例 8-21】承【例 8-15】，紫竹公司下设一所职工食堂，每月根据在岗职工数量及岗位分布情况、相关历史经验数据等计算需要补贴食堂的金额，从而确定公司每期因职工食堂而需要承担的福利费金额。2×19 年 10 月，紫竹公司共支付 12 000 元补贴给食堂。紫竹公司的有关会计分录如下：

借：应付职工薪酬——职工福利 12 000

贷：库存现金 12 000

【例 8-22】紫竹公司以银行存款缴纳参加职工医疗保险的医疗保险费 40 000 元，紫竹公司的有关会计分录如下：

借：应付职工薪酬——社会保险费 40 000

贷：银行存款 40 000

【例 8-23】承【例 8-17】，紫竹公司向职工发放电暖器作为福利，同时要根据相关税收规定，视同销售计算增值税销项税额。紫竹公司的有关会计处理如下：

借：应付职工薪酬——非货币性福利 226 000

贷：主营业务收入 200 000

应交税费——应交增值税（销项税额） 26 000

借：主营业务成本 180 000

贷：库存商品——电暖器 180 000

紫竹公司应确认的主营业务收入 =200×1 000=200 000（元）

紫竹公司应确认的增值税销项税额 =200×1 000×13%=26 000（元）

紫竹公司应结转的销售成本 =200×900=180 000（元）

【例 8-24】承【例 8-18】，紫竹公司每月支付副总裁以上高级管理人员住房租金时，应进行如下会计处理：

借：应付职工薪酬——非货币性福利　　40 000

　　贷：银行存款　　40 000

企业支付租赁住房供职工无偿使用所发生的租金 40 000 元，应借记“应付职工薪酬——非货币性福利”科目，贷记“银行存款”等科目。

8.1.5 应交税费

企业根据税法规定应缴纳的各种税费包括：增值税、消费税、城市维护建设税、资源税、所得税、土地增值税、房产税、车船使用税、土地使用税、教育费附加、矿产资源补偿费、印花税、耕地占用税等。

企业应通过“应交税费”科目，总括反映各种税费的缴纳情况，并按照应交税费项目进行明细核算。该科目贷方登记应缴纳的各种税费等，借方登记实际缴纳的税费；期末余额一般在贷方，反映企业尚未缴纳的税费，期末余额如在借方，反映企业多缴或尚未抵扣的税费。企业缴纳的印花税、耕地占用税等不需要预计应交数的税金，不通过“应交税费”科目核算。

（1）应交增值税

① 增值税概述

增值税是指对我国境内销售货物、进口货物，或提供加工、修理修配劳务的增值额征收的一种流转税。增值税的纳税人是在我国境内销售货物、进口货物，或提供加工、修理修配劳务的单位和个人。按照纳税人的经营规模及会计核算的健全程度，增值税纳税人分为一般纳税人和小规模纳税人。一般纳税人应纳增值税额，根据当期销项税额减去当期进项税额计算确定；小规模纳税人应纳增值税额，按照销售额和规定的征收率计算确定。

按照《中华人民共和国增值税暂行条例》规定，企业购入货物或接受应税劳务支付的增值税（即进项税额），可从销售货物或提供劳务按规定收取的增值税（即销项税额）中抵扣。准予从销项税额中抵扣的进项税额通常包括：从销售方取得的增值税专用发票上注明的增值税额；从海关取得的完税凭证上注明的增值税额。

② 一般纳税企业的核算

为了核算企业应交增值税的发生、抵扣、交纳、退税及转出等情况，应在“应交税费”科目下设置“应交增值税”明细科目，并在“应交增值税”明细账内设置“进项税额”“已交税金”“销项税额”“出口退税”“进项税额转出”等专栏。一般纳税企业的核算如图 8-9 所示。

一般纳税企业的核算

- 采购物资和接受应税劳务
  - 企业从国内采购物资或接受应税劳务等，根据增值税专用发票上记载的应计入采购成本或应计入加工、修理修配等物资成本的金额：
    借：材料采购、在途物资、原材料、库存商品或生产成本、制造费用、委托加工物资、管理费用
    根据增值税专用发票上注明的可抵扣的增值税税额：
    借：应交税费——应交增值税（进项税额）
    按照应付或实际支付的总额，
    贷：应付账款、应付票据、银行存款
    购入货物发生的退货，做相反的会计分录
  - 按照增值税暂行条例，企业购入免征增值税货物，一般不能够抵扣增值税销项税额。但是对于购入的免税农产品，可以按照买价和规定的扣除率计算进项税额，并准予从企业的销项税额中抵扣。企业购入免税农产品，按照买价和规定的扣除率计算进项税额：
    借：应交税费——应交增值税（进项税额）
    按买价扣除按规定计算的进项税额后的差额：
    借：材料采购、原材料、库存商品
    按照应付或实际支付的价款：
    贷：应付账款、银行存款
- 进项税额转出
  - 企业购进的货物发生非常损失，以及将购进货物改变用途（如用于非应税项目、集体福利或个人消费等），其进项税额应通过“应交税费——应交增值税（进项税额转出）”科目转入有关科目：
    借：待处理财产损溢、在建工程、应付职工薪酬
    　　贷：应交税费——应交增值税（进项税额转出）
    属于转作待处理财产损失的进项税额，应与遭受非常损失的购进货物、在产品或库存商品的成本一并处理
- 销售物资或者提供应税劳务
  - 企业销售货物或者提供应税劳务，按照营业收入和应收取的增值税税额：
    借：应收账款、应收票据、银行存款
    按专用发票上注明的增值税税额：
    贷：应交税费——应交增值税（销项税额）
    按照实现的营业收入：
    贷：主营业务收入、其他业务收入
    发生的销售退回，做相反的会计分录
- 视同销售行为
  - 企业的有些交易和事项从会计角度看不属于销售行为，不能确认销售收入，但是按照税法规定，应视同对外销售处理，计算应交增值税。视同销售需要缴纳增值税的事项如企业将自产或委托加工的货物用于非应税项目、集体福利或个人消费，将自产、委托加工或购买的货物作为投资、分配给股东或投资者、无偿赠送他人等。在这些情况下，企业应当：
    借：在建工程、长期股权投资、营业外支出
    　　贷：应交税费——应交增值税（销项税额）
- 出口退税
  - 企业出口产品按规定退税的，按应收的出口退税额：
    借：其他应收款
    　　贷：应交税费——应交增值税（出口退税）
- 缴纳增值税
  - 企业交纳的增值税：
    借：应交税费——应交增值税（已交税金）
    　　贷：银行存款
    “应交税费——应交增值税”科目的贷方余额，表示企业应缴纳的增值税

图 8-9　一般纳税企业的核算

【例 8-25】紫竹公司购入原材料一批，增值税专用发票上注明货款 60 000 元，增值税额 7 800 元，货物尚未到达，货款和进项税款已用银行存款支付。紫竹公司采用计划成本对原材料进行核算。紫竹公司的有关会计分录如下：

借：材料采购　　60 000
　　应交税费——应交增值税（进项税额）　　7 800
　　贷：银行存款　　67 800

【例 8-26】紫竹公司购入免税农产品一批，价款 100 000 元，规定的扣除率为 9%，货物尚未到达，货款已用银行存款支付。紫竹公司的有关会计分录如下：

借：材料采购　　91 000
　　应交税费——应交增值税（进项税额）　　9 000
　　贷：银行存款　　100 000

进项税额 = 购买价款 × 扣除率 =100 000×9%=9 000（元）

紫竹公司购进固定资产所支付的不可抵扣的增值税额，应计入固定资产的成本；紫竹公司购进的货物用于非应税项目，其所支付的增值税额应计入购入货物的成本。

【例 8-27】紫竹公司购入不需要安装设备一台，价款及运输保险等费用合计 300 000 元，增值税专用发票上注明的增值税额 39 000 元，款项尚未支付。紫竹公司的有关会计分录如下：

借：固定资产　　339 000
　　贷：应付账款　　339 000

本例中，紫竹公司购进固定资产所支付的增值税额 39 000 元，应计入固定资产的成本。

【例 8-28】紫竹公司购入基建工程所用物资一批，价款及运输保险等费用合计 100 000 元，增值税专用发票上注明的增值税额 13 000 元，物资已验收入库，款项尚未支付。紫竹公司的有关会计分录如下：

借：工程物资　　113 000
　　贷：应付账款　　113 000

本例中，紫竹公司购进的货物用于非应税项目所支付的增值税额 13 000 元，应计入购入货物的成本。

【例 8-29】紫竹公司生产车间委托外单位修理机器设备，对方开来的专用发票上注明修理费用 10 000 元，增值税额 1 300 元，款项已用银行存款支付。紫竹公司的有关会计分录如下：

借：制造费用　　10 000
　　应交税费——应交增值税（进项税额）　　1 300
　　贷：银行存款　　11 300

【例 8-30】紫竹公司库存材料因意外火灾毁损一批，有关增值税专用发票确认的成本为 10 000 元，增值税额 1 300 元。紫竹公司的有关会计分录如下：

借：待处理财产损溢——待处理流动资产损溢　　11 300
　　贷：原材料　　10 000

应交税费——应交增值税（进项税额转出）　　1 300

【例 8-31】紫竹公司因火灾毁损库存商品一批，其实际成本 80 000 元，经确认损失外购材料的增值税 10 400 元。紫竹公司的有关会计分录如下：

借：待处理财产损溢——待处理流动资产损溢　　90 400

　　贷：库存商品　　80 000

　　　　应交税费——应交增值税（进项税额转出）　　10 400

【例 8-32】紫竹公司建造厂房领用生产用原材料 50 000 元，原材料购入时支付的增值税为 6 500 元。紫竹公司的有关会计分录如下：

借：在建工程　　56 500

　　贷：原材料　　50 000

　　　　应交税费——应交增值税（进项税额转出）　　6 500

【例 8-33】紫竹公司所属的职工医院维修领用原材料 5 000 元，其购入时支付的增值税为 650 元。紫竹公司的有关会计分录如下：

借：应付职工薪酬——职工福利　　5 650

　　贷：原材料　　5 000

　　　　应交税费——应交增值税（进项税额转出）　　650

【例 8-34】紫竹公司销售产品一批，价款 500 000 元，按规定应收取增值税额 65 000 元，提货单和增值税专用发票已交给买方，款项尚未收到。紫竹公司的有关会计分录如下：

借：应收账款　　565 000

　　贷：主营业务收入　　500 000

　　　　应交税费——应交增值税（销项税额）　　65 000

【例 8-35】紫竹公司为外单位代加工电脑桌 400 个，每个收取加工费 100 元，适用的增值税税率为 13%，加工完成，款项已收到并存入银行。紫竹公司的有关会计分录如下：

借：银行存款　　45 200

　　贷：主营业务收入　　40 000

　　　　应交税费——应交增值税（销项税额）　　5 200

此外，紫竹公司将自产、委托加工或购买的货物分配给股东，应当参照紫竹公司销售物资或者提供应税劳务进行会计处理。

【例 8-36】紫竹公司将自己生产的产品用于自行建造职工俱乐部。该批产品的成本为 200 000 元，计税价格为 300 000 元。增值税税率为 13%。紫竹公司的有关会计分录如下：

借：在建工程　　226 000

　　贷：库存商品　　200 000

　　　　应交税费——应交增值税（销项税额）　　26 000

紫竹公司在建工程领用自己生产的产品的销项税额 =300 000×13%=39 000（元）

【例 8-37】紫竹公司以银行存款缴纳本月增值税 100 000 元。该公司的有关会计分录如下：

借：应交税费——应交增值税（已交税金）　　100 000

　　贷：银行存款　　100 000

【例 8-38】紫竹公司本月发生销项税额合计 84 770 元，进项税额转出 24 578 元，进项税额 20 440 元，已交增值税 60 000 元。

紫竹公司本月“应交税费——应交增值税”科目的余额为：

84 770+24 578−20 440−60 000=28 908（元）

该金额在贷方，表示紫竹公司尚未缴纳增值税 28 908 元。

③小规模纳税企业的核算

小规模纳税企业应当按照不含税销售额和规定的增值税征收率计算缴纳增值税，销售货物或提供应税劳务时只能开具普通发票，不能开具增值税专用发票。小规模纳税企业不享有进项税额的抵扣权，其购进货物或接受应税劳务支付的增值税直接计入有关货物或劳务的成本，小规模纳税企业的核算如图 8-10 所示。

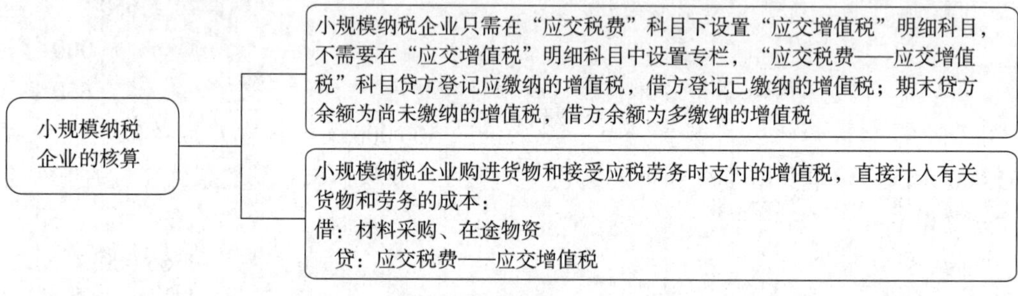

图 8-10　小规模纳税企业的核算

【例 8-39】紫竹公司（小规模纳税企业）购入材料一批，取得的专用发票中注明货款 20 000 元，增值税 2 600 元，款项以银行存款支付，材料已验收入库（该企业按实际成本计价核算）。该公司的有关会计分录如下：

借：原材料　　22 600

　　贷：银行存款　　22 600

本例中，紫竹公司购进货物时支付的增值税 2 600 元，直接计入有关货物和劳务的成本。

【例 8-40】紫竹公司（小规模纳税企业）销售产品一批，所开出的普通发票中注明的货款（含税）为 20 600 元，增值税征收率为 3%，款项已存入银行。该公司的有关会计分录如下：

借：银行存款　　20 600

　　贷：主营业务收入　　20 000

　　　　应交税费——应交增值税　　600

不含税销售额 = 含税销售额 ÷（1+ 征收率）=20 600÷（1+3%）=20 000（元）

应纳增值税 = 不含税销售额 × 征收率 =20 000×3%=600（元）

【例 8-41】承【例 8-40】，该公司月末以银行存款上缴增值税 600 元。有关会计处理如下：

借：应交税费——应交增值税 600

　贷：银行存款 600

此外，企业购入材料不能取得增值税专用发票的，比照小规模纳税企业进行处理，发生的增值税计入材料采购成本，借记“材料采购”“在途物资”等科目，贷记“应交税费——应交增值税”科目。

（2）应交消费税

消费税是指在我国境内生产、委托加工和进口应税消费品的单位和个人，按其流转额缴纳的一种税。消费税有从价定率和从量定额两种征收方法。采取从价定率方法征收的消费税，以不含增值税的销售额为税基，按照税法规定的税率计算。企业的销售收入包含增值税的，应将其换算为不含增值税的销售额。采取从量定额计征的消费税，根据按税法确定的企业应税消费品的数量和单位应税消费品应缴纳的消费税计算确定。应交消费税的核算如图 8-11 所示。

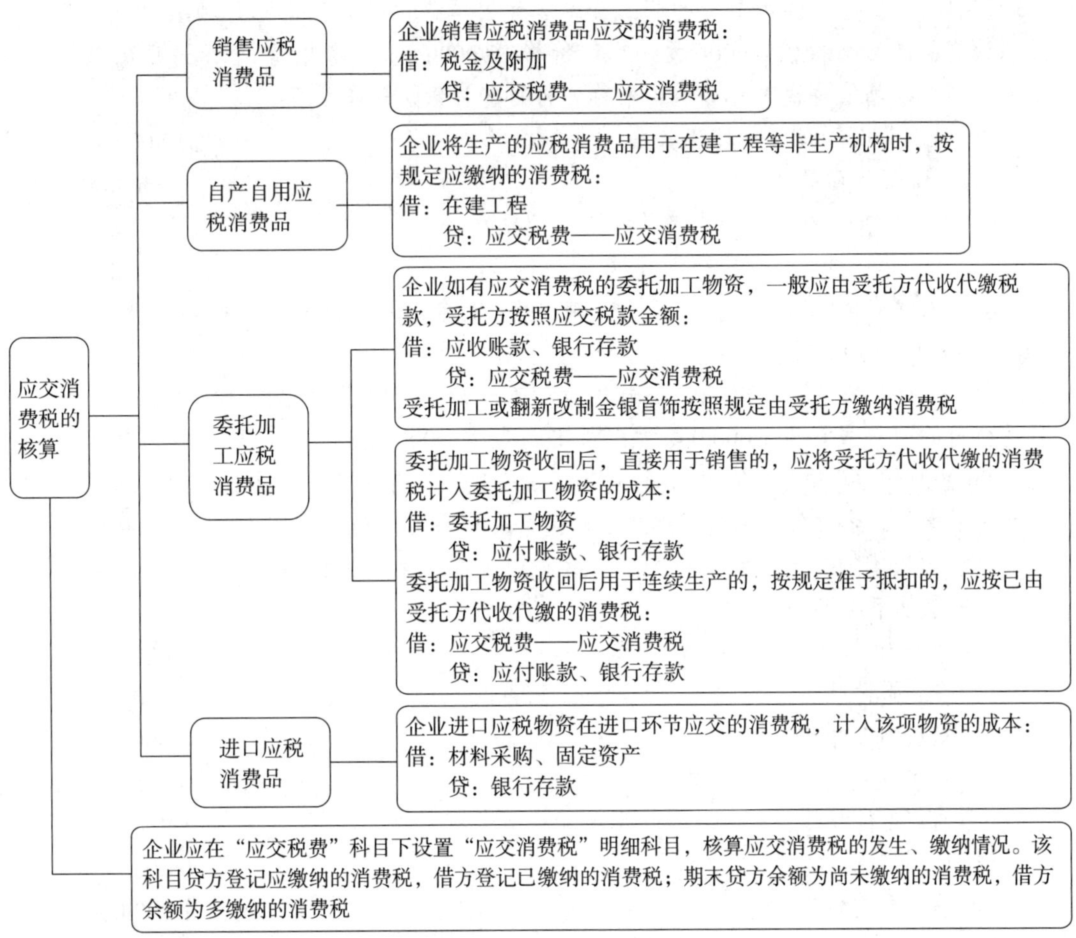

图 8-11 应交消费税的核算

【例 8-42】紫竹公司销售所生产的化妆品，价款 2 000 000 元（不含增值税），适用的消费税税率为 15%。紫竹公司的有关会计分录如下：

借：税金及附加　　300 000

　　贷：应交税费——应交消费税　　300 000

应交消费税额 =2 000 000×15%=300 000（元）

【例 8-43】紫竹公司在建工程领用自产柴油 50 000 元，应纳增值税 6 500 元，应纳消费税 6 000 元。紫竹公司的有关会计分录如下：

借：在建工程　　62 500

　　贷：库存商品　　50 000

　　　　应交税费——应交增值税（销项税额）　　6 500

　　　　　　　　——应交消费税　　6 000

本例中，公司将生产的应税消费品用于在建工程等非生产机构时，按规定应缴纳的消费税 6 000 元应计入“在建工程”科目。

【例 8-44】紫竹公司下设的职工食堂享受公司提供的补贴，本月领用自产产品一批，该产品的账面价值 40 000 元，市场价格 60 000 元（不含增值税），适用的消费税税率为 10%，增值税税率为 13%。紫竹公司的有关会计分录如下：

借：应付职工薪酬——职工福利　　53 800

　　贷：库存商品　　40 000

　　　　应交税费——应交增值税（销项税额）　　7 800

　　　　　　　　——应交消费税　　6 000

应计入“应付职工薪酬——职工福利”科目的金额 =40 000+60 000×13%+60 000×10%=53 800（元）。

【例 8-45】紫竹公司委托乙公司代为加工一批应交消费税的材料（非金银首饰）。紫竹公司的材料成本为 1 000 000 元，加工费为 200 000 元，由乙公司代收代缴的消费税为 80 000 元（不考虑增值税）。材料已经加工完成，并由紫竹公司收回验收入库，加工费尚未支付。紫竹公司采用实际成本法进行原材料的核算。

（1）如果紫竹公司收回的委托加工物资用于继续生产应税消费品，紫竹公司的有关会计分录如下：

借：委托加工物资　　1 000 000

　　贷：原材料　　1 000 000

借：委托加工物资　　200 000

　　应交税费——应交消费税　　80 000

　　贷：应付账款　　280 000

借：原材料　　1 200 000

　　贷：委托加工物资　　1 200 000

（2）如果紫竹公司收回的委托加工物资直接用于对外销售，紫竹公司的有关会计处理如下：

借：委托加工物资　　1 000 000

　　贷：原材料　　1 000 000

借：委托加工物资　　280 000

　　贷：应付账款　　280 000

借：原材料　　1 280 000

　　贷：委托加工物资　　1 280 000

（3）紫竹公司对应收取的受托加工代收代缴消费税的会计处理如下：

借：应收账款　　80 000

　　贷：应交税费——应交消费税　　80 000

【例 8-46】紫竹公司从国外进口一批需要缴纳消费税的商品，商品价值 2 000 000 元，进口环节需要缴纳的消费税为 400 000 元（不考虑增值税），采购的商品已经验收入库，货款尚未支付，税款已经用银行存款支付。紫竹公司的有关会计分录如下：

借：库存商品　　2 400 000

　　贷：应付账款　　2 000 000

　　　　银行存款　　400 000

本例中，紫竹公司进口应税物资在进口环节应交的消费税 400 000 元，应计入该项物资的成本。

（3）其他应交税费

其他应交税费是指除上述应交税费以外的应交税费，包括应交资源税、应交城市维护建设税、应交土地增值税、应交所得税、应交房产税、应交土地使用税、应交车船使用税、应交教育费附加、应交矿产资源补偿费、应交个人所得税等。企业应当在“应交税费”科目下设置相应的明细科目进行核算，贷方登记应缴纳的有关税费，借方登记已缴纳的有关税费，期末贷方余额表示尚未缴纳的有关税费。其他应交税费的核算如图 8-12 所示。

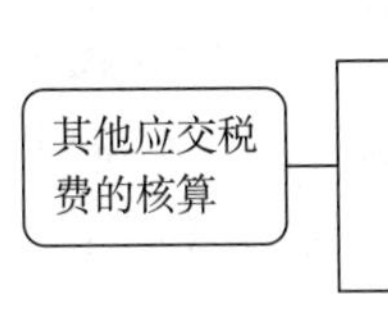

企业应当在“应交税费”科目下设置相应的明细科目进行核算，贷方登记应缴纳的有关税费，借方登记已缴纳的有关税费，期末贷方余额表示尚未缴纳的有关税费

企业计算应缴纳的税费金额时：
借：税金及附加
　　贷：应交税费——二级明细科目

图 8-12　其他应交税费的核算

【例 8-47】紫竹公司对外销售某种资源税应税矿产品 2 000 吨，每吨应交资源税 5 元。该公司的有关会计分录如下：

借：税金及附加　　10 000

　　贷：应交税费——应交资源税　　10 000

紫竹公司对外销售应税产品而应交的资源税 =2 000×5=10 000（元）

【例 8-48】紫竹公司将自产的资源税应税矿产品 500 吨用于紫竹公司的产品生产，每吨应交资源税 5 元。该公司的有关会计分录如下：

借：生产成本　　2 500

贷：应交税费——应交资源税　　2 500

紫竹公司自产自用应税矿产品而应缴纳的资源税 =500×5=2 500（元）

【例 8-49】紫竹公司本期实际应上缴增值税 400 000 元，消费税 241 000 元。该公司适用的城市维护建设税税率为 7%。该公司的有关会计处理如下。

（1）计算应交的城市维护建设税：

借：税金及附加　　44 870

贷：应交税费——应交城市维护建设税　　44 870

应交的城市维护建设税 =（400 000+241 000）×7%=44 870（元）

（2）用银行存款上缴城市维护建设税时：

借：应交税费——应交城市维护建设税　　44 870

贷：银行存款　　44 870

【例 8-50】紫竹公司按税法规定计算，2×19 年度第 4 季度应缴纳教育费附加 300 000 元。款项已经用银行存款支付。该公司的有关会计处理如下：

借：税金及附加　　300 000

贷：应交税费——应交教育费附加　　300 000

借：应交税费——应交教育费附加　　300 000

贷：银行存款　　3 00 000

【例 8-51】紫竹公司对外转让一炼厂房，根据税法规定计算的应交土地增值税为 27 000 元。有关会计处理如下。

（1）计算应缴纳的土地增值税：

借：固定资产清理　　27 000

贷：应交税费——应交土地增值税　　27 000

（2）紫竹公司用银行存款缴纳应交土地增值税税款

借：应交税费——应交土地增值税　　27 000

贷：银行存款　　27 000

【例 8-52】紫竹公司结算本月应付职工资总额 200 000 元，代扣职工个人所得税共计 2 000 元，实发工资 198 000 元。该公司与应交个人所得税有关的会计分录如下：

借：应付职工薪酬——工资　　2 000

贷：应交税费——应交个人所得税　　2 000

本例中，紫竹公司按规定计算的代扣代缴的职工个人所得税 2 000 元，应计入“应付职工薪酬”科目。

8.1.6 应付利息

应付利息核算企业按照合同约定应支付的利息，包括分期付息到期还本的长期借款、企业债券等应支付的利息。应付利息的核算如图 8-13 所示。

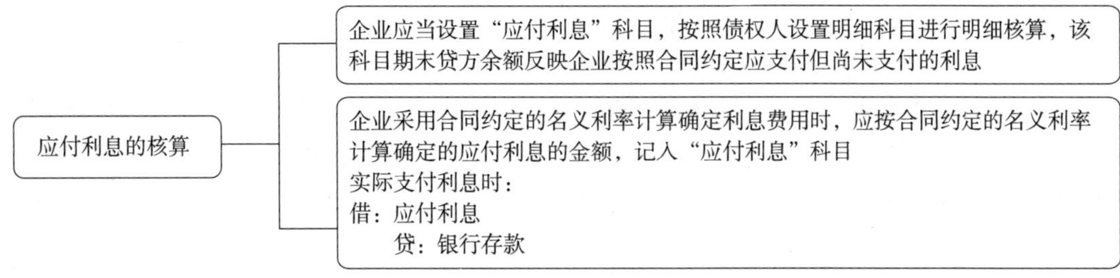

图 8-13 应付利息的核算

【例 8-53】紫竹公司借入 5 年期到期还本每年付息的长期借款 5 000 000 元，合同约定年利率为 3.5%，假定不符合资本化条件。该公司的有关会计处理如下：

（1）每年计算确定利息费用时：

借：财务费用 175 000

　　贷：应付利息 175 000

紫竹公司每年应支付的利息 =5 000 000×3.5%=175 000（元）

（2）每年实际支付利息时：

借：应付利息 175 000

　　贷：银行存款 175 000

8.1.7 应付股利

应付股利是指企业根据股东大会或类似机构审议批准的利润分配方案确定分配给投资者的现金股利或利润。应付股利的核算如图 8-14 所示。

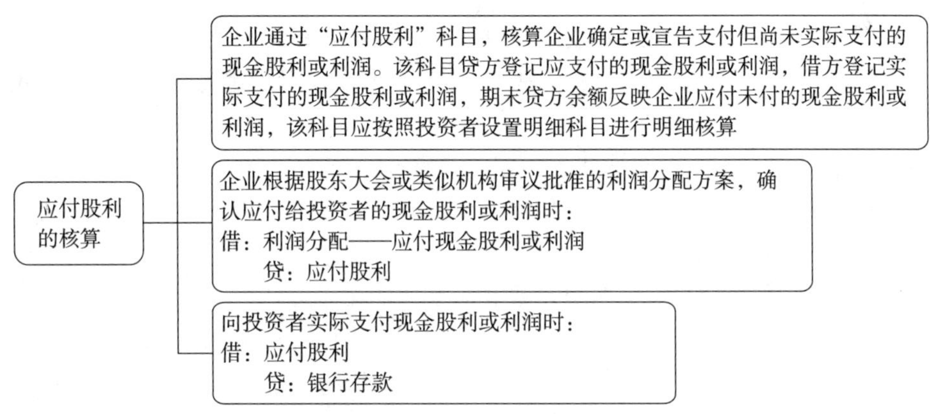

图 8-14 应付股利的核算

【例 8-54】紫竹公司 2×19 年度实现净利润 8 000 000 元，经过董事会批准，决定 2×19 年度分配股利 5 000 000 元。股利已经用银行存款支付。紫竹公司的有关会计处理如下：

借：利润分配——应付现金股利或利润 5 000 000

　　贷：应付股利 5 000 000

借：应付股利　　　　5 000 000

　　贷：银行存款　　　　5 000 000

此外，需要说明的是，企业董事会或类似机构通过的利润分配方案中拟分配的现金股利或利润，不做账务处理，不作为应付股利核算，但应在附注中披露。企业分配的股票股利不通过“应付股利”科目核算。

8.1.8 其他应付款

其他应付款是指企业除应付票据、应付账款、预收账款、应付职工薪酬、应交税费、应付股利等经营活动以外的其他各项应付、暂收的款项，如应付租入包装物租金、存入保证金等。企业应通过“其他应付款”科目，核算其他应付款的增减变动及其结存情况，并按照其他应付款的项目和对方单位（或个人）设置明细科目进行明细核算。其他应付款的核算如图 8-15 所示。

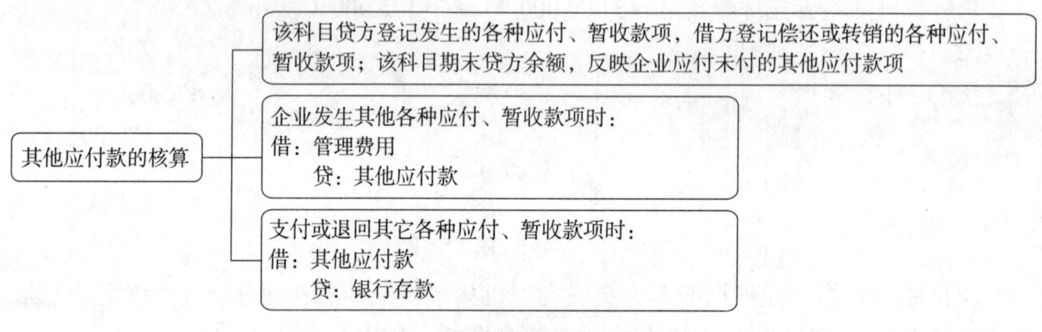

图 8-15　其他应付款的核算

【例 8-55】紫竹公司从 2×20 年 1 月 1 日起，以经营租赁方式租入管理用办公设备一批，每月租金 5 000 元，按季支付。3 月 31 日，紫竹公司以银行存款支付应付租金。紫竹公司的有关会计处理如下：

（1）1 月 31 日计提应付经营租入固定资产租金：

借：管理费用　　　　5 000

　　贷：其他应付款　　　　5 000

2 月底计提应付经营租入固定资产租金的会计处理同上。

（2）3 月 31 日支付租金：

借：其他应付款　　　　10 000

　　管理费用　　　　5 000

　　贷：银行存款　　　　15 000

8.2 非流动负债

非流动负债是指流动负债以外的负债，主要包括长期借款、应付债券等。

8.2.1 长期借款

(1)长期借款概述

长期借款是指企业向银行或其他金融机构借入的期限在一年以上(不含一年)的各种借款，一般用于固定资产的购建、改扩建工程、大修理工程、对外投资以及为了保持长期经营能力等方面。它是企业长期负债的重要组成部分，必须加强管理与核算。

由于长期借款的使用关系到企业的生产经营规模和效益，企业除了要遵守有关的贷款规定、编制借款计划并要有不同形式的担保外，还应监督借款的使用、按期支付长期借款的利息以及按规定的期限归还借款本金等。因此，长期借款会计处理的基本要求是反映和监督企业长期借款的借入、借款利息的结算和借款本息的归还情况，促使企业遵守信贷纪律，提高信用等级，同时也要确保长期借款发挥效益。

(2)长期借款的核算

企业应通过“长期借款”科目，核算长期借款的借入、归还等情况。该科目可按照贷款单位和贷款种类设置明细账，分别按“本金”“利息调整”等进行明细核算。该科目的贷方登记长期借款本息的增加额，借方登记本息的减少额，贷方余额表示企业尚未偿还的长期借款。长期借款的核算如图 8-16 所示。

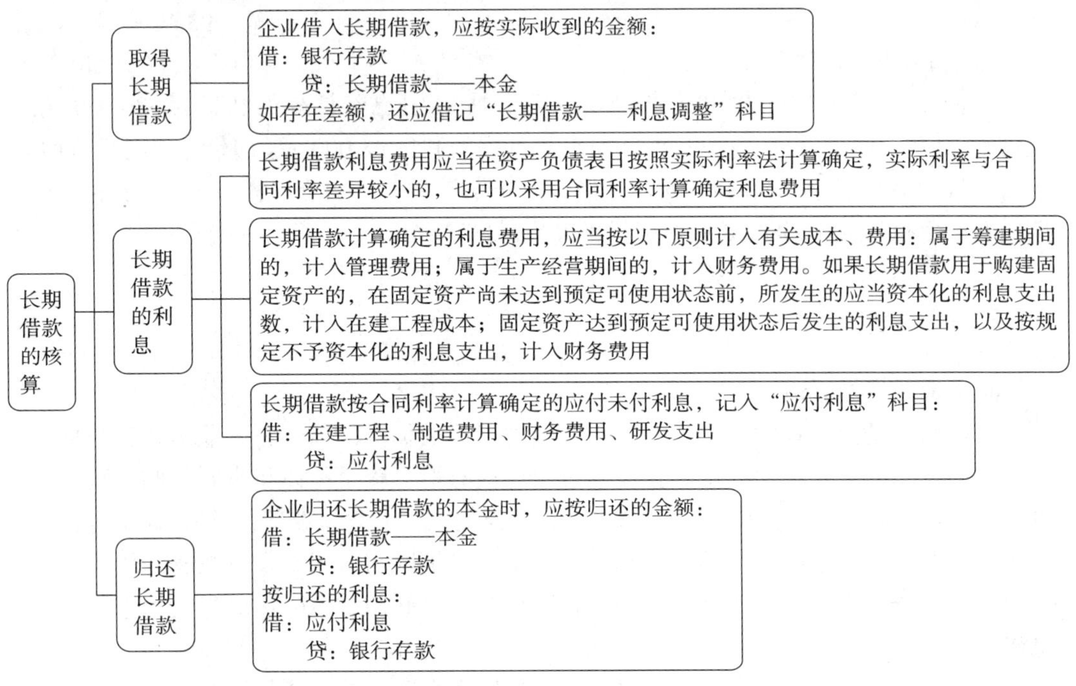

图 8-16 长期借款的核算

【例 8-56】紫竹公司于 2×19 年 11 月 30 日从银行借入资金 4 000 000 元，借款期限为 3 年，年利率为 8.4%(到期一次还本付息，不计复利)。所借款项已存入银行。紫竹公司用该借款于当日购买不需安装的设备一台，价款 3 900 000 元，另支付运杂费及保险等费用 100 000 元，设备已于当日投入使用。紫竹公司的有关会计处理如下：

（1）取得借款时：

借：银行存款　　　　4 000 000

　　贷：长期借款——本金　　　　4 000 000

（2）支付设备款和运杂费、保险费时：

借：固定资产　　　　4 000 000

　　贷：银行存款　　　　4 000 000

【例 8-57】承【例 8-56】紫竹公司于 2×19 年 12 月 31 日计提长期借款利息。紫竹公司的有关会计分录如下：

借：财务费用　　　　28 000

　　贷：应付利息　　　　28 000

2×19 年 12 月 31 日计提的长期借款利息 =4 000 000×8.4%÷12=28 000（元）

2×20 年 1 月至 2×22 年 10 月每月末预提利息分录同上。

【例 8-58】承【例 8-57】2×22 年 11 月 30 日，紫竹公司偿还该笔银行借款本息。紫竹公司的有关会计分录如下：

借：财务费用　　　　28 000

　　长期借款——本金　　　　4 000 000

　　应付利息　　　　980 000

　　贷：银行存款　　　　5 008 000

本例中，2×19 年 11 月 30 日至 2×22 年 10 月 31 日已经计提的利息为 980 000 元，应借记“应付利息”科目，2×22 年 11 月应当计提的利息 28 000 元，应借记“财务费用”科目，长期借款本金 4 000 000 元，应借记“长期借款——本金”科目；实际支付的长期借款本金和利息 5 008 000 元，贷记“银行存款”科目。

8.2.2 应付债券

（1）应付债券概述

应付债券是指企业为筹集（长期）资金而发行的债券。债券是企业为筹集长期使用资金而发行的一种书面凭证。企业通过发行债券取得资金是以将来履行归还购买债券者的本金和利息的义务作为保证的。企业应当设置“企业债券备查簿”，详细登记每一企业债券的票面金额，债券票面利率、还本付息期限与方式、发行总额、发行日期和编号、委托代售单位、转换股份等资料。企业债券到期结清时，应当在备查簿内逐笔注销。

企业债券发行价格的高低一般取决于债券票面金额、债券票面利率、发行当时的市场利率以及债券期限的长短等因素。债券发行有面值发行、溢价发行和折价发行三种情况。企业债券按其面值出售的，称为面值发行。此外，债券还可能按低于或高于其面值的价格出售，即折价发行或溢价发行。折价发行是指债券以低于其面值的价格发行。而溢价发行则是指债券按高于其面值的价格发行。本书只介绍按照面值发行的应付债券的核算。

（2）应付债券的核算

企业应设置“应付债券”科目，并在该科目下设置“面值”“利息调整”“应计利息”等明细科目，核算应付债券发行、计提利息、还本付息等情况。该科目贷方登记应付债券的本金和利息，借方登记归还的债券本金和利息，期末贷方余额表示企业尚未偿还的长期债券。应付债券的核算如图 8-17 所示。

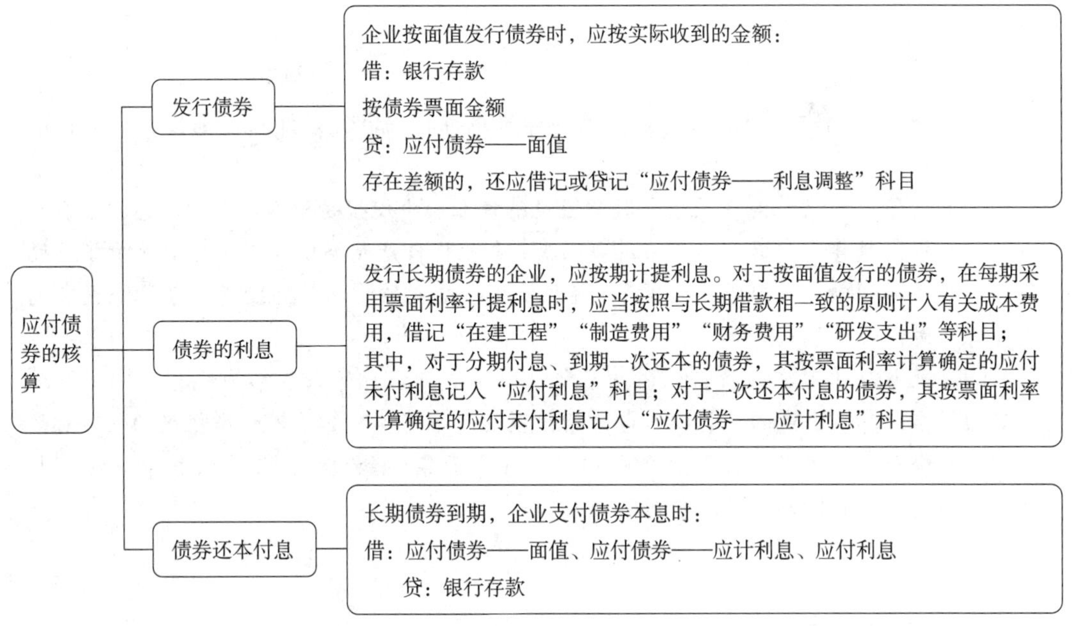

图 8-17 应付债券的核算

【例 8-59】紫竹公司于 2×16 年 7 月 1 日发行三年期、到期时一次还本付息、年利率为 8%（不计复利）发行面值总额为 40 000 000 元的债券，该债券按面值发行。紫竹公司的有关会计分录如下：

借：银行存款　　40 000 000

　　贷：应付债券——面值　　40 000 000

【例 8-60】承【例 8-59】，紫竹公司发行债券所筹资金用于建造固定资产，至 2×16 年 12 月 31 日时工程尚未完工，计提本年长期债券利息。紫竹公司按照《企业会计准则第 17 号——借款费用》的规定计算，该期债券产生的实际利息费用应全部资本化，作为在建工程成本。紫竹公司的有关会计分录如下：

借：在建工程　　1 600 000

　　贷：应付债券——应计利息　　1 600 000

本例中，至 2×16 年 12 月 31 日，紫竹公司债券发行在外的时间为 6 个月，该年应计的债券利息为：40 000 000×8%÷12×6=1 600 000（元）。由于该长期债券为到期时一次还本付息，因此利息 1 600 000 元应计入“应付债券——应计利息”科目。

【例 8-61】承【例 8-59】和【例 8-60】，2×19 年 7 月 1 日，紫竹公司偿还债券本金和利息。紫竹公司的有关会计分录如下：

借：应付债券——面值　　40 000 000

　　　　　——应计利息　　9 600 000

　贷：银行存款　　49 600 000

本例中，2×16 年 7 月 1 日至 2×19 年 7 月 1 日，紫竹公司长期债券的应计利息 = 40 000 000×8%×3=9 600 000（元）。

本章实操要点

（1）职工薪酬中难以认定受益对象的非货币性福利，直接计入当期损益和应付职工薪酬。

（2）增值税的缴纳需要区分一般增值税纳税人和小规模纳税人，其核算方法不同。

（3）视同销售需要缴纳增值税的事项有：企业将自产或委托加工的货物用于非应税项目、集体福利或个人消费；将自产、委托加工或购买的货物作为投资、分配给股东或投资者、无偿赠送他人等。

（4）采取从价定率方法征收的消费税，以不含增值税的销售额为税基，按照税法规定的税率计算。企业的销售收入包含增值税的，应将其换算为不含增值税的销售额。

（5）企业债券发行价格的高低一般取决于债券票面金额、债券票面利率、发行当时的市场利率以及债券期限的长短等因素。

第九章

所有者权益

——分配利润的“压舱石”

内容概览

所有者权益，指企业资产扣除负债后由所有者享有的剩余权益，它是企业资产中扣除债权人权益后应由所有者享有的部分。所有者权益既可反映所有者投入资本的保值增值情况，又体现了保护债权人权益的理念。

在本章的学习中，我们将解决读者的以下问题：

（1）不同出资方式下实收资本及其增减业务的核算方法是什么？

（2）资本溢价、其他资本公积是什么？如何核算？

（3）盈余公积是什么？它的提取和使用的核算方法是怎样的？

（4）未分配利润的核算方法是什么？

所有者权益来源于所有者投入的资本、直接计入所有者权益的利得和损失、留存收益等。直接计入所有者权益的利得和损失，指不应计入当期损益、会导致所有者权益发生增减变动的、与所有者投入资本或者向所有者分配利润无关的利得或者损失。

所有者权益可分为实收资本（或股本）、资本公积、盈余公积和未分配利润等部分。其中，盈余公积和未分配利润统称为留存收益。

9.1　实收资本

我国有关法律规定，投资者设立企业首先必须投入资本。《企业法人登记管理条例》规定，企业申请开业，必须具备国家规定的与其生产经营和服务规模相适应的资金。为了反映和监督投资者投入资本的增减变动情况，企业必须按照国家统一的会计制度的规定进行实收资本的核算，真实地反映所有者投入企业资本的状况，维护所有者各方在企业的权益。除股份有限公司以外，其他各类企业应通过“实收资本”科目核算，股份有限公司应通过“股本”科目核算。

企业收到所有者投入企业的资本后，应根据有关原始凭证（如投资清单、银行通知单等），分别不同的出资方式进行会计处理。

9.1.1 接受现金资产投资

（1）股份有限公司以外的企业接受现金资产投资

【例 9-1】甲、乙、丙共同投资设立紫竹公司，注册资本为 2 000 000 元，甲、乙、丙持股比例分别为 60%、25% 和 15%。按照章程规定，甲、乙、丙投入资本分别为 1 200 000 元、500 000 元和 300 000 元。紫竹公司已如期收到各投资者一次缴足的款项。紫竹公司在进行会计处理时，应编制会计分录如下：

借：银行存款　　2 000 000

　　贷：实收资本——甲　　1 200 000

　　　　　　　　——乙　　500 000

　　　　　　　　——丙　　300 000

实收资本的构成比例即投资者的出资比例或股东的股份比例，是确定所有者在企业所有者权益中所占的份额和参与企业财务经营决策的基础，也是企业进行利润分配或股利分配的依据，同时还是企业清算时确定所有者对净资产的要求权的依据。

（2）股份有限公司接受现金资产投资

股份有限公司发行股票时，既可以按面值发行股票，也可以溢价发行（我国目前不准许折价发行）。股份有限公司在核定的股本总额及核定的股份总额的范围内发行股票时，应在实际收到现金资产时进行会计处理。

【例 9-2】紫竹公司发行普通股 10 000 000 股，每股面值 1 元，每股发行价格 5 元。假定股票发行成功，股款 50 000 000 元已全部收到，不考虑发行过程中的税费等因素。根据上述资料，紫竹公司应做如下账务处理。

应计入“资本公积”科目的金额 =50 000 000−10 000 000=40 000 000（元）

编制会计分录如下：

借：银行存款　　50 000 000

　　贷：股本　　10 000 000

　　　　资本公积——股本溢价　　40 000 000

本例中，紫竹公司发行股票实际收到的款项为 50 000 000 元，应借记“银行存款”科目；实际发行的股票面值为 10 000 000 元，应贷记“股本”科目，按其差额，借记“资本公积——股本溢价”科目。

9.1.2　接受非现金资产投资

我国《公司法》规定，股东可以用货币出资，也可以用实物、知识产权、土地使用权等可以用货币估价并可以依法转让的非货币财产作价出资；但是，法律、行政法规规定不得作为出资的财产除外。对作为出资的非货币财产应当评估作价，核实财产，不得高估或者低估作价。法律、行政法规对评估作价有规定的，从其规定。全体股东的货币出资金额不得低于有限责任公司注册资本的30%。

企业接受非现金资产投资时，应按投资合同或协议约定价值确定非现金资产价值（但投资合同或协议约定价值不公允的除外）和在注册资本中应享有的份额。

（1）接受投入固定资产

企业接受投资者作价投入的房屋、建筑物、机器设备等固定资产，应按投资合同或协议约定价值确定固定资产价值（但投资合同或协议约定价值不公允的除外）和在注册资本中应享有的份额。

【例9-3】紫竹公司于设立时收到乙公司作为资本投入的不需要安装的机器设备一台，合同约定该机器设备的价值为2 000 000元，增值税进项税额为260 000元（假设不允许抵扣）。合同约定的固定资产价值与公允价值相符，不考虑其他因素，紫竹公司进行会计处理时，应编制会计分录如下。

借：固定资产　　2 260 000

　　贷：实收资本——乙公司　　2 260 000

本例中，该项固定资产合同约定的价值与公允价值相符，并且紫竹公司接受的固定资产投资产生的相关增值税进项税额不允许抵扣，因此，固定资产应按合同约定价值与增值税进项税额的合计金额2 260 000元入账。紫竹公司接受乙公司投入的固定资产按合同约定全额作为实收资本，可按2 260 000元的金额贷记“实收资本”科目。

（2）接受投入材料物资

企业接受投资者作价投入的材料物资，应按投资合同或协议约定价值确定材料物资价值（但投资合同或协议约定价值不公允的除外）和在注册资本中应享有的份额。

【例9-4】紫竹公司于设立时收到B公司作为资本投入的原材料一批，该批原材料投资合同或协议约定价值（不含可抵扣的增值税进项税额部分）为100 000元，增值税进项税额为13 000元。B公司已开具了增值税专用发票。

假设合同约定的价值与公允价值相符，该进项税额允许抵扣，不考虑其他因素，紫竹公司在进行会计处理时，应编制会计分录如下：

借：原材料　　100 000

　　应交税费——应交增值税（进项税额）　　13 000

　　贷：实收资本——B公司　　113 000

本例中，原材料的合同约定价值与公允价值相符，因此，可按照100 000元的金额借记“原材料”科目；同时，该进项税额允许抵扣，因此增值税专用发票上注明的增值税税额 13 000 元，应借记“应交税费——应交增值税（进项税额）”科目。紫竹公司接受的 B 公司投入的原材料按合同约定全额作为实收资本，因此可按 113 000 的金额贷记“实收资本”科目。

（3）接受投入无形资产

企业收到以无形资产方式投入的资本，应按投资合同或协议约定价值确定无形资产价值（但投资合同或协议约定价值不公允的除外）和在注册资本中应享有的份额。

【例 9-5】紫竹公司于设立时收到 A 公司作为资本投入的非专利技术一项，该非专利技术投资合同约定价值为 60 000 元，同时收到 B 公司作为资本投入的土地使用权一项，投资合同约定价值为 80 000 元。假设紫竹公司接受该非专利技术和土地使用权符合国家注册资本管理的有关规定，可按合同约定作实收资本入账，合同约定的价值与公允价值相符，不考虑其他因素。紫竹公司在进行会计处理时，应编制会计分录如下：

借：无形资产——非专利技术	60 000	
——土地使用权	80 000	
贷：实收资本——A 公司		60 000
——B 公司		80 000

本例中，非专利技术与土地使用权的合同约定价值与公允价值相符，因此，可分别按照 60 000 元和 80 000 元的金额借记“无形资产”科目。A、B 公司投入的非专利技术和土地使用权按合同约定全额作为实收资本，因此可分别按 60 000 元和 80 000 元的金额贷记“实收资本”科目。

9.1.3　实收资本（或股本）的增减变动

一般情况下，企业的实收资本应相对固定不变，但在某些特定情况下，实收资本也可能发生增减变化。我国企业法人登记管理条例中规定，除国家另有规定外，企业的注册资金应当与实收资本相一致，当实收资本比原注册资金增加或减少的幅度超过 20% 时，应持资金信用证明或者验资证明，向原登记主管机关申请变更登记。如擅自改变注册资本或抽逃资金，要受到工商行政管理部门的处罚。

（1）实收资本（或股本）的增加

企业增加资本的途径如图 9-1 所示。

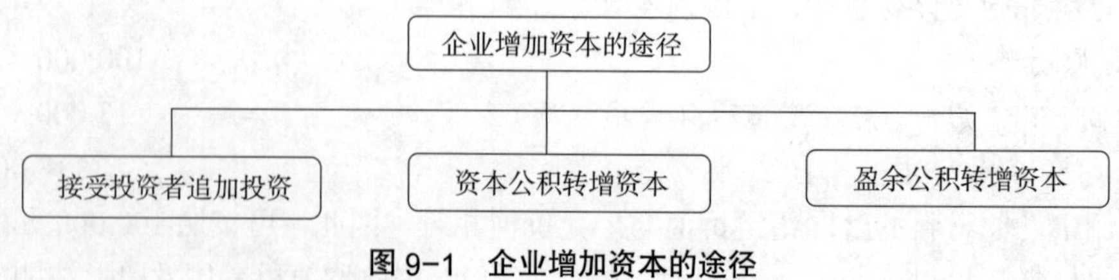

图 9-1　企业增加资本的途径

需要注意的是，由于资本公积和盈余公积均属于所有者权益，用其转增资本时，如果是独资企业比较简单，直接结转即可。如果是股份公司或有限责任公司应该按照原投资者出资比例相应增加各投资者的出资额。

【例 9-6】甲、乙、丙三人共同投资设立紫竹公司，原注册资本为 4 000 000 元，甲、乙、丙分别出资 500 000 元、2 000 000 元和 1 500 000 元。为扩大经营规模，经批准，紫竹公司注册资本扩大为 5 000 000 元，甲、乙、丙按照原出资比例分别追加投资 125 000 元、500 000 元和 375 000 元。紫竹公司如期收到甲、乙、丙追加的现金投资。紫竹公司会计分录如下：

借：银行存款　　1 000 000
　贷：实收资本——甲　　125 000
　　　　　　　——乙　　500 000
　　　　　　　——丙　　375 000

本例中，甲、乙、丙按原出资比例追加实收资本，因此，紫竹公司应分别按照 125 000 元、500 000 元和 375 000 元的金额贷记“实收资本”科目中甲、乙、丙明细分类账。

【例 9-7】承【例 9-6】，因扩大经营规模需要，经批准，紫竹公司按原出资比例将资本公积 1 000 000 元转增资本。紫竹公司会计分录如下：

借：资本公积　　1 000 000
　贷：实收资本——甲　　125 000
　　　　　　　——乙　　500 000
　　　　　　　——丙　　375 000

本例中，资本公积 1 000 000 元按原出资比例转增实收资本，因此，紫竹公司应分别按照 125 000 元、500 000 元和 375 000 元的金额贷记“实收资本”科目中甲、乙、丙明细分类账。

【例 9-8】承【例 9-6】，因扩大经营规模需要，经批准，紫竹公司按原出资比例将盈余公积 1 000 000 元转增资本。紫竹公司会计分录如下：

借：盈余公积　　1 000 000
　贷：实收资本——甲　　125 000
　　　　　　　——乙　　500 000
　　　　　　　——丙　　375 000

本例中，盈余公积 1 000 000 元按原出资比例转增实收资本，因此，紫竹公司应分别按照 125 000 元、500 000 元和 375 000 元的金额贷记“实收资本”科目中甲、乙、丙明细分类账。

（2）实收资本（或股本）的减少

企业减少实收资本应按法定程序报经批准，股份有限公司采用收购本公司股票方式减资的，按股票面值和注销股数计算的股票面值总额冲减股本，投注销库存股的账面余额与所冲减股本的差额冲减股本溢价，股本溢价不足冲减的，再冲减盈余公积直至未分配利润。如果购回股票支付的价款低于面值总额的，所注销库存股的账面余额与所冲减股本的差额作为增加股本溢价处理。

【例 9-9】紫竹公司 2×19 年 12 月 31 日的股本为 100 000 000 股，面值为 1 元，资本公积（股本溢价）30 000 000 元，盈余公积 40 000 000 元。经股东大会批准，紫竹公司以现金回购本公司股票 20 000 000 股并注销。假定紫竹公司按每股 2 元回购股票，不考虑其他因素，紫竹公司的会计处理如下：

（1）回购本公司股票时：

借：库存股　　40 000 000

　　贷：银行存款　　40 000 000

库存股成本 =20 000 000×2=40 000 000（元）

（2）注销本公司股票时：

借：股本　　20 000 000

　　资本公积——股本溢价　　20 000 000

　　贷：库存股　　40 000 000

应冲减的资本公积 =20 000 000×2−20 000 000×1=20 000 000（元）

【例 9-10】承【例 9-9】，假定紫竹公司按每股 3 元回购股票，其他条件不变，紫竹公司的会计处理如下：

（1）回购本公司股票时：

借：库存股　　60 000 000

　　贷：银行存款　　60 000 000

库存股成本 =20 000 000×3=60 000 000（元）

（2）注销本公司股票时：

借：股本　　20 000 000

　　资本公积——股本溢价　　30 000 000

　　盈余公积　　10 000 000

　　贷：库存股　　60 000 000

应冲减的资本公积 =20 000 000×3−20 000 000×1=40 000 000（元）

由于应冲减的资本公积大于公司现有的资本公积，所以只能冲减资本公积 30 000 000 元，剩余的 10 000 000 元应冲减盈余公积。

【例 9-11】承【例 9-9】，假定紫竹公司按每股 0.9 元回购股票，其他条件不变，紫竹公司的会计处理如下：

（1）回购本公司股票时：

借：库存股　　18 000 000

　　贷：银行存款　　18 000 000

库存股成本 =20 000 000×0.9=18 000 000（元）

（2）注销本公司股票时：

借：股本　　20 000 000

　　贷：库存股　　18 000 000

资本公积——股本溢价 2 000 000

应增加的资本公积 =20 000 000×1−20 000 000×0.9=2 000 000（元）

由于折价回购，股本与库存股成本的差额 2 000 000 元应作为增加资本公积处理。

9.2 资本公积

资本公积是企业收到投资者的超出其在企业注册资本（或股本）中所占份额的投资，以及直接计入所有者权益的利得和损失等。资本公积包括资本溢价（或股本溢价）和直接计入所有者权益的利得和损失等。

资本溢价（或股本溢价），是企业收到投资者的超出其在企业注册资本（或股本）中所占份额的投资。形成资本溢价（或股本溢价）的原因有溢价发行股票、投资者超额缴入资本等。

直接计入所有者权益的利得和损失是指不应计入当期损益、会导致所有者权益发生增减变动的、与所有者投入资本或者向所有者分配利润无关的利得或者损失。

资本公积的核算包括资本溢价（或股本溢价）的核算、其他资本公积的核算和资本公积转增资本的核算等内容。

9.2.1 资本溢价（或股本溢价）的核算

（1）资本溢价

除股份有限公司外的其他类型的企业，在企业创立时，投资者认缴的出资额与注册资本一致，一般不会产生资本溢价。但在企业重组或有新的投资者加入时，常常会出现资本溢价。因为在企业进行正常生产经营后，其资本利润率通常要高于企业初创阶段，另外，企业有内部积累，新投资者加入企业后，对这些积累也要分享，所以新加入的投资者往往要付出大于原投资者的出资额，才能取得与原投资者相同的出资比例，投资者多缴的部分就形成了资本溢价。

【例 9−12】紫竹公司由两位投资者投资 200 000 元设立，每人各出资 100 000 元。一年后，为扩大经营规模，经批准，紫竹公司注册资本增加到 300 000 元，并引入第三位投资者加入。按照投资协议，新投资者需缴入现金 110 000 元，同时享有该公司三分之一的股份。紫竹公司已收到该现金投资。假定不考虑其他因素，紫竹公司的会计分录如下：

借：银行存款 110 000

　　贷：实收资本 100 000

　　　　资本公积——资本溢价 10 000

本例中，紫竹公司收到第三位投资者的现金投资 11 000 元中，10 000 元属于第三位投资者在注册资本中所享有的份额，应计入“实收资本”科目，10 000 元属于资本溢价，应计入“资本公积——资本溢价”科目。

（2）股本溢价

股份有限公司是以发行股票的方式筹集股本的，股票可按面值发行，也可按溢价发行，我国目前不准折价发行。与其他类型的企业不同，股份有限公司在成立时可能会溢价发行股票，因而在成立之初，就可能会产生股本溢价。股本溢价的数额等于股份有限公司发行股票时实际收到的款额超过股票面值总额的部分。

在按面值发行股票的情况下，企业发行股票取得的收入，应全部作为股本处理；在溢价发行股票的情况下，企业发行股票取得的收入，等于股票面值部分作为股本处理，超出股票面值的溢价收入应作为股本溢价处理。

发行股票相关的手续费、佣金等交易费用，如果是溢价发行股票的，应从溢价中抵扣，冲减资本公积（股本溢价）；无溢价发行股票或溢价金额不足以抵扣的，应将不足抵扣的部分冲减盈余公积和未分配利润。

【例 9-13】紫竹公司首次公开发行了普通股 50 000 000 股，每股面值 1 元，每股发行价格为 4 元。紫竹公司以银行存款支付发行手续费、咨询费等费用共计 6 000 000 元。假定发行收入已全部收到，发行费用已全部支付，不考虑其他因素，紫竹公司的会计处理如下。

（1）收到发行收入时：

借：银行存款　　　　200 000 000

　贷：股本　　　　　　50 000 000

　　资本公积——股本溢价　　150 000 000

应增加的资本公积 =50 000 000×(4−1)= 150 000 000（元）

本例中，紫竹公司溢价发行普通股，发行收入中等于股票面值的部分 50 000 000 元应计入“股本”科目，发行收入超出股票面值的部分 150 000 000 元计入“资本公积——股本溢价”科目。

（2）支付发行费用时：

借：资本公积——股本溢价　　6 000 000

　贷：银行存款　　　　6 000 000

本例中，紫竹公司的股本溢价 150 000 000 元高于发行中发生的交易费用 6 000 000 元，因此，交易费用可从股本溢价中扣除，作为冲减资本公积处理。

9.2.2 其他资本公积的核算

其他资本公积是指除资本溢价（或股本溢价）项目以外所形成的资本公积，其中主要是直接计入所有者权益的利得和损失。本书以因被投资单位所有者权益的其他变动产生的利得或损失为例，介绍相关的其他资本公积的核算。

企业对某被投资单位的长期股权投资采用权益法核算的，在持股比例不变的情况下，对因被投资单位除净损益以外的所有者权益的其他变动，如果是利得，则应按持股比例计算其应享有被投资企业所有者权益的增加数额；如果是损失，则做相反的分录。在处置长期股权投资时，应转销与该笔投资相关的其他资本公积。

【例 9-14】紫竹公司于 2×19 年 1 月 1 日向 F 公司投资 8 000 000 元。拥有该公司 20% 的股份，并对该公司有重大影响，因而对 F 公司长期股权投资采用权益法核算。2×19 年 12 月 31 日，F 公司净损益之外的所有者权益增加了 1 000 000 元。假定除此以外，F 公司的所有者权益没有变化，紫竹公司的持股比例没有变化，F 公司资产的账面价值与公允价值一致，不考虑其他因素。紫竹公司的会计分录如下：

借：长期股权投资——F 公司　　200 000

　贷：资本公积——其他资本公积　　200 000

紫竹公司增加的资本公积 =1 000 000×20%=200 000（元）

本例中，紫竹公司对 F 公司的长期股权投资采用权益法核算，持股比例未发生变化，F 公司发生了除净损益之外的所有者权益的其他变动，紫竹公司应按其持股比例计算应享有的 F 公司权益的数额 200 000 元，作为增加其他资本公积处理。

9.2.3　资本公积转增资本的核算

经股东大会或类似机构决议，用资本公积转增资本时，应冲减资本公积，同时按照转增前的实收资本（或股本）的结构或比例，将转增的金额计入“实收资本”（或“股本”）科目下各所有者的明细分类账。

有关会计处理，参见本章【例 9-7】的有关内容。

9.3　留存收益

留存收益包括盈余公积和未分配利润两个部分。

9.3.1　利润分配

利润分配是指企业根据国家有关规定和企业章程、投资者协议等，对企业当年可供分配的利润所进行的分配。

可供分配的利润 = 当年实现的净利润 + 年初未分配利润（或 − 年初未弥补亏损）+ 其他转入利润，分配的顺序依次是：（1）提取法定盈余公积；（2）提取任意盈余公积；（3）向投资者分配利润。

未分配利润是经过弥补亏损、提取法定盈余公积、提取任意盈余公积和向投资者分配利润等利润分配之后剩余的利润，它是企业留待以后年度进行分配的历年结存的利润。相对于所有者权益的其他部分来说，企业对于未分配利润的使用有较大的自主权。

利润分配的核算如图 9-2 所示。

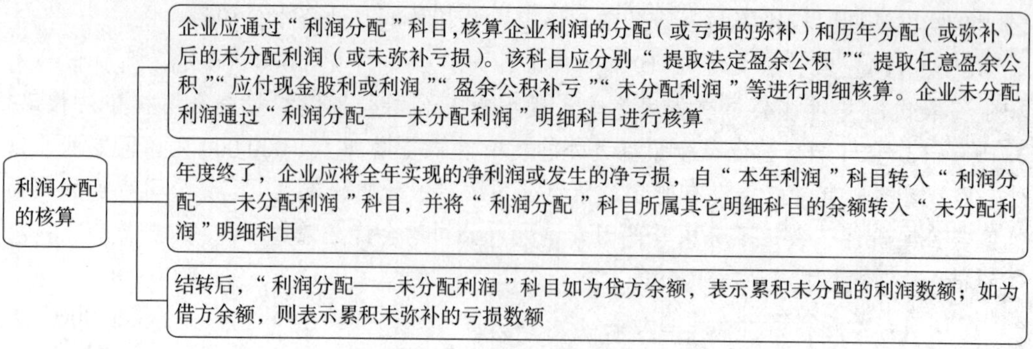

利润分配的核算

- 企业应通过“利润分配”科目，核算企业利润的分配（或亏损的弥补）和历年分配（或弥补）后的未分配利润（或未弥补亏损）。该科目应分别“提取法定盈余公积”“提取任意盈余公积”“应付现金股利或利润”“盈余公积补亏”“未分配利润”等进行明细核算。企业未分配利润通过“利润分配——未分配利润”明细科目进行核算
- 年度终了，企业应将全年实现的净利润或发生的净亏损，自“本年利润”科目转入“利润分配——未分配利润”科目，并将“利润分配”科目所属其它明细科目的余额转入“未分配利润”明细科目
- 结转后，“利润分配——未分配利润”科目如为贷方余额，表示累积未分配的利润数额；如为借方余额，则表示累积未弥补的亏损数额

图 9-2　利润分配的核算

【例 9-15】紫竹公司年初未分配利润为 0，本年实现净利润 2 000 000 元，本年提取法定盈余公积 200 000 元，宣告发放现金股利 800 000 元。假定不考虑其他因素，紫竹公司会计处理如下：

（1）结转本年利润：

借：本年利润　　2 000 000

　　贷：利润分配——未分配利润　　2 000 000

如企业当年发生亏损，则应借记“利润分配——未分配利润”科目，贷记“本年利润”科目。

（2）提取法定盈余公积、宣告发放现金股利：

借：利润分配——提取法定盈余公积　　200 000

　　　　　　——应付现金股利　　800 000

　　贷：盈余公积　　200 000

　　　　应付股利　　800 000

同时，

借：利润分配——未分配利润　　1 000 000

　　贷：利润分配——提取法定盈余公积　　200 000

　　　　　　　　——应付现金股利　　800 000

结转后，如果“未分配利润”明细科目的余额在贷方，表示累计未分配的利润；如果余额在借方，则表示累积未弥补的亏损。本例中，“利润分配——未分配利润”明细科目的余额在贷方，此贷方余额 100 000 元（本年利润 1 000 000 －提取法定盈余公积 200 000 －支付现金股利 800 000）即为紫竹公司本年年末的累计未分配利润。

9.3.2　盈余公积

盈余公积是指企业按规定从净利润中提取的企业积累资金。公司制企业的盈余公积包括法定盈余公积和任意盈余公积。

按照《公司法》有关规定，公司制企业应当按照净利润（减弥补以前年度亏损）的 10% 提取法定盈余公积。非公司制企业法定盈余公积的提取比例可超过净利润的

10%。法定盈余公积累计额已达注册资本的50%时可以不再提取。值得注意的是，在计算提取法定盈余公积的基数时，不应包括企业年初未分配利润。

公司制企业可根据股东大会的决议提取任意盈余公积。非公司制企业经类似权力机构批准，也可提取任意盈余公积。法定盈余公积和任意盈余公积的区别在于其各自计提的依据不同，前者以国家的法律法规为依据；后者由企业的权力机构自行决定。

企业提取的盈余公积经批准可用于弥补亏损、转增资本、发放现金股利或利润等。

（1）提取盈余公积

企业按规定提取盈余公积时，应通过“利润分配”和“盈余公积”等科目处理。

【例9-16】紫竹公司本年实现净利润为5 000 000元，年初未分配利润为0。经股东大会批准，紫竹公司按当年净利润的10%提取法定盈余公积。假定不考虑其他因素，紫竹公司的会计分录如下：

借：利润分配——提取法定盈余公积	500 000	
贷：盈余公积——法定盈余公积		500 000

本年提取盈余公积金额 =5 000 000×10%=500 000（元）

（2）盈余公积补亏

【例9-17】经股东大会批准，紫竹公司用以前年度提取的盈余公积弥补当年亏损，当年弥补亏损的数额为600 000元。假定不考虑其他因素，紫竹公司的会计分录如下：

借：盈余公积	600 000	
贷：利润分配——盈余公积补亏		600 000

（3）盈余公积转增资本

【例9-18】因扩大经营规模需要，经股东大会批准，紫竹公司将盈余公积400 000元转增股本。假定不考虑其他因素，紫竹公司的会计分录如下：

借：盈余公积	400 000	
贷：股本		400 000

（4）用盈余公积发放现金股利或利润

【例9-19】紫竹公司2×19年12月31日普通股股本为50 000 000股，每股面值1元，可供投资者分配的利润为5 000 000元，盈余公积20 000 000元。2×19年3月20日，股东大会批准了2×19年度利润分配方案，以2×19年12月31日为登记日，按每股0.2元发放现金股利。紫竹公司共需要分派10 000 000元现金股利，其中动用可供投资者分配的利润55 000元、盈余公积500 000元。假定不考虑其他因素，紫竹公司会计处理如下。

（1）宣告分派股利时：

借：利润分配——应付现金股利	5 000 000	
盈余公积	5 000 000	
贷：应付股利		10 000 000

（2）支付股利时：

借：应付股利	10 000 000	
贷：银行存款		10 000 000

本例中，紫竹公司经股东大会批准，以未分配利润和盈余公积发放现金股利，属于以未分配利润发放现金股利的部分 5 000 000 元应计入“利润分配——应付现金股利”科目，属于以盈余公积发放现金股利的部分 5 000 000 元应计入“盈余公积”科目。

本章实操要点

（1）掌握不同出资方式下实收资本的核算方法。

（2）资本公积的核算包括资本溢价（或股本溢价）的核算、其他资本公积的核算和资本公积转增资本的核算等内容。

（3）公司制企业应当按照净利润的 10% 提取法定盈余公积，非公司制企业法定盈余公积的提取比例可超过净利润的 10%，法定盈余公积累计额已达注册资本的 50% 时可以不再提取。

（4）可供分配的利润 = 当年实现的净利润 + 年初未分配利润（或 − 年初未弥补亏损）+ 其他转入利润，分配的顺序依次是：（1）提取法定盈余公积；（2）提取任意盈余公积；（3）向投资者分配利润。

第十章

收入、费用和利润

——抽丝剥茧看“绩效成绩单”

内容概览

追求利润最大化是每一个企业在生存、发展的过程中永恒的目标和动力之源。如何尽己所能的增加收入和控制成本，是所有企业经营者孜孜不倦地探讨和钻研的“课题”。

在本章的学习中，我们将解决读者的以下问题：

（1）收入有什么特点？怎样分类？如何进行销售商品收入金额的确定？一般销售商品业务、已经发出商品但不符合销售收入确认条件的销售业务、商业折扣、现金折扣和销售折让、销售退回、采用预收款方式销售商品、采用支付手续费方式委托代销商品情况下销售商品收入的会计处理分别是怎样的？怎样用完工百分比法确认提供劳务收入的会计处理？

（2）费用的特点是什么？费用的主要内容有哪些？如何进行会计处理？

（3）政府补助的概念和特征是什么？政府补助的主要形式有哪些？与资产相关的政府补助、与收益相关的政府补助、与资产和收益均相关的政府补助的会计处理分别是怎样的？

（4）利润的构成、营业外收入和营业外支出的内容包括什么？怎样进行营业外收入和营业外支出的会计处理？应交所得税如何计算？

（5）销售商品收入的确认条件是什么？怎样进行销售材料等存货的会计处理？劳务完成时间不同等情况下提供劳务收入的确认原则有哪些？让渡资产使用权的使用费收入的确认和计量原则是什么？

10.1 收　　入

10.1.1 收入的概念和特征

收入是指企业在日常活动中形成的、会导致所有者权益增加的、与所有者投入资本无关的经济利益的总流入。收入具有的特点如图 10-1 所示。

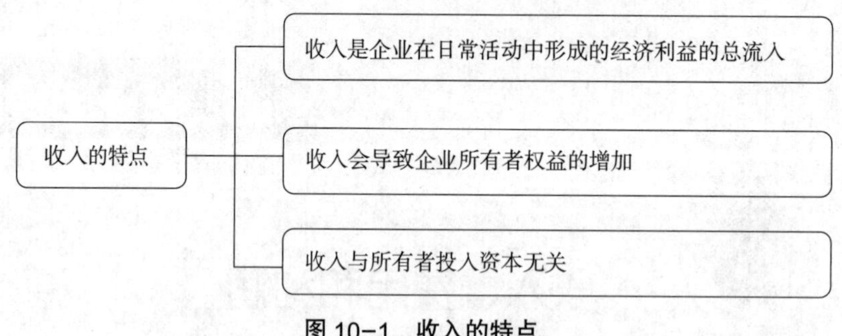

图 10-1　收入的特点

10.1.2 收入的分类

收入的分类如图 10-2 所示。

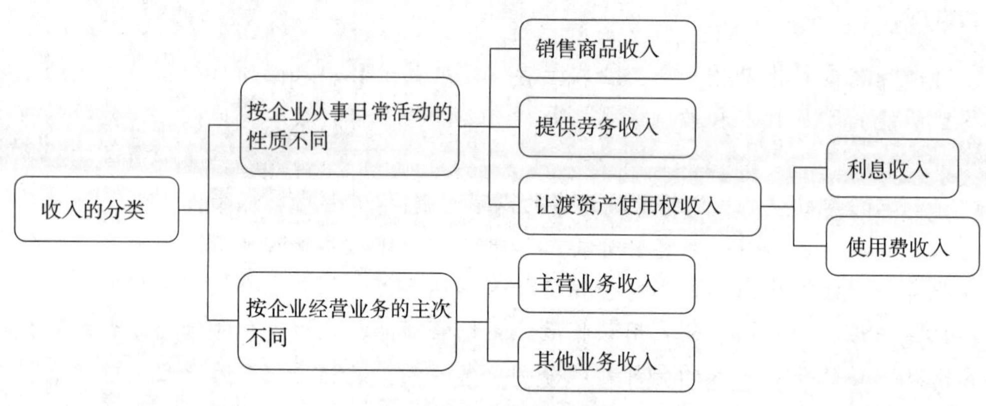

图 10-2　收入的分类

工业企业的主营业务收入主要包括销售商品、自制半成品、代制品、代修品，提供工业性劳务等实现的收入；商业企业的主营业务收入主要包括销售商品实现的收入；咨询公司的主营业务收入主要包括提供咨询服务实现的收入；安装公司的主营业务收入主要包括提供安装服务实现的收入。

工业企业的其他业务收入主要包括对外销售材料、对外出租包装物、商品或固定资产、对外转让无形资产使用权、对外进行权益性投资（取得现金股利）或债权性投资（取得利息）、提供非工业性劳务等实现的收入。

10.1.3　销售商品收入的确认条件

销售商品收入同时满足下列条件的，如图 10-3 所示，才能予以确认。

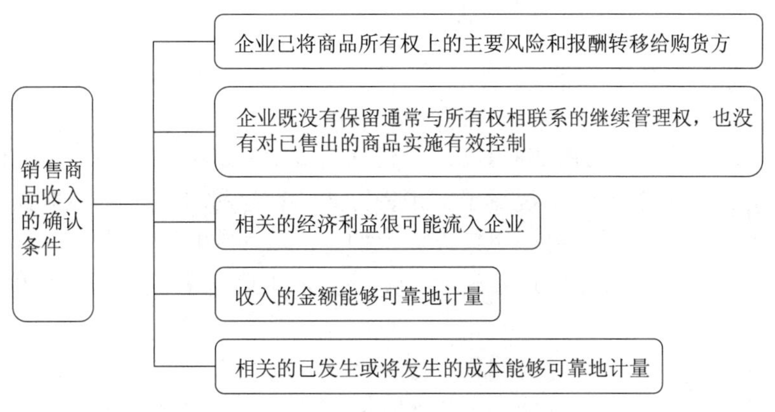

图 10-3　销售商品收入的确认条件

熟悉销售商品收入的确认条件，是销售商品收入核算的一个关键点。本节销售商品收入会计处理部分所提到的具体收入确认原则依据的都是上述五个条件。

10.1.4　销售商品收入的会计处理

销售商品收入的会计处理主要涉及一般销售商品业务、已经发出商品但不符合收入确认条件的销售业务、销售折让、销售退回、采用预收款方式销售商品、采用支付手续费方式委托代销商品等情况。

（1）一般销售商品业务

在进行销售商品的会计处理时，首先要考虑销售商品收入是否符合收入确认条件。符合收入准则所规定的 5 项确认条件的，应及时确认收入并结转相关销售成本。通常情况下，销售商品采用托收承付方式的，在办妥托收手续时确认收入。交款提货销售商品的，在开出发票账单收到货款时确认收入。

【例 10-1】紫竹公司采用托收承付结算方式销售一批商品，开出的增值税专用发票上注明售价为 600 000 元，增值税税额为 78 000 元；商品已经发出，并已向银行办妥托收手续；该批商品的成本为 420 000 元。紫竹公司会计分录如下：

（1）借：应收账款　　678 000
　　贷：主营业务收入　　600 000
　　　　应交税费——应交增值税（销项税额）　　78 000

（2）借：主营业务成本　　420 000
　　贷：库存商品　　420 000

【例 10-2】紫竹公司向乙公司销售一批商品，开出的增值税专用发票上注明售价为 300 000 元，增值税税额为 39 000 元；紫竹公司已收到乙公司支付的贷款 339 000 元，并将提货单送交乙公司；该批商品成本为 240 000 元。紫竹公司会计分录如下：

（1）借：银行存款　　339 000

　　贷：主营业务收入　　300 000

　　　　应交税费——应交增值税（销项税额）　　39 000

（2）借：主营业务成本　　240 000

　　贷：库存商品　　240 000

本例为采用交款提货方式销售商品。交款提货销售商品，指购买方已根据企业开出的发票账单支付货款并取得提货单的销售方式。在这种方式下，购货方支付货款取得提货单，企业尚未交付商品，销售方保留的是商品所有权上的次要风险和报酬，商品所有权上的主要风险和报酬已经转移给购货方，通常应在开出发票账单收到货款时确认收入。

本例中，紫竹公司已经完成销售手续并确认销售收入，若乙公司在月末未提走所购商品，紫竹公司应将该批售出商品作为代管商品，单独设置"代管商品"备查簿进行登记。

【例 10-3】紫竹公司向乙公司销售商品一批，开出的增值税专用票上注明售价为 400 000 元，增值税额为 52 000 元；紫竹公司收到乙公司开出的不带息银行承兑汇票一张，票面金额为 452 000 元，期限为 2 个月；该批商品已经发出，紫竹公司以银行存款代垫运杂费 2 000 元；该批商品成本为 320 000 元。紫竹公司会计分录如下：

（1）借：应收票据　　452 000

　　应收账款　　2 000

　　贷：主营业务收入　　400 000

　　　　应交税费——应交增值税（销项税额）　　52 000

　　　　银行存款　　2 000

（2）借：主营业务成本　　320 000

　　贷：库存商品　　320 000

（2）已经发出但不符合销售商品收入确认条件的商品的处理

如果企业售出商品不符合销售商品收入确认的 5 项条件中的任何一项，均不应确认收入。为了单独反映已经发出但尚未确认销售收入的商品成本，企业应增设"发出商品"等科目。"发出商品"科目核算一般销售方式下，已经发出但尚未确认销售收入的商品成本。

这里应注意的一个问题是，尽管发出的商品不符合收入确认条件，但如果销售该商品的纳税义务已经发生，比如，已经开出增值税专用发票，则应确认应交的增值税销项税额。借记"应收账款"等科目，贷记"应交税费——应交增值税（销项税额）"科目。如果纳税义务没有发生，则不需进行上述处理。

【例 10-4】紫竹公司于 2×19 年 3 月 3 日采用托收承付结算方式向 B 公司销售一批商品，开出的增值税专用发票上注明售价为 100 000 元，增值税税额为 13 000 元；该批商品成本为 60 000 元。紫竹公司在销售该批商品时已得知 B 公司资金流转发生暂时困难，但为了减少存货积压，同时也为了维持与B公司长期以来建立的商业关系，紫竹公司仍将商品发出，并办妥托收手续。假定紫竹公司销售该批商品的纳税义务已经发生。

本例中，由于B公司现金流转存在暂时困难，紫竹公司不是很可能收回销售货款。根据销售商品收入的确认条件，紫竹公司在发出商品时不能确认收入。为此，紫竹公司应将已发出的商品成本通过“发出商品”科目反映。紫竹公司会计分录如下：

发出商品时：

借：发出商品　　60 000

　　贷：库存商品　　60 000

同时，因紫竹公司销售该批商品的纳税义务已经发生，应确认应交的增值税销项税额：

借：应收账款　　13 000

　　贷：应交税费——应交增值税（销项税额）　　13 000

（注：如果销售该批商品的纳税义务尚未发生，则不做这笔分录，待纳税义务发生时再做应交增值税的分录）

假定2×19年11月紫竹公司得知B公司经营情况逐渐好转，B公司承诺近期付款，紫竹公司应在B公司承诺付款时确认收入，会计分录如下：

借：应收账款　　100 000

　　贷：主营业务收入　　100 000

同时结转成本：

借：主营业务成本　　60 000

　　贷：发出商品　　60 000

假定紫竹公司于2×19年12月6日收到B公司支付的货款，应做如下会计分录：

借：银行存款　　113 000

　　贷：应收账款　　113 000

（3）商业折扣、现金折扣和销售折让的处理

企业销售商品收入的金额通常按照从购货方已收或应收的合同或协议价款确定。在确定销售商品收入的金额时，应注意区分现金折扣、商业折扣和销售折让及其不同的会计处理方法。总的来讲，确定销售商品收入的金额时，不应考虑预计可能发生的现金折扣、销售折让，即应按总价确认，但应是扣除商业折扣后的净额。现金折扣、商业折扣、销售折让的区别以及相关会计处理方法如图10–4所示。

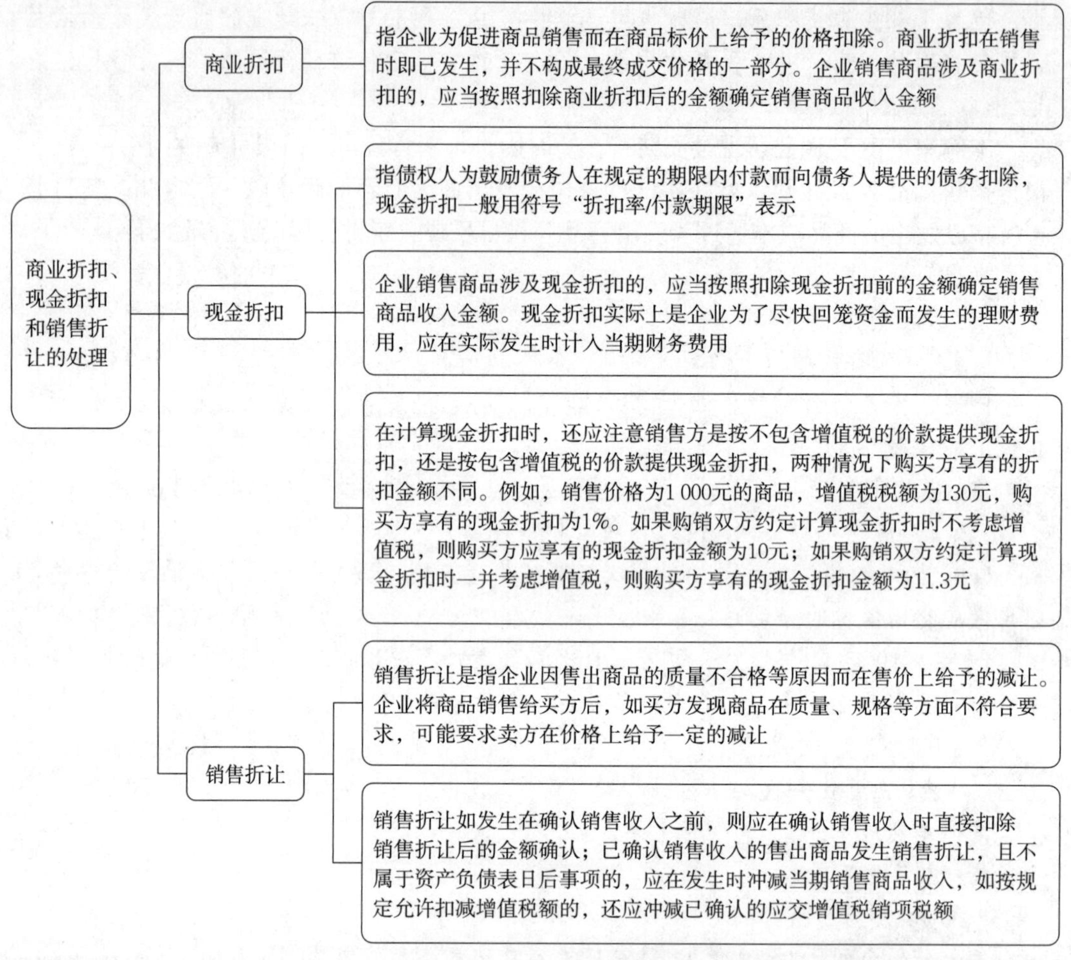

图 10-4　商业折扣、现金折扣和销售折让的处理

【例 10-5】紫竹公司为增值税一般纳税企业，2×20 年 3 月 1 日销售 A 商品 10 000 件，每件商品的标价为 20 元（不含增值税），每件商品的实际成本为 12 元，A 商品适用的增值税税率为 13%；由于是成批销售，紫竹公司给予购货方 10% 的商业折扣，并在销售合同中规定现金折扣条件为 2/10，1/20，N/30；A 商品于 3 月 1 日发出，购货方于 3 月 9 日付款。假定计算现金折扣时考虑增值税。

本例涉及商业折扣和现金折扣问题，首先需要计算确定销售商品收入的金额。根据销售商品收入金额确定的有关规定，销售商品收入的金额应是未扣除现金折扣但扣除商业折扣后的金额，现金折扣应在实际发生时计入当期财务费用。因此，紫竹公司应确认的销售商品收入金额为 180 000（20×10 000−20×10 000×10%）元，增值税销项税额为 23 400（180 000×13%）元。购货方于销售实现后的 10 日内付款，享有的现金折扣为 4 068[(180 000+23 400)×2%)] 元。紫竹公司会计处理如下：

(1) 3 月 1 日销售实现时：

借：应收账款　　203 400

　　贷：主营业务收入　　180 000

应交税费——应交增值税（销项税额） 23 400

借：主营业务成本 （12×10 000）120 000

贷：库存商品 120 000

（2）3 月 9 日收到货款时：

借：银行存款 199 332

财务费用 4 068

贷：应收账款 203 400

以上的 4 068 为考虑增值税时的现金折扣，若本例假设计算现金折扣时不考虑增值税，则紫竹公司给予购货方的现金折扣为 180 000×2%=3 600（元）

本例中，若购货方于 3 月 19 日付款，则享有的现金折扣为 2 034（203 400×1%）元。紫竹公司在收到货款时的会计分录为：

借：银行存款 201 366

财务费用 2 034

贷：应收账款 203 400

若购货方于 3 月底才付款，则应按全额付款。紫竹公司在收到货款时的会计分录为：

借：银行存款 203 400

贷：应收账款 203 400

【例 10-6】紫竹公司销售一批商品给乙公司，开出的增值税专用发票上注明的售价为 100 000 元，增值税税额为 13 000 元。该批商品的成本为 70 000 元。货到后乙公司发现商品质量不合格，要求在价格上给予 5% 的折让。乙公司提出的销售折让要求符合原合同的约定，紫竹公司同意并办妥了相关手续，开具了增值税专用发票（红字）。假定此前紫竹公司已确认该批商品的销售收入，销售款项尚未收到，发生的销售折让允许扣减当期增值税销项税额。紫竹公司会计处理如下。

（1）销售实现时：

借：应收账款 113 000

贷：主营业务收入 100 000

应交税费——应交增值税（销项税额） 13 000

借：主营业务成本 70 000

贷：库存商品 70 000

（2）发生销售折让时：

借：主营业务收入 （100 000×5%）5 000

应交税费——应交增值税（销项税额） 650

贷：应收账款 5 650

（3）实际收到款项时：

借：银行存款 107 350

贷：应收账款 107 350

本例中，假定发生销售折让前，因该项销售在货款回收上存在不确定性，紫竹公司未确认该批商品的销售收入，纳税义务也未发生；发生销售折让后 2 个月，乙公司承诺近期付款。则紫竹公司会计处理如下。

（1）发出商品时：

借：发出商品　　70 000

　　贷：库存商品　　70 000

（2）乙公司承诺付款，紫竹公司确认销售收入时：

借：应收账款　　107 350

　　贷：主营业务收入　　（100 000－100 000×5%）95 000

　　　　应交税费——应交增值税（销项税额）　　12 350

借：主营业务成本　　70 000

　　贷：发出商品　　70 000

（3）实际收到款项时：

借：银行存款　　107 350

　　贷：应收账款　　107 350

（4）销售退回的处理

企业销售商品除了可能发生销售折让外，还有可能发生销售退回，企业售出商品发生销售退回的，应当分不同情况进行会计处理，如图 10-5 所示。

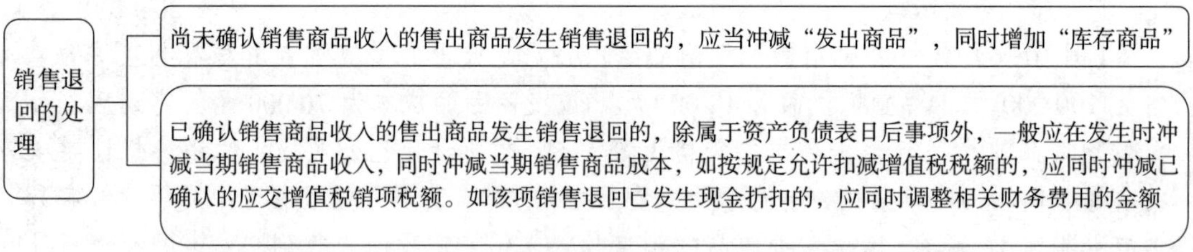

销售退回的处理

- 尚未确认销售商品收入的售出商品发生销售退回的，应当冲减“发出商品”，同时增加“库存商品”
- 已确认销售商品收入的售出商品发生销售退回的，除属于资产负债表日后事项外，一般应在发生时冲减当期销售商品收入，同时冲减当期销售商品成本，如按规定允许扣减增值税税额的，应同时冲减已确认的应交增值税销项税额。如该项销售退回已发生现金折扣的，应同时调整相关财务费用的金额

图 10-5　销售退回的处理

【例 10-7】紫竹公司 2×19 年 9 月 5 日收到乙公司因质量问题而退回的商品 10 件，每件商品成本为 210 元，该批商品系紫竹公司 2×19 年 6 月 2 日出售给乙公司，每件商品售价为 300 元，适用的增值税税率为 13%，贷款尚未收到，紫竹公司尚未确认销售商品收入。因乙公司提出的退货要求符合销售合同约定，紫竹公司同意退货，并按规定向乙公司开具了增值税专用发票（红字）。紫竹公司应在验收退货入库时做如下会计分录：

借：库存商品　　（210×10）2 100

　　贷：发出商品　　2 100

【例 10-8】紫竹公司 2×19 年 3 月 20 日销售 A 商品一批，增值税专用发票上注明售价为 350 000 元，增值税税额为 45 500 元；该批商品成本为 182 000 元。A 商品于 2×19 年 3 月 20 日发出，购货方于 3 月 27 日付款。紫竹公司对该项销售确认了销售收入。2×19 年 9 月 15 日，该批商品质量出现严重问题，购货方将该批商品全部退回给紫竹公司，紫竹公司同意退货，于退货当日支付了退货款，并按规定向购货方开具了增值税

专用发票（红字）。紫竹公司会计处理如下：

（1）销售实现时：

借：应收账款 395 500

　贷：主营业务收入 350 000

　　应交税费——应交增值税（销项税额） 45 500

借：主营业务成本 182 000

　贷：库存商品 182 000

（2）收到货款时：

借：银行存款 395 500

　贷：应收账款 395 500

（3）销售退回时：

借：主营业务收入 350 000

　应交税费——应交增值税（销项税额） 45 500

　贷：银行存款 395 500

借：库存商品 182 000

　贷：主营业务成本 182 000

【例 10-9】紫竹公司在 2×19 年 3 月 18 日向乙公司销售一批商品，开出的增值税专用发票上注明的售价为 50 000 元，增值税税额为 6 500 元。该批商品成本为 26 000 元。为及早收回货款，紫竹公司和乙公司约定的现金折扣条件为：2/10，1/20，N/30。乙公司在 2×19 年 3 月 27 日支付货款。2×19 年 7 月 5 日，该批商品因质量问题被乙公司退回，紫竹公司当日支付有关退货款。假定计算现金折扣时不考虑增值税。紫竹公司的会计处理如下：

（1）2×19 年 3 月 18 日销售实现时：

借：应收账款 56 500

　贷：主营业务收入 50 000

　　应交税费——应交增值税（销项税额） 6 500

借：主营业务成本 26 000

　贷：库存商品 26 000

（5）受托方代销商品的会计处理

受托方的处理如图 10-6 所示。

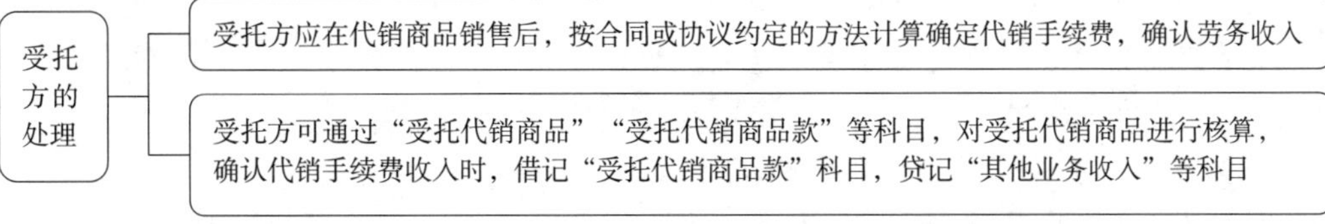

图 10-6 受托方的处理

【例 10-10】紫竹公司委托丙公司销售商品 200 件，商品已经发出，每件成本为 60 元。合同约定丙公司应按每件 100 元对外销售，紫竹公司按售价的 10% 向丙公司支付手续费。丙公司对外实际销售 100 件，开出的增值税专用发票上注明的销售价格为 10 000 元，增值税税额为 1 300 元，款项已经收到。紫竹公司收到丙公司开具的代销清单时，向丙公司开具一张相同金额的增值税专用发票。假定：紫竹公司发出商品时纳税义务尚未发生，紫竹公司采用实际成本核算，丙公司采用进价核算代销商品。

紫竹公司的会计处理如下。

（1）发出商品时：

借：委托代销商品　　12 000

　贷：库存商品　　12 000

（2）收到代销清单时：

借：应收账款　　11 300

　贷：主营业务收入　　10 000

　　应交税费——应交增值税（销项税额）　　1 300

借：主营业务成本　　6 000

　贷：委托代销商品　　6 000

借：销售费用　　1 000

　贷：应收账款　　1 000

代销手续费金额 =10 000×10%=1 000（元）

（3）收到丙公司支付的货款时：

借：银行存款　　10 300

　贷：应收账款　　10 300

丙公司的会计处理如下。

(1) 收到商品时：

借：受托代销商品　　20 000

　贷：受托代销商品款　　20 000

（2）对外销售时：

借：银行存款　　11 300

　贷：受托代销商品　　10 000

　　应交税费——应交增值税（销项税额）　　1 300

（3）收到增值税专用发票时：

借：应交税费——应交增值税（进项税额）　　1 300

　贷：应付账款　　1 300

（4）支付货款并计算代销手续费时：

借：受托代销商品款　　10 000

　应付账款　　1 300

　贷：银行存款　　10 300

　　其他业务收入　　　　　　　　　　　　　　　　　　　1 000

（6）销售材料等存货的处理

企业在日常活动中还可能发生对外销售不需用的原材料、随同商品对外销售单独计价的包装物等业务。企业销售原材料、包装物等存货也视同商品销售，其收入确认和计量原则比照商品销售。企业销售原材料、包装物等存货实现的收入作为其他业务收入处理，结转的相关成本作为其他业务成本处理。其核算如图 10-7 所示。

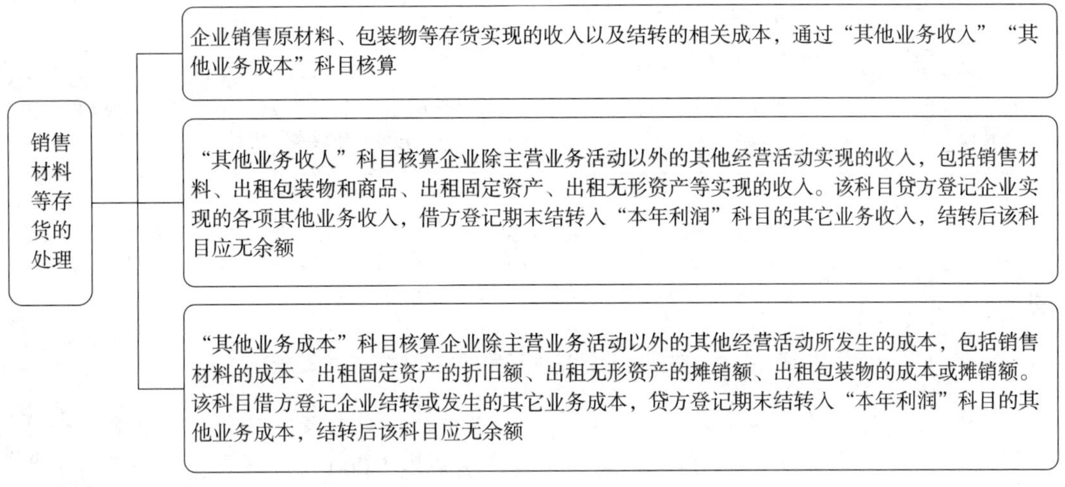

图 10-7　销售材料等存货的处理

【例 10-11】紫竹公司销售一批原材料，开出的增值税专用发票上注明的售价为 10 000 元，增值税税额为 1 300 元，款项已由银行收妥。该批原材料的实际成本为 9 000 元。紫竹公司会计处理如下：

（1）取得原材料销售收入：

借：银行存款　　　　　　　　　　　　　　　11 300

　　贷：其他业务收入　　　　　　　　　　　　　　10 000

　　　　应交税费——应交增值税（销项税额）　　　　1 300

（2）结转已销原材料的实际成本：

借：其他业务成本　　　　　　　　　　　　　9 000

　　贷：原材料　　　　　　　　　　　　　　　　　9 000

10.1.5　劳务完成时间不同等情况下提供劳务收入的确认原则

企业提供劳务的种类很多，如旅游、运输、饮食、广告、咨询、代理、培训、产品安装等。有的劳务一次就能完成，且一般为现金交易，如饮食、理发、照相等；有的劳务需要花费一段较长的时间才能完成，如安装、旅游、培训、远洋运输等。

企业提供劳务收入的确认原则因劳务完成时间的不同而不同。

（1）在同一会计期间内开始并完成的劳务

对于一次就能完成的劳务，或在同一会计期间内开始并完成的劳务，应在提供劳务交易完成时确认收入，确认的金额通常为从接受劳务方已收或应收的合同或协议价款，确认原则可参照销售商品收入的确认原则。其核算如图 10-8 所示。

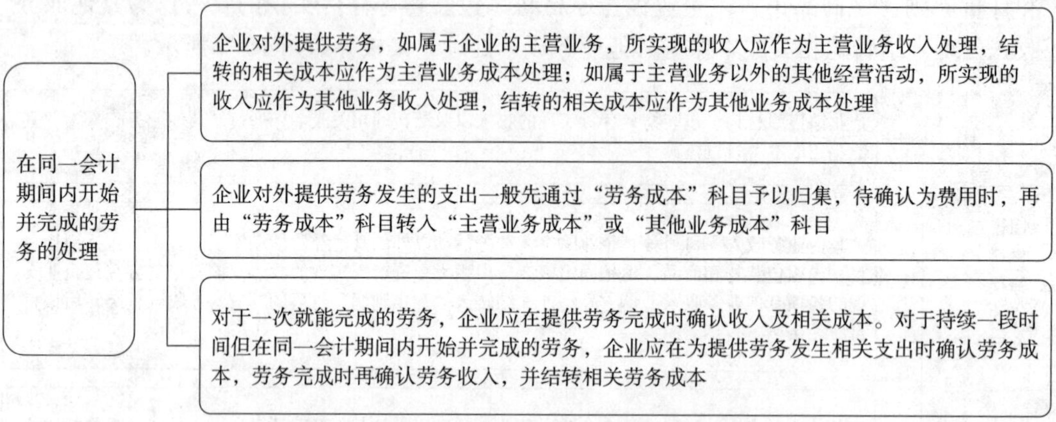

在同一会计期间内开始并完成的劳务的处理

- 企业对外提供劳务，如属于企业的主营业务，所实现的收入应作为主营业务收入处理，结转的相关成本应作为主营业务成本处理；如属于主营业务以外的其他经营活动，所实现的收入应作为其他业务收入处理，结转的相关成本应作为其他业务成本处理
- 企业对外提供劳务发生的支出一般先通过“劳务成本”科目予以归集，待确认为费用时，再由“劳务成本”科目转入“主营业务成本”或“其他业务成本”科目
- 对于一次就能完成的劳务，企业应在提供劳务完成时确认收入及相关成本。对于持续一段时间但在同一会计期间内开始并完成的劳务，企业应在为提供劳务发生相关支出时确认劳务成本，劳务完成时再确认劳务收入，并结转相关劳务成本

图 10-8　在同一会计期内开始并完成的劳务的处理

【例 10-12】紫竹公司于 2×20 年 3 月 10 日接受一项设备安装任务，该安装任务可一次完成，合同总价款为 9 000 元，实际发生安装成本 5 000 元。假定安装业务属于紫竹公司的主营业务。紫竹公司应在安装完成时做如下会计分录：

借：应收账款（或银行存款）	9 000	
贷：主营业务收入		9 000
借：主营业务成本	5 000	
贷：银行存款		5 000

若上述安装任务需花费一段时间（不超过本会计期间）才能完成，则应在为提供劳务发生有关支出时：

借：劳务成本

　　贷：银行存款

（注：以上分录未写明金额，主要是由于实际发生成本 5 000 元是个总计数，而每笔归集劳务成本的分录金额不同，下同。）

待安装完成确认所提供劳务的收入并结转该项劳务总成本时：

借：应收账款（或银行存款）	9 000	
贷：主营业务收入		9 000
借：主营业务成本	5 000	
贷：劳务成本		5 000

（2）劳务的开始和完成分属不同的会计期间

① 提供劳务交易结果能够可靠估计。

如劳务的开始和完成分属不同的会计期间，且企业在资产负债表日提供劳务交易的结果能够可靠估计的，应采用完工百分比法确认提供劳务收入，同时满足下列条件的，提供劳务交易的结果能够可靠估计，如图 10-9 所示。

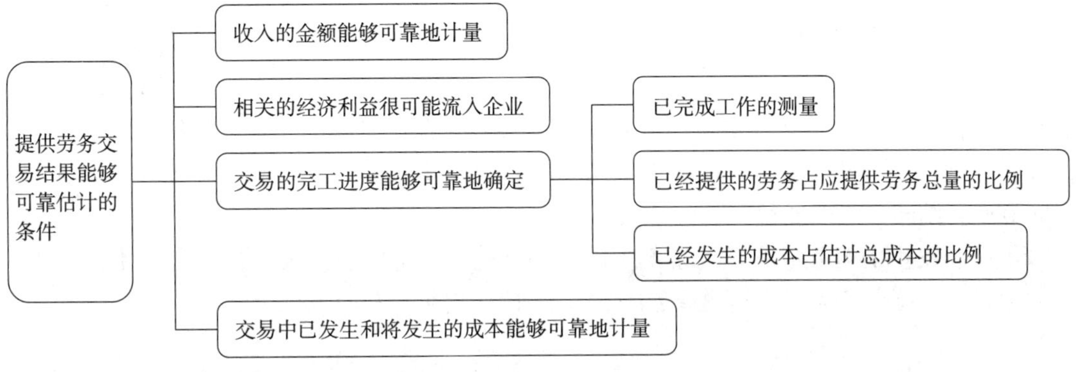

图 10-9　提供劳务交易结果能够可靠估计的条件

② 提供劳务交易结果不能可靠估计。

如劳务的开始和完成分属不同的会计期间，且企业在资产负债表日提供劳务交易结果不能可靠估计的，即不能同时满足上述 4 个条件的，不能采用完工百分比法确认提供劳务收入。此时，企业应当正确预计已经发生的劳务成本能否得到补偿，分别按下列情况处理，处理情况如图 10-10 所示。

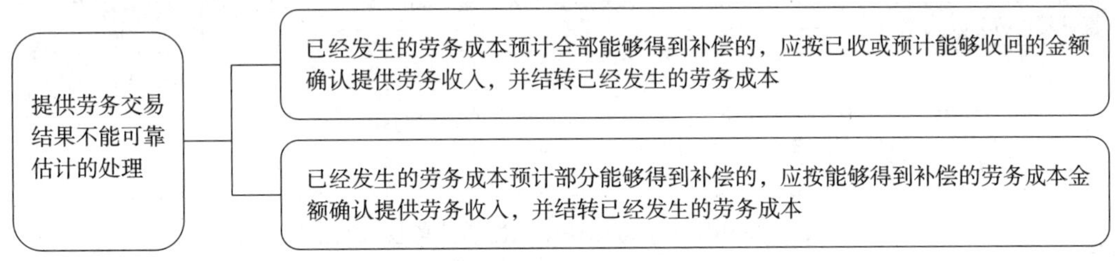

图 10-10　提供劳务交易不能可靠估计的处理

【例 10-13】甲公司于 2×19 年 12 月 25 日接受乙公司委托，为其培训一批学员，培训期为 6 个月，2×20 年 1 月 1 日开学。协议约定，乙公司应向甲公司支付的培训费总额为 60 000 元，分三次等额支付，第一次在开学时预付，第二次在 2×20 年 3 月 1 日支付，第三次在培训结束时支付。

2×20 年 1 月 1 日，乙公司预付第一次培训费。至 2×20 年 2 月 28 日，甲公司发生培训成本 30 000 元（假定均为培训人员薪酬）。2×20 年 3 月 1 日，甲公司得知乙公司经营发生困难，后两次培训费能否收回难以确定。甲公司的会计处理如下：

（1）2×20 年 1 月 1 日收到乙公司预付的培训费：

借：银行存款	20 000	
贷：预收账款		20 000

（2）实际发生培训成本 30 000 元：

借：劳务成本	30 000	
贷：应付职工薪酬		30 000

（3）2×20 年 2 月 28 日确认提供劳务收入并结转劳务成本：

借：预收账款　　　　20 000

　　贷：主营业务收入　　　　20 000

借：主营业务成本　　　　30 000

　　贷：劳务成本　　　　30 000

本例中，甲公司已经发生的劳务成本 30 000 元预计只能部分得到补偿，即只能按预收款项得到补偿，应按预收账款 20 000 元确认劳务收入，并将已经发生的劳务成本 30 000 元结转入当期损益。

已经发生的劳务成本预计全部不能得到补偿的，应将已经发生的劳务成本计入当期损益（主营业务成本或其他业务成本），不确认提供劳务收入。

10.1.6　采用完工百分比法确认提供劳务收入的会计处理

完工百分比法是指按照提供劳务交易的完工进度确认收入与费用的方法。其规定如图 10-11 所示。

采用完工百分比法确认提供劳务收入的会计处理

- 完工百分比法下，本期应确认的劳务收入及费用的计算公式如下：
  本期确认的收入=劳务总收入 × 本期末止劳务的完工进度-以前期间确认的收入
  本期确认的费用=劳务总成本 × 本期末止的完工进度-以前期间已确认的费用
- 上述公式中的劳务总收入通常按照从接受劳务方已收或应收的合同或协议价款确定。在劳务总收入和总成本能够可靠计量的情况下，关键是确定劳务的完工进度。企业应根据所提供劳务的特点，选择确定劳务完工进度的方法

图 10-11　采用完工百分比法确认提供劳务收入的会计处理

【例 10-14】紫竹公司于 2×19 年 12 月 1 日接受一项设备安装任务，安装期为 3 个月，合同总收入 300 000 元，至年底已预收安装费 220 000 元，实际发生安装费用 140 000 元（假定均为安装人员薪酬），估计完成安装任务还需发生安装费用 60 000 元。假定紫竹公司按实际发生的成本占估计总成本的比例确定劳务的完工进度。紫竹公司的会计处理如下：

实际发生的成本占估计总成本的比例 =140 000÷(140 000+60 000)=70%

2×19 年 12 月 31 日确认的劳务收入 =300 000×70%−0=210 000（元）

2×19 年 12 月 31 日确认的费用 =(140 000+60 000)×70%−0=140 000（元）

（1）实际发生劳务成本 140 000 元：

借：劳务成本　　　　140 000

　　贷：应付职工薪酬　　　　140 000

（2）预收劳务款 220 000 元：

借：银行存款　　　　220 000

　　贷：预收账款　　　　220 000

（3）2×19 年 12 月 31 日确认提供劳务收入并结转劳务成本：

借：预收账款　　210 000
　　贷：主营业务收入　　210 000
借：主营业务成本　　140 000
　　贷：劳务成本　　140 000

【例 10-15】紫竹公司于2×19年10月1日为客户研制一项软件，合同规定的研制开发期为5个月，合同总收入为400 000元，至2×19年12月31日已发生成本180 000元，预收账款250 000元。预计开发完成该项软件的总成本为250 000元。2×19年12月31日，经专业测量师测量，软件的完工进度为70%。假定合同总收入很可能收回，研制开发软件属于紫竹公司的主营业务。紫竹公司应做如下会计处理：

（1）发生成本时：
借：劳务成本　　180 000
　　贷：银行存款 / 应付职工薪酬　　180 000

（2）预收款项时：
借：银行存款　　250 000
　　贷：预收账款　　250 000

（3）2×19年12月31日确认该项劳务的本期收入和费用：

若按专业测量师测量结果确定该劳务的完工进度，则2×19年应确认的收入为：

400 000×70%－0= 280 000（元）

2×19年应确认的费用为：

250 000×70%－0=175 000（元）

借：预收账款　　280 000
　　贷：主营业务收入　　280 000
借：主营业务成本　　175 000
　　贷：劳务成本　　175 000

若按已提供的劳务占应提供劳务总量的比例确定该劳务的完工进度（假定研制开发期内劳务量均衡发生），则至2×19年12月31日，该劳务的完工进度为60%（该项软件研制开发已完成的工作时间为3个月，占完成此项劳务所需总工作时间5个月的60%）。据此，2×19年应确认的收入为：

400 000×60%－0=240 000（元）

2×19年应确认的费用为：

250 000×60%－0=150 000（元）

借：预收账款　　240 000
　　贷：主营业务收入　　240 000
借：主营业务成本　　150 000
　　贷：劳务成本　　150 000

若按已发生成本占估计总成本的比例确定该劳务的完工进度，则至2×19年12月31日，该劳务的完工进度为72%（180 000÷250 000）。据此，2×19年应确认的收入为：

400 000×72%－0=288 000（元）

2019 年应确认的费用为：

250 000×72%−0=180 000（元）

借：预收账款　　288 000

　　贷：主营业务收入　　288 000

借：主营业务成本　　180 000

　　贷：劳务成本　　180 000

【例 10-16】紫竹公司于 2×17 年 7 月 1 日与客户签订一项咨询合同。合同规定，咨询期为 2 年，咨询费为 240 000 元，客户分三次等额支付，第一次在项目开始时支付，第二次在项目中期支付，第三次在项目结束时支付。估计总成本为 160 000 元（假定均为咨询人员薪酬），其中，2×17 年发生成本 38 000 元，2018 年发生成本 80 000 元，2×19 年发生成本 42 000 元。假定成本估计十分准确，咨询费也很可能收回，该公司按照已提供的劳务占应提供劳务总量的比例（按时间比例）确定该项劳务的完工程度，该公司按年度编制财务报表。该公司应做如下会计处理：

（1）2×17 年实际发生成本时：

借：劳务成本　　38 000

　　贷：应付职工薪酬　　38 000

预收账款时：

借：银行存款　　80 000

　　贷：预收账款　　80 000

2×17 年 12 月 31 日按完工百分比法确认收入和费用：

劳务的完工进度 =6÷24=25%

应确认的收入 =240 000×25%−0=60 000（元）

应确认的费用 =160 000×25%−0=40 000（元）

借：预收账款　　60 000

　　贷：主营业务收入　　60 000

借：主营业务成本　　40 000

　　贷：劳务成本　　40 000

（2）2×18 年实际发生成本时：

借：劳务成本　　80 000

　　贷：应付职工薪酬　　80 000

预收账款时：

借：银行存款　　80 000

　　贷：预收账款　　80 000

2×18 年 12 月 31 日按完工百分比法确认收入和费用：

劳务的完工进度 =18÷24=75%

应确认的收入 =240 000×75%−60 000=120 000（元）

应确认的费用 =160 000×75%−40 000=80 000（元）

借：预收账款　　120 000

贷：主营业务收入 120 000

借：主营业务成本 80 000

贷：劳务成本 80 000

（3）2×19 年实际发生成本时：

借：劳务成本 42 000

贷：应付职工薪酬 42 000

预收账款时：

借：银行存款 80 000

贷：预收账款 80 000

2×19 年 7 月 1 日完工时确认剩余收入和费用：

借：预收账款 60 000

贷：主营业务收入 60 000

借：主营业务成本 40 000

贷：劳务成本 40 000

10.1.7 让渡资产使用权的使用费收入的核算

如前所述，让渡资产使用权收入包括利息收入和使用费收入。使用费收入主要指让渡无形资产等资产使用权的使用费收入，出租固定资产取得的租金，进行债权投资收取的利息，进行股权投资取得的现金股利等，也构成让渡资产使用权收入。这里主要介绍让渡无形资产等资产使用权的使用费收入的核算。

（1）让渡资产使用权的使用费收入的确认和计量原则

让渡资产使用权的使用费收入同时满足下列条件的，才能予以确认，如图 10-12 所示。

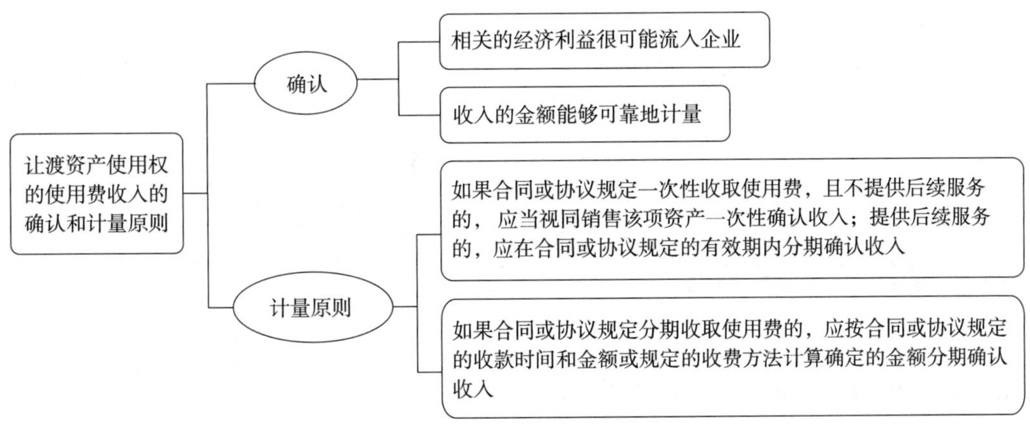

图 10-12 让渡资产使用权的使用费收入的确认和计量原则

（2）让渡资产使用权的使用费收入的会计处理

企业让渡资产使用权的使用费收入，一般作为其他业务收入处理；让渡资产所计提的摊销额等，一般作为其他业务成本处理。

【例 10-17】紫竹公司向乙公司转让某软件的使用权，一次性收取使用费 60 000 元，不提供后续服务，款项已经收回。紫竹公司确认使用费收入的会计分录如下：

借：银行存款　　60 000

　　贷：其他业务收入　　60 000

【例 10-18】紫竹公司于 2×19 年 1 月 1 日向丙公司转让某专利权的使用权，协议约定转让期为 5 年，每年年末收取使用费 200 000 元。2×19 年该专利权计提的摊销额为 120 000 元，每月计提金额为 10 000 元。假定不考虑其他因素，紫竹公司会计处理如下：

（1）2×19 年年末确认使用费收入：

借：应收账款（或银行存款）　　200 000

　　贷：其他业务收入　　200 000

（2）2×19 年每月计提专利权摊销额：

借：其他业务成本　　10 000

　　贷：累计摊销　　10 000

【例 10-19】紫竹公司向丁公司转让某商品的商标使用权，约定丁公司每年年末按年销售收入的 10% 支付使用费，使用期 10 年。第一年，丁公司实现销售收入 1 200 000 元；第二年，丁公司实现销售收入 1 800 000 元。假定紫竹公司均于每年年末收到使用费，紫竹公司确认使用费收入的会计处理如下。

（1）第一年年末确认使用费收入：

应确认的使用费收入 =1 200 000×10%=120 000（元）

借：银行存款　　120 000

　　贷：其他业务收入　　120 000

（2）第二年年末确认使用费收入：

应确认的使用费收入 =1 800 000×10%=180 000（元）

借：银行存款　　180 000

　　贷：其他业务收入　　180 000

10.2 费　　用

10.2.1 费用的概念和特征

费用是指企业在日常活动中发生的、会导致所有者权益减少的、与向所有者分配利润无关的经济利益的总流出。费用的特点如图 10-13 所示。

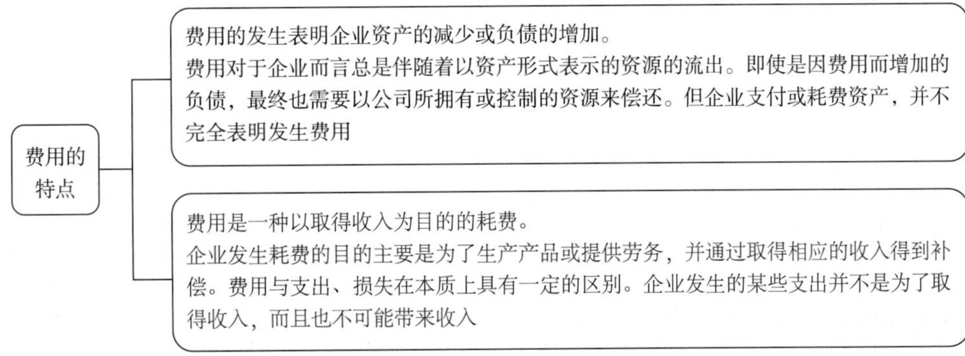

图 10-13　费用的特点

10.2.2　费用的主要内容及其核算

企业费用主要包括的内容如图 10-14 所示。

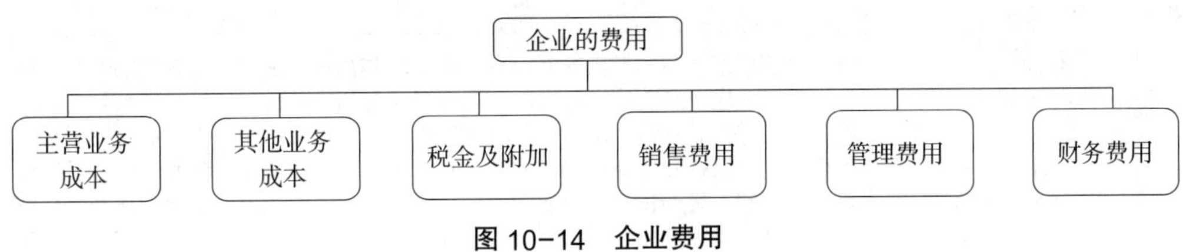

图 10-14　企业费用

其中有关主营业务成本的核算举例参见本章第一节，有关其他业务成本的核算举例参见本章第一节，有关税金及附加的核算举例参见第八章。

（1）销售费用

销售费用是指企业在销售商品和材料、提供劳务过程中发生的各项费用，其内容与核算方法如图 10-15 所示。

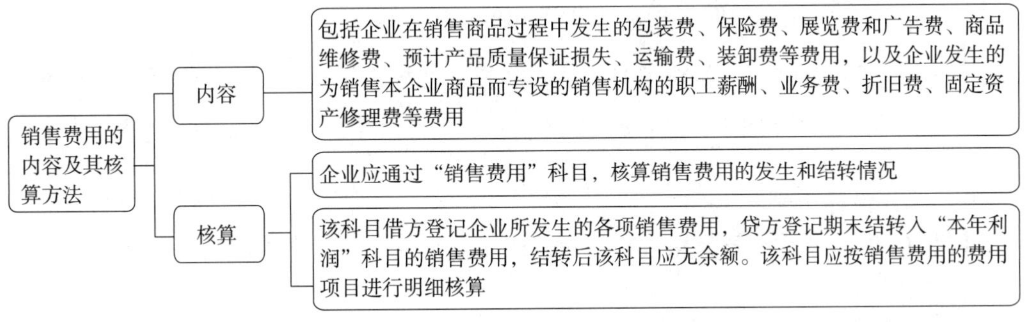

图 10-15　销售费用的内容及其核算方法

【例 10-20】紫竹公司为宣传新产品发生广告费 80 000 元，均用银行存款支付。会计分录如下：

借：销售费用　　80 000

　　贷：银行存款　　80 000

【例 10-21】紫竹公司销售部 8 月份共发生费用 220 000 元，其中销售人员薪酬 100 000 元，销售部专用办公设备折旧费 50 000 元，业务费 70 000 元（均用银行存款支付）。会计分录如下：

借：销售费用　　220 000

　　贷：应付职工薪酬　　100 000

　　　　累计折旧　　50 000

　　　　银行存款　　70 000

【例 10-22】紫竹公司销售一批产品，销售过程中发生运输费 5 000 元、装卸费 2 000 元，均用银行存款支付。会计分录如下：

借：销售费用　　7 000

　　贷：银行存款　　7 000

（2）管理费用

管理费用是指企业为组织和管理生产经营活动而发生的各种管理费用，其内容与核算方法如图 10-16 所示。

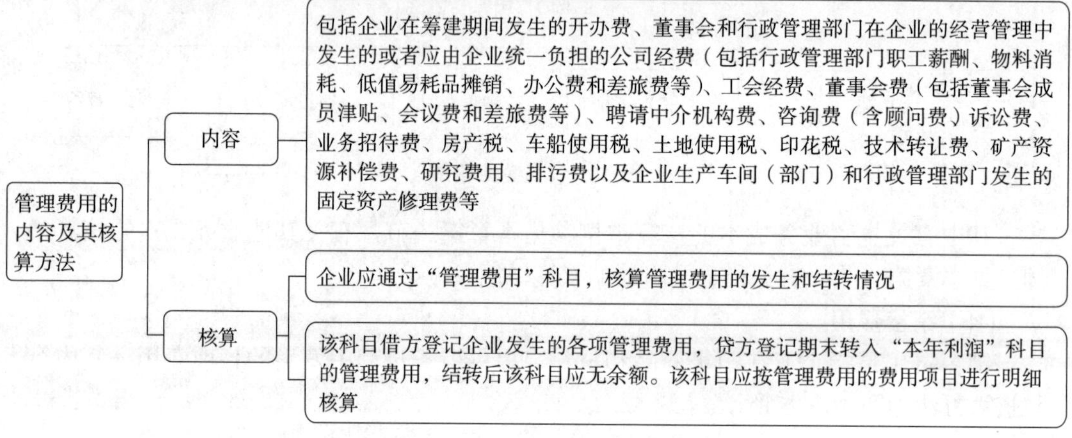

图 10-16　管理费用的内容及其核算方法

【例 10-23】紫竹公司筹建期间发生办公费、差旅费等开办费 25 000 元，均用银行存款支付。会计分录如下：

借：管理费用　　25 000

　　贷：银行存款　　25 000

【例 10-24】紫竹公司为拓展产品销售市场发生业务招待费 50 000 元，均用银行存款支付。会计分录如下：

借：管理费用　　50 000

　　贷：银行存款　　50 000

【例 10-25】紫竹公司就一项产品的设计方案向有关专家进行咨询，以现金支付咨询费 30 000 元。会计分录如下：

借：管理费用　　30 000

贷：库存现金　　30 000

【例 10-26】紫竹公司行政部 9 月份共发生费用 224 000 元，其中行政人员薪酬 150 000 元，行政部专用办公设备折旧费 45 000 元，报销行政人员差旅费 21 000 元（假定报销人均未预借差旅费），其他办公、水电费 8 000 元（均用银行存款支付）。会计分录如下：

借：管理费用　　224 000
　　贷：应付职工薪酬　　150 000
　　　　累计折旧　　45 000
　　　　库存现金　　21 000
　　　　银行存款　　8 000

【例 10-27】紫竹公司当月按规定计算确定的应交房产税为 3 000 元、应交车船使用税为 2 600 元、应交土地使用税为 4 300 元。会计分录如下：

借：管理费用　　9 900
　　贷：应交税费——应交房产税　　3 000
　　　　　　　　——应交车船使用税　　2 600
　　　　　　　　——应交土地使用税　　4 300

【例 10-28】紫竹公司当月生产车间发生设备大修理费用 45 000 元（以银行存款支付），行政管理部门发生设备日常修理费用 1 000 元（以现金支付），均不满足固定资产确认条件。会计分录如下：

借：管理费用　　46 000
　　贷：银行存款　　45 000
　　　　库存现金　　1 000

（3）财务费用

财务费用是指企业为筹集生产经营所需资金等而发生的筹资费用，其内容及核算方法如图 10-17 所示。

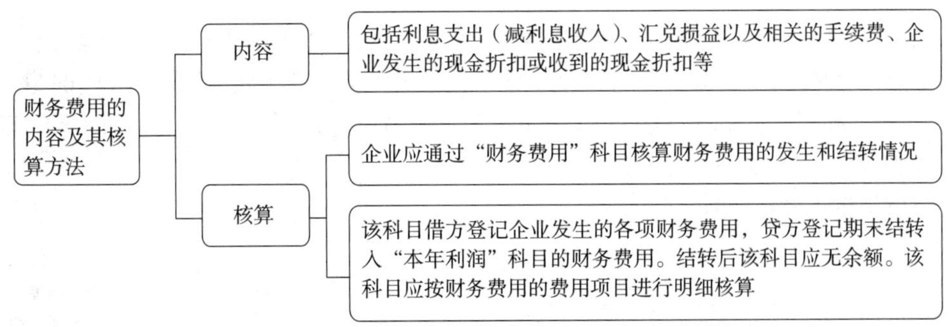

图 10-17　财务费用的内容及其核算方法

【例 10-29】紫竹公司于 2×20 年 1 月 1 日向银行借入生产经营用短期借款 360 000 元，期限 6 个月，年利率 5%，该借款本金到期后一次归还，利息分月预提，按季支付。假定所有利息均不符合利息资本化条件。有关利息支出的会计处理如下：

每月末，预提当月份应计利息：

360 000×5%÷12=1 500（元）

借：财务费用　　1 500

　　贷：应付利息　　1 500

【例 10-30】紫竹公司于 2×20 年 1 月 1 日向银行借入生产经营用短期借款 360 000 元，期限 6 个月，年利率 5%，该借款本金到期后一次归还，利息分月预提，按季支付。假定 1 月份其中 120 000 元暂时作为闲置资金存入银行，并获得利息收入 400 元。假定所有利息均不符合利息资本化条件。1 月份相关利息的会计处理如下：

1 月末，预提当月份应计利息：

360 000×5%÷12=1 500（元）

借：财务费用　　1 500

　　贷：应付利息　　1 500

同时，当月取得的利息收入 400 元应作为冲减财务费用处理。

借：银行存款　　400

　　贷：财务费用　　400

【例 10-31】紫竹公司于 2×20 年 1 月 1 日平价发行公司债券，面值 500 000 000 元，期限 2 年，年利率 6%，到期后本息一次归还。债券发行过程中，发生手续费 2 500 000 元。有关手续费的会计分录如下：

借：财务费用　　2 500 000

　　贷：银行存款　　2 500 000

10.3　政府补助

10.3.1　政府补助的概念和特征

政府补助是指企业从政府无偿取得货币性资产或非货币性资产，但不包括政府作为企业所有者投入的资本。其中，“政府”包括各级人民政府以及政府组成部门（如财政、卫生部门）、政府直属机构（如税务、环保部门）等。联合国、世界银行等国际类似组织，也视同为政府。

政府补助的特征如图 10-18 所示。

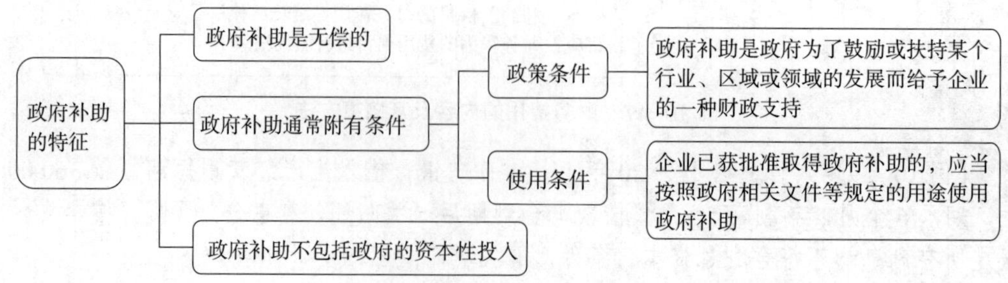

图 10-18　政府补助的特征

10.3.2　政府补助的主要形式

政府补助通常为货币性资产形式，最常见的就是通过银行转账的方式。但由于历史原因也存在无偿划拨非货币性资产的情况，随着市场经济的逐步完善，这种情况已经趋于消失。政府补助的主要形式如图 10–19 所示。

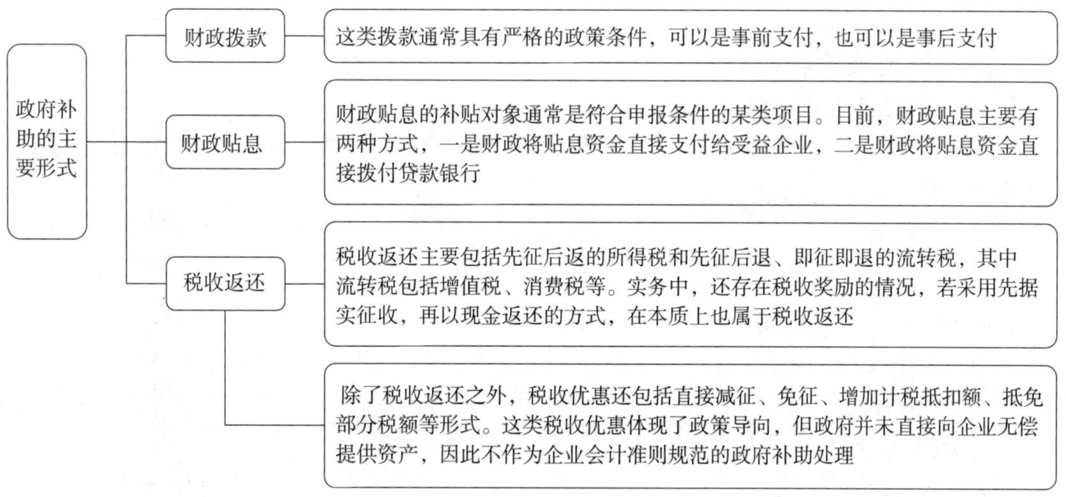

图 10–19　政府补助的主要形式

10.3.3　与资产相关的政府补助

与资产相关的政府补助，指企业取得的、用于购建或以其他方式形成长期资产的政府补助。

这类补助一般以银行转账的方式拨付，应当在实际收到款项时按照到账的实际金额确认和计量。在很少的情况下，这类补助也可能表现为政府向企业无偿划拨长期非货币性资产，应当在实际取得资产并办妥相关受让手续时按照其公允价值确认和计量，公允价值不能可靠取得的，按照名义金额（即 1 人民币元）计量。

与资产相关的政府补助的核算如图 10–20 所示。

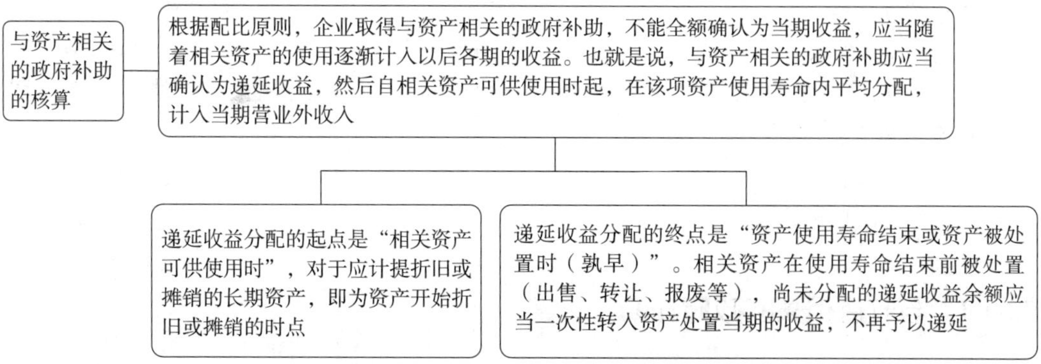

与资产相关的政府补助的核算

根据配比原则，企业取得与资产相关的政府补助，不能全额确认为当期收益，应当随着相关资产的使用逐渐计入以后各期的收益。也就是说，与资产相关的政府补助应当确认为递延收益，然后自相关资产可供使用时起，在该项资产使用寿命内平均分配，计入当期营业外收入

递延收益分配的起点是“相关资产可供使用时”，对于应计提折旧或摊销的长期资产，即为资产开始折旧或摊销的时点

递延收益分配的终点是“资产使用寿命结束或资产被处置时（孰早）”。相关资产在使用寿命结束前被处置（出售、转让、报废等），尚未分配的递延收益余额应当一次性转入资产处置当期的收益，不再予以递延

图 10–20　与资产相关的政府补助的核算

【例 10-32】2×11 年 1 月 1 日，政府拨付紫竹公司 500 万元财政拨款（同日到账），要求用于购买大型科研设备 1 台；并规定若有结余，留归企业自行支配。2×12 年 2 月 1 日，紫竹公司购入大型设备（假设不需安装），实际成本为 480 万元，使用寿命为 10 年。2×19 年 2 月 1 日，紫竹公司出售了这台设备。紫竹公司的会计处理如下：

（1）2×11 年 1 月 1 日实际收到财政拨款，确认政府补助：

借：银行存款　　5 000 000

　　贷：递延收益　　5 000 000

（2）2×12 年 2 月 1 日购入设备：

①结余的处理。结余需要上交或部分上交的，按需上交的金额冲减“递延收益”；不需上交的结余，计入当期营业外收入。

借：递延收益　　200 000

　　贷：营业外收入　　200 000

②分配递延收益。自 2×12 年 2 月起，每个资产负债表日分配递延收益。

借：递延收益　　28 571

　　贷：营业外收入　　28 571

（3）2×19 年 2 月 1 日出售设备，转销递延收益余额：

借：递延收益　　120 000

　　贷：营业外收入　　120 000

【例 10-33】2×19 年 1 月 1 日，紫竹公司为建造一项环保工程向银行贷款 500 万元，期限 2 年，年利率为 6%。当年 12 月 31 日，B 企业向当地政府提出财政贴息申请。经审核，当地政府批准按照实际贷款额 500 万元给予 B 企业年利率 3% 的财政贴息，共计 30 万元，分两次支付。2×20 年 1 月 15 日，第一笔财政贴息资金 12 万元到账。2×20 年 7 月 1 日，工程完工，第二笔财政贴息资金 18 万元到账，该工程预计使用寿命 10 年。B 企业的会计处理如下。

（1）2×20 年 1 月 15 日实际收到财政贴息，确认政府补助：

借：银行存款　　120 000

　　贷：递延收益　　120 000

（2）2×20 年 7 月 1 日实际收到财政贴息，确认政府补助：

借：银行存款　　180 000

　　贷：递延收益　　180 000

（3）2×20 年 7 月 1 日工程完工，开始分配递延收益，自 2×20 年 7 月 1 日起，每个资产负债表日：

借：递延收益　　2 500

　　贷：营业外收入　　2 500

10.3.4　与收益相关的政府补助

与收益相关的政府补助，指除与资产相关的政府补助之外的。这类补助通常以银行转账的方式拨付，应当在实际收到款项时按照到账的实际金额确认和计量。比如，按照有关规定对企业先征后返的增值税，企业应当在实际收到返还的增值税税款时将其确认为收益，而不应当在确认应付增值税时确认应收税收返还款。只有存在确凿证据表明该项补助是按照固定的定额标准拨付的，才可以在这项补助成为应收款时予以确认并按照应收的金额计量。例如，按储备量和补助定额计算和拨付给企业的储备粮存储费用补贴，可以按照实际储备量和补贴定额计算应收政府补助款。与收益相关的政府补助的核算如图 10-21 所示。

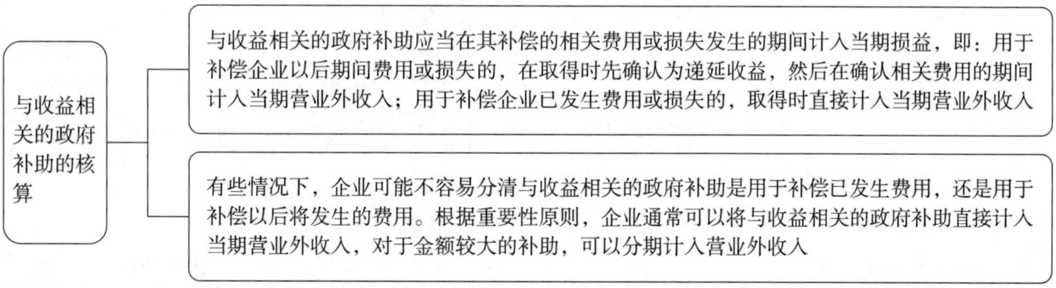

与收益相关的政府补助的核算

- 与收益相关的政府补助应当在其补偿的相关费用或损失发生的期间计入当期损益，即：用于补偿企业以后期间费用或损失的，在取得时先确认为递延收益，然后在确认相关费用的期间计入当期营业外收入；用于补偿企业已发生费用或损失的，取得时直接计入当期营业外收入
- 有些情况下，企业可能不容易分清与收益相关的政府补助是用于补偿已发生费用，还是用于补偿以后将发生的费用。根据重要性原则，企业通常可以将与收益相关的政府补助直接计入当期营业外收入，对于金额较大的补助，可以分期计入营业外收入

图 10-21　与收益相关的政府补助的核算

【例 10-34】紫竹公司生产一种先进的模具产品，按照国家相关规定，该公司的这种产品适用增值税先征后返政策，即先按规定征收增值税，然后按实际缴纳增值税税额返还 70%。2×20 年 1 月，紫竹公司实际缴纳增值税税额 120 万元。2×20 年 2 月，紫竹公司实际收到返还的增值税税额 84 万元。紫竹公司实际收到返还的增值税税额的会计分录如下：

借：银行存款	840 000	
贷：营业外收入		840 000

【例 10-35】紫竹公司为一家储备粮企业，2×20 年实际粮食储备量 1 亿斤。根据国家有关规定，财政部门按照公司的实际储备量给予每斤 0. 039 元的粮食保管费补贴，于每个季度初支付。紫竹公司的会计处理如下。

（1）2×20 年 1 月，紫竹公司收到财政拨付的补贴款时：

借：银行存款	3 900 000	
贷：递延收益		3 900 000

（2）2×20 年 1 月，将补偿 1 月份保管费的补贴计入当期收益：

借：递延收益	1 300 000	
贷：营业外收入		1 300 000

（2×20 年 2 月和 3 月的会计分录同上）

【例 10-36】按照相关规定，粮食储备企业需要根据有关主管部门每季度下达的轮换计划出售陈粮，同时购入新粮。为弥补粮食储备企业发生的轮换费用，财政部门按照轮换计划中规定的轮换量支付给企业 0.02 元/斤的轮换费补贴。假设按照轮换计划，紫竹公司需要在 2×20 年第一季度轮换储备粮 1.2 亿斤，款项尚未收到。紫竹公司的会计处理如下。

（1）2×20 年 1 月按照轮换量 1.2 亿斤和国家规定的补贴定额 0.02 元/斤，计算和确认其他应收款 240 万元。

借：其他应收款　　2 400 000

　　贷：递延收益　　2 400 000

（2）2×20 年 1 月，将补偿 1 月份保管费的补贴计入当期收益：

借：递延收益　　800 000

　　贷：营业外收入　　800 000

（2×20 年 2 月和 3 月的会计分录同上）

【例 10-37】2×20 年 3 月，紫竹公司为购买储备粮从国家农业发展银行贷款 2 000 万元，同期银行贷款利率为 6%。自 2×20 年 4 月开始，财政部门于每季度初，按照紫竹公司的实际贷款额和贷款利率拨付紫竹公司贷款利息，紫竹公司收到财政部门拨付的利息后再支付给银行。紫竹公司的会计处理如下。

（1）2×20 年 4 月，实际收到财政贴息 30 万元时：

借：银行存款　　300 000

　　贷：递延收益　　300 000

（2）将补偿 2×20 年 4 月份利息费用的补贴计入当期收益：

借：递延收益　　100 000

　　贷：营业外收入　　100 000

（2×20 年 5 月和 6 月的会计分录同上）

10.3.5　与资产和收益均相关的政府补助

政府补助的对象常常是综合性项目，可能既包括设备等长期资产的购置，也包括人工费、购买服务费、管理费等费用化支出的补偿，这种政府补助与资产和收益均相关。

企业取得这类政府补助时，需要将其分解为与资产相关的部分和与收益相关的部分，分别进行会计处理。在实务中，政府常常只补贴整个项目开支的一部分，企业可能确实难以区分某项政府补助中哪些与资产相关、哪些与收益相关，或者对其进行划分不符合重要性原则或成本效益原则。这种情况下，企业可以将整项政府补助归类为与收益相关的政府补助，视情况不同计入当期损益，或者在项目期内分期确认为当期收益。

【例 10-38】紫竹公司 2×16 年 12 月申请某国家级研发补贴。申报书中的有关内容如下：本公司于 2×17 年 1 月启动数字印刷技术开发项目，预计总投资 360 万元、为期 3 年，已投入资金 120 万元。项目还需新增投资 240 万（其中，购置固定资产 80 万元、切地租赁费 40 万元、人员费 100 万元、市场营销 20 万元），计划自筹资金 120 万元、申请财政拨款 120 万元。

2×17 年 1 月 1 日，主管部门批准了紫竹公司的申报，签订的补贴协议规定：批准紫竹公司补贴申请，共补贴款项 120 万元，分两次拨付。合同签订日拨付 60 万元，结项验收时支付 60 万元（如果不能通过验收，则不支付第二笔款项）。紫竹公司的会计处理如下：

（1）2×17 年 1 月 1 日，实际收到拨款 60 万元：

借：银行存款　　600 000

　　贷：递延收益　　600 000

（2）自 2×17 年 1 月 1 日至 2×20 年 1 月 1 日，每个资产负债表日，分配递延收益（假设按年分配）：

借：递延收益　　300 000

　　贷：营业外收入　　300 000

（3）2×20 年项目完工，假设通过验收，于 5 月 1 日实际收到拨付 60 万元：

借：银行存款　　600 000

　　贷：营业外收入　　600 000

【例 10-39】按照有关规定，2×19 年 9 月紫竹公司为其自主创新的某高新技术项目申报政府财政贴息，申报材料中表明该项目已于 2×20 年 3 月启动，预计共需投入资金 2 000 万元，项目期 2.5 年，已投入资金 600 万元。项目尚需新增投资 1 400 万元，其中计划贷款 800 万元，已与银行签订贷款协议，协议规定贷款年利率 6%，贷款期 2 年。

经审核，2×19 年 11 月政府批准拨付紫竹公司贴息资金 70 万元，分别在 2×20 年 10 月和 2×21 年 10 月支付 30 万元和 40 万元。紫竹公司的会计处理如下：

（1）2×20 年 10 月实际收到贴息资金 30 万元：

借：银行存款　　300 000

　　贷：递延收益　　300 000

（2）2×20 年 10 月起，在项目期内分配递延收益（假设按月分配）：

借：递延收益　　25 000

　　贷：营业外收入　　25 000

（3）2×21 年 10 月实际收到贴息资金 40 万元：

借：银行存款　　400 000

　　贷：营业外收入　　400 000

10.4　利　　润

10.4.1　利润的构成

利润是指企业在一定会计期间的经营成果。利润包括收入减去费用后的净额、直接计入当期利润的利得和损失等。

直接计入当期利润的利得和损失，指应当计入当期损益、会导致所有者权益发生增减变动的、与所有者投入资本或者向所有者分配利润无关的利得或者损失。

利润的构成及计算公式如图 10-22 所示。

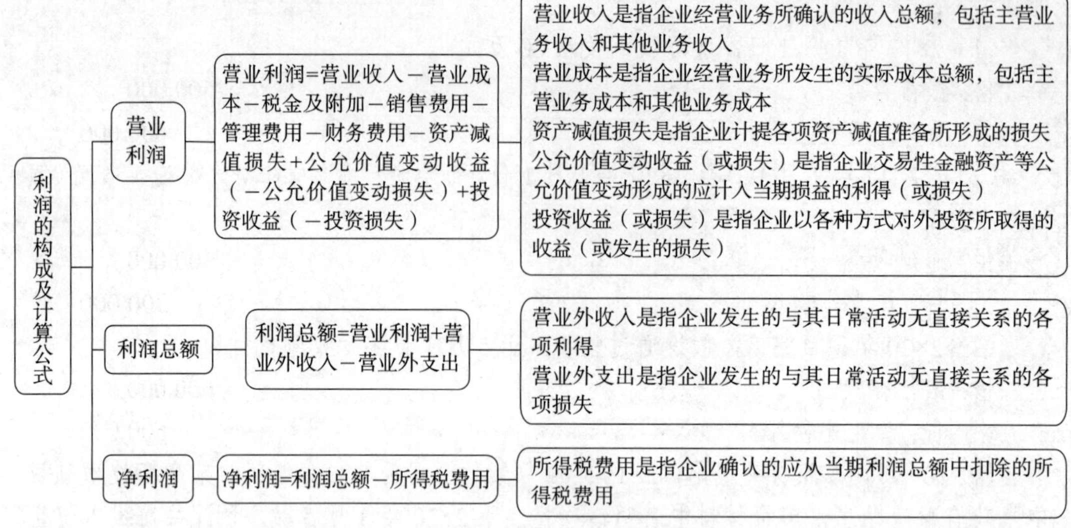

图 10-22　利润的构成及计算公式

10.4.2　营业外收入和营业外支出的核算

（1）营业外收入

①营业外收入核算的内容。

营业外收入是指企业发生的与其日常活动无直接关系的各项利得。营业外收入并不是企业经营资金耗费所产生的，不需要企业付出代价，实际上是经济利益的净流入，不可能也不需要与有关的费用进行配比。营业外收入的核算内容如图 10-23 所示。

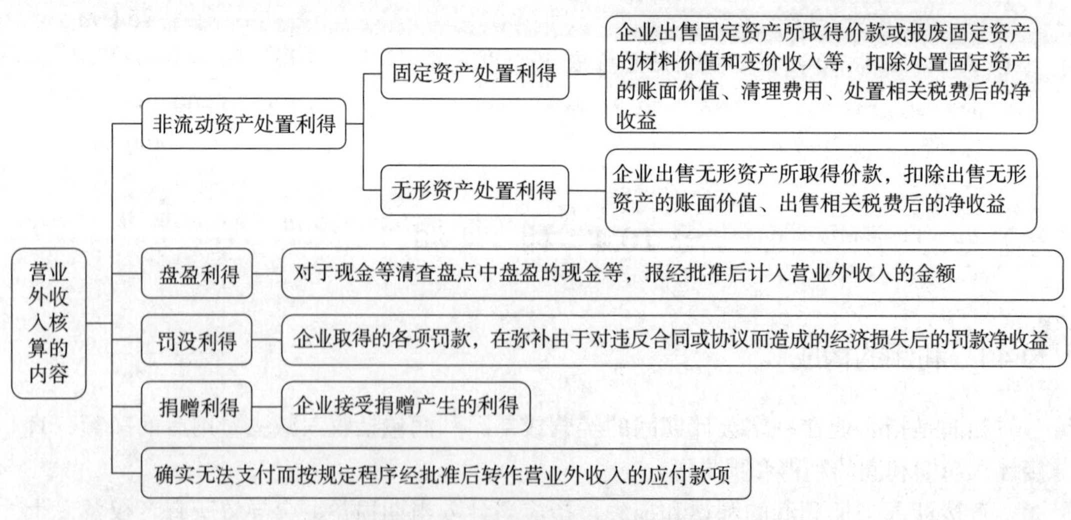

图 10-23　营业外收入核算的内容

②营业外收入的会计处理。

营业外收入的会计处理如图 10-24 所示。

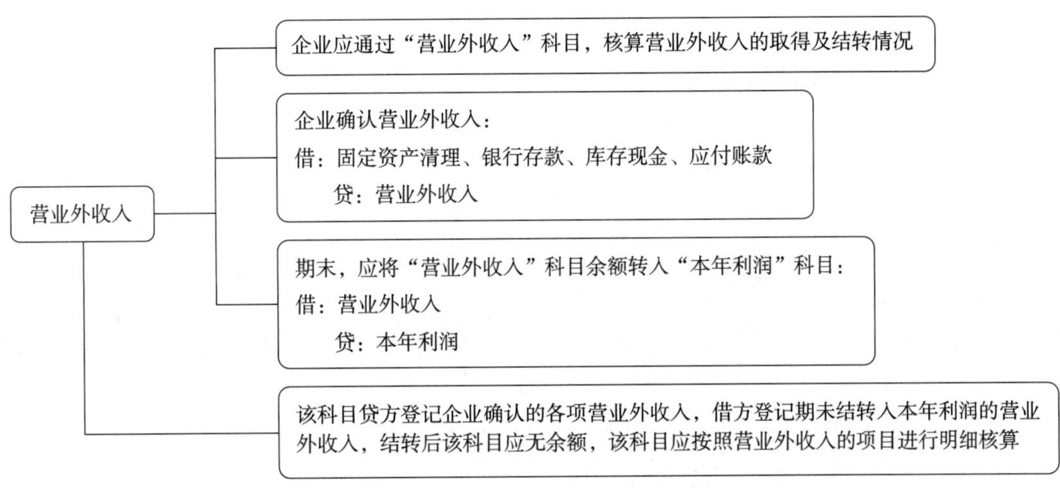

图 10-24 营业外收入的会计处理

【例 10-40】紫竹公司将固定资产报废清理的净收益 8 000 元转作营业外收入，会计分录如下：

借：固定资产清理　　8 000

　贷：营业外收入　　8 000

【例 10-41】紫竹公司本期营业外收入总额为 180 000 元，期末结转本年利润，会计分录如下：

借：营业外收入　　180 000

　贷：本年利润　　180 000

（2）营业外支出

① 营业外支出核算的内容。

营业外支出是指企业发生的与其日常活动无直接关系的各项损失，其核算的内容如图 10-25 所示。

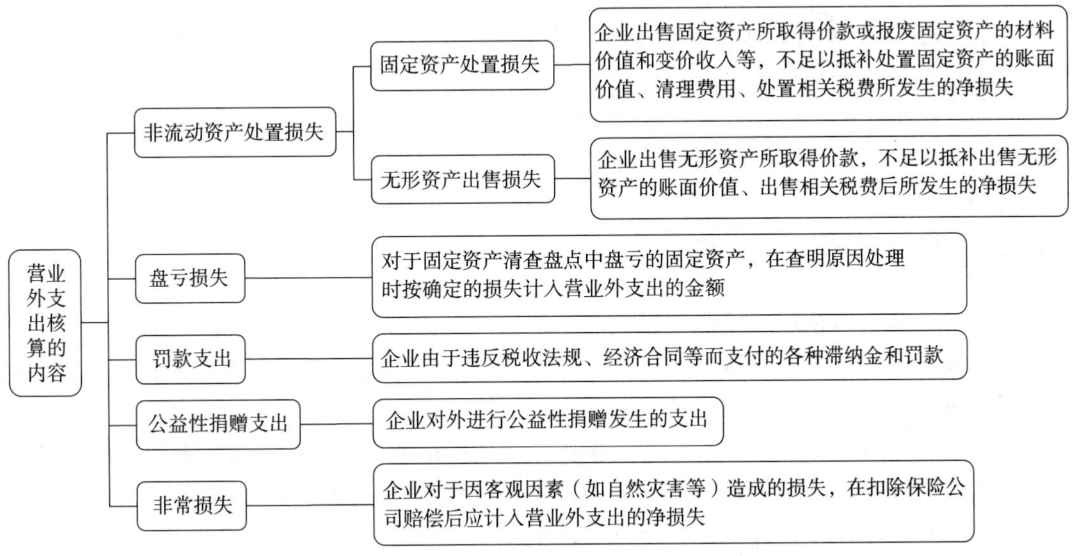

图 10-25 营业外支出核算的内容

② 营业外支出的会计处理。

营业外支出的会计处理如图 10-26 所示。

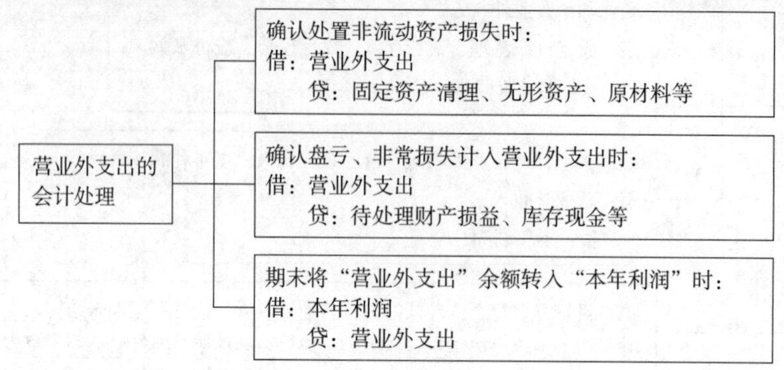

图 10-26 营业外支出的会计处理

【例 10-42】紫竹公司将已经发生的原材料意外灾害损失 270 000 元转作营业外支出，会计分录如下：

借：营业外支出　　270 000

　　贷：待处理财产损溢　　270 000

【例 10-43】紫竹公司用银行存款支付税款滞纳金 30 000 元，会计分录如下：

借：营业外支出　　30 000

　　贷：银行存款　　30 000

【例 10-44】紫竹公司将拥有的一项非专利技术出售，取得价款 900 000 元。该非专利技术的账面余额为 1000 000 元，累计摊销额为 100 000 元，未计提减值准备，会计分录如下：

借：银行存款　　900 000

　　累计摊销　　100 000

　　贷：无形资产　　1 000 000

【例 10-45】紫竹公司本期营业外支出总额为 840 000 元，期末结转本年利润。会计分录如下：

借：本年利润　　840 000

　　贷：营业外支出　　840 000

10.4.3 所得税费用的核算

所得税是根据企业应纳税所得额的一定比例上缴的一种税金。企业在计算确定当期所得税以及递延所得税费用（或收益）的基础上，应将两者之和确认为利润表中的所得税费用（或收益）。公式如下：

所得税费用（或收益）= 当期所得税 + 递延所得税费用（− 递延所得税收益）

递延所得税费用 = 递延所得税负债增加额 + 递延所得税资产减少额

递延所得税收益 = 递延所得税负债减少额 + 递延所得税资产增加额

（1）当期所得税的计算

应纳税所得额是在企业税前会计利润（即利润总额）的基础上调整确定的。计算公式为：

应纳税所得额 = 税前会计利润 + 纳税调整增加额 − 纳税调整减少额

纳税调整增加额主要包括税法规定允许扣除项目中，企业已计入当期费用中超过税法规定扣除标准的金额（如超过税法规定标准的工资支出、业务招待费支出），以及企业已计入当期损失但税法规定不允许扣除项目的金额（如税收滞纳金、罚款、罚金）。

纳税调整减少额主要包括按税法规定允许弥补的亏损和准予免税的项目，如前五年内的未弥补亏损和国债利息收入等。

企业当期所得税的计算公式为：

应交所得税 = 应纳税所得额 × 所得税税率

【例 10−46】紫竹公司 2×19 年度按企业会计准则计算的税前会计利润为 1 977 000 元，所得税税率为 25%。当年按税法核定的全年计税工资为 2 000 000 元，该公司全年实发工资为 2 200 000 元；经查，紫竹公司当年营业外支出中有 100 000 元为税款滞纳罚金。假定紫竹公司全年无其他纳税调整因素。

本例中，紫竹公司有两项纳税调整因素，一是已计入当期费用但超过税法规定标准的工资支出；二是已计入当期营业外支出但按税法规定不允许扣除的税款滞纳金，这两个因素均应调整增加应纳税所得额。紫竹公司当期所得税的计算如下：

纳税调整数 =2 200 000−2 000 000+100 000= 300 000（元）

应纳税所得额 =1 977 000+300 000=2 277 000（元）

当期应交所得税额 =2 277 000×25%=569 250（元）

【例 10−47】紫竹公司 2×19 年度按企业会计准则计算的税前会计利润为 10 000 000 元，所得税税率为 25%。当年按税法核定的全年计税工资为 2 000 000 元，该公司全年实发工资为 1 800 000 元。假定紫竹公司全年无其他纳税调整因素。

企业实际支付的工资总额超过计税工资时，超出的部分不得作为纳税扣除项目，应调整增加应纳税所得额。但企业实际支付的工资总额低于计税工资时，应按实际支付的工资总额作为纳税扣除项目，即企业实际支付的工资总额低于计税工资的部分不调整应纳税所得额。本例中，紫竹公司实际支付的工资总额低于计税工资，不属于纳税调整因素，紫竹公司又无其他纳税调整因素，因此紫竹公司 2×19 年度计算的税前会计利润即为应纳税所得额。紫竹公司当期所得税的计算如下：

当期应交所得税额 =10 000 000×25%=2 500 000（元）

【例 10−48】紫竹公司 2×19 年全年利润总额（即税前会计利润）为 10 200 000 元，其中包括本年收到的国库券利息收入 200 000 元，所得税税率为 25%。假定紫竹公司本年无其他纳税调整因素。

按照税法的有关规定，企业购买国库券的利息收入免交所得税，即在计算纳税所得时可将其扣除。紫竹公司当期所得税的计算如下：

应纳税所得额 =10 200 000−200 000=10 000 000（元）

当期应交所得税额 =10 000 000×25%=2 500 000（元）

（2）所得税费用的会计处理

企业应根据会计准则的规定，对当期所得税加以调整计算后，据以确认应从当期利润总额中扣除的所得税费用。

【例 10-49】承【例 10-47】，紫竹公司递延所得税负债年初数为 40 000 元，年末数为 55 000 元，递延所得税资产年初数为 250 000 元，年末数为 200 000 元。紫竹公司的会计处理如下。

紫竹公司所得税费用的计算如下：

递延所得税费用 =（55 000-40 000）+（250 000-200 000）= 65 000（元）

所得税费用 = 当期所得税 + 递延所得税费用 =2 500 000+65 000=2 565 000（元）

甲公司会计分录如下：

借：所得税费用　　2 565 000

　贷：应交所得税　　2 500 000

　　递延所得税负债　　65 000

10.4.4 本年利润的会计处理

会计期末结转本年利润的方法有表结法和账结法两种。

年度终了，应将本年收入和支出相抵后结出的本年实现的净利润，由“本年利润”科目转入“利润分配”科目。

【例 10-50】紫竹公司 2×19 年有关损益类科目的年末余额如下（该公司采用表结法年末一次转损益类科目，所得税税率为 25%）。

科目名称：结账前余额

主营业务收入　6 000 000 元（贷）

其他业务收入　700 000 元（贷）

公允价值变动损益　150 000 元（贷）

投资收益　600 000 元（贷）

营业外收入　50 000 元（贷）

主营业务成本　4 000 000 元（借）

其他业务成本　400 000 元（借）

税金及附加　80 000 元（借）

销售费用　500 000 元（借）

管理费用　770 000 元（借）

财务费用　200 000 元（借）

资产减值损失　100 000 元（借）

营业外支出　250 000 元（借）

紫竹公司 2×19 年末结转本年利润的会计分录如下：

（1）将各损益类科目年末余额结转 A“本年利润”科目：

①结转各项收入、利得类科目：

借：主营业务收入　　6 000 000
　　其他业务收入　　700 000
　　公允价值变动损益　　150 000
　　投资收益　　600 000
　　营业外收入　　50 000
　　贷：本年利润　　7 500 000

②结转各项费用、损失类科目：

借：本年利润　　6 300 000
　　贷：主营业务成本　　4 000 000
　　　　其他业务成本　　400 000
　　　　税金及附加　　80 000
　　　　销售费用　　500 000
　　　　管理费用　　770 000
　　　　财务费用　　200 000
　　　　资产减值损失　　100 000
　　　　营业外支出　　250 000

（2）经过上述结转后，“本年利润”科目的贷方发生额合计 7 500 000 元减去借方发生额合计 6 300 000 元即为税前会计利润 1 200 000 元。假设将该税前会计利润进行纳税调整后，应纳税所得额为 1 000 000 元，则应交所得税额 =1 000 000×25%=250 000（元）。假定将该应交所得税按照会计准则进行调整后计算确认的所得税费用为 280 000 元。

①确认所得税费用，会计分录略。

②将所得税费用结转入“本年利润”科目：

借：本年利润　　280 000
　　贷：所得税费用　　280 000

（3）将“本年利润”科目年末余额 920 000（7 500 000−6 300 000−280 000）元转入“利润分配——未分配利润”科目：

借：本年利润　　920 000
　　贷：利润分配——未分配利润　　920 000

本章实操要点

（1）销售商品收入的确认条件是收入核算的一个关键点，必须掌握五条原则。

（2）商业折扣是指企业为促进商品销售而在商品标价上给予的价格扣除。商业折扣在销售时即已发生，并不构成最终成交价格的一部分。

（3）现金折扣是指债权人为鼓励债务人在规定的期限内付款而向债务人提供的债务扣除，应在实际发生时计入当期财务费用。

（4）完工百分比法下，本期应确认的劳务收入及费用的计算公式如下：

本期确认的收入 = 劳务总收入 × 本期末止劳务的完工进度 - 以前期间确认的收入

本期确认的费用 = 劳务总成本 × 本期末止的完工进度 - 以前期间已确认的费用

（5）与资产相关的政府补助应当确认为递延收益；与收益相关的政府补助应当在其补偿的相关费用或损失发生的期间计入当期损益；与资产和收益均相关的政府补助需要将其分解为与资产相关的部分和与收益相关的部分，分别进行会计处理。

第十一章

财务报表

——全面把握企业状况的“成绩单”

内容概览

财务报表是企业财务状况、经营成果和现金流量的结构性表述。企业编制财务报表的目的是向财务报表使用者提供与企业财务状况、经营成果和现金流量等有关的会计信息，反映企业管理层受托责任履行情况，有助于财务报表使用者做出经济决策。

在本章的学习中，我们将解决读者的以下问题：

（1）财务报表是什么？由哪些部分组成？

（2）资产负债表有什么内容？结构如何？按什么方法编制？

（3）利润表的内容有哪些？结构如何？编制方法是什么？

（4）现金流量表有哪些内容？结构如何？怎样编制？

11.1　财务报表是什么

11.1.1　财务报表及其目标

财务报表是企业财务状况、经营成果和现金流量的结构性表述。

企业编制财务报表的目的，是向财务报表使用者提供与企业财务状况、经营成果和现金流量等有关的会计信息，反映企业管理层受托责任的履行情况，有助于财务报表使用者做出经济决策。财务报表使用者通常包括投资者、债权人、政府及其有关部门和社会公众等。

11.1.2 财务报表的组成和分类

（1）财务报表的组成

一套完整的财务报表包括的基本内容如图 11-1 所示。

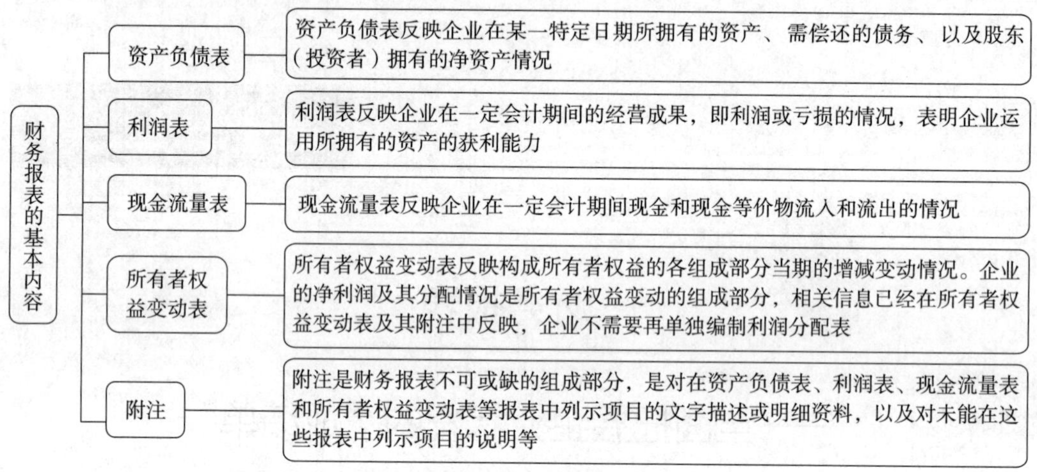

图 11-1　财务报表的基本内容

（2）财务报表的分类

财务报表可以按照不同的标准进行分类，如图 11-2 所示。

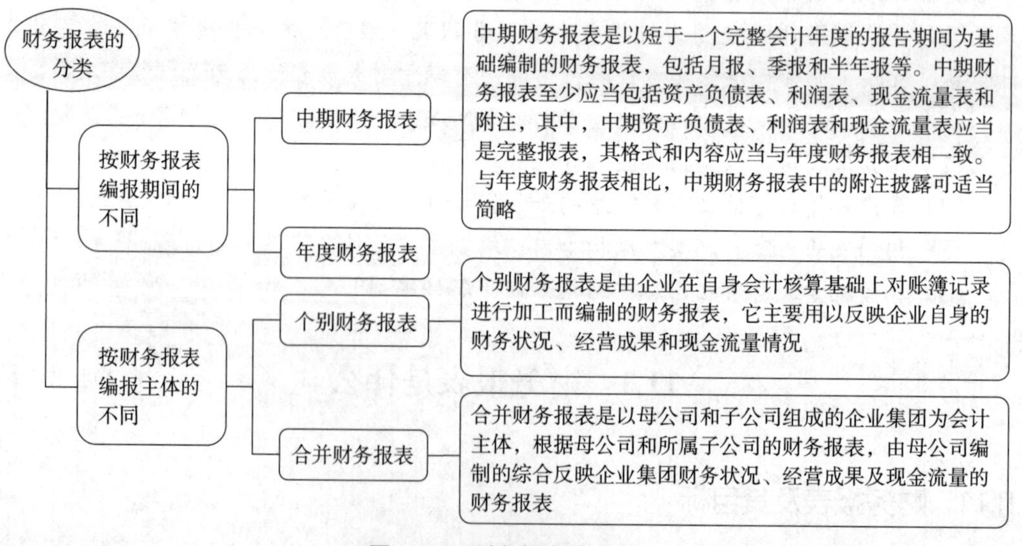

图 11-2　财务报表的分类

11.2　资产负债表

11.2.1　资产负债表概述

资产负债表是指反映企业在某一特定日期的财务状况的报表。资产负债表主要反映资产、负债和所有者权益三方面的内容，并满足“资产 = 负债 + 所有者权益”平衡式。

（1）资产

资产，反映由过去的交易、事项形成并由企业在某一特定日期所拥有或控制的、预期会给企业带来经济利益的资源。资产负债表中资产的内容如图 11-3 所示：

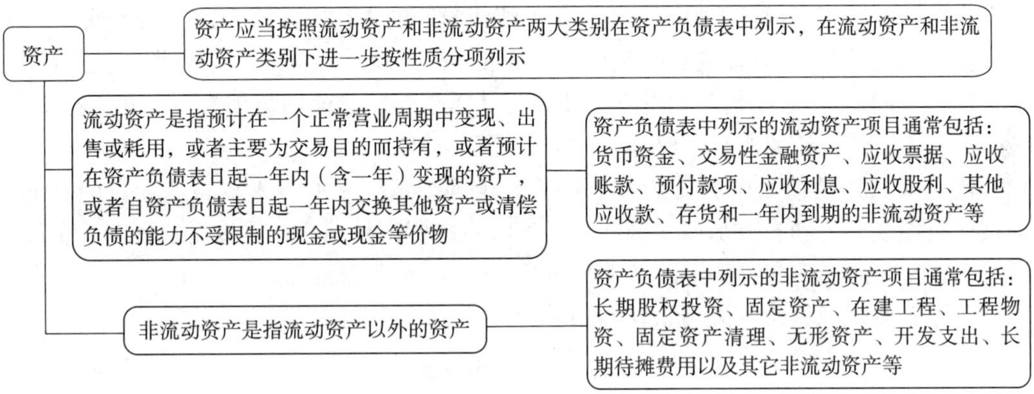

资产
- 资产应当按照流动资产和非流动资产两大类别在资产负债表中列示，在流动资产和非流动资产类别下进一步按性质分项列示
- 流动资产是指预计在一个正常营业周期中变现、出售或耗用，或者主要为交易目的而持有，或者预计在资产负债表日起一年内（含一年）变现的资产，或者自资产负债表日起一年内交换其他资产或清偿负债的能力不受限制的现金或现金等价物
  - 资产负债表中列示的流动资产项目通常包括：货币资金、交易性金融资产、应收票据、应收账款、预付款项、应收利息、应收股利、其他应收款、存货和一年内到期的非流动资产等
- 非流动资产是指流动资产以外的资产
  - 资产负债表中列示的非流动资产项目通常包括：长期股权投资、固定资产、在建工程、工程物资、固定资产清理、无形资产、开发支出、长期待摊费用以及其它非流动资产等

图 11-3　资产负债表中资产的内容

（2）负债

负债，反映在某一特定日期企业所承担的、预期会导致经济利益流出企业的现时义务。资产负债表中负债的内容如图 11-4 所示：

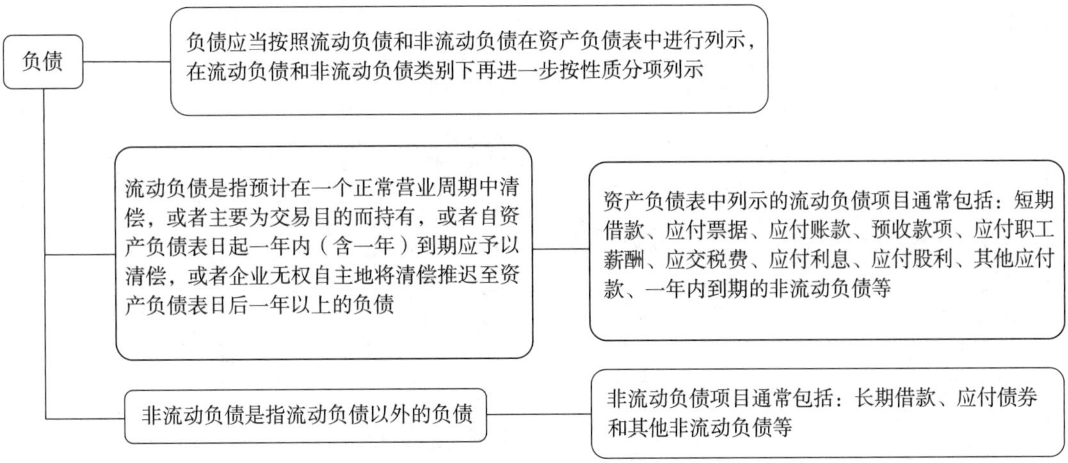

负债
- 负债应当按照流动负债和非流动负债在资产负债表中进行列示，在流动负债和非流动负债类别下再进一步按性质分项列示
- 流动负债是指预计在一个正常营业周期中清偿，或者主要为交易目的而持有，或者自资产负债表日起一年内（含一年）到期应予以清偿，或者企业无权自主地将清偿推迟至资产负债表日后一年以上的负债
  - 资产负债表中列示的流动负债项目通常包括：短期借款、应付票据、应付账款、预收款项、应付职工薪酬、应交税费、应付利息、应付股利、其他应付款、一年内到期的非流动负债等
- 非流动负债是指流动负债以外的负债
  - 非流动负债项目通常包括：长期借款、应付债券和其他非流动负债等

图 11-4　资产负债表中负债的内容

（3）所有者权益

所有者权益，是企业资产扣除负债后的剩余权益，反映企业在某一特定日期股东（投资者）拥有的净资产的总额，它一般按照实收资本、资本公积、盈余公积和未分配利润分项列示。

11.2.2 资产负债表的结构

我国企业的资产负债表采用账户式结构。账户式资产负债表分左右两方，左方为资产项目，大体按资产的流动性大小排列，流动性大的资产如“货币资金”“交易性金融资产”等排在前面，流动性小的资产如“长期股权投资”“固定资产”等排在后面。右方为负债及所有者权益项目，一般按要求清偿时间的先后顺序排列，“短期借款”“应付票据”“应付账款”等需要在一年以内或者长于一年的一个正常营业周期内偿还的流动负债排在前面，“长期借款”等在一年以上才需偿还的非流动负债排在中间，在企业清算之前不需要偿还的所有者权益项目排在后面。

账户式资产负债表中的资产各项目的合计等于负债和所有者权益各项目的合计，即资产负债表左方和右方平衡。因此，通过账户式资产负债表，可以反映资产、负债、所有者权益之间的内在关系，即“资产 = 负债 + 所有者权益”。

我国企业资产负债表格式如表 11-1 所示：

表 11-1　资产负债表　　会企 01 表

编制单位：　　年 月 日　　单位：元

资　　产	期末余额	上年年末余额	负债和所有者权益（或股东权益）	期末余额	上年年末余额
流动资产			流动负债		
货币资金			短期借款		
交易性金融资产			交易性金融负债		
衍生金融资产			衍生金融负债		
应收票据			应付票据		
应收账款			应付账款		
应收款项融资			预收款项		
预付款项			合同负债		
其他应收款			应付职工薪酬		
存货			应交税费		
合同资产			其他应付款		
持有待售资产			持有待售负债		
一年内到期的非流动资产			一年内到期的非流动负债		
其他流动资产			其他流动负债		
流动资产合计			流动负债合计		
非流动资产			非流动负债		
债权投资			长期借款		

续表

资　　产	期末余额	上年年末余额	负债和所有者权益（或股东权益）	期末余额	上年年末余额
其他债权投资			应付债券		
长期应收款			其中：优先股		
长期股权投资			永续债		
其他权益工具投资			租赁负债		
其他非流动金融资产			长期应付款		
投资性房地产			预计负债		
固定资产			递延收益		
在建工程			递延所得税负债		
生产性生物资产			其他非流动负债		
油气资产			非流动负债合计		
使用权资产			负债合计		
无形资产			所有者权益（或股东权益）		
开发支出			实收资本（或股本）		
商誉			其他权益工具		
长期待摊费用			其中：优先股		
递延所得税资产			永续债		
其他非流动资产			资本公积		
非流动资产合计			减：库存股		
			其他综合收益		
			专项储备		
			盈余公积		
			未分配利润		
			所有者权益（或股东权益）合计		
资产总计			负债和所有者权益（或股东权益）总计		

11.2.3 资产负债表的编制

资产负债表各项目均需填列“年初余额”和“期末余额”两栏，其中“年初余额”栏内各项数字，应根据上年末资产负债表的“期末余额”栏内所列数字填列。“期末余额”栏主要有以下几种填列方法，如图 11-5 所示：

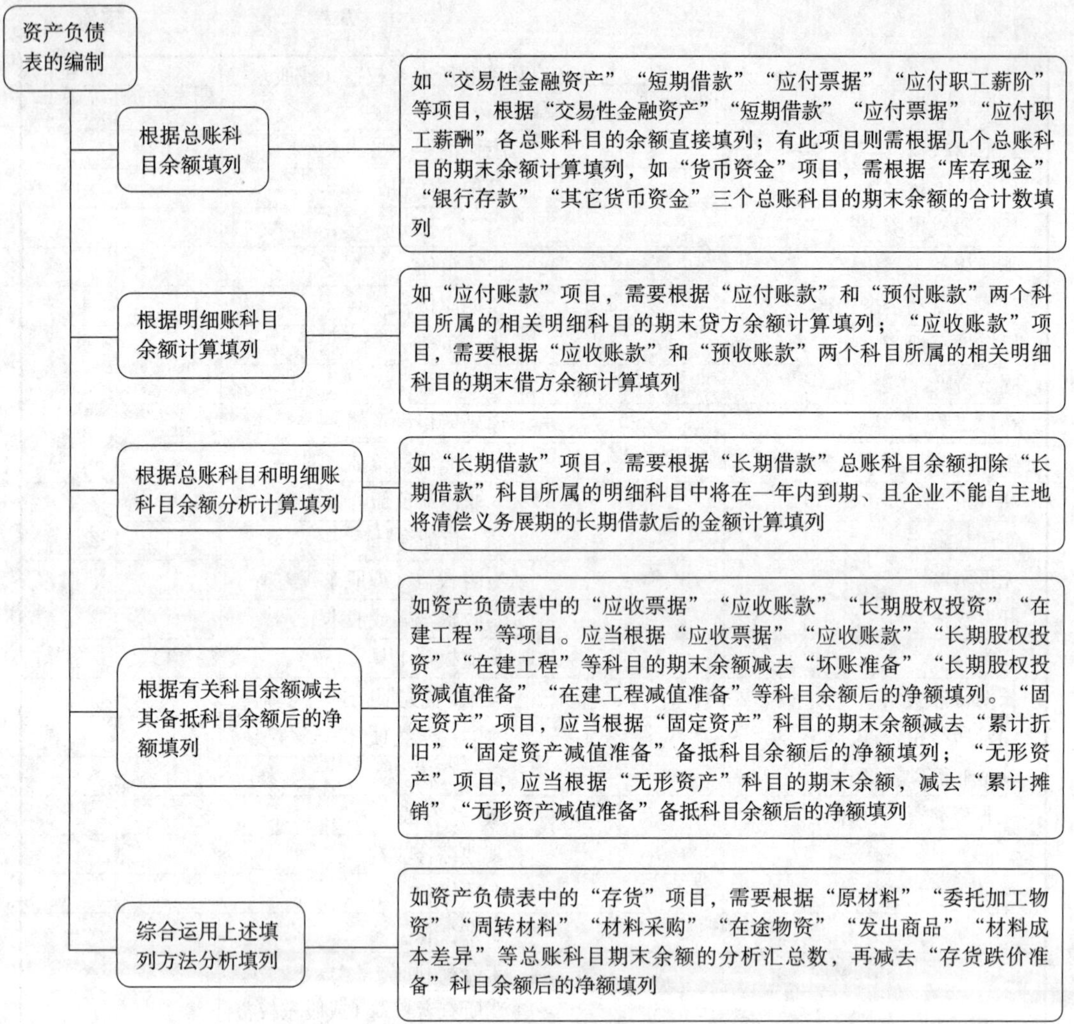

图 11-5 资产负债表的编制

11.3 利润表

11.3.1 利润表的概念和结构

利润表是指反映企业在一定会计期间的经营成果的报表。

通过提供利润表，可以反映企业在一定会计期间收入、费用、或亏损的数额、构成情况，帮助账务报表使用者全面了解企业的经营成果，分析企业的获利能力及盈利增长趋势，从而为其做出经济决策提供依据。

我国企业的利润表采用多步式格式，如表 11-2 所示：

表 11-2 利润表

会企 02 表

编制单位：　　　　　　年　　月　　　　　　单位：元

项　　目	本期金额	上期金额
一、营业收入		
减：营业成本		
税金及附加		
销售费用		
管理费用		
研发费用		
财务费用		
其中：利息费用		
利息收入		
加：其他收益		
投资收益（损失以“－”号填列）		
其中：对联营企业和合营企业的投资收益		
以摊余成本计量的金融资产终止确认收益（损失以“－”号填列）		
净敞口套期收益（损失以“－”号填列）		
公允价值变动收益（损失以“－”号填列）		
信用减值损失（损失以“－”号填列）		
资产减值损失（损失以“－”号填列）		
资产处置收益（损失以“－”号填列）		
二、营业利润（亏损以“－”号填列）		
加：营业外收入		
减：营业外支出		
三、利润总额（亏损总额以“－”号填列）		
减：所得税费用		
四、净利润（净亏损以“－”号填列）		
（一）持续经营净利润（净亏损以“－”号填列）		
（二）终止经营净利润（净亏损以“－”号填列）		
五、其他综合收益的税后净额		
（一）不能重分类进损益的其他综合收益		
1. 重新计量设定受益计划变动额		
2. 权益法下不能转损益的其他综合收益		
3. 其他权益工具投资公允价值变动		
4. 企业自身信用风险公允价值变动		
……		
（二）将重分类进损益的其他综合收益		
1. 权益法下可转损益的其他综合收益		
2. 其他债权投资公允价值变动		
3. 金融资产重分类计入其他综合收益的金额		
4. 其他债权投资信用减值准备		

续表

项　　目	本期金额	上期金额
5. 现金流量套期储备		
6. 外币财务报表折算差额		
……		
六、综合收益总额		
七、每股收益		
（一）基本每股收益		
（二）稀释每股收益		

11.3.2 利润表的编制

我国企业利润表的主要编制步骤和内容如图 11-6 所示。

第一步，计算出营业利润。营业利润=营业收入-营业成本-税金及附加-销售费用-管理费用-财务费用-资产减值损失+公允价值变动收益（-公允价值变动损失）+投资收益（-投资损失）

第二步，计算出利润总额。利润总额=营业利润+营业外收入-营业外支出

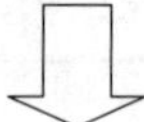

第三步，计算出净利润（或亏损）。净利润=利润总额-所得税费用

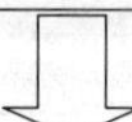

利润表各项目均需填列“本期金额”和“上期金额”两栏。其中“上期金额”栏内各项数字，应根据上年该期利润表的“本期金额”栏内所列数字填列。“本期金额”栏内各期数字，除“基本每股收益”和“稀释每股收益”项目外，应当按照相关科目的发生额分析填列。如“营业收入”项目，根据“主营业务收入”“其他业务收入”科目的发生额分析计算填列；“营业成本”项目，根据“主营业务成本”“其他业务成本”科目的发生额分析计算填列；其他项目均按照各该科目的发生额分析填列

图 11-6　利润表的编制步骤

普通股或潜在普通股已公开交易的企业，以及正处于公开发行普通股或潜在普通股过程中的企业，还应当在利润表中列示每股收益信息。

【例 11-1】紫竹公司 2×19 年度“主营业务收入”科目的贷方发生额为 33 000 000 元，借方发生额为 200 000 元（系 11 月份发生的购买方退货），“其他业务收入”科目的贷方发生额为 2 000 000 元。

紫竹公司 2×19 年度利润表中“营业收入”的项目金额为：33 000 000-200 000+2 000 000=34 800 000（元）。

本例中，紫竹公司一般应当以“主营业务收入”和“其他业务收入”两个总账科目的贷方发生额之和，作为利润表中“营业收入”的项目金额。当年发生销售退回的，以应冲减销售退回主营业务收入后的金额，填列“营业收入”项目。

【例 11-2】紫竹公司 2×19 年度“主营业务成本”科目的借方发生额为 30 000 000 元。2×20 年 1 月 8 日，2×19 年 12 月销售给某单位的一批产品由于质量问题被退回，其成本为 1 800 000 元。该公司的财务报表批准报出日为 2×20 年 3 月 1 日，“其他业务成本”科目借方发生额为 80 000 元。

紫竹公司 2×19 年度利润表中的“营业成本”的项目金额为：30 000 000−1 800 000+80 000=28 280 000（元）

本例中，紫竹公司一般应当以“主营业务成本”和“其他业务成本”两个总账科目的借方发生额之和，作为利润表中“营业成本”的项目金额。当年发生销售退回的，应加上销售退回商品成本后的金额，填列“营业成本”项目。

【例 11-3】紫竹公司 2×19 年 12 月 31 日“资产减值损失”科目当年借方发生额为 680 000 元，贷方发生额为 320 000 元。

紫竹公司 2×19 年度利润表中“资产减值损失”的项目金额为：680 000−320 000=360 000（元）。

本例中，公司应当以“资产减值损失”总账科目借方发生额减去贷方发生额后的余额，作为利润表中“资产减值损失”的项目金额。

【例 11-4】紫竹公司 2×19 年“公允价值变动损益”科目贷方发生额为 900 000 元，借方发生额为 120 000 元。

紫竹公司 2×19 年度利润表中“公允价值变动收益”的项目金额为：900 000−120 000=780 000（元）。

本例中，紫竹公司应当以“公允价值变动损益”总账科目贷方发生额减去借方发生额后的余额，作为利润表中“公允价值变动收益”的项目金额，若相减后为负数，表示公允价值变动损失，以“−”号填列。

【例 11-5】截止到 2×19 年 12 月 31 日，紫竹公司“主营业务收入”科目发生额为 1 990 000 元，“主营业务成本”科目发生额为 630 000 元，“其他业务收入”科目发生额为 500 000 元，“其他业务成本”科目发生额为 150 000 元，“税金及附加”科目发生额为 780 000 元，“销售费用”科目发生额为 60 000 元，“管理费用”科目发生额为 50 000 元，“财务费用”科目发生额为 170 000 元，“资产减值损失”科目发生额为 50 000 元，“公允价值变动损益”科目为借方发生额 450 000 元（无贷方发生额），“投资收益”科目贷方发生额为 850 000 元（无借方发生额），“营业外收入”科目发生额为 100 000 元，“营业外支出”科目发生额为 40 000 元，“所得税费用”科目发生额为 171 600 元。

紫竹公司 2×19 年度利润表中营业利润、利润总额和净利润的计算过程如下：

营业利润 =1 990 000+500 000−630 000−150 000−780 000−60 000−50 000−170 000− 50 000−450 000+850 000=1 000 000（元）

利润总额 =1 000 000+100 000−40 000=1 060 000（元）

净利润 =1 060 000－171 600=888 400（元）

本例中，公司应当根据编制利润表的多步式步骤，确定利润表中各主要项目的金额，相关计算公式如下：

① 营业利润 = 营业收入 - 营业成本 - 税金及附加 - 销售费用 - 管理费用 - 财务费用 - 资产减值损失 + 公允价值变动收益（或 - 公允价值变动损失）+ 投资收益（或 - 投资损失）

其中，营业收入 = 主营业务收入 + 其他业务收入

营业成本 = 主营业务成本 + 其他业务成本

② 利润总额 = 营业利润 + 营业外收入 - 营业外支出

③ 净利润 = 利润总额 - 所得税费用

11.4 现金流量表

11.4.1 现金流量表概述

现金流量表反映企业在一定会计期间现金和现金等价物流入和流出的报表。

现金流量是指一定会计期间内企业现金和现金等价物的流入和流出。企业从银行提取现金、用现金购买短期的国库券等现金和现金等价物之间的转换不属于现金流量。

现金是指企业库存现金以及可以随时用于支付的存款，包括库存现金、银行存款和其他货币资金（如外埠存款、银行汇票存款、银行本票存款）等。不能随时用于支付的存款不属于现金。

现金等价物，指企业持有的期限短、流动性强、易于转换为已知金额现金、价值变动风险很小的投资。期限短，一般是指从购买日起三个月内到期。现金等价物通常包括三个月内到期的债券投资等。权益性投资变现的金额通常不确定，因而不属于现金等价物。企业应当根据具体情况，确定现金等价物的范围，一经确定不得随意变更。

企业产生的现金流量分为三类，如图 11-7 所示。

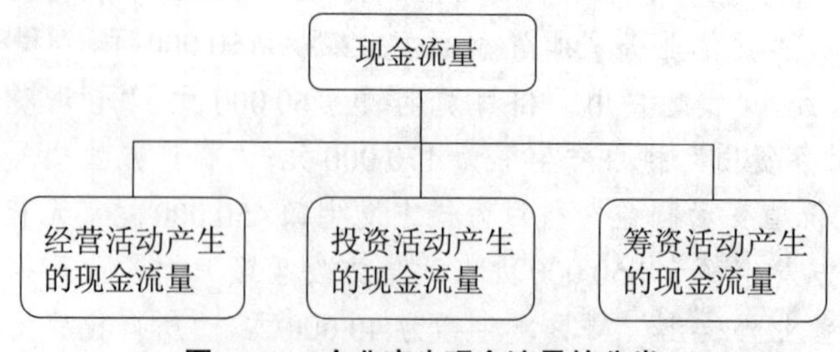

图 11-7　企业产生现金流量的分类

11.4.2 现金流量表的结构

我国企业现金流量表采用报告式结构，分类反映经营活动产生的现金流量。投资

活动产生的现金流量和筹资活动产生的现金流量，最后汇总反映企业某一期间现金及现金等价物的净增加额。

我国企业现金流量表的格式如表 11-3 所示。

表 11-3 现金流量表

会企 03 表

项目	本期金额	上期金额
一、经营活动产生的现金流量：		
销售商品、提供劳务收到的现金		
收到的税费返还		
收到其他与经营活动有关的现金		
经营活动现金流入小计		
购买商品、接受劳务支付的现金		
支付给职工以及为职工支付的现金		
支付的各项税费		
支付其他与经营活动有关的现金		
经营活动现金流出小计		
经营活动产生的现金流量净额		
二、投资活动产生的现金流量：		
收回投资收到的现金		
取得投资收益收到的现金		
处置固定资产、无形资产和其他长期资产收回的现金净额		
处置子公司及其他营业单位收到的现金净额		
收到其他与投资活动有关的现金		
投资活动现金流入小计		
购建固定资产、无形资产和其他长期资产支付的现金		
投资支付的现金		
取得子公司及其他营业单位支付的现金净额		
支付其他与投资活动有关的现金		
投资活动现金流出小计		
投资活动产生的现金流量净额		
三、筹资活动产生的现金流量：		
吸收投资收到的现金		
取得借款收到的现金		
收到其他与筹资活动有关的现金		
筹资活动现金流入小计		
偿还债务支付的现金		
分配股利、利润或偿付利息支付的现金		
支付其他与筹资活动有关的现金		
筹资活动现金流出小计		
筹资活动产生的现金流量净额		
四、汇率变动对现金及现金等价物的影响		

续表

项　　目	本期金额	上期金额
五、现金及现金等价物净增加额		
加：期初现金及现金等价物余额		
六、期末现金及现金等价物余额		

编制单位：　　　　年　　月　　单位：元

11.4.3　现金流量表的编制

企业应当采用直接法列示经营活动产生的现金流量。直接法，指通过现金收入和现金支出的主要类别列示经营活动的现金流量。采用直接法编制经营活动的现金流量时，一般以利润表中的营业收入为起算点，调整与经营活动有关的项目的增减变动，然后计算出经营活动的现金流量。采用直接法具体编制现金流量表时，可以采用工作底稿法或T型账户法，也可以根据有关科目记录分析填列。

11.5　综合举例

（一）资料。

紫竹公司为一般纳税人，适用的增值税税率为13%，所得税税率为25%，原材料采用计划成本进行核算。该公司2×19年12月31日的资产负债表如表11-4所示。其中，“应收账款”科目的期末余额为4 000 000元，“坏账准备”科目的期末余额为9 000元。其他诸如存货、长期股权投资、固定资产、无形资产等资产都没有计提资产减值准备。

表11-4　资产负债表　　会企01表

编制单位：紫竹公司　　2×19年12月31日　　单位：元

资　　产	期末余额	上年年末余额	负债和所有者权益（或股东权益）	期末余额	上年年末余额
流动资产			流动负债		
货币资金	14 063 000		短期借款	3 000 000	
交易性金融资产	150 000		交易性金融负债	0	
衍生金融资产	0		衍生金融负债	0	
应收票据	2 460 000		应付票据	2 000 000	
应收账款	3 991 000		应付账款	9 548 000	
应收款项融资	0		预收款项	0	
预付款项	1 000 000		合同负债	0	
其他应收款	3 050 000		应付职工薪酬	1 100 000	
存货	25 800 000		应交税费	366 000	
合同资产	0		其他应付款	500 000	
持有待售资产	0		持有待售负债	0	

续表

资　　产	期末余额	上年年末余额	负债和所有者权益（或股东权益）	期末余额	上年年末余额
一年内到期的非流动资产	0		一年内到期的非流动负债	0	
其他流动资产	0		其他流动负债	10 000 000	
流动资产合计	50 514 000		流动负债合计	26 514 000	
非流动资产			非流动负债		
债权投资	0		长期借款	6 000 000	
其他债权投资	0		应付债券	0	
长期应收款	0		其中：优先股	0	
长期股权投资	2 500 000		永续债	0	
其他权益工具投资	0		租赁负债	0	
其他非流动金融资产	0		长期应付款	0	
投资性房地产	0		预计负债	0	
固定资产	8 000 000		递延收益	0	
在建工程	15 000 000		递延所得税负债	0	
生产性生物资产	0		其他非流动负债	0	
油气资产	0		非流动负债合计	6 000 000	
使用权资产	0		负债合计	32 514 000	
无形资产	6 000 000		所有者权益（或股东权益）		
开发支出	0		实收资本（或股本）	50 000 000	
商誉	0		其他权益工具	0	
长期待摊费用	0		其中：优先股	0	
递延所得税资产	0		永续债	0	
其他非流动资产	2 000 000		资本公积	0	
非流动资产合计	33 500 000		减：库存股	0	
			其他综合收益	0	
			专项储备	0	
			盈余公积	1 000 000	
			未分配利润	500 000	
			所有者权益（或股东权益）合计	51 500 000	
资产总计	84 014 000		负债和所有者权益（或股东权益）总计	84 014 000	

2×20 年，紫竹公司共发生如下经济业务：

（1）收到银行通知，用银行存款支付到期的商业承兑汇票 1 000 000 元。

（2）购入原材料一批，收到的增值税专用发票上注明的原材料价款为 1500 000 元，增值税进项税额为 195 000 元，款项已通过银行转账支付，材料尚未验收入库。

（3）收到原材料一批，实际成本 1 000 000 元，计划成本 950 000 元，材料已验收入库，货款已于上月支付。

（4）用银行汇票支付采购材料价款，公司收到开户银行转来银行汇票多余款收账通知，通知上填写的多余款为2 260元，购入材料及运费998 000元，支付的增值税进项税额129 740元，原材料已验收入库，该批原材料计划价格1 000 000元。

（5）销售产品一批，开出的增值税专用发票上注明的销售价款为3 000 000元，增值税销项税额为390 000元，货款尚未收到。该批产品实际成本1 800 000元，产品已发出。

（6）公司将交易性金融资产（股票投资）兑现165 000元，该投资的成本为130 000元，公允价值变动为增值20 000元，投资收益为15 000元，均存入银行。

（7）购入不需安装的设备一台，收到的增值税专用发票上注明的设备价款为854 700元，增值税进项税额为111 111元，支付包装费、运费10 000元。价款及包装费、运费均以银行存款支付，设备已交付使用。

（8）购入工程物资一批，收到的增值税专用发票上注明的物资价款和增值税进项税额合计为1 500 000元，款项已通过银行转账支付。

（9）工程应付薪酬2 280 000元。

（10）一项工程完工，交付生产使用，已办理竣工手续，固定资产价值14 000 000元。

（11）基本生产车间一台机床报废，原价2 000 000元，已提折旧1 800 000元，清理费用5 000元，残值收入8 000元，均通过银行存款收支。该项固定资产已清理完毕。

（12）从银行借入3年期借款10 000 000元，借款已存入银行账户。

（13）销售产品一批，开出的增值税专用发票上注明的销售价款为7 000 000元，增值税销项税额为910 000元，款项已存入银行，销售产品的实际成本为4 200 000元。

（14）公司将要到期的一张面值为2 000 000元的无息银行承兑汇票（不含增值税），连同解讫通知和进账单交银行办理转账。收到银行盖章退回的进账单一联。款项银行已收妥。

（15）公司出售一台不需用设备，收到价款3 000 000元，该设备原价4 000 000元，已提折旧1 500 000元。该项设备已由购入单位运走。

（16）取得交易性金融资产（股票投资），价款1 030 000元，交易费用20 000元，已用银行存款支付。

（17）支付工资5 000 000元，其中包括支付在建工程人员的工资2 000 000元。

（18）分配应支付的职工工资3 000 000元（不包括在建工程应负担的工资），其中生产人员薪酬2 750 000元，车间管理人员薪酬100 000元，行政管理部门人员薪酬150 000元。

（19）提取职工福利费420 000元（不包括在建工程应负担的福利费280 000元），其中生产工人福利费385 000元，车间管理人员福利费14 000元，行政管理部门福利费21 000元。

（20）基本生产领用原材料，计划成本为7 000 000元，领用低值易耗品，计划成本500 000元，采用一次摊销法摊销。

（21）结转领用原材料应分摊的材料成本差异，材料成本差异率为5%。

（22）计提无形资产摊销 600 000 元，以银行存款支付基本生产车间固定资产修理费 900 000 元。

（23）计提固定资产折旧 1 000 000 元，其中计入制造费用 800 000 元、管理费用 200 000 元，计提固定资产减值准备 300 000 元。

（24）收到应收账款 510 000 元，存入银行，计提应收账款坏账准备 9 000 元。

（25）用银行存款支付产品展览费 100 000 元。

（26）计算并结转本期完工产品成本 12 824 000 元。没有期初在产品，本期生产的产品全部完工入库。

（27）广告费 100 000 元，已用银行存款支付。

（28）公司采用商业承兑汇票结算方式销售产品一批，开出的增值税专用发票上注明的销售价款为 2 500 000 元，增值税销项税额为 325 000 元，收到 2 925 000 元的商业承兑汇票一张，产品实际成本为 1 500 000 元。

（29）公司将上述承兑汇票到银行办理贴现，贴现息为 200 000 元。

（30）公司本期产品销售应缴纳的教育费附加为 20 000 元。

（31）用银行存款缴纳增值税 1 000 000 元；教育费附加 20 000 元。

（32）本期在建工程应负担的长期借款利息费用 2 000 000 元，长期借款为分期付息。

（33）提取应计入本期损益的长期借款利息费用 100 000 元，长期借款为分期付息。

（34）归还短期借款本金 2 500 000 元。

（35）支付长期借款利息 2 100 000 元。

（36）偿还长期借款 6 000 000 元。

（37）上年度销售产品一批，开出的增值税专用发票上注明的销售价款为 100 000 元，增值税销项税额为 13 000 元，购货方开出商业承兑汇票。本期由于购货方发生财务困难，无法按合同规定偿还债务，经双方协议，紫竹公司同意购货方用产品抵偿该应收票据。用于抵债的产品市价为 80 000 元，增值税税率为 13%。

（38）持有的交易性金融资产的公允价值为 1 050 000 元。

（39）结转本期产品销售成本 7 500 000 元。

（40）假设本例中，除计提固定资产减值准备 300 000 元造成固定资产账面价值与其计税基础存在差异外，不考虑其他项目的所得税费用影响。企业按照税法规定计算确定的应交所得税为 948 650 元，递延所得税资产为 75 000 元。

（41）将各收支科目结转本年净利润。

（42）按照净利润的 10% 提取法定盈余公积金。

（43）将利润分配各明细科目的余额转入“未分配利润”明细科目，结转本年利润。

（44）用银行存款缴纳当年应交所得税。

要求：编制紫竹公司 2×20 年度经济业务的会计分录，并在此基础上编制资产负债表、利润表和现金流量表。

（二）根据上述资料编制会计分录。

（1）借：应付票据	1 000 000	
贷：银行存款		1 000 000

（2）借：材料采购　　1 500 000
　　应交税费——应交增值税（进项税额）　　195 000
　　贷：银行存款　　1 695 000
（3）借：原材料　　950 000
　　材料成本差异　　50 000
　　贷：材料采购　　1 000 000
（4）借：材料采购　　998 000
　　银行存款　　2 260
　　应交税费——应交增值税（进项税额）　　129 740
　　贷：其他货币资金　　1 130 000
借：原材料　　1 000 000
　　贷：材料采购　　998 000
　　　　材料成本差异　　2 000
（5）借：应收账款　　3 390 000
　　贷：主营业务收入　　3 000 000
　　　　应交税费——应交增值税（销项税额）　　390 000
（6）借：银行存款　　165 000
　　贷：交易性金融资产——成本　　130 000
　　　　　　——公允价值变动　　20 000
　　　　投资收益　　15 000
借：公允价值变动损益　　20 000
　　贷：投资收益　　20 000
（7）借：固定资产　　864 700
　　应交税费——应交增值税（进项税额）　　111 111
　　贷：银行存款　　975 811
（8）借：工程物资　　1 500 000
　　贷：银行存款　　1 500 000
（9）借：在建工程　　2 280 000
　　贷：应付职工薪酬　　2 280 000
（10）借：固定资产　　14 000 000
　　贷：在建工程　　14 000 000
（11）借：固定资产清理　　200 000
　　累计折旧　　1 800 000
　　贷：固定资产　　2 000 000
借：固定资产清理　　5 000
　　贷：银行存款　　5 000
借：银行存款　　8 000
　　贷：固定资产清理　　8 000

会计分录	借方	贷方
借：营业外支出——处置固定资产净损失	197 000	
贷：固定资产清理		197 000
（12）借：银行存款	10 000 000	
贷：长期借款		10 000 000
（13）借：银行存款	7 910 000	
贷：主营业务收入		7 000 000
应交税费——应交增值税（销项税额）		910 000
（14）借：银行存款	2 000 000	
贷：应收票据		2 000 000
（15）借：固定资产清理	2 500 000	
累计折旧	1 500 000	
贷：固定资产		4 000 000
借：银行存款	3 000 000	
贷：固定资产清理		3 000 000
借：固定资产清理	500 000	
贷：营业外收入——处置固定资产净收益		500 000
（16）借：交易性金融资产	1 030 000	
投资收益	20 000	
贷：银行存款		1 050 000
（17）借：应付职工薪酬	5 000 000	
贷：银行存款		5 000 000
（18）借：生产成本	2 750 000	
制造费用	100 000	
管理费用	150 000	
贷：应付职工薪酬		3 000 000
（19）借：生产成本	385 000	
制造费用	14 000	
管理费用	21 000	
贷：应付职工薪酬		420 000
（20）借：生产成本	7 000 000	
贷：原材料		7 000 000
借：制造费用	500 000	
贷：周转材料		500 000
（21）借：生产成本	350 000	
制造费用	25 000	
贷：材料成本差异		375 000
（22）借：管理费用——无形资产摊销	600 000	
贷：累计摊销		600 000

借：制造费用——固定资产修理费 900 000
　　贷：银行存款 900 000

（23）借：制造费用——折旧费 800 000
　　　　管理费用——折旧费 200 000
　　　　贷：累计折旧 1 000 000
　　　借：资产减值损失——固定资产减值 300 000
　　　　贷：固定资产减值准备 300 000

（24）借：银行存款 510 000
　　　　贷：应收账款 510 000
　　　借：资产减值损失——坏账准备 9 000
　　　　贷：坏账准备 9 000

（25）借：销售费用——展览费 100 000
　　　　贷：银行存款 100 000

（26）借：生产成本 2 339 000
　　　　贷：制造费用 2 339 000
　　　借：库存商品 12 824 000
　　　　贷：生产成本 12 824 000

（27）借：销售费用——广告费 100 000
　　　　贷：银行存款 100 000

（28）借：应收票据 2 825 000
　　　　贷：主营业务收入 2 500 000
　　　　　　应交税费——应交增值税（销项税额） 325 000

（29）借：财务费用 200 000
　　　　银行存款 2 725 000
　　　　贷：应收票据 2 925 000

（30）借：税金及附加 20 000
　　　　贷：应交税费——应交教育费附加 20 000

（31）借：应交税费——应交增值税（已交税金） 1 000 000
　　　　　　　　——应交教育费附加 20 000
　　　　贷：银行存款 1 020 000

（32）借：在建工程 2 000 000
　　　　贷：应付利息 2 000 000

（33）借：财务费用 100 000
　　　　贷：应付利息 100 000

（34）借：短期借款 2 500 000
　　　　贷：银行存款 2 500 000

（35）借：应付利息 2 100 000
　　　　贷：银行存款 2 100 000

（36）借：长期借款　6 000 000
　　贷：银行存款　6 000 000
（37）借：库存商品　80 000
　　应交税费——应交增值税（进项税额）　10 400
　　营业外支出——债务重组损失　22 600
　　贷：应收票据　113 000
（38）借：交易性金融资产——公允价值变动　1 050 000
　　贷：公允价值变动损益　1 050 000
（39）借：主营业务成本　7 500 000
　　贷：库存商品　7 500 000
（40）借：所得税费用——当期所得税费用　948 650
　　贷：应交税费——应交所得税　948 650
　借：递延所得税资产　75 000
　　贷：所得税费用——递延所得税费用　75 000
（41）借：主营业务收入　12 500 000
　　营业外收入　500 000
　　投资收益　15 000
　　贷：本年利润　13 015 000
　借：本年利润　9 520 400
　　贷：主营业务成本　7 500 000
　　　税金及附加　20 000
　　　销售费用　200 000
　　　管理费用　971 000
　　　财务费用　300 000
　　　资产减值损失　309 000
　　　营业外支出　220 400
　借：本年利润　873 650
　　贷：所得税费用　873 650
（42）借：利润分配——提取法定盈余公积　262 095
　　贷：盈余公积——法定盈余公积　262 095
提取法定盈余公积数额为：（13 015 000－9 520 400－873 650）×10%=262 095（元）
（43）借：利润分配——未分配利润　262 095
　　贷：利润分配——提取法定盈余公积　262 095
　借：本年利润　2 620 950
　　贷：利润分配——未分配利润　2 620 950
（44）借：应交税费——应交所得税　948 650
　　贷：银行存款　948 650
（三）根据年初资产负债表和上述会计分录编制年末资产负债表，如表 11-5 所示。

表 11-5　资产负债表　　会企 01 表

编制单位：紫竹公司　　2×20 年 12 月 31 日　　单位：元

资　　产	期末余额	上年年末余额	负债和所有者权益（或股东权益）	期末余额	上年年末余额
流动资产			流动负债		
货币资金	14 504 690	14 063 000	短期借款	3 000 000	
交易性金融资产	1 050 000	150 000	交易性金融负债	0	
衍生金融资产	0		衍生金融负债	0	
应收票据	343 000	2 460 000	应付票据	2 000 000	
应收账款	6 982 000	3 991 000	应付账款	9 548 000	
应收款项融资	0		预收款项	0	
预付款项	1 000 000		合同负债	0	
其他应收款	3 050 000		应付职工薪酬	1 100 000	
存货	25 800 000		应交税费	366 000	
合同资产	0		其他应付款	500 000	
持有待售资产	0		持有待售负债	0	
一年内到期的非流动资产	0		一年内到期的非流动负债	0	
其他流动资产	0		其他流动负债	10 000 000	
流动资产合计	50 514 000		流动负债合计	26 514 000	
非流动资产			非流动负债		
债权投资	0		长期借款	6 000 000	
其他债权投资	0		应付债券	0	
长期应收款	0		其中：优先股	0	
长期股权投资	2 500 000		永续债	0	
其他权益工具投资	0		租赁负债	0	
其他非流动金融资产	0		长期应付款	0	
投资性房地产	0		预计负债	0	
固定资产	8 000 000		递延收益	0	
在建工程	15 000 000		递延所得税负债	0	
生产性生物资产	0		其他非流动负债	0	
油气资产	0		非流动负债合计	6 000 000	
使用权资产	0		负债合计	32 514 000	
无形资产	6 000 000		所有者权益（或股东权益）		
开发支出	0		实收资本（或股本）	50 000 000	
商誉	0		其他权益工具	0	
长期待摊费用	0		其中：优先股	0	
递延所得税资产	0		永续债	0	
其他非流动资产	2 000 000		资本公积	0	
非流动资产合计	33 500 000		减：库存股	0	

续表

资 产	期末余额	上年年末余额	负债和所有者权益（或股东权益）	期末余额	上年年末余额
			其他综合收益	0	
			专项储备	0	
			盈余公积	1 000 000	
			未分配利润	500 000	
			所有者权益（或股东权益）合计	51 500 000	
资产总计	84 014 000		负债和所有者权益（或股东权益）总计	84 014 000	

资 产	年末余额	年初余额	负债和所有者权益（或股东权益）	年末余额	年初余额
流动资产			流动负债		
货币资金	14 504 690	14 063 000	短期借款	500 000	3 000 000
交易性金融资产	1 050 000	150 000	交易性金融负债	0	0
应收票据	343 000	2 460 000	应付票据	1 000 000	2 000 000
应收账款	6 982 000	3 991 000	应付账款	9 548 000	9 548 000
预付账款	1 000 000	1 000 000	预收账款	0	0
应收利息	0	0	应付职工薪酬	1 800 000	1 100 000
应收股利	0	0	应交税费	907 440	366 000
其他应收款	3 050 000	3 050 000	应付利息	0	0
存货	25 827 000	25 800 000	应付股利	0	0
一年内到期的非流动资产	0	0	其他应付款	500 000	500 000
其他流动资产	0	0	一年内到期的非流动负债	0	0
流动资产合计	52 756 690	50 514 000	其他流动负债	10 000 000	10 000 000
非流动资产			流动负债合计	24 255 440	26 514 000
可供出售金额资产	0	0	非流动负债		
持有至到期投资	0	0	长期借款	10 000 000	6 000 000
长期应收款	0	0	应付债券	0	0
长期股权投资	2 500 000	2 500 000	长期应付款	0	0
投资性房地产	0	0	专项应付款	0	0
固定资产	18 864 700	8 000 000	预计负债	0	0
在建工程	5 280 000	15 000 000	递延所得税负债	0	0
工程物资	1 500 000	0	其他非流动负债	0	0
固定资产清理	0	0	非流动负债合计	10 000 000	6 000 000
生产性生物资产	0	0	负债合计	34 255 440	32 514 000

续表

资　产	年末余额	年初余额	负债和所有者权益（或股东权益）	年末余额	年初余额
油气资产	0	0	所有者权益（或股东权益）：		
无形资产	5 400 000	6 000 000	实收资本（或股本）	50 000 000	50 000 000
开发支出	0	0	资本公积	0	0
商誉	0	0	减：库存股	0	0
长期待摊费用	0	0	盈余公积	1 262 095	1 000 000
递延所得税资产	75 000	0	未分配利润	2 858 855	500 000
其他非流动资产	2 000 000	2 000 000	所有者权益（或股东权益）合计	54 120 950	51 500 000
非流动资产合计	35 619 700	33 500 000			
资产总计	88 376 390	84 014 000	负债和所有者权益（或股东权益）总计	88 376 390	84 014 000

注:“应收账款”科目的年末余额为 7 000 000 元,“坏账准备”科目的年末余额为 18 000 元。

（四）编制年度利润表。

（1）根据对前述业务的上述会计处理，紫竹公司 2×20 年度利润表科目本年累计发生额如表 11-6 所示。

表 11-6　2×20 年度利润表科目年累计发生额　　单位：元

科目名称	借方发生额	贷方发生额
营业收入		12 500 000
营业成本	7 500 000	
税金及附加	20 000	
销售费用	200 000	
管理费用	971 000	
财务费用	300 000	
资产减值损失	309 000	
投资收益		15 000
营业外收入		500 000
营业外支出	220 400	
所得税费用	873 650	

（2）根据本年相关科目发生额编制表，如表 11-7 所示。

表 11-7　利润表　　会企 02 表

项　目	本期金额
一、营业收入	12 500 000
减：营业成本	7 500 000

续表

项　　目	本期金额
税金及附加	20 000
销售费用	200 000
管理费用	971 000
财务费用	300 000
资产减值损失	309 000
加：公允价值变动收益（损失以“–”号填列）	0
投资收益（损失以“–”填列）	15 000
其中：对联营企业和合营企业的投资收益	0
二、营业利润（亏损以“–”号填列）	3 215 000
加：营业外收入	500 000
减：营业外支出	220 400
其中：非流动资产处置损失	
三、利润总额（亏损总额以“–”号填列）	3 494 600
减：所得税费	873 650
四、净利润（净亏损以“–”填列）	2 620 950

（五）编制年度现金流量表。沿用本例资料以及编制的资产负债表和利润表，采用工作底稿法编制现金流量表的具体步骤如下。

第一步：将资产负债表的年初余额和年末余额过入工作底稿的期初数栏和期末数栏。

第二步：对当期业务进行分析并编制调整分录。编制调整分录时，要以利润表项目为基础，从“营业收入”开始，结合资产负债表项目逐一进行分析。本例调整分录如下。

（1）分析调整营业收入：

借：经营活动现金流量——销售商品收到的现金　　13 742 000
　　应收账款　　3 000 000
　　贷：营业收入　　12 500 000
　　　　应收票据　　2 117 000
　　　　应交税费　　2 125 000

利润表中的营业收入是按权责发生制反映的，应转换为现金制。为此，应调整应收账款和应收票据的增减变动。本例应收账款增加 3 000 000 元，增值税销项税额 2 125 000 元，应减少经营活动产生的现金流量，而应收票据减少 2 117 000 元均系货款，应增加经营活动产生的现金流量。

（2）分析调整营业成本：

借：营业成本　　7 500 000
　　应付票据　　1 000 000
　　应交税费　　538 560
　　存货　　27 000

贷：经营活动现金流量——购买商品支付的现金　　9 065 560

应付票据减少 1 000 000 元，表明本期用于购买存货的现金支出增加 1 000 000 元，增值税进项税额 538 560 元；存货增加 27 000 元，表明本期用于购买商品的现金增加 27 000 元。

（3）调整本年税金及附加：

借：税金及附加　　20 000

贷：应交税费　　20 000

本年支付的主营业务税金及附加。

（4）计算销售费用付现：

借：销售费用　　200 000

贷：经营活动现金流量——支付的其他与经营活动有关的现金　　200 000

本例中利润表中所列销售费用与按现金制确认数相同。

（5）分析调整管理费用：

借：管理费用　　971 000

贷：经营活动现金流量——支付的其他与经营活动有关的现金　　971 000

管理费用中包含着不涉及现金支出的项目，此笔分录先将管理费用全额转入“经营活动现金流量——支付的其他与经营活动有关的现金”项目中，至于不涉及现金支出的项目，再分别进行调整。

（6）分析调整财务费用：

借：财务费用　　300 000

贷：经营活动现金流量——销售商品收到的现金　　200 000

筹资活动现金流量——偿付利息所支付的现金　　100 000

本期增加的财务费用中有 200 000 元是票据贴现利息，由于在调整应收票据时已全额计入“经营活动现金流量——销售商品收到的现金”，所以要从“经营活动现金流量——销售商品收到的现金”项目内冲回，不能作为现金流出，支付长期借款利息 100 000 元，作为偿付利息所支付的现金。

（7）分析调整资产减值损失：

借：资产减值损失　　309 000

贷：坏账准备　　9 000

固定资产减值准备　　300 000

本期计提的坏账准备和固定资产减值准备影响净利润，但不影响现金流量。

（8）分析调整公允价值变动收益：

借：交易性金融资产　　20 000

贷：投资收益　　20 000

本期发生的公允价值变动收益影响净利润，但不影响现金流量。资产负债表日，交易性金融资产公允价值增加 20 000 元。本期处置交易性金融资产，调整公允价值变动损益 20 000 元，转入投资收益。

（9）分析调整投资收益：

借：投资活动现金流量——收回投资所收到的现金　　165 000

　　交易性金融资产　　1 030 000

　　投资收益　　5 000

　　贷：交易性金融资产　　150 000

　　　　投资活动现金流量——投资所支付的现金　　1 050 000

投资收益应从利润表项目中调整出来，列入投资活动现金流量中。本例投资收益包括两个部分，一是购买交易性金融资产发生了20 000元的交易费用，二是出售交易性金融资产获利35 000元，其中20 000元已在分录（8）中调整。

（10）分析调整营业外收入：

借：投资活动现金流量——处置固定资产收到的现金　　3 000 000

　　累计折旧　　1 500 000

　　贷：营业外收入　　500 000

　　　　固定资产　　4 000 000

编制现金流量表时，需对营业外收入和支出进行分析，以列入现金流量表的不同部分。本例中营业外收入500 000元是处置固定资产的利得，处置过程中收到的现金应列入投资活动现金流量中。

（11）分析调整营业外支出：

借：营业外支出　　197 000

　　投资活动现金流量——处置固定资产收到的现金　　3 000

　　累计折旧　　1 800 000

　　贷：固定资产　　2 000 000

借：营业外支出　　23 400

　　经营活动现金流量——购买商品支付的现金　　93 600

　　贷：经营活动现金流量——销售商品收到的现金　　117 000

本例中营业外支出220 400元是由两个部分组成：一部分营业外支出197 000元是处置固定资产的损失，处置过程中收到的现金应列入投资活动现金流量中；一部分营业外支出是债务重组损失，债务重组中增加存货和增值税进项税额93 600元，已经计入了“经营活动现金流量——购买商品支付的现金”，债务重组中减少的应收票据117 000元，也已经计入了“经营活动现金流量——销售商品收到的现金”，应作补充调整。

（12）分析调整所得税费用：

借：所得税费用　　873 650

　　递延所得税资产　　75 000

　　贷：应交税费　　948 650

将利润表中的所得税费用调入应交税金。

（13）分析调整固定资产：

借：固定资产　　14 864 700

　　贷：投资活动现金流量——购建固定资产支付的现金　　864 700

在建工程　　14 000 000

本期固定资产的增加包括两个部分，一是购入设备 864 700 元，二是在建工程完工转入 14000 000 元。本期处置固定资产已在分录（11）中调整。

（14）分析调整累计折旧：

借：经营活动现金流量——支付的其他与经营活动有关的现金　　200 000

——购买商品支付的现金　　800 000

贷：累计折旧　　1 000 000

本期计提的折旧 1 000 000 元中，计入管理费用的 200 000 元，计入制造费用的 800 000 元，基于和第（13）笔分录同样的理由，应作补充调整。

（15）分析调整在建工程：

借：在建工程　　4 280 000

工程物资　　1 500 000

贷：投资活动现金流量——购建固定资产支付的现金　　3 500 000

筹资活动现金流量——偿付利息支付的现金　　2 000 000

应付职工薪酬　　280 000

本期在建工程增加的原因，包括以下几个方面：一是以现金购买工程物资 1 500 000 元及支付工资 2 000 000 元；二是支付的长期借款利息 2 000 000 元，资本化到在建工程成本中；三是为建造工人计提的福利费 280 000 元，资本化到在建工程成本中。

（16）分析调整累计摊销：

借：经营活动现金流量——支付的其他与经营活动有关的现金　　600 000

贷：累计摊销　　600 000

无形资产摊销时已计入管理费用，所以应作补充调整。理由同第（13）笔分录。

（17）分析调整短期借款：

借：短期借款　　2 500 000

贷：筹资活动现金流量——偿还债务所支付的现金　　2 500 000

偿还短期借款应列入筹资活动的现金流量。

（18）分析调整应付职工薪酬：

借：经营活动现金流量——购买商品支付的现金　　3 249 000

——支付的其他与经营活动有关的现金　　171 000

贷：经营活动现金流量——支付给职工以及为职工支付的现金　　3 000 000

应付职工薪酬　　420 000

本期应付职工薪酬的期末期初差额为 700 000 元，由计提的职工福利费构成，包括在建工程应负担的职工福利费 280 000 元，已在分录（11）中调整，以及为生产人员和管理人员计提的福利费 420 000 元。本例中并没有出现使用应付福利费的情况。本期使用了应付福利费，则应将这部分金额列入“经营活动现金流量——支付给职工以及为职工支付的现金”项目中。上述分录中，由于工资费用分配时已分别计入制造费用和管理费用，所以要补充调整。

（19）分析调整应交税费：

借：应交税费　　　　1 968 650

　　贷：经营活动现金流量——支付的各项税费　　　　1 968 650

本期支付的各项税费包括税金及附加 20 000 元、已交增值税 1 000 000 元，以及已交所得税 948 650 元。为便于分析，企业在日常核算中，应按应交税费的税种分设明细账，以便取得分析所需的数据。

（20）分析调整长期借款：

借：长期借款　　　　6 000 000

　　贷：筹资活动现金流量——偿还债务所支付的现金　　　　6 000 000

以现金偿还长期借款。

借：筹资活动现金流量——借款所收到的现金　　　　10 000 000

　　贷：长期借款　　　　10 000 000

举借长期借款。

（21）结转净利润：

借：净利润　　　　2 620 950

　　贷：未分配利润　　　　2 620 950

（22）提取盈余公积：

借：未分配利润　　　　262 095

　　贷：盈余公积　　　　262 095

（23）最后调整现金净变化额：

借：现金　　　　441 690

　　贷：现金净增加额　　　　441 690

第三步：将调整分录过入工作底稿的相应部分，如表 11-8 所示。

表 11-8　现金流量表工作底稿

项　　目	期初数	调整分录		期末数
		借方	贷方	
一、资产负债表项目				
借方项目				
货币资金	14 063 000	（23）441 690		14 504 690
交易性金融资产	150 000	（8）20 000 （9）880 000		1 050 000
应收票据	2 460 000		（1）2 117 000	34 300
应收账款	4 000 000	（1）3 000 000		7 000 000
预付账款	1 000 000			1 000 000
应收股利				
应收利息				
其他应收款	3 050 000			3 050 000
存货	25 800 000	（2）27 000		25 827 000
一年内到期的非流动资产				

续表

项　　目	期初数	调整分录		期末数
		借方	贷方	
其他流动资产				
可供出售金融资产				
持有至到期投资				
长期应收款				
长期股权投资	2 500 000			2 500 000
投资性房地产				
固定资产	11 000 000	（13）14 864 700	（10）4 000 000 （11）2 000 000	19 864 700
在建工程	15 000 000	（15）4 280 000	（13）14 000 000	5 280 000
工程物资		（15）1 500 000		1 500 000
固定资产清理				
无形资产	6 000 000			6 000 000
开发支出				
商誉				
长期待摊费用				
递延所得税资产		（12）75 000		75 000
其他非流动资产	2 000 000			2 000 000
借方项目合计				37 219 700
贷方项目				
坏账准备	9 000		（7）9 000	18 000
累计折旧	3 000 000	（10）1 500 000 （11）1 800 000	（14）1 000 000	700 000
累计摊销			（16）600 000	600 000
固定资产减值准备			（7）300 000	300 000
短期借款	3 000 000	（17）2 500 000		500 000
应付票据	2 000 000	（2）1 000 000		1 000 000
应付账款	9 548 000			9 548 000
预收账款				
应付职工薪酬	1 100 000		（15）280 000 （18）420 000	1 800 000
应交税费	366 000	（2）538 560 （19）1 968 650	（1）2 125 000 （3）20 000 （12）948 650	907 440
应付利息				
应付股利				
其他应付款	500 000			500 000
其他流动负债	10 000 000			10 000 000
长期借款	6 000 000	（20）6 000 000	（20）10 000 000	10 000 000

续表

项　　目	期初数	调整分录		期末数
		借方	贷方	
应付债券				
长期应付款				
专项应付款				
递延所得税负债				
其他非流动负债				
实收资本（或股本）	50 000 000			50 000 000
资本公积				
盈余公积	1 000 000		（22）262 095	1 262 095
未分配利润	500 000	（22）262 095	（21）2 620 950	2 858 855
减：库存股				
贷方项目合计				37 219 700
二、利润表项目				
营业收入			（1）12 500 000	12 500 000
营业成本		（2）7 500 000		7 500 000
税金及附加		（3）20 000		20 000
销售费用		（4）200 000		200 000
管理费用		（5）971 000		971 000
财务费用		（6）300 000		300 000
资产减值损失		（7）309 000		309 000
公允价值变动收益（损失以"–"号填列）				
投资收益（损失以"–"号填列）		（9）5 000	（8）20 000	15 000
营业外收入			（10）500 000	500 000
营业外支出		（11）220 400		220 400
所得税费用		（12）873 650		873 650
净利润（净亏损以"–"号填列）		（21）2 620 950		2 620 950
三、现金流量表项目				
（一）经营活动产生的现金流量				
销售商品、提供劳务收到的现金		（1）13 742 000	（6）200 000 （11）117 000	13 425 000
收到的税费返还				
收到其他与经营活动有关的现金				
经营活动现金流入小计				13 425 000
购买商品、接受劳务支付的现金		（11）93 600 （14）800 000 （18）3 249 000	（2）9 110 560	4 967 960
支付给职工以及为职工支付的现金			（18）3 000 000	3 000 000

续表

项　目	期初数	调整分录		期末数
		借方	贷方	
支付的各项税费			（19）1 968 650	1 968 650
支付其他与经营活动有关的现金		（14）200 000 （16）600 000 （18）171 000	（4）200 000 （5）971 000	200 000
经营活动现金流出小计				10 136 610
经营活动产生的现金流量净额				3 288 390
（二）投资活动产生的现金流量				
收回投资收到的现金		（9）165 000		165 000
取得投资收益收到的现金				
处置固定资产、无形资产和其他长期资产收回的现金净额		（10）3 000 000 （11）3 000		3 003 000
处置子公司及其他营业单位收到的现金净额				
收到其他与投资活动有关的现金				
投资活动现金流入小计				3 168 000
构建固定资产、无形资产和其他长期资产支付的现金			（13）864 700 （15）3 500 000	4 364 700
投资支付的现金			（9）1 050 000	1 050 000
取得子公司及其他营业单位支付的现金净额				
支付其他与投资活动有关的现金				
投资活动现金流出小计				5 414 700
投资活动产生的现金流量净额				−2 246 700
（三）筹资活动产生的现金流量				
吸收投资收到的现金				
取得借款收到的现金		（20）10 000 000		10 000 000
收到其他与筹资活动有关的现金				
筹资活动现金流入小计				10 000 000
偿还债务支付的现金			（17）2 500 000 （20）6 000 000	8 500 000
分配股利、利润或偿付利息支付的现金			（6）100 000 （15）2 000 000	2 100 000
支付其他与筹资活动有关的现金				
筹资活动现金流出小计				10 600 000
筹资活动产生的现金流量净额				−600 000
四、汇率变动对现金等价物的影响				
五、现金及现金等价物净增加额			（23）441 690	441 690
调整分录借贷合计		85 746 295	85 746 295	

第四步：核对调整分录，借方、贷方合计数均已经相等，资产负债表项目年初余额加减调整分录中的借贷金额以后，也已等于期末数。

第五步：根据工作底稿中的现金流量表项目部分编制正式的现金流量表，如表11−9所示。

表11−9 现金流量表

会企03表

编制单位：紫竹公司　　2×20年度　　单位：元

项　目	本期金额
一、经营活动产生的现金流	
销售商品、提供劳务收到的现金流	13 425 000
收到的税费返还	0
收到其他与经营活动有关的现金	0
经营活动现金流入小计	13 425 000
购买商品、接受劳务支付的现金	4 967 960
支付给职工以及为职工支付的现金	3 000 000
支付的各项税费	1 968 650
支付其他与经营活动有关的现金	200 000
经营活动现金流出小计	10 136 610
经营活动产生的现金流量净额	3 288 390
二、投资活动产生的现金流量	
收回投资收到的现金	165 000
取得投资收益收到的现金	0
处置固定资产、无形资产和其他长期资产收回的现金净额	3 003 000
处置子公司及其他营业单位收到的现金净额	
收到其他与投资活动有关的现金	0
投资活动现金流入小计	3 168 000
构建固定资产、无形资产和其他长期资产支付的现金	4 364 700
投资支付的现金	1 050 000
取得子公司及其他营业单位支付的现金净额	
支付其他与投资活动有关的现金	0
投资活动现金流出小计	5 414 700
投资活动产生的现金流量净额	−2 246 700
三、筹资活动产生的现金流量	
吸收投资收到的现金	0
取得借款收到的现金	10 000 000
收到其他与筹资活动有关的现金	0
筹资活动现金流入小计	10 000 000
偿还债务支付的现金	8 500 000
分配股利、利润或偿付利息支付的现金	2 100 000
支付其他与筹资活动有关的现金	0

续表

项　目	本期金额
筹资活动现金流出小计	10 600 000
筹资活动产生的现金流量净额	−600 000
四、汇率变动对现金及现金等价物的影响	0
五、现金及现金等价物净增加额	441 690
加：期初现金及现金等价物余额	14 063 000
六、期末现金及现金等价物余额	14 504 690

本章实操要点

（1）在资产负债表中，资产应当按照流动资产和非流动资产两大类别在资产负债表中列示，在流动资产和非流动资产类别下进一步按性质分项列示；负债应当按照流动负债和非流动负债在资产负债表中进行列示，在流动负债和非流动负债类别下再进一步按性质分项列示。

（2）账户式资产负债表中的资产各项目的合计等于负债和所有者权益各项目的合计，即资产负债表左方和右方平衡，可以反映资产、负债、所有者权益之间的内在关系，即“资产 = 负债 + 所有者权益”。

（3）利润表可以反映企业在一定会计期间收入、费用或亏损的数额、构成情况，帮助账务报表使用者全面了解企业的经营成果，分析企业的获利能力及盈利增长趋势，从而为其做出经济决策提供依据。

（4）企业的现金流量包括经营活动、投资活动和筹资活动产生的现金流量。

（5）企业应当采用直接法列示经营活动产生的现金流量。

第十二章

你了解出纳吗

——“想说爱你也很难”

内容概览

出纳是每一个经济单位不可或缺的职位，由于出纳掌管着单位资金的收入与支出，几乎每一个员工都需要与出纳打交道。但出纳这一职位也是最容易被人误解，甚至有人讲“会数钱就能做好出纳”，其实做好出纳工作，既需要做好资金的收入与支出工作，同时还需要具备编制凭证、登记账簿、管理企业资产等多项工作技能。

在本章的学习中，我们将解决读者的以下问题：

（1）出纳是干什么的，出纳每天的工作内容包括哪些？

（2）出纳人员拥有哪些职责与权限？

（3）企业如何对出纳工作进行组织？

（4）出纳人员各项工作的标准流程是怎样的？

12.1　出纳主要干什么

12.1.1　谁是出纳

出纳，作为会计名词，运用在不同场合有着不同含义。从这个角度讲，如表 12-1 所示，出纳一词至少有出纳工作、出纳人员两种含义。

表 12-1　出纳的两种含义

出纳工作	顾名思义，出即支出，纳即收入。出纳工作是管理货币资金、票据、有价证券进出的一项工作
出纳人员	从广义上讲，既包括会计部门的出纳工作人员，也包括业务部门的各类收款员（收银员）

12.1.2　出纳工作具有哪些特点

任何工作都有自身的特点和工作规律，出纳是会计工作的组成部分，具有一般会计工作的本质属性，但它又是一个专门的岗位，一项专门的技术，因此，具有自己专门的工作特点，主要特点如图 12-1 所示。

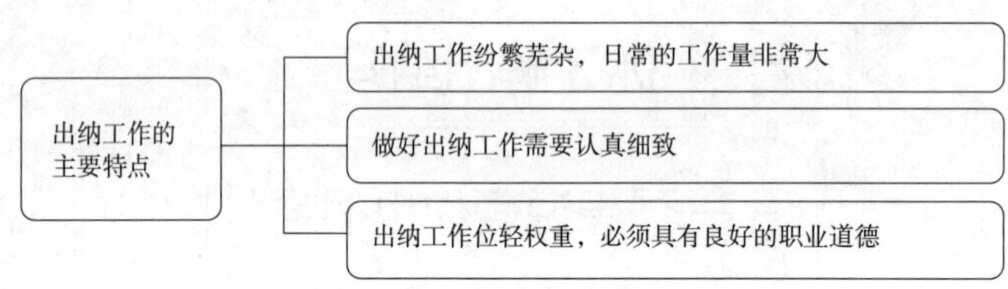

图 12-1　出纳工作具有哪些特点

12.1.3　出纳每天做什么

鉴于出纳工作的职能，出纳人员的工作内容和任务主要包括货币资金核算、往来结算、工资核算、货币资金收支的监督等，如表 12-2 所示。

表 12-2　出纳工作的内容

工作类别	工作内容
货币资金的收支与记录	做好现金收付的核算； 做好银行存款的收付核算； 认真登记日记账，保证日清月结； 保管库存现金，保管有价证券； 保管有关印章，登记注销支票； 复核收入凭证，办理销售结算
往来结算	办理往来结算，建立清算制度； 管理企业的备用金； 核算其他往来款项，防止坏账损失
工资核算	执行工资计划，监督工资使用； 审核工资单据，发放工资奖金； 负责工资核算，提供工资数据

续表

工作类别	工作内容
货币资金收支的监督	依据国家有关的法律法规和企业的规章制度，在维护财经纪律、执行会计制度的工作权限内，坚决抵制不合法的收支和弄虚作假的行为

12.2　出纳人员的职责与权限

12.2.1　出纳人员有哪些职责

出纳是会计工作的重要环节，涉及的是现金收付、银行结算等活动，而这些又直接关系到职工个人、单位乃至国家的经济利益，工作出了差错，就会造成不可挽回的损失。因此，明确出纳人员的职责和权限，是做好出纳工作的起码条件。根据《会计法》《会计基础工作规范》等财会法规，出纳人员的主要职责如图 12-2 所示。

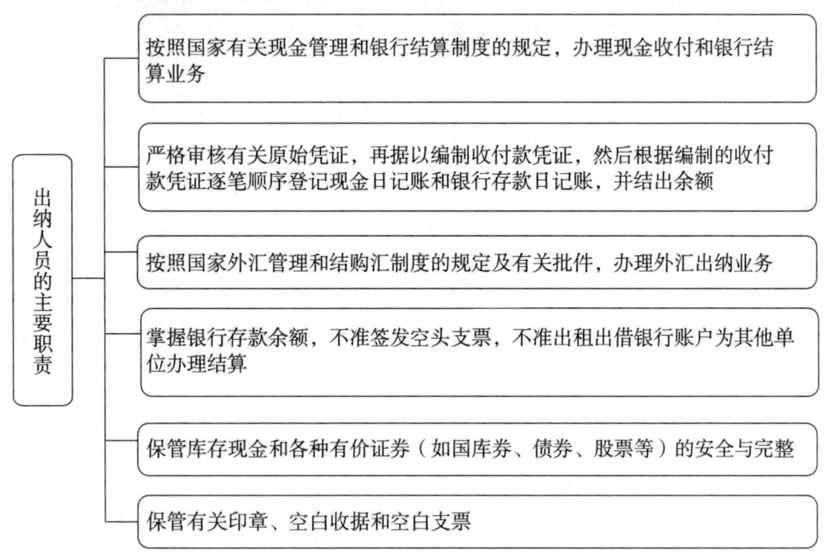

图 12-2　出纳人员的职责

12.2.2　出纳人员拥有哪些权限

根据《会计法》《会计基础工作规范》等财会法规，出纳员的权限如图 12-3 所示。

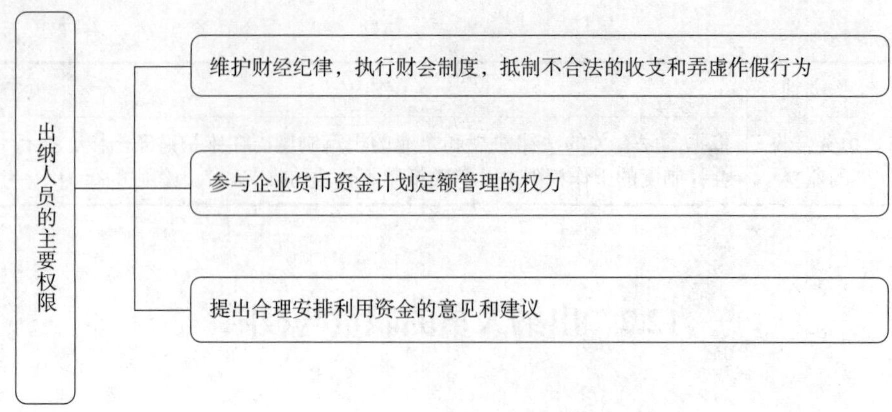

图 12-3　出纳人员的权限

12.2.3　出纳工作与会计工作具有哪些联系与区别

在单位的财务工作中，会计与出纳是互相不可或缺的职业搭档，两者之间既有紧密的联系，又有明显的区别，二者的关系如表 12-3 所示。

表 12-3　出纳与会计的关系

分工不同	会计：主要负责企业经济业务的核算，通过对企业经济活动的纪录，为企业的经济管理和经营决策提供所需要的核算资料 出纳：分管企业票据、货币资金，以及有价证券等的收付、保管、核算工作，为企业经济管理和经营决策提供各种金融信息
既互相依赖又互相牵制	会计：会计核算依赖出纳工作产生的各种数据和凭证，同时对出纳工作进行监督 出纳：出纳的现金和银行存款日记账与会计的现金和银行存款总分类账，有金额上的等量关系。这样，出纳、会计两者之间就构成了相互牵制与控制的关系，二者之间必须相互核对保持一致
管理的范围不同	会计：主要是管理凭证、账簿等会计资料 出纳：既要管理凭证、账簿等会计资料，又要管理现金、银行存款等实物
对经济活动的参与程度不同	会计：只是对企业的经营活动进行记录与监督，一般不直接参与经济活动 出纳：直接参与了经济活动过程，如货物的购销，必须经过两个过程，货物移交和货款的结算。其中货款结算，即货物价款的收入与支付必须通过出纳工作来完成

12.3　企业的出纳工作是如何进行的

12.3.1　企业如何设置出纳工作岗位

各个企业的实际情况不同，出纳工作的组织形式也不尽相同，但无论哪一种形式，一般都要设置合理的出纳机构，配备必要的出纳人员，并建立各种内部工作职责与制度等。

出纳机构一般设置在会计机构内部，如各企事业单位财会科、财会处内部设置专门处理出纳业务的出纳组、出纳室。

《会计法》第21条第一款规定："各单位根据会计业务的需要设置会计机构，或者在有关机构中设置会计人员并指定会计主管人员。不具备条件的，可以委托经批准设立的会计咨询、服务机构进行代理记账。"会计法对各单位会计、出纳机构与人员的设置并没有硬性规定，而是让企业根据自身情况和实际需要来设定。因此企业应结合自身经济活动的规模、特点、业务量的大小等进行机构设置和人员配置。

12.3.2　企业如何配备出纳人员

企业出纳人员配备的多少，主要决定于本单位出纳业务量的大小和繁简程度，要以业务需要为原则，既要满足出纳工作量的需要，又要避免徒具形式、人浮于事的现象。配备出纳人员的几种模式如表12-4所示。

表12-4　配备出纳人员的几种模式

一人一岗	规模不大的单位，出纳工作量不大，可设专职出纳员一名
一人多岗	规模较小的单位，出纳工作量较小，可设兼职出纳员一名。如无条件单独设置会计机构的单位，至少要在有关机构中（如单位的办公室、后勤部门）配备兼职出纳员一名。但兼职出纳不得兼管收入、费用、债权、债务账目的登记工作及稽核工作和会计档案保管工作
一岗多人	规模较大的单位，出纳工作量较大，可设多名出纳员，如分设管理收付的出纳员和管账的出纳员，或分设现金出纳员和银行结算出纳员等

12.3.3　出纳人员各项工作的标准流程

出纳人员每天要处理大量的经济业务，协调各方面的经济利益关系，如何才能提高工作效率，保证工作质量呢？这就需要制定一个合理而有效的工作流程，使得出纳工作有条不紊地执行，满足单位财务管理的需要。

如图12-4和图12-5所示，我们以出纳人员最为重要的资金收入支出业务为例，介绍一下资金收入和资金支出工作的标准化流程。

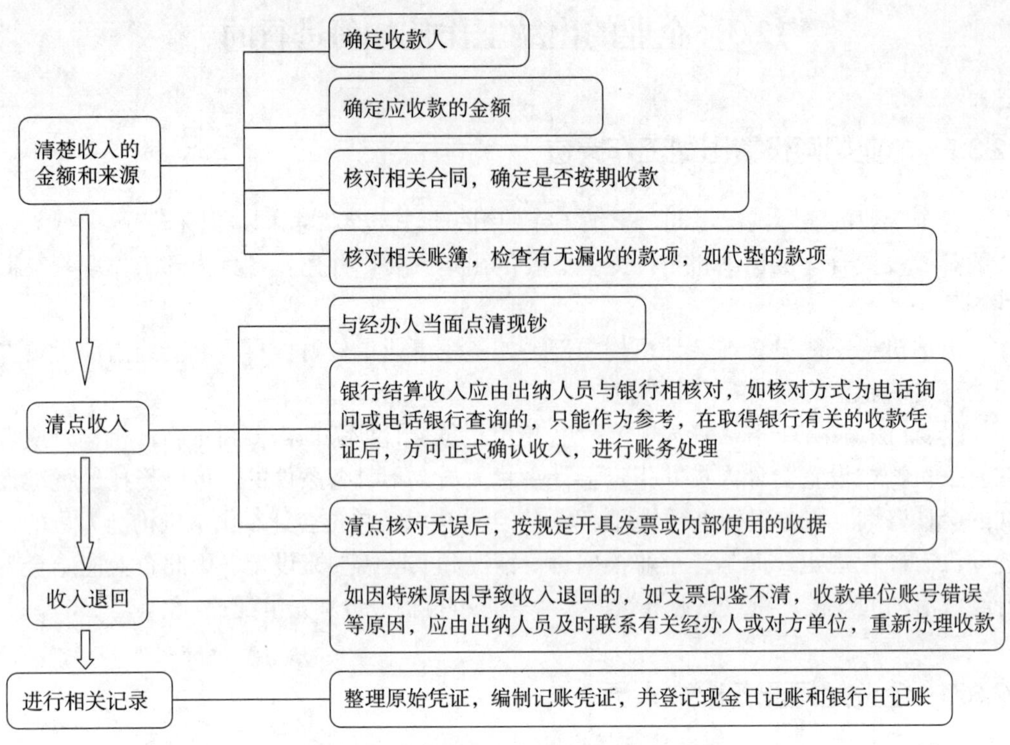

图 12-4　资金收入业务处理的标准化流程

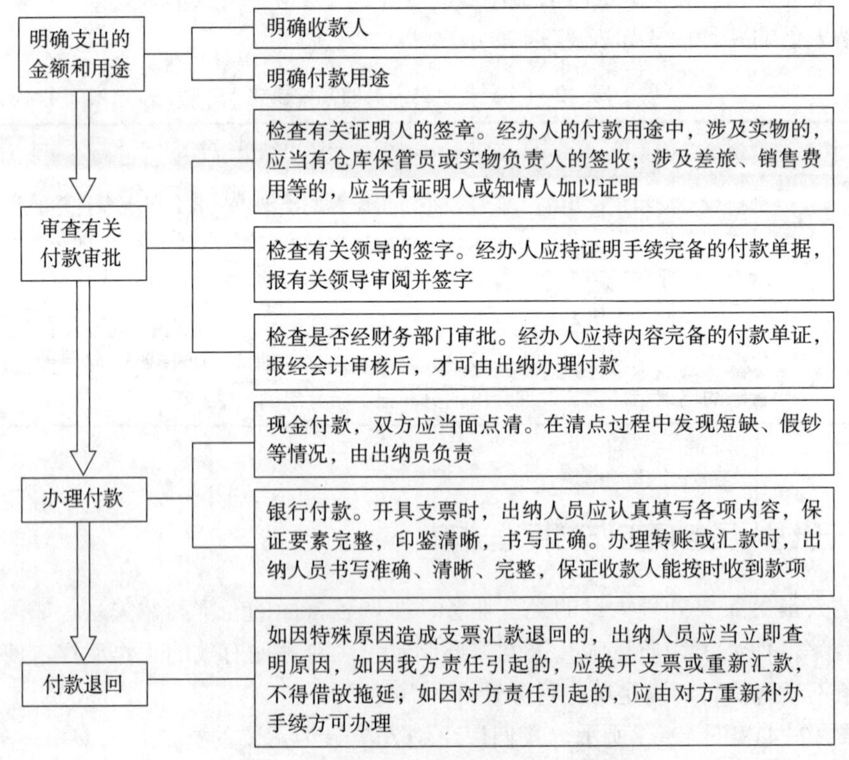

图 12-5　资金支出业务处理的标准化流程

本章实操要点

本章主要介绍出纳人员工作内容、职责与权限、出纳人员各项工作的标准流程，主要有以下几个要点：

（1）出纳人员的工作内容包括：货币资金的收支与记录、往来结算、工资核算、货币资金收支的监督。

（2）出纳人员与会计人员的关系：分工不同、既互相依赖又互相牵制、管理的范围不同、对经济活动参与程度不同。

（3）出纳人员资金收入业务处理的标准化流程：清楚收入的金额和来源——清点收入——收入退回——进行相关记录。

（4）出纳人员资金支出业务处理的标准化流程：明确支出的金额和用途——审查有关付款审批——办理付款——付款退回。

第十三章

出纳人员的业务技能

——合格出纳的“成功宝典”

内容概览

做好出纳工作并不是一件很容易的事，它要求出纳员要有全面精通的政策水平，熟练高超的业务技能，严谨细致的工作作风。出纳工作是一项比较繁琐、细致的工作，要做好这项工作，必须熟练掌握业务技能。

在本章学习中，我们将解决读者的以下问题。

（1）出纳人员应具备哪些基本素质？

（2）出纳人员应掌握哪些基本业务技能？

（3）怎样点钞，怎样识别人民币的真伪？

（4）怎样进行规范的财务书写？

13.1　出纳人员应具备哪些基本素质

做好出纳工作并不是一件很容易的事，它要求出纳员要有全面精通的政策水平，熟练高超的业务技能，严谨细致的工作作风。做好出纳工作需要具备的基本素质如图 13-1 所示。

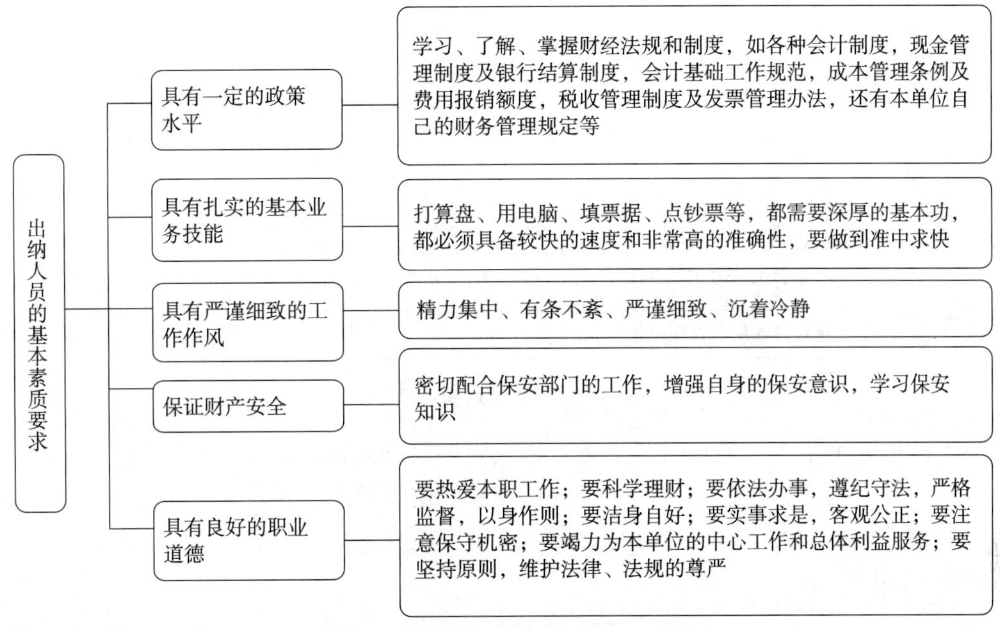

图 13-1　出纳人员应具备的基本素质

13.2　出纳人员应掌握的基本技能

出纳工作对出纳人员的业务技能熟练度要求很高，必须勤奋练习，才能轻松胜任本职工作。出纳人员必须掌握的基本技能主要有如图 13-2 所示的几个方面。

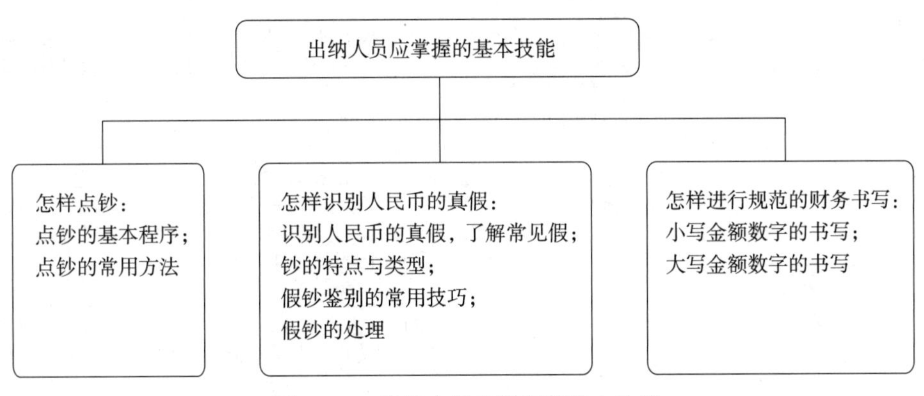

图 13-2　出纳人员应掌握的基本技能

13.2.1　怎样点钞

掌握正确的点钞技巧是出纳人员必备的素质，出纳人员要通过刻苦锻炼，掌握一种或几种手工点钞方法，做到点钞快、准。点钞的基本程序如图 13-3 所示。

审查。审查现金收、付款凭证及其所附原始凭证的内容，看其是否填写齐全、清楚，两者内容是否一致

点数。依据现金收、付款凭证的金额，先点整数再点零数：即先点大额票面金额，再点小额票面金额，结合先点成捆的、成把（卷，指铸币）的，再点零数。一般应边点数，边在算盘或计算器上加计金额，点数完毕，算盘或计算器上的数字和现金收、付款凭证上的金额应相同

拆捆点数。从整数至零数，逐捆、逐把、逐卷地拆捆点数，在拆捆、拆把、拆卷时应暂时保存原有的封签、封条和封纸，点数无误后才可扔掉

办理具体的现金收存业务

图 13-3　点钞的基本程序

点钞可分为手工点钞和机具点钞，机具点钞易学易懂，在此不作赘述。目前，机器点完后，出纳人员往往还要用手工再行点验，这就要求出纳人员必须熟练掌握一种或几种手工点钞的方法，刻苦训练，以达到能够既快又准的点验钞票。点钞的常用方法如图 13-4 所示。

- 手工点钞
  - 手持式点钞技术
    - 单指单张点钞法。左手中指和无名指夹住钞票一端，食指伸直托住钞票背面，大拇指轻按钞票正面，将钞票呈半扇面形，大拇指尖压在钞票侧面某适当位置。右手大拇指在票上，食指、中指在票下，右手大拇指指尖向下捻动钞票，每捻出一张，用右手无名指将其弹拨下来，连续动作，同时用1、2、3……自然记数法。此法易于识别假币和挑出残票，但较费力
    - 单指多张点钞法
    - 四指拨动点钞法
  - 扇面式点钞法
    - 左手持票，把钞票打成一扇面，钞票间隔均匀，右手中指、无名指托住钞票背面，右手大拇指一次按下某一固定张数作为一组，然后用右手食指压住，随后大拇指继续向前按第二次，反复至完成，同时采分组记数法。此法速度快，但只能确认张数，不能看清票面，不利于清点新、旧、破混合钞票
  - 整点硬币的方法
    - 工具整点
    - 手工整点
      - 拆卷。右手持硬币卷的1/3部位，放在待清点包装纸中间，左手撕开硬币包装纸的一头，然后右手大拇指向下从左到右端开包装纸，把纸从卷上面压开后，左手食指平压硬币，右手抽出已压开的包装纸
      - 点数。按币值由大到小的顺序清点，左手持币，右手拇指、食指分组清点。右手中指从一组中间分开查看，如1次点18枚为一组，即从中间分开一边9枚。分组计数，一组为1次，如点10枚即记10次为一卷叠放在包装纸上
      - 包装。双手无名指分别顶住硬币两头，用拇指、食指、中指捏住硬币两端，将硬币取出放入已准备好的包装纸1/2处，用双手拇指把里半部的包装纸向外掀起掖在硬币底部，再用右手掌心用力向外推卷，后用双手中指、食指、拇指分别将两头包装纸压下均贴至硬币，使硬币两头压三折，包装完毕

图 13-4　点钞的常用方法

13.2.2　怎样识别人民币的真假

（1）第五套人民币的防伪特征

我国自 1948 年 12 月 1 日发行第一套人民币至今先后发行了五套人民币，目前正在使用的是第四和第五套人民币，其中以第五套人民币为主。目前第五套人民币已经发行了 1999 年、2005 年、2015 年、2019 年四个版本，第五套人民币共 8 种面额：100 元、50 元、20 元、10 元、5 元、1 元、5 角、1 角，其中 2019 年 8 月 30 日起发行的 2019 年版第五套人民币包括 50 元、20 元、10 元、1 元纸币和 1 元、5 角、1 角硬币。了解人民币的防伪特征是正确鉴别人民币真伪的前提，表 13-1 介绍了 2015 年版和 2019 年版第五套人民币的主要防伪特征。

表 13-1　2015 年版和 2019 年版第五套人民币的防伪特征对照表

	15 年版人民币防伪特征	19 年版人民币防伪特征及与 15 年版的区别
水印	固定人像水印位于正面左侧空白处，迎光透视，可见与主景人像相同、立体感很强的毛泽东头像水印。100 元、50 元纸币的白水印位于正面双色异形横号码下方，20 元纸币的白水印位于正面双色横号码下方，迎光透视，分别可以看到透光性很强的水印面额数字字样	2019 年版 50 元、20 元、10 元纸币明显提升了水印清晰度和层次效果。人像水印位于票面正面左侧的空白处，透光观察可见毛泽东头像。人像水印清晰度明显提升，层次更加丰富。白水印位于票面正面横号码下方，透光观察可见水印面额数字。新版 1 元纸币也增加了白水印
光彩光变面额数字	100 元纸币正面票面中部增加光彩光变数字“100”，较旧版增加了金色	2019 年版 50 元、20 元、10 元纸币也增加了光彩光变技术，改变钞票观察角度，面额数字颜色出现变化，并可见一条亮光带上下滚动
光变镂空开窗安全线	2015 年版 100 元纸币采用光变镂空开窗安全线技术	2019 年版 50 元纸币采用动感光变镂空开窗安全线，改变钞票观察角度，安全线颜色在红色和绿色之间变化，亮光带上下滚动；透光观察可见“50”。2019 年版 20 元、10 元纸币采用光变镂空开窗安全线，与 2015 年版 100 元纸币类似，改变钞票观察角度，安全线颜色在红色和绿色之间变化；透光观察，20 元纸币可见“20”，10 元纸币可见“10”
雕刻凹版印刷	正面主景毛泽东头像、中国人民银行行名、盲文及背面主景人民大会堂等均采用雕刻凹版印刷，用手指触摸有明显凹凸感	取消右侧凹印手感线
横竖双号码 / 双色异形横号码	正面采用横竖双号码印刷（均为两位冠字、八位号码）。横号码为黑色，竖号码为蓝色。改为双色异形横号码。100 元、50 元纸币正面左下角印有双色异形横号码，左侧部分为暗红色，右侧部分为黑色。字符由中间向左右两边逐渐变小	2019 年版第五套人民币调整了左侧横号码式样，增添了竖号码，可以有效防范变造纸币。左侧横号码的冠字和前两位数字为暗红色，后六位数字为黑色。右侧竖号码冠字和数字均为蓝色

（2）常见假钞有哪些类型和特点

单位出纳人员必须具备基本的人民币真伪鉴别知识。假币种类包括机制、拓印、复印、照相、描绘、石、木版以及蜡版、油印假币等。其中电子扫描分色制版印刷的机制假币数量最多，伪造水平最高，危害性最大。常见假钞的类型和特点如图 13-5 所示。

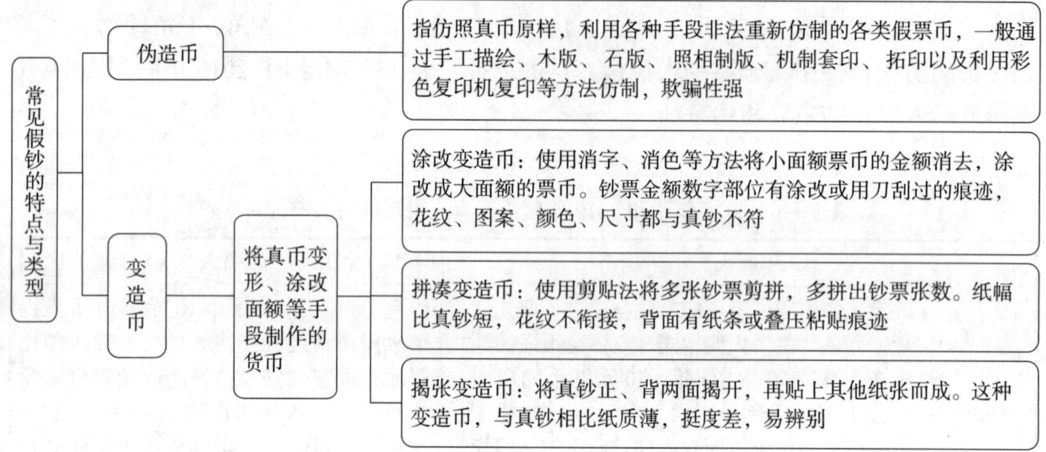

图 13-5　常见假钞的类型和特点

（3）假钞鉴别的常用技巧

通过对钞票的纸张、水印等防伪特征进行辨别可以鉴别假钞，常用技巧如表 13-2 所示。

表 13-2　鉴别假钞的常用技巧

鉴别方法	真币特点	假币特点
纸张识别	采用专用钞纸，主要成分为棉短绒和高质量木浆，具有耐磨、有韧度、挺括、不易折断，抖动时声音脆响等特征	纸张绵软、韧性差、易断裂，抖动时声音发闷
水印识别	分满版和固定水印两种。如现行人民币 1、2、5 元券为满水印暗记；10、50、100 元券为固定人头像水印暗记。层次分明、立体感强，透光观察清晰	水印模糊，无立体感，变形较大，用浅色油墨加印在纸张正、背面，不需迎光透视就能看到
凹印技术识别	图像层次清晰，色泽鲜艳、浓郁，立体感强，触摸有凹凸感，如 1~10 元券人民币在人物、字体、国徽、盲文点处都采用了这一技术	图案平淡，手感光滑，花纹图案较模糊，并由网点组成

续表

鉴别方法	真币特点	假币特点
荧光识别	1990 年版 50、100 元券人民币分别在正面主图景两侧印有在紫外光下显示纸币面额阿拉伯数字“100”或“50”和汉语拼音“YIBAI”或“WUSHI”的金黄色荧光反应，但整版纸张无任何反应	一般没有荧光暗记，个别的虽有荧光暗记但与真币比较，颜色有较大差异，并且纸张会有较明亮的蓝白荧光反应
安全线识别	安全线是立体实物与钞纸融为一体，有凸起的手感	一般是印上或画上的，如加入立体实物会出现与票面皱褶分离的现象
其他	还可借助仪器进行检测，可用紫外光、放大镜、磁性等简便仪器对可疑票券进行多重检测	

（4）如何处理假钞

出纳人员发现或怀疑为假钞时可以按照如图 13-6 所示的方法进行处理。

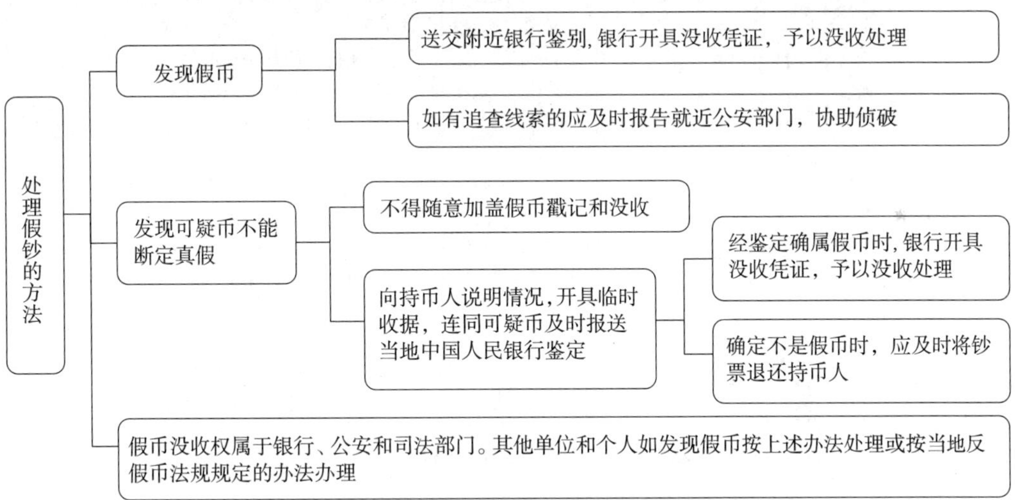

图 13-6 处理假钞的方法

13.2.3 怎样进行规范的财务书写

出纳人员要不断地填制凭证、记账、结账和对账，经常要书写大量的数字，进行规范的财务书写是出纳人员必须掌握的重要基本功。如果数字书写不正确、不清晰、不符合规范，就会带来很大的麻烦。因此客观上要求出纳人员掌握一定的书写技能，使书写的数字清晰、整洁、正确并符合规范化的要求。

（1）小写金额数字的书写要求

小写金额是用阿拉伯数字来书写的。具体书写要求如图 13-7 所示。

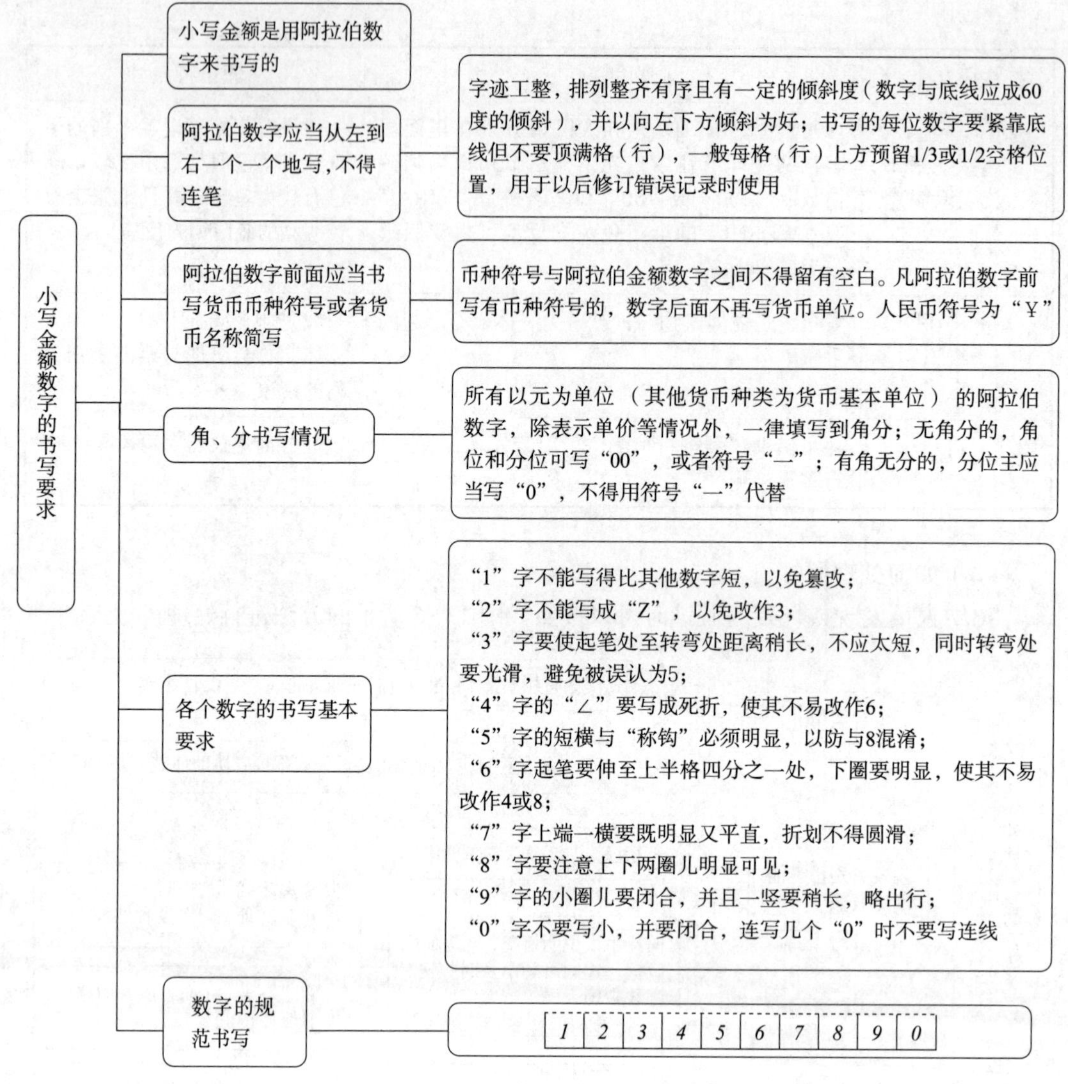

图 13-7 小写金额数字的书写要求

（2）大写金额数字的书写要求

大写金额是用汉字大写数字：零、壹、贰、叁、肆、伍、陆、柒、捌、玖、拾、佰、仟、万、亿等来书写的。具体书写要求如图 13-8 所示。

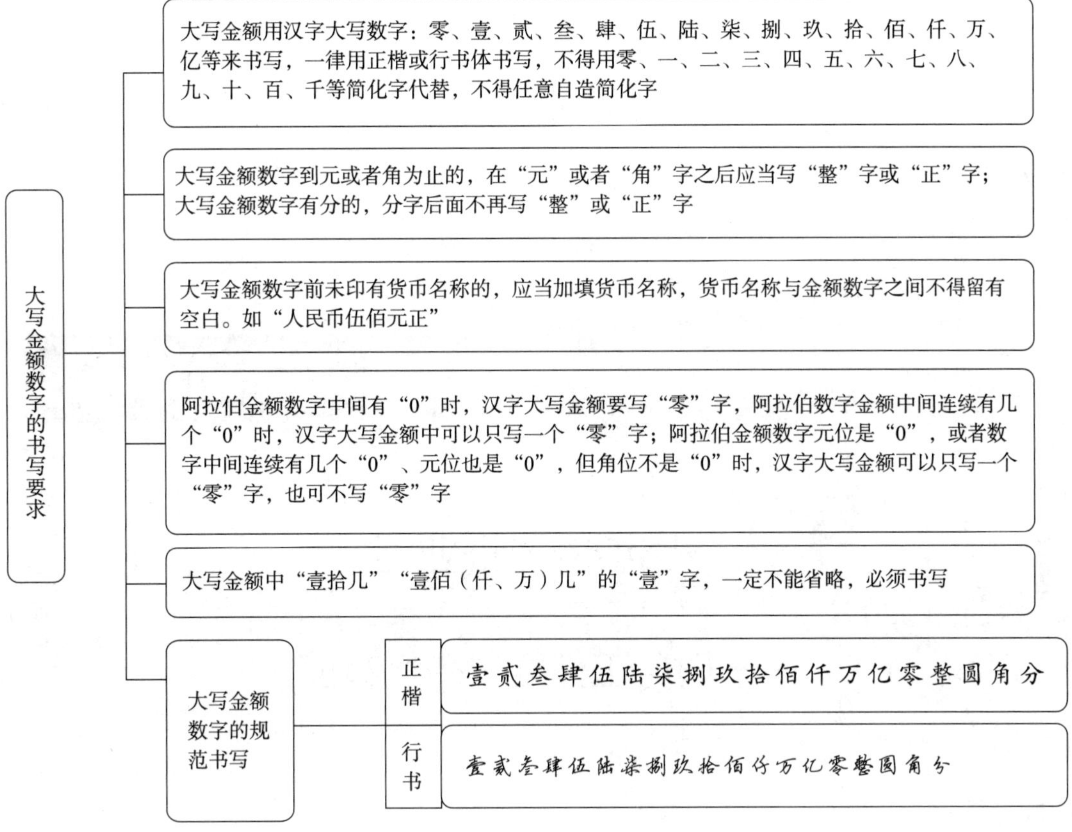

图 13-8　大写金额数字的书写要求

本章实操要点

本章主要介绍出纳人员应该具备的基本业务技能，重点应该放在日常操作的训练上，有以下三个要点：

（1）至少熟练掌握一种手工点钞方法以及规范的放置钞票方法。

（2）能够识别假钞。

（3）牢记大小写金额的规范书写格式。

第十四章

出纳的账证业务

——财务工作要“有凭有证”

内容概览

在财务工作中，记账的依据是会计凭证，出纳人员在核算企业发生的经济业务时须根据业务的发生情况取得有关凭证，按照原始凭证编制记账凭证，在记账凭证的基础上登记账簿等，编制出纳报告。在本章的学习中，我们将解决读者的以下问题。

（1）如何编制与审核原始凭证、记账凭证等会计凭证？

（2）会计凭证如何传递？如何装订与保管会计凭证？

（3）什么是会计账簿，它有哪些种类？怎样装订会计账簿？

（4）如何设置、启用、登记现金日记账？

（5）如何登录银行存款日记账？

（6）如何保管账证、印鉴？

14.1 如何编制与审核会计凭证

14.1.1 什么是原始凭证，如何编制与审核原始凭证

原始凭证，又称原始单据，是在经济业务发生或完成时直接取得或填制的，用以记录、证明经济业务已发生或完成的书面凭证，是进行会计核算的原始资料。实际工

作中，原始凭证有从外单位取得的，有本单位自制的，记载着大量的经济信息，是证明经济业务发生的初始文件，有较强法律效力，是一种很重要的凭证。

（1）原始凭证的种类

原始凭证有很多的分类方法，我们这里只介绍其中的一种，如图 14-1 所示。

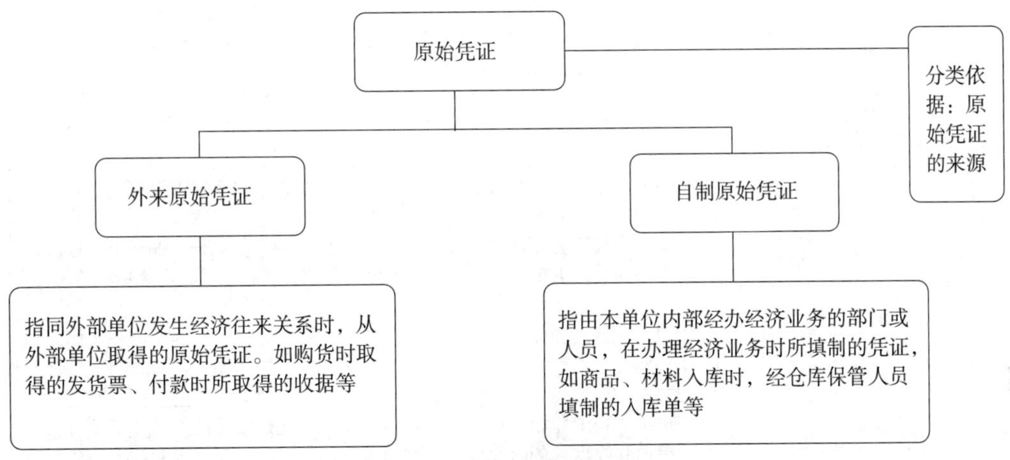

图 14-1　原始凭证的基本分类

（2）原始凭证的内容

原始凭证是记录经济业务完成情况，明确有关单位与人员经济责任的证明单据。因此，必须客观真实地填制好原始凭证。虽然不同的原始凭证有其反映的不同经济业务内容、不同的格式，但都包含有如图 14-2 所示的几个方面。

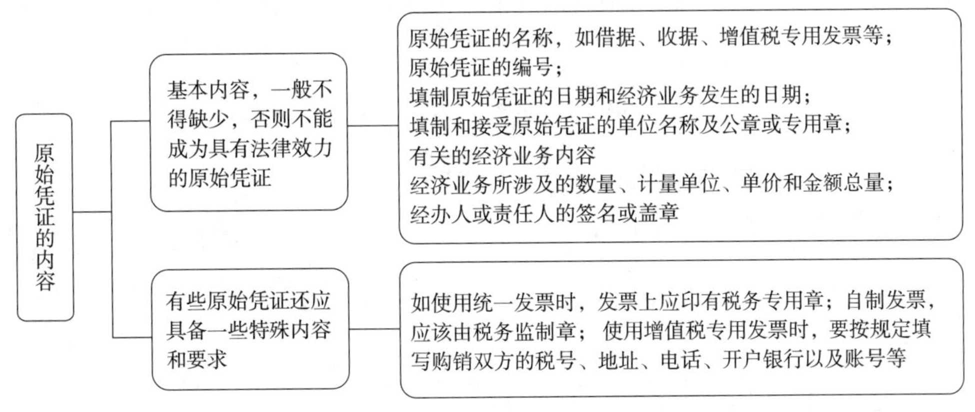

图 14-2　原始凭证的内容

（3）填制原始凭证的要求

原始凭证是具有法律效力的证明文件，是进行会计核算的重要原始依据。原始凭证的填制必须符合如图 14-3 所示的基本要求。

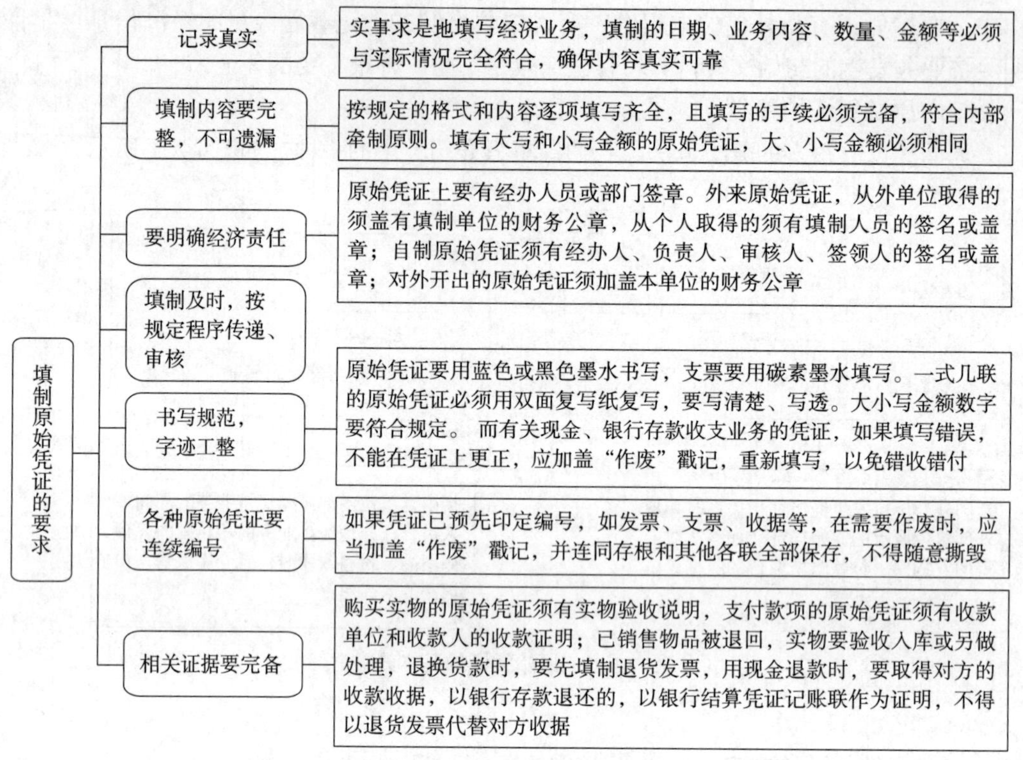

图 14-3　填制原始凭证的要求

（4）原始凭证的审核

对会计凭证的审核是会计监督的一个重要手段。原始凭证填制以后，为了保证其真实可靠，会计部门在据此填制记账凭证入账前，必须对其进行严格的审核，如图 14-4 所示。

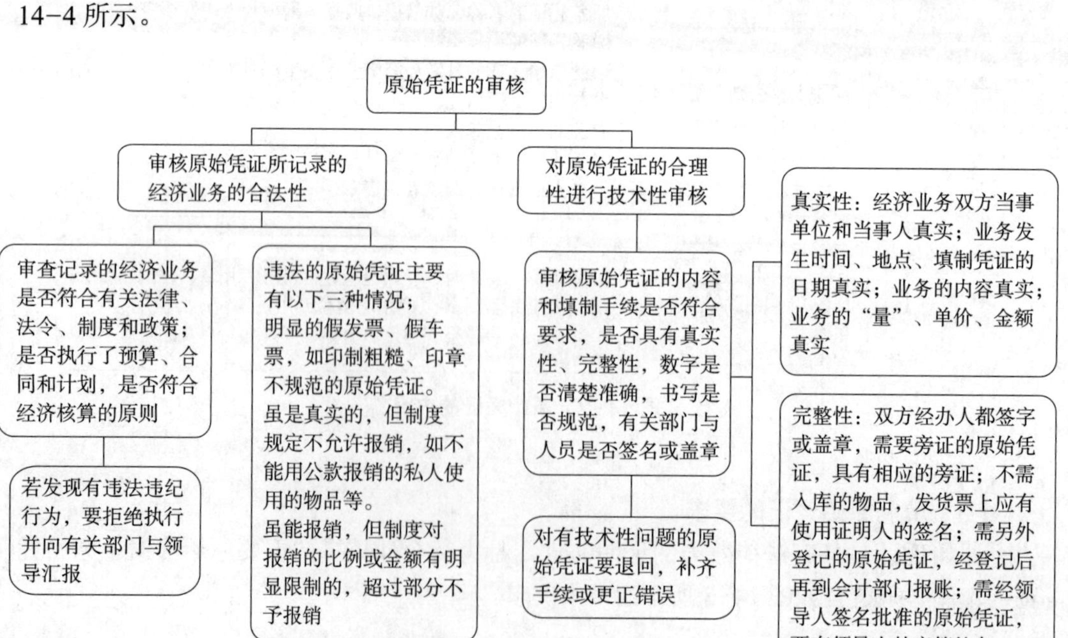

图 14-4　原始凭证的审核

14.1.2　什么是记账凭证，如何编制与审核记账凭证

记账凭证是会计人员根据审核后的原始凭证进行归类、整理，并确定会计分录而编制的凭证，是直接凭以登记账簿的依据。记账凭证记载的是会计信息，从原始凭证到记账凭证是经济信息转换成会计信息的过程，是一种质的飞跃。填制和复核记账凭证是出纳工作的重要组成部分。填制记账凭证，通常叫做制单，财会部门应指定专人制单。

记账凭证要根据原始凭证所反映的经济业务，按规定的会计科目和复式记账方法，编成会计分录，以确保账簿记录的准确性。记账凭证的样式如表 14–1 所示。

表 14–1　记账凭证表样

记　账　凭　证

2×19 年 11 月 15 日　　　　　　　　编号

摘要	一级科目	二级或明细科目		借方							贷方						
				万	千	百	十	元	角	分	万	千	百	十	元	角	分

财会主管：　　　　记账：　　　　出纳：　　　　复核：　　　　制单：

（1）记账凭证的种类

记账凭证根据不同的标准可以做不同的分类，种类如表 14–2 所示。

表 14–2　记账凭证的种类

依据	种类	内　　容	说　　明
反映的经济业务是否与货币资金有关	收款凭证	根据货币资金收入业务的原始凭证填制而成，用以反映货币资金收入业务。一般按现金和银行存款分别编制。 出纳人员应根据会计管理人员或指定人员审核批准的收款凭证，作为记录货币资金收入的依据。出纳人员根据收款凭证收款（尤其是收入现金）时，要在凭证上加盖“收讫”戳记，以避免差错	某些经济业务既是货币资金收入业务，又是货币资金支出业务，如现金和银行存款之间的划转业务。 为了避免记账重复，对于这类业务一般编制付款凭证，不编制收款凭证。即：将现金存入银行时，编制现金付款凭证；从银行存款提取现金时，编制银行存款付款凭证
	付款凭证	根据货币资金支出业务的原始凭证填制而成，用以反映货币资金支出业务。 出纳人员应根据会计主管人员或指定人员审核批准的付款凭证，作为记录货币资金支出并付出货币资金的依据。出纳人员根据付款凭证付款时，要在凭证上加盖“付讫”戳记，以免重付	
	转账凭证	根据有关转账业务的原始凭证或记账编制凭证填制而成，用以反映与货币资金收付无关的转账业务	

续表

依据	种类	内容	说明
填制的方式不同	复式记账凭证	是把一项经济业务所涉及的会计科目，集中填列在一张凭证上的记账凭证，即一张凭证上登记两个或两个以上的会计科目，既有“借方”，又有“贷方”。如前面介绍的收款凭证、付款凭证、转账凭证和通用凭证都是复式记账凭证	可集中反映账户对应关系，了解经济业务全貌，减少凭证数量，节约纸张。但不便于汇总计算每一会计科目的发生额，不利于会计人员分工记账
	单式记账凭证	是把一项经济业务所涉及的会计科目，分别按每个会计科目填制凭证的记账凭证，即把同类经济业务所涉及的会计科目分别记入两张或两张以上的记账凭证中，每张记账凭证只填列一个会计科目	通常适用于业务量较大、会计内部分工较细的会计主体，便于同时汇总计算每一会计科目发生额，便于分工记账，但不便于反映经济业务的全貌及会计科目的对应关系

（2）记账凭证的基本内容

记账凭证是登记账簿的直接依据，它是在审核无误的原始凭证的基础上，系统归类整理编制而成的。记账凭证有很多种类，同一种类的记账凭证又有不同的格式，但所有的记账凭证都必须具备下列基本内容：

① 记账凭证的名称，即记账凭证，或收款凭证、付款凭证、转账凭证，或现金收款凭证、现金付款凭证、银行存款收款凭证、银行存款付款凭证、转账凭证等；

② 记账凭证的编号；

③ 填制凭证的日期，要写明具体的年月日；

④ 有关经济业务内容摘要；

⑤ 有关账户的名称（包括总账、明细分类账）、借贷方向和金额（即会计分录）；

⑥ 有关原始凭证张数和其他有关资料份数；

⑦ 有关人员的签名或盖章，包括制单人员、记账人员、审核人员、会计主管人员等，收、付款记账凭证还必须由出纳人员签名或盖章。

（3）怎样填制记账凭证

填制记账凭证，就是要由会计人员将各项记账凭证要素按规定方法填写齐全，便于账簿登记。填制记账凭证是一项重要的会计工作，如果出现差错，不仅影响到账簿登记，而且会影响到经费收支、费用归集与分配、成本计算和编制会计报表等，因此，必须认真对待。

就记账凭证确定会计分录、便于保管和查阅会计资料来看，各种记账凭证除严格按原始凭证的填制要求填制外，还应注意的几点如图 14–5 所示。

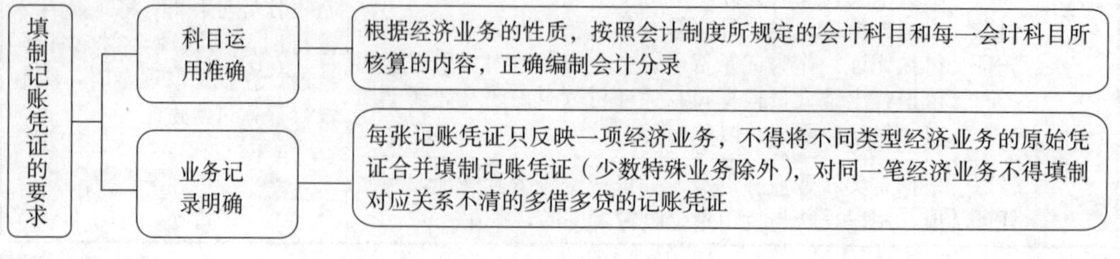

图 14–5　填制记账凭证的要求

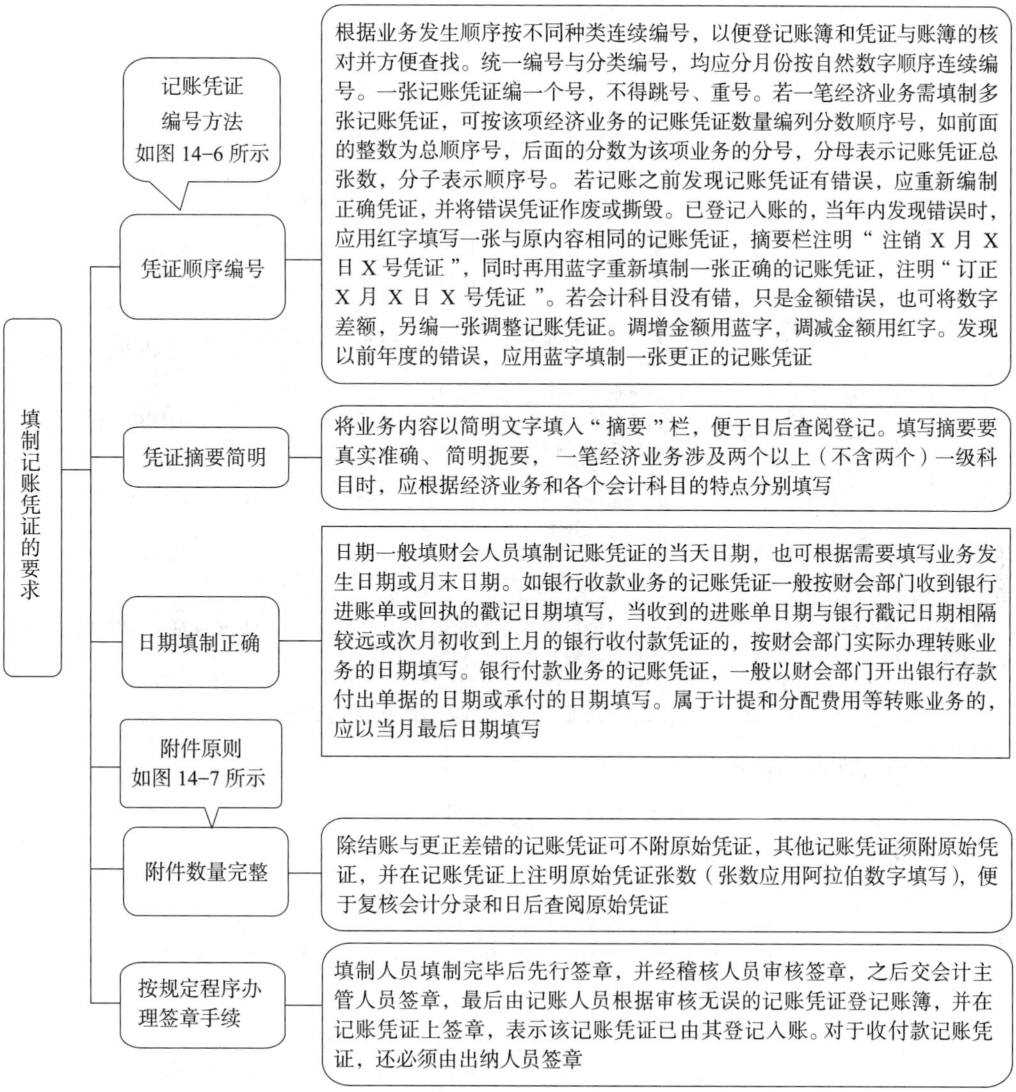

填制记账凭证的要求
记账凭证编号方法如图 14-6 所示
凭证顺序编号
根据业务发生顺序按不同种类连续编号，以便登记账簿和凭证与账簿的核对并方便查找。统一编号与分类编号，均应分月份按自然数字顺序连续编号。一张记账凭证编一个号，不得跳号、重号。若一笔经济业务需填制多张记账凭证，可按该项经济业务的记账凭证数量编列分数顺序号，如前面的整数为总顺序号，后面的分数为该项业务的分号，分母表示记账凭证总张数，分子表示顺序号。若记账之前发现记账凭证有错误，应重新编制正确凭证，并将错误凭证作废或撕毁。已登记入账的，当年内发现错误时，应用红字填写一张与原内容相同的记账凭证，摘要栏注明“注销 X 月 X 日 X 号凭证”，同时再用蓝字重新填制一张正确的记账凭证，注明“订正 X 月 X 日 X 号凭证”。若会计科目没有错，只是金额错误，也可将数字差额，另编一张调整记账凭证。调增金额用蓝字，调减金额用红字。发现以前年度的错误，应用蓝字填制一张更正的记账凭证
凭证摘要简明
将业务内容以简明文字填入“摘要”栏，便于日后查阅登记。填写摘要要真实准确、简明扼要，一笔经济业务涉及两个以上（不含两个）一级科目时，应根据经济业务和各个会计科目的特点分别填写
日期填制正确
日期一般填财会人员填制记账凭证的当天日期，也可根据需要填写业务发生日期或月末日期。如银行收款业务的记账凭证一般按财会部门收到银行进账单或回执的戳记日期填写，当收到的进账单日期与银行戳记日期相隔较远或次月初收到上月的银行收付款凭证的，按财会部门实际办理转账业务的日期填写。银行付款业务的记账凭证，一般以财会部门开出银行存款付出单据的日期或承付的日期填写。属于计提和分配费用等转账业务的，应以当月最后日期填写
附件原则如图 14-7 所示
附件数量完整
除结账与更正差错的记账凭证可不附原始凭证，其他记账凭证须附原始凭证，并在记账凭证上注明原始凭证张数（张数应用阿拉伯数字填写），便于复核会计分录和日后查阅原始凭证
按规定程序办理签章手续
填制人员填制完毕后先行签章，并经稽核人员审核签章，之后交会计主管人员签章，最后由记账人员根据审核无误的记账凭证登记账簿，并在记账凭证上签章，表示该记账凭证已由其登记入账。对于收付款记账凭证，还必须由出纳人员签章

图 14-5 填制记账凭证的要求（续）

记账凭证应根据业务发生顺序按照不同种类的记账凭证连续编号，以便于登记账簿和进行记账凭证与账簿记录的核对，防止会计凭证的丢失，并方便日后查找。记账凭证编号的方法如图 14-6 所示。

记账凭证编号方法
将财会部门内的全部记账凭证作为一类统一编号，编为记字第 ×× 号
分别按现金和银行存款收入、现金和银行存款付出以及转账业务三类进行编号，分别编为收字第 ×× 号、付字第 ×× 号、转字第 ×× 号
按现金收入、现金付出、银行存款收入、银行存款付出和转账五类进行编号，分别编为现收字第 ×× 号、现付字第 ×× 号、银收字第 ×× 号、银付字第 ×× 号、转字第 ×× 号

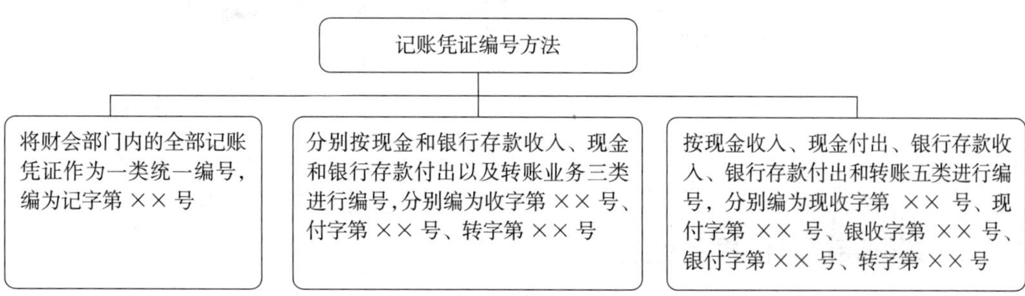

图 14-6 记账凭证编号方法

记账凭证所附原始凭证张数计算的原则如图 14-7 所示。

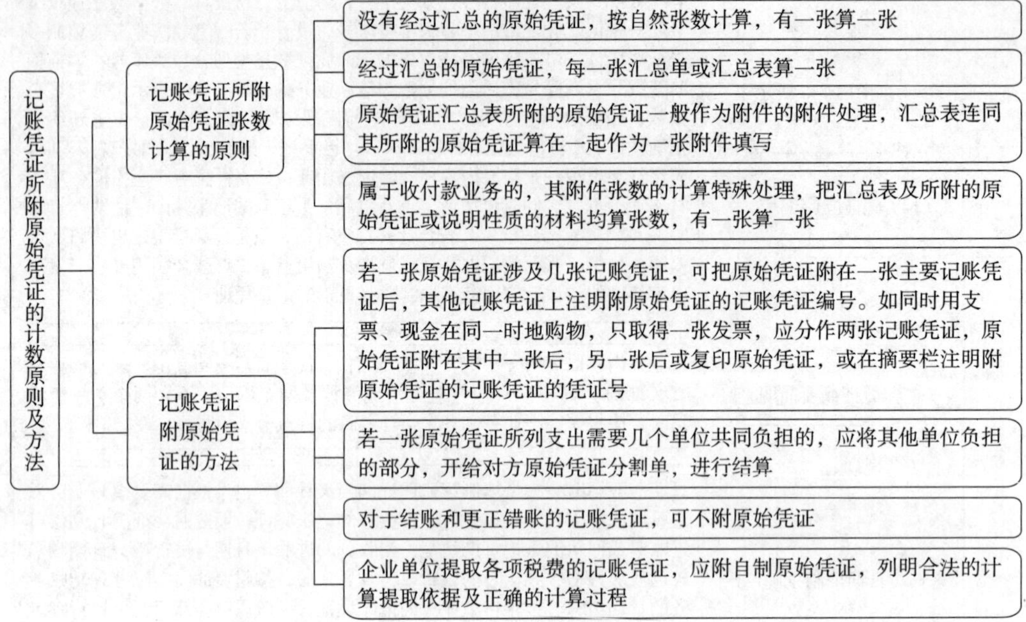

图 14-7 记账凭证附原始凭证的计数原则及方法

（4）记账凭证的审核

记账凭证的审核，主要有合法性审核、完整性审核和技术性审核，具体体现在以下几方面的审核，如图 14-8 所示。

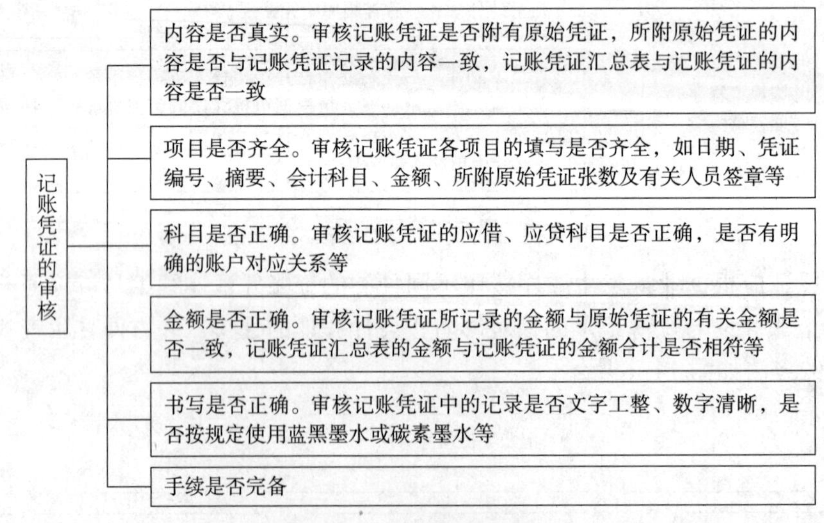

图 14-8 记账凭证的审核

14.1.3 如何装订与保管会计凭证

会计凭证装订、保管的基本流程如图 14-9 所示。

会计凭证装订、保管的基本流程

装订前的准备工作：
分类整理，按顺序排列，检查日期、编号是否齐全，是否缺页，漏编。
按凭证汇总日期归集，确定装订成册的本数。
摘除凭证内的金属物，对面积较大的原始凭证要折叠成同记账凭证一样的大小，且要避开装订线。
整理检查凭证顺序号，如有颠倒要重新排列，发现缺号要查明原因。
检查记账凭证上有关人员的印章是否齐全

会计凭证的装订：
各单位由于经济活动内容不同，每月（期）结账时会计凭证的数量多少不一，一般而言每册装订厚度 2~3 厘米为宜，多者可视情况增订册数。
记账凭证装订前要认真检查，看记账凭证的编号是否齐全，有无缺号，并检查原始凭证的张数有无多少，最后抽去记账凭证上的大头针或回形针。
记账凭证排完序后，可将当月的《会计科目发生额平衡表》《会计科目余额表》以及《现金转账收付凭证交接单》折叠后一并编排在记账凭证的前面，以便需要时查阅。
会计凭证封面设计应包括册数、年度、起讫日期、记账凭证号数、原始凭证和原始凭证汇总表张数、记账凭证总页数等，日期、数字最好选用日期号码章用印泥粘印。为避免封面装订后填制失误，封面设计可在装订前完成，以保证会计凭证封面整洁美观。
装订会计凭证可采用“ 三针四线法 ”。即在会计凭证左上角装订处，打 3 个孔绕 4 道线的一种装订方法。首先，第一个孔打在封面左上角距上边线和左边线 1.5 厘米处的交叉点上，其直径比其他两个孔的直径要大一点，以便于以后穿线。第二个孔在第一个孔的右边，距第一个孔和上边线 1.5 厘米处的交叉点上。第三个孔在第一个孔的下方距第一个孔和左边线 1.5 厘米处的交叉点上。这 3 个孔构成一个等腰三角形，它的两条直角边分别与封面的左边线和上边线平衡。打好孔后，进行穿线。第一针从第一孔的背面向正面穿(留下线尾 5~6 厘米),向左边绕一道线，再从第一个孔的背面穿过，向上绕一道线，仍从第一个孔的背面穿过，引至正面，然后订第二孔。针从第二孔的正面穿过，从背面向上绕一道线至正面，再从第二孔穿过，然后从第一孔的背面穿至正面订第三孔。针从第三孔的正面穿过，背后向左绕一道线，再从正面穿过，将带针的线与原预留的线头在第一孔背面打个死结，在每次绕线过程中，要边绕线边勒紧，剪去多余线尾，用锤子锤平线结。
在装订会计凭证时，还需要在装订处包好角，并盖上装订人员的印章。同时在每册记账凭证的左侧脊梁上注明年份、月份、册号数及记账凭证的起讫号数，以便日后查阅。

会计凭证的保管：
会计凭证是会计档案的重要组成部分，应和账簿、报表等会计资料一同妥善保管。要建立会计凭证调阅登记，按规定办理借阅手续；设立会计人员交接记录簿，会计人员变动时，对交接的内容、时间、监交人认真记录；要设立会计档案专柜，专人负责保管，并选择防火、干燥、通风性能较好的地方存放，定期在橱内放入樟脑丸，室内地面放置灭鼠药等，确保会计档案资料在管理期限内安全完整

图 14-9　会计凭证装订、保管的基本流程

（1）如何整理会计凭证

原始凭证的整理办法如图 14-10 所示，通常情况下，出纳人员根据收款凭证和付款凭证记账后，必须逐日、逐张对原始凭证进行加工整理，主要是指对原始凭证进行

排序、粘贴和折叠。

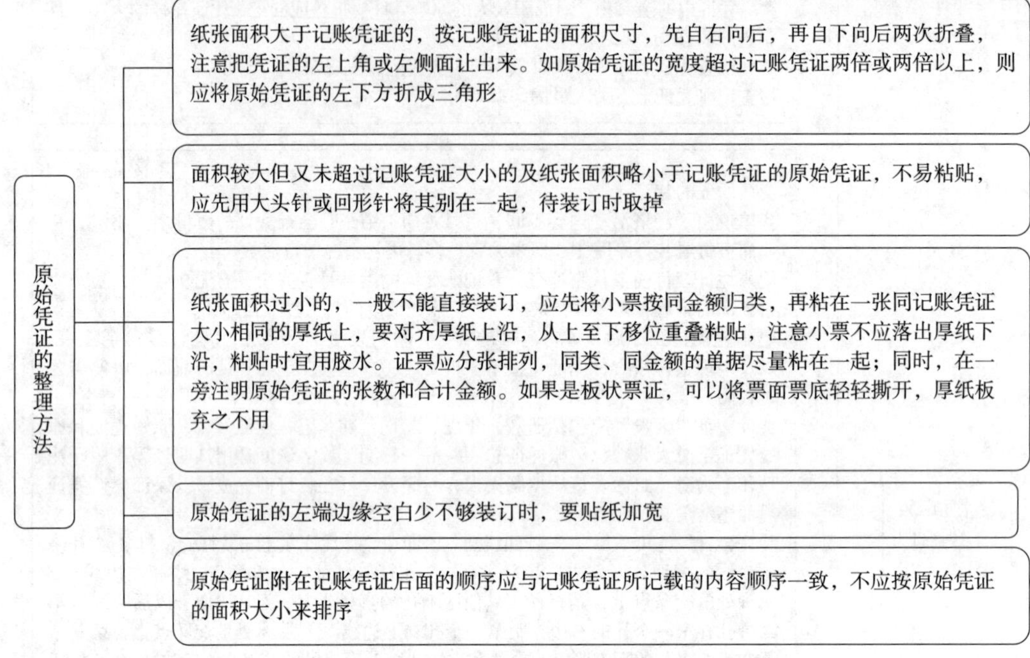

图 14-10　原始凭证的整理方法

（2）如何装订会计凭证

会计凭证的装订是指把定期整理完毕的会计凭证按照编号顺序，外加封面、封底，装订成册，并在装订线上加贴封签。装订会计凭证的基本要求如图 14-11 所示。

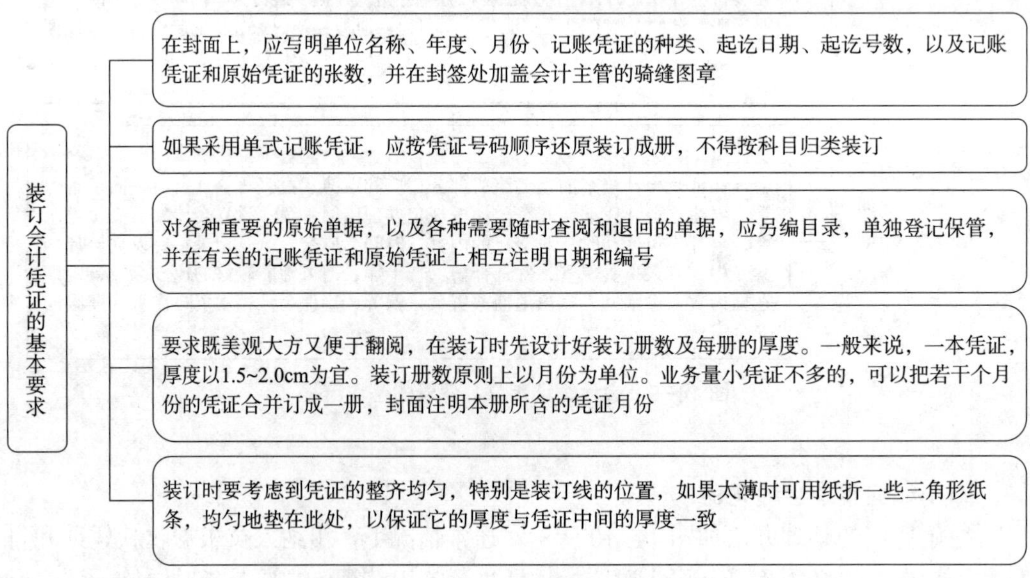

图 14-11　装订会计凭证的基本要求

在装订会计凭证时经常采用的方法是角订法，这种方法装订起来简单易行，样式简洁美观。其具体步骤如图 14-12 所示。

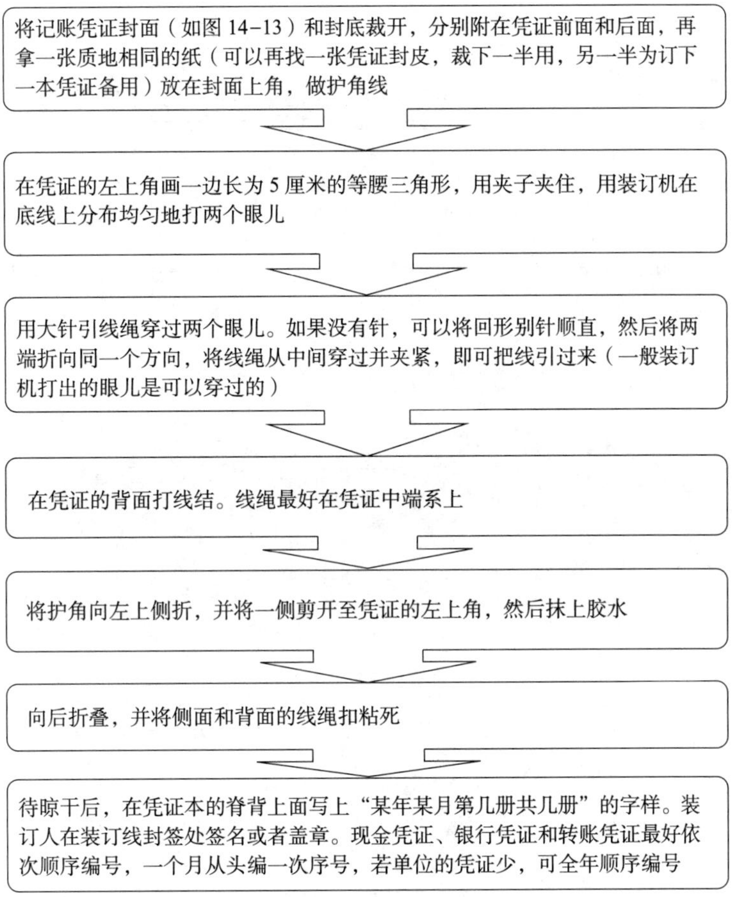

将记账凭证封面（如图 14-13）和封底裁开，分别附在凭证前面和后面，再拿一张质地相同的纸（可以再找一张凭证封皮，裁下一半用，另一半为订下一本凭证备用）放在封面上角，做护角线

↓

在凭证的左上角画一边长为 5 厘米的等腰三角形，用夹子夹住，用装订机在底线上分布均匀地打两个眼儿

↓

用大针引线绳穿过两个眼儿。如果没有针，可以将回形别针顺直，然后将两端折向同一个方向，将线绳从中间穿过并夹紧，即可把线引过来（一般装订机打出的眼儿是可以穿过的）

↓

在凭证的背面打线结。线绳最好在凭证中端系上

↓

将护角向左上侧折，并将一侧剪开至凭证的左上角，然后抹上胶水

↓

向后折叠，并将侧面和背面的线绳扣粘死

↓

待晾干后，在凭证本的脊背上面写上“某年某月第几册共几册”的字样。装订人在装订线封签处签名或者盖章。现金凭证、银行凭证和转账凭证最好依次顺序编号，一个月从头编一次序号，若单位的凭证少，可全年顺序编号

图 14-12　角订法的具体操作步骤

为了更加直观地了解学习会计凭证的角订法，如图 14-13 所示以图解的形式解释会计凭证的角订法。

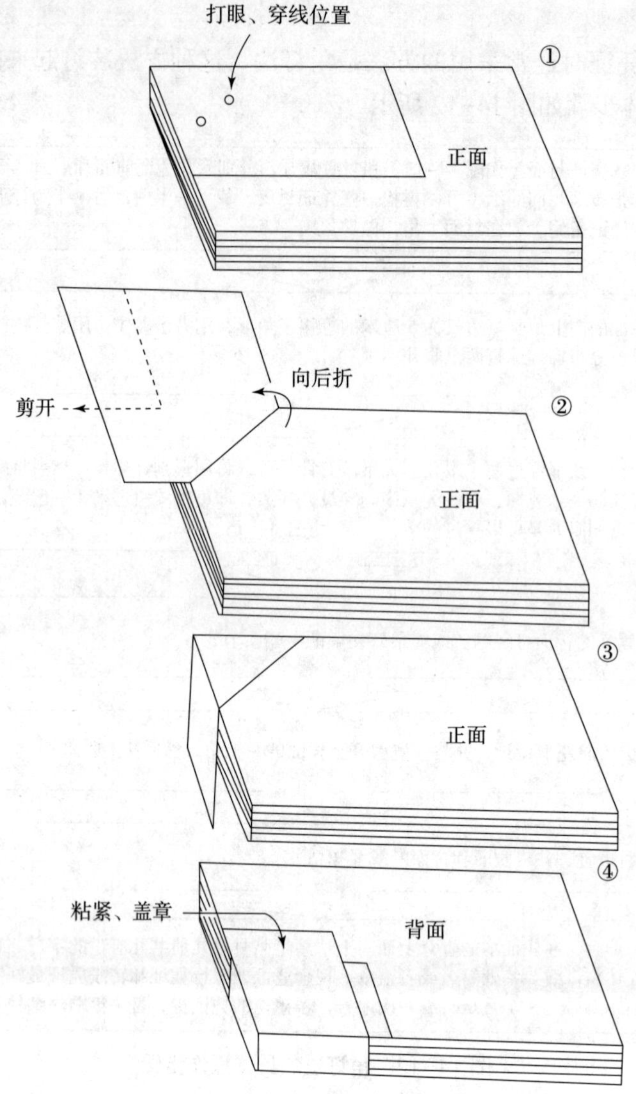

图 14-13　会计凭证的角订法

记账凭证的封面须认真填写，封面示例如表 14-3 所示。

表 14-3　记账凭证的封面

记账凭证

本月第　册

本月共　册

单位名称：			
时间	20 年 月 日起止　年 月 日		
号数	自 号至 号	记账凭证 张	附件 张
附 记			

企业负责人：　　　　　　　　　　　　　会计主管：

（3）如何保管会计凭证

会计凭证保管过程中应注意的事项如图 14-14 所示。

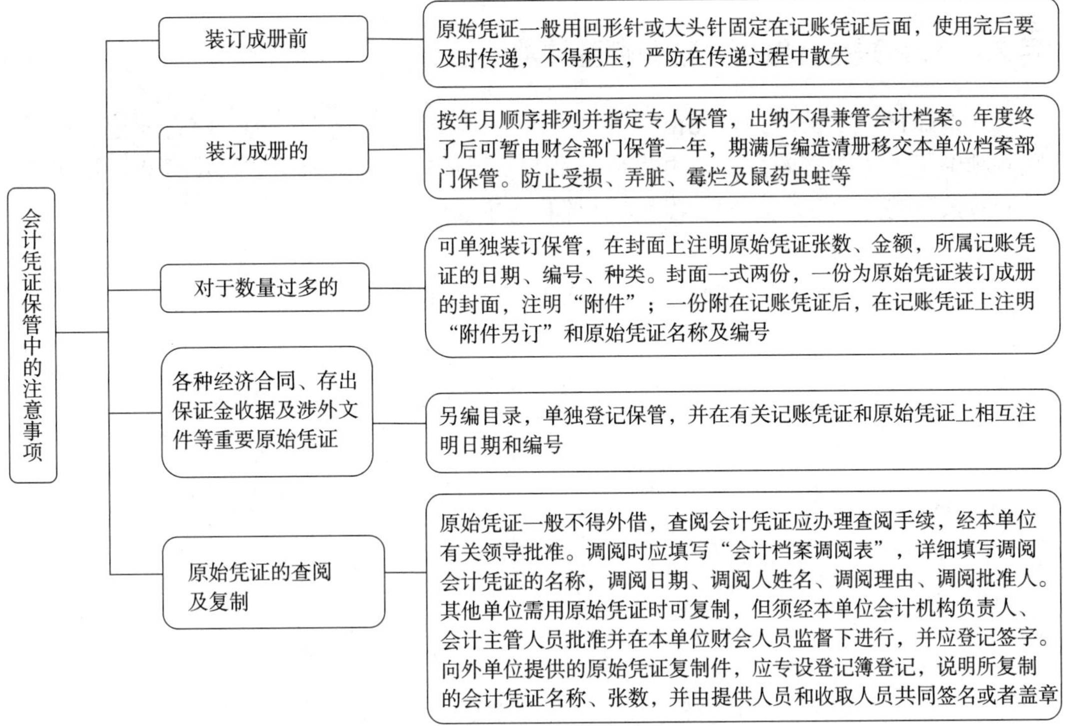

图 14-14　会计凭证保管中的注意事项

（4）会计凭证的保管期限和销毁手续

会计凭证的保管期限和销毁手续必须严格根据《会计档案管理办法》的有关规定执行。具体如图 14-15 所示。

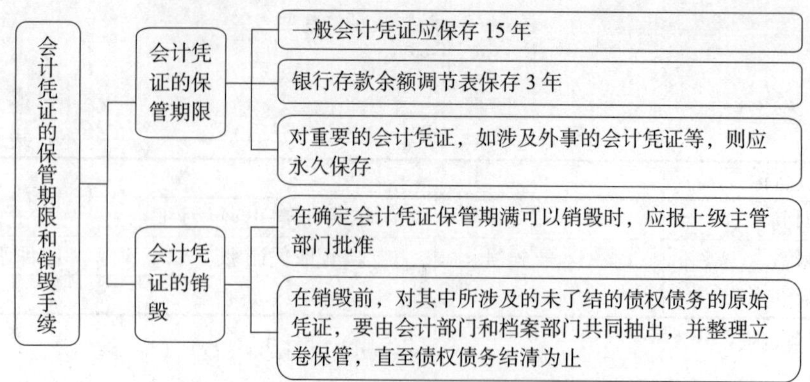

图 14-15　会计凭证的保管期限和销毁手续

14.2　认识会计账簿

14.2.1　什么是会计账簿，它有哪些种类

所谓账簿，就是以会计凭证为依据，延续地、系统地、全面地、综合地记录和反映各项经济业务内容的簿籍，由相互联系的专门格式和账页所组成。设置和登记账簿是会计核算的一种专门方法，也是会计核算的主要环节。

（1）会计账簿的分类

会计账簿可以从不同角度划分，如图 14-16 所示。

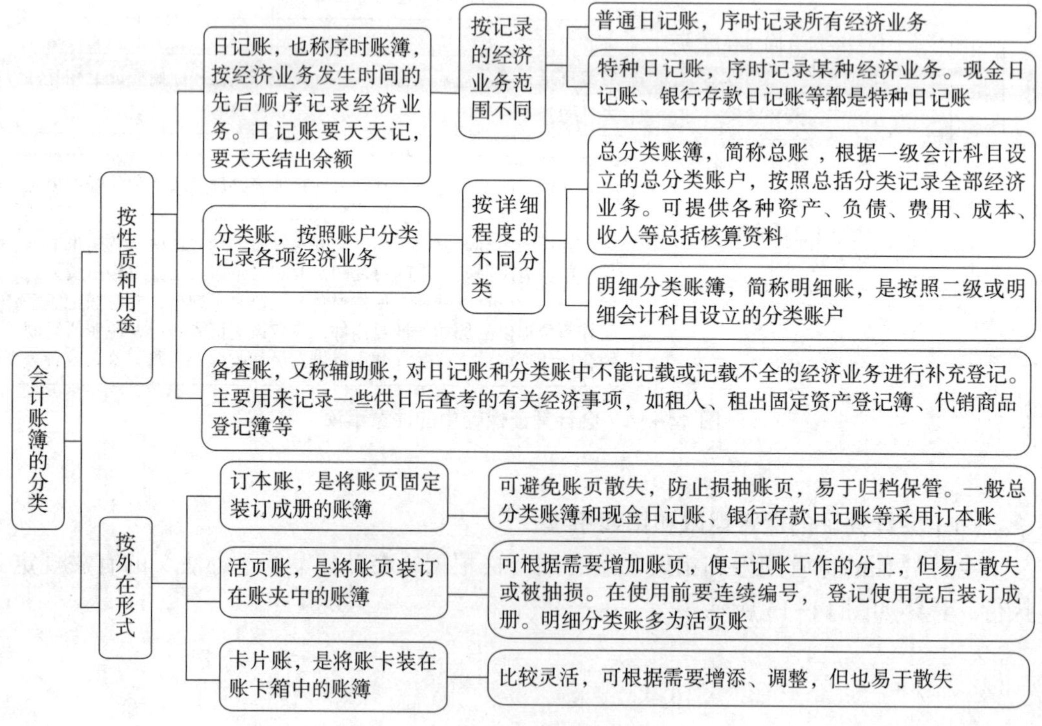

图 14-16　会计账簿及其种类

（2）怎样装订会计账簿

账簿在使用过程中，应妥善保管。会计账簿的装订有一定的要求，其注意事项和方法如图 14-17 所示。

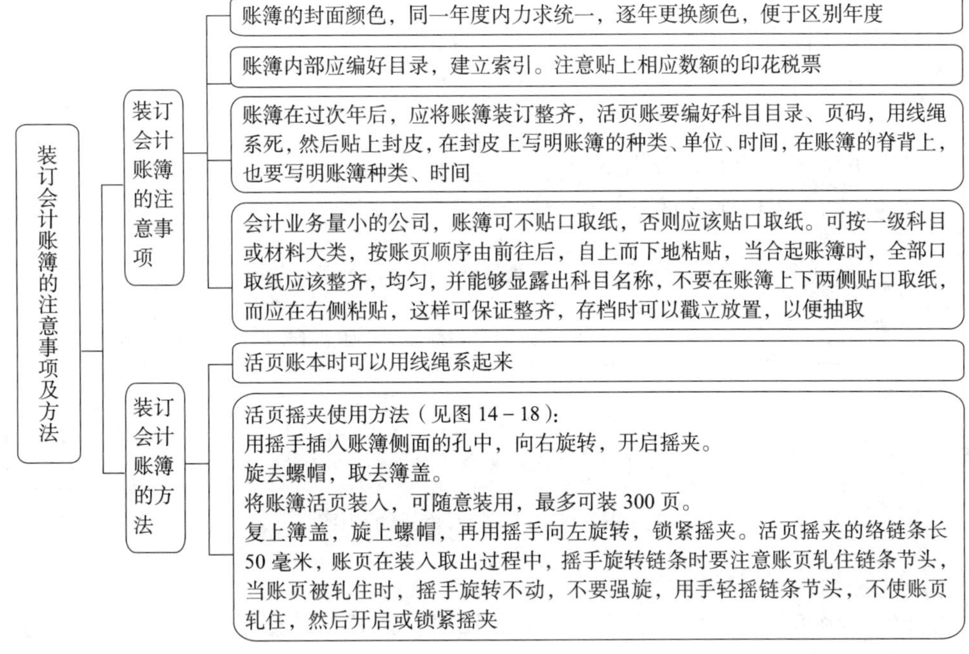

图 14-17　装订会计账簿的注意事项及方法

活页账本时可以用线绳系起来。为了更直观地了解活页账的装订方法，以图解的形式介绍活页摇夹的装订方法，如图 14-18 所示。

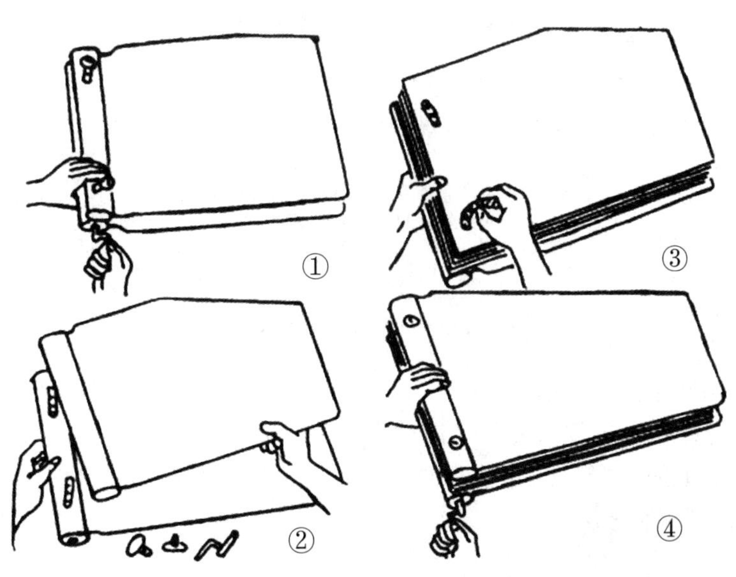

图 14-18　活页摇夹的装订方法

14.2.2 什么是现金日记账，它主要记录哪些经济业务

日记账又称“序时账”，主要包括现金日记账和银行日记账。现金出纳账簿主要指现金日记账。

（1）现金日记账的内容

各个单位各行业对现金出纳工作的要求不同，现金出纳账的内容略有不同，但一般应具备如图 14-19 所示的基本内容。

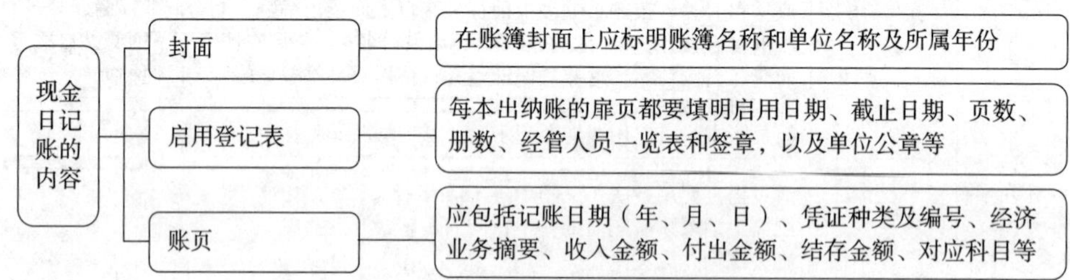

图 14-19 现金日记账的内容

（2）如何设置现金日记账

任何一个单位，只要有现金收付业务发生，就必须设置现金日记账，其要求如图 14-20 所示。

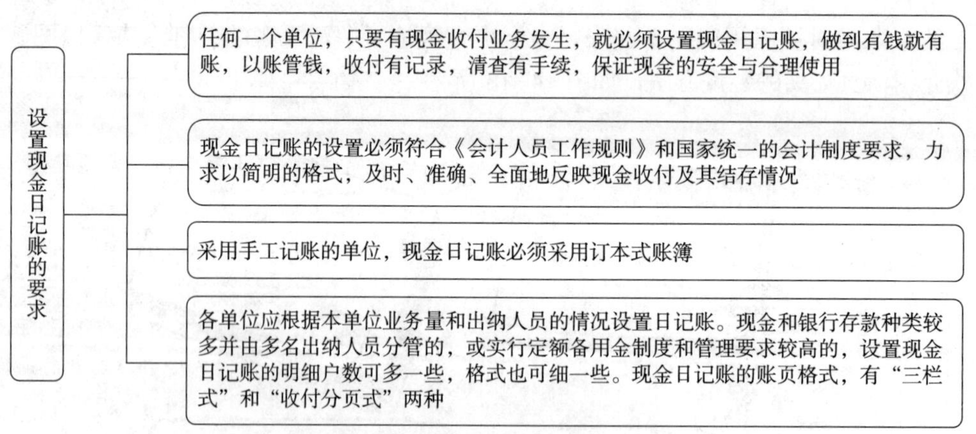

图 14-20 设置现金日记账的要求

（3）如何启用现金日记账

现金日记账是各单位重要的经济档案之一，因此，为了保证账簿使用的合法性，明确责任，保证账簿资料的完整和便于查找，各单位在启用账簿时，应当遵循如图 14-21 所示的要求和做法。

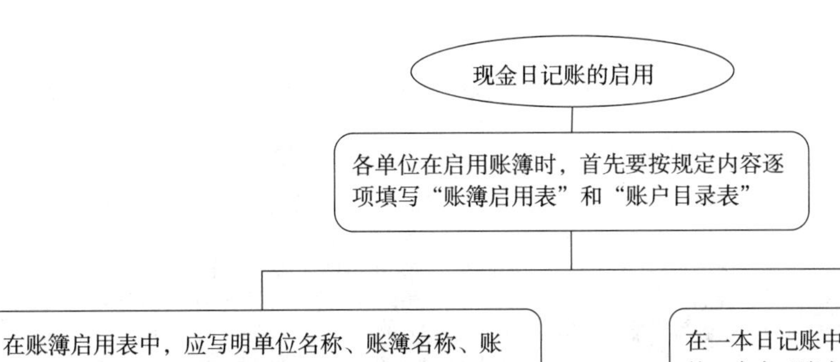

图 14-21　现金日记账的启用

（4）现金日记账的登记方法

现金日记账应该做到账款相符，指将现金日记账每天的日末账面余额与所保管的实际库存现金核对相符。每日终了时，应计算本日现金收入、支出合计数和结存数（实践条件许可的话还可以与库存的模拟现金实存数核对相符），做到账款相符，日清月结。具体的方法如图 14-22 所示。

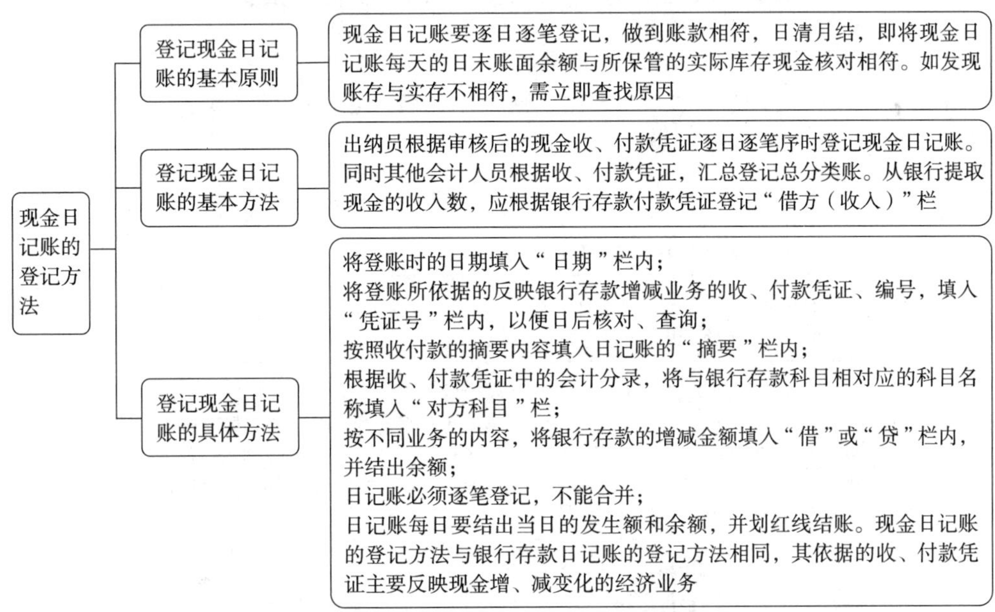

图 14-22　现金日记账的登记方法

（5）登记现金日记账的要求

登记现金日记账的总要求是：分工明确，专人负责，凭证齐全，内容完整，登记及时，账款相符，数字真实、准确，书写工整，摘要清楚，便于查阅，不重记、漏记、错记，按期结账，不拖延，按规定方法更正错账等。具体要求如图 14-23 所示。

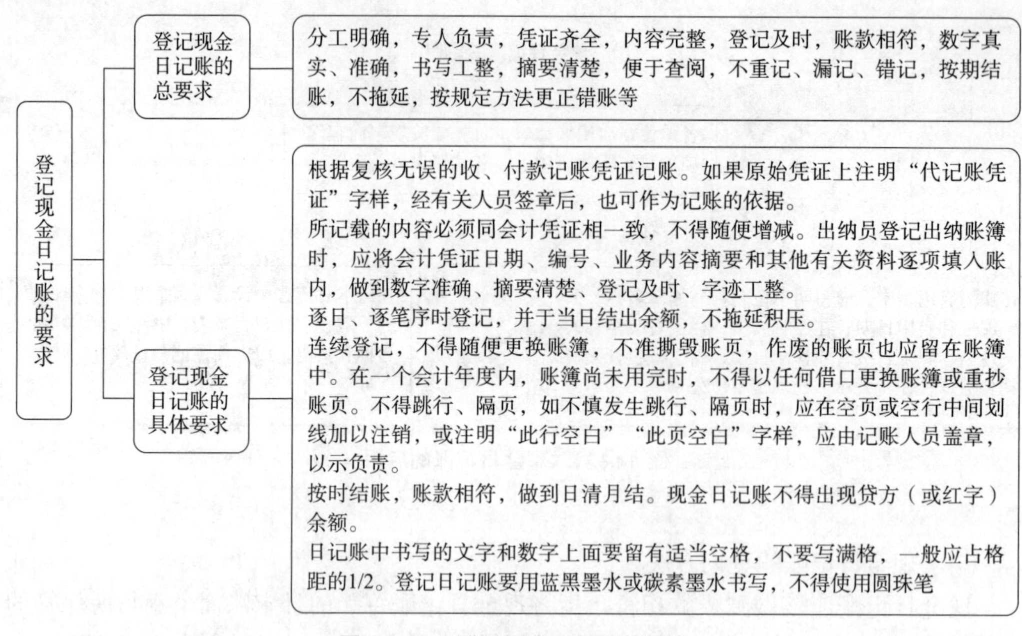

图 14-23　登记现金日记账的要求

14.2.3　什么是银行存款日记账，它主要记录哪些经济业务

银行存款日记簿是专门用来记录银行存款收支业务的一种特种日记账，是逐日、逐项记录一个单位银行存款收、付及结存情况的账簿。登记银行存款日记账如图 14-24 所示的具体要求。

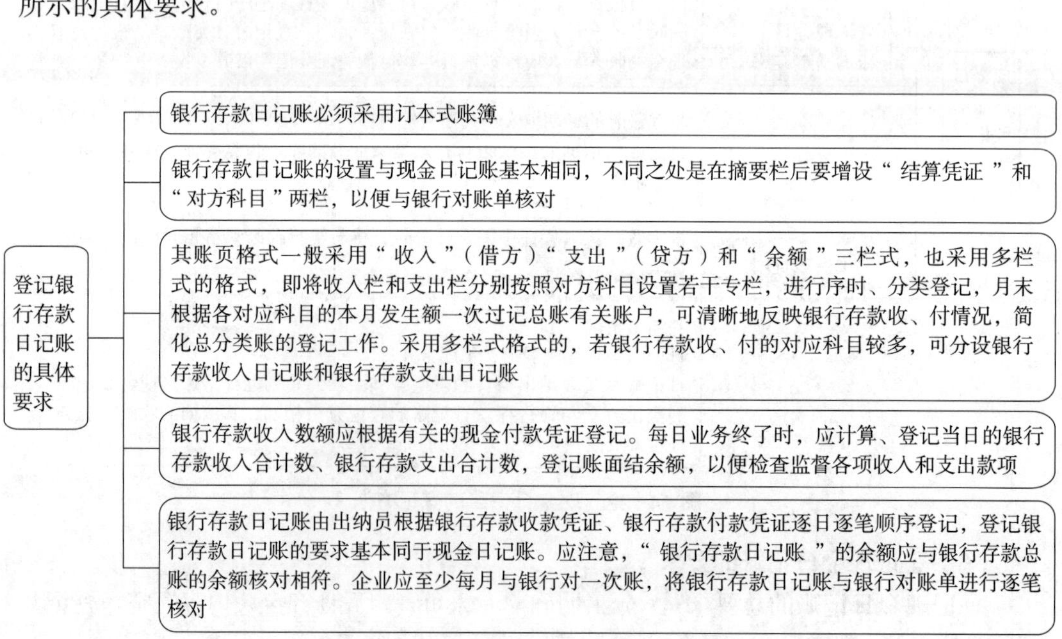

图 14-24　登记银行存款日记账的要求

14.2.4 如何登录银行存款日记账

【例 14-1】银行日记账的登录与现金日记账的登录基本一致，我们通过举例的方法，对银行日记账的登录方法进行讲述。

紫竹公司在 2×19 年 12 月 6 日发生了以下几笔业务，分别如下：

（1）12 月 6 日销售甲产品 50 吨，货价和增值税合计为 56 500 元，其中货价为 50 000 元。

（2）12 月 6 日购买办公用品 1 268 元。

以上业务的会计分录如下：

业务 1：

借：银行存款　　56 500

　　贷：主营业务收入——甲产品　　50 000

　　　　应交税费——应交增值税（销项税额）　　6 500

业务 2：

借：管理费用　　1 268

　　贷：银行存款　　1 268

银行存款日记账的登记如表 14-4 所示。

表 14-4　记账凭证的编制　　（单位：元）

2×19 年		凭证号码		对方科目	摘要	收入	付出	结余
月	日	字	号					
12	1				承前页			52 300
12	6	银收	1	主营业务收入	销售甲产品 50 吨	50 000		
				应交税费		6 500		
12	6	银付	2	管理费用	购入办公用品		1 268	
					本日合计	56 500	1 268	55 232

14.3 如何保管账证、印鉴及有价证券

票据和印鉴在出纳工作中具有重要的地位，对它们的妥善保管是出纳人员必须注意的一项工作。票据和印鉴的保管主要包括对空白票据、印章和有价证券的保管，如图 14-25 所示。

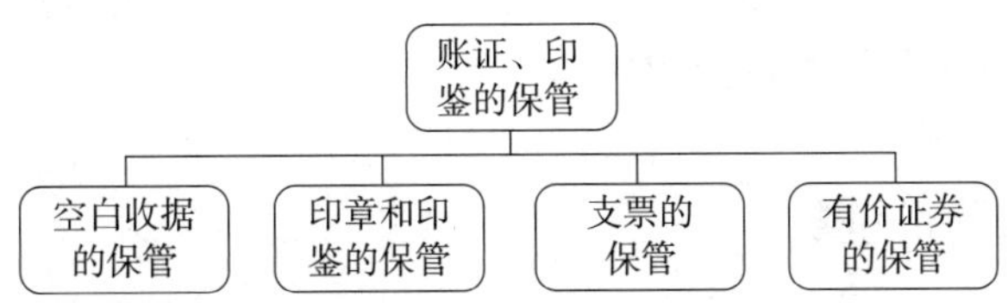

图 14-25　账证、印鉴保管的主要内容

14.3.1 如何保管空白收据

空白收据即未填制的收据。空白收据一经填制，并加盖印鉴后，就可成为办理转账结算和现金支付的书面证明，直接关系到单位资金的准确、安全和完整。空白收据一般应由主管会计人员保管。与支票一样，应设置“空白收据登记簿”，认真填写空白收据的领用日期、领用单位，并由领用人签字。用完后要及时办理归还和注销手续。空白收据不得带出单位使用，不得转借、赠送或买卖。作废的收据应加盖“作废”印鉴，并连同存根一起保管，不得撕毁、丢失。

14.3.2 如何保管印章和印鉴

出纳使用的印章必须妥善保管，严格按照规定的用途使用，不得将印章随意存放或带出工作单位。用于签发支票的各种预留银行印鉴章应由主管会计人员或其他指定人员保管，不能由出纳一人保管。

企业如果发生印鉴遗失或需要更换预留银行印鉴，应向开户银行提出申请，填写“印鉴变更申请书”，与证明情况的公函一并交银行审核，经银行同意后，在银行发给的新印鉴卡的背面加盖原预留银行印鉴，在正面加盖新更换的印鉴，与银行约定新印鉴的启用日期。

14.3.3 如何保管支票

各单位为了结算，一般都从银行领购并保留一定数量的空白支票以备使用。支票是一种支付凭证，一旦填写了有关的内容，并加盖预留在银行的印鉴后，即可直接从银行提取现金，或与其他单位进行结算。因此，存有空白支票的单位，对空白支票必须严格管理。对空白支票的保管主要应当注意以下几个方面。

贯彻票、印分管原则，即空白支票和印章应分别指定专人负责保管，不得由同一人负责保管。

单位撤销、合并、结清账户时，应将剩余的空白支票，填列一式两联清单，全部交回银行注销。清单一联由银行盖章后退交收款人，一联作为清户传票附件。

对事先不能确定采购物资的单价、金额的，经单位领导批准，可将填明收款人名称和签发日期的支票交给采购人员，明确用途和款项限额，适用支票人员回单位后必须及时向财务部门结算。

设置“空白支票签发登记簿”，经单位领导批准，出纳人员签发空白支票后，应在“空白支票签发登记簿”加以登记。

14.3.4 如何保管有价证券

有价证券是指具有一定票面价格，能够给它的持有人定期带来收入的所有权或债权凭证。企业持有的有价证券是企业资产的一个组成部分，具有与现金相同的性质和价值。企业拥有的有价证券通常包括国库券、特种国债、国家重点建设债券、地方债券、金融债券、企业债券和股票等，从广义上说，有价证券还包括汇票、支票、提货单等。

由于有价证券能够变现，具有与现金相同的性质和价值。所以，企业持有的有价证券必须由出纳人员按照与货币资金相同的要求进行管理，具体如图 14-26 所示。

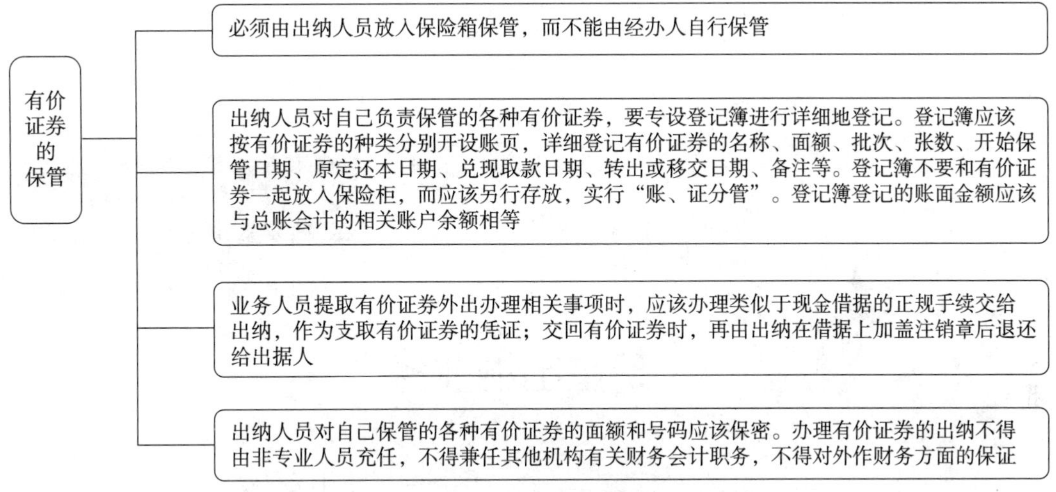

图 14-26 有价证券的保管

本章实操要点

本章主要介绍出纳工作中会接触到的各类账证，这是财务工作进行的重要依据。在实务操作中，应重点关注以下几点。

（1）正确填写记账凭证，出纳主要涉及现金、银行存款凭证的填写。

（2）熟练、正确地登记现金日记账和银行存款日记账，这是出纳的核心工作之一。

（3）重视印章、支票的保管。印章不得随意携带同时签发支票的银行预留章不得由出纳一人保管。

第十五章

现金出纳业务

——如何做好一名“金库”小管家

内容概览

由于现金是流动性最强的资产，加强现金管理能保证货币发行权集中于中央，这对于保护企业资产安全和完整、维护社会经济秩序具有十分重要的意义。因此，国家对于现金的使用管理有着较为严格的规定，并由国务院颁发了《现金管理暂行条例》。企业出纳人员在办理现金业务时，应当按照《现金管理暂行条例》的有关规定办理。

在本章的学习中，我们将解决读者的以下问题。

（1）什么是现金，如何提取、支付、送存现金？

（2）如何管理备用金？

（3）什么是现金出纳凭证？如何填制、审核现金出纳凭证？

（4）如何进行现金收入业务、现金支付业务及现金短缺或溢余的核算？

（5）如何进行库存现金的管理、清查、内部控制？

（6）如何建立企业现金管理制度？

（7）掌握《现金管理暂行条例》。

15.1　现金出纳业务的办理

15.1.1　什么是现金

现金又称库存现金，指存放在企业并由出纳人员保管的现钞，现金的分类如图15-1所示，包括库存的人民币和各种外币。它可以随时用来购买所需物资，支付日常零星开支，偿还债务等，是流动性最强的一种货币性资产。

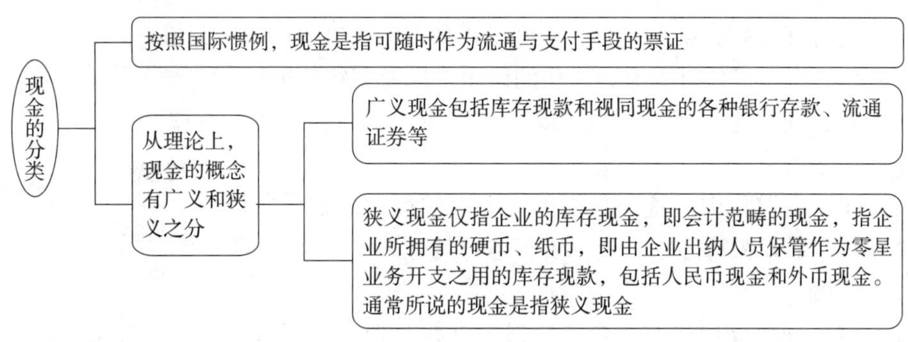

图 15-1　现金的分类

15.1.2　如何办理现金的提取业务

当各单位需要用现金发放工资，或者需要用现金支付但库存现金小于库存现金定额而需要现金补足时，除了按规定可以用非业务性现金收入补充以及国家规定可以坐支的以外，均应按规定在银行规定的现金使用范围内从银行提取现金。现金整个的提取过程可分为三个步骤，即签发现金支票、取款并清点、记账。

（1）签发现金支票

现金支票是专门用于支取现金的一种支票，由存款人签发，委托开户银行向收款人支付一定数额的现金。开户单位应按现金的开支范围签发现金支票，现金支票的金额起点为100元，其付款方式是见票即付。

签发现金支票应认真填写支票的有关内容，如款项用途，取款金额，签发单位账号，收款人名称（开户单位签发现金支票支取现金，是以自己为收款人），加盖财务章和名章等。现金支票的具体填写要求是：必须使用钢笔，用碳素墨水或蓝黑墨水按支票排定的号码顺序填写，书写要认真，不能潦草，也不能用蓝墨水，更不能用红墨水填写；签发日期应填写实际出票日期，不得补填或预填日期；收款人名称填写应与预留印鉴名称保持一致；大小写金额必须按规定书写，如有错误，不得更改，须作废重填；用途栏应填清真实用途；签章不能缺漏，必须与银行预留印鉴相符。

（2）取款并清点

取款人持出纳人员签发的现金支票到银行取款时，一般要遵从以下几个步骤。

① 将现金支票交银行有关人员审核。

② 审核无误后将支票交给经办单位结算业务的银行经办出纳人员，等待取款。

③ 银行经办人员对支票进行审核，核对密码及预留印鉴后，办理规定的付款手续。

④ 取款人应根据银行经办人员的要求回答应提取的数额，回答无误后银行经办人员即照支票付款。

⑤ 取款人收到银行出纳人员付给的现金时，应当面清点现金数量，清点无误后才能离开柜台。一般来说，取款人在清点现金时，要注意以下几点。

（a）清点现金，特别是在单位清点最好由两人以上同时进行。

（b）清点现金应逐捆、逐把、逐张进行。清点时不能随意混淆或丢弃每一把的腰纸，只有把全捆所有把数清点无误后，才可以将每把的腰纸连同每捆封签一起扔掉。

（c）在清点时发现有残缺、损伤的票币，以及假钞应向银行要求调换。

（d）所有现金应清点无误后才能发放使用，切忌一边清点一边发放，否则一旦发生差错将无法查清。

（e）在清点过程中，特别是回单位清点过程中，如果发现确有差错，应将所取款项保持原状，通知银行经办人员，妥善进行处理。

（3）记账

各单位用现金支票提取现金，应根据支票存根编制银行存款付款凭证，其贷方科目自然为银行存款，其借方科目则为现金，相应的其会计分录为：

借：现金　　×××

　　贷：银行存款　　×××

15.1.3 如何办理现金的支付业务

（1）明确现金支付的范围

按照《现金管理暂行条例》的规定，企业可以在下列范围内支付现金：

① 职工工资、各种工资性津贴。

② 支付给个人的各种奖金。

③ 各种劳保、福利费用以及国家规定的对个人的其他现金支出。

④ 个人劳务报酬。

⑤ 单位出差人员必须随身携带的差旅费。

⑥ 收购单位向个人收购农副产品和其他物资的价款。

⑦ 结算起点以下的零星支出。

⑧ 中国人民银行确定需要现金支付的其他支出，如因采购地点不确定、交通不便，抢险救灾以及其他特殊情况，办理转账结算不够方便，必须使用现金的支出。

⑨ 除上述第⑤、第⑥两项之外，各单位支付给个人的款项中每人每次不得超过本单位的限额，超过限额部分，可根据提款人的要求在指定的银行转为个人储蓄存款或以支票、银行本票支付。确需全额支付现金的，应经开户银行审查批准后予以支付。

⑩ 在银行开户的个体工商户、农村承包经营户异地采购的货款应通过银行以转账方式进行结算。如遇前述第⑧项特殊情况需使用现金应由开户人向开户银行提出申请，开户行根据需要支付现金。

⑪ 机关、团体、部队、全民所有制和集体所有制企业、事业单位购置国家规定的专项控制商品，必须采取转账结算方式，不得使用现金结算。

（2）现金支付的原则

出纳人员必须以严肃谨慎的态度处理现金支付业务，因为一旦发生失误，将会造成不可追补的经济损失。现金支付主要有以下几个原则。

① 必须以真实、合法、准确的付款凭证为依据。

② 必须以谨慎严肃的态度来处理支付业务，宁可慢一些，也不能疏忽大意。

③ 必须以手续完备、审核无误的付款凭证为最终付款依据。

④ 现金支付时，当面点清，双方确认无误。

⑤ 不得套取现金用于支付。套取现金是指逃避现金审查，采用不正当手段支取现金的违法行为。主要有以下几种表现。

（a）编造合理用途或以支取差旅费、备用金的名义支取现金。

（b）利用私人或其他单位的账户支取现金。

（c）用公款转存个人储蓄账户支取现金。

（d）用转账方式通过银行、邮局汇兑，异地支取现金。

（e）用转账凭证换取现金的。

（f）虚报冒领工资、奖金和津贴补助的。

（3）现金支付的程序

支付现金有主动支付和被动支付两种情形。主动支付是指出纳部门主动将现金付给收款单位和个人，如发放工资、奖金、薪金、津贴以及福利等现金支出，其程序如下。

① 根据有关的资料编制付款单，并计算出付款金额。

② 根据付款金额清点现金（不足应从银行提取），按单位或个人分别装袋。

③ 现金发放时，如果是直接发给收款人的，要当面清点并由收款人签收（签字或盖章）。如果是他人代为收款的，由代收人签收。

④ 根据付款单等资料编制记账凭证。

⑤ 根据记账凭证登记现金日记账。

被动支付指收款单位或个人持有关凭据到出纳部门领报现金，其程序如下。

① 受理原始凭证。如报销单据、借据、其他单位和个人的收款收据等。

② 审核原始凭证。

③ 在审核无误的付款凭证上加盖“现金付讫”印章。

④ 支付现金并进行复点，并要求收款人当面点清。

⑤ 根据原始凭证编制记账凭证。

⑥ 根据记账凭证登记现金日记账。

（4）现金支付的方式

在出纳工作中，现金支付有直接支付现金和支付现金支票两种基本方式。

直接支付现金方式，指出纳人员根据有关支出凭证直接支付现金，减少库存现金的数量。使用这种方式支付现金，出纳部门或人员要事先做好现金储备，在不超过库存现金限额的情况下，保障现金的支付。

支付现金支票方式，指出纳人员根据审核无误的有关凭证，将填好的现金支票交给收款人，由收款人直接到开户银行提取现金的支付方式，主要适用于大宗的现金付款业务。

（5）记账

各单位用现金进行支付后，应根据实际支付的金额编制现金付款凭证，其贷方科目自然为现金，其借方科目则为相应费用类科目或其他科目，相应的其会计分录为：

借：管理费用（费用类科目或其他科目）　　×××

　　贷：现金　　×××

15.1.4 如何办理现金的送存业务

根据规定，各单位必须按开户银行核定的库存限额保管、使用现金，在日常现金收支业务中，除了根据规定可以坐支的现金和非业务性零星收入收取的现金，可以用于补足库存现金限额的不足外，其他业务活动取得的现金及超过库存现金限额的现金，都必须及时送存银行。送存现金的基本程序如下：

（1）整点票币

送款前应将送存款清点整理，按币别、币种分开。纸币要平铺整齐，将同面额的纸币摆放在一起，按每一百张为一把整理好，用纸条在腰中捆扎好，不够整把的，从大额到小额顺放；将同额硬币放在一起，壹元、伍角、壹角硬币，按每伍拾枚用纸卷成一卷，分币按一百枚用纸卷成一卷，十卷为一捆。不足一卷的一般不送存银行，留作找零用。最后合计出需要存款的金额。

残缺破损的纸币和已经穿孔、裂口、破缺、压薄、变形以及正面的国徽，背面的数字模糊不清的纸币，应单独剔出，另行包装，整理方法与前同。

（2）填写现金解款单

款项清点整齐核对无误后，由出纳人员根据整点好的存款金额填写现金解款单。各种币别的金额合计数应与存款金额一致。现金解款单为一式三联或一式二联，这里以中国工商银行上海市（分行）现金解款单（三联单）为例，第一联为回单，此联由银行盖章后退回存款单位；第二联为收入凭证，此联由收款人开户银行作凭证；第三联为附联，作附件，是银行出纳留底联。

出纳人员在填写现金解款单时，必须注意以下几点：

① 要用双面复写纸复写。

② 交款日期必须填写交款的当日。

③ 收款人名称应填写全称。

④ 款项来源要如实填写。

⑤ 大小写金额的书写要标准。

⑥ 券别明细账的张数和金额必须与各券别的实际数一致，1 元、5 角、1 角等既有纸币又有硬币的，应填写纸币、硬币合计的张数和金额。

（3）送存交款

以上两个步骤完成后，应将现金连同“现金解款单”一并送交银行柜台收款员。票币要一次性交清，当面清点，如有差异，应当面复核。银行核对后在现金解款单上加盖“现金收讫”和银行印鉴后将第一联即回单联退回交款人，表示款项已收妥。收款人在拿到回单联后应及时检查，确认为本单位交款回单，在银行有关手续已经办妥后即可离开柜台。

出纳人员在送存现金时应注意以下事项：

① 交款人最好是现金整理人，这样可以避免发生差错时难以明确责任。

② 凡经整理好准备送存银行的现金，在填好“现金送款簿”后，一般不宜再调换票面，如确需调换的，应重新复点，同时重新填写“现金送款簿”。

③ 送存途中必须注意安全，当送存金额为较大的款项时，最好用专车，并派人护送。

④ 临柜交款时，交款人必须与银行柜台收款员当面交接清点，做到一次交清，不得边清点边交款。

⑤ 交款人交款时，如遇到柜台较为拥挤，应按次序等候。等候过程中，应做到钞票不离手，不能置于柜台之上，以防发生意外。

（4）记账

在现金送存的不同阶段，应当根据具体情况进行记账，如图 15-2 所示。

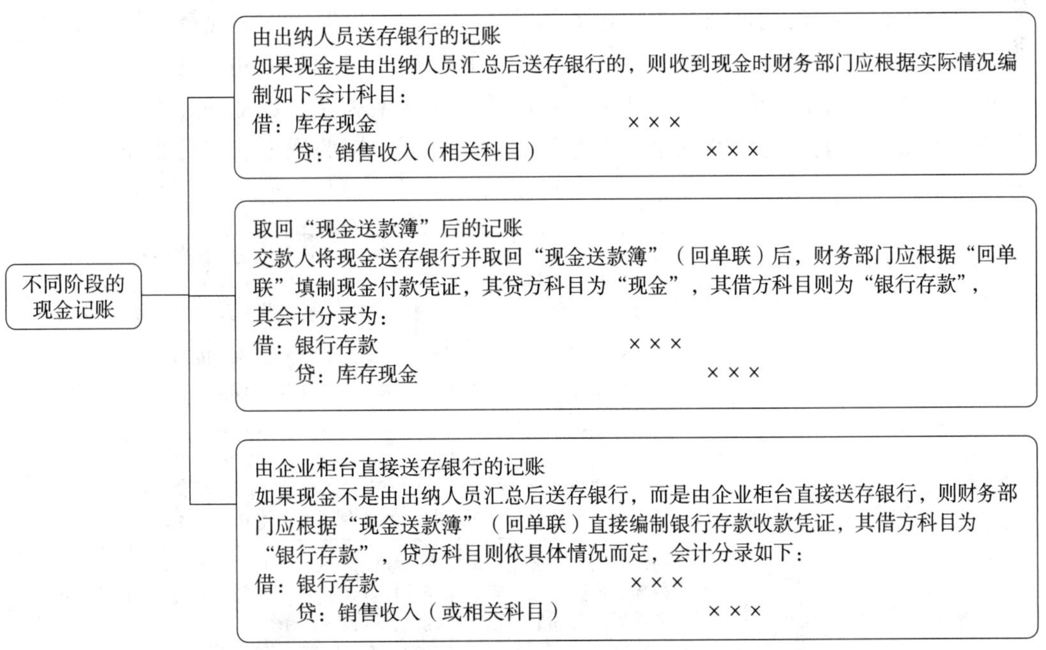

图 15-2 不同阶段的现金记账

15.1.5 如何做好备用金的管理

所谓备用金指企业财会部事先预付给各部门的，用于各部门备用的一笔款项，一般用作零星开支、零星采购、售货找零或差旅费等。备用金制度有利于单位内部各部门或工作人员积极灵活地开展业务，提高工作效率。当从银行取得备用金后，应加强对备用金的管理，备用金管理如图 15-3 所示，包括借支管理和保管管理。

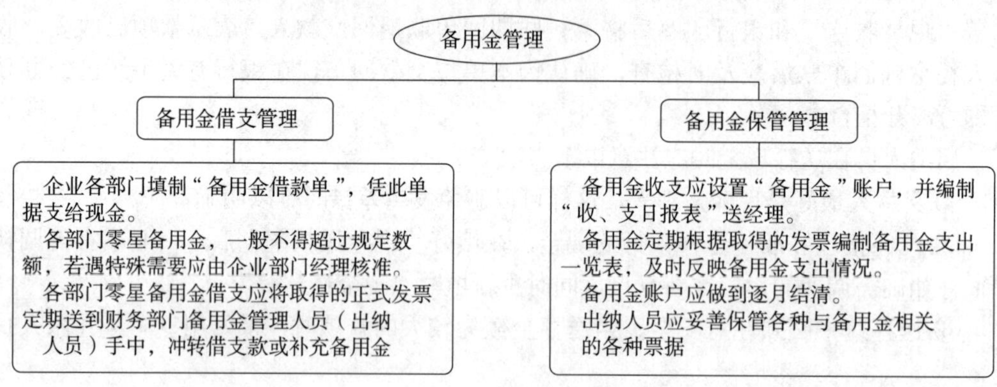

图 15-3 备用金管理

15.2 现金出纳凭证与现金账簿

15.2.1 什么是现金出纳凭证

现金出纳凭证是记录现金收付业务活动，明确现金出纳工作中经济责任的书面证明，是登记现金账簿的重要依据。现金出纳凭证如图 15-4 所示，可分为原始凭证和记账凭证两种。现金出纳的原始凭证主要是出纳收入现金和支出现金的会计凭证。现金出纳的记账凭证主要是根据现金收付业务的原始凭证编制的现金收款记账凭证和现金付款记账凭证。

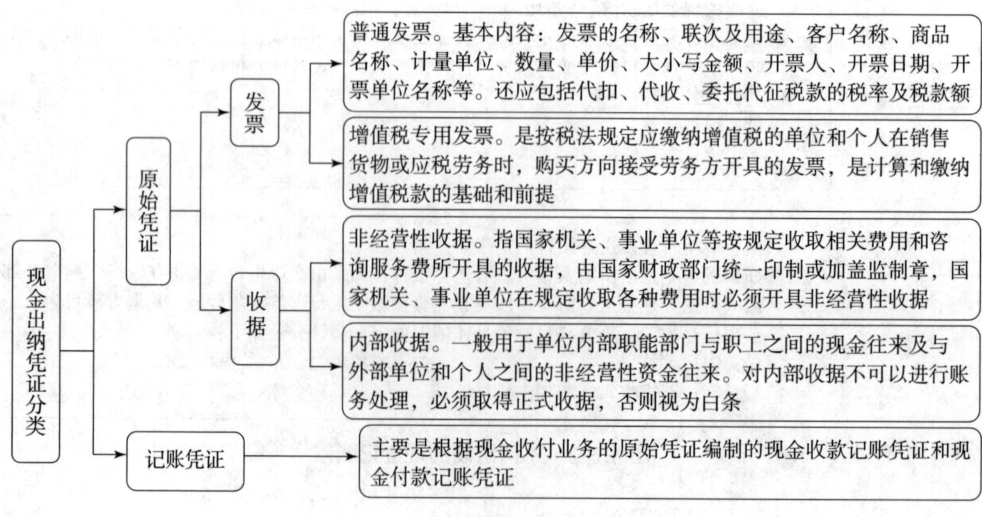

图 15-4 现金出纳凭证及其分类

15.2.2 如何填制现金出纳凭证

填制现金出纳凭证的要求如图15-5所示，需要做到内容齐全，书写清晰，数据规范，会计科目准确，编号合理，签章手续完备等。

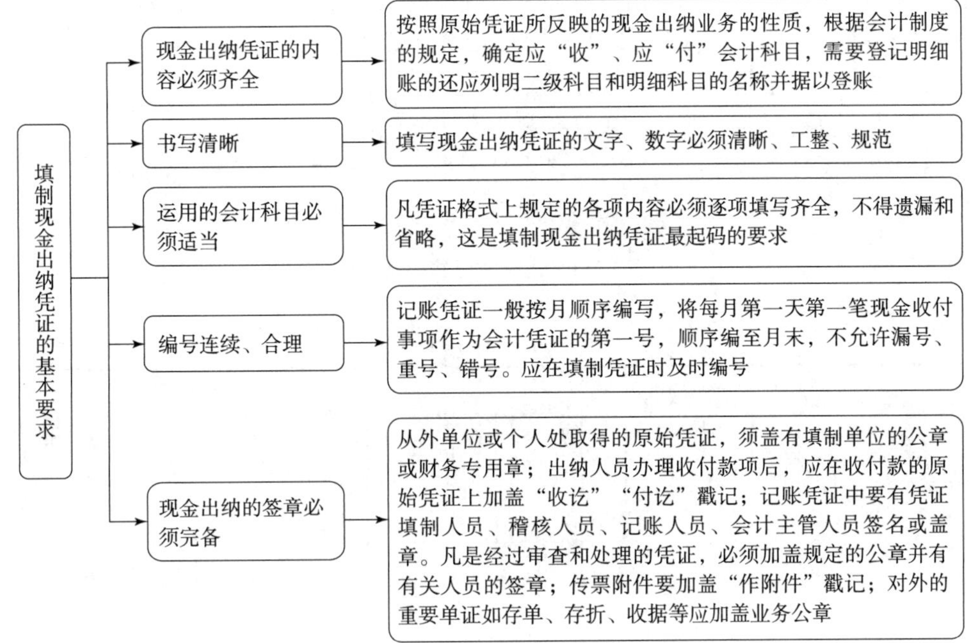

图15-5 填制现金出纳凭证的基本要求

15.2.3 如何审核现金出纳凭证

现金出纳凭证的审核要求如图15-6所示。

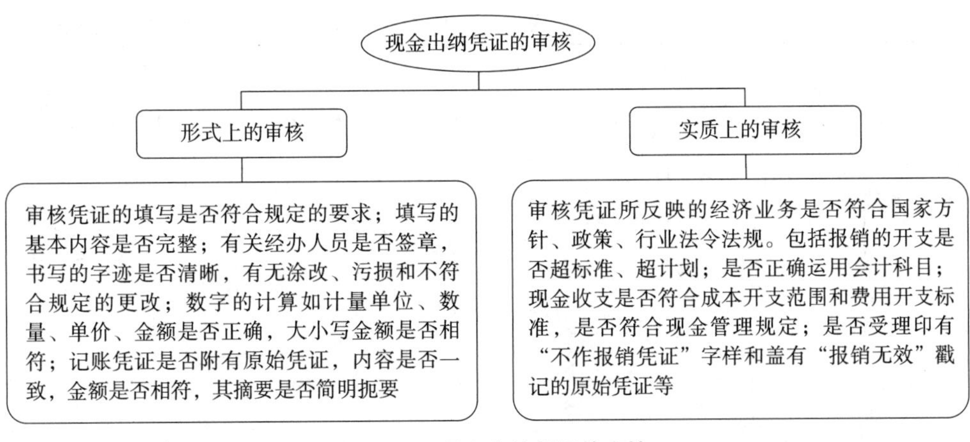

图15-6 现金出纳凭证的审核

15.2.4 哪些账簿属于现金出纳账簿

现金出纳账簿，主要指现金日记账，是出纳用以记录和反映现金增减变动和结存情况的账簿。关于现金日记账的内容，登录的要求，我们已经进行了详细地讲述，这里我们通过一个案例讲述现金出纳业务中，会计凭证的编制和现金日记账的登录。

【例 15-1】紫竹公司在 2×19 年 1 月 15 日发生了如下的现金收支业务：

（1）向职工李某报销医药费 326 元；

（2）作为办公用品，购入打印机硒鼓 1 个 589 元；

（3）收到本公司的子公司新兴公司支付的 2×18 年度支付的股利 16 000 元。

编制以上业务的记账凭证，并登记现金日记账。如表 15-1 ～表 15-4 所示。

表 15-1 记账凭证的编制（1）

记 账 凭 证

2×19 年 01 月 15 日　　　　编号　2×19-1-008

摘 要	一级科目	二级或明细科目															
				万	千	百	十	元	角	分	万	千	百	十	元	角	分
报销李某医药费	应付福利费	医药费				3	2	6	0	0							
	现金												3	2	6	0	0
						3	2	6	0	0			3	2	6	0	0

财会主管：李四　　记账：张三　　出纳：赵五　　复核：刘清　　制单：陈峰

表 15-2 记账凭证的编制（2）

记 账 凭 证

2×19 年 01 月 15 日　　　　编号　2×19-1-009

摘 要	一级科目	二级或明细科目															
				万	千	百	十	元	角	分	万	千	百	十	元	角	分
购入打印机硒鼓 1 支	管理费用	办公耗材				5	8	9	0	0							
	现金												5	8	9	0	0
						5	8	9	0	0			5	8	9	0	0

财会主管：李四　　记账：张三　　出纳：赵五　　复核：刘清　　制单：陈峰

表 15-3　记账凭证的编制（3）

记　账　凭　证

2×19 年 01 月 15 日　　　　　　编号　　2×19-1-010

摘　要	一级科目	二级或明细科目															
				万	千	百	十	元	角	分	万	千	百	十	元	角	分
收到新兴公司2×17 年股利	现金			1	6	0	0	0	0	0							
	应收股利	新兴公司									1	6	0	0	0	0	0
				1	6	0	0	0	0	0	1	6	0	0	0	0	0

财会主管：李四　　记账：张三　　出纳：赵五　　复核：刘清　　制单：陈峰

表 15-4　现金日记账

现金日记账

2×19 年		凭证号码		对方科目	摘要	收入	付出	结余
月	日	字	号					
					承前页			1 356
1	15	总字	008	应付福利费	报销药费		326	
1	15	总字	009	管理费用	购入办公用品		589	
1	15	总字	010	长期投资	取得现金股利	16 000		
1	15				本日合计	16 000	915	16 441

15.3　现金出纳业务的会计核算

15.3.1　什么是现金出纳核算

现金出纳核算，又叫序时核算，是通过出纳人员设置的现金日记账进行的。按照经过审核的现金收款凭证和付款凭证的先后顺序逐日逐笔全部登记入账，并逐日结出金额与库存现金核对相符，以便于对现金收付业务开展日常的财务监督和事后的分析检查，并防止差错和挪用公款、贪污的现象发生，这是现金核算的重要内容。现金出纳核算的内容如图 15-7 所示。

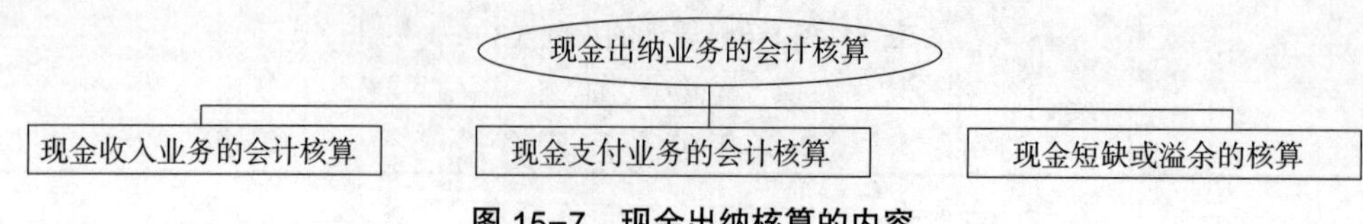

图 15-7 现金出纳核算的内容

15.3.2 如何进行现金收入业务的会计核算

现金收入核算，是各单位在其生产经营和非生产经营活动中取得现金的业务，包括销售商品、提供劳务而取得现金的业务，提供非经营性服务而取得收入的业务以及其他罚没收入等。出纳人员在进行现金收入业务时，一般都要涉及原始凭证的填制和审核，记账凭证的填制和审核，现金收付及现金日记账的登记。

不同的单位在收到现金时，所编制的记账凭证上借方科目为“现金”，而贷方科目则应根据收入现金业务的性质及会计制度规定来确定。现金收入的分类及相应的会计分录如图 15-8 所示。

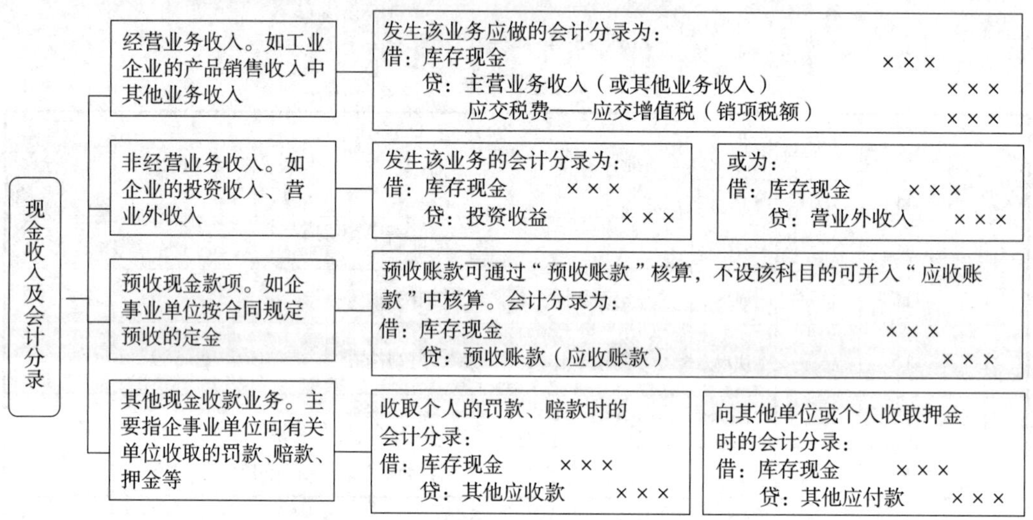

图 15-8 各单位的现金收入的分类及相应的会计分录

15.3.3 如何进行现金支付业务的会计核算

现金支付业务，指各单位在其生产经营过程和非生产性经营过程中向外支付现金的业务。它包括各单位向外购买货物、接受劳务而支付现金的业务，发放工资业务，费用报销业务，以及向有关部门支付备用金等。现金支出时，一定要有有效的支出凭证，并严格审查支出凭证的审批手续。现金支付业务涉及原始凭证、记账凭证的填制审核。

任何单位必须具有一定的库存现金才能开展支出业务，当库存现金小于需用现金时，除按国家规定可以“坐支”外，均应按规定从银行提取现金。用现金支票提取现金，根据支票存根编制银行存款付款凭证。具体现金支付业务的财务处理如图 15-9 所示。

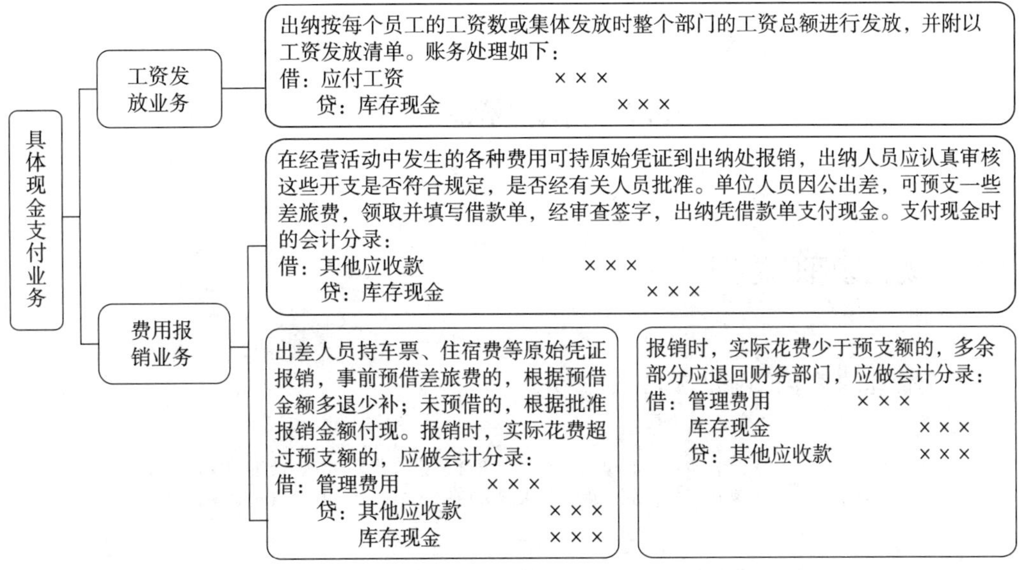

图 15-9　具体现金支付业务

15.3.4　如何办理现金短缺或溢余的会计核算

每日终了结算现金收支、财产清查等发现的有待查明原因的现金短缺或溢余，都必须如图 15-10 所示进行账务处理。

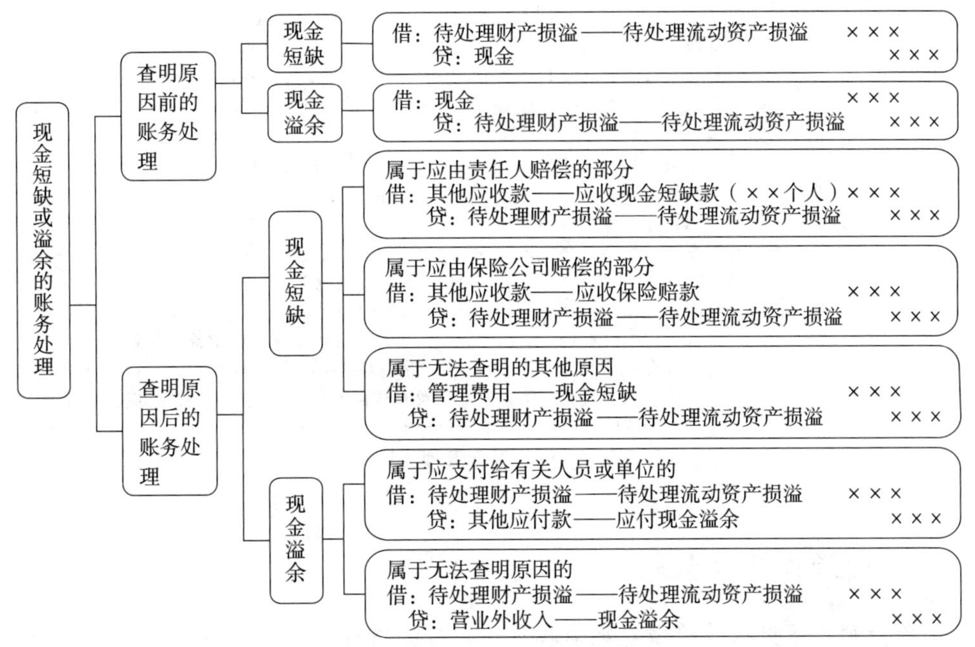

图 15-10　现金短缺或溢余的账务处理

15.4 库存现金的管理

15.4.1 现金管理的原则

现金管理的基本原则如图 15-11 所示。

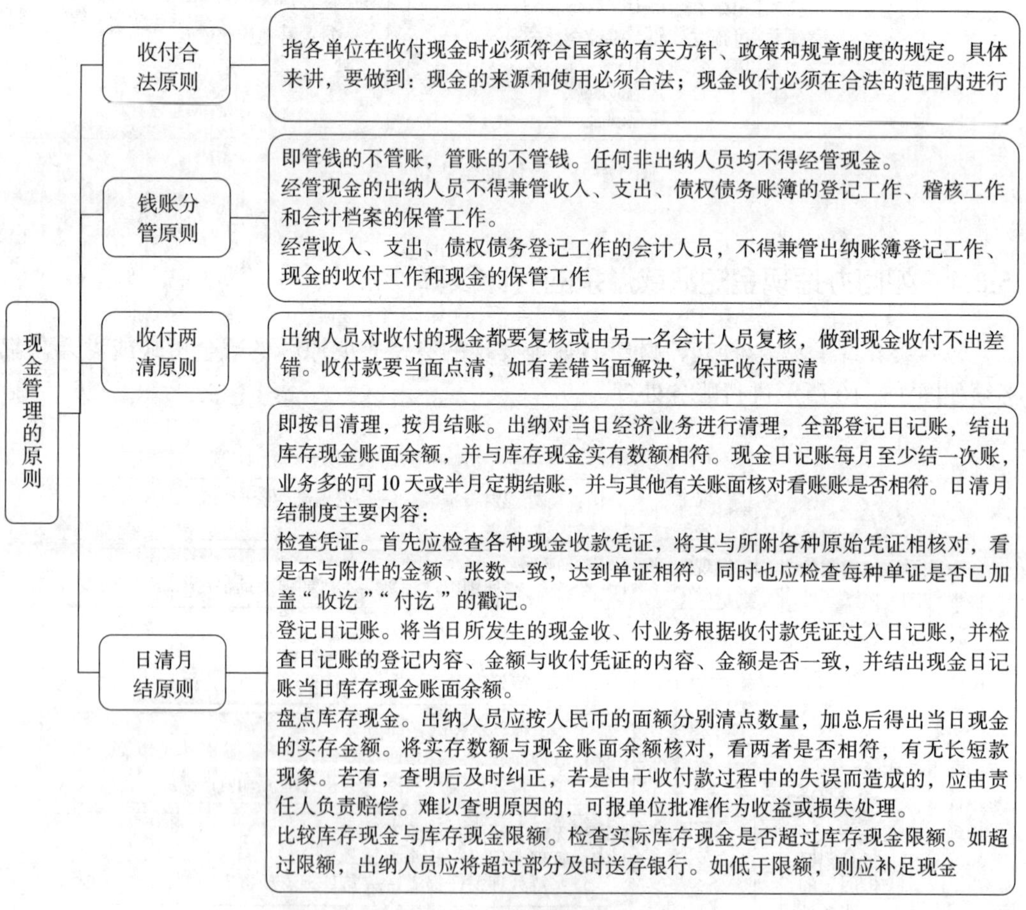

图 15-11 现金管理的原则

15.4.2 现金管理的内容

现金管理主要是指各单位对现金收、付、存的管理，管理的具体内容如图 15-12 所示。

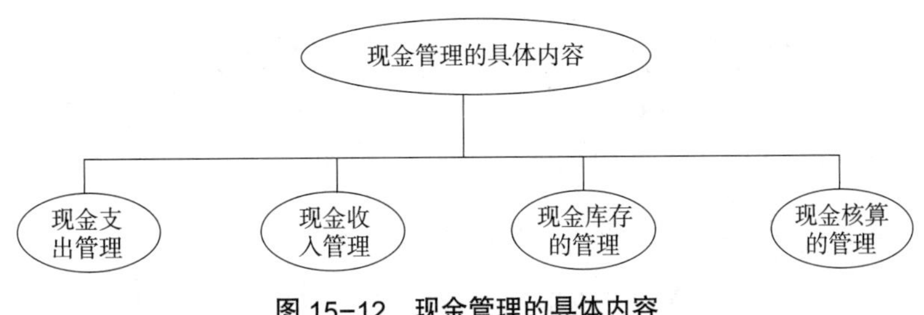

图 15-12 现金管理的具体内容

（1）现金支出管理

现金支出的管理，主要是对现金使用范围及现金支出的程序和凭证的合法性管理。

① 现金支出的内容。

现金支出的内容可以按工资、差旅费的报销、其他费用、备用金进行分类，具体内容如图 15-13 所示。

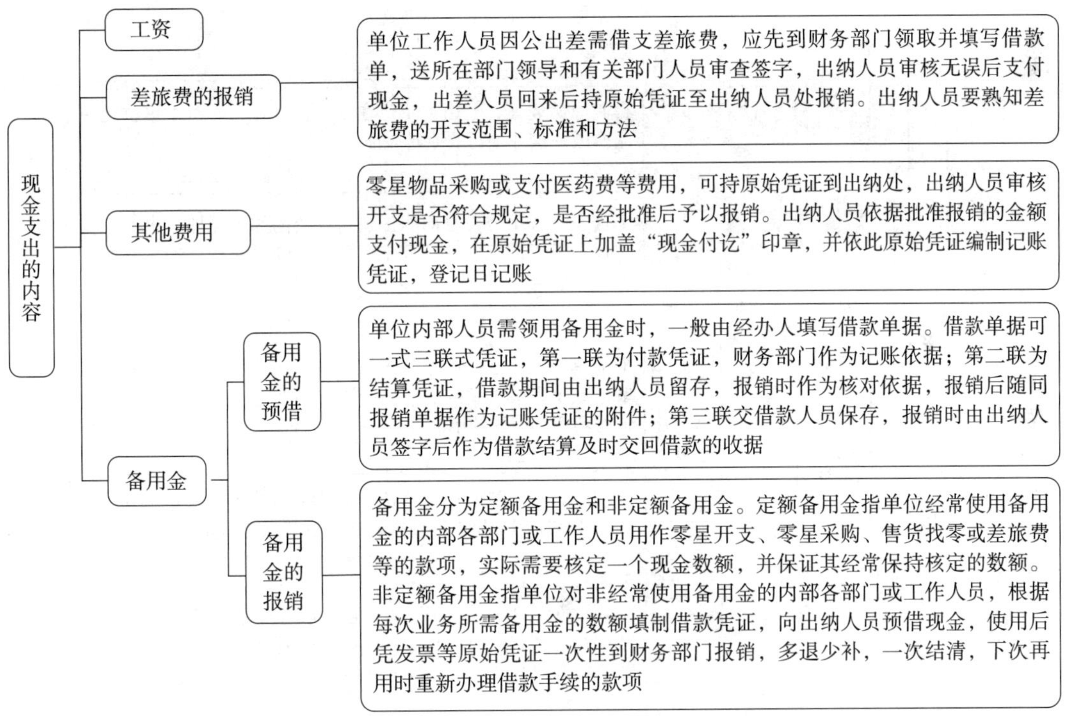

图 15-13 现金支出的内容

② 现金支出的基本程序。

现金支出的基本程序如图 15-14 所示。

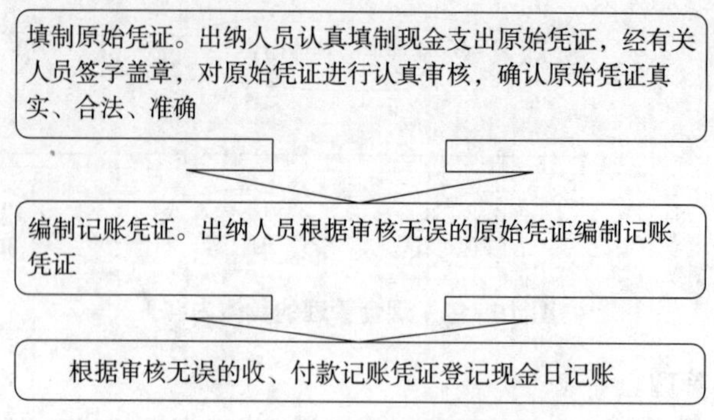

图 15-14 现金支出的基本程序

③ 现金支付的原始凭证。

现金支付的原始凭证的分类如图 15-15 所示。

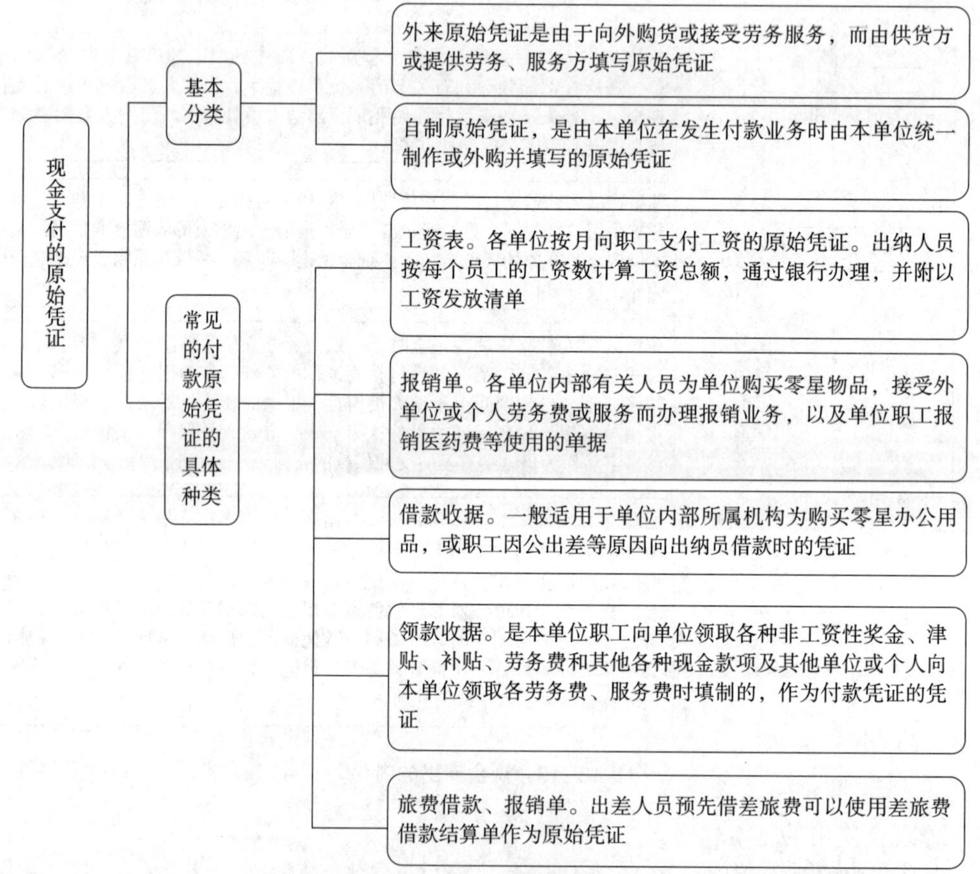

图 15-15 现金支付的原始凭证

④ 现金付款凭证的复核。

出纳人员在复核现金付款凭证时应注意以下几点：

（a）对于涉及现金和银行存款之间的收付业务，只填制付款凭证，不填制收款凭证。如将当日营业款送存银行，制单人员根据现金解款单（回单）编制现金付款凭证，借方账户为银行存款，贷方账户为现金，不再编制银行存款收款凭证。

（b）发生销货退回时，如数量较少，且退款金额在转账起点以下，需用现金退款时，必须取得对方的收款收据，不得以退货发货票代替收据编制付款凭证。

（c）从外单位取得的原始凭证。如遗失，应取得原签发单位盖有有关印章的证明，并注明原始凭证的名称、金额、经济内容等，经单位负责人批准，方可代替原始凭证。

（2）现金收入管理

单位现金收入的来源，主要包括零售产品销售收入、各种业务收入以及其他零星收入。现金收入管理就是要求各单位现金收入要合法，且现金收入都应送存银行，需要的现金支出一律从银行提取，不得任意“坐支”，具体要求如图 15-16 所示。

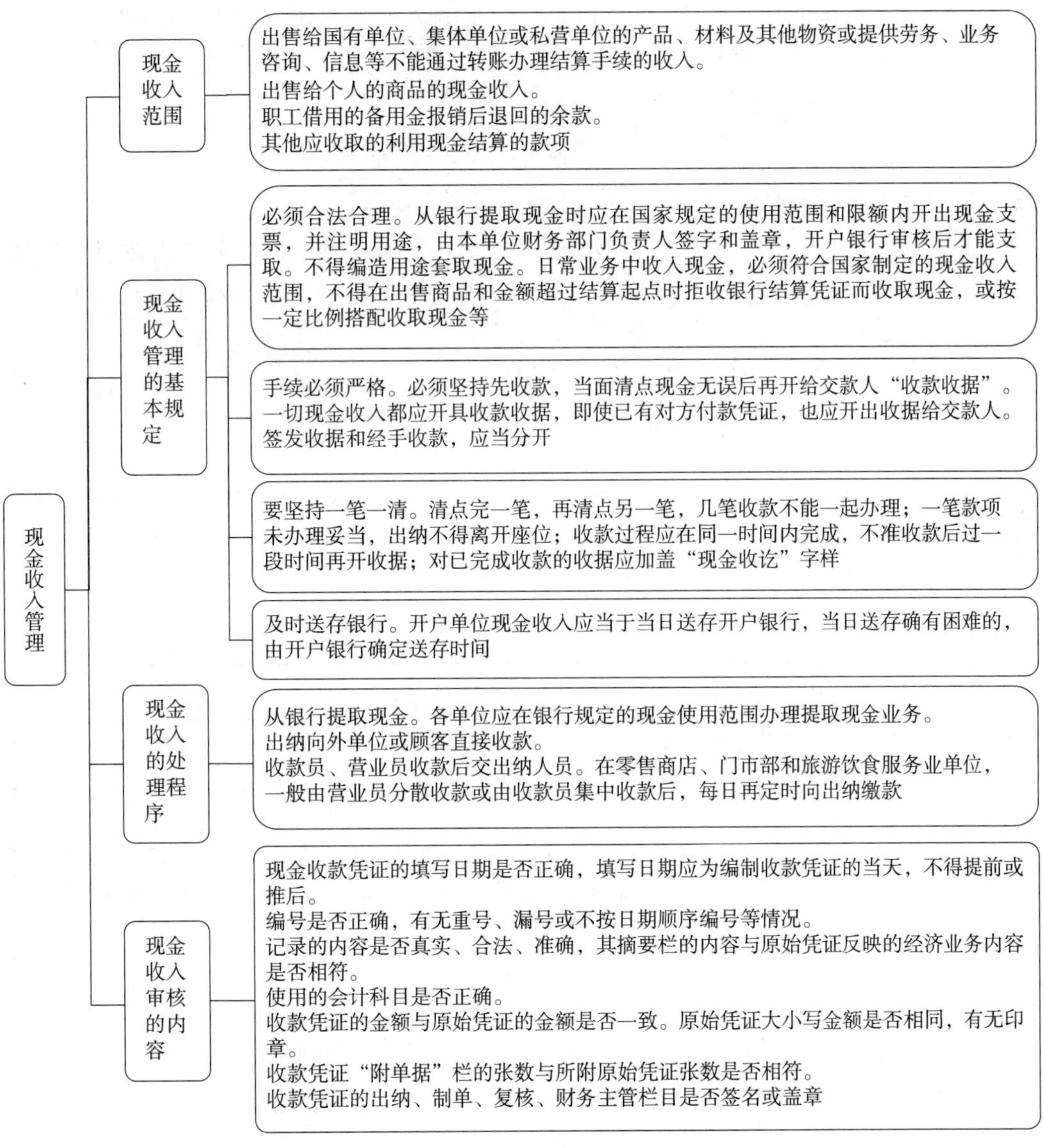

图 15-16　现金收入管理

（3）现金库存的管理

现金库存的管理，主要是对库存现金及其限额的管理。它包括库存现金安全性的保证、库存现金限额不得突破等内容，具体要求如图 15-17 所示。

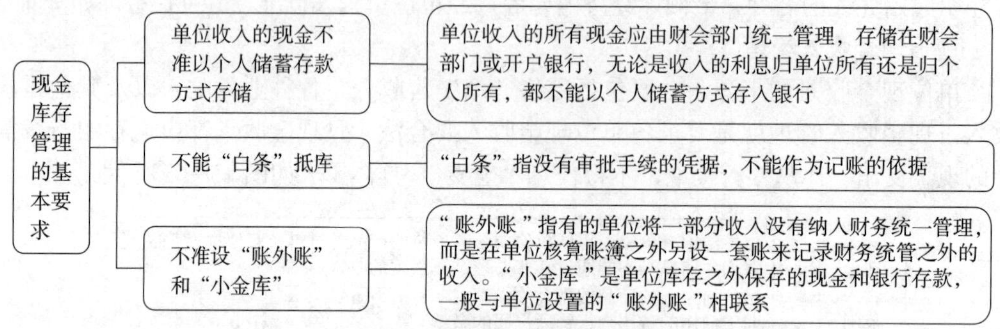

图 15-17　现金库存管理的基本要求

（4）现金核算的管理

现金核算的管理，主要是指在现金的收、付、存业务活动中，要严格按照会计准则和会计制度的要求进行核算，全面、系统、连续地计量、记录，反映现金的收、付、存业务活动。

15.4.3　现金管理的内部控制

建立一套健全完善的现金内部控制制度，应当包括授权审批制度、职务分离制度、文件记录制度、内部审计制度等内容，以保证企业现金的安全完整，防止不法分子贪污、挪用、偷盗，制度要求如表 15-5 所示。

表 15-5　现金内部控制制度

授权审批制度	明确现金开支界限	应当在现金管理规定的范围内支付现金，办理现金结算。 应当保证现金支出的安全性，如职工个人借款的金额不得超过其应付工资的金额，个人医药费用的报销不得超过规定的标准等
	明确现金报销手续	企业应按其经济业务的内容和管理要求设计各种报销凭证，如工资表、差旅费报销单、借款单等，并应告知有关人员相应的填制方法。同时，企业还应规定各种报销的程序和传递手续，确定各种现金支出业务的报销要求
	现金支出的审批权限	企业应根据其经营规模和内部职责分工情况，确定不同额度和不同的现金支出审批权限。对于没有经过审核批准或有关人员超越规定审批权限的，不予受理

续表

职务分离制度	现金内部控制系统中不相容的职务分工负责，主要是建立钱账分管制度，具体包括： 企业应配备专职或兼职的出纳人员办理现金收付和保管工作，非出纳人员不得兼管。 现金收支的授权审批和执行现金收支的职务应当分离。 执行现金业务和记录现金业务的职务要分工。 现金保管与稽核职务要分工。 登记现金日记账和登记现金总账的职务要分工。 出纳人员不得兼管收入、费用、债权、债务等账目的登记工作。 出纳人员不得兼管会计档案的保管工作
文件记录控制	出纳人员办理现金收付的原始单据必须真实、完整、合法。 出纳人员登记日记账的记账凭证必须审核无误。 文件记录的保管应当有专人负责。 任何人不得擅自更改、涂抹、销毁有效的文件记录
内部稽核制度	出纳人员办理现金出纳业务时，必须做到按日清理，按月结账，保证账实相符。 会计人员应当定期进行账证、账账核对，保证现金总账与现金日记账一致。 稽核人员应当定期或不定期地进行现金清查，及时发现可能发生的现金差错或丢失情况，防止贪污、盗窃、挪用等不法行为的发生，确保企业资金安全完整

附录：《现金管理暂行条例》

现金管理暂行条例

（1988 年 9 月 8 日中华人民共和国国务院令第 12 号发布根据 2011 年 1 月 8 日《国务院关于废止和修改部分行政法规的决定）修订

第一章　总则

第一条　为改善现金管理，促进商品生产和流通，加强对社会经济活动的监督，制定本条例。

第二条　凡在银行和其他金融机构（以下简称开户银行）开立账户的机关、团体、部队、企业、事业单位和其他单位（以下简称开户单位），必须依照本条例的规定收支和使用现金，接受开户银行的监督。国家鼓励开户单位和个人在经济活动中，采取转账方式进行结算，减少使用现金。

第三条　开户单位之间的经济往来，除按本条例规定的范围可以使用现金外，应当通过开户银行进行转账结算。

第四条　各级人民银行应当严格履行金融主管机关的职责，负责对开户银行的现金管理进行监督和稽核。开户银行依照本条例和中国人民银行的规定，负责现金管理的具体实施，对开户单位收支、使用现金进行监督管理。

第二章　现金管理和监督

第五条　开户单位可以在下列范围内使用现金：

（一）职工工资、津贴；

（二）个人劳务报酬；

（三）根据国家规定颁发给个人的科学技术、文化艺术、体育等各种奖金；

（四）各种劳保、福利费用以及国家规定的对个人的其他支出；

（五）向个人收购农副产品和其他物资的价款；

（六）出差人员必须随身携带的差旅费；

（七）结算起点以下的零星支出；

（八）中国人民银行确定需要支付现金的其他支出。前款结算起点定为1 000元。结算起点的调整，由中国人民银行确定，报国务院备案。

第六条　除本条例第五条第（五）（六）项外，开户单位支付给个人的款项，超过使用现金限额的部分，应当以支票或者银行本票支付；确需全额支付现金的，经开户银行审核后，予以支付现金。前款使用现金限额，按本条例第五条第二款的规定执行。

第七条　转账结算凭证在经济往来中，具有同现金相同的支付能力。开户单位在销售活动中，不得对现金结算给予比转账结算优惠待遇；不得拒收支票、银行汇票和银行本票。

第八条　机关、团体、部队、全民所有制和集体所有制企业事业单位购置国家规定的专项控制商品，必须采取转账结算方式，不得使用现金。

第九条　开户银行应当根据实际需要，核定开户单位3~5天的日常零星开支所需的库存现金限额。边远地区和交通不便地区的开户单位的库存现金限额，可以多于5天，但不得超过15天的日常零星开支。

第十条　经核定的库存现金限额，开户单位必须严格遵守。需要增加或者减少库存现金限额的，应当向开户银行提出申请，由开户银行核定。

第十一条　开户单位现金收支应当依照下列规定办理：

（一）开户单位现金收入应当于当日送存开户银行。当日送存确有困难的，由开户银行确定送存时间；

（二）开户单位支付现金，可以从本单位库存现金限额中支付或者从开户银行提取，不得从本单位的现金收入中直接支付（即坐支）。因特殊情况需要坐支现金的，应当事先报经开户银行审查批准，由开户银行核定坐支范围和限额。坐支单位应当定期向开户银行报送坐支金额和使用情况；

（三）开户单位根据本条例第五条和第六条的规定，从开户银行提取现金，应当写明用途，由本单位财会部门负责人签字盖章，经开户银行审核后，予以支付现金；

（四）因采购地点不固定，交通不便，生产或者市场急需，抢险救灾以及其他特殊情况必须使用现金的，开户单位应当向开户银行提出申请，由本单位财会部门负责人签字盖章，经开户银行审核后，予以支付现金。

第十二条　开户单位应当建立健全现金账目，逐笔记载现金支付。账目应当日清月结，账款相符。

第十三条　对个体工商户、农村承包经营户发放的贷款，应当以转账方式支付。对确需在集市使用现金购买物资的，经开户银行审核后，可以在贷款金额内支付现金。

第十四条　在开户银行开户的个体工商户、农村承包经营户异地采购所需货款，应当通过银行汇兑方式支付。因采购地点不固定，交通不便必须携带现金的，由开户银行根据实际需要，予以支付现金。未在开户银行开户的个体工商户、农村承包经营户异地采购所需货款，可以通过银行汇兑方式支付。凡加盖“现金”字样的结算凭证，汇入银行必须保证支付现金。

第十五条　具备条件的银行应当接受开户单位的委托，开展代发工资、转存储蓄业务。

第十六条　为保证开户单位的现金收入及时送存银行，开户银行必须按照规定做好现金收款工作，不得随意缩短收款时间。大中城市和商业比较集中的地区，应当建立非营业时间收款制度。

第十七条　开户银行应当加强柜台审查，定期和不定期地对开户单位现金收支情况进行检查，并按规定向当地人民银行报告现金管理情况。

第十八条　一个单位在几家银行开户的，由一家开户银行负责现金管理工作，核定开户单位库存现金限额。各金融机构的现金管理分工，由中国人民银行确定。有关现金管理分工的争议，由当地人民银行协调、裁决。

第十九条　开户银行应当建立健全现金管理制度，配备专职人员，改进工作作风，改善服务设施。现金管理工作所需经费应当在开户银行业务费中解决。

第三章　法律责任

第二十条　开户单位有下列情形之一的，开户银行应当依照中国人民银行的规定，责令其停止违法活动，并可根据情节轻重处以罚款：

（一）超出规定范围、限额使用现金的；

（二）超出核定的库存现金限额留存现金的。（2011 年 1 月 8 日删除）

第二十一条　开户单位有下列情形之一的，开户银行应当依照中国人民银行的规定，予以警告或者罚款；情节严重的，可在一定期限内停止对该单位的贷款或者停止对该单位的现金支付：

（一）对现金结算给予比转账结算优惠待遇的；

（二）拒收支票、银行汇票和银行本票的；

（三）违反本条例第八条规定，不采取转账结算方式购置国家规定的专项控制商品的；

（四）用不符合财务会计制度规定的凭证顶替库存现金的；

（五）用转账凭证套换现金的；

（六）编造用途套取现金的；

（七）互相借用现金的；

（八）利用账户替其他单位和个人套取现金的；

（九）将单位的现金收入按个人储蓄方式存入银行的；

（十）保留账外公款的；

（十一）未经批准坐支或者未按开户银行核定的坐支范围和限额坐支现金的。（2011 年 1 月 8 日删除）

第二十二条　开户单位对开户银行作出的处罚决定不服的，必须首先按照处罚决定执行，然后可在10日内向开户银行的同级人民银行申请复议。同级人民银行应当在收到复议申请之日起30日内作出复议决定。开户单位对复议决定不服的，可以在收到复议决定之日起30日内向人民法院起诉。（2011年1月8日删除）

第二十三条　银行工作人员违反本条例规定，徇私舞弊、贪污受贿、玩忽职守纵容违法行为的，应当根据情节轻重，给予行政处分和经济处罚；构成犯罪的，由司法机关依法追究刑事责任。

第四章　附则

第二十四条　本条例由中国人民银行负责解释；施行细则由中国人民银行制定。

第二十五条　本条例自1988年10月1日起施行。1977年11月28日发布的《国务院关于实行现金管理的决定》同时废止。

本章实操要点

本章主要介绍与出纳相关的所有涉及现金的业务操作要点。

（1）熟悉操作现金提取、支付和送存业务。

（2）正确核算、记录现金收入、支付涉及的会计分录和账簿。

（3）关注库存现金的管理和清点中的关键点和易疏忽点。

（4）严格遵守库存现金内部控制制度，尤其是其中的岗位分离、授权审批制度。

第十六章

银行账户管理

——如何放心在银行“安一个家”

内容概览

银行存款是现代社会经济交往中的一种主要资金结算工具。根据国家有关规定，凡是独立核算的企业，都必须在当地银行开设账户。企事业经济活动所发生的一切货币收支业务，除按国家《现金管理暂行条例》中规定可以使用现金直接支付的款项外，其他都必须按银行支付结算办法的规定，通过银行账户进行转账结算。因此，掌握银行账户的有关规定是做好出纳工作的必要条件。

在本章的学习中，我们将解决读者的以下问题。

（1）什么是银行存款，银行存款管理有哪些内容？

（2）什么是银行存款内部控制制度？如何实施该制度？

（3）如何编制银行存款余额调节表？

（4）什么是银行账户？如何使用银行账户？

（5）存款账户的种类有哪些？如何开立、变更、迁移、合并与撤销账户？

（6）怎样办理印章挂失？怎样更换预留印鉴

（7）如何申办贷款？如何办理、使用、变更贷款证？

（8）如何核算银行存款？

（9）掌握《人民币银行结算账户管理办法》。

16.1 银行存款管理的基本制度

16.1.1 什么是银行存款

银行存款，指企事业单位存放在银行或其他金融机构中的货币资金，它是现代社会经济交往中的一种主要资金结算工具。根据国家有关规定，凡是独立核算的企业，都必须在当地银行开设账户。企业在银行开设账户后，除按银行规定的企业库存现金限额保留一定的库存现金外，超过限额的现金都必须存入银行。企事业经济活动所发生的一切货币收支业务，除按国家《现金管理暂行条例》中规定可以使用现金直接支付的款项外，其他都必须按银行支付结算办法的规定，通过银行账户进行转账结算。

16.1.2 银行存款管理有哪些内容

银行存款管理，指国家、银行、企业、事业、机关团体等有关各方对银行存款及相关内容进行的监督和管理。根据其管理对象不同，银行存款管理可分为银行存款账户的管理、银行存款结算的管理、银行存款核算的管理，具体内容如图 16-1 所示。

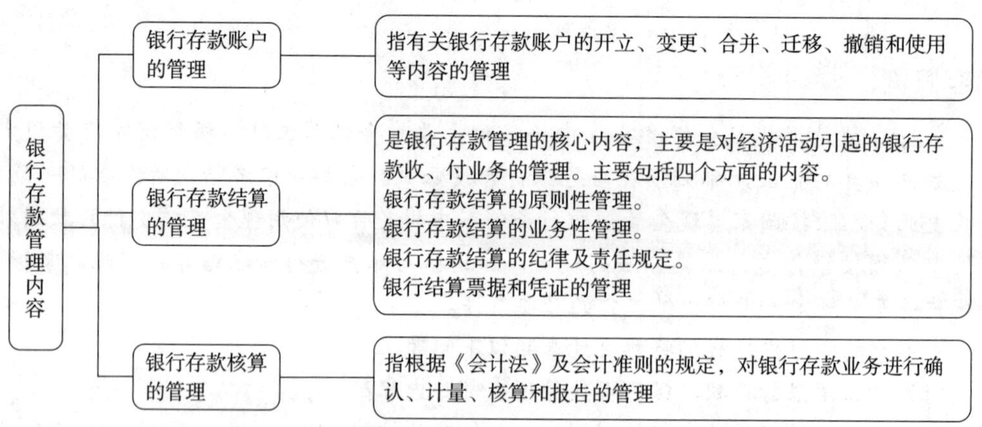

图 16-1 银行存款管理内容

16.1.3 如何编制银行存款余额调节表

银行存款余额调节表是企业为了核对本企业与银行双方的存款账面余额而编制的列有双方“未达账项”的一种报表。正确的编制银行存款余额调节表对于核对企业的银行存款有着重要的意义，如图 16-2 所示。

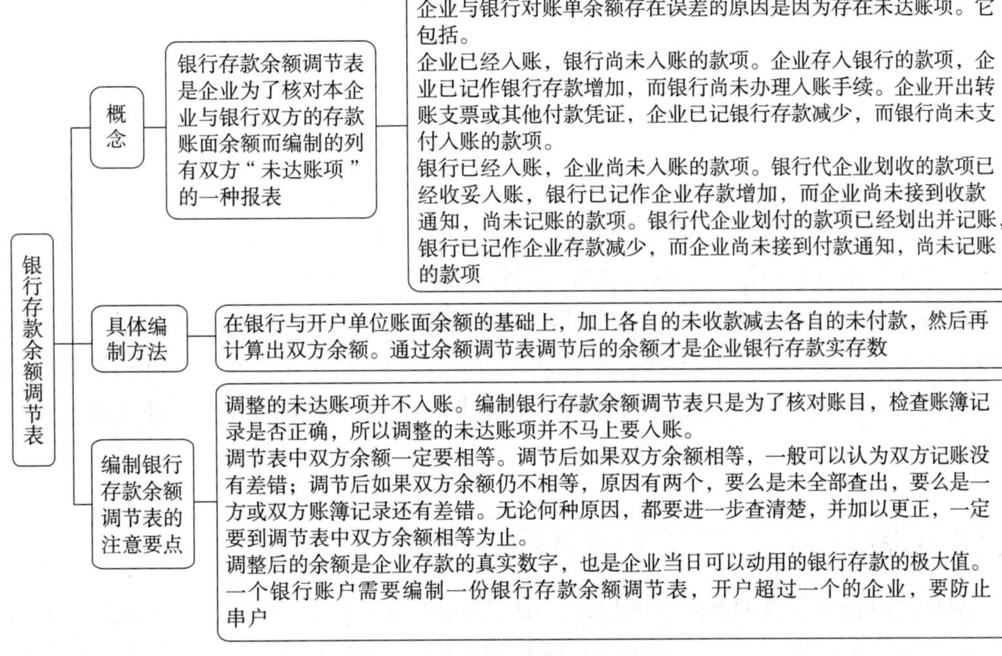

图 16-2　银行存款余额调节表

【例 16-1】紫竹公司 2×19 年 5 月 31 日银行存款日记账的账面余额为 520 000 元，银行转来的对账单上截至 5 月 31 日的余额为 510 400 元，经逐笔核对，发现有以下未达账项：

（1）5 月 28 日，公司委托银行代收款项 5 000 元，银行已经收妥入账，公司尚未接到银行的收款通知，尚未记账。

（2）5 月 29 日，公司送存支票 15 200 元，银行尚未计入公司存款账户。

（3）5 月 30 日，银行代公司支付水费 1 000 元，公司尚未接到银行的付款通知，尚未记账。

（4）5 月 31 日，公司开出支票 1 600 元，持票人尚未到银行办理转账，银行尚未登计入账。

要求：根据上述资料编制该公司银行存款余额调节表。

根据所提供资料编制该公司的"银行存款余额调节表"如表 16-1 所示。

表 16-1　紫竹公司银行存款余额调节表

项　目	金　额	项　目	金　额
企业存款日记账余额	520 000	银行对账单余额	510 400
加：银行已收，企业未收	5 000	加：企业已收，银行未收	15 200
减：银行已付，企业未付	1 000	减：企业已付，企业未付	1 600
经调整后的余额	524 000	经调整后的余额	524 000

16.2 银行账户的管理

16.2.1 什么是银行账户

银行账户，又称“银行存款账户”，或称“存款账户”，指存款人在中国境内银行开立的人民币存款、支取、转账结算和贷款户头的总称。其中，存款人主要包括机关、团体、部队、企事业单位、个体经营者。银行包括银行和其他金融机构。

银行存款账户是各单位通过银行办理转账结算、信贷以及现金收付业务的工具，凡新办的企业或公司在取得工商行政管理部门颁发的法人营业执照后，可选择离办公场地近的银行申请开设自己的结算账户。对于非现金使用范围的开支，都要通过银行账户办理。

16.2.2 国家对企业银行账户的管理有哪些规定

按照《银行账户管理办法》的规定，国家对银行账户的管理包括两个方面：一是人民银行对账户的管理，二是开户银行对账户的管理。具体的管理原则与要求如图 16-3 所示。

16.2.3 存款账户的种类及其开立

（1）什么是基本存款账户

基本存款账户，指存款人办理日常转账结算和现金收付的账户。它是独立核算单位在银行开立的主要账户。存款人的工资、奖金等现金的支出，只能通过基本存款账户办理。按照规定，每个存款人只能在银行开立一个基本存款账户。

① 哪些存款人可以开设基本存款账。

根据《银行账户管理办法》的规定，下列存款人可以申请开立基本存款账户：企业法人；企业法人内部单独核算的单位；管理财政预算资金和预算外资金的财政部门；实行财政管理的行政机关、事业单位；县级（含）以上军队、武警单位；外国驻华机构；社会团体；单位附设的食堂、招待所、幼儿园；外地常设机构；私营企业、个体经济户、承包户和个人。

② 申请基本存款账户需提供哪些文件。

存款人申请开立基本存款账户，应向开户银行出具下列证明文件之一：当地工商行政管理机关核发的《企业法人营业执照》或《营业执照》；中央或地方编制委员会、人事、民政等部门的批文；军队军级以上、武警总队财务部门的开户证明；单位对附设机构同意开户的证明；驻地有权部门对外地常设机构的批文；承包双方签订的承包协议；个人居民身份证和户口簿。

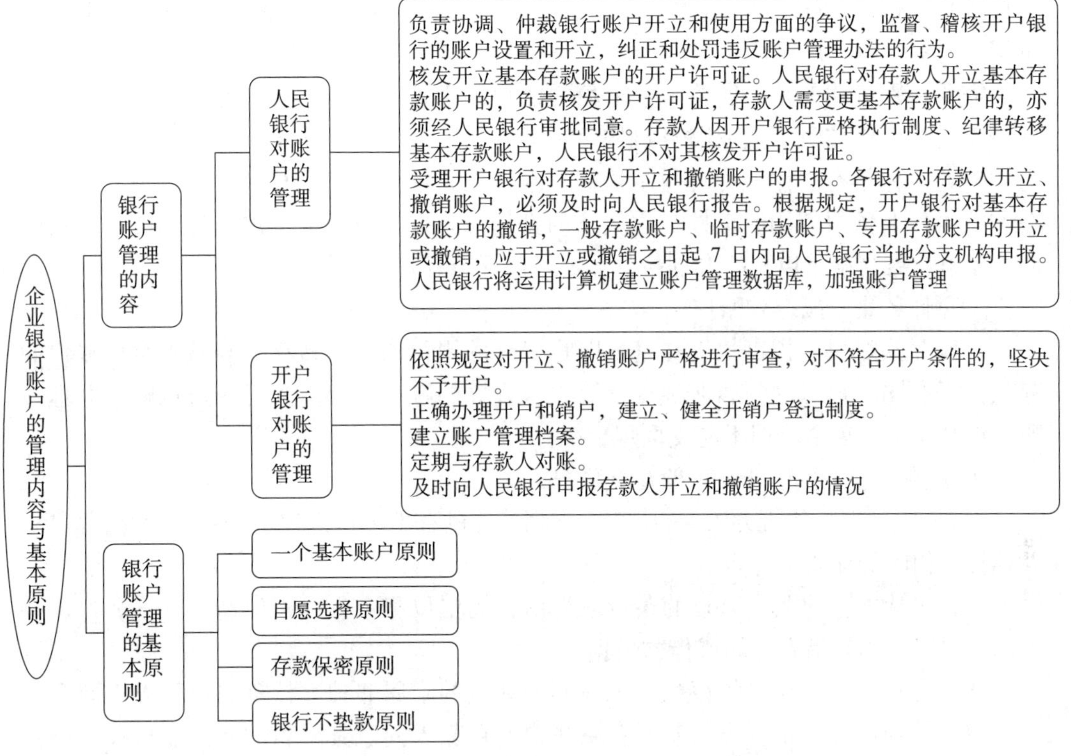

图 16-3　企业银行账户管理的内容与基本原则

③ 如何开设基本存款账户。

开设基本存款账户的程序如图 16-4 所示。

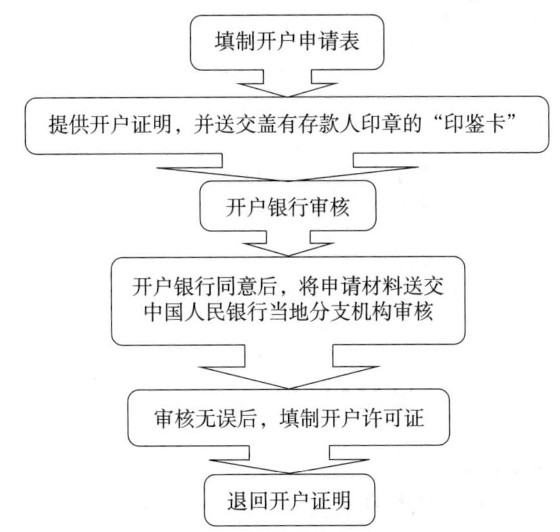

图 16-4　开设基本存款账户的程序

开户申请书一式三联，第一联由中国人民银行当地分支机构留存；第二联由开户银行留存；第三联由存款人保管，待销户时做重新开户的证明。印鉴卡片一式两张，一张留存开户银行；一张开户单位留存。开户许可证一式两本（正、副本），正本由开户单位留存，副本由开户银行存查。

需要特别说明的是，印鉴卡片上填写的户名必须与单位名称一致，同时要加盖开户单位公章、单位负责人或财务机构负责人、出纳人员三颗图章。它是单位与银行事先约定的一种具有法律效力的付款依据，银行在为单位办理结算业务时，凭开户单位在印鉴卡片上预留的印鉴审核支付凭证的真伪。如果支付凭证上加盖的印章与预留的印鉴不符，银行就可以拒绝办理付款业务，以保障开户单位款项的安全。

（2）什么是一般存款账户

一般存款账户，指存款人在基本账户以外的银行借款、转存、与基本存款账户的存款人不在同一地点的附属非独立核算单位开立的账户。存款人可以通过账户办理转账、结算和存入现金，但不能支取现金。

① 哪些存款人可以开设一般存款账户。

根据《银行账户管理办法》的规定，下列情况的存款人可以申请开立一般存款账户，并须提供相应的证明文件。

（a）在基本存款账户以外的银行取得借款的单位和个人可以申请开立该账户，并须向开户银行出具借款合同或借款借据。

（b）与基本存款账户的存款人不在同一地点的附属非独立核算单位可以申请开立该账户，并须向开户银行出具基本存款账户的存款人同意其附属的非独立核算单位开户的证明。

② 如何开设一般存款账户。

存款人在申请开立一般存款账户、临时存款账户和专用存款账户时，应该按照以下程序进行，如图 16-5 所示。

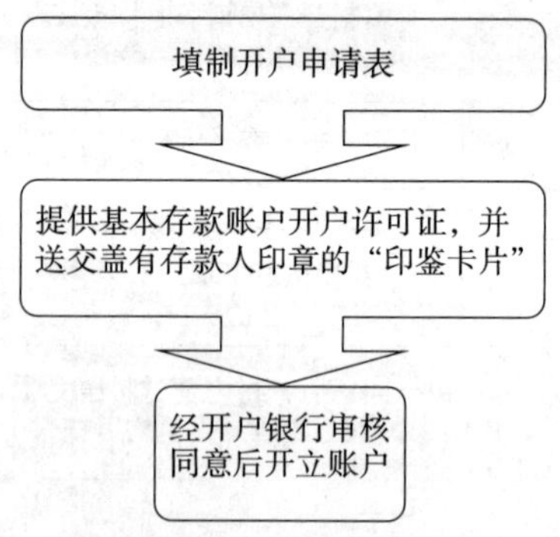

图 16-5 开设账户程序

（3）什么是临时存款账户

临时存款账户，是存款人因临时经营活动需要开立的账户，存款人可以通过临时存款账户办理转账结算和根据国家现金管理的规定办理现金收付。

① 哪些存款人可以开设临时存款账户。

根据《银行账户管理办法》的规定，下列存款人可以申请开立临时存款账户，并须提供相应的证明文件：

（a）外地临时机构可以申请开立该账户，并须出具当地工商行政管理机关核发的临时执照。

（b）临时经营活动需要的单位和个人可以申请开立该账户，并须出具当地有权部门同意设立外来临时机构的批件。

② 如何开立临时存款账户。

存款人申请开立临时存款账户，应填制开户申请书，提供相应的证明文件，送交盖有存款人印章的印鉴卡片，经银行审核同意后，即可开设此账户。

（4）什么是专用存款账户

专用存款账户，指存款人因特定用途需要而开立的账户。

① 专用存款账户设置的条件。

根据《银行账户管理办法》的规定，存款人对特定用途的资金，由存款人向开户银行出具相应证明即可开立该账户。特定用途的资金范围包括：基本建设的资金；更新改造的资金；其他特定用途，需要专户管理的资金。

② 开设专用存款账户需要提供的文件。

根据《银行账户管理办法》规定，存款人申请开立专用存款账户，应向开户银行出具下列证明文件之一。

（a）经有权部门批准立项的文件。

（b）国家有关文件的规定。

③ 专用存款账户开立的程序。

存款人申请开立专用存款账户，应填制开户申请书，提供相应的证明文件，送交盖有存款人印章的印鉴卡片，经银行审核同意后开立账户。

16.2.4 如何变更账户

对于银行账户的变更，主要有变更账户名称，更换单位财务专用章等，具体的要求如图 16-6 所示。

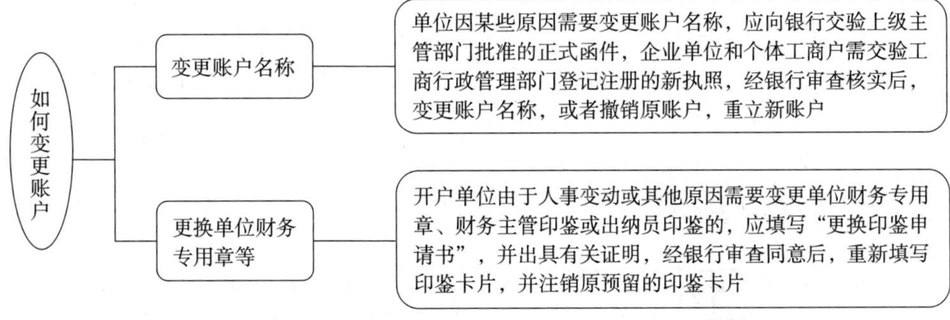

图 16-6 如何变更账户

16.2.5 如何迁移账户

单位发生办公或经营地点搬迁时应到银行办理迁移账户手续。迁入迁出在同一城市的，可凭迁出行出具凭证到迁入行开立新户，搬迁异地应按规定向迁入银行重新办理开户手续。搬迁过程中，如需要可要求原开户银行暂时保留原账户，但在搬迁结束已在当地恢复经营活动时，则应在一个月内到原开户银行结清原账户。

另外，按照规定，连续在一年以上没有发生收付活动的账户，开户银行经过调查认为该账户无须继续保留即可通知开户单位来银行办理销户手续，开户单位接通知后一个月内必须办理，逾期不办理可视为自动销户，存款有余额的将作为银行收益。

16.2.6 如何进行账户的合并与撤销

进行账户合并与撤销的方法如图 16-7 所示。

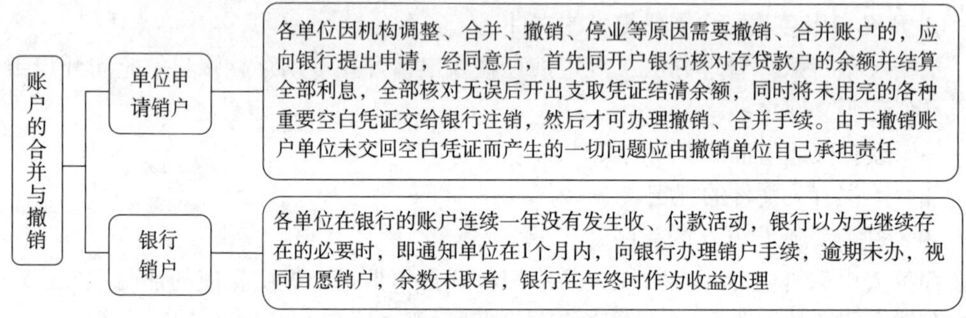

图 16-7 账户的合并与撤销

16.2.7 怎样办理印章挂失

各单位预留银行印鉴的印章遗失时，应当出具公函，填写“更换印鉴申请书”，由开户银行办理更换印鉴手续。遗失个人名章的由开户单位备函证明，遗失单位公章的由上级主管单位备函证明。经银行同意后按规定办法更换印鉴，并在新印鉴卡上注明情况。

16.2.8 怎样更换预留印鉴

各单位因印章使用日久发生磨损，或者改变单位名称、人员调动等原因需要更换印鉴时，应填写“更换印鉴申请书”，由开户银行发给新印鉴卡。单位应将原印鉴盖在新印鉴卡的反面，将新印鉴盖在新印鉴卡的正面，并注明启用日期交开户银行。在更换印鉴前签发的支票仍然有效。

16.2.9　如何核算银行存款

银行存款的核算主要包括序时核算和总分类核算两个部分，具体方法如图 16-8 所示。在实际操作中，出纳人员主要从事序时核算。

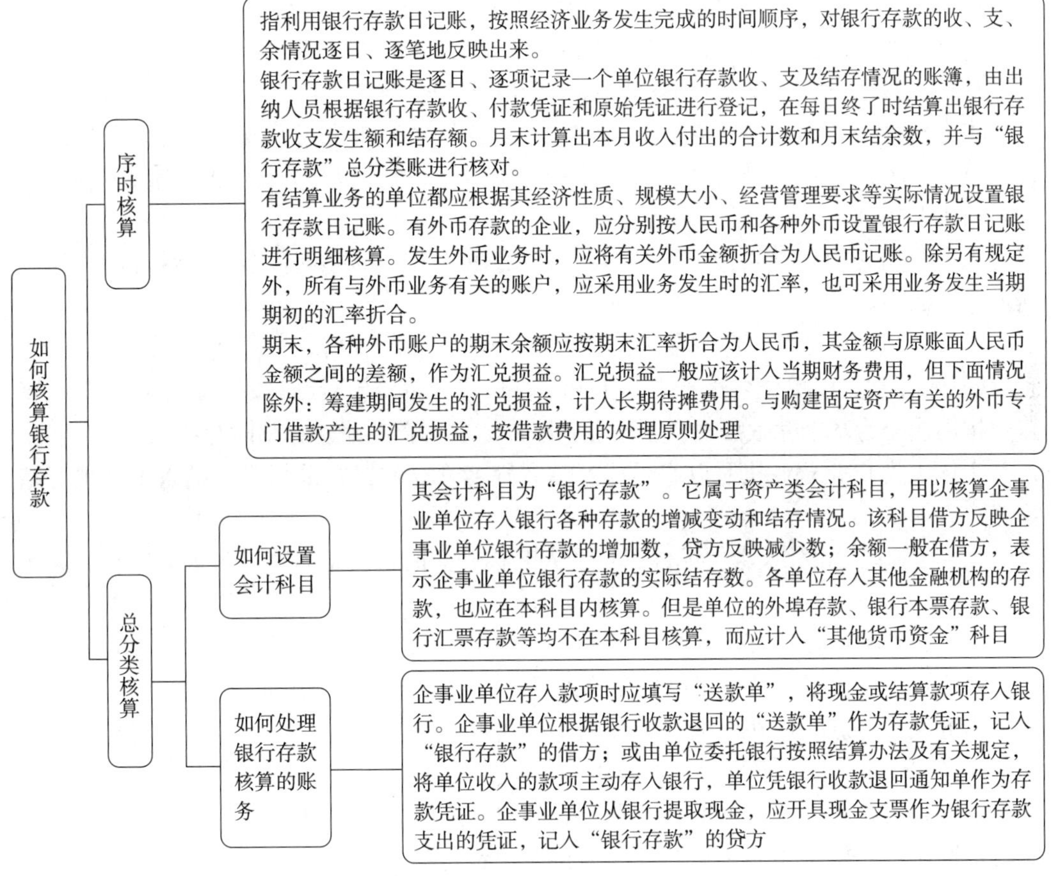

图 16-8　如何核算银行存款

附录:《人民币银行结算账户管理办法》

人民币银行结算账户管理办法

中国人民银行令

〔2003〕第 5 号

为规范人民币银行结算账户的开立和使用，维护经济金融稳定，中国人民银行制定了《人民币银行结算账户管理办法》，经 2002 年 8 月 21 日第 34 次行长办公会议通过，现予公布，自 2003 年 9 月 1 日起施行。

行长　周小川

二〇〇三年四月十日

第一章　总则

第一条　为规范人民币银行结算账户（以下简称银行结算账户）的开立和使用，加强银行结算账户管理，维护经济金融秩序稳定，根据《中华人民共和国中国人民银行法》和《中华人民共和国商业银行法》等法律法规，制定本办法。

第二条　存款人在中国境内的银行开立的银行结算账户适用本办法。

本办法所称存款人，是指在中国境内开立银行结算账户的机关、团体、部队、企业、事业单位、其他组织（以下统称单位）、个体工商户和自然人。

本办法所称银行，是指在中国境内经中国人民银行批准经营支付结算业务的政策性银行、商业银行（含外资独资银行、中外合资银行、外国银行分行）、城市信用合作社、农村信用合作社。

本办法所称银行结算账户，是指银行为存款人开立的办理资金收付结算的人民币活期存款账户。

第三条　银行结算账户按存款人分为单位银行结算账户和个人银行结算账户。

（一）存款人以单位名称开立的银行结算账户为单位银行结算账户。单位银行结算账户按用途分为基本存款账户、一般存款账户、专用存款账户、临时存款账户。

个体工商户凭营业执照以字号或经营者姓名开立的银行结算账户纳入单位银行结算账户管理。

（二）存款人凭个人身份证件以自然人名称开立的银行结算账户为个人银行结算账户。

邮政储蓄机构办理银行卡业务开立的账户纳入个人银行结算账户管理。

第四条　单位银行结算账户的存款人只能在银行开立一个基本存款账户。

第五条　存款人应在注册地或住所地开立银行结算账户。符合本办法规定可以在异地（跨省、市、县）开立银行结算账户的除外。

第六条　存款人开立基本存款账户、临时存款账户和预算单位开立专用存款账户实行核准制度，经中国人民银行核准后由开户银行核发开户登记证。但存款人因注册验资需要开立的临时存款账户除外。

第七条　存款人可以自主选择银行开立银行结算账户。除国家法律、行政法规和国务院规定外，任何单位和个人不得强令存款人到指定银行开立银行结算账户。

第八条　银行结算账户的开立和使用应当遵守法律、行政法规，不得利用银行结算账户进行偷逃税款、逃废债务、套取现金及其他违法犯罪活动。

第九条　银行应依法为存款人的银行结算账户信息保密。对单位银行结算账户的存款和有关资料，除国家法律、行政法规另有规定外，银行有权拒绝任何单位或个人查询。对个人银行结算账户的存款和有关资料，除国家法律另有规定外，银行有权拒绝任何单位或个人查询。

第十条　中国人民银行是银行结算账户的监督管理部门。

第二章　银行结算账户的开立

第十一条　基本存款账户是存款人因办理日常转账结算和现金收付需要开立的银行结算账户。下列存款人，可以申请开立基本存款账户：

（一）企业法人。

（二）非法人企业。

（三）机关、事业单位。

（四）团级（含）以上军队、武警部队及分散执勤的支（分）队。

（五）社会团体。

（六）民办非企业组织。

（七）异地常设机构。

（八）外国驻华机构。

（九）个体工商户。

（十）居民委员会、村民委员会、社区委员会。

（十一）单位设立的独立核算的附属机构。

（十二）其他组织。

第十二条　一般存款账户是存款人因借款或其他结算需要，在基本存款账户开户银行以外的银行营业机构开立的银行结算账户。

第十三条　专用存款账户是存款人按照法律、行政法规和规章，对其特定用途资金进行专项管理和使用而开立的银行结算账户。对下列资金的管理与使用，存款人可以申请开立专用存款账户：

（一）基本建设资金。

（二）更新改造资金。

（三）财政预算外资金。

（四）粮、棉、油收购资金。

（五）证券交易结算资金。

（六）期货交易保证金。

（七）信托基金。

（八）金融机构存放同业资金。

（九）政策性房地产开发资金。

（十）单位银行卡备用金。

（十一）住房基金。

（十二）社会保障基金。

（十三）收入汇缴资金和业务支出资金。

（十四）党、团、工会设在单位的组织机构经费。

（十五）其他需要专项管理和使用的资金。

收入汇缴资金和业务支出资金，是指基本存款账户存款人附属的非独立核算单位或派出机构发生的收入和支出的资金。

因收入汇缴资金和业务支出资金开立的专用存款账户，应使用隶属单位的名称。

第十四条　临时存款账户是存款人因临时需要并在规定期限内使用而开立的银行结算账户。有下列情况的，存款人可以申请开立临时存款账户：

（一）设立临时机构。

（二）异地临时经营活动。

（三）注册验资。

第十五条　个人银行结算账户是自然人因投资、消费、结算等而开立的可办理支付结算业务的存款账户。有下列情况的，可以申请开立个人银行结算账户：

（一）使用支票、信用卡等信用支付工具的。

（二）办理汇兑、定期借记、定期贷记、借记卡等结算业务的。

自然人可根据需要申请开立个人银行结算账户，也可以在已开立的储蓄账户中选择并向开户银行申请确认为个人银行结算账户。

第十六条　存款人有下列情形之一的，可以在异地开立有关银行结算账户：

（一）营业执照注册地与经营地不在同一行政区域（跨省、市、县）需要开立基本存款账户的。

（二）办理异地借款和其他结算需要开立一般存款账户的。

（三）存款人因附属的非独立核算单位或派出机构发生的收入汇缴或业务支出需要开立专用存款账户的。

（四）异地临时经营活动需要开立临时存款账户的。

（五）自然人根据需要在异地开立个人银行结算账户的。

第十七条　存款人申请开立基本存款账户，应向银行出具下列证明文件：

（一）企业法人，应出具企业法人营业执照正本。

（二）非法人企业，应出具企业营业执照正本。

（三）机关和实行预算管理的事业单位，应出具政府人事部门或编制委员会的批文或登记证书和财政部门同意其开户的证明；非预算管理的事业单位，应出具政府人事部门或编制委员会的批文或登记证书。

（四）军队、武警团级（含）以上单位以及分散执勤的支（分）队，应出具军队军级以上单位财务部门、武警总队财务部门的开户证明。

（五）社会团体，应出具社会团体登记证书，宗教组织还应出具宗教事务管理部门的批文或证明。

（六）民办非企业组织，应出具民办非企业登记证书。

（七）外地常设机构，应出具其驻在地政府主管部门的批文。

（八）外国驻华机构，应出具国家有关主管部门的批文或证明；外资企业驻华代表处、办事处应出具国家登记机关颁发的登记证。

（九）个体工商户，应出具个体工商户营业执照正本。

（十）居民委员会、村民委员会、社区委员会，应出具其主管部门的批文或证明。

（十一）独立核算的附属机构，应出具其主管部门的基本存款账户开户登记证和批文。

（十二）其他组织，应出具政府主管部门的批文或证明。

本条中的存款人为从事生产、经营活动纳税人的，还应出具税务部门颁发的税务登记证。

第十八条　存款人申请开立一般存款账户，应向银行出具其开立基本存款账户规定的证明文件、基本存款账户开户登记证和下列证明文件：

（一）存款人因向银行借款需要，应出具借款合同。

（二）存款人因其他结算需要，应出具有关证明。

第十九条　存款人申请开立专用存款账户，应向银行出具其开立基本存款账户规定的证明文件、基本存款账户开户登记证和下列证明文件：

（一）基本建设资金、更新改造资金、政策性房地产开发资金、住房基金、社会保障基金，应出具主管部门批文。

（二）财政预算外资金，应出具财政部门的证明。

（三）粮、棉、油收购资金，应出具主管部门批文。

（四）单位银行卡备用金，应按照中国人民银行批准的银行卡章程的规定出具有关证明和资料。

（五）证券交易结算资金，应出具证券公司或证券管理部门的证明。

（六）期货交易保证金，应出具期货公司或期货管理部门的证明。

（七）金融机构存放同业资金，应出具其证明。

（八）收入汇缴资金和业务支出资金，应出具基本存款账户存款人有关的证明。

（九）党、团、工会设在单位的组织机构经费，应出具该单位或有关部门的批文或证明。

（十）其他按规定需要专项管理和使用的资金，应出具有关法规、规章或政府部门的有关文件。

第二十条　合格境外机构投资者在境内从事证券投资开立的人民币特殊账户和人民币结算资金账户纳入专用存款账户管理。其开立人民币特殊账户时应出具国家外汇管理部门的批复文件，开立人民币结算资金账户时应出具证券管理部门的证券投资业务许可证。

第二十一条　存款人申请开立临时存款账户，应向银行出具下列证明文件：

（一）临时机构，应出具其驻在地主管部门同意设立临时机构的批文。

（二）异地建筑施工及安装单位，应出具其营业执照正本或其隶属单位的营业执照正本，以及施工及安装地建设主管部门核发的许可证或建筑施工及安装合同。

（三）异地从事临时经营活动的单位，应出具其营业执照正本以及临时经营地工商行政管理部门的批文。

（四）注册验资资金，应出具工商行政管理部门核发的企业名称预先核准通知书或有关部门的批文。

本条第二、三项还应出具其基本存款账户开户登记证。

第二十二条　存款人申请开立个人银行结算账户，应向银行出具下列证明文件：

（一）中国居民，应出具居民身份证或临时身份证。

（二）中国人民解放军军人，应出具军人身份证件。

（三）中国人民武装警察，应出具武警身份证件。

（四）香港、澳门居民，应出具港澳居民往来内地通行证；台湾居民，应出具台湾居民来往大陆通行证或者其他有效旅行证件。

（五）外国公民，应出具护照。

（六）法律、法规和国家有关文件规定的其他有效证件。

银行为个人开立银行结算账户时，根据需要还可要求申请人出具户口簿、驾驶执照、护照等有效证件。

第二十三条　存款人需要在异地开立单位银行结算账户，除出具本办法第十七条、十八条、十九条、二十一条规定的有关证明文件外，应出具下列相应的证明文件：

（一）经营地与注册地不在同一行政区域的存款人，在异地开立基本存款账户的，应出具注册地中国人民银行分支行的未开立基本存款账户的证明。

（二）异地借款的存款人，在异地开立一般存款账户的，应出具在异地取得贷款的借款合同。

（三）因经营需要在异地办理收入汇缴和业务支出的存款人，在异地开立专用存款账户的，应出具隶属单位的证明。

属本条第二、三项情况的，还应出具其基本存款账户开户登记证。

存款人需要在异地开立个人银行结算账户，应出具本办法第二十二条规定的证明文件。

第二十四条　单位开立银行结算账户的名称应与其提供的申请开户的证明文件的名称全称相一致。有字号的个体工商户开立银行结算账户的名称应与其营业执照的字号相一致；无字号的个体工商户开立银行结算账户的名称，由“个体户”字样和营业执照记载的经营者姓名组成。自然人开立银行结算账户的名称应与其提供的有效身份证件中的名称全称相一致。

第二十五条　银行为存款人开立一般存款账户、专用存款账户和临时存款账户的，应自开户之日起3个工作日内书面通知基本存款账户开户银行。

第二十六条　存款人申请开立单位银行结算账户时，可由法定代表人或单位负责人直接办理，也可授权他人办理。

由法定代表人或单位负责人直接办理的，除出具相应的证明文件外，还应出具法定代表人或单位负责人的身份证件；授权他人办理的，除出具相应的证明文件外，还应出具其法定代表人或单位负责人的授权书及其身份证件，以及被授权人的身份证件。

第二十七条　存款人申请开立银行结算账户时，应填制开户申请书。开户申请书按照中国人民银行的规定记载有关事项。

第二十八条　银行应对存款人的开户申请书填写的事项和证明文件的真实性、完整性、合规性进行认真审查。

开户申请书填写的事项齐全，符合开立基本存款账户、临时存款账户和预算单位专用存款账户条件的，银行应将存款人的开户申请书、相关的证明文件和银行审核意见等开户资料报送中国人民银行当地分支行，经其核准后办理开户手续；符合开立一般存款账户、其他专用存款账户和个人银行结算账户条件的，银行应办理开户手续，并于开户之日起5个工作日内向中国人民银行当地分支行备案。

第二十九条　中国人民银行应于2个工作日内对银行报送的基本存款账户、临时存款账户和预算单位专用存款账户的开户资料的合规性予以审核，符合开户条件的，予以核准；不符合开户条件的，应在开户申请书上签署意见，连同有关证明文件一并退回报送银行。

第三十条 银行为存款人开立银行结算账户，应与存款人签订银行结算账户管理协议，明确双方的权利与义务。除中国人民银行另有规定的以外，应建立存款人预留签章卡片，并将签章式样和有关证明文件的原件或复印件留存归档。

第三十一条 开户登记证是记载单位银行结算账户信息的有效证明，存款人应按本办法的规定使用，并妥善保管。

第三十二条 银行在为存款人开立一般存款账户、专用存款账户和临时存款账户时，应在其基本存款账户开户登记证上登记账户名称、账号、账户性质、开户银行、开户日期，并签章。但临时机构和注册验资需要开立的临时存款账户除外。

第三章 银行结算账户的使用

第三十三条 基本存款账户是存款人的主办账户。存款人日常经营活动的资金收付及其工资、奖金和现金的支取，应通过该账户办理。

第三十四条 一般存款账户用于办理存款人借款转存、借款归还和其他结算的资金收付。该账户可以办理现金缴存，但不得办理现金支取。

第三十五条 专用存款账户用于办理各项专用资金的收付。

单位银行卡账户的资金必须由其基本存款账户转账存入。该账户不得办理现金收付业务。

财政预算外资金、证券交易结算资金、期货交易保证金和信托基金专用存款账户不得支取现金。

基本建设资金、更新改造资金、政策性房地产开发资金、金融机构存放同业资金账户需要支取现金的，应在开户时报中国人民银行当地分支行批准。中国人民银行当地分支行应根据国家现金管理的规定审查批准。

粮、棉、油收购资金、社会保障基金、住房基金和党、团、工会经费等专用存款账户支取现金应按照国家现金管理的规定办理。

收入汇缴账户除向其基本存款账户或预算外资金财政专用存款户划缴款项外，只收不付，不得支取现金。业务支出账户除从其基本存款账户拨入款项外，只付不收，其现金支取必须按照国家现金管理的规定办理。

银行应按照本条的各项规定和国家对粮、棉、油收购资金使用管理规定加强监督，对不符合规定的资金收付和现金支取，不得办理。但对其他专用资金的使用不负监督责任。

第三十六条 临时存款账户用于办理临时机构以及存款人临时经营活动发生的资金收付。

临时存款账户应根据有关开户证明文件确定的期限或存款人的需要确定其有效期限。存款人在账户的使用中需要延长期限的，应在有效期限内向开户银行提出申请，并由开户银行报中国人民银行当地分支行核准后办理展期。临时存款账户的有效期最长不得超过 2 年。

临时存款账户支取现金，应按照国家现金管理的规定办理。

第三十七条　注册验资的临时存款账户在验资期间只收不付，注册验资资金的汇缴人应与出资人的名称一致。

第三十八条　存款人开立单位银行结算账户，自正式开立之日起 3 个工作日后，方可办理付款业务。但注册验资的临时存款账户转为基本存款账户和因借款转存开立的一般存款账户除外。

第三十九条　个人银行结算账户用于办理个人转账收付和现金存取。下列款项可以转入个人银行结算账户：

（一）工资、奖金收入。

（二）稿费、演出费等劳务收入。

（三）债券、期货、信托等投资的本金和收益。

（四）个人债权或产权转让收益。

（五）个人贷款转存。

（六）证券交易结算资金和期货交易保证金。

（七）继承、赠与款项。

（八）保险理赔、保费退还等款项。

（九）纳税退还。

（十）农、副、矿产品销售收入。

（十一）其他合法款项。

第四十条　单位从其银行结算账户支付给个人银行结算账户的款项，每笔超过 5 万元的，应向其开户银行提供下列付款依据：

（一）代发工资协议和收款人清单。

（二）奖励证明。

（三）新闻出版、演出主办等单位与收款人签订的劳务合同或支付给个人款项的证明。

（四）证券公司、期货公司、信托投资公司、奖券发行或承销部门支付或退还给自然人款项的证明。

（五）债权或产权转让协议。

（六）借款合同。

（七）保险公司的证明。

（八）税收征管部门的证明。

（九）农、副、矿产品购销合同。

（十）其他合法款项的证明。

从单位银行结算账户支付给个人银行结算账户的款项应纳税的，税收代扣单位付款时应向其开户银行提供完税证明。

第四十一条　有下列情形之一的，个人应出具本办法第四十条规定的有关收款依据。

（一）个人持出票人为单位的支票向开户银行委托收款，将款项转入其个人银行结算账户的。

（二）个人持申请人为单位的银行汇票和银行本票向开户银行提示付款，将款项转入其个人银行结算账户的。

第四十二条　单位银行结算账户支付给个人银行结算账户款项的，银行应按第四十条、第四十一条规定认真审查付款依据或收款依据的原件，并留存复印件，按会计档案保管。未提供相关依据或相关依据不符合规定的，银行应拒绝办理。

第四十三条　储蓄账户仅限于办理现金存取业务，不得办理转账结算。

第四十四条　银行应按规定与存款人核对账务。银行结算账户的存款人收到对账单或对账信息后，应及时核对账务并在规定期限内向银行发出对账回单或确认信息。

第四十五条　存款人应按照本办法的规定使用银行结算账户办理结算业务。

存款人不得出租、出借银行结算账户，不得利用银行结算账户套取银行信用。

第四章　银行结算账户的变更与撤销

第四十六条　存款人更改名称，但不改变开户银行及账号的，应于5个工作日内向开户银行提出银行结算账户的变更申请，并出具有关部门的证明文件。

第四十七条　单位的法定代表人或主要负责人、住址以及其他开户资料发生变更时，应于5个工作日内书面通知开户银行并提供有关证明。

第四十八条　银行接到存款人的变更通知后，应及时办理变更手续，并于2个工作日内向中国人民银行报告。

第四十九条　有下列情形之一的，存款人应向开户银行提出撤销银行结算账户的申请：

（一）被撤并、解散、宣告破产或关闭的。

（二）注销、被吊销营业执照的。

（三）因迁址需要变更开户银行的。

（四）其他原因需要撤销银行结算账户的。

存款人有本条第一、二项情形的，应于5个工作日内向开户银行提出撤销银行结算账户的申请。

本条所称撤销是指存款人因开户资格或其他原因终止银行结算账户使用的行为。

第五十条　存款人因本办法第四十九条第一、二项原因撤销基本存款账户的，存款人基本存款账户的开户银行应自撤销银行结算账户之日起2个工作日内将撤销该基本存款账户的情况书面通知该存款人其他银行结算账户的开户银行；存款人其他银行结算账户的开户银行，应自收到通知之日起2个工作日内通知存款人撤销有关银行结算账户；存款人应自收到通知之日起3个工作日内办理其他银行结算账户的撤销。

第五十一条　银行得知存款人有本办法第四十九条第一、二项情况，存款人超过规定期限未主动办理撤销银行结算账户手续的，银行有权停止其银行结算账户的对外支付。

第五十二条　未获得工商行政管理部门核准登记的单位，在验资期满后，应向银行申请撤销注册验资临时存款账户，其账户资金应退还给原汇款人账户。注册验资资金以现金方式存入，出资人需提取现金的，应出具缴存现金时的现金缴款单原件及其有效身份证件。

第五十三条　存款人尚未清偿其开户银行债务的，不得申请撤销该账户。

第五十四条　存款人撤销银行结算账户，必须与开户银行核对银行结算账户存款余额，交回各种重要空白票据及结算凭证和开户登记证，银行核对无误后方可办理销户手续。存款人未按规定交回各种重要空白票据及结算凭证的，应出具有关证明，造成损失的，由其自行承担。

第五十五条　银行撤销单位银行结算账户时应在其基本存款账户开户登记证上注明销户日期并签章，同时于撤销银行结算账户之日起 2 个工作日内，向中国人民银行报告。

第五十六条　银行对一年未发生收付活动且未欠开户银行债务的单位银行结算账户，应通知单位自发出通知之日起 30 日内办理销户手续，逾期视同自愿销户，未划转款项列入久悬未取专户管理。

第五章　银行结算账户的管理

第五十七条　中国人民银行负责监督、检查银行结算账户的开立和使用，对存款人、银行违反银行结算账户管理规定的行为予以处罚。

第五十八条　中国人民银行对银行结算账户的开立和使用实施监控和管理。

第五十九条　中国人民银行负责基本存款账户、临时存款账户和预算单位专用存款账户开户登记证的管理。

任何单位及个人不得伪造、变造及私自印制开户登记证。

第六十条　银行负责所属营业机构银行结算账户开立和使用的管理，监督和检查其执行本办法的情况，纠正违规开立和使用银行结算账户的行为。

第六十一条　银行应明确专人负责银行结算账户的开立、使用和撤销的审查和管理，负责对存款人开户申请资料的审查，并按照本办法的规定及时报送存款人开销户信息资料，建立健全开销户登记制度，建立银行结算账户管理档案，按会计档案进行管理。

银行结算账户管理档案的保管期限为银行结算账户撤销后 10 年。

第六十二条　银行应对已开立的单位银行结算账户实行年检制度，检查开立的银行结算账户的合规性，核实开户资料的真实性；对不符合本办法规定开立的单位银行结算账户，应予以撤销。对经核实的各类银行结算账户的资料变动情况，应及时报告中国人民银行当地分支行。

银行应对存款人使用银行结算账户的情况进行监督，对存款人的可疑支付应按照中国人民银行规定的程序及时报告。

第六十三条　存款人应加强对预留银行签章的管理。单位遗失预留公章或财务专用章的，应向开户银行出具书面申请、开户登记证、营业执照等相关证明文件；更换预留公章或财务专用章时，应向开户银行出具书面申请、原预留签章的式样等相关证明文件。个人遗失或更换预留个人印章或更换签字人时，应向开户银行出具经签名确认的书面申请，以及原预留印章或签字人的个人身份证件。银行应留存相应的复印件，并凭以办理预留银行签章的变更。

第六章　罚则

第六十四条　存款人开立、撤销银行结算账户，不得有下列行为：

（一）违反本办法规定开立银行结算账户。

（二）伪造、变造证明文件欺骗银行开立银行结算账户。

（三）违反本办法规定不及时撤销银行结算账户。

非经营性的存款人，有上述所列行为之一的，给予警告并处以 1 000 元的罚款；经营性的存款人有上述所列行为之一的，给予警告并处以 1 万元以上 3 万元以下的罚款；构成犯罪的，移交司法机关依法追究刑事责任。

第六十五条　存款人使用银行结算账户，不得有下列行为：

（一）违反本办法规定将单位款项转入个人银行结算账户。

（二）违反本办法规定支取现金。

（三）利用开立银行结算账户逃废银行债务。

（四）出租、出借银行结算账户。

（五）从基本存款账户之外的银行结算账户转账存入、将销货收入存入或现金存入单位信用卡账户。

（六）法定代表人或主要负责人、存款人地址以及其他开户资料的变更事项未在规定期限内通知银行。

非经营性的存款人有上述所列一至五项行为的，给予警告并处以 1 000 元罚款；经营性的存款人有上述所列一至五项行为的，给予警告并处以 5 000 元以上 3 万元以下的罚款；存款人有上述所列第六项行为的，给予警告并处以 1 000 元的罚款。

第六十六条　银行在银行结算账户的开立中，不得有下列行为：

（一）违反本办法规定为存款人多头开立银行结算账户。

（二）明知或应知是单位资金，而允许以自然人名称开立账户存储。

银行有上述所列行为之一的，给予警告，并处以 5 万元以上 30 万元以下的罚款；对该银行直接负责的高级管理人员、其他直接负责的主管人员、直接责任人员按规定给予纪律处分；情节严重的，中国人民银行有权停止对其开立基本存款账户的核准，责令该银行停业整顿或者吊销经营金融业务许可证；构成犯罪的，移交司法机关依法追究刑事责任。

第六十七条　银行在银行结算账户的使用中，不得有下列行为：

（一）提供虚假开户申请资料欺骗中国人民银行许可开立基本存款账户、临时存款账户、预算单位专用存款账户。

（二）开立或撤销单位银行结算账户，未按本办法规定在其基本存款账户开户登记证上予以登记、签章或通知相关开户银行。

（三）违反本办法第四十二条规定办理个人银行结算账户转账结算。

（四）为储蓄账户办理转账结算。

（五）违反规定为存款人支付现金或办理现金存入。

（六）超过期限或未向中国人民银行报送账户开立、变更、撤销等资料。

银行有上述所列行为之一的，给予警告，并处以 5 000 元以上 3 万元以下的罚款；

对该银行直接负责的高级管理人员、其他直接负责的主管人员、直接责任人员按规定给予纪律处分；情节严重的，中国人民银行有权停止对其开立基本存款账户的核准，构成犯罪的，移交司法机关依法追究刑事责任。

第六十八条　违反本办法规定，伪造、变造、私自印制开户登记证的存款人，属非经营性的处以 1 000 元罚款；属经营性的处以 1 万元以上 3 万元以下的罚款；构成犯罪的，移交司法机关依法追究刑事责任。

第七章　附则

第六十九条　开户登记证由中国人民银行总行统一式样，中国人民银行各分行、营业管理部、省会（首府）城市中心支行负责监制。

第七十条　本办法由中国人民银行负责解释、修改。

第七十一条　本办法自 2003 年 9 月 1 日起施行。1994 年 10 月 9 日中国人民银行发布的《银行账户管理办法》同时废止。

本章实操要点

本章主要介绍与出纳相关的所有涉及银行存款的业务操作要点，重点包括以下几个。

（1）熟练编制银行存款余额调节表。

（2）掌握开户、变更账户手续、程序。

（3）银行存款科目的会计核算和记录。

第十七章

银行票据结算

——与银行“打交道”的必备知识

内容概览

有关法规规定，单位之间发生的大宗经济往来不能直接动用现金，各单位之间的经济往来必须集中于银行统一办理转账结算，接受银行监督。目前，银行结算方式很多，且各有其自身的特点和不同的处理方法。这些转账结算的业务一般由出纳人员经办，因此，出纳人员必须熟练掌握现行银行结算办法，掌握有关规定。

在本章的学习中，我们将解决读者的以下内容：

（1）什么是银行结算？

（2）掌握票据的基本制度。

（3）什么是票据行为、票据代理、票据抗辩？票据丧失后如何处理？

（4）什么是支票结算？怎样签发与办理支票？怎样办理支票挂失？使用支票结算应注意哪些问题？

（5）什么是银行本票结算方式？怎样办理银行本票？如何使用银行本票？

（6）什么是汇兑结算方式？汇兑结算应注意哪些事项？

（7）什么是银行汇票结算方式、商业汇票结算方式？其程序各是什么？

（8）什么是信用卡结算方式？如何申领与使用信用卡？

17.1　票据结算基础知识

17.1.1　什么是银行票据结算

根据国家对货币管理的规定，一切企业、机关、部队和事业单位，都必须在银行开设账户，将资金存入银行。各单位之间的经济往来，除了根据现金管理规定可以使用现金以外，都必须通过银行办理转账结算。国内现行转账结算办法主要有：支票结算、银行本票结算、银行汇票结算、银行汇兑结算、商业汇票结算、委托收款结算、托收承付、信用卡结算和信用证结算。由于这些转账结算方式一般都需要通过银行，且都需要作为结算凭证的各种票据，因此又称之为银行票据结算，或简称为银行结算或票据结算。

各单位的银行结算业务一般由出纳人员经办，因此作为出纳人员，必须熟练掌握现行银行结算办法，掌握相关规定。

17.1.2 什么是票据

票据是由出票人无条件地承诺由自己或者委托他人支付一定金额的有价证券。把握这一概念，需要从如图 17-1 所示的三个方面进行理解。

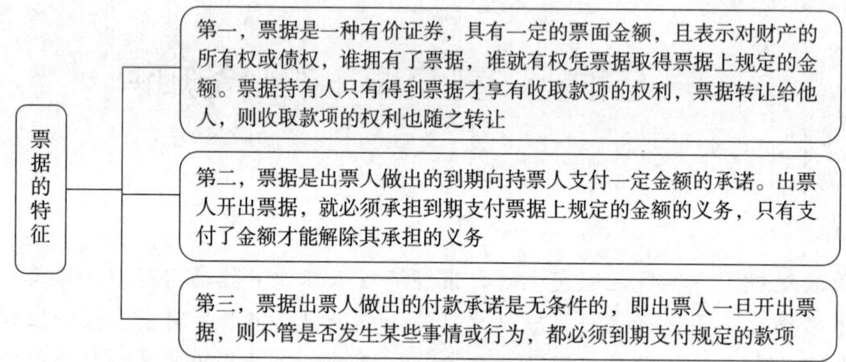

图 17-1　票据的特征

17.1.3 票据是怎样分类的，我国票据法规定的票据有哪几种

按照我国票据法的规定，票据包括汇票、本票和支票。票据可以从如表 17-1 所示的几个不同的角度进行不同的分类。

表 17-1　票据的分类

分类依据	种类	概　　念
付款时间	即期票据	指付款人见票后必须立即付款给持票人，如支票及见票即付的汇票、本票
	远期票据	是付款人见票后在一定期限或特定日期付款的票据
受款人记载方式	记名票据	指在票据上注明受款人姓名可由受款人以背书方式转让，付款人只能向受款人或其指定的人付款的票据
	不记名票据	指票面上不记载受款人姓名，可不经背书而直接以交付票据为转让，付款人可以对任何持票人付款的票据
我国票据法的规定		票据包括汇票、本票和支票

17.2　支票结算

17.2.1　什么是支票结算

支票是单位或个人签发的，委托办理支票存款业务的银行在见票时无条件支付确定的金额给收款人或者持票人的票据。如图 17-2 所示。

支票结算方式是同城结算中应用比较广泛的一种结算方式。单位和个人在同一票据交换区域的各种款项结算，均可以使用支票。

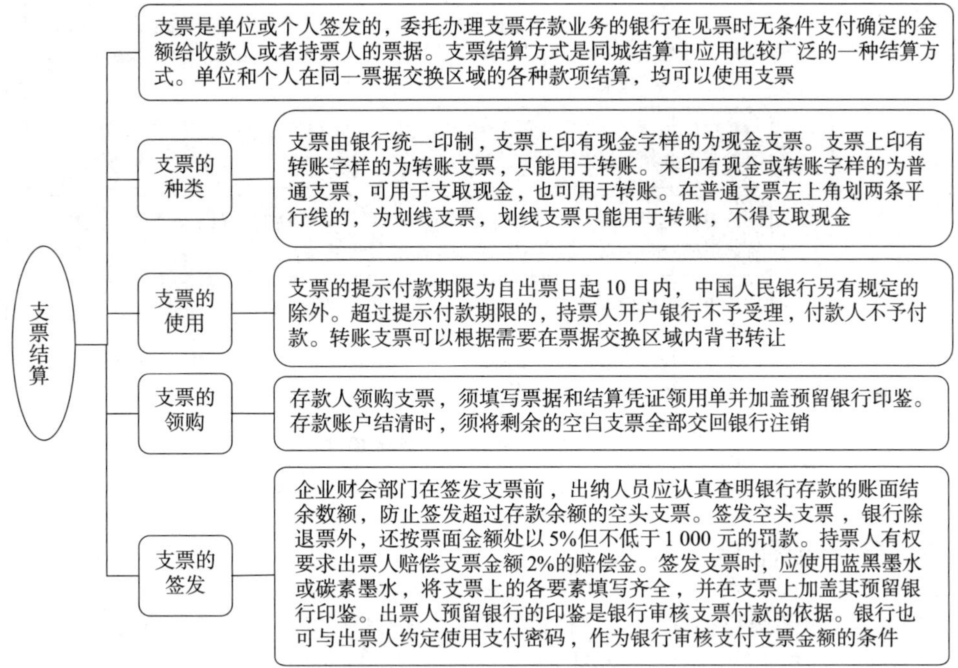

图 17-2　支票结算

17.2.2　支票结算有哪些基本规定

我国的银行结算法规对支票结算进行了详细的规定，其具体的规定如图 17-3 所示。

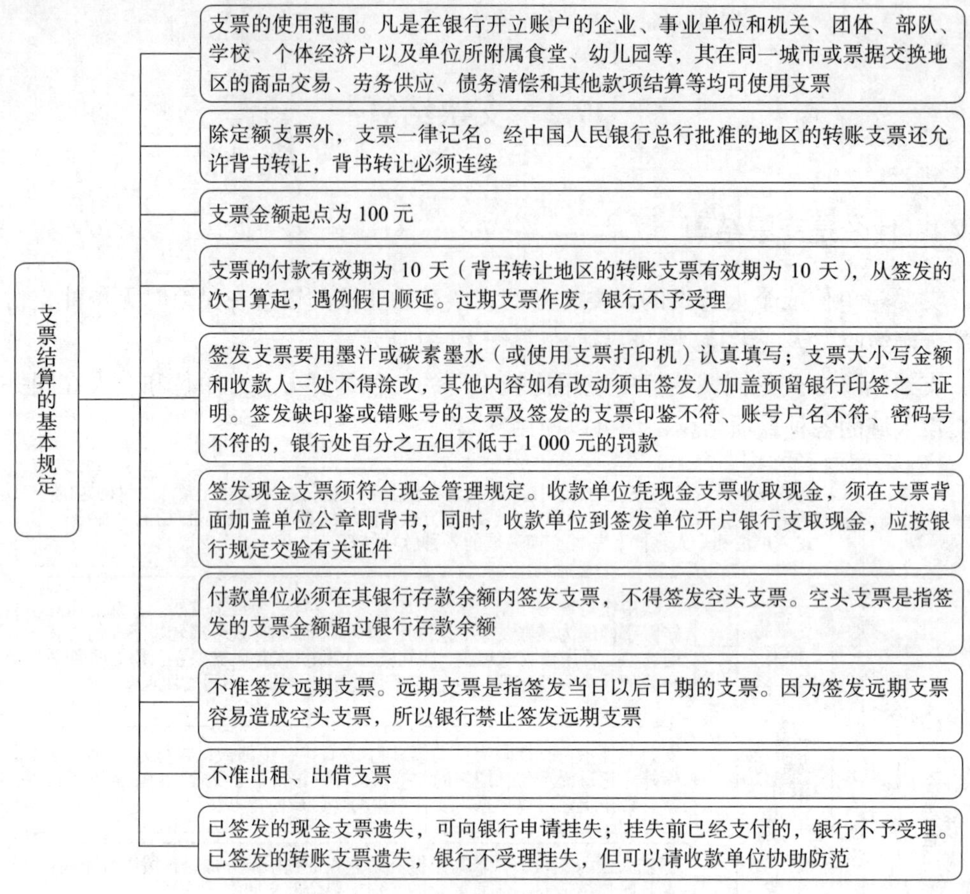

图 17-3 支票结算的基本规定

17.2.3 支票结算的基本程序

日常常用的支票包括现金支票和转账支票，两种类型支票的结算程序也是有所差别的，具体结算程序如图 17-4 和图 17-5 所示。

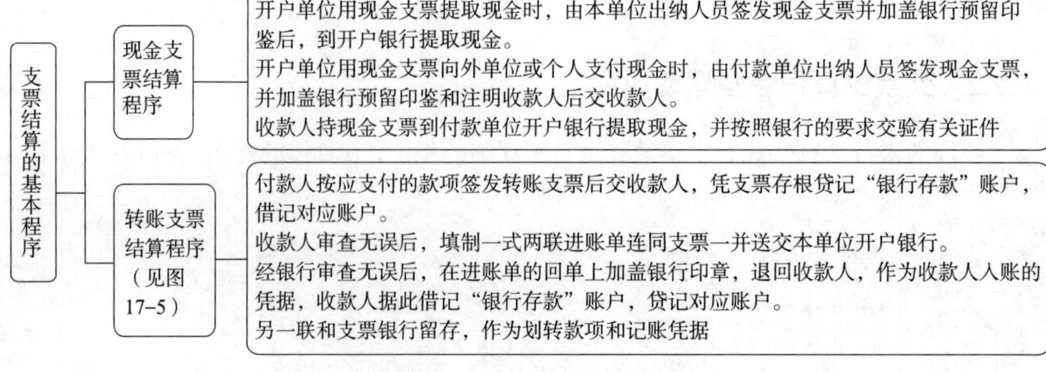

图 17-4 支票结算的基本程序

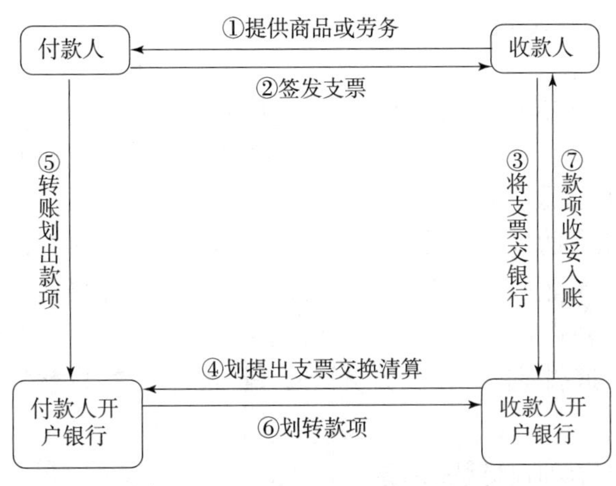

图 17-5 转账支票结算程序

17.2.4 怎样签发与办理现金支票

现金支票有两种，一种是支票上印有“现金”字样的现金支票，现金支票只能用于支取现金；一种是未印有“现金”或“转账”字样的普通支票，普通支票可以用于支取现金，也可以用于转账。各单位使用现金支票或普通支票（以下均称现金支票）时，必须按《现金管理暂行条例》中的现金使用范围及有关要求办理，基本规定如图 17-6 所示。

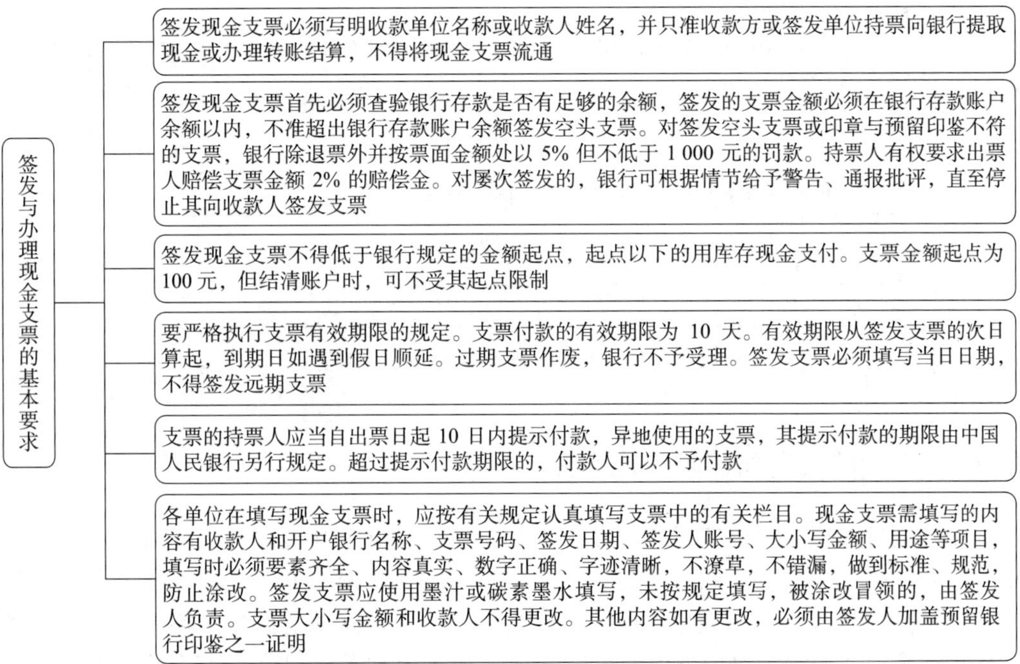

图 17-6 签发与办理现金支票的基本要求

17.2.5 怎样签发与办理转账支票

转账支票的签发及办理与现金支票基本相同。不同的是，经中国人民银行总行批准的地区，转账支票可以背书转让。转账支票的收账手续不同，收款单位在收到转账支票时，除审核有关项目外，需填制进账单，连同转账支票送交开户银行，并根据银行退回的加盖银行印章的进账单第一联（回单）编制收款凭证，出纳人员据以登记银行存款日记账。在日常业务中，有时付款单位签发支票后，同时代收款单位填制银行进账单，将支票连同进账单一并送交银行后，将银行盖章的进账单第一联送交收款单位，收款单位可据以编制凭证，出纳人员据以登记银行存款日记账。

17.2.6 怎样处理收到的转账支票

收到转账支票后的处理流程如图 17-7 所示。

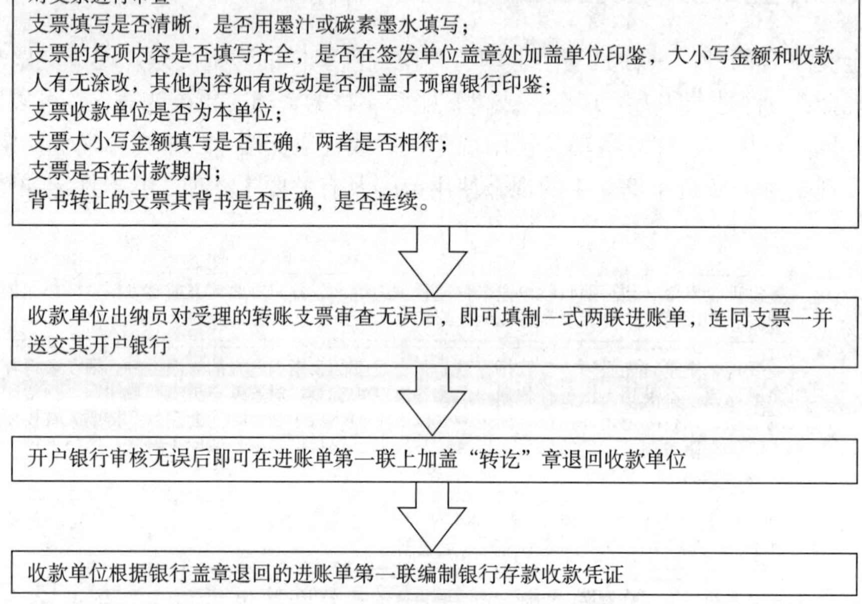

图 17-7 收到转账支票后的处理流程

17.2.7 支票结算方式下如何处理银行退票

按照规定，银行对于签发人或收款人提交的现金支票和转账支票必须进行严格的审查，对于付款单位存款数额不足以支付票款（空头支票）或者支票填写不合规定等情况，银行将按规定予以退票。所谓退票指银行认为该支票的款项不能进入收款人账户而将支票退回。银行将出具“退票理由书”，连同支票和进账单一起退给签发人或收款人。“退票理由书”的基本格式如表 17-2 所示。 收款人收到银行退回的支票后，应立即与付款人进行联系，并做出相应的账务处理。

表 17-2 退票理由书

年 月 日

出票单位 票据号码

项 目	内 容	退票理由（打√号）
账户款项不足	存款不足	
	超过放款批准额度或经费限额	
内容填写	金额大小写不全、不清楚	
	未填写收款单位或收款人	
	未填写款项用途或用途填写不明	
	按国家规定不能支付的款项	
日期	出票日期已过有效期限	
	非即期支票	
背书签字	背书人签章不清、不全、空白	
	背书人签章与预留银行印鉴不符	
涂改	支票大小写金额或收款人名称涂改	
	日期、账号等涂改处未盖预留银行印鉴证明	
其他	此户已结清，无此账户	
	已经出票人申请止付	
	非本行承付支票	

17.2.8 怎样办理支票挂失

已经签发的普通支票和现金支票，如因遗失、被盗等原因而丧失的，应立即向银行申请挂失。办理支票挂失的具体程序如图 17-8 所示。

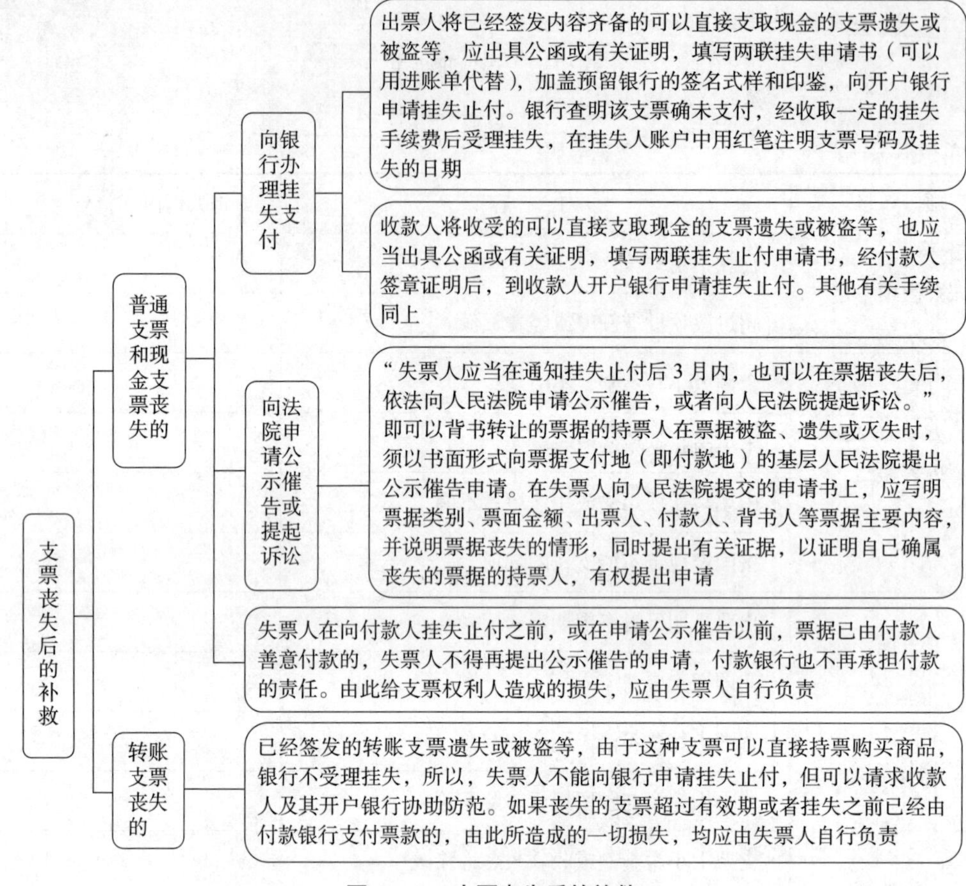

图 17-8　支票丧失后的补救

17.3　银行本票结算方式

17.3.1　什么是银行本票，银行本票结算有什么特点

银行本票是银行签发的，承诺自己在见票时无条件支付确定的金额给收款人或者持票人的票据。银行本票结算的特点如图 17-9 所示。

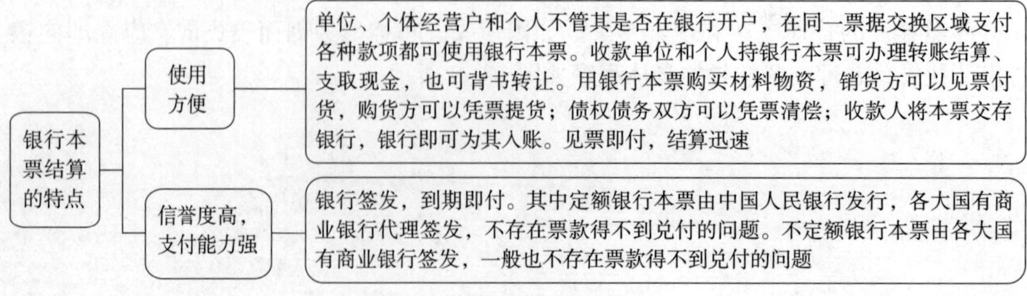

图 17-9　银行本票结算的特点

17.3.2　银行本票的内容和种类

银行本票包括如图 17-10 所示的六项必需的内容，在出具和接受银行本票时，要逐一核查这六项内容是否完整，正确。

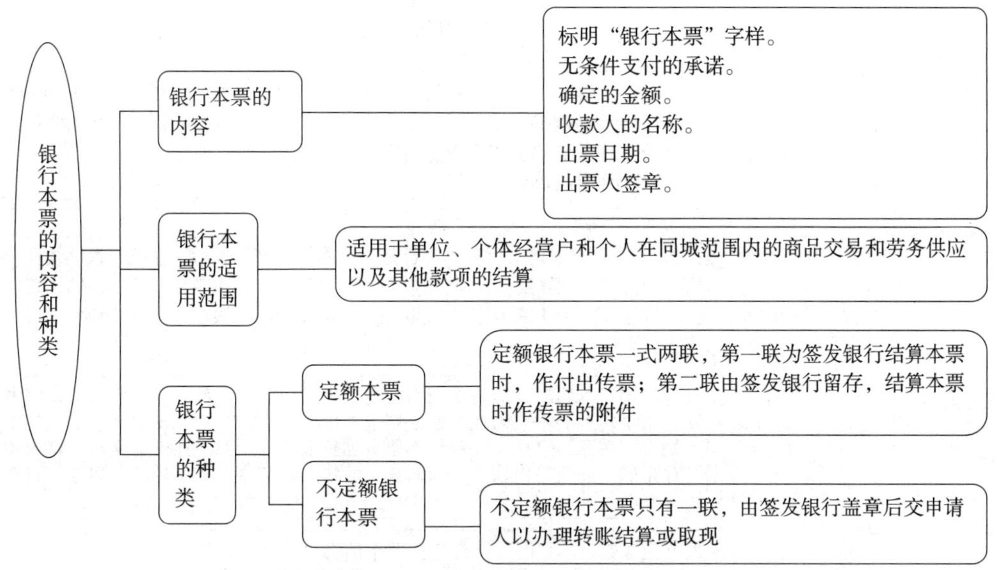

图 17-10　银行本票的内容和种类

17.3.3　银行本票结算的基本规定

以银行本票进行结算时，要注意如图 17-11 所示的规定。

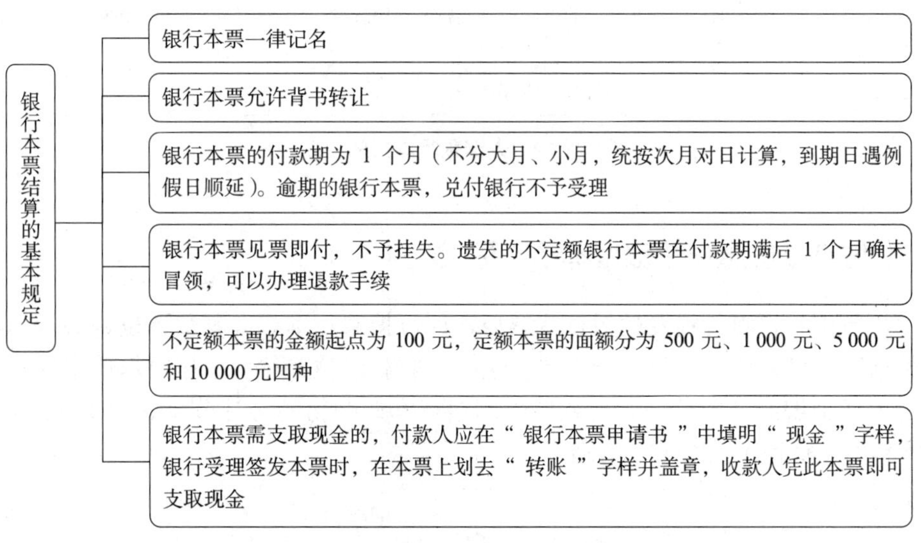

图 17-11　银行本票结算的基本规定

17.3.4 怎样办理银行本票

办理银行本票一般要经过申请和银行签发本票两个过程，具体的程序如图 17-12 所示。

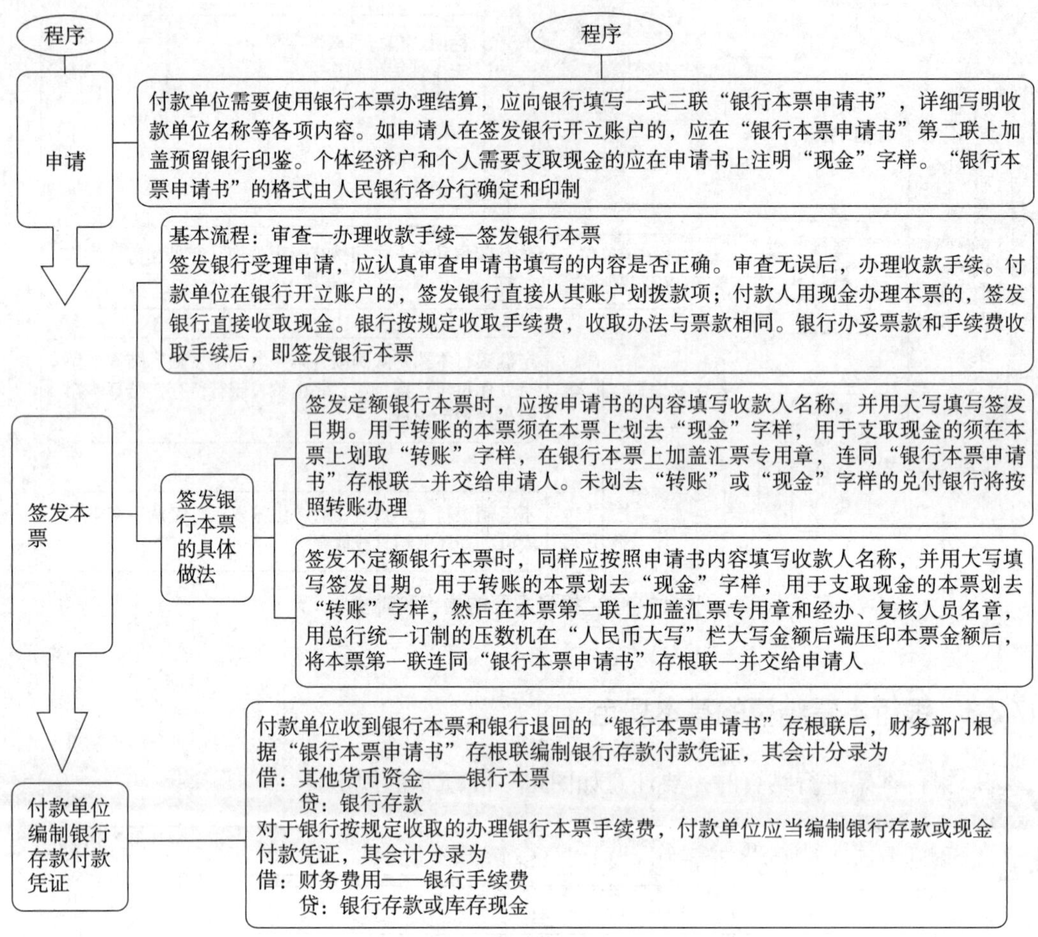

图 17-12 办理银行本票的程序

17.3.5 付款单位怎样持银行本票购买货物

付款单位收到银行签发的银行本票后，即可持银行本票向其他单位购买货物，办理货款结算。付款单位可将银行本票直接交给收款单位，然后根据收款单位的发票账单等有关凭证编制转账凭证。付款单位用银行本票购物的会计分录如图 17-13 所示。银行本票的结算程序如图 17-14 所示。

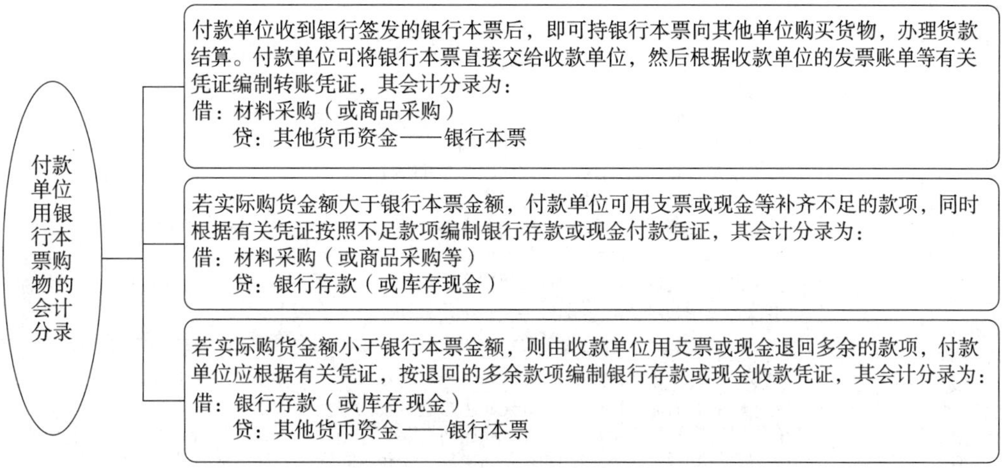

付款单位用银行本票购物的会计分录
付款单位收到银行签发的银行本票后，即可持银行本票向其他单位购买货物，办理货款结算。付款单位可将银行本票直接交给收款单位，然后根据收款单位的发票账单等有关凭证编制转账凭证，其会计分录为：
借：材料采购（或商品采购）
贷：其他货币资金——银行本票
若实际购货金额大于银行本票金额，付款单位可用支票或现金等补齐不足的款项，同时根据有关凭证按照不足款项编制银行存款或现金付款凭证，其会计分录为：
借：材料采购（或商品采购等）
贷：银行存款（或库存现金）
若实际购货金额小于银行本票金额，则由收款单位用支票或现金退回多余的款项，付款单位应根据有关凭证，按退回的多余款项编制银行存款或现金收款凭证，其会计分录为：
借：银行存款（或库存现金）
贷：其他货币资金——银行本票

图 17-13　付款单位用银行本票购物的会计分录

收款人
③持本票办理结算
付款人
④将到期银行本票交银行办理结算
⑤银行收妥入账
①申请人办理银行本票同时交存银行
②收妥入账
收款人开户银行
⑥银行结算
付款人开户银行

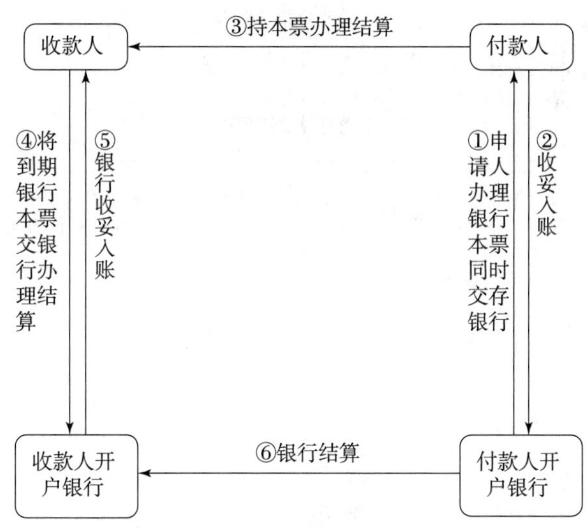

图 17-14　银行本票的结算程序图

17.3.6　收款单位收到银行本票怎样处理

如图 17-15 所示，收款单位收到付款单位交来的银行本票后，首先应对银行本票进行认真的审查。审查无误后，受理付款单位的银行本票，填写一式两联“进账单”，并在银行本票背面加盖单位预留银行印鉴，将银行本票连同进账单一并送交开户银行。开户银行接到收款单位交来的本票，按规定认真审查。审查无误后即办理兑付手续，在第一联进账单上加盖“转讫”章作收款通知退回收款单位。

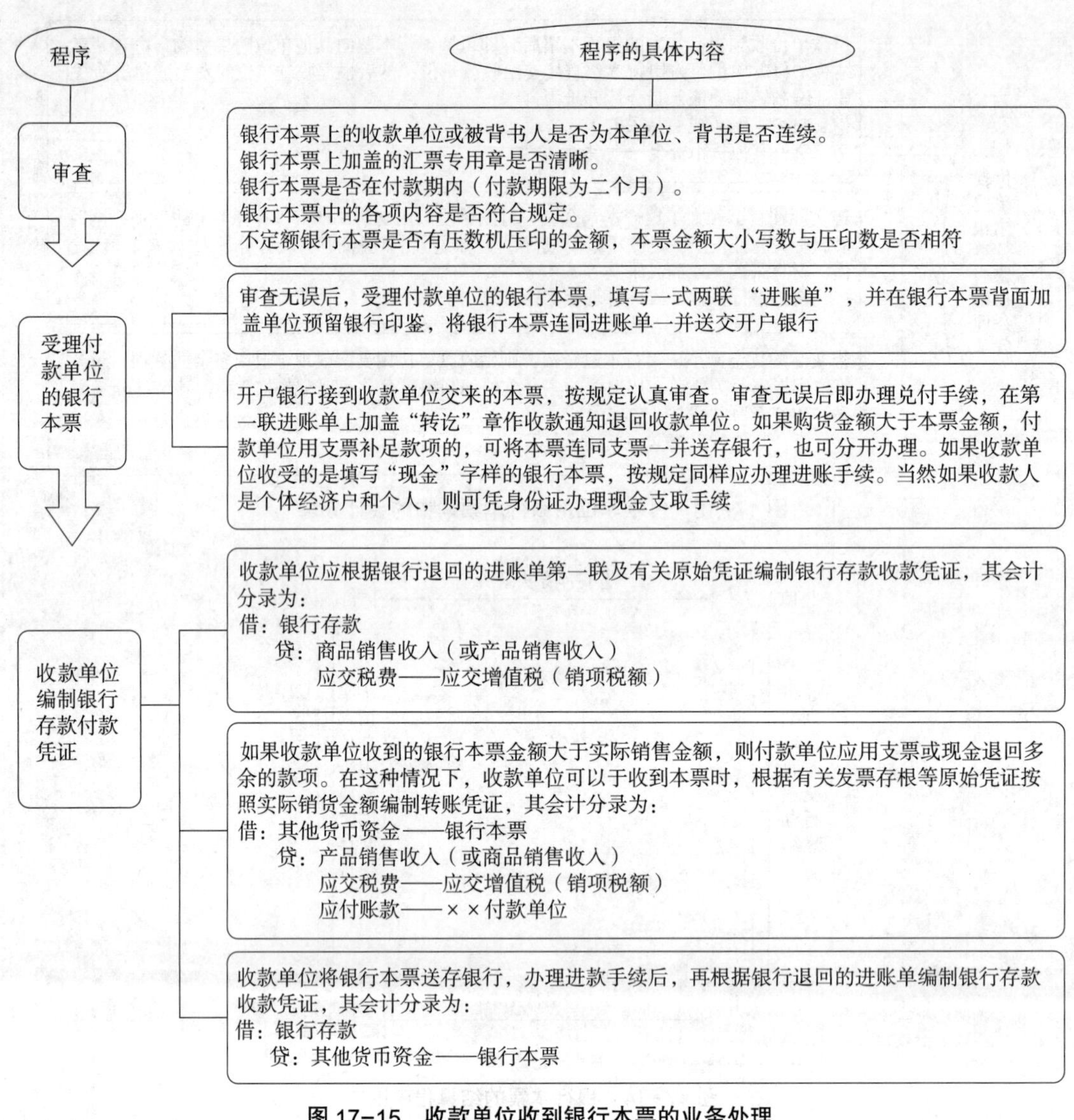

图 17-15　收款单位收到银行本票的业务处理

17.3.7　怎样办理银行本票的背书转让

按照规定，银行本票一律记名，允许背书转让。银行本票背书转让的程序和要求如图 17-16 所示，银行本票的持有人转让本票，应在本票背面"背书"栏内背书，加盖本单位预留银行印鉴，注明背书日期，在"被背书人"栏内填写受票单位名称，之后将银行本票直接交给被背书单位，同时向被背书单位交验有关证件，以便被背书单位查验。被背书单位对收受的银行本票应认真进行审查，其审查内容与收款单位审查内容相同。

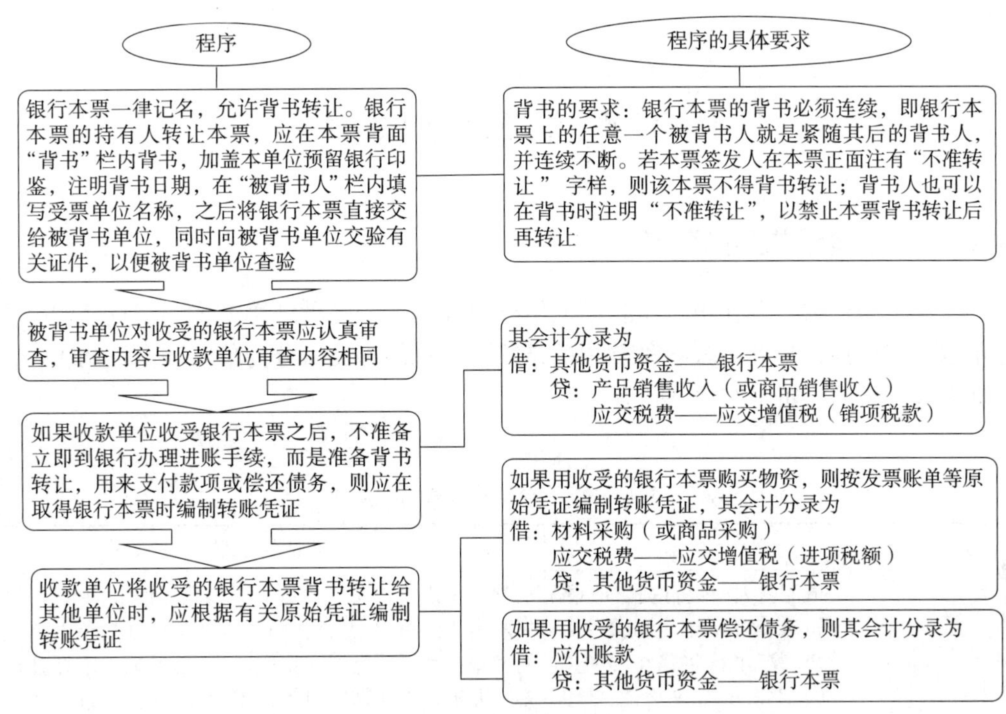

图 17-16　银行本票背书转让的程序及要求

17.3.8　怎样办理银行本票的退款

银行本票见票即付，其流动性极强，银行不予挂失。一旦遗失或被窃，被人冒领款项，后果由银行本票持有人自负。所以银行本票持有人必须像对待现金那样，认真、妥善保管银行本票，防止遗失或被窃。如需办理银行本票的退款，其条件、要求和编制银行存款的收款凭证如图 17-17 所示。

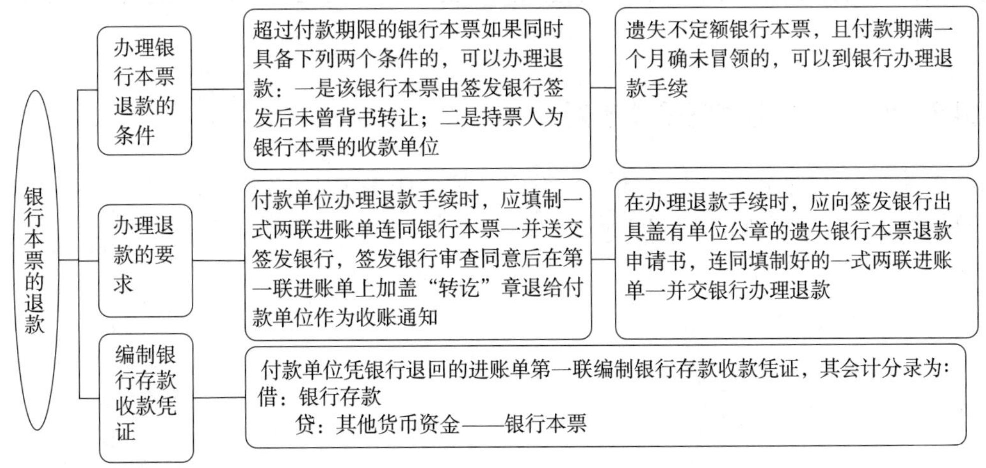

图 17-17　银行本票的退款

17.4　汇兑结算方式

17.4.1　什么是汇兑结算方式

汇兑，是汇款人委托银行将款项汇给外地收款人的一种结算方式。汇兑适用于异地单位、个体经营户和个人各种款项的结算。汇兑的种类可分为信汇和电汇两种，由汇款人自行选择。如表 17–3 所示。

表 17–3　汇兑结算方式的种类

分类依据	种类	概念	凭证的填写
划转款项的不同方法及传递方式的不同	信汇	指汇款人向银行提出申请，同时交存一定金额及手续费，汇出行将信汇委托书以邮寄方式寄给汇入行，授权汇入行向收款人解付一定金额的一种汇兑结算方式	汇款单位出纳人员应填制一式四联“信汇凭证”，第一联为“回单”，是汇出行受理信汇凭证后给汇款人的回单；第二联为“支款凭证”，是汇款人委托开户银行办理信汇时转账付款的支付凭证；第三联为“收款凭证”，是汇入行将款项收入收款入账户后的收款凭证；第四联为“收账通知或取款收据”，是给直接记入收款入账户后通知收款人的收款通知，或不直接记入账户的收款人凭已领取款项的取款收据
	电汇	指汇款人将一定款项交存汇款银行，汇款银行通过电报或电传给目的地的分行或代理行（汇入行），指示汇入行向收款人支付一定金额的一种汇款方式	电汇凭证一式三联，第一联为“回单”，是汇出行给汇款人的回单；第二联为“支款凭证”，为汇出银行办理转账付款的支款凭证；第三联为“发电依据”，汇出行凭此向汇入行拍发电报

17.4.2　汇兑结算有哪些基本规定

汇兑结算不受金额起点的限制，不论汇款金额多少均可以办理信汇和电汇结算。汇兑结算的基本要求如图 17–18 所示。

汇兑结算基本要求

- **如何办理汇款**：汇款人委托银行办理汇兑，应向汇出银行填写信、电汇凭证，详细填明汇入地点、汇入银行名称、收款人名称、汇款金额、汇款用途（军工产品可以免填）等各项内容，并在信、电汇凭证第二联上加盖预留银行印鉴。需注意：汇款单位需要派人到汇入银行。领取汇款时，除在“收款人”栏写明取款人的姓名外，还应在“账号或住址”栏内注明“留行待取”字样。留行待取的汇款，需要指定具体收款人领取汇款的，应注明收款人的单位名称。个体经营户和个人需要在汇入银行支取现金的，应在信、电汇凭证上“汇款金额”大写栏先填写“现金”字样，接着再紧靠其后填写汇款金额大写。汇款人确定不得转汇的，应在“备注”栏内注明。汇款需要收款单位凭印鉴支取的，应在信汇凭证第四联上加盖收款单位预留银行印鉴

- **如何支取现金**：收款人要在汇入银行支取现金，付款人在填制信汇或电汇凭证时，须在凭证“汇款金额”大写金额栏中填写“现金”字样。款项汇入异地后，收款人需携带本人的身份证件或汇入地有关单位足以证实收款人身份的证明，到银行一次办理现金支付手续。信汇或电汇凭证上未注明“现金”字样而需要支取现金的，由汇入银行按现金管理规定审查支付；需部分支取现金的，收款人应填写取款凭证和存款凭证送交汇入银行，办理支取部分现金和转账手续

- **如何领取汇款**：汇入银行对开立账户收款单位的款项应直接转入收款单位的账户。
  如对方汇款是用来偿付旧欠，则收款单位收款凭证的会计分录为：
  借：银行存款　×××
  　贷：应收账款　×××
  若属于对方单位为购买本单位产品而预付的货款，则收款凭证的会计分录为：
  借：银行存款　×××
  　贷：预收账款　×××
  若待实际发货时，再根据有关原始凭证编制转账凭证，则其会计分录为：
  借：预收货款　×××
  　贷：产品销售收入（或商品销售收入等）　×××
  如果款到即发货，则可直接编制收款凭证，其会计分录为：
  借：银行存款　×××
  　贷：产品销售收入（或商品销售收入等）　×××

- **如何将汇款留行待取**：汇款人将款项汇往异地需派人领取的，在办理汇款时，应在签发的汇兑凭证各联的“收款人账号或地址”栏注明“留行待取”字样。留行待取的汇款，需要指定单位的收款人领取汇款的，应注明收款人的单位名称。信汇凭印鉴支取的，应在第四联凭证上加盖预留的收款人印鉴。款项汇入异地后，收款人须携带足以证明本人身份的证件，或汇入地有关单位足以证实收款人身份的证明向银行支取款项。如信汇凭印鉴支取的，收款人必须持与预留印鉴相符的印章，经银行验对无误后，方可办理支款手续

- **如何分次支取**：收款人接到汇入银行的取款通知后，若收款人需要分次支取的，要向汇入银行说明分次支取的原因和情况，经汇入银行同意，以收款人名义设立临时存款账户，该账户只付不收，结清为止，不计利息

- **如何转汇**：收款人如需将汇款转到另一地点，应在汇入银行重新办理汇款手续。转汇时，收款人和用途不得改变，汇入银行必须在信汇或电汇凭证上加盖“转汇”戳记

- **如何退汇**：汇款人对汇出款项要求退汇时，应出具正式函件，说明要求退汇的理由或本人身份证明和原信、电汇凭证回单，向汇出银行办理退汇。汇出银行审查后，通知汇入银行，经汇入银行查实款项确未解付，方可办理退汇。如汇入银行回复款项已解付或款项已直接汇入收款人账户，则不能办理退汇。此外，汇入银行对收款人拒绝接受的汇款，应立即办理退汇。汇入银行对从发出取款通知之日起，两个月内仍无法交付的款项，可主动办理退汇。汇款单位根据银行退回的信、电汇凭证第一联，根据不同情况编制记账凭证。如果汇款单位用汇款清理旧欠，其会计分录为：
  借：应付账款——××单位　×××
  　贷：银行存款　×××
  如果汇款单位是为购买对方单位产品而预付货款，其会计分录为：
  借：预付账款　×××
  　贷：银行存款　×××
  若汇款单位将款项汇往采购地，在采购地银行开立临时存款户，其会计分录为：
  借：其他货币资金——外埠存款　×××
  　贷：银行存款　×××

图 17-18　汇兑结算的基本要求

17.4.3 汇兑结算的基本程序

汇兑结算分为信汇结算程序和电汇结算程序两种，其具体的程序如图 17-19 所示。

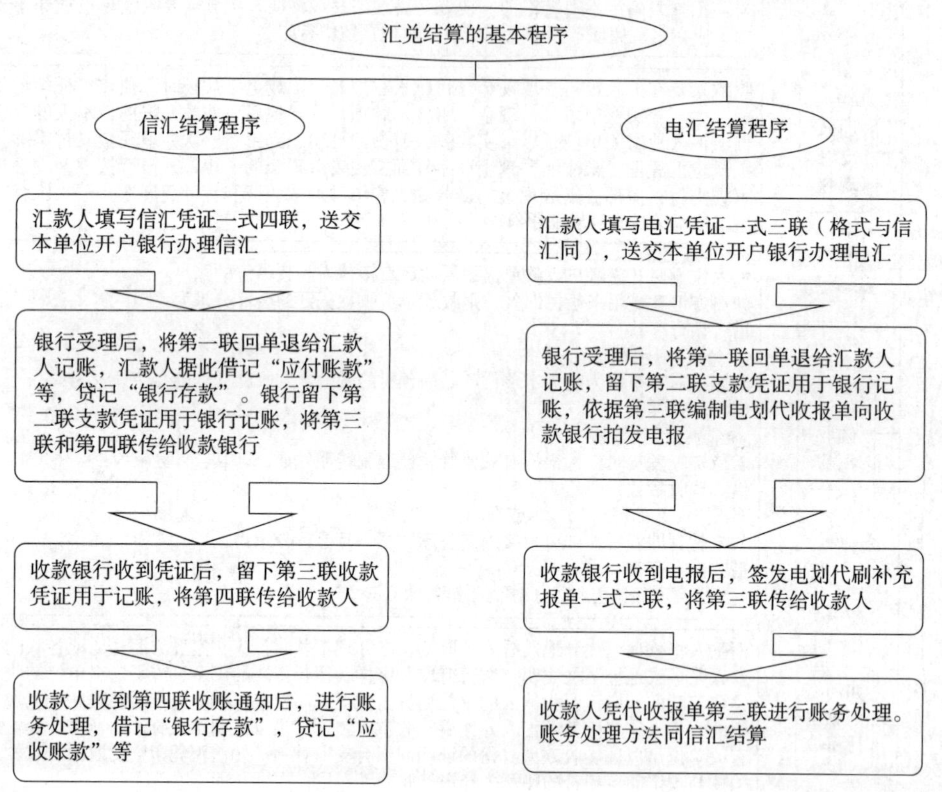

图 17-19　汇兑结算的基本程序

17.4.4 同城汇兑结算如何办理

以上所述汇兑结算仅限于异地结算，为了方便同城主动汇付款项，银行特制了一种叫“贷记凭证”的结算凭证来办理同城汇兑。

贷记凭证由付款人签发并交银行转付款项。该凭证一式四联，一次填写。其中第一联由付款人留存作记账凭据，借记有关账户，贷记“银行存款”；第二联给付款人开户银行作为划付款项的凭据和借记凭证，付款人在此联加盖预留银行印鉴章；第三联给收款人开户银行作为划转款项的凭据和贷方凭证；第四联则作收款人收账通知，收款人开户银行应在此联盖章后再传给收款人，收款人则凭以借记“银行存款”，贷记有关账户。

17.5　银行汇票结算方式

17.5.1　什么是银行汇票结算

银行汇票，就是汇款人将款项交存本地银行，由银行签发给汇款人持往异地办理转账结算或支取现金的票据。凡在银行开立账户的单位、个体经营户和未在银行开立账户的个人，都可向银行申请办理银行汇票，而且也都可以受理银行汇票。它适用于异地单位、个体经营户、个人之间需要支付的各种款项。银行汇票的具体特点如图 17–20 所示。

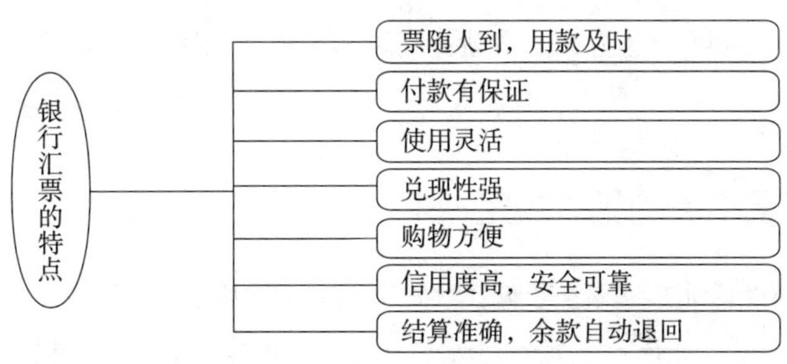

图 17–20　银行汇票的特点

17.5.2　银行汇票结算程序

银行汇票付款期限为自出票日起 1 个月。一般来说，银行汇票结算大致可分为申办银行汇票、持票结算、兑付款项和结清余额四个阶段。银行汇票结算的步骤如图 17–21 所示。

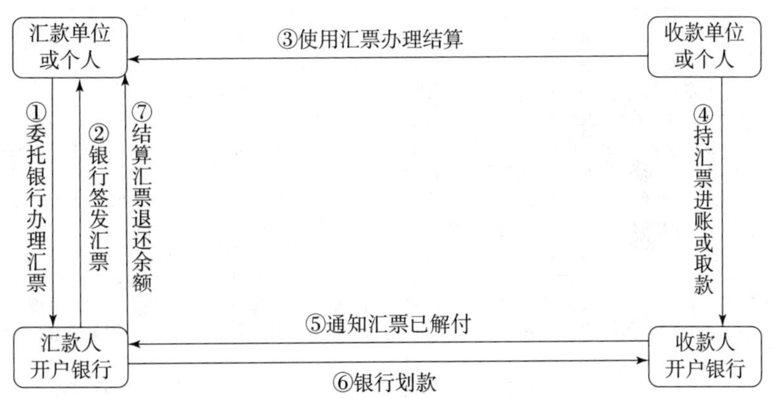

图 17–21　银行汇票结算的基本程序图

（1）申办银行汇票

汇款人办理银行汇票时，应先填写“银行汇票委托书”一式三联，送本单位开户银行申请办理签发银行汇票（本单位开户银行不能办理银行汇票的，应将款项转交附近签发银行汇票的银行办理，未在该银行开户的应同时交付现金），银行受理后，收妥款项，签发银行汇票一式四联，将第二联汇票和第三联解汇通知等交给汇款人。申请人或收款人为单位的，不得在"银行汇票申请书"上填明"现金"字样。

（2）持票结算

汇款人在汇款金额内，根据实际需要的款项办理结算，并将实际结算金额和多余金额准确、清晰地填入银行汇票和解汇通知的有关栏内，交给收款人。

（3）兑付款项

收款人持银行汇票和解汇通知，并填写进账单一式二联，一并送本单位开户银行办理入账手续。

（4）结清余额

收款人按实际结算金额办理入账后，银行将多余款项转给汇款人，由汇款人收回余款。

17.5.3 银行汇票结算的基本规定

办理银行汇票结算时，要遵守如图 17-22 所示的基本规定。

银行汇票结算的基本规定

- 银行汇票一律记名。汇款人申请办理银行汇票时，应在填写的"银行汇票委托书"上详细填明兑付地点、收款人名称、账号、用途等多项内容。能确定收款人的，需详细填明单位、个体经营户名或个人姓名。如不能确定，应填写汇款人指定人员的姓名
- 银行汇票金额起点为 500 元
- 银行汇票的付款期为 1 个月（不分大月、小月一律按次月对应日计算，到期日遇节假日顺延）。逾期的银行汇票，兑付银行不予受理
- 汇款人持银行汇票可向填明的收款单位或个体经营户直接办理结算，收款人为个人的也可将转账的银行汇票经背书向兑付地单位或个体经营户办理结算
- 在银行开立账户的收款人或被背书人受理银行汇票之后，在汇票背面加盖预留银行印鉴章，连同解讫通知、进账单，送交开户银行办理转账。没有在银行开立账户的收款人持银行汇票向银行支取款项时，必须交验本人身份证或兑付地有关单位能够证实收款人身份的证明，并在银行汇票背面盖章或签字，注明证件名称、号码及发证机关后，才能办理支取手续
- 支取现金的规定。收款人若需要在兑付地支取现金的，汇款人在填写"银行汇票委托书"时，须在"汇款金额"大写金额栏先填写"现金"字样，后填写汇款金额
- 分次支取的规定。收款人持银行汇票向银行支取款项时，若分次支取，应以收款人的姓名开立临时存款户办理支付，临时存款户只付不收，付完清户，不提计利息
- 转汇的规定。银行汇票可转汇，可委托兑付银行重新签发银行汇票，但转汇的收款人和用途必须是原收款人和用途，兑付银行必须在银行汇票上加盖"转汇"戳记，已转汇的银行汇票，必须以原金额兑付
- 退汇的规定。汇款人由于在银行汇票超过付款期或其他原因要求退款时，可持银行汇票和解讫通知到签发银行办理退汇
- 挂失的规定。持票人若遗失了填明"现金"字样的银行汇票，应立即向兑付银行或签发银行请求挂失。在银行受理挂失前（包括对方行收到挂失通知前）被冒领，银行一律不负责。若遗失了填明收款单位或个体经营户名称的汇票，银行不予挂失，可通知收款单位或个体经营户、兑付银行、签发银行请求共同防范。遗失的银行汇票在付款期满后 1 个月内，确未冒领的，可办理退汇手续

图 17-22 银行汇票结算的基本规定

17.6 商业汇票结算方式

17.6.1 什么是商业汇票

商业汇票，是收款人或付款人（或承兑申请人）签发，由承兑人承兑，并于到期日向收款人或被背书人支付款项的票据。商业汇票适用于在银行开立账户的法人之间，按照购销合同先发货后收款或延期付款的商品交易，不管是同城还是异地，其款项结算都可使用商业汇票的结算方式，其特点如图 17-23 所示。

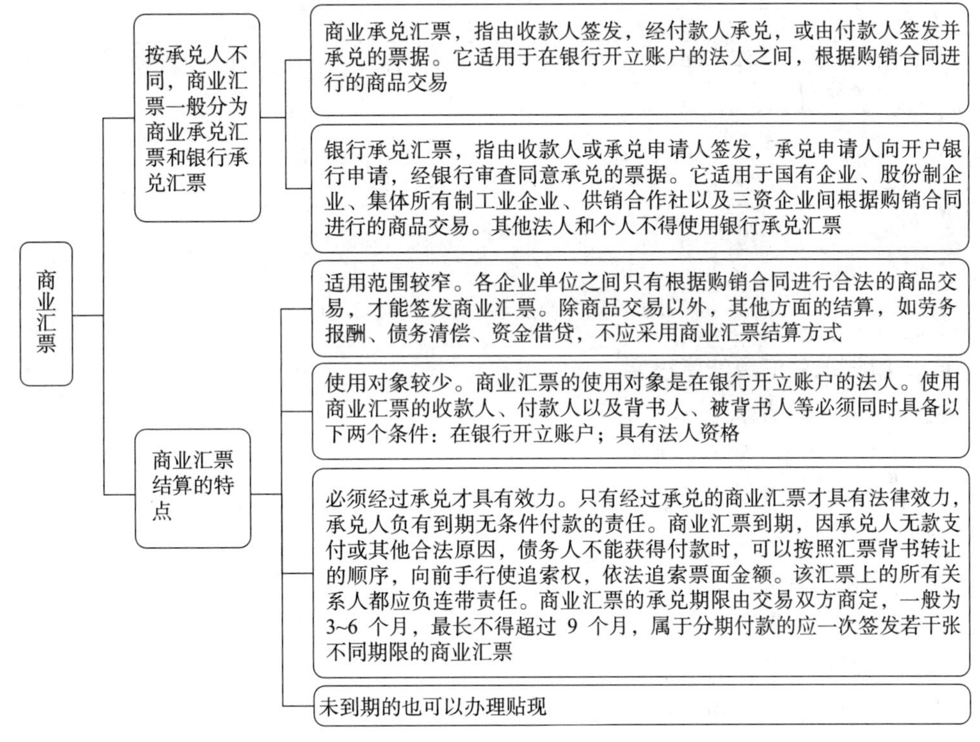

图 17-23 商业汇票

17.6.2 商业汇票结算的程序

商业汇票按照承兑人的不同，分为商业承兑汇票和银行承兑汇票，它们之间的结算程序也有一定的不同。

（1）商业承兑汇票的结算程序

商业承兑汇票的结算程序，如图 17-24 所示。

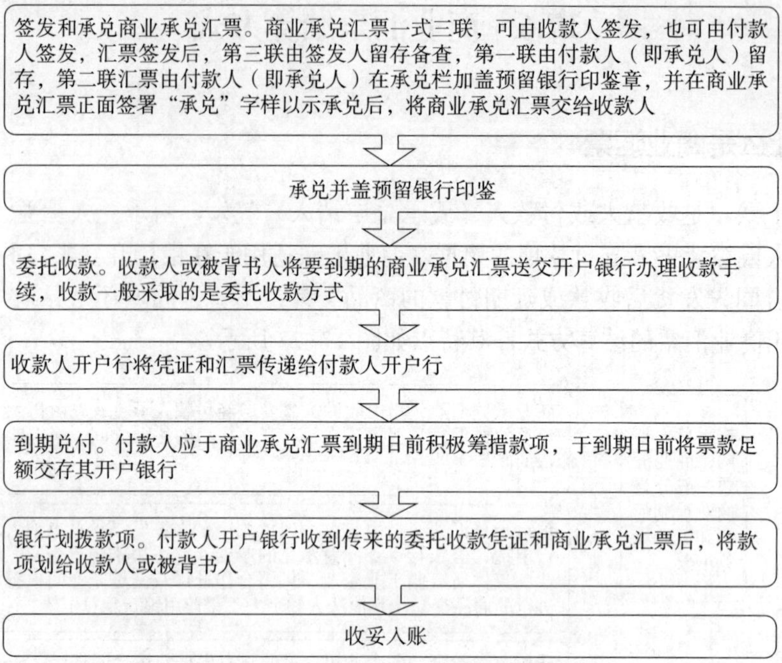

签发和承兑商业承兑汇票。商业承兑汇票一式三联，可由收款人签发，也可由付款人签发，汇票签发后，第三联由签发人留存备查，第一联由付款人（即承兑人）留存，第二联汇票由付款人（即承兑人）在承兑栏加盖预留银行印鉴章，并在商业承兑汇票正面签署“承兑”字样以示承兑后，将商业承兑汇票交给收款人
承兑并盖预留银行印鉴
委托收款。收款人或被背书人将要到期的商业承兑汇票送交开户银行办理收款手续，收款一般采取的是委托收款方式
收款人开户行将凭证和汇票传递给付款人开户行
到期兑付。付款人应于商业承兑汇票到期日前积极筹措款项，于到期日前将票款足额交存其开户银行
银行划拨款项。付款人开户银行收到传来的委托收款凭证和商业承兑汇票后，将款项划给收款人或被背书人
收妥入账

图 17-24 商业承兑汇票的结算程序

（2）银行承兑汇票结算程序

银行承兑汇票结算程序，如图 17-25 所示。

① 出票（指由收款人签发）。

② 申请承兑并签订承兑协议。

③ 同意承兑。

④ 送交银行承兑汇票。

⑤ 到期交付票款。

⑥ 到期日前委托银行收款。

⑦ 承兑行将款项划拨给收款人开户行。

⑧ 收款人收妥票款入账。

收款人
①收款人或付款人签发银行承兑汇票
付款人
④送交经承兑的银行承兑汇票（正联）
⑥票款入账
⑤汇票到期办理进账
⑦收回票款或转逾期货款
③签订协议办理承兑
②向银行申请承兑
⑧清算票款
收款人开户银行
付款人开户银行

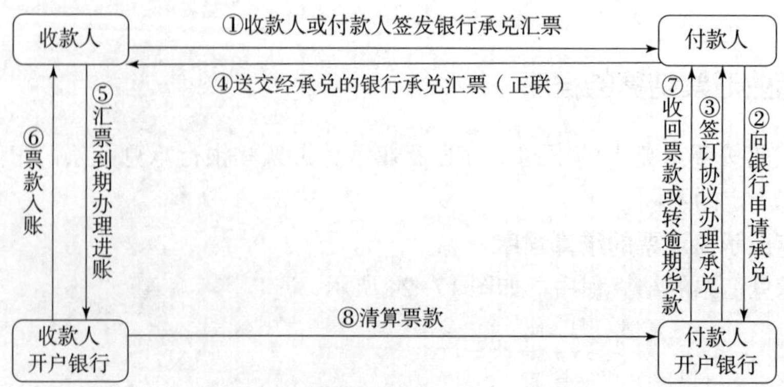

图 17-25 银行承兑汇票结算程序

17.6.3 商业汇票结算的注意事项

在进行商业汇票结算时，还需要注意如图 17-26 所示的问题。

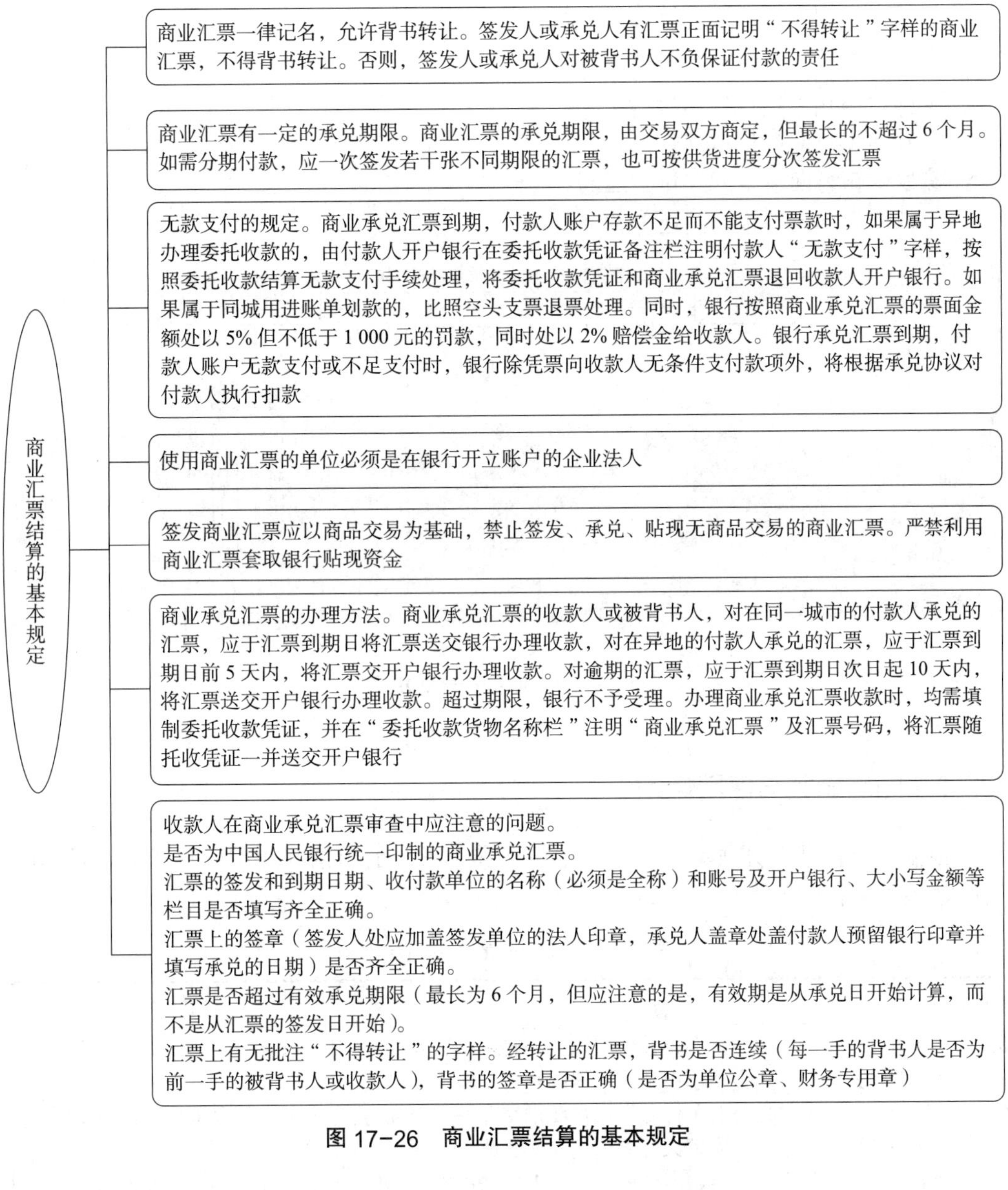

商业汇票结算的基本规定

- 商业汇票一律记名，允许背书转让。签发人或承兑人有汇票正面记明“不得转让”字样的商业汇票，不得背书转让。否则，签发人或承兑人对被背书人不负保证付款的责任
- 商业汇票有一定的承兑期限。商业汇票的承兑期限，由交易双方商定，但最长的不超过 6 个月。如需分期付款，应一次签发若干张不同期限的汇票，也可按供货进度分次签发汇票
- 无款支付的规定。商业承兑汇票到期，付款人账户存款不足而不能支付票款时，如果属于异地办理委托收款的，由付款人开户银行在委托收款凭证备注栏注明付款人“无款支付”字样，按照委托收款结算无款支付手续处理，将委托收款凭证和商业承兑汇票退回收款人开户银行。如果属于同城用进账单划款的，比照空头支票退票处理。同时，银行按照商业承兑汇票的票面金额处以 5% 但不低于 1 000 元的罚款，同时处以 2% 赔偿金给收款人。银行承兑汇票到期，付款人账户无款支付或不足支付时，银行除凭票向收款人无条件支付款项外，将根据承兑协议对付款人执行扣款
- 使用商业汇票的单位必须是在银行开立账户的企业法人
- 签发商业汇票应以商品交易为基础，禁止签发、承兑、贴现无商品交易的商业汇票。严禁利用商业汇票套取银行贴现资金
- 商业承兑汇票的办理方法。商业承兑汇票的收款人或被背书人，对在同一城市的付款人承兑的汇票，应于汇票到期日将汇票送交银行办理收款，对在异地的付款人承兑的汇票，应于汇票到期日前 5 天内，将汇票交开户银行办理收款。对逾期的汇票，应于汇票到期日次日起 10 天内，将汇票送交开户银行办理收款。超过期限，银行不予受理。办理商业承兑汇票收款时，均需填制委托收款凭证，并在“委托收款货物名称栏”注明“商业承兑汇票”及汇票号码，将汇票随托收凭证一并送交开户银行
- 收款人在商业承兑汇票审查中应注意的问题。
  是否为中国人民银行统一印制的商业承兑汇票。
  汇票的签发和到期日期、收付款单位的名称（必须是全称）和账号及开户银行、大小写金额等栏目是否填写齐全正确。
  汇票上的签章（签发人处应加盖签发单位的法人印章，承兑人盖章处盖付款人预留银行印章并填写承兑的日期）是否齐全正确。
  汇票是否超过有效承兑期限（最长为 6 个月，但应注意的是，有效期是从承兑日开始计算，而不是从汇票的签发日开始）。
  汇票上有无批注“不得转让”的字样。经转让的汇票，背书是否连续（每一手的背书人是否为前一手的被背书人或收款人），背书的签章是否正确（是否为单位公章、财务专用章）

图 17-26 商业汇票结算的基本规定

17.7 信用卡结算方式

17.7.1 什么是信用卡结算方式

信用卡，如图 17-27 所示，指由银行或专营机构签发，可在约定银行或部门存取

现金、购买商品及支付劳务报酬的一种信用凭证。持卡人可在同城和异地凭卡支取现金、转账结算和消费信用等。

信用卡具体结算程序如下：

① 持卡人用卡消费并在签购单上签字。

② 商户向持卡人提供商品或劳务。

③ 商户向发卡银行提交签购单。

④ 发卡银行向商户付款。

⑤ 发卡银行向持卡人发付款通知。

⑥ 持卡人向发卡银行归还贷款。

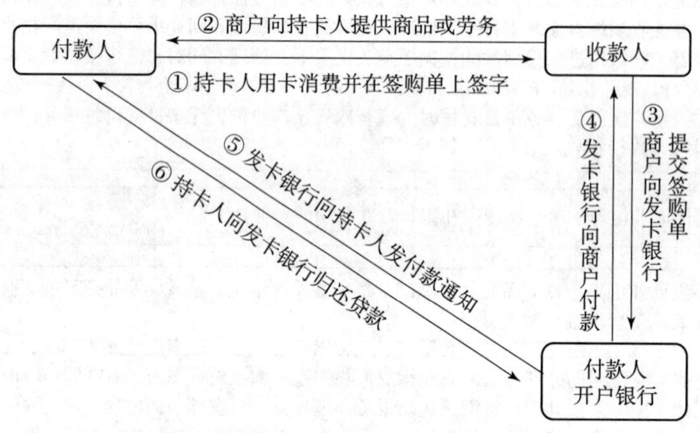

图 17-27　信用卡结算方式

17.7.2 如何申领与使用信用卡

根据《支付结算办法》的规定，单位卡和个人卡的申请与使用不尽相同。具体的规定如表 17-4 所示。

表 17-4　信用卡的申领与使用

	单位卡	个人卡
申领	凡申领单位卡的单位，必须在中国境内金融机构开立基本存款账户，并按规定填制申请表，连同有关资料一并送交发卡银行。该单位符合条件并按银行要求交存一定金额的备用金以后，银行为申领人开立信用卡存款账户，并发给信用卡。单位卡可以申领若干张，持卡人资格由申领单位法定代表人或其委托的代理人书面指定和注销	凡具有完全民事行事能力的公民可申领个人卡。个人卡的主卡持卡人可为其配偶及年满 18 周岁的亲属申领附属卡，申领的附属卡最多不超过两张，也有权要求注销其附属卡
使用	在单位卡的使用过程中，其账户的资金一律从其基本存款账户转账存入，不得交存现金，不得将销货收入的款项存入其账户。单位卡的持卡人不得用于 10 万元以上的商品交易、劳务供应款项的结算，并一律不得支取现金。如果需要向其账户续存资金的，单位卡的持卡人必须按前述转账方式转账存入	

17.7.3 信用卡在消费中的结算程序

持卡人持信用卡在特约单位购物消费时，应按如图 17-28 所示的程序进行。

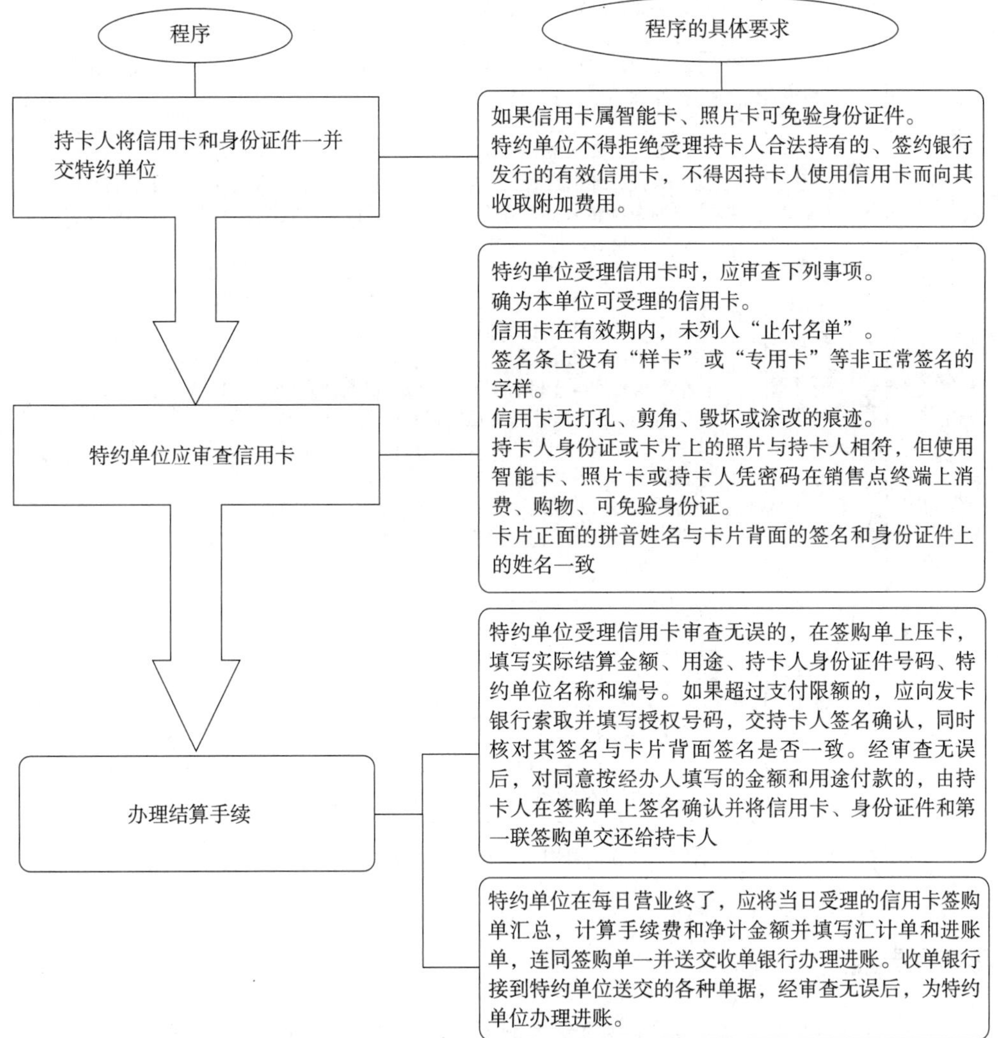

图 17-28 信用卡在消费中的结算程序及要求

17.7.4 信用卡的透支、销户及挂失如何办理

根据《支付结算办法》对信用卡的透支、销户及挂失都有详细的规定。具体的规定如图 17-29 所示。

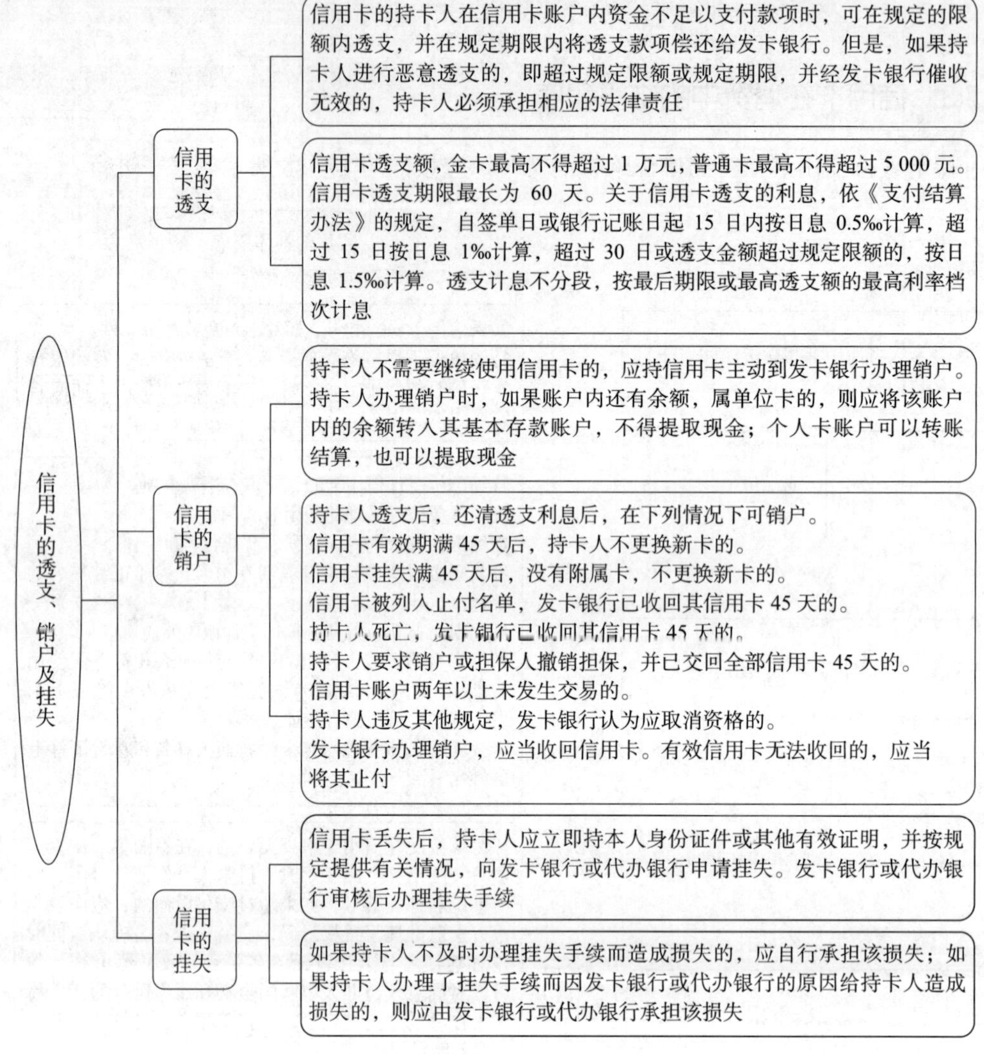

图 17-29 信用卡的透支、销户及挂失

本章实操要点

本章详细介绍了汇票相关的出纳实务操作知识点。汇票是出纳日常工作中最常接触的票据之一，因此需要扎实掌握本章以下要点：

（1）与支票相关的要点包括现金支票和转账支票不同的签发和办理手续。

（2）本票办理、使用方法、背书转让和退款的具体程序。

（3）汇兑结算程序方法，重点是同城汇兑的办理。

（4）银行汇票、商业汇票、信用卡结算时的程序和处理。

第十八章

出纳纠错

——有过改之，无则加勉

内容概览

出纳工作的性质决定了它必须做到准确无误，同时由于出纳工作本身的琐细，不可避免会出现一些错误和失误。因此，出纳在工作中，除了认真细心以外，还应当有意识地防范并及时纠正差错。

在本章的学习中，我们将解决读者的以下内容：

（1）什么是错款和失款，收、付款差错的原因有哪些？

（2）记账凭证、账簿、应收账款中常见的错弊有哪些？

（3）出纳工作最易在什么时候出错？

（4）什么是会计舞弊，如何识破会计舞弊？

（5）如何防范差错？

（6）查错、纠错的方法有哪些？

（7）如何查证会计舞弊和应收账款中的舞弊？

（8）如何检查账簿？

18.1 出纳工作的常见错弊

18.1.1 错款和失款

错款，指当日终了或经过一段时间，库存现金的实存数间和账存数的差额。失款，是指办完收付款后，发现现金实存数少于现金账存数的差额。这是出纳工作中常见的两种错误类型。错款和失款的处理如图 18-1 所示。

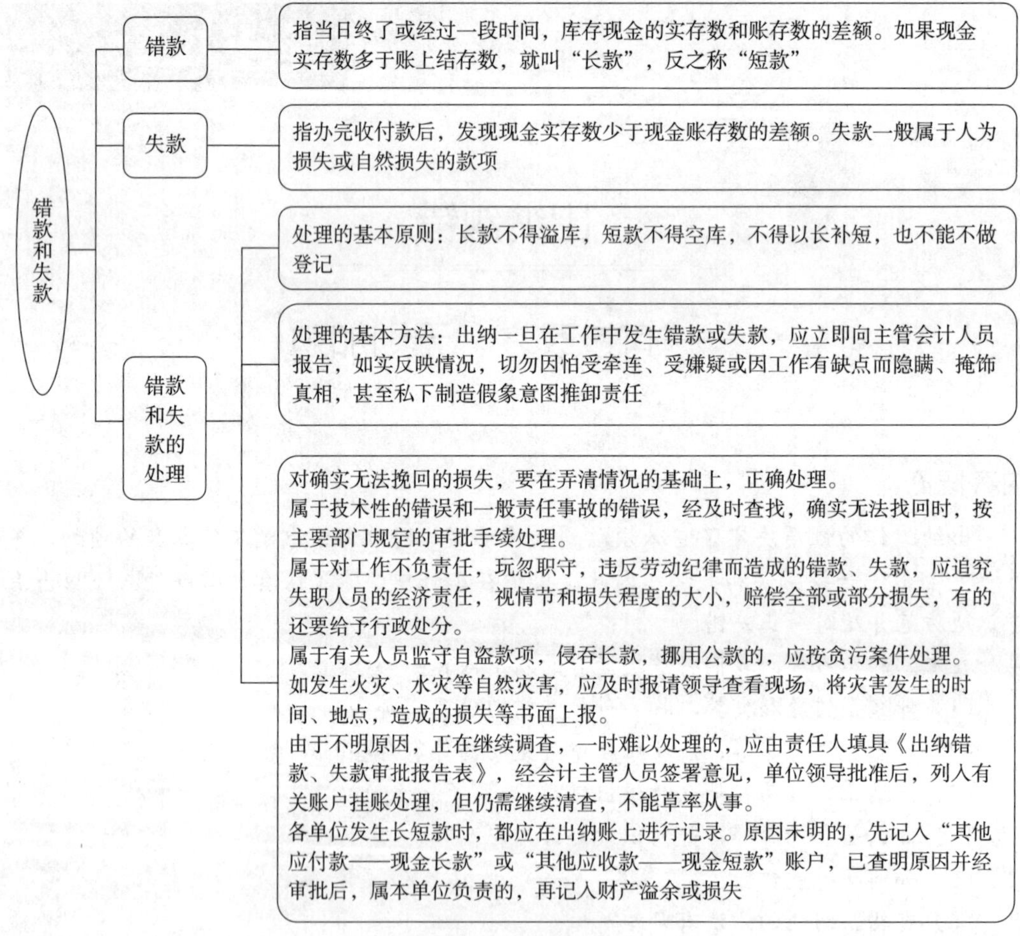

图 18-1 错款和失款

18.1.2 收、付款差错的产生原因

在出纳工作实务中，收、付款差错是最常见的错误，产生这些错误主要有如图 18-2 所示的原因。

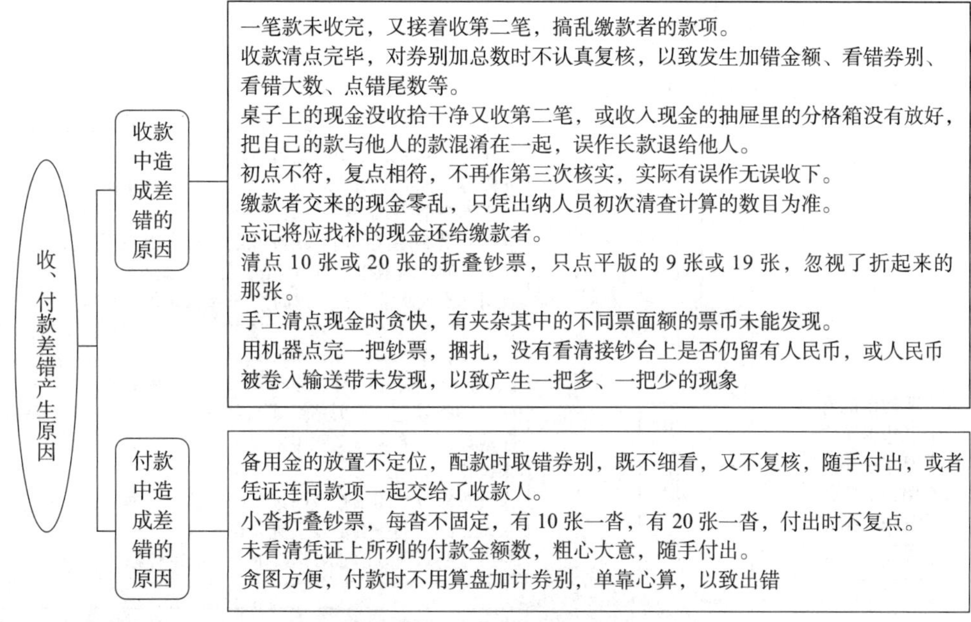

图 18-2 收、付款差错的产生原因

18.1.3 记账凭证中常见错弊有哪些

记账凭证中常见错弊的种类较多，具体如图 18-3 所示。

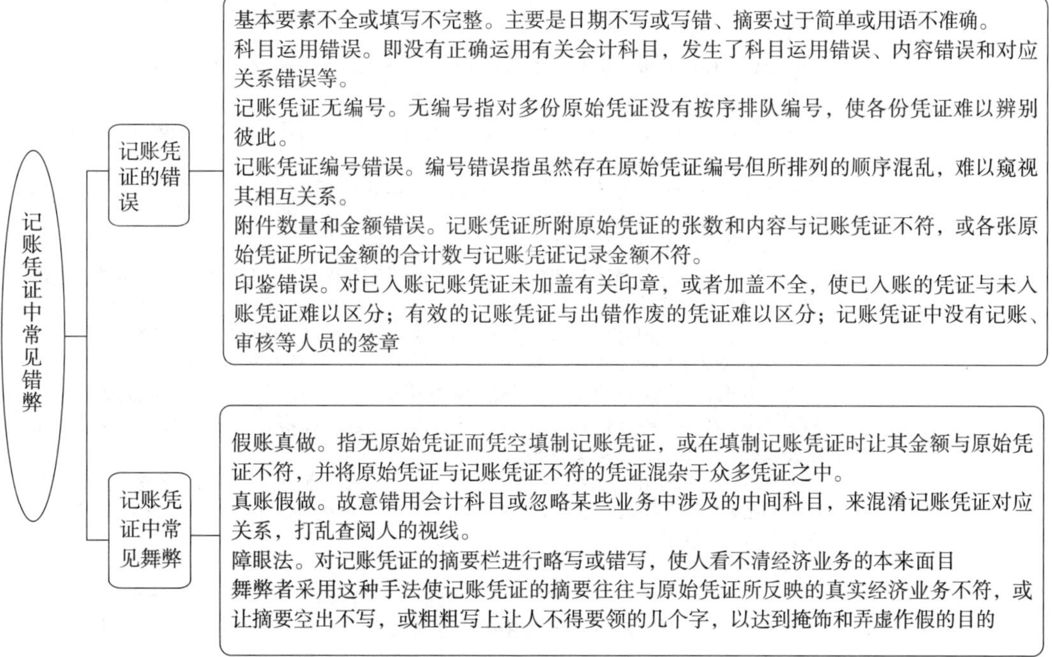

图 18-3 记账凭证中常见错弊

18.1.4 账簿中的常见错弊

账簿中的常见错弊如图 18-4 所示。

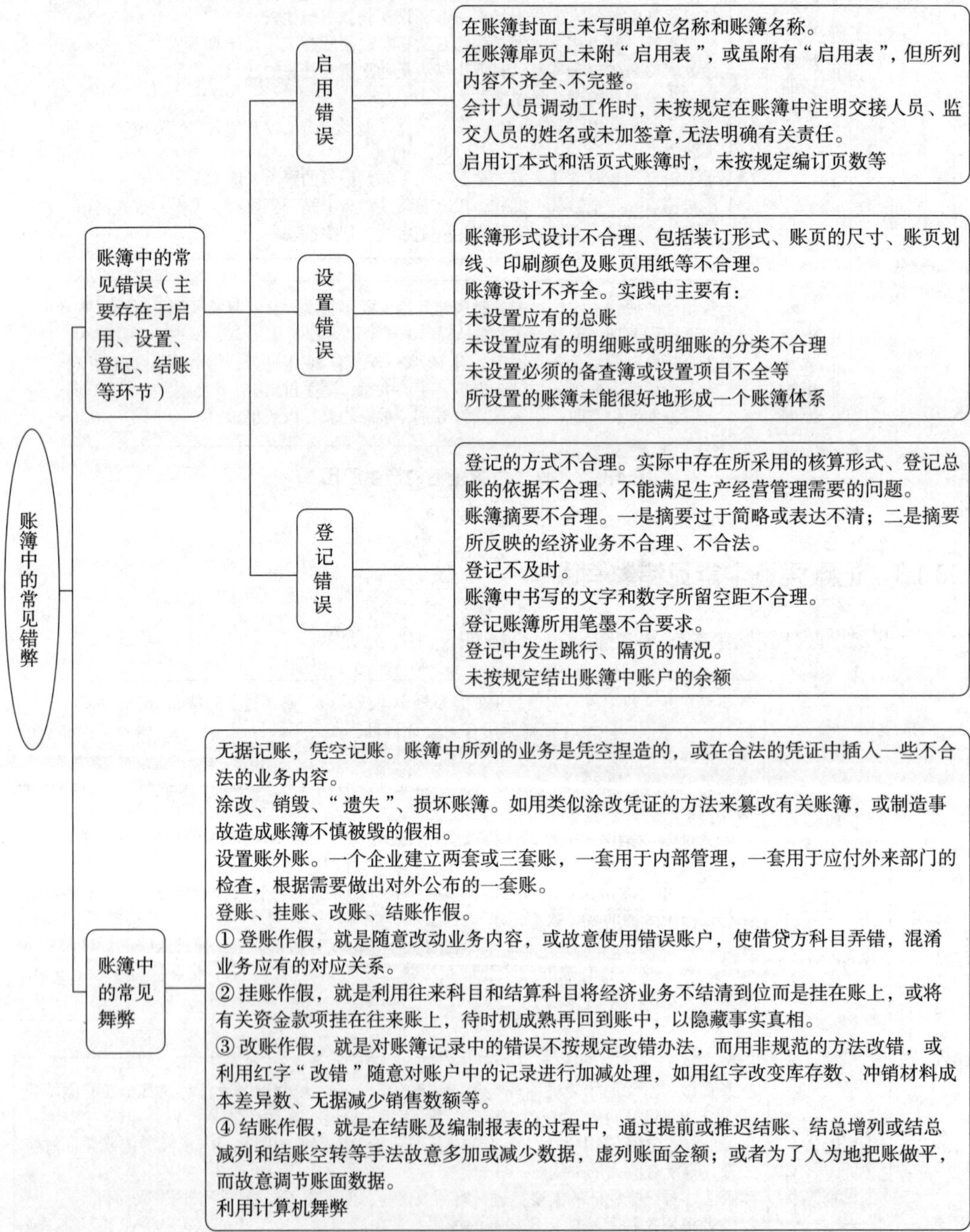

图 18-4　账簿中的常见错弊

18.1.5 应收账款中的错弊

应收账款中的错弊如表 18-1 中所示。

表 18-1 应收账款中的错弊

应收账款中的错弊	说明
应收账款的回收期过长	应收账款的回收期指应收账款从形成到收回之间的时间间隔，一般说来回收期越短越好，说明资金的周转速度越快，有利于提高企业的经济效益；反之，企业的资金周转速度越慢，不利于提高企业的经济效益，甚至影响企业的生产或经营活动的正常进行
应收账款平均余额过大	应收账款平均余额数值越大，越不利于加快资金的周转，不利于企业提高经济效益
应收账款周转率不理想	应收账款周转率，是一定时期内商品或产品赊销净额与应收账款平均余额的比率。它可以用应收账款周转次数表示，也可以将次数换算成天数来表示。一定时期内周转的次数越多或周转一次需要的天数越少，应收账款的周转率就越理想
列作应收账款的经济事项不合理、不真实、不合法等	列作应收账款的经济业务，必须是真实正确的销售商品或产品、材料等，或计提劳务后应收而尚未收取货款或劳务费的业务
对坏账损失的会计处理方法不合理	对坏账损失的会计处理方式主要有备抵法和直接转销法两种。 （1）备抵法。即企业按期预估可能产生的坏账损失，单列入当期费用，形成坏账准备，当实际发生坏账损失时再冲销坏账准备和应收账款。 （2）直接转销法。即企业平时不预估形成坏账准备，当实际发生坏账损失时直接从应收账款中转销列作费用。 按照现行财务制度规定，企业既可以采用备抵法，也可以采用直接转销法。但所采用的方法必须符合本企业的实际情况，即如果企业发生坏账损失很不均衡，且金额较大，就采用备抵法，否则，可采用直接转销法

18.2 如何纠错

18.2.1 查错的方法

在日常的会计核算中，发生差错的现象时有发生。如果发现错误，采取的措施有：一是要确认错误的金额；二是要确认错在借方还是贷方；三是根据产生差错的具体情况，分析可能产生差错的原因，采取相应的查找方法，便于缩短查找差错的时间，减少查账工作量。

查找错误的方法有很多，常用的几种方法如表 18-2 所示。

表 18-2　查错的方法

方法	概念与做法	优缺点或适用范围
顺查法	又称作正查法，是按照账务处理的顺序，从原始凭证、账簿、编制会计报表全部过程进行查找的一种方法。即首先检查记账凭证是否正确，然后将记账凭证、原始凭证同有关账簿记录一笔一笔地进行核对，最后检查有关账户的发生额和余额。可以发现重记、漏记、错记科目、错记金额等	优点是查的范围大，不易遗漏；缺点是工作量大，需要的时间比较长。在实际工作中，一般是在采用其他方法查找不到错误的情况下采用这种方法
逆查法	又称作反查法，是按照账务处理的顺序，从会计报表、账簿、原始凭证的过程进行查找的一种方法。即先检查各有关账户的余额是否正确，然后将有关账簿按照记录的顺序由后向前同有关记账凭证或原始凭证进行逐笔核对，最后检查有关记账凭证的填制是否正确	优缺点与顺查法相同。所不同的，是根据实际工作的需要，对由于某种原因造成后期产生差错的可能性较大而采用的
抽查法	是对整个账簿记账记录抽取其中某部分进行局部检查的一种方法。当出现差错时，可根据具体情况分段、重点查找。将某一部分账簿记录同有关的记账凭证或原始凭证进行核对。还可以根据差错发生的位数有针对性地查找。如果差错是角、分，只要查找元以下尾数即可；如果差错是整数的千位、万位，只需查找千位、万位数即可，其他位数就不用逐项或逐笔查找了	优点是范围小，可以节省时间，减少工作量
偶合法	就是根据账簿记录差错中经常遇见的规律，推测与差错有关的记录而进行查找的一种方法	这种方法主要适用于漏记、重记、错记的查找

（1）顺查法

顺查法，又称作正查法，是按照账务处理的顺序，从原始凭证、账簿、编制会计报表全部过程进行查找的一种方法。即首先检查记账凭证是否正确，然后将记账凭证、原始凭证同有关账簿记录一笔一笔地进行核对，最后检查有关账户的发生额和余额。

这种检查方法，可以发现重记、漏记、错记科目、错记金额等。这种方法的优点是查的范围大，不易遗漏；缺点是工作量大，需要的时间比较长。所以在实际工作中，一般是在采用其他方法查找不到错误的情况下采用这种方法。

（2）逆查法

逆查法，又称作反查法，它与顺查法相反，是按照账务处理的顺序，从会计报表、账簿、原始凭证的过程进行查找的一种方法，即先检查各有关账户的余额是否正确，然后将有关账簿按照记录的顺序由后向前同有关记账凭证或原始凭证进行逐笔核对，最后检查有关记账凭证的填制是否正确。

这种方法的优缺点与顺查法相同。所不同的，是根据实际工作的需要，对由于某种原因造成后期产生差错的可能性较大而采用的。

（3）抽查法

抽查法，是对整个账簿记账记录抽取其中某部分进行局部检查的一种方法。当出现差错时，可根据具体情况分段、重点查找。将某一部分账簿记录同有关的记账凭证或原始凭证进行核对。还可以根据差错发生的位数有针对性地查找。如果差错是角、分，只要查找元以下尾数即可；如果差错是整数的千位、万位，只需查找千位、万位数即可，其他的位数就不用逐项或逐笔地查找了。这种方法的优点是范围小，可以节省时间，减少工作量。

（4）偶合法

偶合法，就是根据账簿记录差错中经常遇见的规律，推测与差错有关的记录而进行查找的一种方法。这种方法主要适用于漏记、重记、错记的查找。

① 漏记的查找

（a）总账一方漏记。在试算平衡时，借贷双方发生额不平衡，出现差错，在总账与明细账核对时，会发现某一总账所属明细账的借（或贷）方发生额合计数大于总账的借（或贷）方发生额，也出现一个差额，这两个差额正好相等。而且在总账与明细账中有与这个差额相等的发生额，这说明总账一方的借（或贷）漏记，借（或贷）方哪一方的数额小，漏记就在哪一方。

（b）明细账一方漏记。在总账与明细账核对时发现总账已经试算平衡，但在进行总账与明细账核对时，发现某一总账借（或贷）方发生额大于其所属各明细账借（或贷）发生额之和，说明明细账一方可能漏记，可对该明细账的有关凭证进行查对。

（c）如果整张的记账凭证漏记，则没有明显的错误特征，只有通过顺查法或逆查法逐笔查找。

② 重记的查找

（a）总账一方重记。在试算平衡时，借贷双方发生额不平衡，出现差错；在总账与明细账核对时，会发现某一总账所属明细账的借（或贷）方发生额合计数小于该总账的借（或贷）方发生额，也出现一个差额，这两个差额正好相等，而且在总账与明细账中有与这个差额相等的发生额记录，说明总账借（或贷）方重记，借（或贷）方哪一方的数额大，重记就在哪一方。

（b）如果明细账一方重记，在总账与明细账核对时可以发现。总账已经试算平衡，与明细账核对时，某一总账借（或贷）方发生额小于其所属明细账借（或贷）方发生额之和，则可能是明细账一方重记，可对与该明细账有关的记账凭证查对。

（c）如果整张的记账凭证重记账，则没有明显的错误特征，只能用顺查法或逆查法逐笔查找。

③ 记反账的查找

记反账，指在记账时把发生额的方向弄错，将借方发生额记入贷方，或者将贷方发生额记入借方。总账一方记反账，则在试算平衡时发现借贷双方发生不平衡，出现差额。这个差额是偶数，能被 2 整除，所得的商数则在账簿上有记录，如果借方大于贷方，则说明将贷方错记为借方。反之，则说明将借方错记为贷方。如果明细账记反了，而总账记录正确，则总账发生额试算是正确的，可用总账与明细账核对的方法查找。

④ 错记账的查找

在实际工作中，错记账是指把数字写错，常见的有两种。

（a）数字错位。即应记的位数不是前移就是后移，即小记大或大记小。如果是大变小，在试算平衡或者总账与明细账核对时，正确数字与错误数字的差额是一个正数，这个差额除以 9 后所得的商与账上错误的数额正好相等。查账时如果差额能够除以 9，所得商恰好是账上的数，可能记错了位。如果是小变大，在试算平衡或者总账与明细账核对时，正确数与错误数的差额是一个负数，这个差额除以 9 后所得商数再乘以 10，得到的绝对数与账上错误恰好相等。查账时应遵循差额负数除以 9，商数乘以 10 的数账上有，可能记错了位。

（b）错记。错记是在登记账簿过程中的数字误写。对于错记的查找，可根据由于错记而形成的差数，分别确定查找方法，查找时不仅要查找发生额，同时也要查找余额。

18.2.2 纠错的方法

如果发现账簿记录有错误，应按规定的方法进行更正，不得涂改、挖补或用化学试剂消除字迹。更正错误的方法有三种，如表 18-3 所示。

表 18-3 纠错的方法

<table>
<tr><th>种类</th><th colspan="2">适用范围</th><th>具体更正方法</th><th>注意事项</th></tr>
<tr><td>划线更正法</td><td colspan="2">又称红线更正。如果发现账簿记录有错误，而其所依据的记账凭证没有错误，即纯属记账时文字或数字的笔误，应采用划线更正的方法进行更正</td><td>将错误的文字或数字划一条红色横线注销，但必须使原有字迹仍可辨认，以备查考；然后在划线的上方用蓝字或黑字将正确的文字或数字填写在同一行的上方位置，并由更正人员在更正处盖章，以明确责任</td><td>对文字差错可只划错误部分，不必将与错字相关的其他文字划去，对数字差错，应将错误的数额全部划上。若发现账簿记录有错误，应按规定方法更正，不得涂改、挖补或用化学试剂消除字迹</td></tr>
<tr><td>补充登记法</td><td colspan="2">又称蓝字补记。根据记账凭证所记录的内容记账以后，发现记账凭证中应借应贷的会计科目和记账方向都没有错误，记账凭证和账簿记录的金额相吻合，只是所记金额小于应记的正确金额，应采用补充登记法</td><td>将少记的金额用蓝字或黑字填制一张与原错误记账凭证所记载的借贷方向、应借应贷会计科目相同的记账凭证，并据以登记入账，以补记少记金额，求得正确金额</td><td>补充登记法的应用见案例 18-1</td></tr>
<tr><td>红字更正法</td><td>又称红字冲销。在会计上，以红字记录表明对原记录的冲减。适用于两种情况</td><td>第一种：根据记账凭证所记录的内容记账后，发现记账凭证中的应借、应贷会计科目或记账方向有错误，且记账凭证同账簿记录的金额相吻合，应采红字更正法</td><td>先用红字填制一张与原错误记账凭证内容完全相同的记账凭证，并据以用红字登记入账，冲销原有错误的账簿记录；然后，再用蓝字或黑字填制一张正确的记账凭证，据以用蓝字或黑字登记入账</td><td>红字更正法的应用见案例 18-2、案例 18-3</td></tr>
</table>

续表

种类	适用范围		具体更正方法	注意事项
红字更正法	又称红字冲销。在会计上，以红字记录表明对原记录的冲减。适用于两种情况	第二种：根据记账凭证记录的内容记账后，发现记账凭证中应借、应贷的会计科目、记账方向都没错，记账凭证和账簿记录的金额相吻合，只是所记金额大于应记的正确金额，应采用红字更正法	将多记的金额用红字填制一张与原错误记账凭证所记载的借贷方向、应借应贷会计科目相同的记账凭证，并据以登记入账，以冲销多记金额，求得正确金额	红字更正法的应用见案例 18-2、案例 18-3

【例 18-1】用银行存款 40 000 元购买原材料，在填制记账凭证时，误记金额为 4 000 元，但会计科目、借贷方向均无错误，其错误记账凭证所反映的会计分录为：

借：原材料　　4 000

　　贷：银行存款　　4 000

在更正时，应用蓝字或黑字编制如下记账凭证进行更正：

借：原材料　　36 000

　　贷：银行存款　　36 000

错误的记账凭证以蓝字或黑字记账更正后，即可反映其正确的金额为 40 000 元。

如果记账凭证中所记录的文字、金额与账簿记录的文字、金额不符，应首先采用划线法更正，然后用补充登记法更正。

【例 18-2】以现金支付下年度报刊杂志费 800 元，在填制记账凭证时误计入“银行存款”科目，并据以登记入账，其错误记账凭证所反映的会计分录为：

借：待摊费用　　800

　　贷：银行存款　　800

该项分录应贷记“现金”科目。在更正时，应用红字（在本书中，如无特殊的说明，用带框的数字表示红字记录）金额编制如下记账凭证进行更正：

借：待摊费用　　800

　　贷：银行存款　　800

错误的记账凭证以红字记账更正后，表明已全部冲销原有错误记录，然后用蓝字或黑字填制如下正确分录，并据以登记入账：

借：待摊费用　　800

　　贷：现金　　800

【例 18-3】用银行存款 3 600 元购买办公用品，在填制记账凭证时，误记金额为 36 000 元，但会计科目、借贷方向均无错误，其错误记账凭证所反映的会计分录为：

借：管理费用　　36 000

　　贷：银行存款　　36 000

在更正时，应用红字金额 32 400 元编制如下记账凭证进行更正：

借：管理费用　　　　　　　　　　　　　　　　　　　　　　　　32 400

　　贷：银行存款　　　　　　　　　　　　　　　　　　　　　　　32 400

错误的记账凭证以红字记账更正后，即可反映其正确金额为 3 600 元。

如果记账凭证所记录的文字、金额与账簿记录的文字、金额不符，应首先采用划线法更正，然后用红字冲销法更正。

18.2.3　如何查证会计舞弊

查证会计舞弊是一项技术性很强的工作，必须如图 18-5 所示，坚持正确的程序与方法。

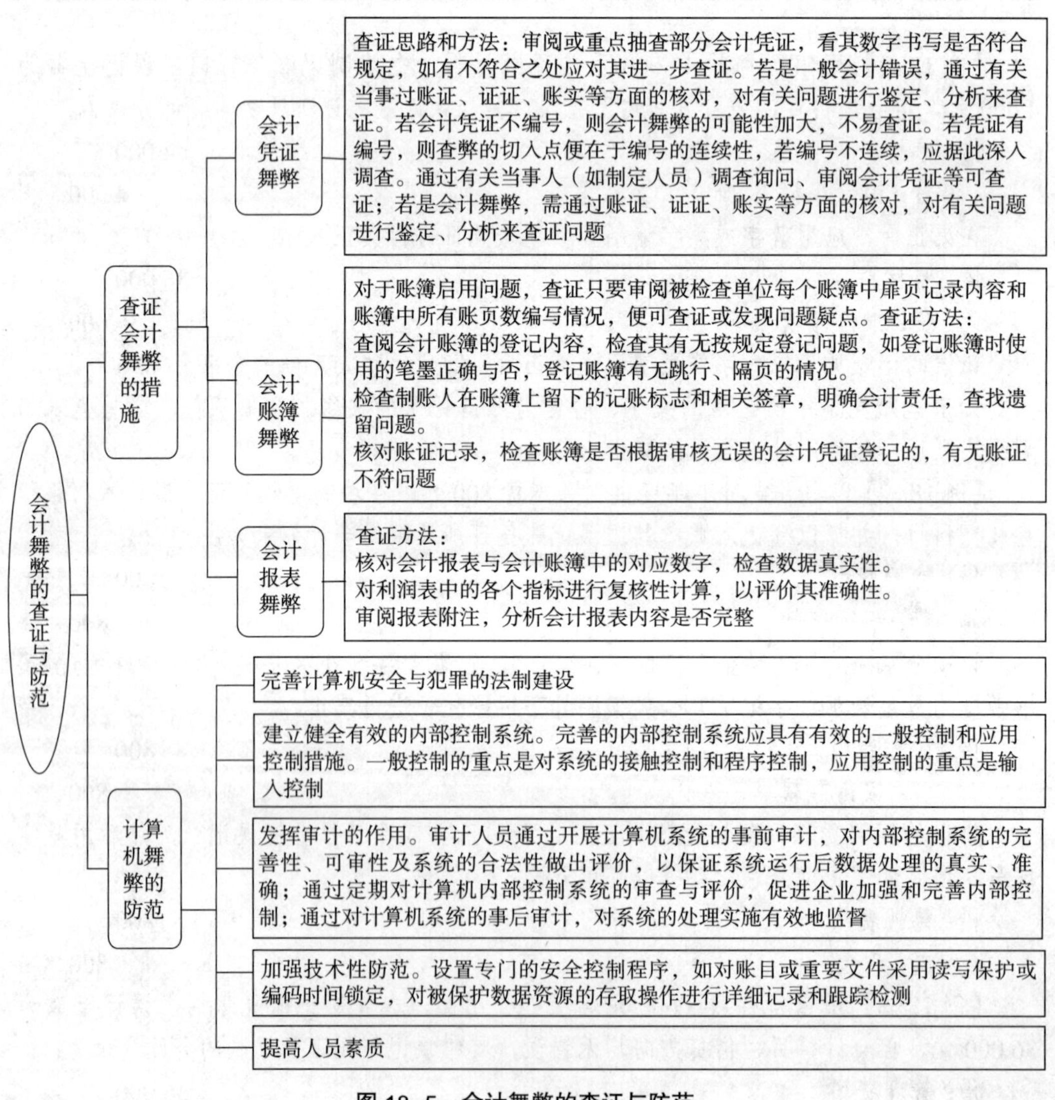

图 18-5　会计舞弊的查证与防范

18.2.4　如何检查账簿

账簿分析检查的具体方法如图 18-6 所示。

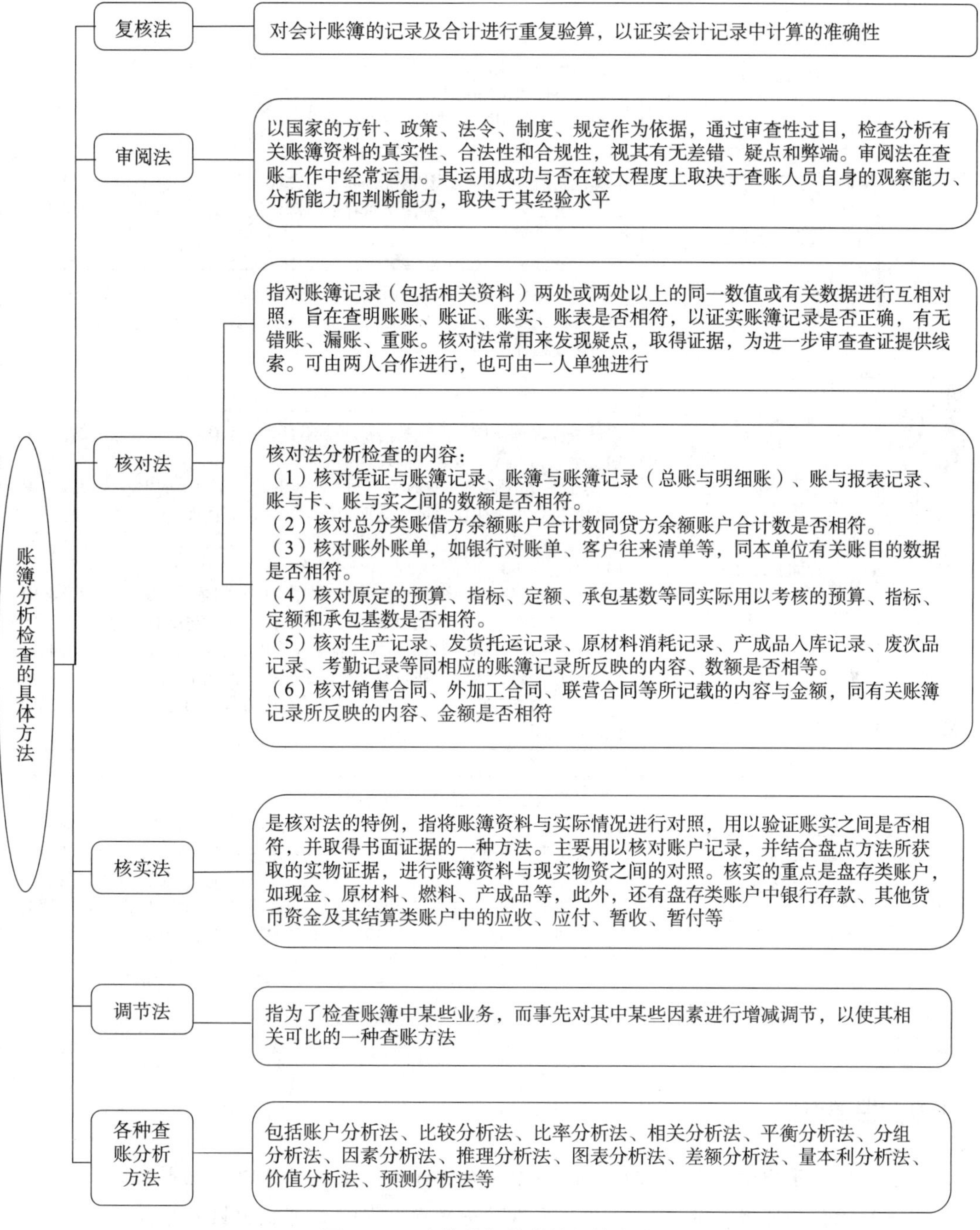

图 18-6　账簿分析检查的具体方法

18.2.5 如何查证应收账款舞弊

查证应收账款中的错弊，需要从销售环节，票证、账簿等多个环节入手。具体的程序如图 18-7 所示。

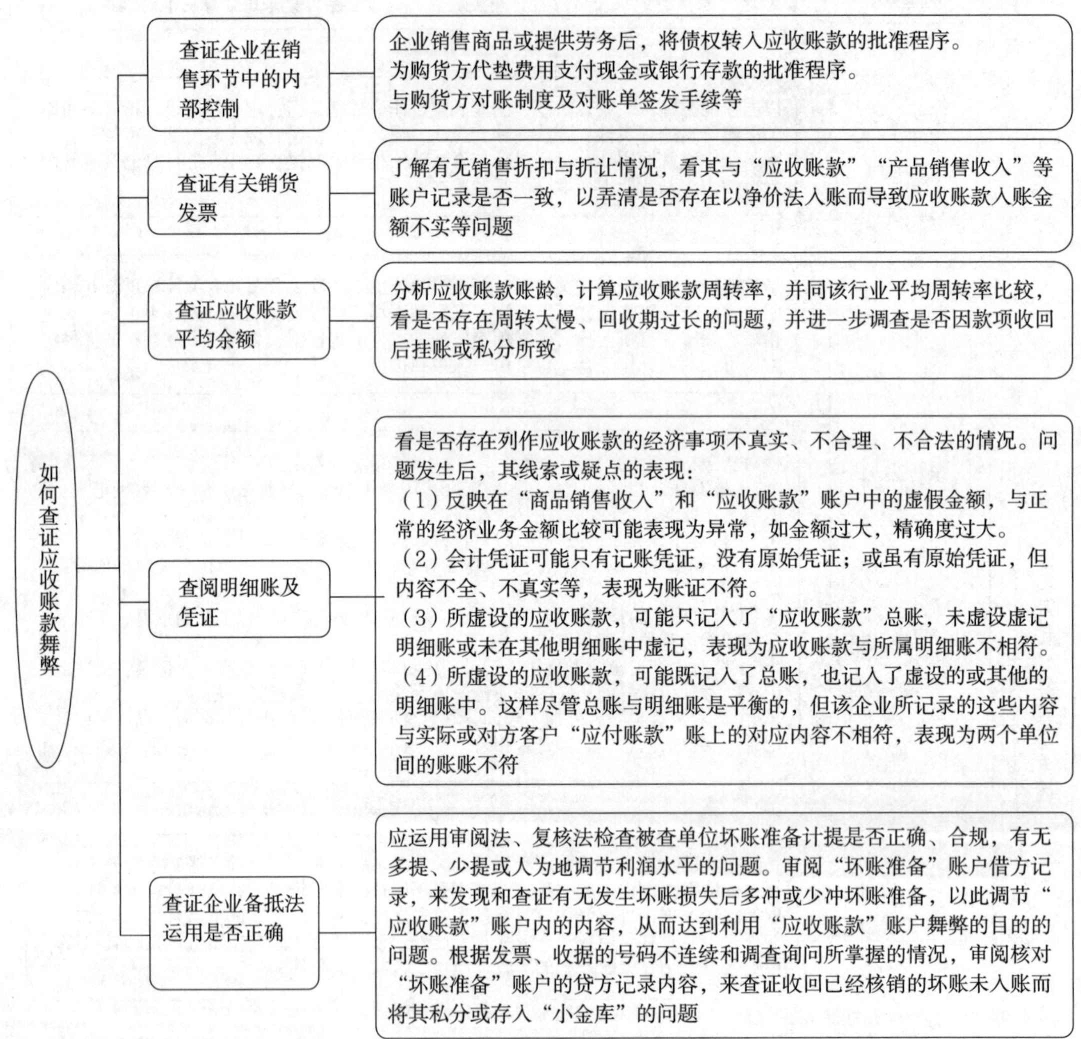

图 18-7 如何查证应收账款舞弊

本章实操要点

本章总结了出纳工作中常见的错误点和查错方法，重点注意以下几点：

（1）凭证、账簿中的易错点，以及不同易错点存在哪些可能出错的原因。

（2）关注出现舞弊的重灾区，尤其是应收账款科目的查证。

第十九章

出纳工作交接

——善始还要善终

内容概览

《会计基础工作规范》规定，企业的出纳人员在调动或离职时，必须将有关的工作和资料票证移交给继任出纳人员。出纳人员在进行工作交接时，必须遵循一定的程序和规则，以保证出纳工作的前后衔接、分清责任的承担。

在本章的学习中，我们将解决读者的以下内容。

（1）什么是出纳交接，出纳交接有哪些内容？

（2）如何办理出纳工作的交接？其应注意的事项有哪些？

（3）出纳交接的相关责任有哪些？

（4）出纳交接的工作移交表有哪些？

19.1 出纳工作的交接

19.1.1 什么是出纳工作交接

出纳工作交接是指出纳人员因调动工作或者离职等原因，由离任出纳人员将有关工作和资料移交给继任出纳人员的工作过程。出纳人员因工作调动或者其他原因离职，必须将本人所经管的出纳工作全部移交给接替人员。没有办清交接手续的，不得调动或者离职。交接清理后要填写移交表，将所有移交的票、款、物编制详细的移交清册，逐册向接交人点清。然后由出交方、接交方、监督方三方签字盖章，同时将移交表存入会计档案。

19.1.2 出纳工作移交前的准备工作

为了使出纳工作移交清楚，防止遗漏，保证出纳交接工作顺利进行，出纳人员在办理交接手续前，必须做好以下准备工作：

（1）将出纳账登记完毕，并在最后一笔余额后加盖名章。

（2）在出纳账启用表上填写移交日期，并加盖名章。

（3）整理应该移交的各项资料，对未了事项写出书面材料。

（4）出纳日记账与现金、银行存款总账核对相符，现金账面余额与实际库存现金核对一致，银行存款账面余额与银行对账单核对无误。如有不符，要找出原因，弄清问题所在，加以解决，务求在移交前做到相符。

（5）编制移交清册。

列明应当移交的会计凭证、账簿、报表、印章、现金、有价证券、支票簿、发票、文件、其他会计资料和物品等内容。

实行会计电算化的单位，从事该项工作的移交人员还应当在移交清册中列明会计软件及密码、会计软件数据磁盘（磁带等）及有关资料、实物等内容。

19.1.3 出纳工作的正式交接

《会计基础工作规范》规定：会计人员办理交接手续，必须由监交人员负责监交。一般会计人员交接，由单位会计机构负责人、会计主管人员负责监交；会计机构负责人、会计主管人员交接，由单位领导人负责监交，必要时可由上级主管部门派人会同监交。

出纳工作交接一般在单位会计机构负责人、会计主管人员监督下进行。出纳员的离职交接，必须在规定的期限内，向接交人员移交清楚。具体操作如下：

（1）现金、有价证券、贵重物品要根据会计账簿有关记录由移交人向接交人逐一点交，库存现金、有价证券、贵重物品必须与会计账簿记录保持一致，如有不符，移交人员必须在限期内查清。

（2）银行存款账户余额要与银行对账单核对，在核对时如发现疑问，移交人和接交人应一起到开户银行当场复核核对，并编制银行存款余额调节表。

（3）在银行存款账户余额与银行对账单余额核对相符的前提下，移交有关票据、票证及印章，同时由接交人更换预留在银行的印鉴章。

（4）出纳账簿移交时，接交人应核对账账、账实是否相符，即现金日记账、银行存款日记账、有价证券明细账与现金、银行存款和有价证券总账的账账相符。实行会计电算化的单位，应先将账页打印出来，装订成册后，再进行交接。

（5）出纳凭证、出纳账簿和其他会计核算资料必须完整无缺，如有短缺，必须查清原因，并在移交清册中注明，由移交人员负责。

（6）工作计划移交时，为了方便接交人开展工作，移交人应向接交人介绍工作计划执行情况以及今后在执行过程中应注意的问题。

（7）移交人应将保险柜密码、钥匙、办公桌和办公室钥匙一一移交给接交人，接交人在接交完毕后，应立即更换保险柜密码及有关锁具。

（8）接交人办理接收后，应在出纳账簿启用表上填写接收时间，并签名盖章。

19.1.4　交接结束

交接完毕后，交接双方和监交人，要在移交清册上签名或盖章。移交清册的内容如图 19-1 所示。

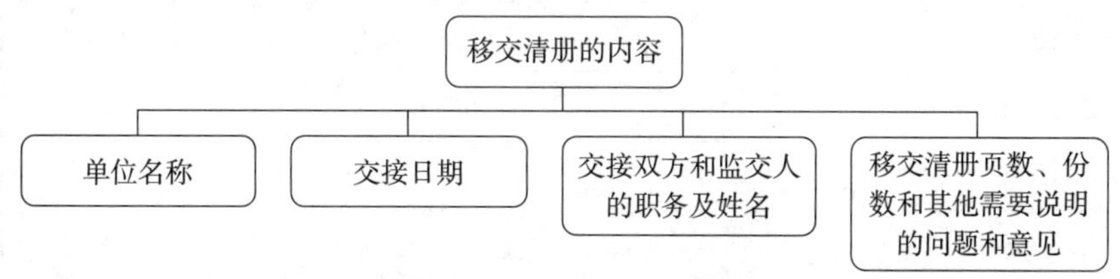

图 19-1　移交清册的内容

移交清册一般一式三份，交接双方各执一份，存档一份。

19.2　出纳交接的注意事项

19.2.1　出纳交接应注意的事项

出纳交接要做到两点：

（1）移交人与接管人要办清手续。

（2）交接过程中要有专人负责监交，交接要求进行财产清理，做到账账核对、账款核对，交接清楚后填妥移交清册，由交、接、监三方签字盖章。

19.2.2　出纳交接的相关责任

出纳交接工作结束后，在交接前后各期的工作责任应由当时的经办人负责，主要体现在以下几个方面：

（1）接收人应认真接管移交工作，继续办理未了事项。

（2）接收人应继续使用移交后的账簿等资料，保持会计记录的连续性，不得自行另立账簿或擅自销毁移交资料。

（3）移交后，移交人对自己经办的已办理移交的资料负完全责任，不得以资料已移交为借口推脱责任。

19.2.3 工作移交表

移交表主要包括库存现金移交表、银行存款移交表、有价证券、贵重物品移交表、核算资料移交表和物品移交表，以及交接说明书等，各表的格式如表 19-1 ～表 19-6 所示。

表 19-1　库存现金移交表

库存现金移交表

币种：　　　　移交日期：　年　月　日　　　　单位：元　　　　第　　页

100 元	数量（张）	金额	接受金额	备注
50 元				
20 元				
10 元				
5 元				
2 元				
1 元				
5 角				
2 角				
1 角				
5 分				
2 分				
1 分				
合计				

单位负责人：　　　　　移交人：　　　　　监交人：　　　　　接管人：

表 19-2　银行存款移交表

银行存款移交表

移交日期：　年　月　日　　　　　　　　　　　　单位：元　　　第　　页

开户银行	账号	币种	账面数	实有数	备注
合计					
附件及说明：（1）账面数为银行存款日记账金额，实有数为银行对账单金额 （2）银行存款余额调节表一份 （3）银行印鉴预留卡片议长					

单位负责人：　　移交人：　　监交人：　　接管人：

表 19-3　有价证券、贵重物品移交表

有价证券、贵重物品移交表

移交日期：　　年　月　日　　　　　　　　　　　　　　　　　　单位：元　　第　　页

名称	购入日期	单位	数量	面值	到期日期	备注

单位负责人：　　　　移交人：　　　　监交人：　　　　接管人：

表 19-4　核算资料移交表

核算资料移交表

移交日期：　　年　月　日

名称	年度	数量	起止时间	备注

单位负责人：　　　　移交人：　　　　监交人：　　　　接管人：

表 19-5　物品移交表

物品移交表

移交日期：　　年　月　日

名称	型号	购入日期	单位	数量	备注

单位负责人：　　　　移交人：　　　　监交人：　　　　接管人：

表 19-6　出纳人员工作交接书

<table>
<tr><td>

出纳人员工作交接书

原出纳员 ××，因工作调动，财务处已决定将出纳工作移交给金 ×× 接管。现办理如下交接：
一、交接日期
×××× 年 × 月 × 日
二、具体业务的移交
1. 库存现金：× 月 × 日账面余额 ×× 元，实存相符，月记账余额与总账相符
2. 库存国库券：××× 万元，经核对无误
3. 银行存款余额 ××× 万元，经编制“银行存款余额调节表”核对相符
三、移交的会计凭证、账簿、文件
1. 本年度现金日记账一本
2. 本年度银行存款日记账二本
3. 空白现金支票 ×× 张（×× 号至 ×× 号）
4. 空白转账支票 ×× 张（×× 号至 ×× 号）
5. 托收承付登记簿一本
6. 付款委托书一本
7. 信汇登记簿一本
8. 金库暂存物品细表一份，与实物核对相符
9. 银行对账单 1~10 月份 10 本；10 月份未达账项说明一份
10. ……
四、印鉴
1. ×× 公司财务处转讫印章一枚
2. ×× 公司财务处现金收讫印章一枚
3. ×× 公司财务处现金付讫印章一枚
五、交接前后工作责任的划分：×××× 年 × 月 × 日前的出纳责任事项由廉 ×× 负责；×××× 年 × 月 × 日起的出纳工作由金 ×× 负责。以上移交事项均经交接双方认定无误
六、本交接书一式三份，双方各执一分，存档一份

移交人：廉 ××（签名盖章）
接管人：××（签名盖章）
监交人：××（签名盖章）
×× 公司财务处（公章）
×××× 年 × 月 × 日

</td></tr>
</table>

本章实操要点

（1）出纳工作移交前的关注要点。

（2）出纳工作交接时两个要点。

（3）出纳工作移交之后仍需要承担的责任。

第二十章

我们都是纳税人

——纳税基础知识快速入门

内容概览

依法纳税是企业对国家的一项基本业务，税收是指国家依法对负有纳税义务的单位和个人征收一定货币和实物，税收是国家取得收入，从事社会管理的物质基础。国家用于国防建设、国民教育、社会保障方面的支出均来自税收收入。

在本章的学习中，我们将解决读者的以下问题：

（1）什么是税收，它和政府收费有什么不同？

（2）企业与税收相关的业务有哪些，如何办理？

（3）税收的构成要素主要有哪些？

（4）我国的企业需要缴纳哪些税？

20.1　税收是什么

20.1.1　税收是什么

凡是从事企业财务工作的人，都要不可避免地接触到税收，纳税是企业合法经营的一项最基本义务。国家把公众创造的财富以税收的形式集中起来，不论是直接用于经济建设，还是发展科学、教育、文化、卫生事业，还是用于建立健全的社会保障制度、维护社会稳定、巩固国防，都是为广大人民的利益服务的，广大人民群众是税收的最终受益者。税收的概念如表 20-1 所示。

表 20-1　税收的概念

什么是税收	税收指国家依法对负有纳税义务的单位和个人征收一定货币和实物。税收是国家取得收入，从事社会管理的物质基础
怎样理解税收	只有国家才有权向企业和个人征税，除了国家之外，任何机构和团体，都无权征税
	国家征税依据的是其政治权力
	征税的基本目的是满足国家的财政需要，以实现其进行阶级统治和满足社会公共需要的职能

20.1.2　和其他的政府收费相比较，税收具有什么特点

企业在生产经营的过程中，经常会出现向国家缴纳各种税费的情况，例如，拥有车辆的企业，需要向国家缴纳养路费等。但税收和其他的政府收费有着根本的不同。税收的特点如图 20-1 所示。

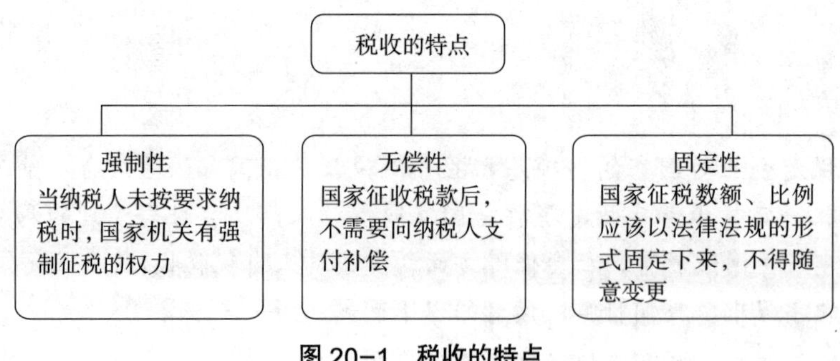

图 20-1　税收的特点

20.2　企业的税收业务如何办理

20.2.1　企业的税收业务主要包括哪些

纳税是企业对国家的一项法定义务，任何一家企业都必须严肃认真的办好企业的税务事务。就企业的涉税事务而言，主要包括税务登记、纳税申报和税款缴纳三项内容。企业的涉税业务如图 20-2 所示。

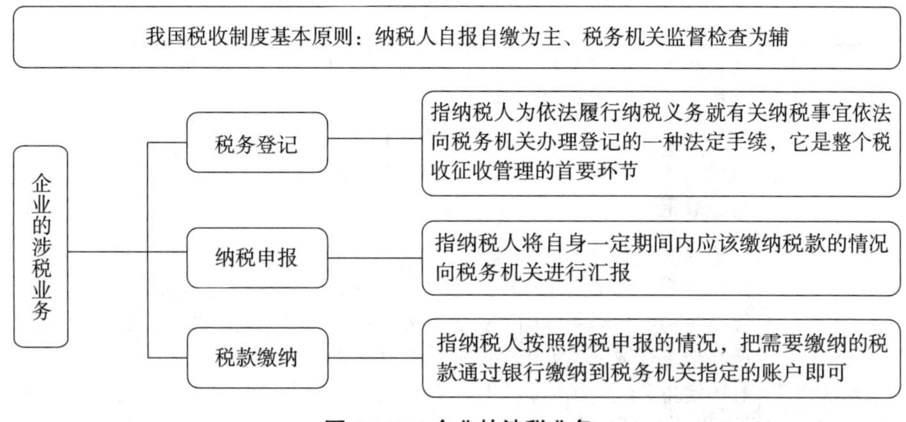

图 20-2　企业的涉税业务

20.2.2　如何办理税务登记

当一家企业设立时，开业之后经营项目发生变化时，或者停业撤销时，企业都需要做的一项工作，就是向主管的税务机关办理税务登记。

（1）税务登记类别

税务登记主要包括哪些类别，如图 20-3 所示。

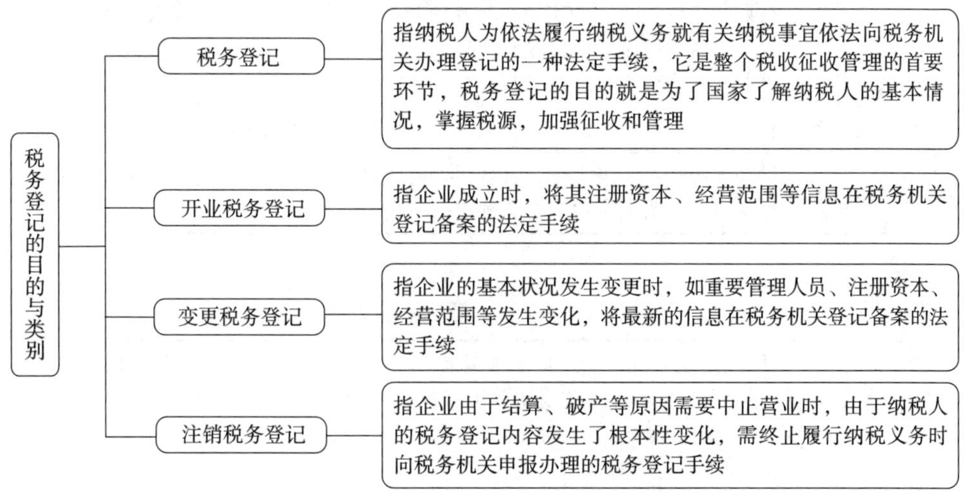

图 20-3　税务登记的目的与种类

（2）如何办理税务登记

办理税务登记，首先要清楚本企业需要办理的税务登记的类型，其次要清楚去哪些部门办理税务登记，最后要明白需要准备哪些资料文件。以下分别是办理开业税务登记、变更税务登记、注销税务登记的基本要求。开业税务登记的基本要求如表 20-2 所示，变更税务登记的基本要求如表 20-3 所示，注销税务登记的基本要求如表 20-4 所示。

表 20-2　开业税务登记的基本要求

时间要求	从事生产、经营的纳税人应当自领取营业执照之日起 30 日内，主动依法向国家税务机关申报办理登记。 按照规定不需要领取营业执照的纳税人，应当自有关部门批准之日起 30 日内或者自发生纳税义务之日起 30 日内，主动依法向主管国家税务机关申报办理税务登记
地点要求	纳税企业和事业单位向当地主管国家税务机关申报办理税务登记： 纳税企业和事业单位跨县（市）、区设立的分支机构和从事生产经营的场所，除总机构向当地主管国家税务机关申报办理税务登记外，分支机构还应当向其所在地主管国家税务机关申报办理税务登记： 有固定生产经营场所的个体工商户向经营地主管国家税务机关申报办理税务登记；流动经营的个体工商户，向户籍所在地主管国家税务机关申报办理税务登记： 对未领取营业执照从事承包、租赁经营的纳税人，向经营地主管国家税务机关申报办理税务登记
需提供的资料	营业执照； 有关章程、合同、协议书； 银行账号证明； 法定代表人或业主居民身份证、护照或者回乡证等其他合法证件 总机构所在地国家税务机关证明； 如实填报的税务登记表。纳税人领取税务登记表或者注册税务登记表后，应当按照规定内容逐项如实填写，并加盖企业印章，经法定代表人签字或业主签字后，将税务登记表或者注册税务登记表报送主管国家税务机关； 国家税务机关要求提供的其他有关证件、资料
登记的主要内容	机构名称、地址、法定代表人、注册资本、主要业务范围、财务负责人等
其他注意事项	纳税人报送的税务登记表和提供的有关证件、资料，经主管国家税务机关审核后，可向主管国家税务机关领取税务登记证

表 20-3　变更税务登记的基本要求

需要办理的情形	纳税人改变名称、法定代表人或者业主姓名、经济类型、经济性质、住所或者经营地点（指不涉及改变主管国家税务机关）、生产经营范围、经营方式、开户银行及账号等内容的，需要办理变更税务登记
时间要求	应当自工商行政管理机关办理变更登记之日起 30 日内，持下列有关证件向原主管国家税务机关提出变更登记书面申请报告
需提供的资料	营业执照； 变更登记的有关证明文件； 国家税务机关发放的原税务登记证件（包括税务登记证及其副本、税务登记表等）； 其他有关证件

表 20-4 注销税务登记的基本要求

需要办理的情形	纳税人发生破产、解散、撤销以及其他依法应当终止履行纳税义务的； 纳税人因变动经营地点、住所而涉及改变主管国家税务机关的； 纳税人被工商行政管理机关吊销营业执照的
时间要求	向工商行政管理机关办理注销登记前，或自营业执照被吊销之日起 15 日内
受理的税务机关	向原主管国家税务机关办理注销税务登记

20.2.3 如何办理纳税申报

（1）什么是纳税申报，我国当前纳税申报的形式

在一个纳税期限（一般是一个月）结束之后，企业需要将纳税期限内的业务经营情况、应纳税款的情况等信息以书面的形式进行汇报，这也就是纳税申报。纳税申报并不是缴纳税款，只是将纳税的信息向国家税务机关进行汇报。纳税申报的概念与主要形式如图 20-4 所示。

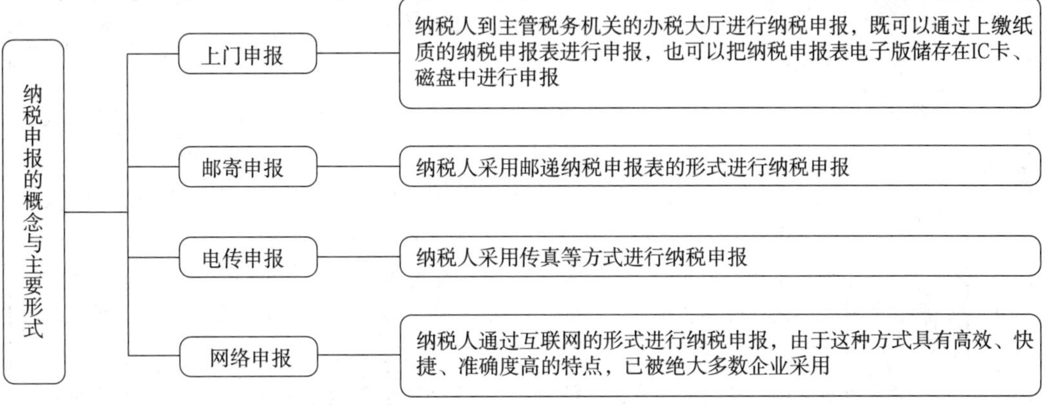

图 20-4 纳税申报的概念与主要形式

（2）办理纳税申报的基本要求，如表 20-5 所示

表 20-5 纳税申报的基本要求

纳税申报的对象	凡取得应纳税收入、负有纳税义务的单位或个人，均应该进行纳税申报
纳税申报的期限	各税种的纳税申报期限不同
违反纳税申报规定的法律责任	纳税人未按照规定的期限办理纳税申报的，或者扣缴义务人、代征人未按照规定的期限向国家税务机关报送代扣代缴、代收代缴税款报告表的，由国家税务机关责令限期改正，可以处以 2 000 元以下的罚款；逾期不改正的，可以处以 2 000 元以上 10 000 元以下的罚款

20.3 税收的构成要素

20.3.1 如何学习税收知识

如果有人问我，学习纳税知识有什么窍门，我会脱口而出，一定要掌握好税收的构成要素。要素是任何事物中最精华的部分，先要素后细节，是掌握纳税知识的捷径。比如，我们在了解一件事情时，关键就在于明白什么时间、什么地点、谁做了什么事情、这件事对谁有好处、对谁有坏处？了解这些，也就明白了一件事的来龙去脉。在学习税收的过程中，我们要善于把握税收的构成要素，真正明白什么情况下需要纳税，由谁纳税，纳多少税，也就掌握了这个税种的主要内容。

20.3.2 什么是税收的构成要素，这些要素分别是什么

所谓税收的构成要素，是国家设立一项税收时，应该予以规定的内容。税收的构成要素一般包括总则、纳税义务人、征税对象、税目、税率、纳税环节、纳税期限、纳税地点、减税免税、罚则、附则等项目。具体的内容如表 20-6 所示。

表 20-6 税收要素一览表

序号	税收要素	具体内容
1	总则	主要包括立法依据、立法目的、适用原则等
2	纳税义务人	是需要向国家纳税的单位或个人，主要指一切履行纳税义务的法人、自然人及其他组织，它解决了由谁纳税的问题
3	征税对象	就是向什么征税，主要是指税收法律关系中征纳双方权利义务所指向的物或行为，它是区分不同税种的主要标志，它解决了向什么征税的问题
4	税目	税目是对征税对象的具体化。比如，国家对酒类征收消费税，其中白酒、啤酒、果酒的征税办法是不一样的，因此白酒、啤酒、果酒就是酒类产品这一征税对象下的三个税目
5	税率	对征税对象的征收比例或征收额度。税率是计算税额的尺度，也是衡量税负轻重与否的重要标志，税率解决了征多少税的问题； 我国现行使用的税率主要有：比例税率、定额税率、超额累进税率、超率累进税率
6	纳税环节	一件产品从生产到消费者手中，需要生产、批发、零售等诸多环节，并非每个环节都需要缴纳税款，纳税环节就是规定了应当在哪个环节缴纳税款； 例如，香烟和黄金首饰都需要缴纳消费税，前者在生产厂家的出厂环节缴纳，后者则在零售环节由零售的商家缴纳
7	纳税期限	指纳税人需要缴纳税款的期限，解决了什么时间纳税的问题
8	纳税地点	主要是指根据各个税种纳税对象的纳税环节和有利于对税款的源泉控制而规定的纳税人（包括代征、代扣、代缴义务人）的具体纳税地点
9	减税免税	主要是对某些纳税人和征税对象采取减少征税或者免予征税的特殊规定

续表

序号	税收要素	具体内容
10	罚则	主要是指对纳税人违反税法的行为采取的处罚措施
11	附则	附则一般都规定与该法紧密相关的内容，如该法的解释权、生效时间

20.3.3　什么是纳税义务人

纳税义务人简称纳税人，也称“纳税主体”，简而言之，就是需要纳税的人，每一种税都需要有明确的纳税人。纳税义务人可以是个人，也可以是单位组织。纳税义务人的相关概念如图 20-5 所示。

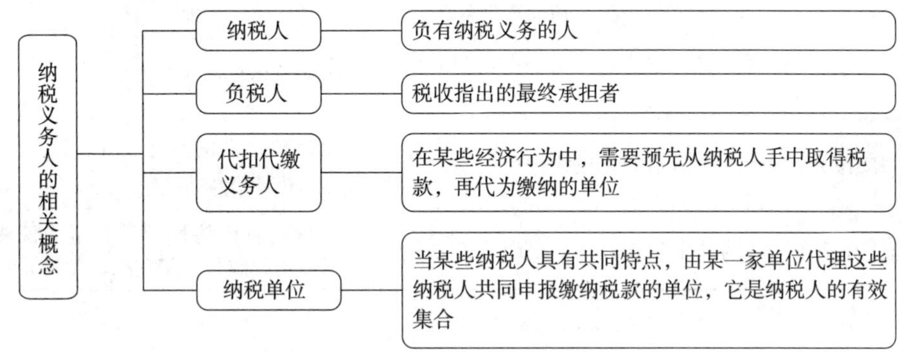

图 20-5　纳税义务人的相关概念

20.3.4　什么是税率，不同的税率在计算税款时如何使用

税率指对征税对象的征收比例或征收额度。税率是计算税额的尺度，也是衡量税负轻重与否的重要标志，它解决了征多少税的问题。税率的类别如表 20-7 所示。

表 20-7　税率的类别

税率的类别	具体内容	适用税种
比例税率	即对同一征税对象，不分数额大小，规定相同的征收比例	增值税、城市维护建设税、企业所得税
超额累进税率	即把征税对象按数额的大小分成若干等级，每一等级规定一个税率，税率依次提高，但每一纳税人的征税对象则依所属等级同时适用几个税率分别计算，将计算结果相加后得出应纳税款	个人所得税
定额税率	即按征税对象确定的计算单位，直接规定一个固定的税额	资源税、城镇土地使用税、车船使用税等
超率累进税率	即以征税对象数额的相对率划分若干级距，分别规定相应的差别税率，相对率每超过一个级距的，对超过的部分就按高一级的税率计算征税	土地增值税

20.4　我国的主要税种简介

20.4.1　我国的企业需要缴纳哪些税

我国目前征收的主要税种有 20 余种，这些税种按照征税对象的不同，大体可以分为以下 5 个类别，如表 20-8 所示。

表 20-8　我国税种的主要类别

主要类别	概念	包含的具体税种
流转税类	针对商品、劳务的交易额征收的税种	增值税、消费税、关税
资源税类	因开发和利用自然资源而缴纳的税种	资源税、城镇土地使用税
所得税类	针对个人、企业取得的净收入而征收的税种	个人所得税、企业所得税
特定目的税类	具有特别征收目的的税种	城市维护建设税、土地增值税、车辆购置税、耕地占用税
财产和行为税类	针对某些特定的行为、财产征收的税种	房产税、城市房地产税、车船使用税、车船使用牌照税、印花税、契税

20.4.2　什么是流转税，主要包括哪些税种

流转税指在商品流转或劳务提供的过程中，以商品的流转金额或者提供的劳务金额作为征税依据的税种。在我国流转税是主要税种，几乎每个企业都需要缴纳流转税。流转税的概念及主要类别如图 20-6 所示。

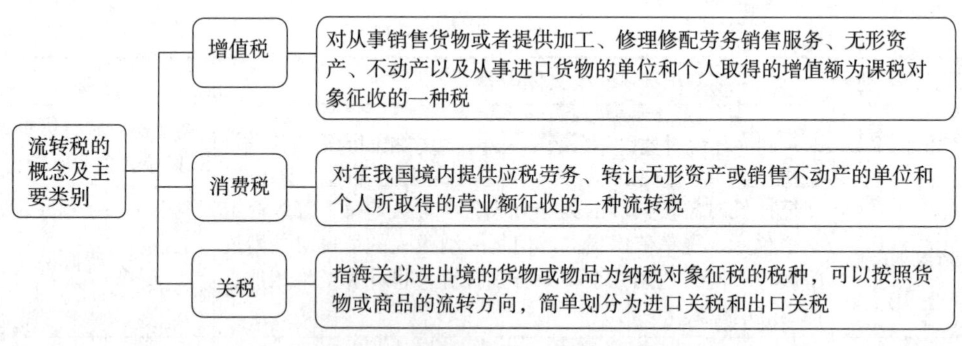

图 20-6　流转税的概念及主要类别

20.4.3　什么是所得税，主要包括哪些税种

所得税，是我国另一类重要的税收，它是对企业、个人的所得征收的税种。在这里所得，不是指全部的收入，而是全部的收入减去各种成本费用后的余额。所得税的额概念及主要类别如图 20-7 所示。

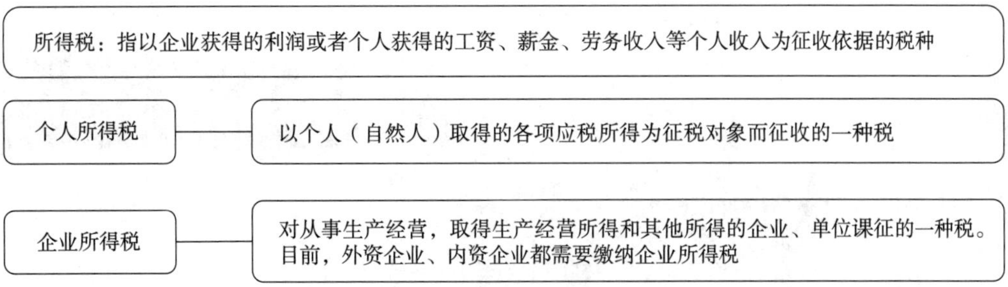

所得税：指以企业获得的利润或者个人获得的工资、薪金、劳务收入等个人收入为征收依据的税种

个人所得税	以个人（自然人）取得的各项应税所得为征税对象而征收的一种税
企业所得税	对从事生产经营，取得生产经营所得和其他所得的企业、单位课征的一种税。目前，外资企业、内资企业都需要缴纳企业所得税

图 20-7　所得税的概念及主要类别

第二十一章

增 值 税

——“商人”心中的“白月光”

内容概览

在本章的学习中，我们将解决读者的以下问题：

（1）什么是增值税？

（2）增值税的纳税人及其认定标准是什么？

（3）增值税的征税范围和一些特殊规定。

（4）一般纳税人、小规模纳税人、进口货物应纳增值税的计算。

（5）增值税的减免政策。

（6）增值税专用发票的使用和管理。

（7）增值税如何申报和缴纳？

21.1 认识增值税

21.1.1 什么是增值税，它具有什么特点

从事财务工作的人，经常会接触到增值税专用发票，这就是我们马上要接触的我国最主要的一个税种——增值税。我国从 2009 年 1 月 1 日起实行消费型增值税，完成了生产型增值税到消费型增值税的转变。增值税的概念与特点如表 21-1 所示，增值税的类型如图 21-1 所示。

表 21-1 增值税的概念与特点

<table>
<tr><td colspan="2">增值税：以从事销售货物或者提供应税劳务和应税服务销售服务、无形资产、不动产以及进口货物的单位和个人取得的增值额为课税对象征收的一种税</td></tr>
<tr><td rowspan="5">增值税的特点</td><td>增值税不重复征税，只对货物或劳务和服务销售额中没有征过税的那部分增值额征税，对销售额中属于转移过来的、以前环节已征过税的那部分销售额则不再征税</td></tr>
<tr><td>逐环节征税，逐环节扣税，最终消费者是全部税款的承担者</td></tr>
<tr><td>能够平衡税负，促进公平竞争</td></tr>
<tr><td>在税收征管上可以互相制约，交叉审计，避免发生偷税</td></tr>
<tr><td>增值税的计算审核比较复杂，征收管理难度大，征收成本高，特别是对发票的控制、管理难度更大</td></tr>
</table>

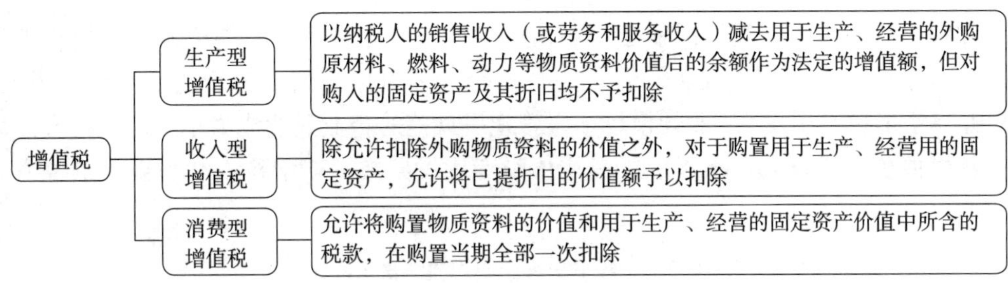

图 21-1 增值税的类型

21.1.2 如何理解增值税中增值额的概念

正确理解增值税中增值额的概念，对于我们学好增值税是至关重要的，具体内容如图 21-2 所示。

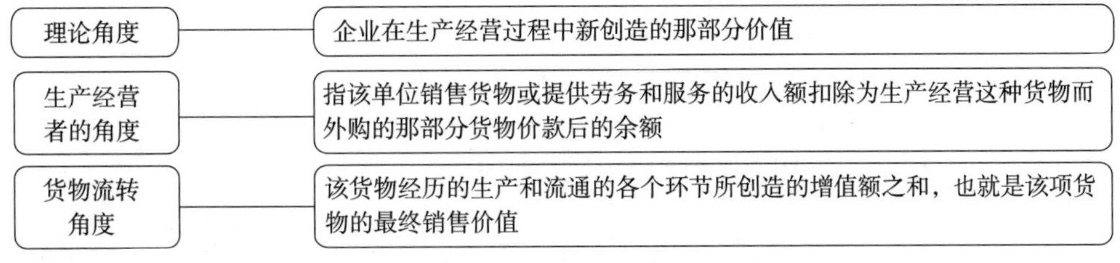

图 21-2 对增值额的理解

21.2 哪些人需要缴纳增值税

21.2.1 增值税纳税人

增值税的纳税人如表 21-2 所示。

表 21-2 增值税的纳税人

基本要求	根据《增值税暂行条例》和“营改增”的规定，凡在中华人民共和国境内销售货物或者提供加工、修理修配劳务、销售服务、无形资产或者不动产，以及进口货物的单位或个人，为增值税的纳税人
特别规定	把企业租赁或承包给他人经营的，以租赁人或承包人为纳税人
	对报关进口的货物，以进口货物的收货人或办理报关手续的单位和个人为进口货物的纳税人
	对代理进口货物，以海关开具的完税凭证上的纳税人为增值税纳税人

21.2.2 为什么要区分一般纳税人和小规模纳税人

和别的税种不同，我国的税法将增值税的纳税人划分为一般纳税人和小规模纳税人，一般来说，只有规模较大、管理规范的企业才可以申请成为增值税一般纳税人，可以开具增值税专用发票；而规模较小、管理不规范的企业只能成为小规模纳税人，只能开具增值税普通发票，不可以开具增值税专用发票。一般纳税人和小规模纳税人的比较如表 21-3 所示。

表 21-3 一般纳税人和小规模纳税人的比较

比较项目	一般纳税人	小规模纳税人
管理水平	较好	较差
经营规模	大	小
使用增值税专用发票的权限	可以开具增值税专用发票	只能开具普通销售发票
应纳增值税的计算方法	应纳税额 = 销项税额 - 进项税额	应纳税额 = 销售总额 ÷（1+ 小规模纳税人的适用征收率）× 小规模纳税人的适用征收率

21.2.3 哪些纳税人可以申请成为小规模纳税人

小规模纳税人是指年销售额在规定标准以下，并且会计核算不健全，不能按规定报送有关税务资料的增值税纳税人。会计核算不健全是指不能正确核算增值税的销项税额、进项税额和应纳税额。

根据《增值税暂行条例》及其实施细则和《营业税改征增值税试点实施办法》（财税〔2016〕36 号）及相关文件规定，小规模纳税人的标准如下。

（1）一般规定

为完善增值税制度，进一步支持中小微企业发展，现将统一增值税小规模纳税人标准如下。

① 增值税小规模纳税人标准为年应征增值税销售额 500 万元及以下。

② 按照《中华人民共和国增值税暂行条例实施细则》第二十八条规定已登记为增值税一般纳税人的单位和个人，在 2018 年 12 月 30 日前，可转登记为小规模纳税人，其未抵扣的进项税额作转出处理。

（2）特殊规定

年应税销售额超过小规模纳税人标准的其他个人按小规模纳税人纳税；年应税销售额超过规定标准但不经常发生应税行为的单位和个体工商户，以及非企业性单位、不经常发生应税行为的企业，可选择按照小规模纳税人纳税。

旅店业和饮食业纳税人销售非现场消费的食品，属于不经常发生增值税应税行为，自 2013 年 5 月 1 日起，可以选择按小规模纳税人缴纳增值税。

兼有销售货物、提供加工修理修配劳务以及应税服务，且不经常发生应税行为的单位和个体工商户可选择按小规模纳税人纳税。

小规模纳税人的标准由国务院财政、税务主管部门规定。

21.2.4 哪些纳税人可以申请成为增值税一般纳税人

根据规定，凡符合下列条件的纳税人可认定为一般纳税人，如图 21-3 所示。

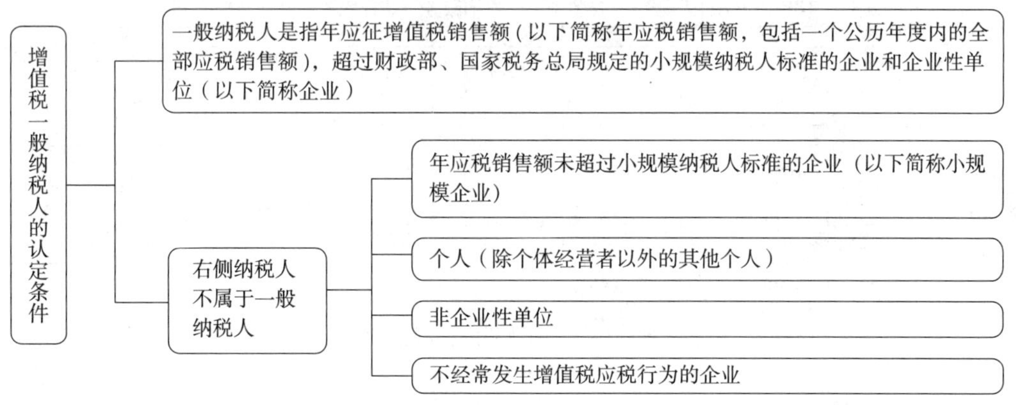

图 21-3 增值税一般纳税人的认定条件

21.3 增值税的征税范围

21.3.1 哪些经济行为需要缴纳增值税

明确哪些经济行为需要缴纳增值税，也就明确了增值税的征税范围。我国现行的增值税对需要缴纳增值税的范围进行了明确的规定，并且在逐步扩大增值税的征税范围。2013 年 5 月 24 日，财政部和国家税务总局颁发了《关于在全国开展交通运输业和部分现代服务业营业税改征增值税试点税收政策的通知》，2013 年 12 月 12 日，相继发布了《关于将铁路运输和邮政业纳入营业税改征增值税试点的通知》（自 2014 年 1 月 1 日起执行），2014 年 4 月 29 日，又发布了《关于将电信业纳入营业税改征增值税试点的通知》（自 2014 年 6 月 1 日起执行）。具体如图 21-4 所示。

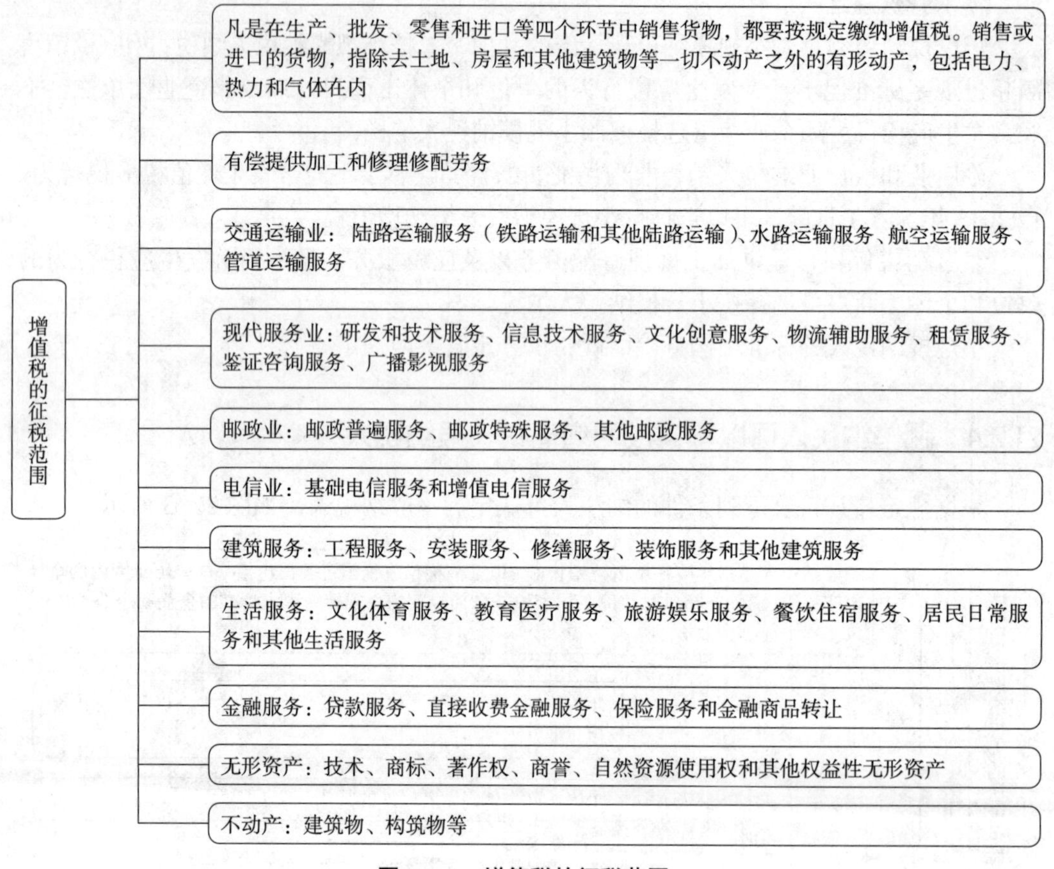

图 21-4　增值税的征税范围

21.3.2　哪些经济行为不需要缴纳增值税

不需缴纳增值税的经济行为如图 21-5 所示。

- 不需缴纳增值税的经济行为
  - 除经中国人民银行和对外经济贸易合作部（现为商务部）批准经营融资租赁业务的单位所从事的融资租赁业务外，其他单位从事的融资租赁业务，租赁的货物的所有权转让给承租方，征收增值税，租赁的货物的所有权未转让给承租方，不征收增值税
  - 自2001年1月1日起，对右侧货物实行增值税即征即退的政策
    - 利用煤炭开采过程中伴生的舍弃物油母页岩生产加工的页岩油及其他产品
    - 在生产原料中掺有不少于30%的废旧沥青混凝土生产的再生沥青混凝土
    - 利用城市生活垃圾生产的电力
    - 在生产原料中掺有不少于30%的煤矸石、石煤、粉煤灰、烧煤锅炉的炉底渣（不包括高炉水渣）及其他废渣生产的水泥
  - 自2001年1月1日起，对右侧货物实行按增值税应纳税额减半征收的政策
    - 利用煤矸石、煤泥、油母页岩和风力生产的电力
    - 部分新型墙体材料产品
  - 自2001年12月1日起，对增值税一般纳税人生产的黏土实心砖、瓦一律按适用税率征收增值税，不得采取简易办法征收增值税
  - 转让企业全部产权涉及的应税货物的转让，不属于增值税的征税范围，不征收增值税。按债转股企业与金融资产管理公司签订的债转股协议，债转股原企业将货物资产作为投资提供给债转股新公司的，免征增值税
  - 黄金生产和经营单位销售黄金（不包括以下品种：成色为AU9999、AU9995、AU999、AU995，规格为50克、100克、1公斤、3公斤、12.5公斤的黄金，以下简称标准黄金）和黄金矿砂（含伴生金），免征增值税；进口黄金（含标准黄金）和黄金矿砂免征进口环节增值税
  - 对废旧物资回收经营单位销售其收购的废旧物资免征增值税
  - 对从事热力、电力、燃气、自来水等公用事业的增值税纳税人收取的一次性费用，凡与货物的销售数量有直接关系的，征收增值税；凡与货物的销售数量无直接关系的，不征收增值税
  - 纳税人代有关行政管理部门收取的费用，凡同时符合右侧条件的，不属于价外费用，不征收增值税
    - 经国务院、国务院有关部门或省级政府批准
    - 开具经财政部门批准使用的行政事业收费专用票据
    - 所收款项全额上缴财政或虽不上缴财政但由政府部门监管，专款专用
  - 纳税人销售货物的同时代办保险而向购买方收取的保险费，以及从事汽车销售的纳税人向购买方收取的代购买方缴纳的车辆购置税、牌照费，不作为价外费用征收增值税
  - 纳税人销售软件产品并随同销售一并收取的软件安装费、维护费、培训费等收入，应按照增值税混合销售的有关规定征收增值税，并可享受软件产品增值税即征即退政策
  - 印刷企业接受出版单位委托，自行购买纸张，印刷有统一刊号（CN）以及采用国际标准书号编序的图书、报纸和杂志，按货物销售征收增值税
  - 对增值税纳税人收取的会员费收入不征收增值税
  - 按债转股企业与金融资产管理公司签订的债转股协议，债转股原企业将货物资产作为投资提供给债转股新公司的，免征增值税
  - 各燃油电厂从政府财政专户取得的发电补贴不属于增值税规定的价外费用，不计入应税销售额，不征收增值税

图 21-5 不需缴纳增值税的经济行为

21.3.3 视同销售货物的行为有哪些

根据增值税征收范围的基本规定，我们可以知道，凡是在生产、批发、零售和进口等四个环节中销售货物、提供应税劳务和应税服务的，都要按规定缴纳增值税。有些行为虽然不属于以上的征收范围，对这些经济行为如果不征税，很容易让一些人钻了国家政策的空子。

为了防止通过这些行为逃避纳税，造成税款流失，也为了避免税款抵扣链条的中断，导致各环节间税负的不均衡。单位或个体经营者的下列行为，视同销售货物，按规定计算销售额并征收增值税。增值税视同销售行为如图 21-6 所示。

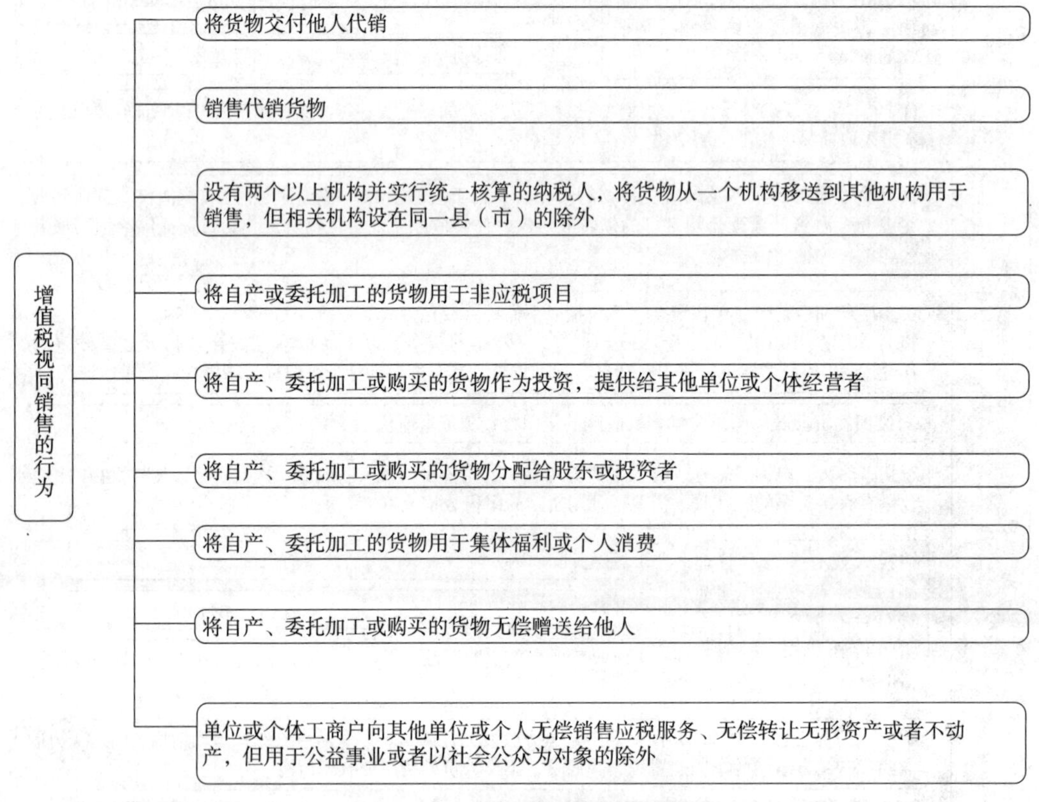

图 21-6 增值税视同销售行为

21.3.4 什么是兼营非应税劳务行为，在纳税中如何处理

在我国的税收中，增值税是最主要税种之一。一般的情况下，企业需要对生产和销售货物、服务、无形资产或不动产的行为缴纳增值税。但是在企业日常的经营中，经常会出现同一家企业即销售商品，又提供劳务的情况；甚至也会出现在同一次交易中，既销售了商品，又提供劳务的问题。这些具体的问题该如何处理呢，税法中通过“兼营非应税劳务”“混合销售”两个方面的规定，解决了以上的问题。兼营非应税劳务行为的纳税处理如图 21-7 所示。

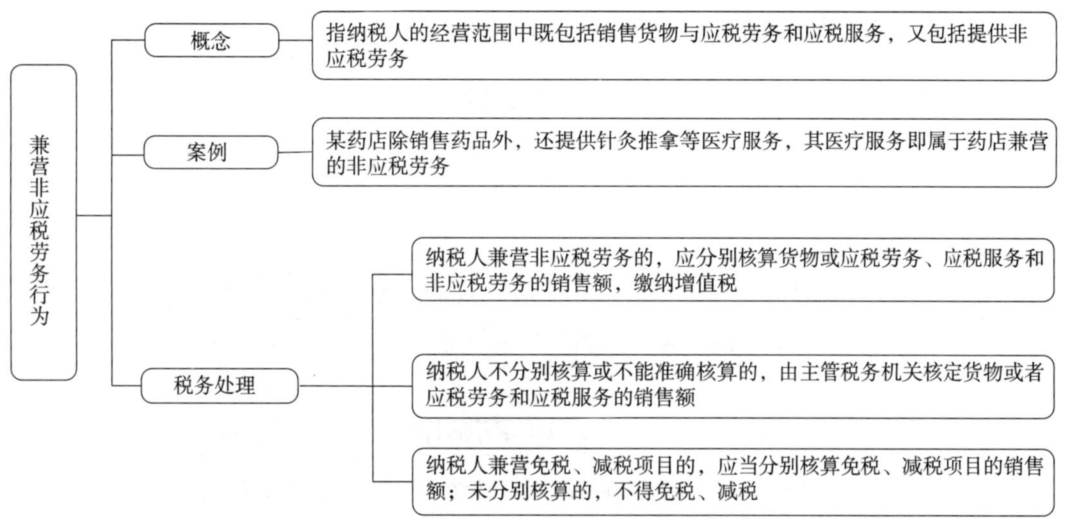

图 21-7 兼营非应税劳务行为的纳税处理

21.3.5 什么是混合销售行为，在纳税中如何处理

在企业日常的经营活动中，混合销售是经常出现的经济行为，比如，在一次销售货物活动中，又提供送货服务等。正确的处理混合销售行为，对依法纳税非常的重要。混合销售行为的税务处理如图 21-8 所示。

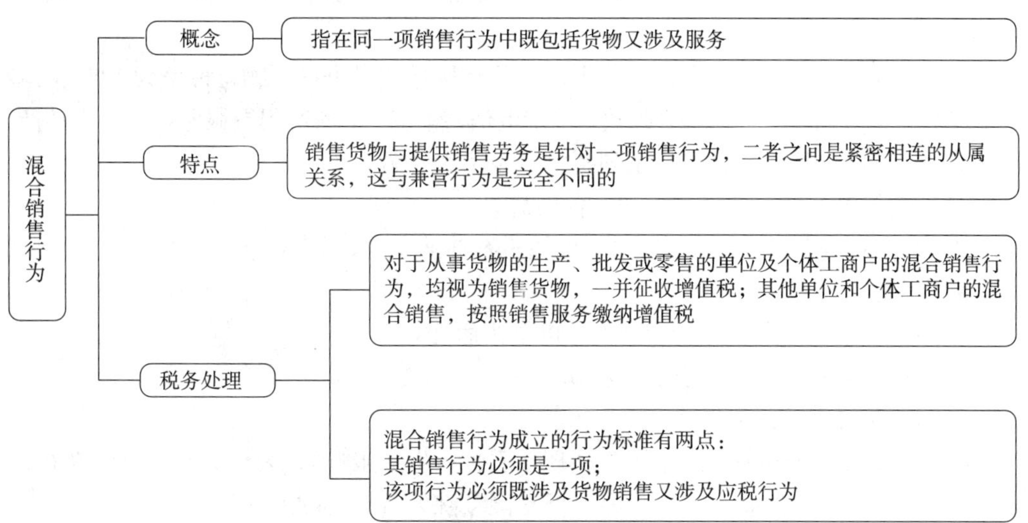

图 21-8 混合销售行为的税务处理

说明：以上所说的从事货物的生产、批发或零售的企业、企业性单位及个体经营者，具体指纳税人的年货物销售额与销售服务营业额的合计数中，年货物销售额超过 50%，服务营业额不到 50%。

21.3.6 什么是混业经营，在纳税中如何处理

兼营不同税率的货物或应税劳务的纳税处理如图 21-9 所示。

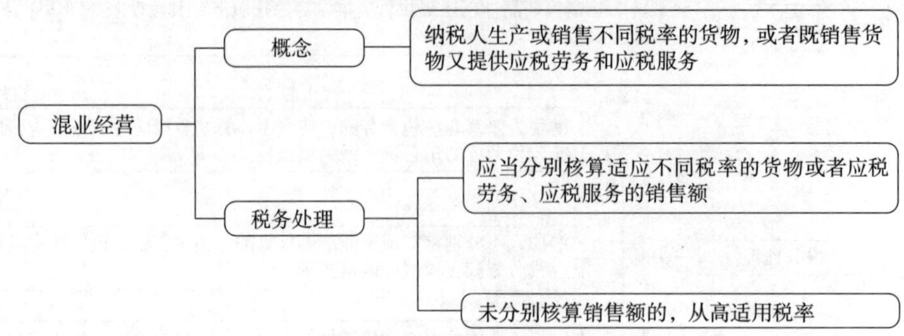

图 21-9 混业经营不同税率的货物或应税劳务的纳税处理

21.4 增值税的税率

21.4.1 增值税税率就是 13% 吗

根据确定增值税税率的基本原则，我国增值税设置了一档基本税率和一档低税率，此外还有对出口货物实施的零税率。营业税改征增值税试点实施后，又增加了两档税率。

（1）纳税人销售货物、劳务、有形动产租赁服务或者进口货物，税率为 13%。

（2）纳税人销售交通运输、邮政、基础电信、建筑、不动产租赁服务，销售不动产，转让土地使用权，销售或者进口下列货物，税率为 9%。

① 粮食等农产品、食用植物油、食用盐。

② 自来水、暖气、冷气、热水、煤气、石油液化气、天然气、二甲醚、沼气、居民用煤炭制品。

③ 图书、报纸、杂志、音像制品、电子出版物。

④ 饲料、化肥、农药、农机、农膜。

⑤ 国务院规定的其他货物。

（3）纳税人销售服务（金融服务、现代服务、生活服务）、无形资产的税率为 6%。

（4）纳税人出口货物，税率为零，但是国务院另有规定的除外。

（5）境内单位和个人跨境销售国务院规定范围内的服务、无形资产，税率为零。

（6）销售货物、劳务，提供的跨境应税行为，符合免税条件的，免税。

21.4.2 增值税中征收率为 3% 是怎么回事

增值税征收率是指对特定的货物或特定的纳税人发生应税销售行为在某一生产流通环节应纳税额与销售额的比率。增值税征收率适用于两种情况，一是小规模纳税人；二是一般纳税人发生应税销售行为按规定可以选择简易计税方法计税的。

（一）征收率的一般规定

（1）下列情况适用 3% 征收率

① 小规模纳税人销售货物或加工、修理修配劳务。

② 销售应税服务、无形资产。

③ 一般纳税人发生按规定适用或可以选择适用简易计税方法计税的特定应税行为，但适用 5% 征收率的除外。

（2）下列情况适用 5% 征收率

① 销售不动产。

② 经营租赁不动产（土地使用权）。

③ 转让营改增前取得的土地使用权。

④ 房地产开发企业销售、出租自行开发的房地产老项目。

⑤ 一级、二级公路、桥、闸（老项目）通行费。

⑥ 特定的不动产融资租赁。

⑦ 选择差额纳税的劳动服务派遣、安全保护服务。

⑧ 一般纳税人提供人力资源外包服务。

⑨ 中外合作油气田开采的原油、天然气。

⑩ 个人出租住房，应按照 5% 的征收率减按 1.5% 计算应纳税额。

⑪ 纳税人销售旧货、小规模纳税人以及符合规定情形的一般纳税人销售自己使用过的固定资产，可依据 3% 征收率减按 2% 征收增值税。

（二）征收率的特殊政策

（1）适用 3% 征收率的某些一般纳税人和小规模纳税人可以减按 2% 计征增值税。

① 一般纳税人销售自己使用过的属于《增值税暂行条例》第十条不得抵扣且未抵扣进项税额的固定资产，按照简易办法 3% 的征收率减按 2% 征收增值税。

② 小规模纳税人销售自己使用过的固定资产，减按 2% 征收率征收增值税。

③ 纳税人销售旧货，按照简易办法 3% 的征收率减按 2% 征收增值税。

（2）提供物业管理服务的纳税人，向服务接受方收取的自来水水费，以扣除对外支付的自来水水费后的余额为销售额，按照简易办法 3% 的征收率计算缴纳增值税。

（3）小规模纳税人提供劳务派遣服务，以取得的全部价款和价外费用为销售额，按照简易办法 3% 的征收率计算缴纳增值税。

（4）非企业性单位中的一般纳税人提供的研发、信息技术服务、鉴证咨询、销售技术和著作权等无形资产，可以选择简易办法 3% 的征收率计算缴纳增值税。

（5）一般纳税人提供教育辅导服务的，可以选择简易办法 3% 的征收率计算缴纳增值税。

21.5 一般纳税人如何计算应纳增值税额

21.5.1 计算增值税应纳税额的一般规定

增值税应纳税额的计算一般先需要计算当期的销售税额，再计算进项税额，最后用当期的销项税额减去当期进项税额就是应纳税额。如下图所示，就是增值税应纳税额的计算过程。一般纳税人应纳增值税的计算公式如图 21-10 所示。

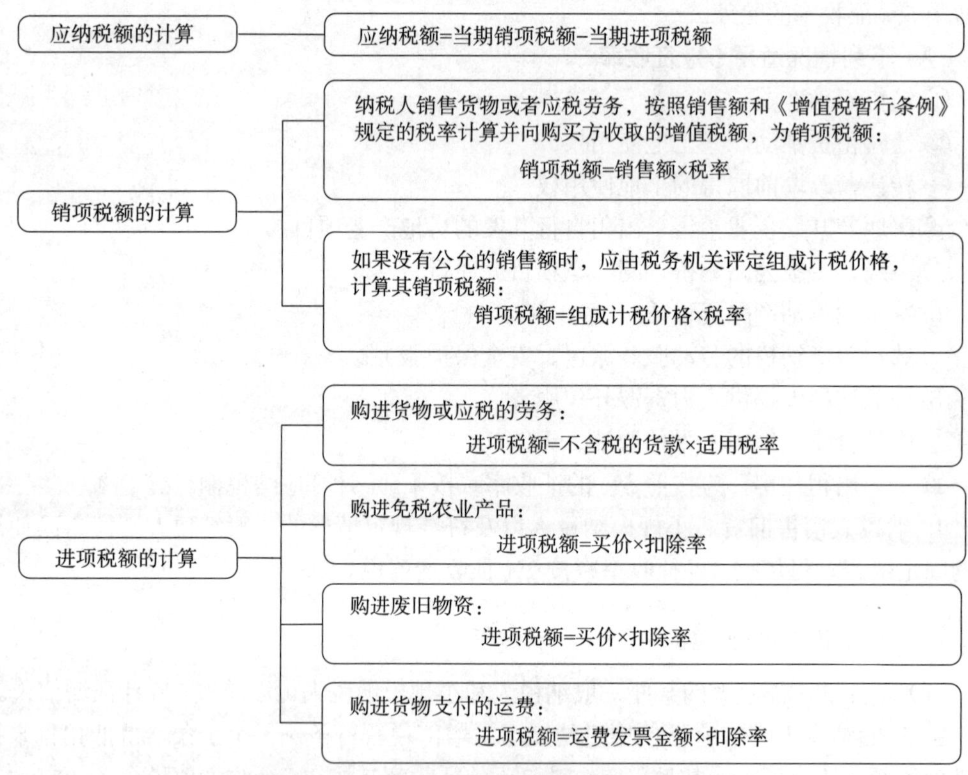

图 21-10 一般纳税人应纳增值税的计算公式

21.5.2 如何确定销售额

依据销项税额的计算公式："销项税额 = 销售额 × 增值税税率"，在增值税税率一定的情况下，计算销项税额的关键在于正确、合理地确定销售额。增值税销售额的确定方法如图 21-11 所示。

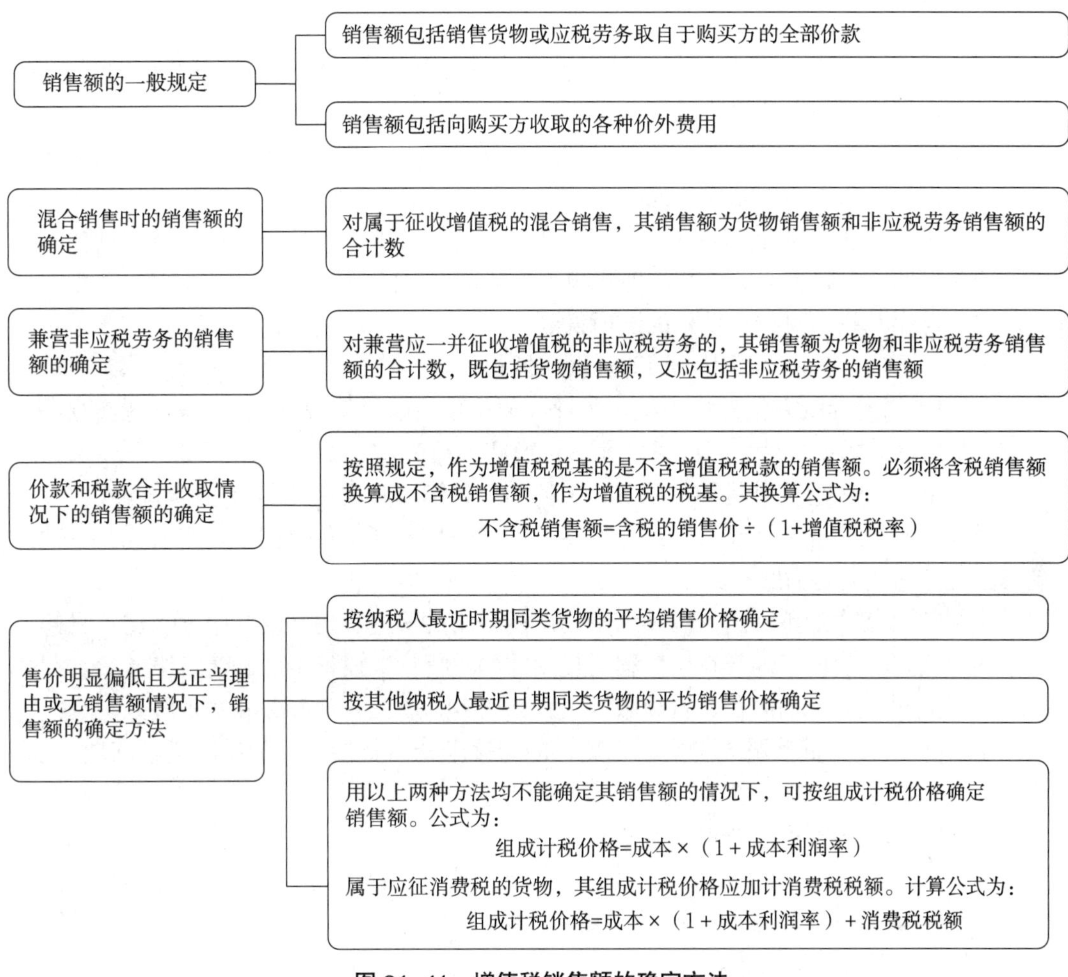

图 21-11　增值税销售额的确定方法

21.5.3　如何确定进项税额

在确定增值税进项税额抵扣时，必须按增值税规定依法计算应抵扣税额，不是所有的进项税额都可抵扣。为此，《增值税暂行条例》及《增值税实施细则》对进项税额的抵扣范围、条件、数额及方法作了专门规定。另外，准予抵扣进项税额的只限增值税一般纳税人，增值税小规模纳税人在计算应缴增值税时不得抵扣进项税额。

（1）准予从销项税额中抵扣的进项税额

① 从销售方或提供方取得的增值税专用发票上注明的增值税额（含税控机动车销售统一发票，下同）。

② 从海关取得的海关进口增值税专用缴款书上注明的增值税额。

③ 自境外单位或者个人购进劳务、服务、无形资产或者境内的不动产，从税务机关或者扣缴义务人取得的代扣代缴税款的完税凭证上注明的增值税额。

④ 购进农产品，按照《农产品增值税进项税额核定扣除试点实施办法》抵扣进项

税额。

⑤ 纳税人取得的增值税扣税凭证不符合法律、行政法规或者国家税务总局有关规定的，其进项税额不得从销项税额中抵扣。

增值税扣税凭证，指增值税专用发票、海关进口增值税专用缴款书、农产品收购发票、农产品销售发票和完税凭证。

纳税人凭完税凭证抵扣进项税额的，应具备书面合同、付款证明和境外单位的对账单或者发票。资料不全的，其进项税额不得从销项税额中抵扣。

（2）不得从销项税额中抵扣的进项税额

下列项目的进项税额不得从销项税额中抵扣。

① 用于简易计税方法计税项目、免征增值税项目、集体福利或者个人消费的购进货物、加工、修理修配劳务、服务、无形资产和不动产。

② 非正常损失的购进货物，以及相关的加工、修理修配劳务和交通运输服务。

③ 非正常损失的在产品、产成品所耗用的购进货物（不包括固定资产）、加工、修理修配劳务和交通运输服务。

④ 非正常损失的不动产，以及该不动产所耗用的购进货物、设计服务和建筑服务。

⑤ 非正常损失的不动产在建工程所耗用的购进货物、设计服务和建筑服务。

⑥ 购进的旅客运输服务、贷款服务、餐饮服务、居民日常服务和娱乐服务。

⑦ 纳税人接受贷款服务向贷款方支付的与该笔贷款直接相关的投融资顾问费、手续费、咨询费等，其进项税不得从销项税中扣除。

⑧ 财政部和国家税务总局规定的其他情形。

本条第（4）项、第（5）项所称货物，指不动产实体的材料和设备，包括建筑装饰材料和给排水、采暖、卫生、通风、照明、通讯、煤气、消防、中央空调、电梯、电气、智能化楼宇设备及配套设施。

【例 21-1】一般纳税人应纳增值税额的计算

紫竹公司属于生产企业，为增值税一般纳税人，适用增值税税率 13%，2×19 年 5 月有关生产经营业务如下。

（1）销售甲产品给某大商场，开具增值税专用发票，取得不含税销售额 80 万元；另外，开具普通发票，取得销售甲产品的送货运输费收入 5.65 万元。

（2）销售乙产品，开具普通发票，取得含税销售额 28.25 万元。

（3）将试制的一批应税新产品用于本企业基建工程，成本价为 20 万元，成本利润率为 10%，该新产品无同类产品市场销售价格。

（4）销售使用过的进口摩托车 5 辆，开具普通发票，每辆取得含税销售额 1.03 万元；该摩托车原值每辆 0.9 万元。

（5）购进货物取得增值税专用发票，注明支付的货款 60 万元、进项税额 7.8 万元；另外支付购货的运输费用 6 万元，取得运输公司开具的普通发票。

（6）向农业生产者购进免税农产品一批，支付收购价 30 万元，支付给运输单位的运费 5 万元，取得相关的合法票据。本月下旬将购进的农产品的 20% 用于本企业职工福利（以上相关票据均符合税法的规定）。

请计算该企业 2×19 年 5 月应缴纳的增值税税额。

计算与分析：

（1）销售甲产品的销项税额：80×13%+5.65÷（1+13%）×13%=11.05（万元）

（2）销售乙产品的销项税额：28.25÷（1+13%）×13%=3.25（万元）

（3）自用新产品的销项税额：20×（1+10%）×13%=2.86（万元）

（4）销售使用过的摩托车应纳税额：1.03÷（1+3%）×2%×5=0.1（万元）

（5）外购货物应抵扣的进项税额：7.8+6×9%=8.34（万元）

（6）外购免税农产品应抵扣的进项税额：(30×9%+5×9%）×（1−20%）=2.52（万元）

（7）该企业 5 月份应缴纳的增值税额：11.05+3.25+2.86+0.1−8.34−2.52=6.4（万元）

21.6 小规模纳税人应纳增值税额如何计算

21.6.1 小规模纳税人应纳增值税的计算

对增值税小规模纳税人而言，由于其会计核算的能力比较薄弱，很难实施首先计算增值额，再计算应纳税额的计算方法，因此，我国对增值税小规模纳税人采纳了简化的计算方法，就是直接用不含税的销售额乘以相应税率的方法。小规模纳税人应纳增值税的计算如图 21−12 所示。

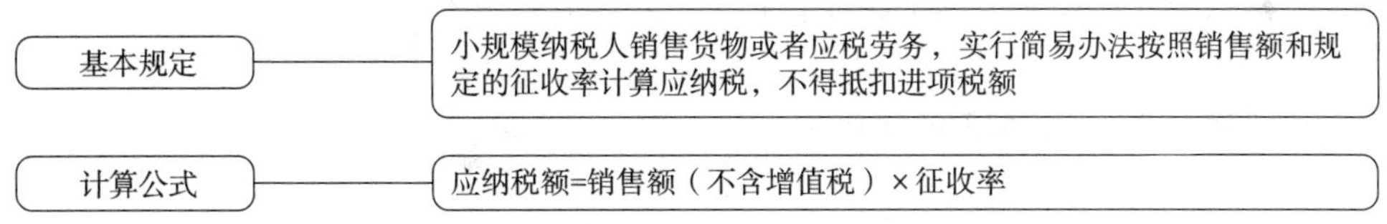

图 21−12 小规模纳税人应纳增值税的计算

21.6.2 含税销售额怎样换算成不含税销售额

在上面的计算公式中，增值税的计税依据是不含增值税的销售额，但在日常的经济活动中，纳税人总是把增值税额和货款同时收取的，因此在计算应纳税额时，必须首先把含税销售额怎样换算成不含税销售额，换算的公式如下：

不含增值税销售额 = 含增值税销售额 ÷（1+ 适用征收率）

【例 21−2】生产型小规模纳税人应纳增值税额的计算

紫竹公司是以生产各种沙发和家具为主的小型企业，为小规模纳税人。2×19 年 1 月，该厂外购货物 36 000 元，生产销售各种沙发 53 000 元，销售其他家具 13 950 元，均为含税价格。

要求：根据上述资料计算该厂本月应缴纳的增值税。

计算与分析：上述纳税人为生产型小规模纳税人，应按简易办法计算纳税，征收率为 3%，计算如下：

（1）销售额 =（53 000+13 950）÷（1+3%）=65 000（元）

（2）本月应纳税额 =65 000×3%=1 950（元）

【例 21-3】商贸型小规模纳税人应纳增值税额的计算

紫竹公司为小规模纳税人，2×19 年 1 月购进货物 30 000 元；销售货物取得销售收入 51 500 元。要求：根据上述资料计算该商店本月应纳增值税。

计算与分析：该商店为小规模商业企业，应按简易办法计算纳税，征收率为 3%，计算如下：

（1）销售额 =51 500÷（1+3%）=50 000（元）

（2）本月应纳税额 =50 000×3%=1 500（元）

21.7 进口货物应纳增值税的计算

凡从境外进口商品的企业，在进入我国的关境时，除了需要缴纳关税之外，还需要缴纳增值税，在本小节，我们一起学习进口货物如何缴纳增值税。

21.7.1 进口货物应纳增值税的计算公式

纳税人进口货物，按照组成计税价格和《增值税暂行条例》规定的税率计算应纳税额，不得抵扣任何税额。组成计税价格和应纳税额计算公式：

组成计税价格 = 关税完税价格 + 关税 + 消费税

应纳税额 = 组成计税价格 × 税率

21.7.2 关税完税价格的含义

应该注意的是，进口货物增值税的组成计税价格中包括已纳关税税额，如果进口货物属于消费税应税消费品，其组成计税价格中还包括已纳消费税税额，否则无消费税这一项。

增值税的计税依据以人民币计算，纳税人以外汇结算销售额的，应当按外汇市场价格折合成人民币计算。折合率可以选择销售额发生的当天或当月 1 日的外汇市场价格（原则上为中间价）。纳税人应在事先确定采用何种折合率，确定后 1 年内不得变更。

【例 21-4】进口货物应纳增值税额的计算

紫竹公司于 2×19 年 3 月进口货物一批。该批货物在国外的买价 40 万元，另该批货物运抵我国海关前发生的包装费、运输费、保险费等共计 20 万元。货物报关后，商场按规定缴纳了进口环节的增值税并取得了海关开具的完税凭证。假定该批进口货物在国内全部销售，取得不含税销售额 80 万元。计算该批货物进口环节、国内销售环节分别应缴纳的增值税税额（已知货物进口关税税率 15%，增值税税率 13%）。

计算与分析：

（1）关税的组成计税价格：40+20=60（万元）

（2）应缴纳进口关税：60×15%=9（万元）

（3）进口环节应纳增值税的组成计税价格：60+9=69（万元）

（4）进口环节应缴纳增值税的税额：69×13%=8.97（万元）

（5）国内销售环节的销项税额：80×13%=10.4（万元）

（6）国内销售环节应缴纳增值税税额：10.4−8.97=1.43（万元）

21.8 如何享受增值税的减税、免税优惠待遇

21.8.1 可以免征增值税的项目有哪些

为了鼓励一些行业的发展，为了对一些弱势群体给予财政上的扶持，我国的增值税现行法规对一些企业、个人给予了增值税的优惠待遇。

（一）农业生产者销售的自产农产品。

农业，指种植业、养殖业、林业、牧业、水产业。农业生产者，包括从事农业生产的单位和个人。农产品，指初级农产品，具体范围由财政部、国家税务总局确定。

（二）避孕药品和用具。

（三）古旧图书。

古旧图书指向社会收购的古书和旧书。

（四）直接用于科学研究、科学试验和教学的进口仪器、设备。

（五）外国政府、国际组织无偿援助的进口物资和设备。

（六）由残疾人的组织直接进口供残疾人专用的物品。

（七）销售的自己使用过的物品，自己使用过的物品指其他个人使用过的物品。

以下是营改增后的增值税免税项目。

1、托儿所、幼儿园提供的保育和教育服务。

2、养老机构提供的养老服务。

3、残疾人福利机构提供的育养服务。

4、婚姻介绍服务。

5、殡葬服务。

6、残疾人员本人为社会提供的服务。

7、医疗机构提供的医疗服务。

8、从事学历教育的学校提供的教育服务。

9、学生勤工俭学提供的服务。

10、农业机耕、排灌、病虫害防治、植物保护、农牧保险以及技术培训业务，家禽、牲畜、水生动物的配种和疾病防治。

11、纪念馆、博物馆、文化馆、文物保护单位管理机构、美术馆、展览馆、书画院、图书馆在自己的场所提供文化体育服务取得的第一道门票收入。

12、寺院、宫关、清真寺和教堂举办文化、宗教活动的门票收入。

13、行政单位外的其他单位收取的符合《试点实施办法》第十条规定条件的政府性基金和行政事业基金。

14、个人转让著作权。

15、个人销售自建自住住房。

16、台湾航运公司、航空公司从事海峡两岸海上直航、空中直航业务在大陆取得的运输收入。

17、纳税人提供的直接或间接国际货运代理服务。

18、以下的利息收入。

（1）2016年12月30日前，金融机构农户小额贷款。

（2）国家助学贷款。

（3）国债、地方政府债。

（4）人民银行对金融机构的贷款。

（5）住房公积金管理中心用住房公积金在指定的委托银行发放的个人住房贷款。

(6)外汇管理部门在从事国家外汇储备经营过程中，委托金融机构发放的外汇贷款。

（7）统借统还业务，企业集团或企业集团中核心企业以及集团所属财务公司按照不高于支付给金融机构的借款利率水平或者支付的债券票面利率水平，向企业集团或者下属单位收取的利息。

19、被撤销的金融机构以货物、不动产、无形资产、有价证券、票据等财产清偿债务。

20、保险公司开办一年期及以上人身保险产品收取的保费收入。

21、再保险服务。境内保险公司向境外保险公司提供的完全在境外消费的再保险服务，免征增值税。

22、金融商品转让收入。

23、金融同业往来利息收入。

24、符合条件的担保机构从事中小企业信用担保或者再担保业务取得的收入，3年内免征增值税。

25、国家商品储备管理单位以及直属企业承担商品储备任务，从中央或者地方财政收取的利息补贴收入和价差补贴收入。

26、纳税人提供的技术转让、技术开发和与之相关的技术咨询、技术服务。

26、符合条件的合同能源管理服务。

27、政府举办的从事学历教育的高等、中等和初等学校，举办进修班、培训班取得的全部归该学校所有的收入。

28、政府举办的职业学校设立的主要为在校生提供的实习场所，并由学校出资自办、经营收入归学校所有的企业。从事现代服务生活服务业务取得的收入。

29、家政服务企业由员工制家政服务员提供家政服务取得的收入。

30、福利彩票、体育彩票的发行收入。

31、军队空余房产租赁收入。

32、为了配合国家住房制度改革，企业、行政事业单位按房改成本价、标准价出售住房取得的收入。

33、土地使用权转让给农业生产者用于农业生产。

34、涉及家庭财产分割的个人无偿转让不动产、土地使用权。

35、土地所有者出让土地使用权和土地使用者将土地使用权归还土地所有者。

36、县级以上地方人民政府或自然资源行政主管部门出让、转让或回收自然资源使用权（不含土地使用权）。

37、随军家属就业。

38、军队转业干部就业。

39、各党派、共青团、工会、妇联、中科协、青联、台联、侨联收取的党费、团费、会费以及政府间国际组织收取的会费，属于非经营活动，不征收增值税。

40、青藏铁路公司提供的铁路运输服务免增值税。

41、中国邮政集团公司以及所属邮政企业提供的邮政普通服务和邮政特殊服务，免征增值税。

42、自 2016 年 1 月 1 日起，中国邮政集团公司及其所属邮政企业为金融机构代办金融保险业务收取的代理收入，在“营改增”试点期间免征增值税。

43、中国信贷资管、中国华融资管、中国长城资管、中国东方资管及各分支机构，在收购、承接和处置剩余政策性剥离不良资产和改制银行剥离不良资产过程中开展的符合条件业务，免征增值税。

44、全国社会保障基金理事会、全国社会保障基金投资管理人运用全国社会保障基金买卖证券投资基金、股票、债券取得的金融商品转让收入，免征增值税。

45、符合条件的国际航运保险业务免征增值税。

46、自 2017 年 1 月 1 日至 2019 年 12 月 30 日，对新疆国际大巴扎物业服务有限公司和新疆国际大巴扎文化旅游产业有限公司从事与新疆国际大巴扎项目有关的营改增应税行为取得的收入，免征增值税。

47、2017 年 1 月 1 日至 2019 年 12 月 30 日，对广播电视台运营服务企业收取的有线数字电视基本收视率维护费和农村有线电视基本收视费，免征增值税。

以下是增值税即征即退项目。

1、增值税一般纳税人销售其自行开发生产的软件产品，按 13% 税率征收增值税后，对其增值税实际税负超过 3% 的部分实行即征即退政策。

2、一般纳税人提供管道运输服务，对其增值税实际税负超过 3% 的部分实行增值税即征即退政策。

3、经人民银行、银保监会或者商务部批准从事融资租赁业务的试点纳税人中的一般纳税人，提供有形动产融资租赁服务和有形动产融资性售后回租服务，对其增值税实际税负超过 3% 的部分实行增值税即征即退政策。

4、本规定所称增值税实际税负，是指纳税人当期提供应税服务实际缴纳的增值税额占纳税人当期提供应税服务取得的全部价款和价外费用的比例。

5、纳税人享受安置残疾人增值税即征即退政策。

6、增值税的退还。纳税人本期已缴增值税额小于本期应退税额不足退还的，可在本年度内以前纳税期已缴增值税额扣除已退增值税额的余额中退还，仍不足退还的可结转本年度内以后纳税期退还。

另外，金融企业发放贷款后，自结息日 90 天内发生的应收未收利息按现行规定缴纳增值税，自结息日起 90 天后发生的应收未收利息暂不缴纳增值税，待实际收到利息时按规定缴纳增值税。

个人将购买不足 2 年的住房对外销售的，按照 5% 的征收率全额缴纳增值税；个人将购买 2 年以上(含 2 年)的住房对外销售的，免征增值税。上述政策适用于北京、上海、广州、深圳之外的地区。

21.8.2 增值税的另一种减免税方式——起征点是如何规定的

起征点的幅度规定如下：个人提供应税服务的销售额未达到增值税起征点的，免征增值税；销售货物的起征点为月销售额 5 000~20 000 元；销售应税劳务的起征点为月销售额 5 000~20 000 元；按次纳税的起征点为每次（日）销售额 300~500 元（含本数），其具体起征点由省级国家税务局在规定幅度内确定。

21.9 如何使用和管理增值税专用发票

21.9.1 增值税专用发票包括哪些内容

增值税专用发票（以下简称专用发票）是发票中的一种，专用发票是供增值税一般纳税人（以下简称一般纳税人）生产经营增值税应税项目使用的一种特殊发票，它不仅是一般的商事凭证，而且还是计算抵扣税款的法定凭证。增值税专用发票与普通发票的内容如图 21-13 所示。

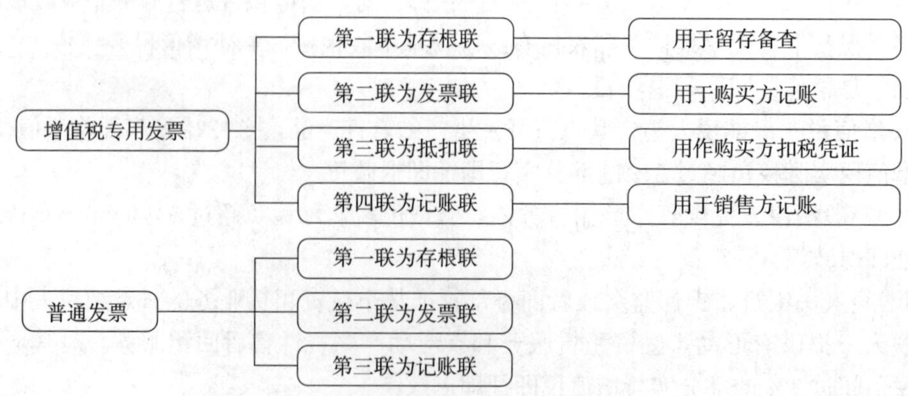

图 21-13 增值税专用发票与普通发票的内容

21.9.2 如何购买和使用专用发票

增值税专用发票只限于增值税一般纳税人向国家税务机关领购使用，增值税小规模纳税人及非增值税纳税人不得领购使用。在增值税的领购和使用中，不得领购使用专用发票的情形如图 21–14 所示。

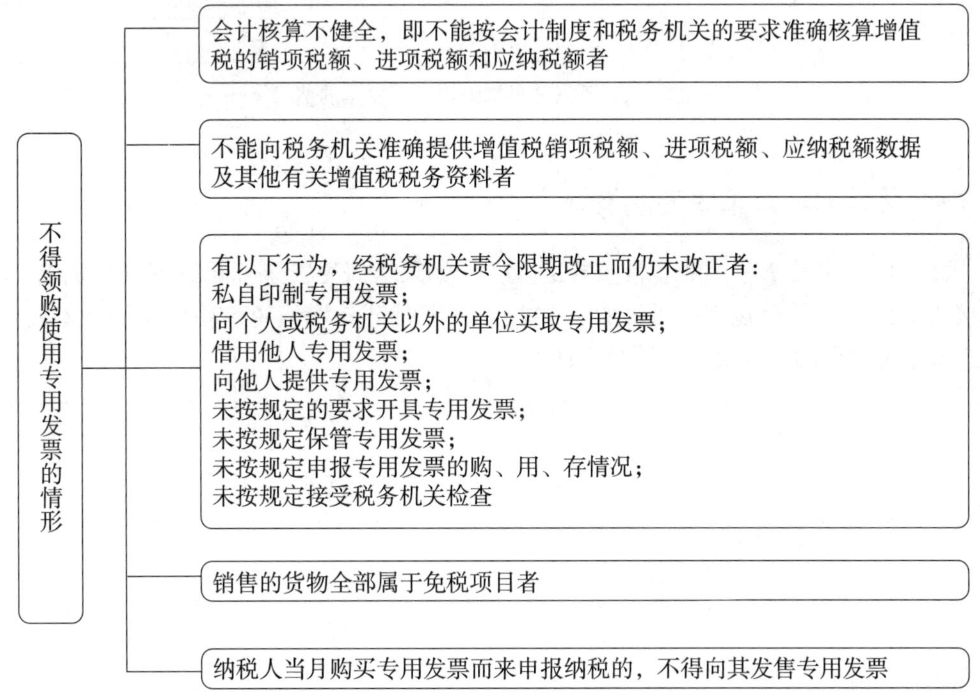

图 21–14 不得领购使用专用发票的情形

21.9.3 哪些情况下不得开具增值税专用发票

并非每次销售行为都可以开具增值税专用发票，有些情况下，为了避免偷漏税行为的发生，并不允许企业开具增值税专用发票，只能开具普通的增值税发票。不得开具增值税专用发票的情形如图 21–15 所示。

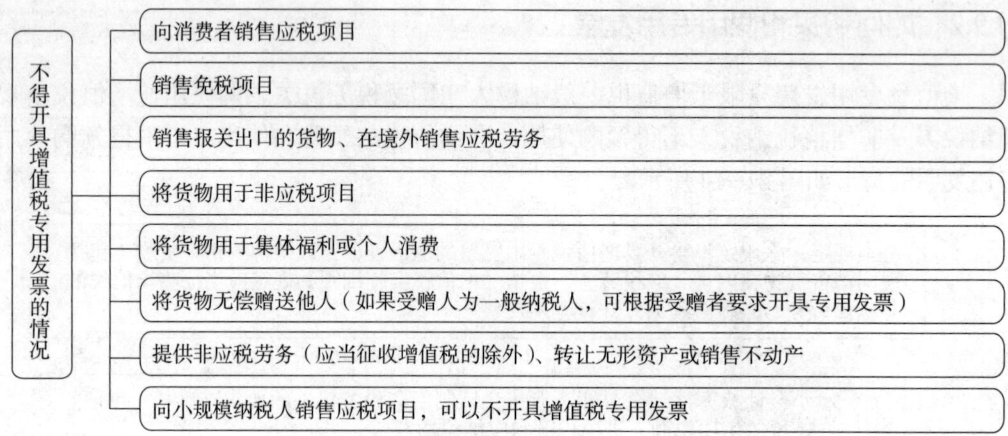

图 21-15　不得开具增值税专用发票的情况

21.9.4　怎样开具增值税专用发票

开具增值税发票是一件非常重要的业务，如果增值税发票开具得不符合要求，将直接影响到持票的单位能否及时抵扣税款。以下是开具增值税专用发票的基本要求。开具增值税发票的基本要求如图 21-16 所示。

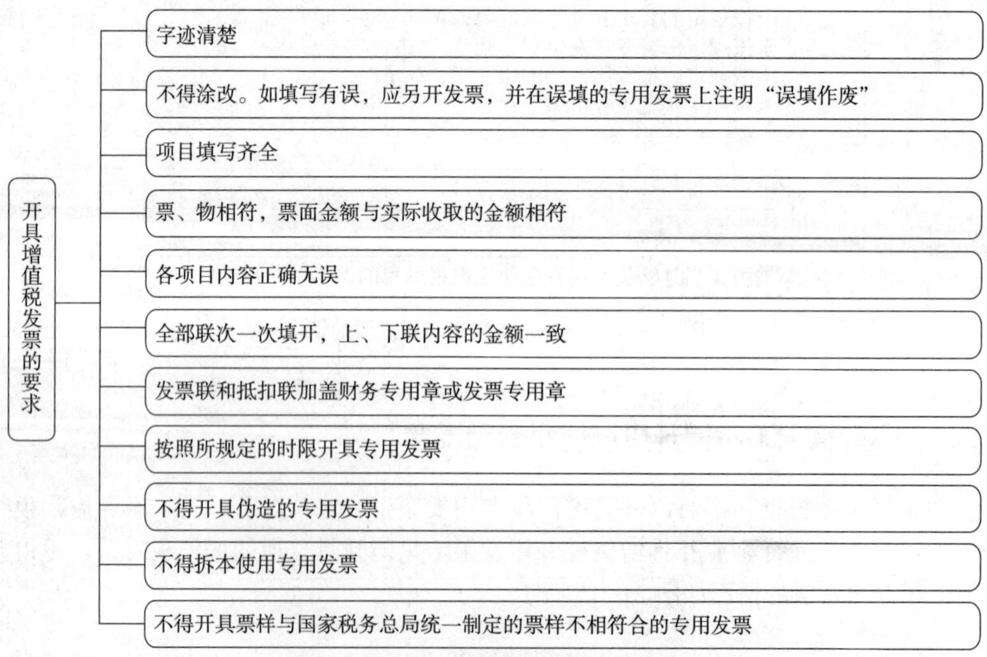

图 21-16　开具增值税发票的基本要求

21.9.5 小规模纳税人如何申请代开增值税专用发票

小规模纳税人具备下列条件的可申请代开增值税专用发票，如图 21−17 所示。

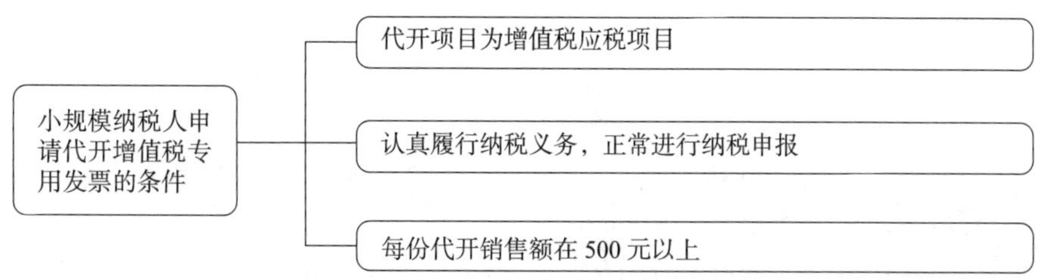

图 21−17　申请代开增值税专用发票的条件

纳税人申请代开增值税专用发票的，先向发票代开窗口出示、提供下列证件资料，经发票代开窗口审核后进行纳税申报，待划款成功或解缴税款后，窗口开具增值税专用发票。申请代开增值税专用发票需出具的资料如图 21−18 所示。

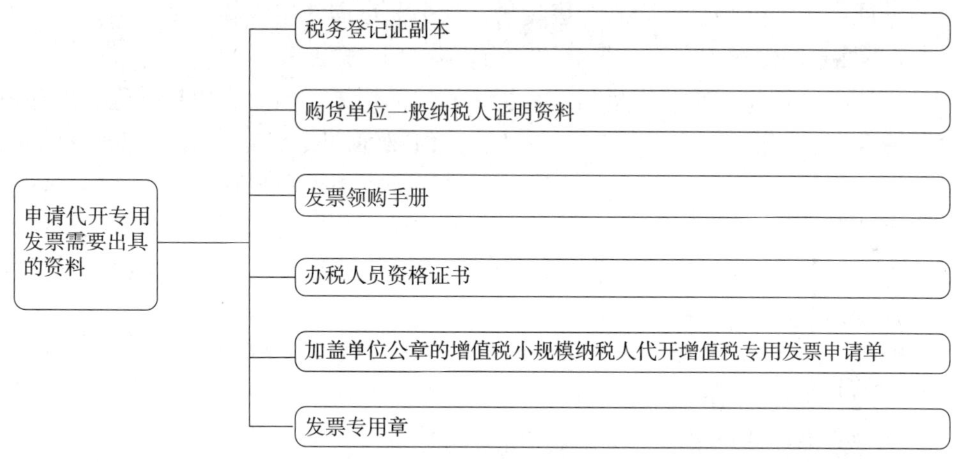

图 21−18　申请代开增值税专用发票需出具的资料

21.10　增值税如何申报缴纳

21.10.1 什么是纳税义务发生时间

增值税纳税义务发生时间，指增值税纳税义务人、扣缴义务人发生应税、扣缴税款行为应承担纳税义务、扣缴义务的起始时间，这样的规定在增值税管理中非常重要，说明纳税义务发生时间一经确定，必须按此时间计算应缴税款。

（1）应税销售行为纳税义务发生时间的一般规定

① 销售货物或者应税劳务，为收讫销售款项或者取得索取销售款项凭据的当天。

先开具发票的，为开具发票的当天。

② 进口货物，为报关进口的当天。

③ 增值税扣缴义务发生时间为纳税人增值税纳税义务发生的当天。

（2）应税销售行为纳税义务发生时间的具体规定

销售货物或者提供应税劳务的纳税义务发生时间，按销售结算方式的不同，具体为：

① 采取直接收款方式销售货物，不论货物是否发出，均为收到销售款或取得索取销售款凭据的当天。

纳税人生产经营活动中采取直接收款方式销售货物，已将货物移送对方并暂估销售收入入账，但既未取得销售款或取得索取销售款凭据也未开具销售发票的，其增值税纳税义务发生时间为取得销售款或取得索取销售款凭据的当天。先开具发票的，为开具发票的当天。

② 采取托收承付和委托银行收款方式销售货物，为发出货物并办妥托收手续的当天。

③ 采取赊销和分期收款方式销售货物，为书面合同约定收款日期的当天。无书面合同或者书面合同没有约定收款日期的，为货物发出的当天。

④ 采取预收货款方式销售货物，为货物发出的当天。但生产销售、生产工期超过12个月的大型机械设备、船舶、飞机等货物，为收到预收款或者书面合同约定的收款日期的当天。

⑤ 委托其他纳税人代销货物，为收到代销单位销售的代销清单或者收到全部或者部分货款的当天；未收到代销清单及货款的，其纳税义务发生时间为发出代销货物满180日的当天。

⑥ 销售应税劳务，为提供劳务同时收讫销售款或取得索取销售款的凭据的当天。

⑦ 纳税人发生视同销售货物行为，为货物移送的当天。

⑧ 纳税人提供建筑服务、租赁服务采用预收款方式的，其纳税义务发生的时间为收到预收款的当天。

⑨ 纳税人从事金融商品转让的，为金融商品所有权转移的当天。

⑩ 纳税人发生视同销售服务、无形资产或者不动产情形的，其纳税义务发生的时间为服务、无形资产转让完成的当天或者不动产权属变更的当天。

21.10.2 增值税的纳税期限是怎样规定的

增值税的纳税期限包括两个期限，第一是计算税款的周期，就是多长的时间缴一次税；第二是申报纳税的期限，就是计算税款的周期届满后，须在多长的时间内向国家税务机关申报纳税的情况，并实际缴纳税款。增值税纳税期限的规定如图 21-19 所示。

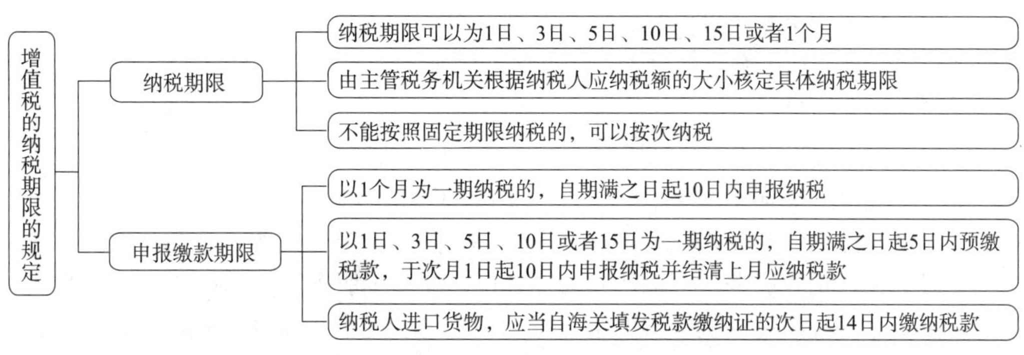

图 21-19　增值税纳税期限的规定

21.10.3　在哪里缴纳增值税

一般情况，企业应该在办理开业税务登记时指定的国家税务局办理增值税的申报工作，并在税务机关指定的银行实际缴纳税款。但如果企业有外出经营项目时，则增值税的申报与缴纳的地点有些特殊情况。增值税的纳税地点如图 21-20 所示。

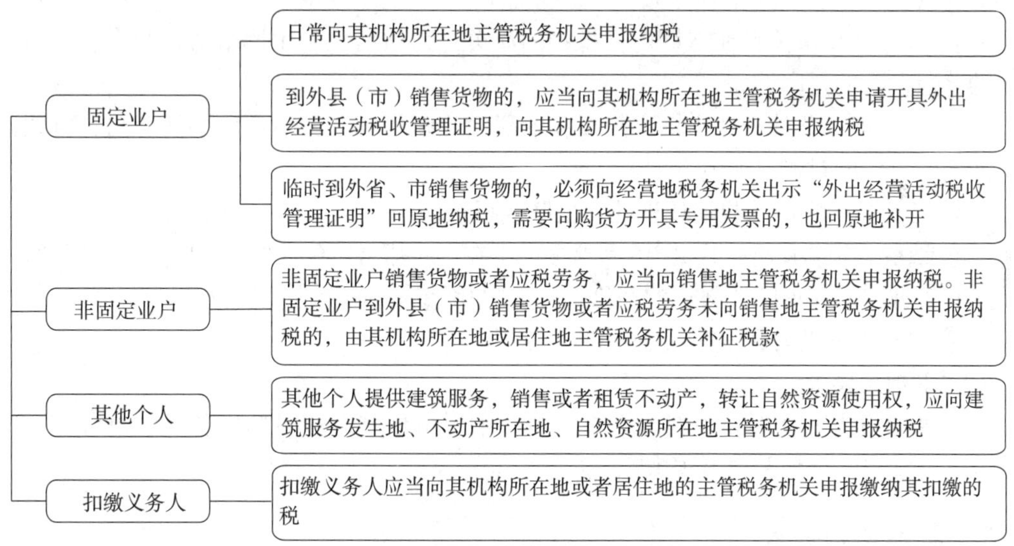

图 21-20　增值税的纳税地点

21.10.4　一般纳税人的增值税纳税申报表如何填报

（一）纳税申报资料

纳税申报资料包括纳税申报表及其附列资料和纳税申报其他资料。

（1）纳税申报表及其附列资料

增值税一般纳税人纳税申报表及其附列资料如下。

①《增值税纳税申报表（一般纳税人适用）》。

②《增值税纳税申报表附列资料（一）》（本期销售情况明细）。

③《增值税纳税申报表附列资料（二）》（本期进项税额明细）。

④《增值税纳税申报表附列资料（三）》（服务、不动产和无形资产扣除项目明细）。

一般纳税人销售服务、不动产和无形资产，在确定服务、不动产和无形资产销售额时，按照有关规定可以从取得的全部价款和价外费用中扣除价款的，需填报《增值税纳税申报表附列资料（三）》。其他情况不填写该附列资料。

⑤《增值税纳税申报表附列资料（四）》（税额抵减情况表）。

⑥《增值税纳税申报表附列资料（五）》（不动产分期抵扣计算表）。

⑦《增值税减免税申报明细表》。

（2）纳税申报其他资料

① 已开具的税控机动车销售统一发票和普通发票的存根联。

② 符合抵扣条件且在本期申报抵扣的增值税专用发票（含税控机动车销售统一发票）的抵扣联。

③ 符合抵扣条件且在本期申报抵扣的海关进口增值税专用缴款书、购进农产品取得的普通发票的复印件。

④ 符合抵扣条件且在本期申报抵扣的税收完税凭证及其清单，书面合同、付款证明和境外单位的对账单或者发票。

⑤ 已开具的农产品收购凭证的存根联或报查联。

⑥ 纳税人销售服务、不动产和无形资产，在确定服务、不动产和无形资产销售额时，按照有关规定从取得的全部价款和价外费用中扣除价款的合法凭证及其清单。

⑦ 主管税务机关规定的其他资料。

（3）相关要求

纳税申报表及其附列资料为必报资料。纳税申报其他资料的报备要求由各省、自治区、直辖市和计划单列市国家税务局确定。

（二）其他资料要求

纳税人跨县（市）提供建筑服务、房地产开发企业预售自行开发的房地产项目、纳税人出租与机构所在地不在同一县（市）的不动产，按规定需要在项目所在地或不动产所在地主管国税机关预缴税款的，需填写《增值税预缴税款表》。

（三）增值税纳税申报表的格式

一般纳税人增值税纳税申报表的格式如表 21-4 所示。

表 21-4 增值税纳税申报表（一般纳税人适用）

根据国家税收法律法规及增值税相关规定制定本表。纳税人不论有无销售额，均应按税务机关核定的纳税期限填写本表，并向当地税务机关申报。

税款所属时间：自 年 月 日至 年 月 日 填表日期： 年 月 日 金额单位：元至角分

纳税人识别号					所属行业	
纳税人名称	（公章）	法定代表人姓名		注册地址	生产经营地址	
开户银行及账号			登记注册类型		电话号码	

项目		栏次	一般项目		即征即退项目	
			本月数	本年累计	本月数	本年累计
销售额	（一）按适用税率计税销售额	1				
	其中：应税货物销售额	2				
	应税劳务销售额	3				
	纳税检查调整的销售额	4				
	（二）按简易办法计税销售额	5				
	其中：纳税检查调整的销售额	6				
	（三）免、抵、退办法出口销售额	7				—
	（四）免税销售额	8				—
	其中：免税货物销售额	9				—
	免税劳务销售额	10				—
税款计算	销项税额	11				
	进项税额	12				
	上期留抵税额	13				
	进项税额转出	14				
	免、抵、退应退税额	15				—
	按适用税率计算的纳税检查应补缴税额	16				—
	应抵扣税额合计	17=12+13-14-15+16		—		
	实际抵扣税额	18（如 17<11，则为 17，否则为 11）				
	应纳税额	19=11-18				
	期末留抵税额	20=17-18				
	简易计税办法计算的应纳税额	21				

续表

	按简易计税办法计算的纳税检查应补缴税额	22				—	
	应纳税额减征额	23					
	应纳税额合计	24=19+21−23					
税款缴纳	期初未缴税额（多缴为负数）	25					
	实收出口开具专用缴款书退税额	26				—	
	本期已缴税额	27=28+29+30+31					
	①分次预缴税额	28			—		
	②出口开具专用缴款书预缴税额	29			—	—	
	③本期缴纳上期应纳税额	30					
	④本期缴纳欠缴税额	31					
	期末未缴税额（多缴为负数）	32=24+25+26−27					
	其中：欠缴税额（≥0）	33=25+26−27			—		
	本期应补（退）税额	34=24−28−29			—		
	即征即退实际退税额	35	—		—		
	期初未缴查补税额	36				—	
	本期入库查补税额	37				—	
	期末未缴查补税额	38=16+22+36−37				—	
授权声明	如果你已委托代理人申报，请填写下列资料 为代理一切税务事宜，现授权（地址）为本纳税人的代理申报人，任何与本申报表有关的往来文件，都可寄予此人授权人签字：	申报人声明	本纳税申报表是根据国家税收法律法规及相关规定填报的，我确定它是真实的、可靠的、完整的 声明人签字：				

21.10.5 小规模纳税人适用的纳税申报表如何填报

(一) 纳税申报材料。

(1) 增值税小规模纳税人（以下简称小规模纳税人）纳税申报表及其附列资料包括：

①《增值税纳税申报表（小规模纳税人适用）》。

②《增值税纳税申报表（小规模纳税人适用）附列资料》。

小规模纳税人销售服务，在确定服务销售额时，按照有关规定可以从取得的全部价款和价外费用中扣除价款的，需填报《增值税纳税申报表（小规模纳税人适用）附列资料》。其他情况不填写该附列资料。

③《增值税减免税申报明细表》。

（2）纳税申报其他资料。

① 已开具的税控机动车销售统一发票和普通发票的存根联。

② 符合抵扣条件且在本期申报抵扣的增值税专用发票（含税控机动车销售统一发票）的抵扣联。

③ 符合抵扣条件且在本期申报抵扣的海关进口增值税专用缴款书、购进农产品取得的普通发票的复印件。

④ 符合抵扣条件且在本期申报抵扣的税收完税凭证及其清单，书面合同、付款证明和境外单位的对账单或者发票。

⑤ 已开具的农产品收购凭证的存根联或报查联。

⑥ 纳税人销售服务、不动产和无形资产，在确定服务、不动产和无形资产销售额时，按照有关规定从取得的全部价款和价外费用中扣除价款的合法凭证及其清单。

⑦ 主管税务机关规定的其他资料。

（3）纳税申报表及其附列资料为必报资料。纳税申报其他资料的报备要求由各省、自治区、直辖市和计划单列市国家税务局确定。

（二）增值税纳税申报表的格式

小规模纳税人增值税纳税申报表的格式如表 21-5 所示。

表 21-5 增值税纳税申报表（适用小规模纳税人）

纳税人识别号：□□□□□□□□□□□□□□□□□□□□

纳税人名称（公章）： 金额单位： 元（列至角分）

税款所属期： 年 月 日至 年 月 日 填表日期： 年 月 日

	项目	栏次	本期数	本年累计
一、计税依据	（一）应征增值税货物及劳务不含税销售额	1		
	其中：税务机关代开的增值税专用发票不含税销售额	2		
	税控器具开具的普通发票不含税销售额	3		
	（二）销售使用过的应税固定资产不含税销售额	4	—	—
	其中：税控器具开具的普通发票不含税销售额	5	—	—
	（三）免税货物及劳务销售额	6		
	其中：税控器具开具的普通发票销售额	7		
	（四）出口免税货物销售额	8		
	其中：税控器具开具的普通发票销售额	9		

续表

二、税款计算	本期应纳税额	10		
	本期应纳税额减征额	11		
	应纳税额合计	12=10-11		
	本期预缴税额	13		—
	本期应补（退）税额	14=12-13		—

纳税人或代理人声明： 此纳税申报表是根据国家税收法律的规定填报的，我确定它是真实的、可靠的、完整的。	如纳税人填报，由纳税人填写以下各栏： 办税人员（签章）：财务负责人（签章）： 法定代表人（签章）：联系电话： 如委托代理人填报，由代理人填写以下各栏： 代理人名称：经办人（签章）：联系电话： 代理人（公章）：

受理人：　　　受理日期：　　年　　月　　日受理税务机关（签章）：

第二十二章

消　费　税

——“特殊的爱给特殊的你”

内容概览

消费税主要是针对烟酒、汽油、柴油等稀缺性资源或者过度消费对社会有害的部分商品征收的税种。

在本章的学习中，我们将解决读者的以下问题：

（1）消费税是一种什么税？

（2）哪些人需要缴纳消费税？

（3）消费税的征收范围包括哪些？

（4）消费税在哪些环节进行缴纳？

（5）消费税的税率是怎样规定的？

（6）消费税应纳税额如何计算？

（7）进口应税消费品应纳税额的计算？

（8）出口应税消费品应该如何计算退免税金额？

（9）如何办理消费税的申报和缴纳？

22.1　认识消费税

消费税是一种什么样的税？如图 22-1 所示。

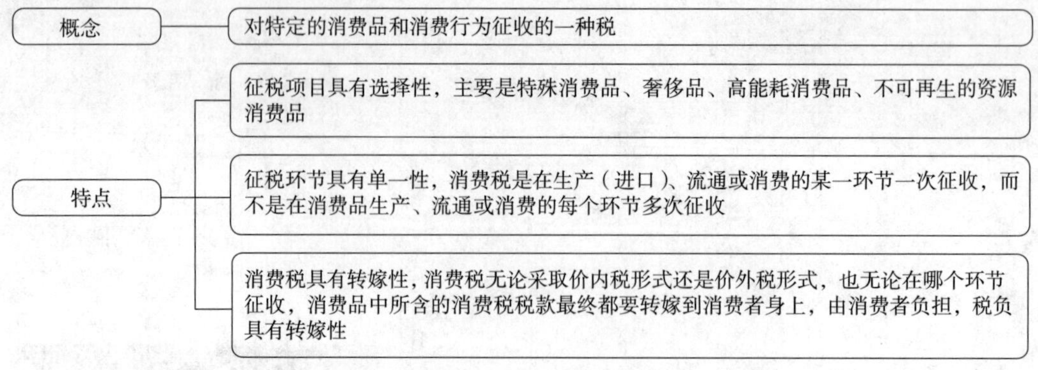

图 22-1 消费税的概念与特点

22.2 哪些人需要缴纳消费税

22.2.1 哪些人应该缴纳消费税

根据《消费税暂行条例》的规定，消费税的纳税人为：在中华人民共和国境内生产、委托加工和进口应税消费品的单位和个人。具体如图 22-2 所示。

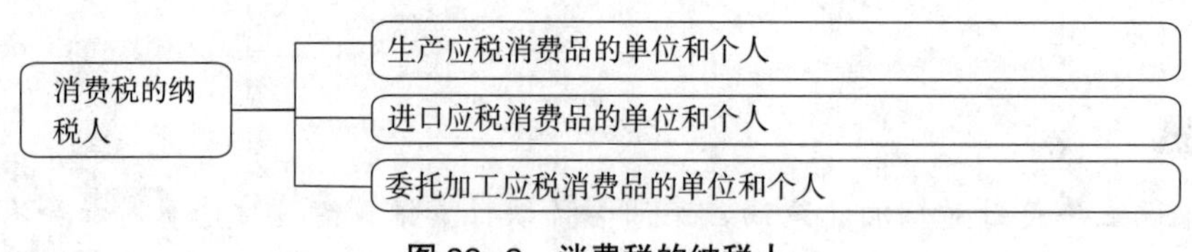

图 22-2 消费税的纳税人

22.2.2 哪些商品应该缴纳消费税

消费税和增值税最大的一个不同点就是，它只对全部商品的一部分征收，这些应该缴纳消费税的商品主要是一些奢侈品、资源类商品，和过度消费对社会具有一定危害的商品。消费税的税目如图 22-3 所示。

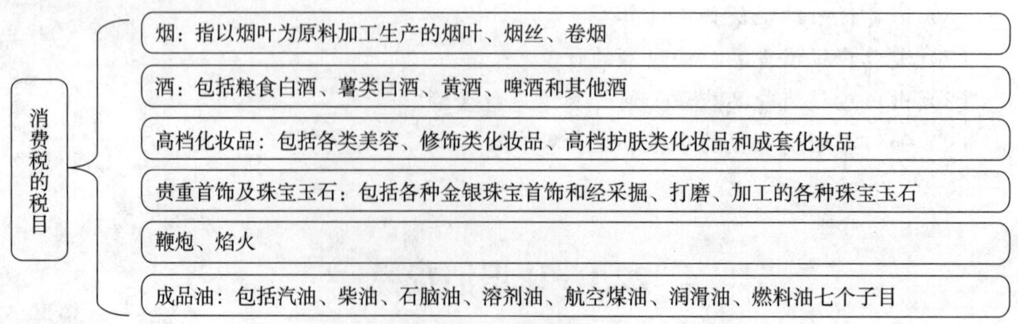

图 22-3 消费税的税目

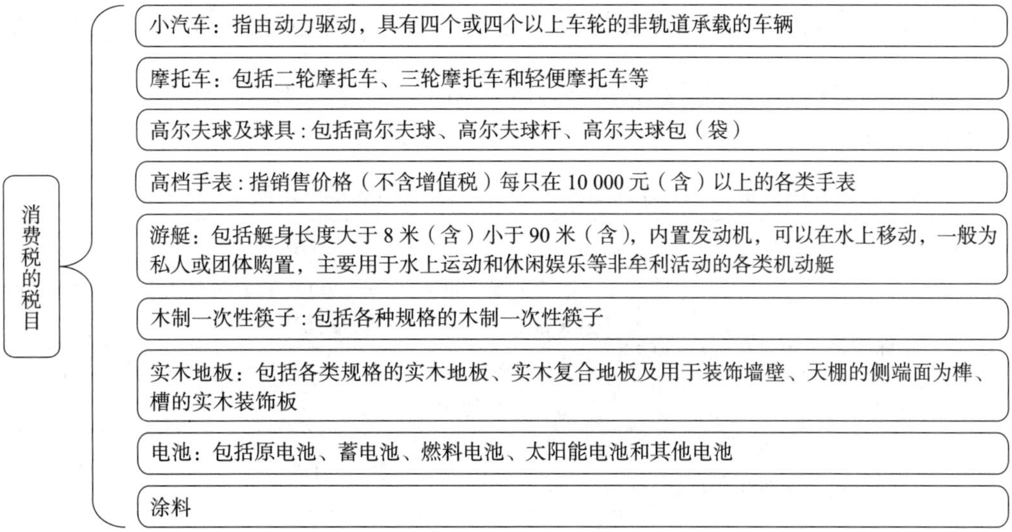

消费税的税目
小汽车：指由动力驱动，具有四个或四个以上车轮的非轨道承载的车辆
摩托车：包括二轮摩托车、三轮摩托车和轻便摩托车等
高尔夫球及球具：包括高尔夫球、高尔夫球杆、高尔夫球包（袋）
高档手表：指销售价格（不含增值税）每只在 10 000 元（含）以上的各类手表
游艇：包括艇身长度大于 8 米（含）小于 90 米（含），内置发动机，可以在水上移动，一般为私人或团体购置，主要用于水上运动和休闲娱乐等非牟利活动的各类机动艇
木制一次性筷子：包括各种规格的木制一次性筷子
实木地板：包括各类规格的实木地板、实木复合地板及用于装饰墙壁、天棚的侧端面为榫、槽的实木装饰板
电池：包括原电池、蓄电池、燃料电池、太阳能电池和其他电池
涂料

图 22-3 消费税的税目（续）

22.3 消费税在哪个环节缴纳

消费税在哪个环节缴纳？

纳税环节指税法上规定的课税对象从生产到消费的流转过程中应当缴纳税款的环节。同增值税不同的是，消费税一般（除委托加工、购入应纳消费税的消费品生产应税消费品）只需要在一个环节进行征收，而不是层层课征。消费税的纳税环节如图 22-4 所示。

消费税的纳税环节
生产环节
纳税人生产的应税消费品，由生产者于销售时纳税
生产者自产自用的应税消费品，用于本企业连续生产的不征税；用于其他方面的，于移送使用时纳税
委托加工的应税消费品，由受托方在向委托方交货时代收代缴税款
进口环节
由进口报关者于报关进口时纳税
零售环节
由零售的商家在完成销售时缴纳

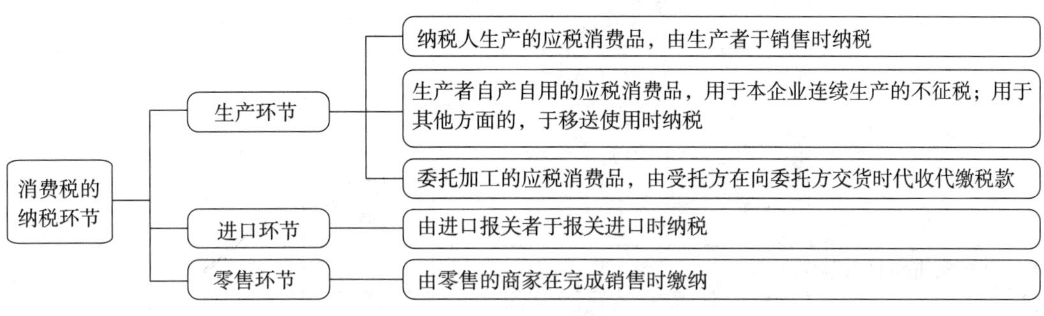

图 22-4 消费税的纳税环节

22.4 消费税税率

现行消费税税率的规定包括三种形式，分别是定额与比例相结合的税率、比例税率、定额税率。

22.4.1 采用定额税率和比例税率相结合的计税方法的应税消费品及税率规定

实行这一计税方法的应税消费品只有卷烟和粮食白酒、薯类白酒等三个大类，具体的规定如表 22-1 所示。

表 22-1 采用混合计税方法的应税消费品及税率

类别	定额税率	比例税率
卷烟	每标准箱（50 000 支）150 元	甲类卷烟：每标准条（200 支）对外调拨价格在 70 元以上（含 50 元）的，税率为 56%
		乙类卷烟：每标准条（200 支）对外调拨价格在 70 元以下的，税率为 36%
卷烟	商业批发 每标准箱（50 000 支）250 元	11%
白酒	每斤（500 克）0.5 元	20%

22.4.2 采用比例税率的应税消费品及税率规定

采用比例税率的应税消费品及税率如表 22-2 所示。

表 22-2 采用比例税率的应税消费品及税率

类 别	比例税率	条件
一、卷烟		
1. 烟丝	30%	
2. 雪茄烟	36%	
二、酒		
其他酒（除白酒外）	10%	
三、高档化妆品	15%	
四、贵重首饰及珠宝玉石		
1. 金银首饰、铂金首饰和钻石及钻石饰品	5%	
2. 其他贵重首饰和珠宝玉石	10%	
五、鞭炮、焰火	15%	
六、摩托车		
	3%	气缸容量 =250 毫升
	10%	气缸容量 >250 毫升
七、高尔夫球及球具	10%	
八、高档手表	20%	

续表

类 别	比例税率	条件
九、游艇	10%	
十、木制一次性筷子	5%	
十一、实木地板	5%	
十二、小汽车		
1. 乘用车	1%	气缸容量≤ 1 升
	3%	1 升 < 气缸容量≤ 1.5 升
	5%	1.5 升 < 气缸容量≤ 2 升
	9%	2 升 < 气缸容量≤ 2.5 升
	12%	2.5 升 < 气缸容量≤ 3 升
	25%	3 升 < 气缸容量≤ 4 升
	40%	4 升 < 气缸容量
2. 中轻型商用客车	5%	
3. 超豪华小汽车（零售环节）	10%	
十三、铅蓄电池	4%	
十四、涂料	4%	

22.4.3 采用定额税率的应税消费品及税额规定

采用定额税率的应税消费品及税率如表 22-3 所示。

表 22-3 采用定额税率的应税消费品及税率

子税目	类 别	定额税率	备注
黄酒		240 元 / 吨	1 吨 =962 升
啤酒	3 000 元 / 吨以下的（不含增值税）	220 元 / 吨	1 吨 =988 升
	3 000 元 / 吨以上的（不含增值税）	250 元 / 吨	1 吨 =988 升
汽油	无铅汽油	1.52 元 / 升	1 吨 =1 388 升
柴油		1.20 元 / 升	1 吨 =1 176 升
石脑油		1.52 元 / 升	1 吨 =1 385 升
溶剂油		1.52 元 / 升	1 吨 =1 282 升
润滑油		1.52 元 / 升	1 吨 =1 126 升
燃料油		1.20 元 / 升	1 吨 =1 015 升
航空煤油		1.20 元 / 升	1 吨 =1 246 升

22.4.4 兼营情况下，如何确定税率

如果存在下列情况时，应按适用税率中最高税率征税，具体如图 22-5（1）（2）所示。

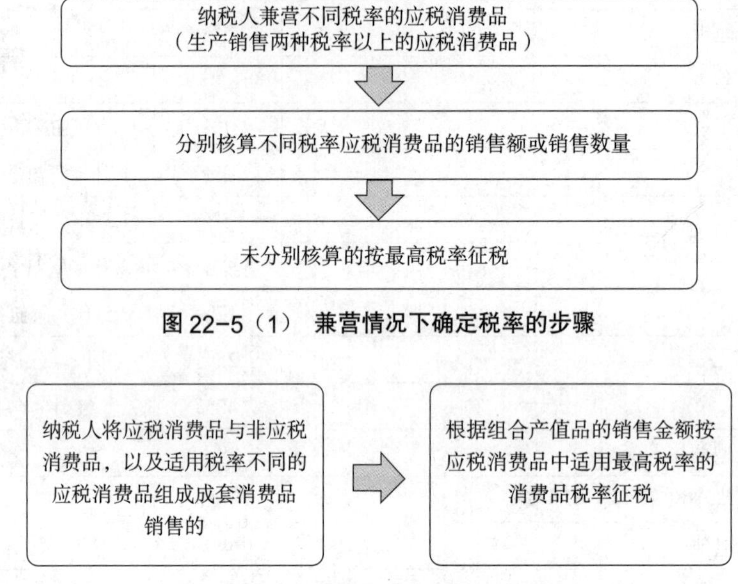

图 22-5（1） 兼营情况下确定税率的步骤

纳税人将应税消费品与非应税消费品，以及适用税率不同的应税消费品组成成套消费品销售的 → 根据组合产值品的销售金额按应税消费品中适用最高税率的消费品税率征税

图 22-5（2） 兼营情况下确定税率的步骤

22.5 如何计算消费税

22.5.1 消费税的计算方法

国家在确定消费税的计税依据时，主要从应税消费品的价格变化情况和便于征纳等角度出发，分别采用从价、从量、同时从价从量等三种计税办法。消费税计算的方法如表 22-4 所示。

表 22-4 消费税计算的方法

计算方法	适用税目	计算公式
从量定额	黄酒、啤酒、汽油、柴油等	应纳税额 = 应税消费品数量 × 消费税单位税额
从量定额和从价定率相结合	卷烟、粮食白酒、薯类白酒	应纳税额 = 销售数量 × 定额税率 + 销售额 × 比例税率
从价定率		应纳税额 = 应税消费品的销售额 × 适用税率

【例 22-1】从价定率和从量定额复合计算

紫竹公司为增值税一般纳税人，8 月份销售粮食白酒 50 吨，取得不含增值税的销

售额150万元。计算该公司8月应缴纳的消费税额。

（1）白酒适用比例税率20%，定额税率为500克0.5元

（2）应纳税额 $=50\times2\ 000\times0.000\ 05+150\times20\%=35$（万元）

22.5.2 应税销售行为的确定

应作销售或视同销售行为的情形如图22-6所示。

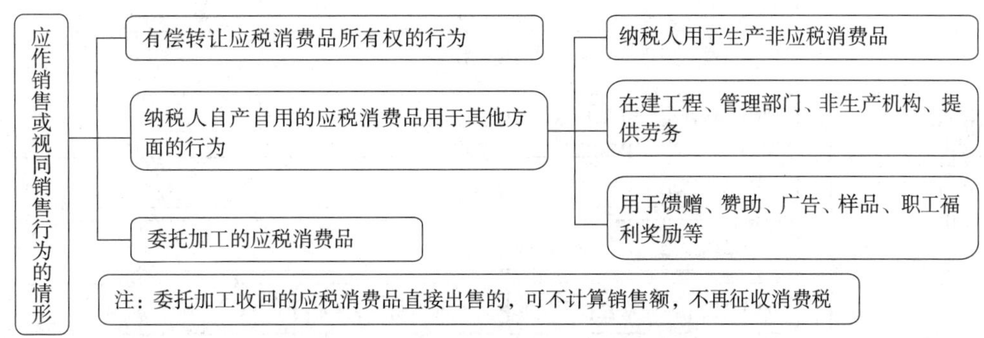

图22-6 应作销售或视同销售行为的情形

22.5.3 定额税率情况下的计税依据

定额税率情况下的计税依据如图22-7所示。

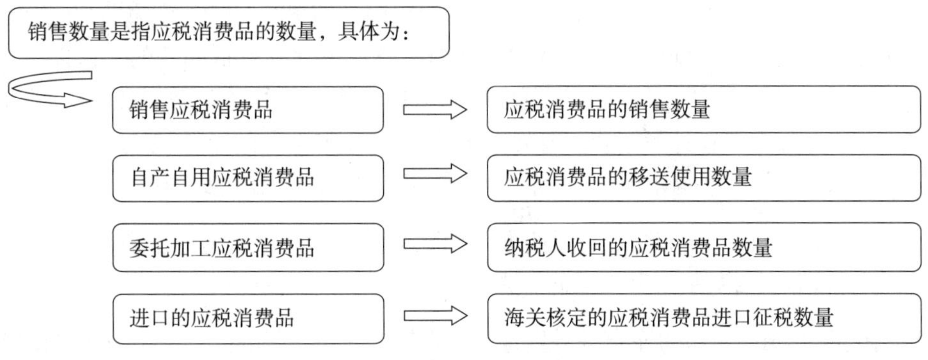

图22-7 定额税率情况下的计税依据

22.5.4 销售额的确定

应税消费品的销售额包括销售应税消费品从购买方收取的全部价款和价外费用。所谓“价外费用”，是指：价外收取的基金、集资款、返还利润；补贴、违约金（延期付款利息）和手续费、包装费、储备费、优质费、运输装卸费、品牌使用费、代收款项、代垫款项以及其他各种性质的价外收费。但“销售额”不包括应向购买方收取的增值税税额。

22.5.5 销售额中扣除外购已税消费品已纳消费税的规定

由于某些应税消费品是用外购已缴纳消费税的应税消费品连续生产出来的，在对这些连续生产出来的应税消费品计算征税时，税法规定应按当期生产领用数量计算准予扣除外购的应税消费品已纳的消费税税款。外购的应税消费品已纳的消费税税款的扣除范围如图 22-8 所示。

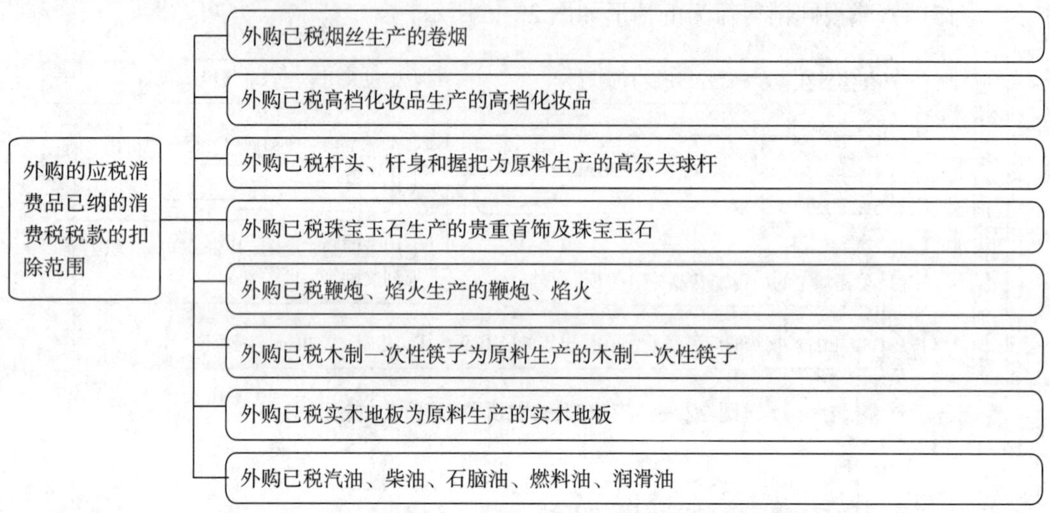

图 22-8 外购的应税消费品已纳的消费税税款的扣除范围

除以上规定，还有以下两点需要注意：

（1）从 2001 年 5 月 1 日起，停止执行生产领用外购酒已纳消费税税款准予抵扣的政策。2001 年 5 月 1 日以前购进的已税酒，已纳消费税税款没有抵扣完的一律停止抵扣。

（2）纳税人用外购的已税珠宝玉石生产的改在零售环节征收消费税的金银首饰（镶嵌首饰）、钻石首饰，在计税时，一律不得扣除外购珠宝玉石的已纳税款。

上述当期准予扣除外购应税消费品已纳消费税税款的计算公式为：

$$\text{当期准予扣除的外购应税消费品已纳税额}=\text{当期准予扣除的外购应税消费品买价}\times\text{外购应税消费品适用税率}$$

$$\text{当期准予扣除的外购应税消费品买价}=\text{期初库存的外购应税消费品买价}+\text{当期购进的外购应税消费品买价}-\text{期末库存的外购应税消费品买价}$$

22.6 委托加工应税消费品应纳消费税的税务处理

22.6.1 委托加工应税消费品的确定

委托加工应税消费品的确定如表 22-5 所示。

表 22-5 委托加工应税消费品的确定

<table>
<tr><td rowspan="4">委托加工的应税消费品</td><td colspan="2">概念：由委托方提供原料和主要材料，受托方只收取加工费和代垫部分辅助材料加工的应税消费品</td></tr>
<tr><td rowspan="3">右侧三种情况不论纳税人在财务上是否作销售处理，都不得作为委托加工应税消费品，而应当按照销售自制应税消费品缴纳消费税</td><td>由受托方提供原材料生产的应税消费品</td></tr>
<tr><td>受托方先将原材料卖给委托方，然后再接受加工的应税消费品</td></tr>
<tr><td>由受托方以委托方名义购进原材料生产的应税消费品</td></tr>
</table>

22.6.2 委托加工条件下应纳消费税的代收代缴

《消费税暂行条例》及实施细则规定：受托方是法定的代收代缴义务人，由受托方在向委托方交货时代收代缴消费税。但纳税人委托个体经营者加工应税消费品，一律于委托方收回后在委托方所在地缴纳消费税。

如果受托方没有按有关规定代收代缴消费税，或没有履行代收代缴义务，就要按照税收征管法的有关规定，承担补税或罚款的法律责任。

22.6.3 委托加工应税消费品应纳消费税的计算

根据《消费税暂行条例》规定，委托加工的应税消费品按照受托方的同类消费品的销售价格计算纳税；没有同类消费品销售价格的，按照组成计税价格计算纳税。对于委托加工的应税消费品，受托方在交货时已代收代缴消费税，委托方收回后直接销售的，不再征收消费税。委托加工应税消费品应纳消费税的计算如图 22-9 所示。

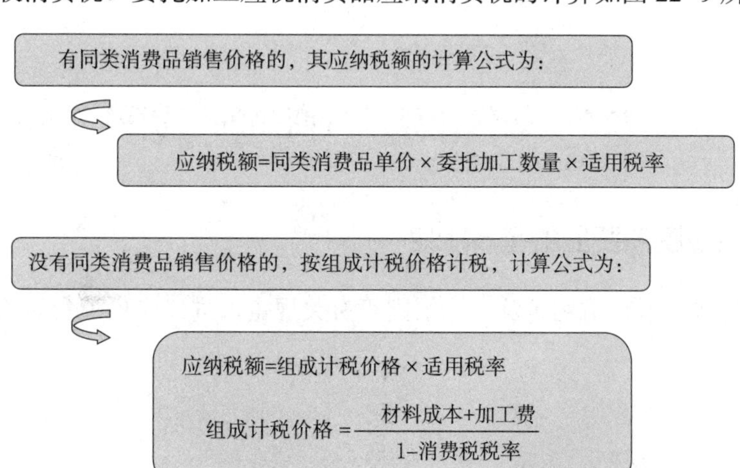

图 22-9 委托加工应税消费品应纳消费税的计算

22.6.4 用委托加工收回的应税消费品连续生产应税消费品计算征收消费税问题

纳税人用委托加工收回的下列 9 种应税消费品连续生产应税消费品，在计征消费税时可以扣除委托加工收回应税消费品的已纳消费税税款。下列委托加工收回的应税消费品准予从应纳消费税税额中扣除原料已纳消费税税额：

（1）以委托加工收回的已税烟丝为原料生产的卷烟；

（2）以委托加工收回的已税高档化妆品为原料生产高档化妆品；

（3）以委托加工收回的杆头、杆身和握把为原料生产的高尔夫球杆；

（4）以委托加工收回的已税珠宝玉石为原料生产的贵重首饰及珠宝玉石；

（5）以委托加工收回的已税鞭炮、焰火为原料生产的鞭炮、焰火；

（6）以委托加工收回的已税木制一次性筷子为原料生产的木制一次性筷子；

（7）以委托加工收回的已税实木地板为原料生产的实木地板；

（8）以委托加工收回的已税汽油、柴油、石脑油、燃料油、润滑油用于连续生产应税成品油；

（9）以委托加工收回的已税摩托车连续生产的应税摩托车。

上述当期准予扣除委托加工收回的应税消费品已纳消费税税款的计算公式是：

当期准予扣除的委托加工应税消费品已纳税款 = 期初库存的委托加工应税消费品已纳税款 + 当期收回的委托加工应税消费品已纳税款 − 期末库存的委托加工应税消费品纳税款

需要说明的是，纳税人用委托加工收回的已税珠宝玉石生产的改在零售环节征收消费税的金银首饰，在计税时一律不得扣除委托加工收回的珠宝玉石的已纳消费税税款。

22.7 如何计算进口商品的消费税

22.7.1 进口应税消费品的基本规定

根据《消费税暂行条例》及实施细则等有关规定，进口应税消费品的有关规定如表 22-6 所示。

表 22-6 进口应税消费品的基本规定

纳税义务人	进口或代理进口应税消费品的单位和个人	
课税对象	进口商品总值	到岸价格
		关税
		消费税
税率	依照《消费税税目税率（税额）表》执行	
其他规定	进口的应税消费品，于报关进口时缴纳消费税	
	进口的应税消费品的消费税由海关代征	
	进口的应税消费品，由进口人或者其代理人向报关地海关申报纳税	
	纳税人进口应税消费品，应当自海关填发税款缴纳书的次日起 15 日内缴纳税款	

22.7.2 进口应税消费品应纳税额的计算

依照消费税的税率不同，在进口环节，应税消费品应纳消费税额的计算也分为三种情况，如图 22-10 所示。

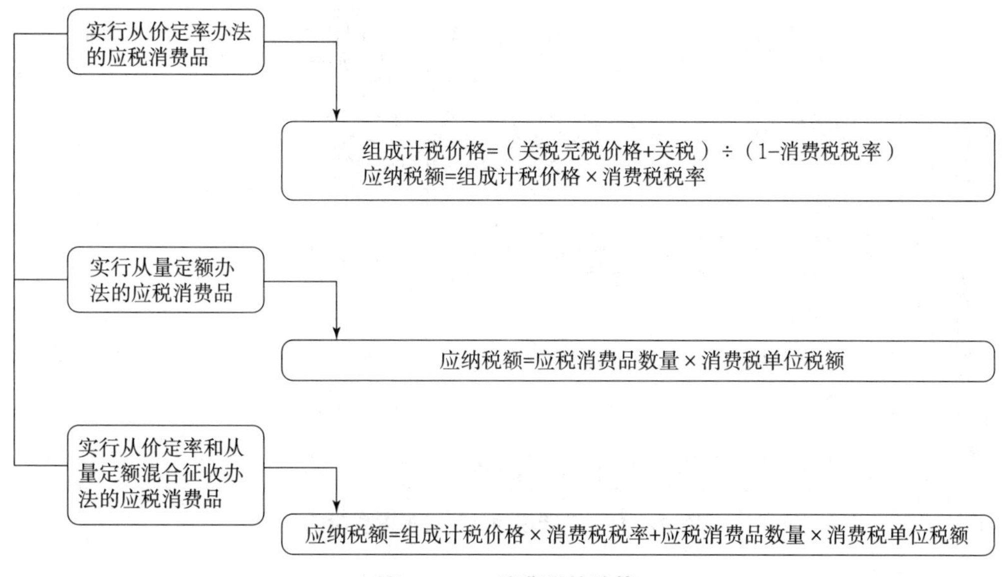

图 22-10 消费税的计算

【例 22-2】消费税退税的计算

紫竹公司，2×19 年 3 月从国外进口一批应税消费品，已知该批应税消费品的关税完税价格为 90 万元，按规定应缴纳关税 18 万元，假定进口的应税消费品的消费税税率为 10%。紫竹公司进口环节应缴纳的消费税为：

计算与分析：

（1）组成计税价格 =（90+18）÷（1−10%）=120（万元）

（2）应纳消费税额 =120×10%=12（万元）

本公式中所称"关税完税价格"，指海关核定的关税计税价格。

22.8 如何缴纳消费税

22.8.1 消费税的纳税义务发生时间

根据消费品转出的形式不同，消费税纳税义务发生时间也是不同的。消费税的纳税义务发生时间如图 22−11 所示。

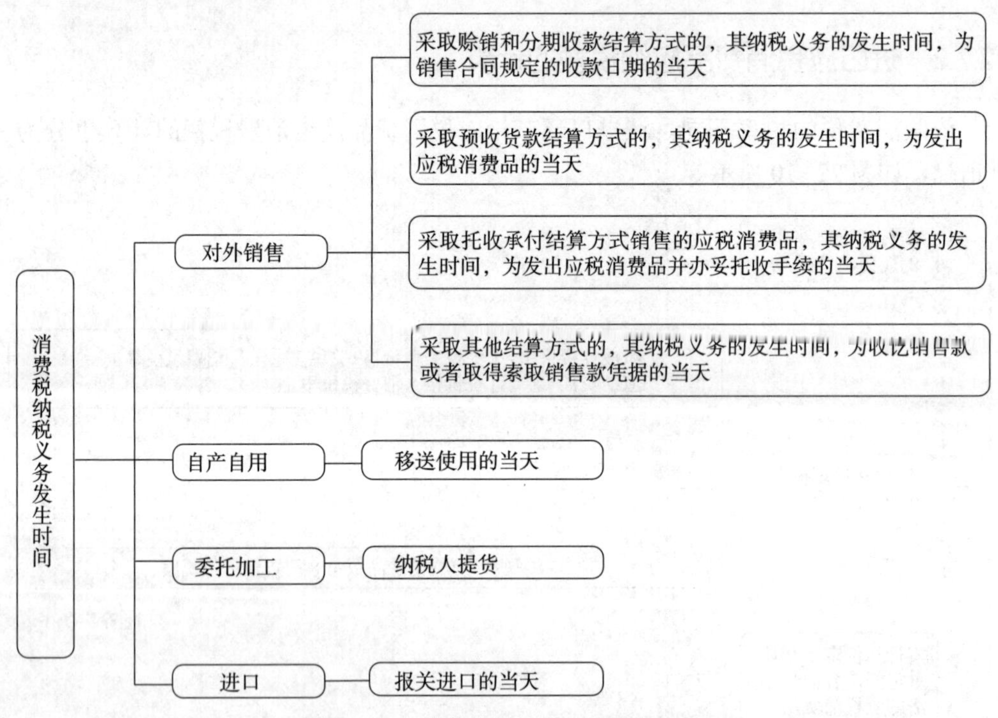

图 22−11　消费税的纳税义务发生时间

22.8.2 消费税的纳税期限是怎样规定的

消费税的纳税期限分别为 1 日、3 日、5 日、10 日、15 日或者 1 个月。具体纳税期限，由主管税务机关根据纳税人应纳税额的大小分别核定，不能按照固定期限纳税，可以按次纳税。如下图所示，以下是对消费税纳税期限的具体规定。消费税纳税期限的规定如图 22-12 所示。

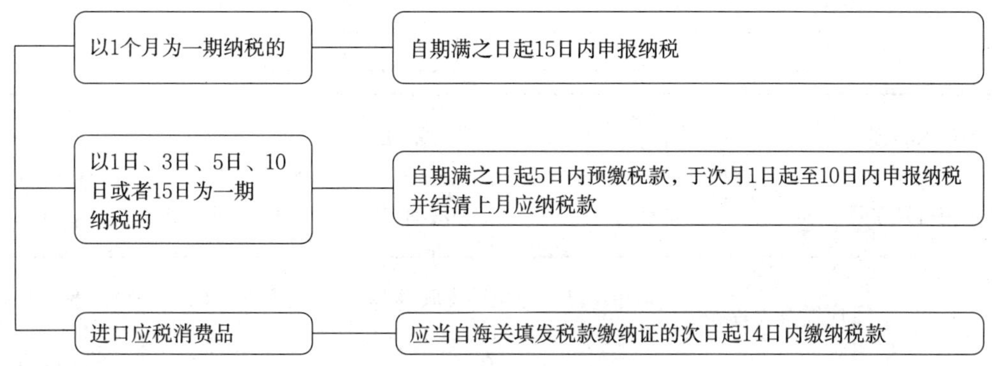

图 22-12 消费税纳税期限的规定

22.8.3 消费税的纳税地点是如何规定的

纳税人销售的应税消费品及自产自用的应税消费品，除国家另有规定外，应当向纳税核算地主管税务机关申报纳税。纳税人总机构和分支机构不在同一县（市）的，应在生产应税消费品的分支机构所在地申报纳税。对于一些特殊的情况，如下图所示，消费税法规也给予了明确的规定。消费税纳税地点的规定如图 22-13 所示。

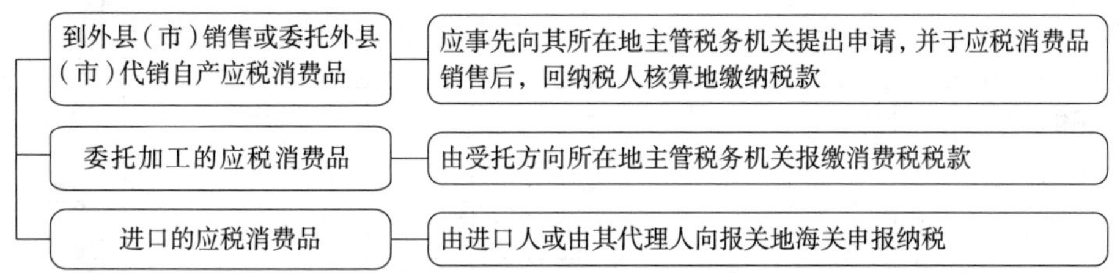

图 22-13 消费税纳税地点的规定

22.8.4 如何填报消费税的纳税申报表

消费税纳税申报表如表 22-7 所示。

表 22-7　消费税纳税申报表

消费税纳税申报表

税款所属时间：自　年 月 日至　年 月 日　　　　填表日期：　年 月 日

纳税人识别号 | | | | | | | | | | | | | | | |

纳税人名称		法定代表人姓名		营业地址			
开户银行及账号		经济性质		经济类型		电话号码	

	项目 应税消费品名称	适用税目	应税销售额（数量）	适用税率（单位税额）	消费税额
本期消费税额			1	2	3=1×2
	合计	—	—	—	

本期抵扣税额	项目 应税消费品名称		本月领用用于生产应税消费品的买价	受托方代扣消费税的计税价格	适用税率	代扣代缴凭证号	抵扣税额
			4	5	6	7	8=4（5）×6
	外购应税消费品			—		—	
				—		—	
				—		—	
		小计		—		—	
	委托加工收回的应税消费品		—				
			—				
			—				
		小计	—				
	合计				—	—	

税款计算	项目　　　　税额		本月数	累计数
	应税销售额（数量）	9=1	—	—
	消费税额合计	10=3		
	应抵扣税额合计	11		
	代扣代缴税款	12	—	—

续表

<table>
<tr><td rowspan="9">税款计算</td><td>项目　　税额</td><td></td><td>本月数</td><td>累计数</td></tr>
<tr><td>应纳消费税</td><td>13=10-11+12</td><td></td><td></td></tr>
<tr><td>已纳消费税</td><td>14</td><td></td><td></td></tr>
<tr><td>其中：1、上期结算税金</td><td>15</td><td></td><td>—</td></tr>
<tr><td>2、补交本年度欠税</td><td>16</td><td></td><td></td></tr>
<tr><td>3、补交以前年度欠税</td><td>17</td><td></td><td></td></tr>
<tr><td>应补（退、抵）消费税</td><td>18=13-14+15+16+17</td><td></td><td>—</td></tr>
<tr><td>截止上年累计欠税额</td><td>19</td><td>—</td><td></td></tr>
<tr><td>本年度新增欠税额</td><td>20</td><td></td><td></td></tr>
</table>

<table>
<tr><td colspan="2">委托代理申报填写本栏</td><td colspan="3">纳税人自行申报填写本栏</td></tr>
<tr><td>代理人名称：
代理人地址：
代理人电话：</td><td>代理人
（签章）</td><td>会计主管
（签章）</td><td>经办人
（签章）</td><td>纳税人
（签章）</td></tr>
</table>

以下由税务机关填写

<table>
<tr><td>收到日期</td><td></td><td>接收人</td><td></td><td>审核日期</td><td></td><td rowspan="2">主管税务机关盖章：
接收人签字：</td></tr>
<tr><td>审核记录</td><td colspan="5"></td></tr>
</table>

第二十三章

城市维护建设税与教育费附加

——税种虽小，“五脏俱全”

内容概览

在企业日常的纳税工作中，城市维护建设税和教育费附加是最常见的两个小税种。在本章的学习中，我们将解决读者的以下问题：

（1）城市维护建设税是一种什么税？

（2）哪些人需要缴纳城市维护建设税？

（3）城市维护建设税税率有多高？

（4）一般纳税人应纳个人所得税额应该如何计算？

23.1 认识城市维护建设税

城市维护建设税是对从事工商经营，缴纳消费税、增值税的单位和个人征收的一种税。城市维护建设税是一种具有受益性质的行为税，其概念和特点如图 23-1 所示。

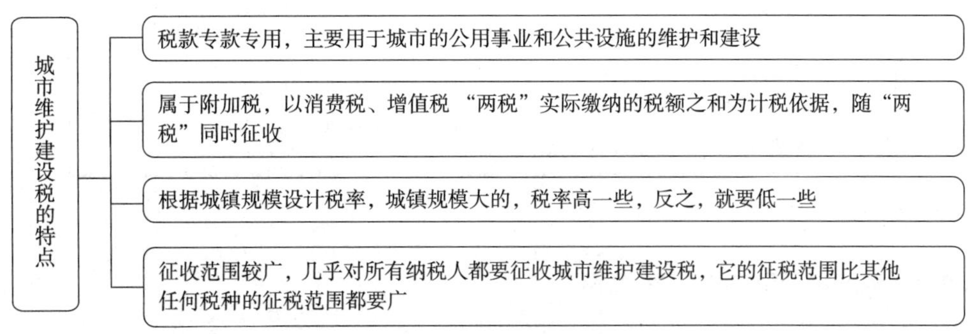

图 23-1　城市维护建设税的概念与特点

23.2　城市维护建设税的纳税人

哪些人需要缴纳城市维护建设税？

城市维护建设税的征税范围比较广，具体包括城市、县城、建制镇，以及税法规定征收“两税”的其他地区。城市、县城、建制镇的范围，应根据行政区划作为划分标准，不能随意扩大或缩小各自行政区域的管辖范围。

城市维护建设税的纳税人是在征税范围内从事工商经营，并缴纳消费税、增值税的单位和个人。为了更好地理解城市维护建设税的范围，请注意以下三点要求，如图 23-2 所示。

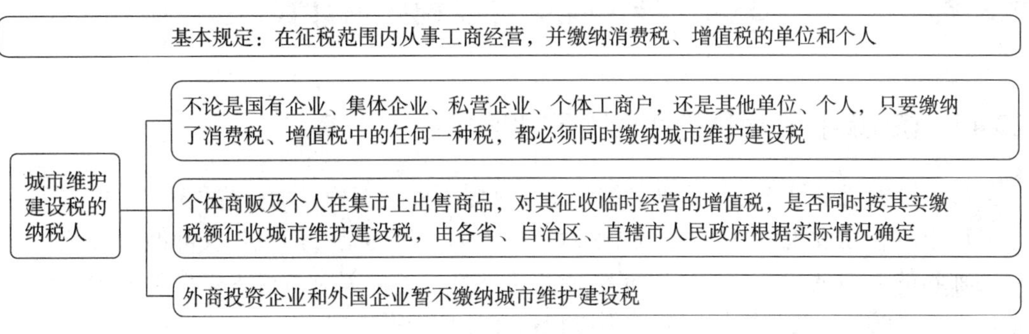

图 23-2　城市维护建设税的纳税人

23.3　城市维护建设税的税率

23.3.1　税率的基本规定

城市维护建设税实行的地区差别的固定比例税率，按照纳税人所在地的不同，税率分别规定为 7%、5%、1% 三个档次。具体适用范围如表 23-1 所示。

表 23-1 城市维护建设税的税率

纳税人所在地	相应税率
在城市市区的	7%
在县城、建制镇的	5%
不在城市市区、县城、建制镇的	1%

23.3.2 税率适用中的特殊情况

在选择城市维护建设税的税率，应特别注意以下的问题：

（1）县政府设在城市市区，其在市区办的企业，按市区的规定税率计算纳税。纳税人所在地为工矿区的，应根据行政区划分别按照 7%、5%、1% 的税率缴纳城市维护建设税。

（2）城市维护建设税的适用税率，一般规定按纳税人所在地的适用税率执行。但对下列两种情况，可按缴纳“两税”所在地的规定税率就地缴纳城市维护建设税。

① 由受托方代收、代扣“两税”的单位和个人。

② 流动经营等无固定纳税地点的单位和个人。

（3）对铁道部应缴纳的城市维护建设税的税率鉴于其计税依据为铁道部门集中缴纳的税额，难以适用地区差别税率，因此，财政部对此作了特别规定，税率统一规定为 5%。

23.4 城市维护建设税如何计算

23.4.1 城市维护建设税的计税依据如何确定

城市维护建设税的计税依据是纳税人实际缴纳的消费税、增值税税额。

城市维护建设税以“两税”税额为计税依据，指的是“两税”实际缴纳税额，不包括加收的滞纳金和罚款。因为滞纳金和罚款是税务机关对纳税人采取的一种经济制裁，不是“两税”的征税，因此，不应包括在计税依据之内。

23.4.2 城市维护建设税有哪些税收减免政策

城市维护建设税是以消费税、增值税税额为计税依据，并与“两税”同时征收的。这样，税法规定对纳税人减免“两税”时，相应也减免了城市维护建设税。因此，城市维护建设税基本上没有单独规定减免税。但对一些特殊情况，财政部和国家税务总局作了特案减免税规定，如图 23-3 所示。

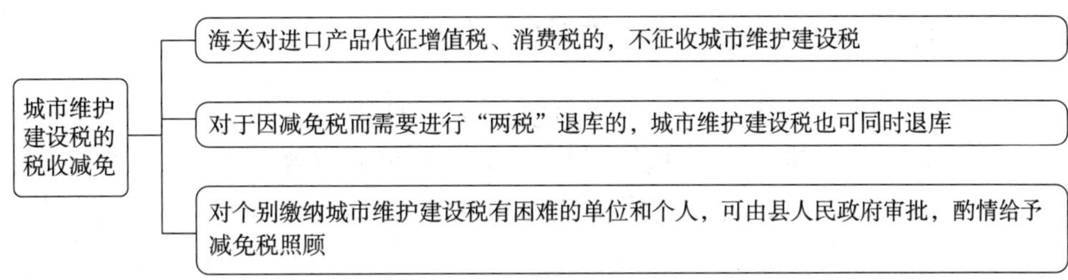

图 23-3　城市维护建设税的税收优惠减免

23.4.3　城市维护建设税的应纳税额如何计算

城市维护建设税的应纳税额按以下公式计算：

应纳税额 =（实际缴纳的消费税 + 增值税税额）× 适用税率

【例 23-1】城市维护建设税的计算

地处县城的紫竹公司，2×19 年 2 月份实际缴纳消费税税额 40 万元、增值税 30 万元。试计算应纳的城市维护建设税额。

分析与计算：

应纳税额 =（实际缴纳的消费税 + 增值税税额）× 适用税率

=（40+30）×5%=3.50（万元）

23.5　城市维护建设税的征收管理

城市维护建设税的征收管理、纳税环节等事项，比照消费税、增值税的有关规定办理。

23.5.1　城市维护建设税的纳税地点是如何规定的

根据税法规定的原则，针对一些比较复杂并有特殊性的纳税地点问题，财政部和国家税务总局作了如下规定，如图 23-4 所示。

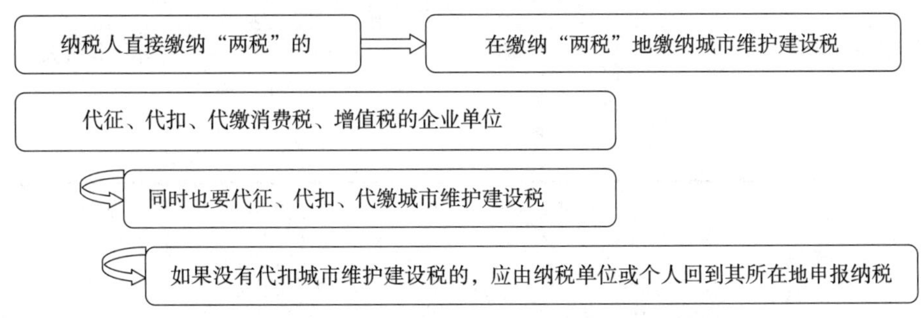

图 23-4　城市维护建设税的纳税地点如何规定

23.5.2　城市维护建设税的违规行为如何处罚

由于城市维护建设税是与消费税、增值税同时征收的，所以在一般情况下，城市维护建设税不单独加收滞纳金或罚款。但是，如果纳税人缴纳了“两税”之后，如不按照规定缴纳城市维护建设税的，则可以对其单独加收滞纳金，也可以单独进行罚款。

23.5.3　城市维护建设税的纳税申报表如何填写

城市维护建设税纳税申报表如表23-2所示。

表23-2　城市维护建设税纳税申报表

填表日期：　　年　月　日

纳税人识别号：

<table>
<tr><td>纳税人名称</td><td colspan="2"></td><td colspan="2">纳税所属期间</td><td colspan="3">年　月　日至　年　月　日</td></tr>
<tr><td>纳税人地址</td><td colspan="2"></td><td>开户行</td><td></td><td>账号</td><td colspan="2"></td></tr>
<tr><td rowspan="4">应纳税项目</td><td>土地等级</td><td>占地面积（m²）</td><td>免税面积（m²）</td><td>应税面积（m²）</td><td>单位税额（m²）</td><td>全年应纳税额</td><td>本期应缴税额</td></tr>
<tr><td></td><td></td><td></td><td></td><td></td><td></td><td></td></tr>
<tr><td></td><td></td><td></td><td></td><td></td><td></td><td></td></tr>
<tr><td>合计</td><td></td><td></td><td></td><td></td><td></td><td></td></tr>
<tr><td rowspan="2">减免项目</td><td></td><td></td><td></td><td></td><td></td><td></td><td></td></tr>
<tr><td>合计</td><td></td><td></td><td></td><td></td><td></td><td></td></tr>
<tr><td colspan="4">如纳税人填报，由纳税人填写以下各栏</td><td colspan="4">如委托代理人填报，由代理人填写以下各栏</td></tr>
<tr><td rowspan="4">会计主管（签章）</td><td rowspan="4">经办人（签章）</td><td rowspan="4">纳税人（签章）
年　月　日</td><td>代理人名称</td><td colspan="2"></td><td rowspan="4">代理人（签章）</td><td>备注</td></tr>
<tr><td>代理人地址</td><td colspan="2"></td><td rowspan="3"></td></tr>
<tr><td>经办人</td><td colspan="2"></td></tr>
<tr><td>电话</td><td colspan="2"></td></tr>
<tr><td colspan="8">以下由税务机关填写</td></tr>
<tr><td>收到申报表日期</td><td colspan="2"></td><td>接收人</td><td colspan="2"></td><td colspan="2">地方税务机关盖章</td></tr>
</table>

23.6　教育费附加

23.6.1　教育费附加是什么，缴纳金额如何计算

教育费附加的计算如图 23-5 所示。

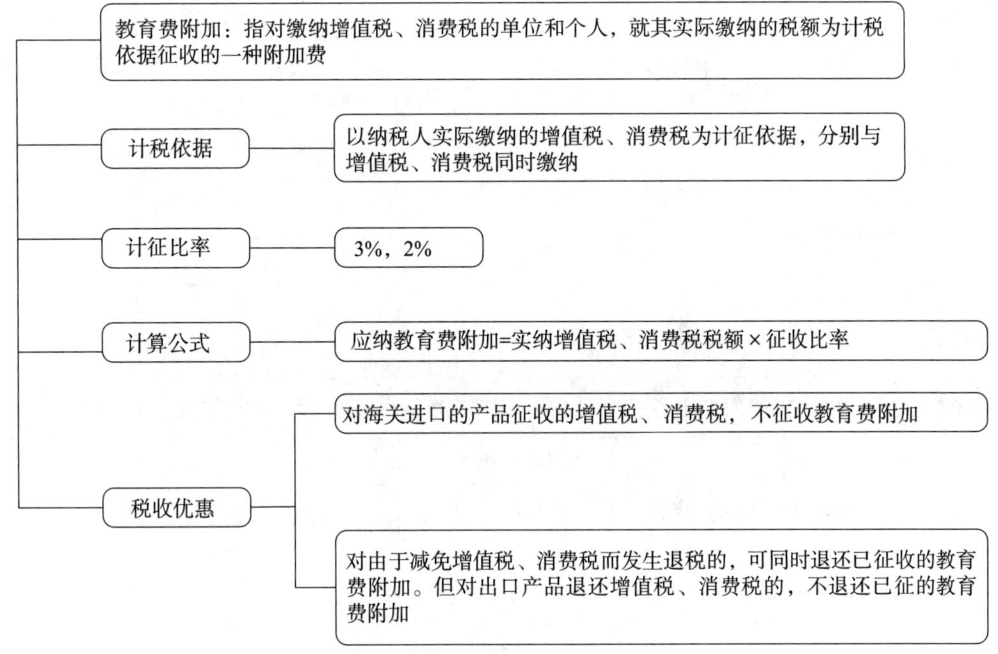

图 23-5　教育费附加的计算

【例 23-2】

紫竹公司是一家地处市区的烟草生产企业，2×19 年 11 月份实际缴纳增值税 20 万元，缴纳消费税 40 万元。计算该公司本月应缴纳的教育费附加。

分析与计算：本月应缴纳的教育费附加金额 = 应纳教育费附加 = 实纳增值税、消费税税额 × 征收比率 =（20+40）×3%=1.80（万元）

现行教育费附加征收比率为 3%，地方教育附加征收率统一为 2%。

23.6.2　教育费附加的纳税申报表如何填报

教育费附加纳税申报表如表 23-3 所示。

表 23-3　教育费附加纳税申报表

开户银行：

账号：

所属时期：　　　　　　　　　　　　　　　　　　　　　　　　　　　　单位：元（列至角分）

<table>
<tr><td>税务代码</td><td colspan="2"></td><td>缴纳人名称</td><td colspan="3"></td></tr>
<tr><td>税务代码</td><td colspan="2"></td><td>纳税人名称</td><td colspan="3"></td></tr>
<tr><td>地址</td><td colspan="2"></td><td>经济类型</td><td>有限</td><td>预算级次</td><td>县级</td></tr>
<tr><td>计征依据</td><td>计征金额</td><td>附加率</td><td>应征额</td><td colspan="2">已缴额</td><td>应缴（退）额</td></tr>
<tr><td>增值税</td><td></td><td></td><td></td><td colspan="2"></td><td>-</td></tr>
<tr><td>消费税</td><td></td><td></td><td></td><td colspan="2"></td><td></td></tr>
<tr><td></td><td></td><td></td><td></td><td colspan="2"></td><td></td></tr>
<tr><td></td><td></td><td></td><td></td><td colspan="2"></td><td></td></tr>
<tr><td></td><td></td><td></td><td></td><td colspan="2"></td><td></td></tr>
<tr><td>合计</td><td></td><td></td><td></td><td colspan="2"></td><td></td></tr>
<tr><td colspan="3">如缴纳人填报由缴纳人填写如下各栏</td><td colspan="3">如委托代理人填报由代理人填写以下各栏</td><td>备注</td></tr>
<tr><td rowspan="4">缴纳人
（签章）</td><td rowspan="4">经办人
（签章）</td><td rowspan="4">会计主管
（签章）</td><td>代理人名称</td><td></td><td rowspan="4">代理人
（签章）</td><td rowspan="4"></td></tr>
<tr><td>地址</td><td></td></tr>
<tr><td>电话</td><td></td></tr>
<tr><td>经办人</td><td></td></tr>
<tr><td colspan="7">以下由税务机关填写</td></tr>
<tr><td colspan="2">收到申报表日期</td><td colspan="3">接收人（签章）</td><td colspan="2">地方税务机关（签章）</td></tr>
</table>

注：本表共三联，一联纳税人留存，一联税务会计核算，一联主管地税机关存档

第二十四章 企业所得税

——合理节税烂熟于心

内容概览

企业在生产经营的过程中，最主要的目的就是要取得利润，企业需要就这块利润向国家缴纳税款，这就是企业所得税。

在本章的学习中，我们将解决读者的以下问题：

（1）企业所得税是一种针对什么收入征纳的税？

（2）哪些人需要缴纳企业所得税？

（3）企业所得税税率有多高？

（4）企业所得税的计税依据如何确认？

（5）计算企业所得税时，对资产如何进行税务处理？

（6）如何计算企业所得税的应纳税额？

（7）企业所得税有哪些优惠政策？

（8）如何办理企业所得税的申报与缴纳？

24.1　认识企业所得税

什么是企业所得税，它具有什么特点？

从 2008 年 1 月 1 日起，我国实行了合并企业所得税的改革，无论外资企业，还是内资企业，均适用统一的企业所得税。企业所得税是以各类组织取得的生产经营所得和其他所得为征税对象所征收的一种税，它是每一个企业都必须缴纳的一个税种。企业所得税的概念与特点如图 24-1 所示。

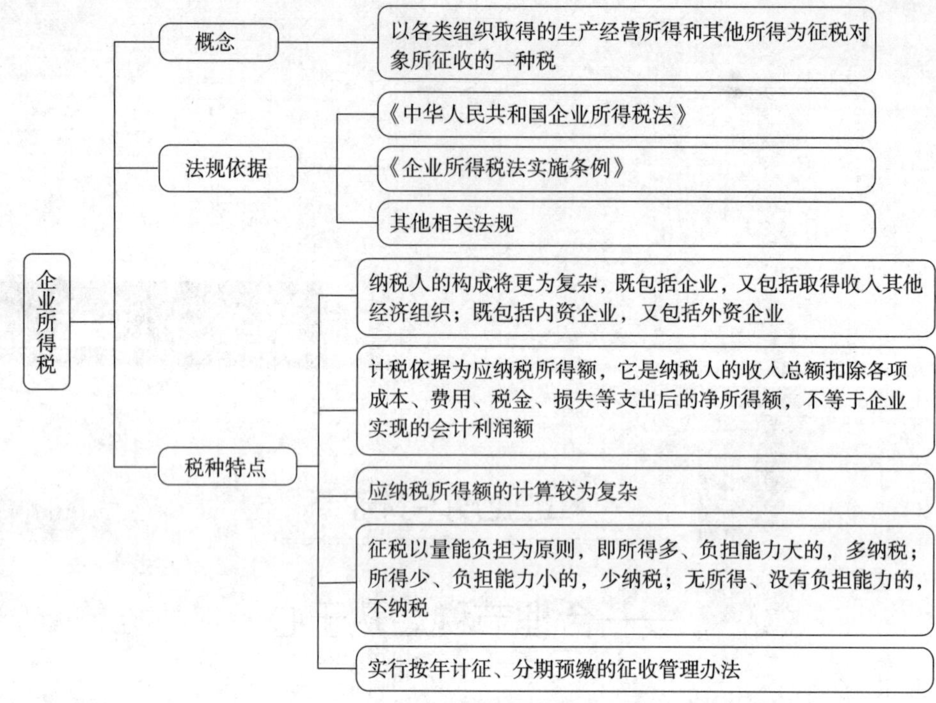

图 24-1　企业所得税的概念与特点

24.2　企业所得税的纳税人、征税范围、税率

24.2.1　哪些人需要缴纳企业所得税

在中华人民共和国境内，企业和其他取得收入的组织（以下统称为企业）为企业所得税的纳税人，依照本法的规定缴纳企业所得税。个人独资企业、合伙企业一般不需要缴纳企业所得税，其投资者只需要缴纳个人所得税。

（1）企业所得税纳税人的范围

企业所得税纳税人的范围，《企业所得税法》采用了一般减去特殊的原则，除个人独资企业和合伙企业，其他凡取得收入的各类经济组织，包括依照中国法律、行政法规在中国境内成立的企业、事业单位、社会团体以及其他取得收入的组织。

（2）纳税人分为居民企业纳税人和非居民企业纳税人

由于企业所得税的纳税人既包括在我国境内设立机构的企业，也包括在我国境内不设立机构，但是又从我国境内取得收入的企业。这就要求进行居民企业纳税人和非居民企业纳税人的划分。两种不同类型的纳税人，针对不同来源的收入，其所应该承担的纳税义务是不同的。居民企业纳税人和非居民企业纳税人的概念和类别如图 24-2 所示。

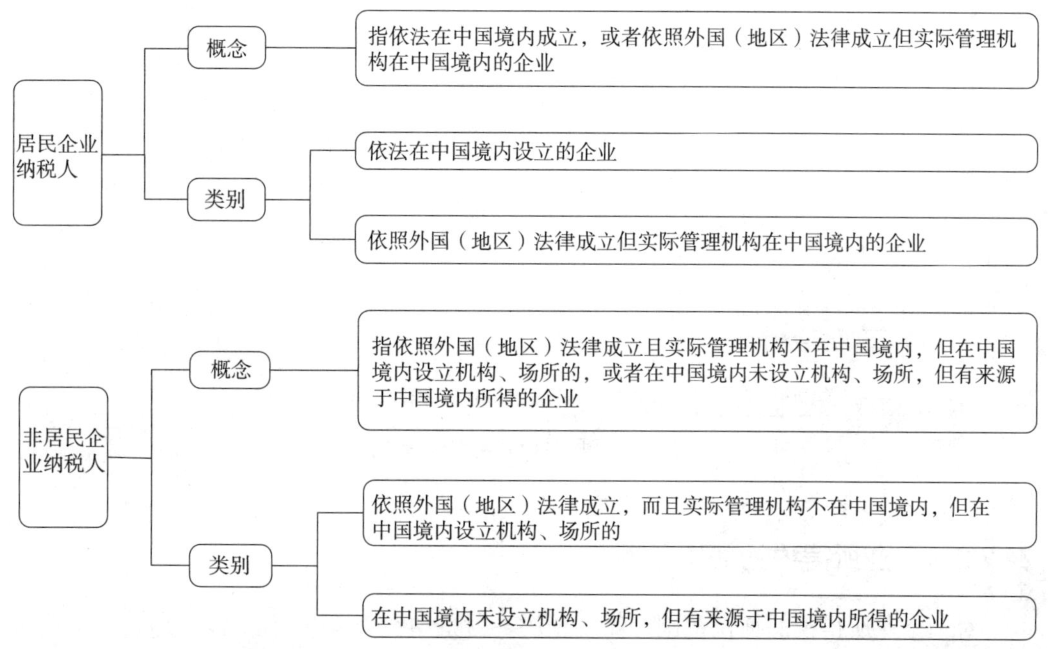

图 24-2　居民企业纳税人和非居民企业纳税人

（3）居民企业和非居民企业纳税义务的不同

居民企业和非居民企业纳税义务是不同的，现在，我们就他们之间纳税义务的不同做一个简要的对比。居民企业和非居民企业纳税义务对比如图 24-3 所示。

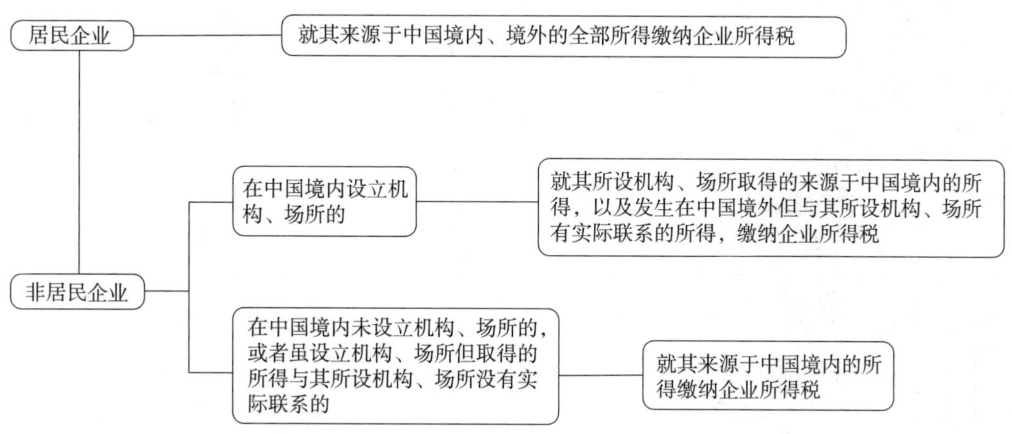

图 24-3　居民企业和非居民企业纳税义务对比

（4）中国境内、境外的所得的划分依据

由于居民纳税人和非居民纳税人纳税的范围不同，因此正确地区别每一笔收入是属于境内所得，还是境外所得，对于正确地计算应纳税额有重要的意义。

《企业所得税法实施条例》第七条规定，来源于中国境内、境外的所得，具体的原则如图 24-4 所示。

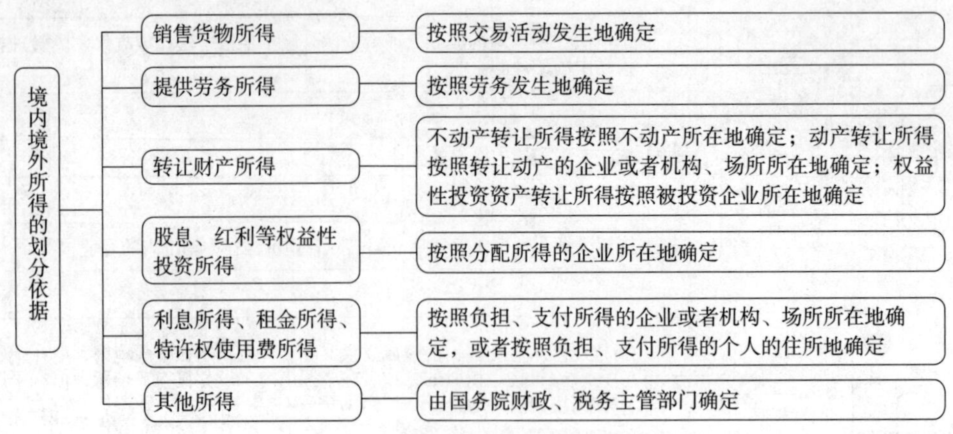

图 24-4　境内境外所得划分依据

24.2.2　企业所得税的征税范围

对于企业所得税的征税范围，简要地讲，就是纳税人所获得的各项收入。《企业所得税的税法》规定，企业以货币形式和非货币形式从各种来源取得的收入为企业所得税的征税对象。具体如图 24-5 所示。

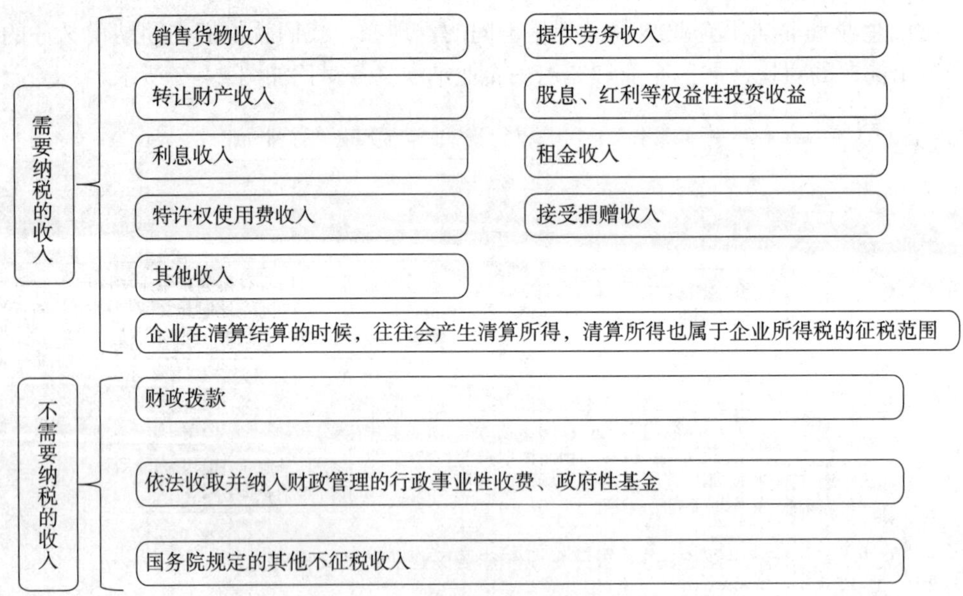

图 24-5　企业所得税的征税对象

24.2.3　企业所得税的税率

当前企业所得税基本税率为 25%，低税率为 20%，还有一些税收优惠政策适用更低的税率。具体的规定如图 24-6 所示。

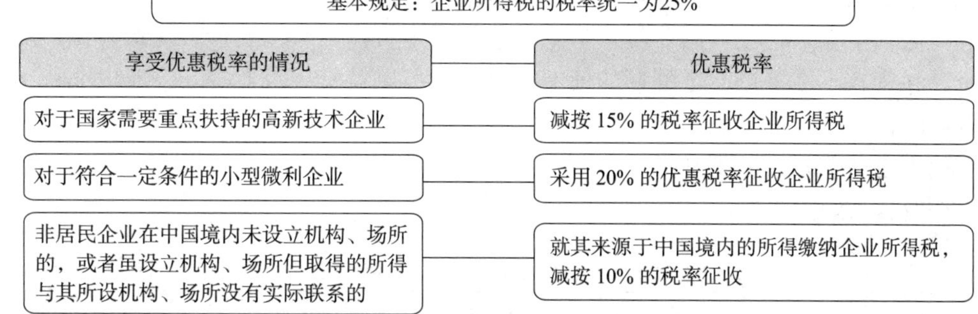

图 24-6 企业所得税的税率

24.3 企业所得税的计税依据的确定

24.3.1 计算应纳税所得额应依据什么原则

企业所得税的计税依据，是企业的应纳税所得额。所谓应纳税所得额，指企业每一纳税年度的收入总额，减除不征税收入、免税收入、各项扣除以及允许弥补的以前年度亏损后的余额。应纳税所得额的基本计算公式是：

应纳税所得额 = 收入总额 - 不征税收入 - 免税收入 - 准予扣除项目 - 允许弥补的以前年度亏损

要正确地计算应纳税所得额，必须注意以下的几个原则，如图 24-7 所示。

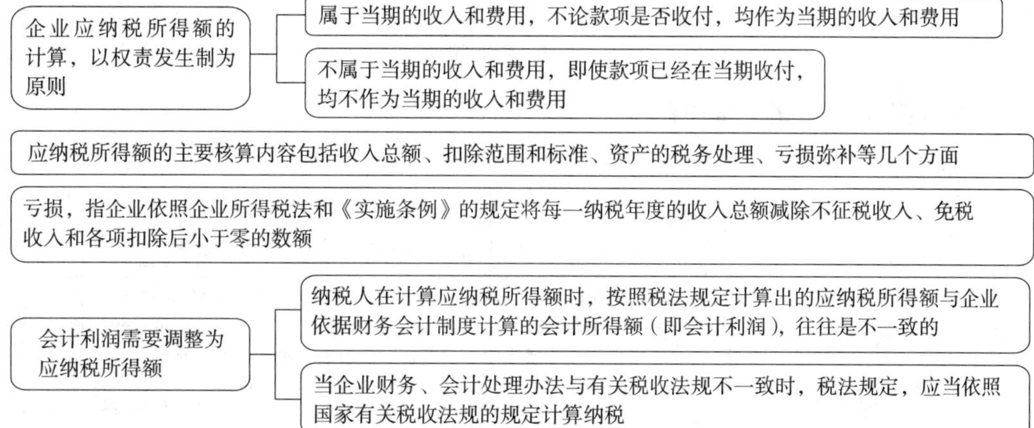

图 24-7 计算应纳税所得额应依据的原则

24.3.2 如何正确地计算企业收入

要正确地计算企业的应纳税所得额，首先是要正确地计算企业的收入总额，企业以货币形式和非货币形式从各种来源取得的收入，为收入总额。企业取得收入的货币形式，包括现金、存款、应收账款、应收票据、准备持有至到期的债券投资以及债务的豁免等。企业取得收入的非货币形式，包括固定资产、生物资产、无形资产、股权投资、存货、不准备持有至到期的债券投资、劳务以及有关权益等。企业以非货币形式取得的收入，应当按照公允价值确定收入额。

（1）企业收入的主要内容

企业收入的主要内容如图 24-8 所示。

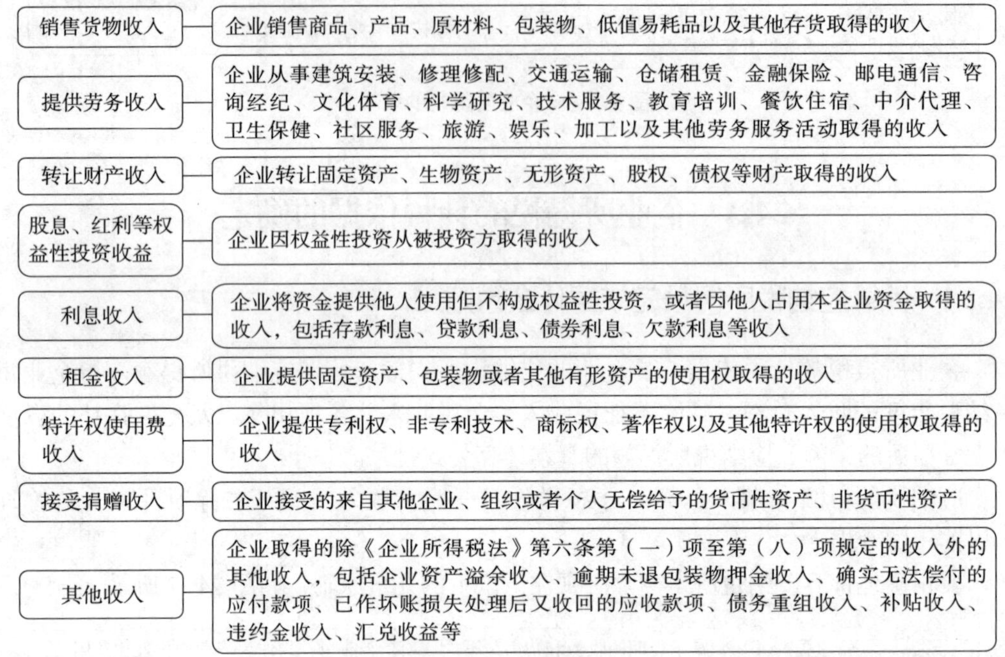

图 24-8　企业收入

（2）不征税收入的主要内容

《企业所得税法》规定，收入总额中的下列收入为不征税收入，如图 24-9 所示。

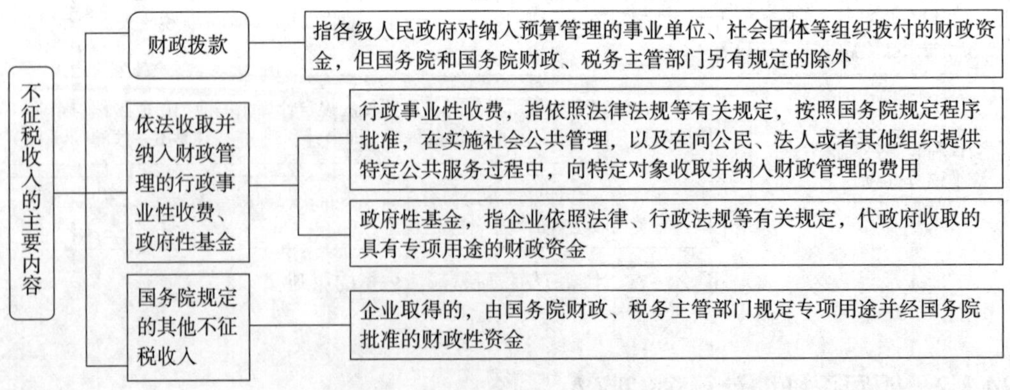

图 24-9　不征税收入的主要内容

（3）确定企业收入时应注意的问题

在计算企业的收入时，必须注意解决以下的问题，如图 24-10 所示。

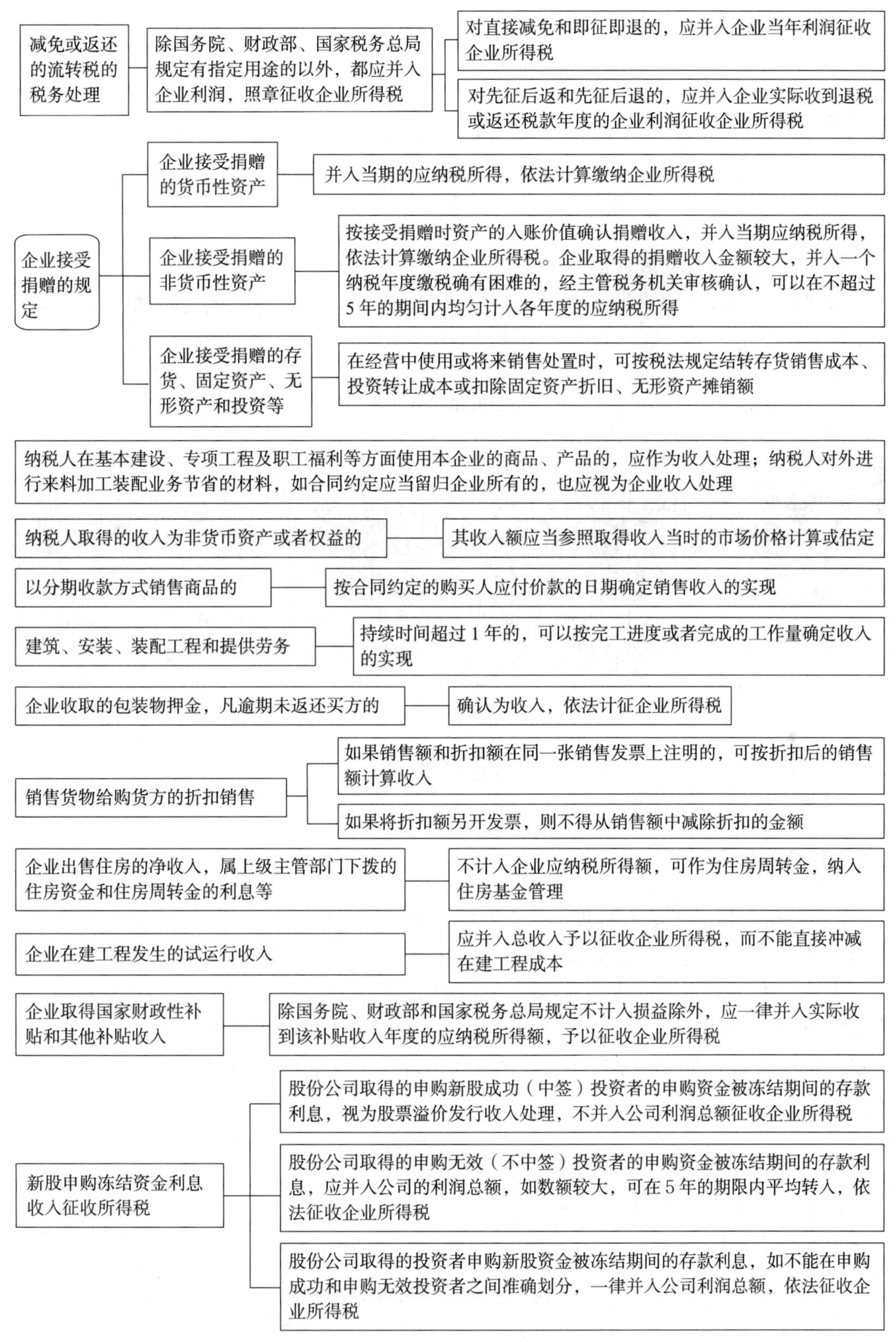

图 24-10 确定企业收入时应注意的问题

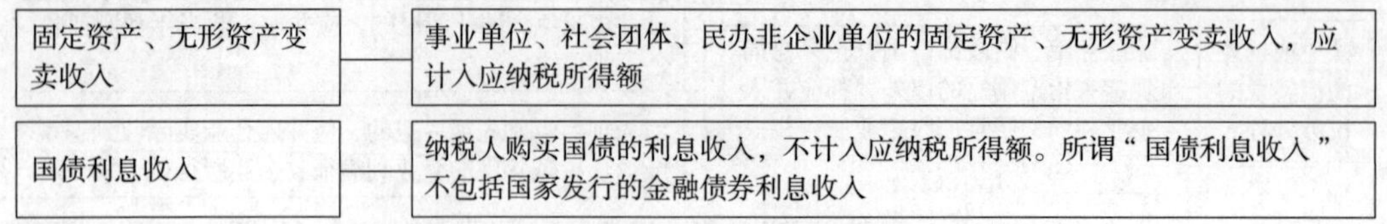

图 24-10　确定企业收入时应注意的问题（续）

（4）需要分期确认收入的几种情况

企业的下列生产经营业务需要分期确认收入的实现，其详细的规定如图 24-11 所示。

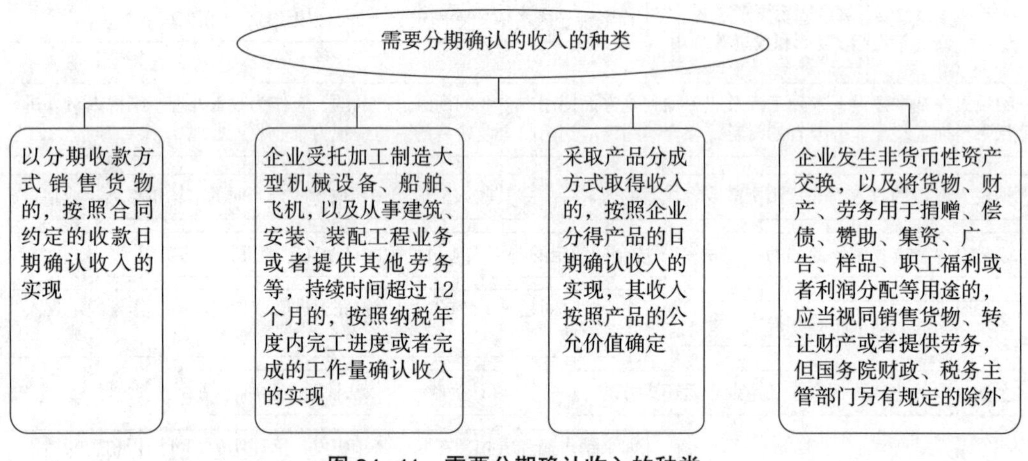

图 24-11　需要分期确认收入的种类

24.3.3　准予在税前进行扣除的项目

《企业所得税法》第八条规定，企业实际发生的与取得收入有关的、合理的支出，包括成本、费用、税金、损失和其他支出，准予在计算应纳税所得额时扣除。

其中，有关的支出，指与取得收入直接相关的支出。合理的支出，指符合生产经营活动常规，应当计入当期损益或者有关资产成本的必要和正常的支出。准予在税前进行扣除的项目如图 24-12 所示，应纳税所得额计算过程如图 24-13 所示。

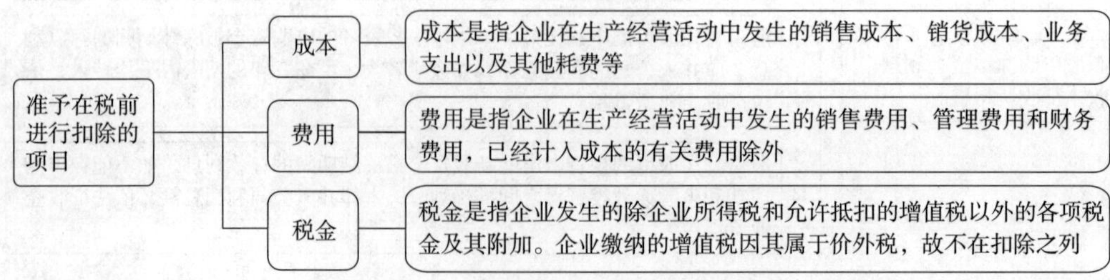

图 24-12　准予在税前进行扣除的项目

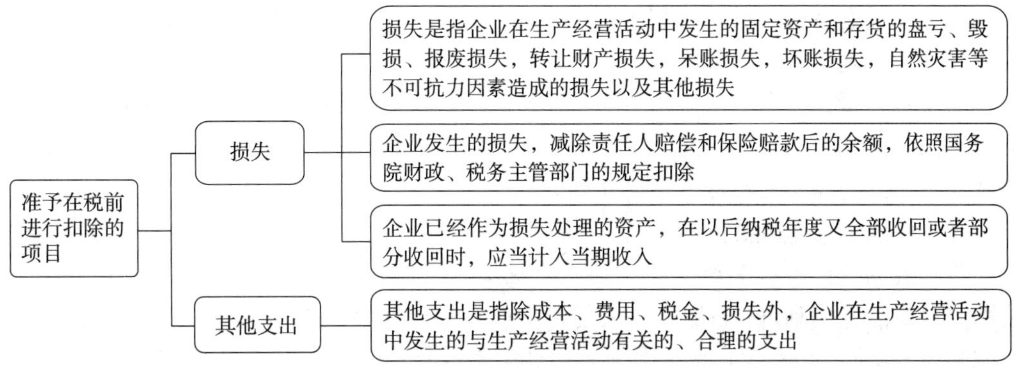

图 24-12　准予在税前进行扣除的项目（续）

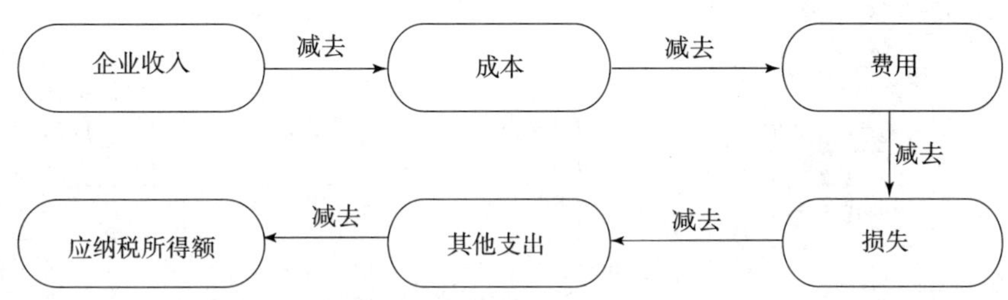

图 24-13　企业所得税应纳税所得额计算过程示意图

24.3.4　一些具体的成本、费用项目如何进行扣除

（1）工资、薪金支出

在新的企业所得税中，对于工资薪金支出的扣除办法进行了重大改革，由原来的定额扣除，变成了现在的据实扣除，据《企业所得税法实施条例》第 34 条的规定："企业发生的合理的工资薪金支出，准予扣除。"

工资薪金，指企业每一纳税年度支付给在本企业任职或者受雇的员工的所有现金形式或者非现金形式的劳动报酬，包括基本工资、奖金、津贴、补贴、年终加薪、加班工资，以及与员工任职或者受雇有关的其他支出。

企业安置残疾人员所支付的工资，在按照支付给残疾职工工资据实扣除的基础上，按照支付给残疾职工工资的 100% 加计扣除。残疾人员的范围适用《中华人民共和国残疾人保障法》的有关规定。

企业安置国家鼓励安置的其他就业人员所支付的工资的加计扣除办法，由国务院另行规定。

（2）社会保险支出

企业依照国务院有关主管部门或者省级人民政府规定的范围和标准为职工缴纳的基本养老保险费、基本医疗保险费、失业保险费、工伤保险费、生育保险费等基本社会保险费和住房公积金，准予扣除。

企业为投资者或者职工支付的补充养老保险费、补充医疗保险费，在国务院财政、税务主管部门规定的范围和标准内，准予扣除。

需要特别提示的是，除企业依照国家有关规定为特殊工种职工支付的人身安全保险费和国务院财政、税务主管部门规定可以扣除的其他商业保险费外，企业为投资者或者职工支付的商业保险费，不得扣除。

（3）企业的借款利息支出

借款费用是纳税人为经营活动的需要承担的、与借入资金相关的利息费用。包括：长期、短期借款的利息；与债券相关的折价或溢价的摊销；安排借款时发生的辅助费用的摊销；与借入资金有关，作为利息费用调整额的外币借款产生的汇兑差额。

按照贷款的用途不同，相应的利息支出也划分为两个类别，生产经营中产生的利息支出和构建大型固定资产产生的利息支出。这两种利息支出在计算应纳税所得额时，减除的方法也是不同的。企业利息支出减除方法如图 24-14 所示。

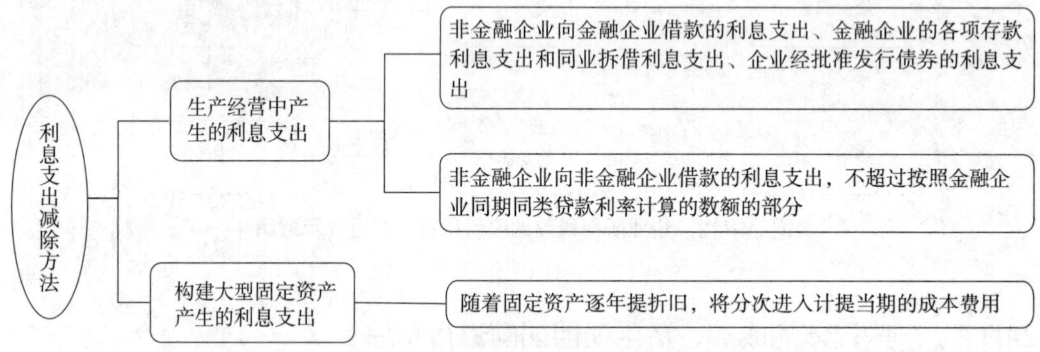

图 24-14　企业利息支出减除方法

除此之外，在确定企业的利息支出如何减除时，还应该注意以下两点：

① 纳税人借款未指明用途的，其借款费用应按经营性和资本性活动占用资金的比例，合理计算应计入有关资产成本的借款费用和可直接扣除的借款费用。

② 企业筹建期间发生的长期借款费用，除购置固定资产、对外投资而发生的长期借款费用外，计入开办费。

（4）职工福利费、职工工会经费、职工教育经费支出

《企业所得税实施条例》对职工福利费、职工工会经费、职工教育经费支出如何进行减除给予了明确的规定。

企业发生的职工福利费支出，不超过工资薪金总额 14% 的部分，准予扣除。

企业拨缴的工会经费，不超过工资薪金总额 2% 的部分，准予扣除。建立工会组织的企业、事业单位、社会团体，按每月全部职工工资总额的 2% 向工会拨缴的经费，凭工会组织开具的《工会经费拨缴款专用收据》在税前扣除。凡不能出具《工会经费拨缴款专用收据》的，其提取的职工工会经费不得在企业所得税前扣除。

除国务院财政、税务主管部门另有规定外，企业发生的职工教育经费支出，不超过工资薪金总额 8% 的部分，准予扣除；超过部分，准予在以后纳税年度结转扣除。

（5）业务招待费支出

企业发生的与生产经营活动有关的业务招待费支出，按照发生额的60%扣除，但最高不得超过当年销售（营业）收入的5‰。税前扣除业务招待费支出的条件如图24-15所示。

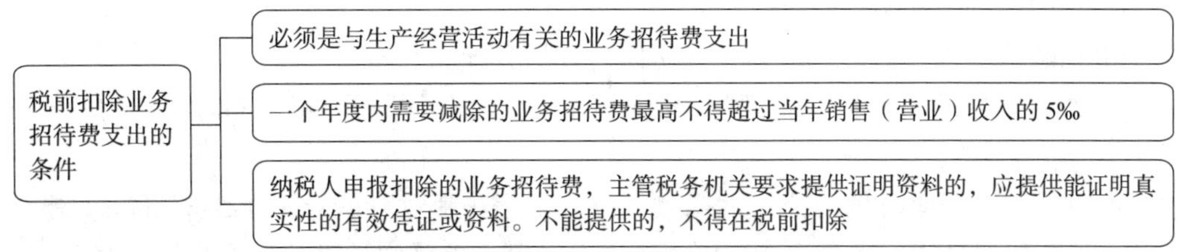

图24-15　税前扣除业务招待费支出的条件

（6）广告费和业务宣传费支出

依据《企业所得税实施条例》的规定，企业发生的符合条件的广告费和业务宣传费支出，除国务院财政、税务主管部门另有规定外，不超过当年销售（营业）收入15%的部分，准予扣除。超过部分，准予在以后纳税年度结转扣除。

（7）固定资产租赁费

按照性质不同，固定资产租赁分为经营性租赁和融资性租赁。融资性租赁又称为资本租赁，指在实质上转移与一项资产所有权有关的全部风险和报酬的一种租赁。所有权最终可以转移，也可以不转移。经营性租赁是指所有权不转移的租赁。

企业根据生产经营活动的需要租入固定资产支付的租赁费，按照以下方法扣除，如图24-16所示。

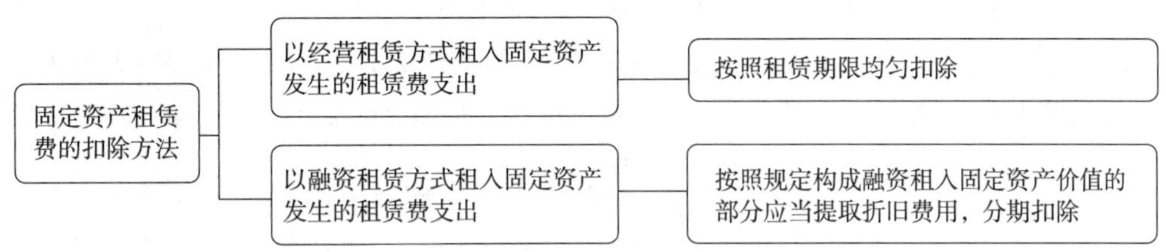

图24-16　固定资产租赁费的扣除方法

（8）公益、救济性捐赠支出

对于公益、救济性捐赠支出是否应该税前扣除的问题，《企业所得税法》第9条规定："企业发生的公益性捐赠支出，在年度利润总额12%以内的部分，准予在计算应纳税所得额时扣除。"

对于这条规定，我们应该重点理解以下的问题：

所谓公益性捐赠，指企业通过公益性社会团体或者县级以上人民政府及其部门，用于《中华人民共和国公益事业捐赠法》规定的公益事业的捐赠。

所谓公益性社会团体，指同时符合下列条件的基金会、慈善组织等社会团体：

① 依法登记，具有法人资格。

② 以发展公益事业为宗旨，且不以营利为目的。

③ 全部资产及其增值为该法人所有。

④ 收益和营运结余主要用于符合该法人设立目的的事业。

⑤ 终止后的剩余财产不归属任何个人或者营利组织。

⑥ 不经营与其设立目的无关的业务。

⑦ 有健全的财务会计制度。

⑧ 捐赠者不以任何形式参与社会团体财产的分配。

⑨ 国务院财政、税务主管部门会同国务院民政部门等登记管理部门规定的其他条件。

按照规定，企业发生的公益性捐赠支出，不超过年度利润总额 12% 的部分，准予扣除。年度利润总额，指企业依照国家统一会计制度的规定计算的年度会计利润。

与公益、救济性捐赠支出相对应的是赞助支出，指企业发生的与生产经营活动无关的各种非广告性质支出。新的《企业所得税法》第十条明确规定，在计算应纳税所得额时，赞助支出不得扣除。

（9）坏账损失与坏账准备金

对于坏账损失，《企业所得税法》中将各种损失作为一个大类给予了统一规定："企业发生的损失，减除责任人赔偿和保险赔款后的余额，依照国务院财政、税务主管部门的规定扣除。"

我们结合当前的各种税收法规，总结出以下的几个要点：

① 纳税人发生的坏账损失，原则上应按实际发生额据实扣除。经报税务机关批准，也可提取坏账准备金。提取坏账准备金的纳税人发生的坏账损失，应冲减坏账准备金；实际发生的坏账损失，超过已提取的坏账准备的部分，可在发生当期直接扣除；已核销的坏账收回时，应相应增加当期的应纳税所得额。

② 经批准可提取坏账准备金的纳税人，除另有规定者外，坏账准备金提取比例一律不得超过年末应收账余额的 5‰。应收账款可作为坏账处理的条件如图 24-17 所示。

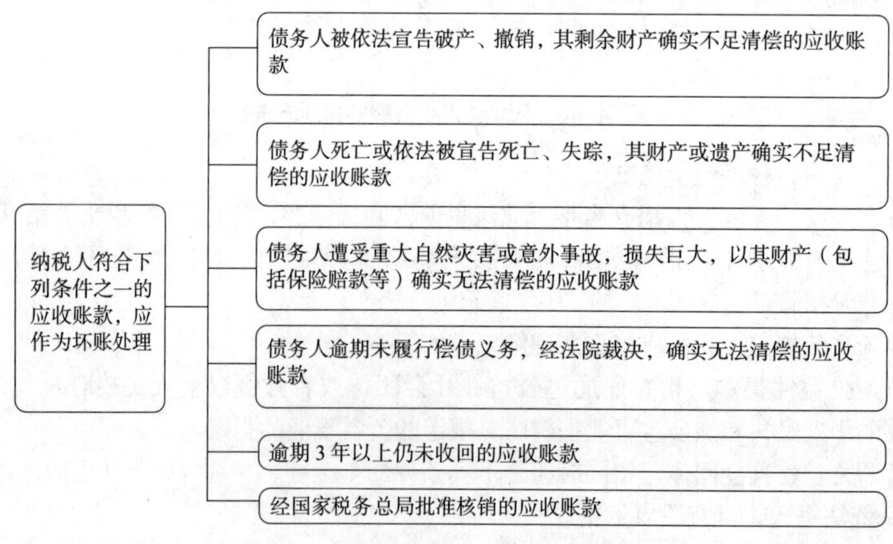

图 24-17　应收账款可作为坏账处理的条件

（10）汇兑损益

企业在货币交易中，以及纳税年度终了时将人民币以外的货币性资产、负债按照期末即期人民币汇率中间价折算为人民币时产生的汇兑损失，除已经计入有关资产成本以及与向所有者进行利润分配相关的部分外，准予扣除。

（11）支付给总机构的管理费

企业之间支付的管理费、企业内营业机构之间支付的租金和特许权使用费，以及非银行企业内营业机构之间支付的利息，不得扣除。

（12）保险费用

由于保险在企业的发展中具有越来越重要的意义，税法对各种保险费用能否在计算应纳税所得额予以扣除，进行了详细的规定，具体规定如图 24-18 所示。

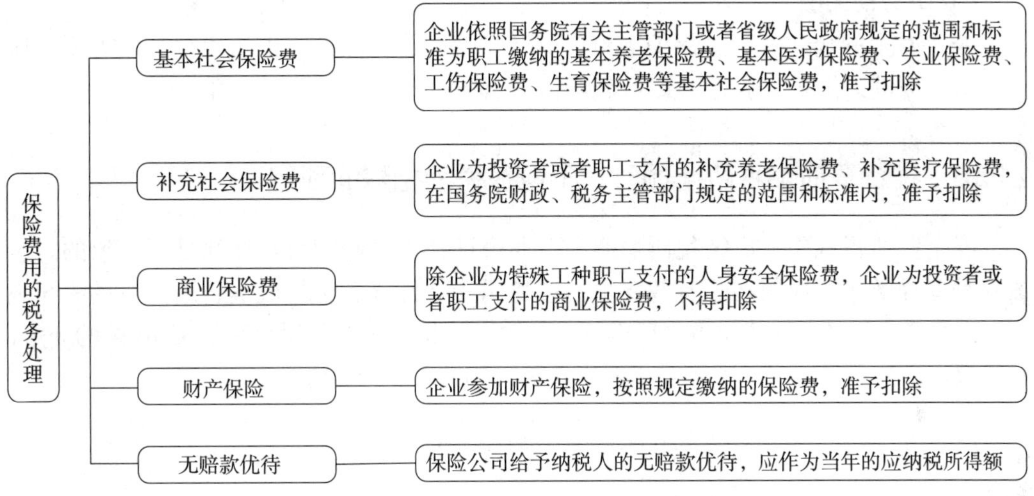

图 24-18 保险费用的税务处理

（13）会员费

纳税人加入工商业联合会缴纳的会员费，在计算应纳税所得额时准予扣除。纳税人按省及省级以上民政、物价、财政部门批准的标准，向依法成立的协会、学会等社团组织缴纳的会员费，经主管税务机关审核后，允许在所得税前扣除。

（14）新产品、新技术、新工艺研究开发费用

《企业所得税法》第 30 条规定，企业“开发新技术、新产品、新工艺发生的研究开发费用”可以在计算应纳税所得额时加计扣除。

根据《企业所得税法实施条例》的补充规定，研究开发费用的加计扣除，指企业为开发新技术、新产品、新工艺发生的研究开发费用，未形成无形资产计入当期损益的，在按照规定据实扣除的基础上，按照研究开发费用的 50% 加计扣除；形成无形资产的，按照无形资产成本的 150% 摊销。

（15）差旅费、会议费、董事会费

纳税人发生的与其经营活动有关的合理的差旅费、会议费、董事会费，主管税务机关要求提供证明资料的，应能够提供证明其真实性的合法凭证，否则，不得在税前扣除。

差旅费的证明材料应包括：出差人员姓名、地点、时间、任务、支付凭证等。

会议费证明材料应包括：会议时间、地点、出席人员、内容、目的、费用标准、支付凭证等。

（16）佣金

纳税人发生的佣金符合下列条件的，可计入销售费用。

① 有合法真实凭证。

② 支付的对象必须是独立的有权从事中介服务的纳税人或个人（支付对象不含本企业雇员）。

③ 支付给个人的佣金，除另有规定者外，不得超过服务金额的 5%。

（17）劳动保护

企业发生的合理的劳动保护支出，准予扣除。劳动保护支出指确因工作需要为雇员配备或提供工作服、手套、安全保护用品、防暑降温用品等所发生的支出。

24.3.5 在计算应纳税所得额时，不可在税前扣除的项目

在企业所得税中，应纳税所得额和企业会计报表的利润总额往往是不一致的。造成这种差异的主要原因在于有些支出的项目属于会计核算中的成本费用，但税法却规定，这些支出不得在计算应纳税所得额时减除。依据《企业所得税法》第 10 条的规定，在计算应纳税所得额时，下列支出不得扣除，如图 24-19 所示。

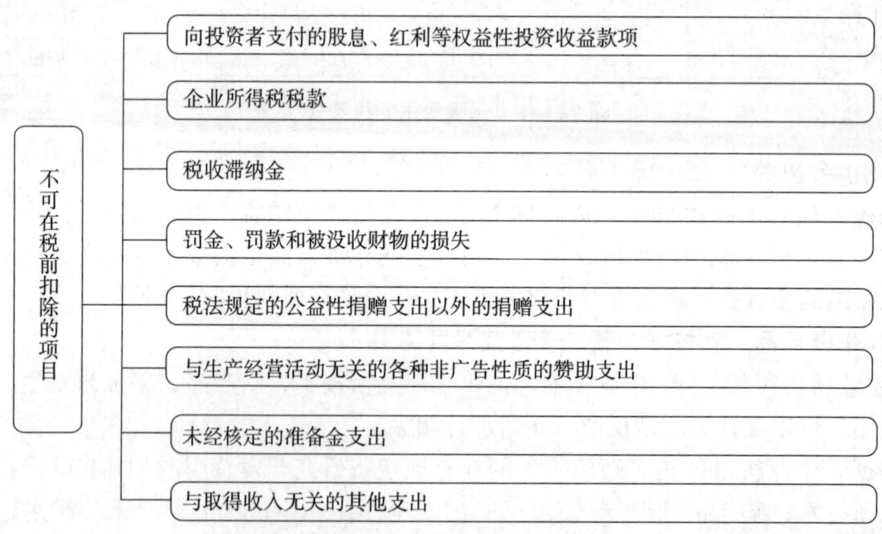

图 24-19　不可在税前扣除的项目

24.3.6 亏损弥补

在计算企业的应纳税所得额时，以前年度的亏损也是可以扣除的，但这个亏损额

不是企业利润表中的亏损额，指企业依照企业所得税法和本条例的规定将每一纳税年度的收入总额减除不征税收入、免税收入和各项扣除后小于零的数额。企业纳税年度发生的亏损，准予向以后年度结转，用以后年度的所得弥补，但结转年限最长不得超过 5 年。5 年内不论纳税人是盈利还是亏损，都应连续计算弥补的年限。先亏先补，按顺序连续计算弥补期。

以下是关于亏损额税前弥补的具体规定，如图 24–20 所示。

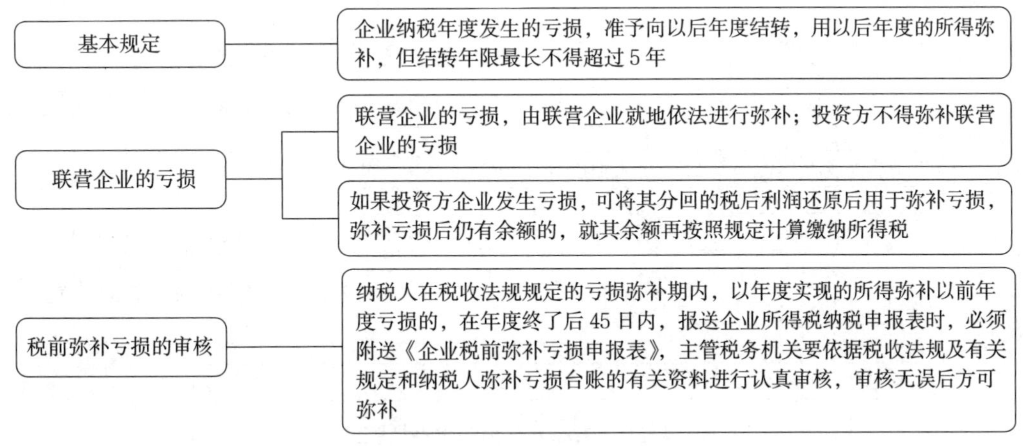

图 24–20　弥补亏损的操作步骤示意图

24.3.7　关联企业间业务往来应纳税所得额的确定

所谓关联企业，指直接或间接被同一利益集团所拥有或控制的有关企业。如总机构与分支机构之间、同一总机构的不同分支机构之间、母公司与其子公司或孙公司之间、同一母公司的不同子公司或孙公司之间，以及总机构与其分支机构的子公司之间，等等。

这些利益上相互关联的公司、企业之间，有可能在相互发生的销货、劳务、贷款和无形资产转让等业务中，通过制定某种低于或高于一般市场价格的价格，将利润从高税地区转移到低税地区，达到逃避或减轻纳税义务的目的。

（1）关联企业的认定

我国税法规定，关联方指与企业有下列关联关系之一的企业、其他组织或者个人，在认定是否属于关联企业时，一般要满足以下三个条件，如图 24–21 所示。

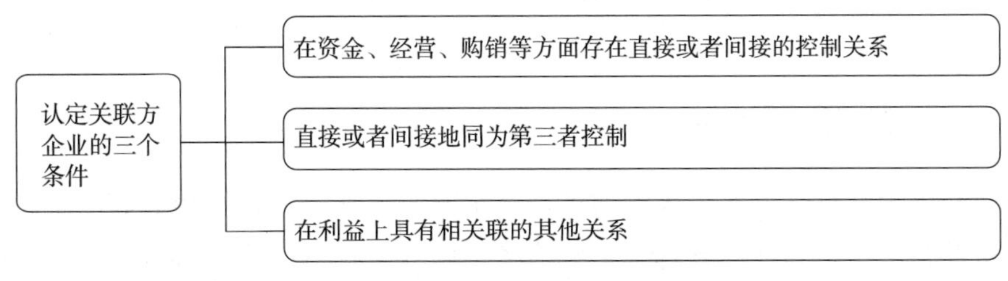

图 24–21　认定关联方的条件

（2）应纳税所得额的调整方法

为了防止纳税人通过关联企业以及其他关联关系，利用转让定价方式转移利润，进行避税，税法明确规定，企业与其关联方之间的业务往来，不符合独立交易原则而减少企业或者其关联方应纳税收入或者所得额的，税务机关有权按照合理方法调整。关联方交易的价格调整方法如图 24-22 所示。

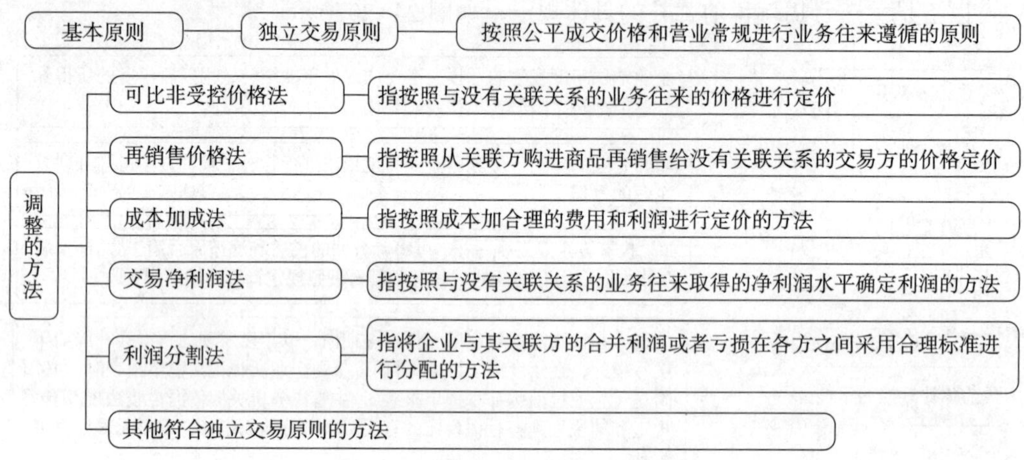

图 24-22　关联方交易的价格调整方法

24.3.8　清算所得

清算所得，指企业的全部资产可变现价值或交易价格减除资产净值、清算费用以及相关税费等后的余额。

投资方企业从被清算企业分得的剩余资产，其中相当于从被清算企业累计未分配利润和累计盈余公积中应当分得的部分，应当确认为股息所得；剩余资产减除上述股息所得后的余额，超过或者低于投资成本的部分，应当确认为投资资产转让所得或者损失。

纳税人依法清算时，以其清算终了后的清算所得为应纳税所得额，按规定缴纳企业所得税。所谓清算所得，指纳税人清算时的全部资产或财产扣除各项清算费用、损失、负债、企业未分配利润、公益金和公积金后的余额，超过实缴资本的部分。

24.4　资产的税务处理

24.4.1　资产的概念和种类

资产是由于资本投资而形成的财产，对于资本性支出，以及无形资产受让、开发费用和开办费用，不允许作为成本、费用从纳税人的收入总额中作一次性扣除，而只能采取分次计提折旧或分次摊销的方式予以列支。

税法规定，纳入税务处理范围的资产主要有四类：固定资产、无形资产、递延资产和流动资产，其中前三类资产须采取计提折旧或摊销的方式分次扣除。各种资产的税务处理方法如图 24-23 所示。

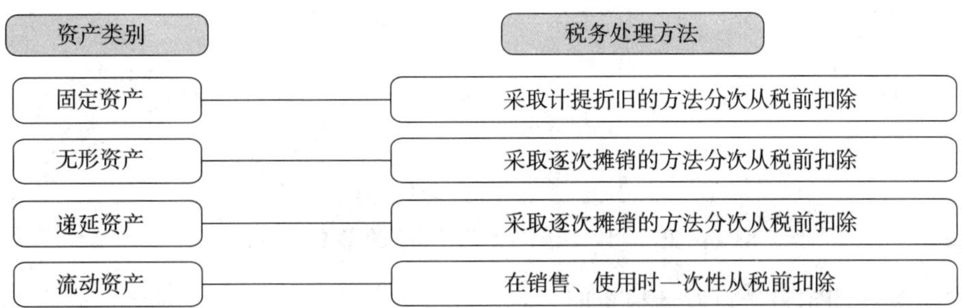

图 24-23　各类资产税务处理方法

24.4.2　固定资产的税务处理

纳税人的固定资产，指企业为生产产品、提供劳务、出租或者经营管理而持有的、使用时间超过 12 个月的非货币性资产，包括房屋、建筑物、机器、机械、运输工具以及其他与生产经营活动有关的设备、器具、工具等。

（1）如何确定固定资产的计税基础

取得固定资产时的入账价值，将直接影响以后各期计提的折旧，从而也将影响各期缴纳的企业所得税。因此，合理的确定固定资产的入账价值，也称为确定固定资产的计税基础。如图 24-24 所示，固定资产通常按照以下方法确定计税基础。

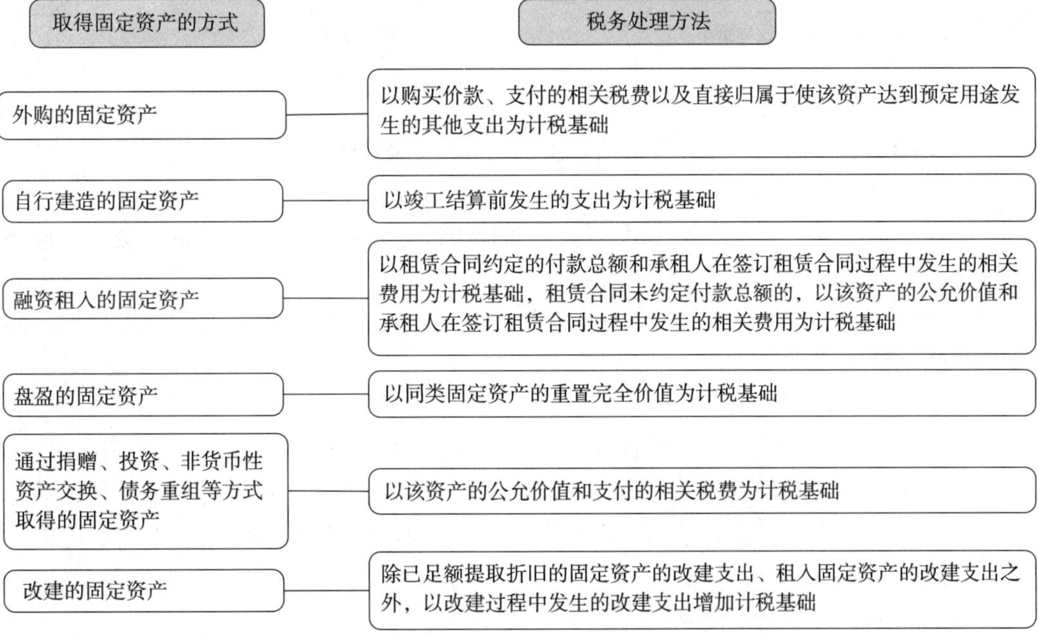

图 24-24　确定固定资产计税基础的方法

另外，需要说明的固定资产的入账价值确定后，如图 24-25 所示，除下列特殊情况外，一般不得调整。

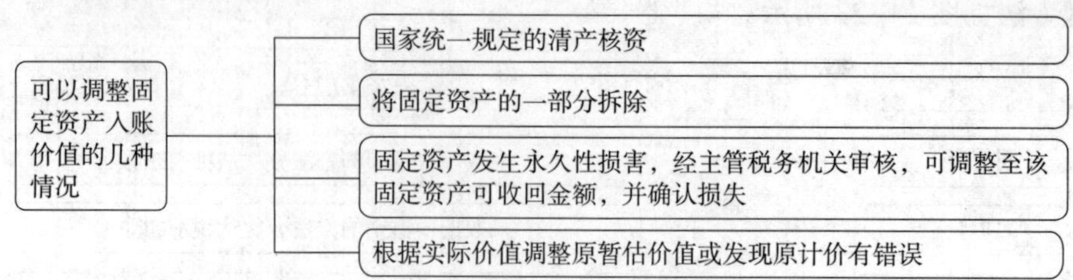

图 24-25　可以调整固定资产入账价值的几种情况

（2）哪些固定资产可以计提折旧

并不是所有的固定资产都可以计提折旧，有些固定资产是不可以计提折旧的，有些固定资产即使会计制度允许计提折旧，但税收法规不允许将此类折旧在税前扣除。按照《企业所得税法》及其实施条例的要求，对应该计提折旧和不应该计提折旧的固定资产范围给予了明确的规定。固定资产折旧范围如图 24-26 所示。

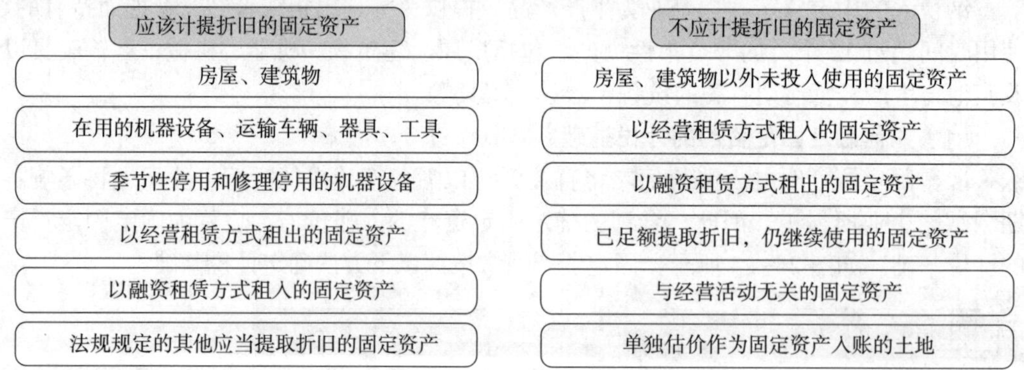

图 24-26　固定资产折旧范围

（3）固定资产依据什么计提折旧？主要有哪些折旧方法

① 固定资产计提折旧的依据。

企业应当自固定资产投入使用月份的次月起计算折旧；停止使用的固定资产，应当自停止使用月份的次月起停止计算折旧。

企业应当根据固定资产的性质和使用情况，合理确定固定资产的预计净残值。固定资产的预计净残值一经确定，不得变更。

② 固定资产计提折旧的方法。

纳税人可扣除的固定资产折旧的计算，原则上采取直线折旧法。对促进科技进步、环境保护和国家鼓励投资的关键设备，以及常年处于震动、超强度使用或受酸、碱等强烈腐蚀状态的机器设备，确需缩短折旧年限或采取加速折旧办法，可采用加速折旧法。

③ 固定资产计提折旧的年限。

企业固定资产的折旧年限，按财政部制定的分行业财务制度的规定执行。我们在计算企业所得税时，由于采用的固定资产折旧年限短于法规规定的最低折旧年限的，多计提的折旧不能从本年度税前扣除。固定资产计提折旧的最低年限的具体规定如图24–27所示。

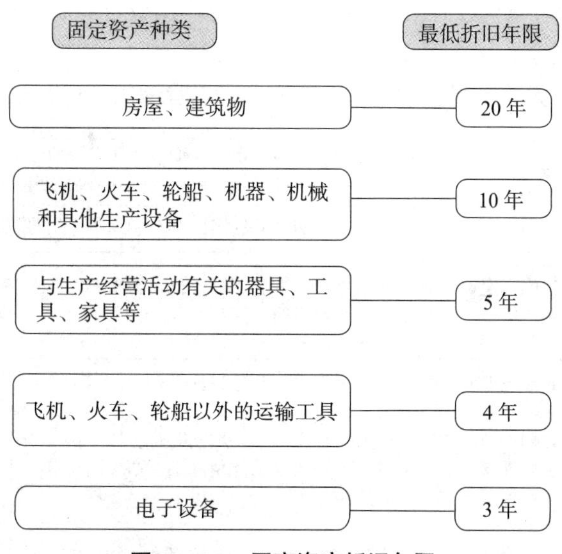

图 24–27 固定资产折旧年限

（4）生物性生物资产的折旧计提

生物性生物资产的折旧计提如图24–28所示。

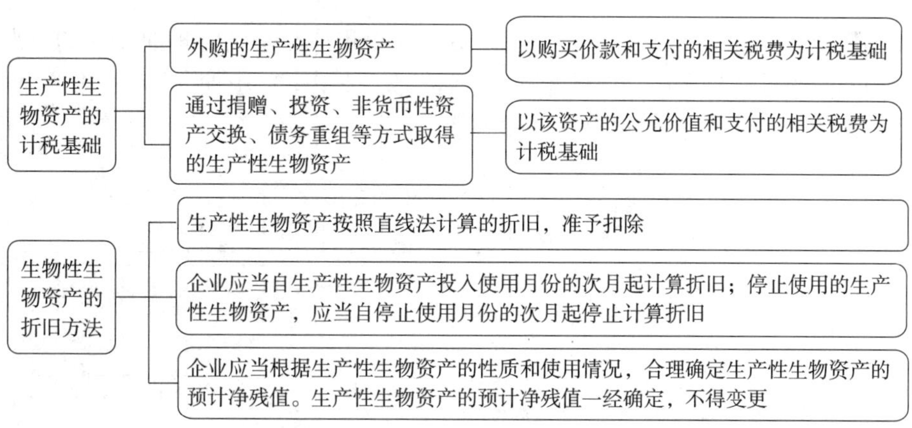

图 24–28 生物性生物资产的折旧计提

生产性生物资产计算折旧的最低年限如下。

①林木类生产性生物资产，为10年。

②畜类生产性生物资产，为3年。

（5）可以对固定资产加速折旧的规定

在下列情形下，可以采取缩短折旧年限或者采取加速折旧的方法对固定资产计提折旧，包括：

① 由于技术进步，产品更新换代较快的固定资产。

② 常年处于强震动、高腐蚀状态的固定资产。

采取缩短折旧年限方法的，最低折旧年限不得低于《企业所得税法实施条例》所规定折旧年限的 60%；采取加速折旧方法的，可以采取双倍余额递减法或年数总和法。

（6）固定资产改建、大修理的税务支出

固定资产改建、大修理的税务支出如图 24-29 所示。

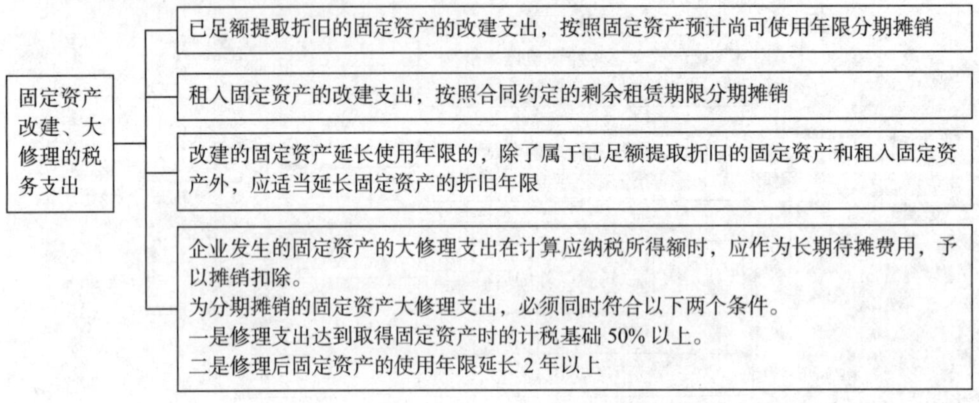

图 24-29　固定资产改建、大修理的税务支出

24.4.3　无形资产的税务处理

无形资产，指企业为生产产品、提供劳务、出租或者经营管理而持有的、没有实物形态的非货币性长期资产，包括专利权、商标权、著作权、土地使用权、非专利技术、商誉等。无形资产的税务处理如图 24-30 所示。

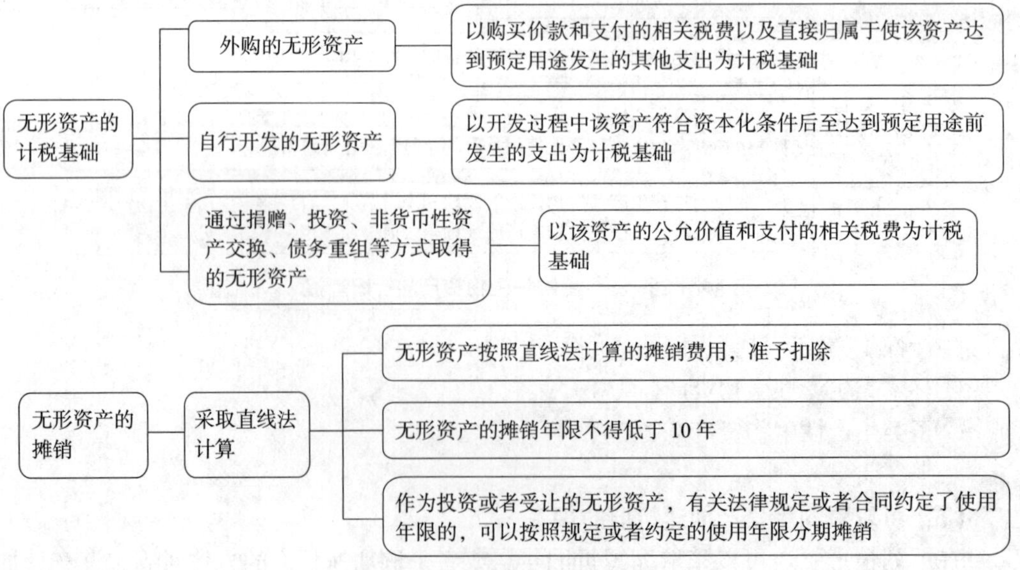

图 24-30　无形资产的税务处理

24.5 企业所得税的税收优惠

企业所得税的税收优惠如图 24-31 所示。

国债利息收入 —— 此项收入为免税收入

股息、红利等权益性投资收益

- 符合一定条件的股息、红利等权益性投资收益免税
  - 符合条件的居民企业之间的股息、红利等权益性投资收益为免税收入，指居民企业直接投资于其他居民企业取得的投资收益
  - 在中国境内设立机构、场所的非居民企业从居民企业取得与该机构、场所有实际联系的股息、红利等权益性投资收益
  - 股息、红利等权益性投资收益，不包括连续持有居民企业公开发行并上市流通的股票不足 12 个月取得的投资收益

- 非营利组织的收入
  - 同时符合右侧条件的组织，属于非营利组织，其收入享有免税的待遇
    - 依法履行非营利组织登记手续
    - 从事公益性或者非营利性活动
    - 取得的收入除用于与该组织有关的、合理的支出外，全部用于登记核定或者章程规定的公益性或者非营利性事业
    - 财产及其孳息不用于分配
    - 按照登记核定或者章程规定，该组织注销后的剩余财产用于公益性或者非营利性目的，或者由登记管理机关转赠给予该组织性质、宗旨相同的组织，并向社会公告
    - 投入人对投入该组织的财产不保留或者享有任何财产权利
    - 工作人员工资福利开支控制在规定的比例内，不变相分配该组织的财产
  - 企业从事下列项目的所得，免征企业所得税
    - 蔬菜、谷物、薯类、油料、豆类、棉花、麻类、糖料、水果、坚果的种植
    - 农作物新品种的选育
    - 中药材的种植
    - 林木的培育和种植
    - 牲畜、家禽的饲养
    - 林产品的采集
    - 灌溉、农产品初加工、兽医、农技推广、农机作业和维修等农、林、牧、渔服务业项目

图 24-31 企业所得税的税收优惠

- 企业从事右侧项目的所得，减半征收企业所得税
  - 远洋捕捞
  - 花卉、茶以及其他饮料作物和香料作物的种植
  - 海水养殖、内陆养殖

- 国家重点扶持的公共基础设施项目
  - 国家重点扶持的公共基础设施项目，指《公共基础设施项目企业所得税优惠目录》规定的港口码头、机场、铁路、公路、城市公共交通、电力、水利等项目
    - 企业从事前款规定的国家重点扶持的公共基础设施项目的投资经营的所得，自项目取得第一笔生产经营收入所属纳税年度起，第一年至第三年免征企业所得税，第四年至第六年减半征收企业所得税
    - 企业承包经营、承包建设和内部自建自用本条规定的项目，不得享受本条规定的企业所得税优惠
    - 已经享受减免税优惠的这些国家重点扶持的公共基础设施项目，在减免税期限内转让的，受让方自受让之日起，可以在剩余期限内享受规定的减免税优惠；减免税期限届满后转让的，受让方不得就该项目重复享受减免税优惠

- 环境保护、节能节水项目
  - 环境保护、节能节水项目，主要包括公共污水处理、公共垃圾处理、沼气综合开发利用、节能减排技术改造、海水淡化等
    - 企业从事符合条件的环境保护、节能节水项目的所得，自项目取得第一笔生产经营收入所属纳税年度起，第一年至第三年免征企业所得税，第四年至第六年减半征收企业所得税
    - 已经享受减免税优惠的这些环境保护、节能节水项目，在减免税期限内转让的，受让方自受让之日起，可以在剩余期限内享受规定的减免税优惠；减免税期限届满后转让的，受让方不得就该项目重复享受减免税优惠
    - 企业购置并实际使用《环境保护专用设备企业所得税优惠目录》《节能节水专用设备企业所得税优惠目录》和《安全生产专用设备企业所得税优惠目录》规定的环境保护、节能节水、安全生产等专用设备的，该专用设备的投资额的10%可以从企业当年的应纳税额中抵免；当年不足抵免的，可以在以后5个纳税年度结转抵免
    - 享受前款规定的企业所得税优惠的企业，应当实际购置并自身实际投入使用前款规定的专用设备；企业购置上述专用设备在5年内转让、出租的，应当停止享受企业所得税优惠，并补缴已经抵免的企业所得税税款

- 技术转让所得
  - 一个纳税年度内，居民企业技术转让所得不超过500万元的部分，免征企业所得税；超过500万元的部分，减半征收企业所得税

- 非居民企业
  - 非居民企业在中国境内未设立机构、场所的，或者虽设立机构、场所但取得的所得与其所设机构、场所没有实际联系的，应当就其来源于中国境内的所得减按10%的税率征收企业所得税

图24-31　企业所得税的税收优惠（续）

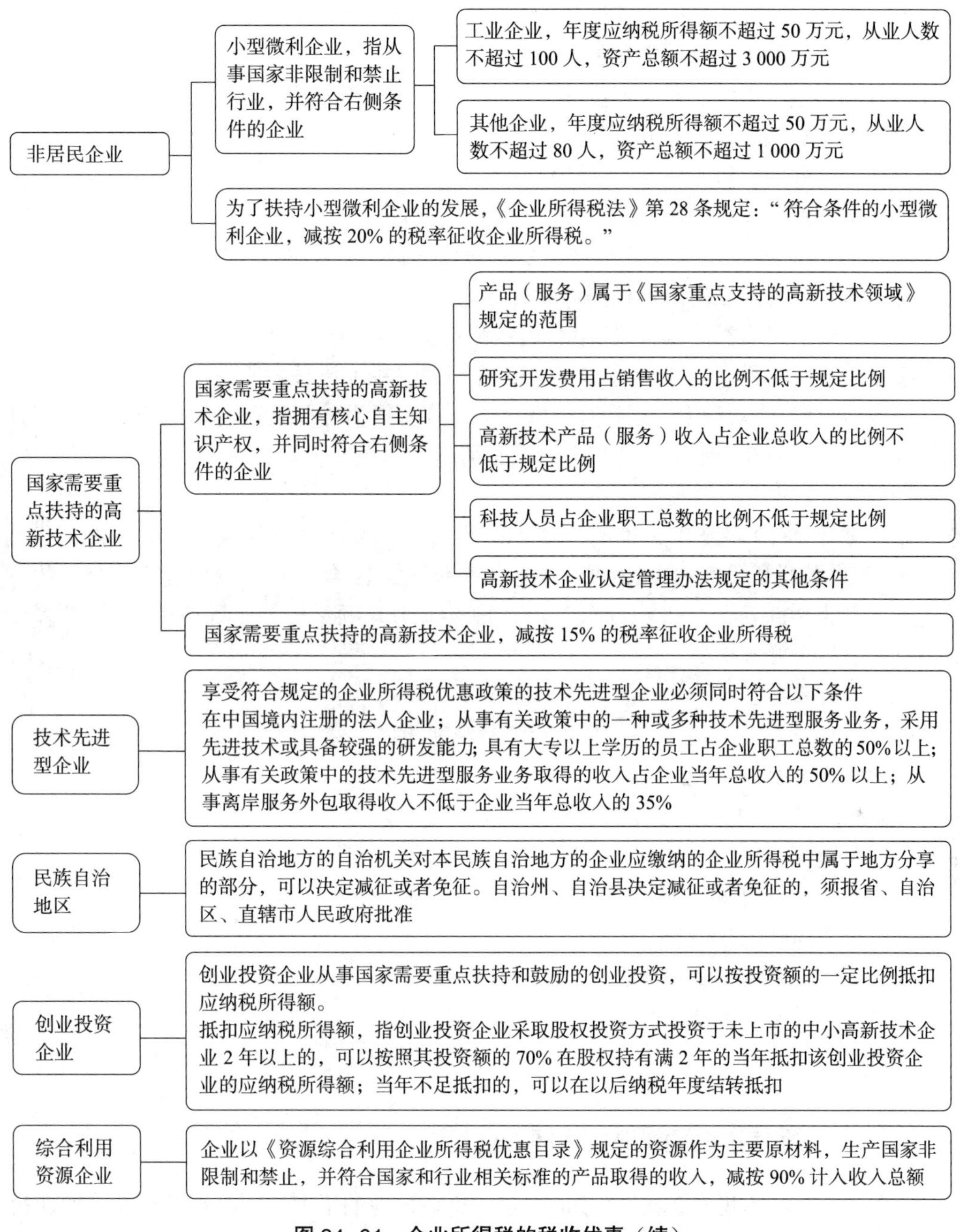

图 24-31　企业所得税的税收优惠（续）

24.6　应纳所得税额的计算

24.6.1　预缴及汇算清缴所得税的计算

企业所得税实行按年计征、分期预缴、年终汇算清缴、多退少补的办法。其应纳税额的计算分为预缴所得税额计算和年终汇算清缴所得税额计算两部分。

(1)按月(季)预缴所得税的计算方法

纳税人预缴所得税时，应当按纳税期限内应纳税所得额的实际数预缴；按实际数预缴有困难的，可按上一年度应纳税所得额的1/12或1/4预缴，或者经当地税务机关认可的其他方法分期预缴所得税。其计算公式为：

公式1：应纳所得税额 = 月（季）应纳税所得额 ×25%

公式2：应纳所得税额 = 上年应纳税所得额 ×1/12（或1/4）×25%

(2)年终汇算清缴的所得税的计算方法

全年应纳所得税额 = 全年应纳税所得额 ×25%

多退少补所得税额 = 全年应纳所得税额 - 月（季）已预缴所得税额

企业所得税税款应以人民币为计算单位。若所得为外国货币的，应当按照国家外汇管理机关公布的外汇汇率折合为人民币缴纳。

【例24-1】企业所得税的计算

紫竹公司2×19年全年应税所得额240万元。2×19年企业经税务机关同意，每月按2×19年应纳税所得额的1/12预缴企业所得税。2×19年全年实现利润经调整后的应纳税所得额为300万元。计算紫竹公司2×19年每月应预缴的企业所得税；年终汇算清缴时应补缴的企业所得税。

分析与计算：

（1）2×19年1月~12月每月应预缴所得税额为：

应纳税额 =240÷12×25%=5（万元）

（2）2×19年1月~12月实际预缴所得税额为：

实际预缴额 =5×12=60（万元）

（3）2×19年全年应纳所得税税额为：

应纳税额 300×25%=75（万元）

（4）年终汇算清缴时应补缴所得税额为：

应补缴所得税额 =75−60=15（万元）

24.6.2 境外所得税抵免和应纳税额的计算

依据《企业所得税法》第23条的规定，企业取得的下列所得已在境外缴纳的所得税税额，可以从其当期应纳税额中抵免，抵免限额为该项所得依照本法规定计算的应纳税额；超过抵免限额的部分，可以在以后五个年度内，用每年度抵免限额抵免当年应抵税额后的余额进行抵补：

（1）居民企业来源于中国境外的应税所得。

（2）非居民企业在中国境内设立机构、场所，取得发生在中国境外但与该机构、场所有实际联系的应税所得。

已在境外缴纳的所得税税额，指企业来源于中国境外的所得依照中国境外税收法律以及相关规定应当缴纳并已经实际缴纳的企业所得税性质的税款。

抵免限额，指企业来源于中国境外的所得，依照企业所得税法和本条例的规定计算的应纳税额。

（1）税收限额抵免法的计算

① 限额抵免的计算方法。税收的限额抵免是纳税人的境外所得依据我国《企业所得税》及其实施条例的有关规定，扣除取得该项所得应摊计的成本、费用及损失后，所得出应税所得额按规定税率计算出的应纳税额。该税收抵免限额应当分国（地区）不分项计算。计算公式为：

抵免限额 = 中国境内、境外所得依照企业所得税法和企业所得税法实施条例的规定计算的应纳税总额 × 来源于某国（地区）的应纳税所得额 ÷ 中国境内、境外应纳税所得总额

按照现行企业所得税年度纳税申报表的相关规定，从境外取得的税后投资收益，应先将其还原后计入企业的应纳税所得总额，一并计算应纳税额。然后将境外应抵扣的已纳税额从当年应纳税额中扣除。

【例 24-2】有境外收益的企业所得税的计算

紫竹公司 2×19 年度境内所得为 800 万元，同期从境外某国分支机构取得税后收益 160 万元，在境外已按 20% 的税率缴纳了所得税。紫竹公司适用税率为 25%。计算紫竹公司本年度应缴纳入库的所得税额。

分析与计算：

（1）境外收益应纳税所得额 =160÷（1−20%）=200（万元）

（2）境内、外所得应纳税总额 =（800+200）×25%=250（万元）

（3）境外所得税扣除限额 =250×200÷（800+200）=50（万元）

（4）境外所得实际缴纳所得税 =200×20%=40（万元），小于扣除限额 50 万元。

境外所得应抵扣的已纳所得税额为 40 万元。

（5）本年度紫竹公司应缴纳企业所得税 =250−40=210（万元）

② 抵免不足部分的处理。纳税人来源于境外所得实际缴纳的所得税款，如果低于按规定计算出的扣除限额，可以从应纳税额中如数扣除其在境外实际缴纳的所得税税款；如果超过扣除限额，其超过部分不得在本年度作为税额扣除，也不得列为费用支出，但可以用以后年度税额扣除不超过限额的余额补扣，补扣期限最长不得超过 5 年。5 个年度，指从企业取得的来源于中国境外的所得，已经在中国境外缴纳的企业所得税性质的税额超过抵免限额的当年的次年起连续 5 个纳税年度。

③ 盈亏弥补。依据《企业所得税法》第 17 条的规定：“企业在汇总计算缴纳企业所得税时，其境外营业机构的亏损不得抵减境内营业机构的盈利。”

企业境外业务之间的盈亏除国务院财政、税务主管部门另有规定外，该抵免限额应当分国（地区）不分项计算，不同国家（地区）之间的不能相互弥补，但是同一个国家（地区）的不同的项目可以相互弥补。

④ 来源于中国境外的股息、红利等权益性投资收益的应纳税额的计算。居民企业从其直接或者间接控制的外国企业分得的来源于中国境外的股息、红利等权益性投资收益，外国企业在境外实际缴纳的所得税税额中属于该项所得负担的部分，可以作为该居民企业的可抵免境外所得税税额，按照税收限额抵免法在抵免限额内抵免。

这里的直接控制，指居民企业直接持有外国企业20%以上股份。间接控制，指居民企业以间接持股方式持有外国企业20%以上股份，具体认定办法由国务院财政、税务主管部门另行制定。

特别强调的是抵免企业所得税税额时，应当提供中国境外税务机关出具的税款所属年度的有关纳税凭证。

24.6.3 从被投资方分回税后利润（股息）应纳税额的计算

企业在国内投资、联营取得的税后利润，由于接受投资或联营企业已向其所在地税务机关缴纳了企业所得税。因此，对于投资方或参营方分得的税后利润、股息，一般不再征税。

依据《企业所得税》第26条的规定，符合一定条件的企业的下列收入为免税收入：

（1）符合条件的居民企业之间的股息、红利等权益性投资收益。在这里符合条件的居民企业之间的股息、红利等权益性投资收益，指居民企业直接投资于其他居民企业取得的投资收益。

（2）在中国境内设立机构、场所的非居民企业从居民企业取得与该机构、场所有实际联系的股息、红利等权益性投资收益。这里的股息、红利等权益性投资收益，不包括连续持有居民企业公开发行并上市流通的股票不足12个月取得的投资收益。

24.6.4 清算所得应纳税额的计算方法

纳税人依法进行清算时，其清算终了后的清算所得，应当依照企业所得税条例规定缴纳所得税。清算所得，指企业的全部资产可变现价值或者交易价格减除资产净值、清算费用以及相关税费等后的余额。

投资方企业从被清算企业分得的剩余资产，其中相当于从被清算企业累计未分配利润和累计盈余公积中应当分得的部分，应当确认为股息所得；剩余资产减除上述股息所得后的余额，超过或者低于投资成本的部分，应当确认为投资资产转让所得或者损失。

清算所得应纳税额 = 清算所得 × 适用税率

【例24-3】清算所得应纳税额的计算方法

紫竹公司因经营管理不善，严重亏损，于2×19年4月底宣布破产，实施解散清算。经过清算，紫竹公司存货变现损益1 000万元，清算资产盘盈150万元，应付未付职工工资200万元，偿还负债收入400万元，发生清算费用30万元，企业累计未分配利润120万元，企业注册资本金1 000万元。试计算紫竹公司清算时应缴纳的企业所得税。

分析与计算：

①清算所得 =1 000+150−200−30+400−120−1 000=200（万元）

②应缴纳所得税额 =200×25%=50（万元）

24.7　企业所得税税款的申报与缴纳

24.7.1　企业所得税的缴纳方法

企业所得税实行按年计算、分月或分季预缴、年终汇算清缴、多退少补的征纳办法。具体纳税期限由主管税务机关根据纳税人应纳税额的大小，予以核定。

24.7.2　企业所得税的缴纳期限

企业所得税的清缴，由纳税人自行计算年度应纳税所得额和应缴所得税额，根据预缴税款情况，计算全年应缴纳税额，并填写纳税申报表，在税法规定的申报期内向税务机关进行年度纳税申报，经税务机关审核后，办理结清手续。

企业所得税分月或者分季预缴，其相应的缴纳期限如图 24−32 所示。

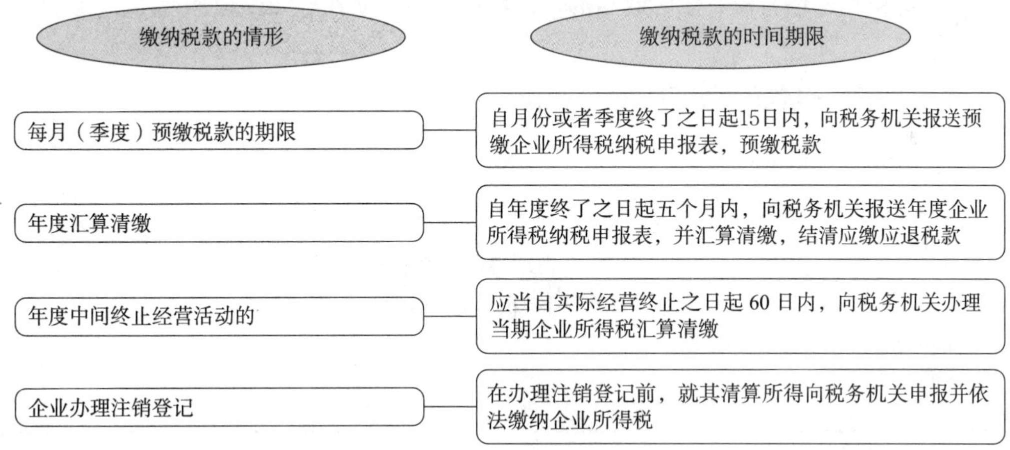

图 24−32　企业所得税的缴纳期限

24.7.3　企业所得税的纳税年度

企业所得税按纳税年度计算。纳税年度自公历 1 月 1 日起至 12 月 31 日止。

企业在一个纳税年度中间开业，或者终止经营活动，使该纳税年度的实际经营期不足十二个月的，应当以其实际经营期为一个纳税年度。

企业依法清算时，应当以清算期间作为一个纳税年度。

24.7.4 企业所得税的纳税地点

企业所得税的纳税地点，按照取得收入的不同情况，按以下的规定进行处理。

（1）除税收法律、行政法规另有规定外，居民企业以企业登记注册地为纳税地点；但登记注册地在境外的，以实际管理机构所在地为纳税地点。

居民企业在中国境内设立不具有法人资格的营业机构的，应当汇总计算并缴纳企业所得税。

在这里，主要机构、场所，应当同时符合下列条件：

第一，对其他各机构、场所的生产经营活动负有监督管理责任。

第二，设有完整的账簿、凭证，能够准确反映各机构、场所的收入、成本、费用和盈亏情况。

（2）非居民企业在中国境内设立机构、场所的，应当就其所设机构、场所取得的来源于中国境内的所得，以及发生在中国境外但与其所设机构、场所有实际联系的所得，以机构、场所所在地为纳税地点。

非居民企业在中国境内设立两个或者两个以上机构、场所的，经税务机关审核批准，可以选择由其主要机构、场所汇总缴纳企业所得税。

非居民企业在中国境内未设立机构、场所的，或者虽设立机构、场所但取得的所得与其所设机构、场所没有实际联系的，以扣缴义务人所在地为纳税地点。

24.7.5 纳税申报表的格式和填报方法

一、纳税申报表的格式

2015 年版企业所得税年度纳税申报表（A 类）的表样，如表 24-1 所示。

表 24-1 企业所得税纳税申报表

中华人民共和国企业所得税年度纳税申报表（A 类）

税款所属期间： 年 月 日至 年 月 日

纳税人名称：

纳税人识别号：□□□□□□□□□□□□□□□□□□□□ 金额单位：元（列至角分）

类别	行次	项目	金额
利润总额计算	1	一、营业收入	
	2	减：营业成本	
	3	税金及附加	
	4	销售费用	
	5	管理费用	
	6	财务费用	
	7	资产减值损失	
	8	加：公允价值变动收益	
	9	投资收益	
	10	二、营业利润	

续表

类别	行次	项　　目	金额
利润总额计算	11	加：营业外收入	
	12	减：营业外支出	
	13	三、利润总额（10+11−12）	
应纳税所得额计算	14	减：境外所得	
	15	加：纳税调整增加额	
	16	减：纳税调整减少额	
	17	减：免税、减计收入及加计扣除	
	18	加：境外应税所得抵减境内亏损	
	19	四、纳税调整后所得	
	20	减：所得减免	
	21	减：抵扣应纳税所得额	
	22	减：弥补以前年度亏损	
	23	五、应纳税所得额（19−20−21−22）	
应纳税额计算	24	税率（25%）	
	25	六、应纳所得税额（23×24）	
	26	减：减免所得税额	
	27	减：抵免所得税额	
	28	七、应纳税额	
	29	加：境外所得应纳所得税额	
	30	减：境外所得抵免所得税额	
	31	八、实际应纳所得税额（28+29−30）	
	32	减：本年累计实际已预缴的所得税额	
	33	九、本年应补（退）所得税额（31−32）	
	34	其中：总机构分摊本年应补（退）所得税额	
	35	财政集中分配本年应补（退）所得税额	
	36	总机构主体生产经营部门分摊本年应补（退）所得税额	
附列资料	37	以前年度多缴的所得税额在本年抵减额	
	38	以前年度应缴未缴在本年入库所得税额	

纳税人公章：	代理申报中介机构公章：	主管税务机关受理专用章：
经办人：	经办人及执业证件号码：	受理人：
申报日期：　　年　月　日	代理申报日期：　　年　月　日	受理日期：　　年　月　日

二、2015 年《企业所得税年度纳税申报表（A 类）》填报说明

（一）适用范围

本表适用于实行查账征收的企业所得税居民纳税人填报。

（二）填报依据及内容

根据《中华人民共和国企业所得税法》及其实施条例的规定计算填报，并依据企业会计制度、企业会计准则等企业的《利润表》以及纳税申报表相关附表的数据填报。

（三）有关项目填报说明

1. 表头项目

（1）“税款所属期间”：正常经营的纳税人，填报公历当年 1 月 1 日至 12 月 31 日；纳税人年度中间开业的，填报实际生产经营之日的当月 1 日至同年 12 月 31 日；纳税人年度中间发生合并、分立、破产、停业等情况的，填报公历当年 1 月 1 日至实际停业或法院裁定并宣告破产之日的当月月末；纳税人年度中间开业且年度中间又发生合并、分立、破产、停业等情况的，填报实际生产经营之日的当月 1 日至实际停业或法院裁定并宣告破产之日的当月月末。

（2）“纳税人识别号”：填报税务机关统一核发的税务登记证号码。

（3）“纳税人名称”：填报税务登记证所载纳税人的全称。

2. 表体项目

本表是在企业会计利润总额的基础上，加减纳税调整额后计算出“纳税调整后所得”（应纳税所得额）。会计与税法的差异（包括收入类、扣除类、资产类等一次性和暂时性差异）通过纳税调整明细表（附表三）集中体现。本表包括利润总额的计算、应纳税所得额的计算、应纳税额的计算和附列资料四个部分。

（1）“利润总额的计算”中的项目，适用《企业会计准则》的企业，其数据直接取自《利润表》；实行《企业会计制度》《小企业会计制度》等会计制度的企业，其《利润表》中项目与本表不一致的部分，应当按照本表要求对《利润表》中的项目进行调整后填报。

该部分的收入、成本费用明细项目，适用《企业会计准则》《企业会计制度》或《小企业会计制度》的纳税人，通过附表一（1）《收入明细表》和附表二（1）《成本费用明细表》反映；适用《企业会计准则》《金融企业会计制度》的纳税人填报附表一（2）《金融企业收入明细表》、附表二（2）《金融企业成本费用明细表》的相应栏次；适用《事业单位会计准则》《民间非营利组织会计制度》的事业单位、社会团体、民办非企业单位、非营利组织，填报附表一（3）《事业单位、社会团体、民办非企业单位收入项目明细表》和附表一（3）《事业单位、社会团体、民办非企业单位支出项目明细表》。

（2）“应纳税所得额的计算”和“应纳税额的计算”中的项目，除根据主表逻辑关系计算出的指标外，其余数据来自附表。

（3）“附列资料”填报用于税源统计分析的上年度税款在本年入库金额。

3. 行次说明

（1）第 1 行“营业收入”：填报纳税人主要经营业务和其他业务所确认的收入总额。

本项目应根据“主营业务收入”和“其他业务收入”科目的发生额分析填列。一般企业通过附表一（1）《收入明细表》计算填列；金融企业通过附表一（2）《金融企业收入明细表》计算填列；事业单位、社会团体、民办非企业单位、非营利组织应填报附一（3）《事业单位、社会团体、民办非企业单位收入明细表》的“收入总额”，包括按税法规定的不征税收入。

（2）第 2 行“营业成本”：填报纳税人经营主要业务和其他业务发生的实际成本总额。本项目应根据“主营业务成本”和“其他业务成本”科目的发生额分析填列。一般企业通过附表二（1）《成本费用明细表》计算填列；金融企业通过附表二（2）《金融企业成本费用明细表》计算填列；事业单位、社会团体、民办非企业单位、非营利组织应按填报附表一（3）《事业单位、社会团体、民办非企业单位收入明细表》和附表二（3）《事业单位、社会团体、民办非企业单位支出明细表》分析填报。

（3）第 3 行“税金及附加”：填报纳税人经营业务应负担的消费税、城市维护建设税、资源税、土地增值税和教育费附加等。本项目应根据“税金及附加”科目的发生额分析填列。

（4）第 4 行“销售费用”：填报纳税人在销售商品过程中发生的包装费、广告费等费用和为销售本企业商品而专设的销售机构的职工薪酬、业务费等经营费用。本项目应根据“销售费用”科目的发生额分析填列。

（5）第 5 行“管理费用”：填报纳税人为组织和管理生产经营发生的管理费用。本项目应根据“管理费用”科目的发生额分析填列。

（6）第 6 行“财务费用”：填报纳税人为筹集生产经营所需资金等而发生的筹资费用。本项目应根据“财务费用”科目的发生额分析填列。

（7）第 7 行“资产减值损失”：填报纳税人各项资产发生的减值损失。本项目应根据“资产减值损失”科目的发生额分析填列。

（8）第 8 行“公允价值变动收益”：填报纳税人按照相关会计准则规定应当计入当期损益的资产或负债公允价值变动收益，如交易性金融资产当期公允价值的变动额。本项目应根据“公允价值变动损益”科目的发生额分析填列，如为损失，本项目以“-”号填列。

（9）第 9 行“投资收益”：填报纳税人以各种方式对外投资所取得的收益。本行应根据“投资收益”科目的发生额分析填列，如为损失，用“-”号填列。企业持有的交易性金融资产处置和出让时，处置收益部分应当自“公允价值变动损益”项目转出，列入本行，包括境外投资应纳税所得额。

（10）第 10 行“营业利润”：填报纳税人当期的营业利润。根据上述行次计算填列。

（11）第 11 行“营业外收入”：填报纳税人发生的与其经营活动无直接关系的各项收入。除事业单位、社会团体、民办非企业单位外，其他企业通过附表一（1）《收入明细表》相关行次计算填报；金融企业通过附表一（2）《金融企业收入明细表》相关行次计算填报。

（12）第 12 行“营业外支出”：填报纳税人发生的与其经营活动无直接关系的各项支出。一般企业通过附表二（1）《成本费用明细表》相关行次计算填报；金融企业通过附表二（2）《金融企业成本费用明细表》相关行次计算填报。

（13）第 13 行“利润总额”：填报纳税人当期的利润总额。根据上述行次计算填列。金额等于第 10+11−12 行。

（14）第 14 行“境外所得”：填报纳税人取得的境外所得且计入利润总额的金额。

（15）第 15 行“纳税调整增加额”：填报纳税人未计入利润总额的应税收入项目、税收不允许扣除的支出项目、超出税收规定扣除标准的支出金额，以及资产类应纳税调整的项目，包括房地产开发企业按本期预售收入计算的预计利润等。纳税人根据附表三《纳税调整项目明细表》“调增金额”列下计算填报。

（16）第 16 行“纳税调整减少额”：填报纳税人已计入利润总额，但税收规定可以暂不确认为应税收入的项目，以及在以前年度进行了纳税调增，根据税收规定从以前年度结转过来在本期扣除的项目金额。包括不征税收入、免税收入、减计收入以及房地产开发企业已转销售收入的预售收入按规定计算的预计利润等。纳税人根据附表三《纳税调整项目明细表》“调减金额”列下计算填报。

（17）第 17 行“不征税收入”：填报纳税人计入营业收入或营业外收入中的属于税收规定的财政拨款、依法收取并纳入财政管理的行政事业性收费、政府性基金，以及国务院规定的其他不征税收入。

（18）第 17 行“免税收入”：填报纳税人已并入利润总额中核算的符合税收规定免税条件的收入或收益，包括国债利息收入；符合条件的居民企业之间的股息、红利等权益性投资收益；在中国境内设立机构、场所的非居民企业从居民企业取得与该机构、场所有实际联系的股息、红利等权益性投资收益；符合条件的非营利组织的收入。本行应根据“主营业务收入”、“其他业务收入”和“投资净收益”科目的发生额分析填列。

（19）第 17 行“减计收入”：填报纳税人以《资源综合利用企业所得税优惠目录》规定的资源作为主要原材料，生产销售国家非限制和禁止并符合国家和行业相关标准的产品按 10% 的规定比例减计的收入。

（20）第 19 行“减、免税项目所得”：填报纳税人按照税收规定应单独核算的减征、免征项目的所得额。

（21）第 17 行“加计扣除”：填报纳税人当年实际发生的开发新技术、新产品、新工艺发生的研究开发费用，以及安置残疾人员和国家鼓励安置的其他就业人员所支付的工资。符合税收规定条件的，计算应纳税所得额按一定比例的加计扣除金额。

（22）第 18 行“境外应税所得弥补境内亏损”：依据《境外所得计征企业所得税暂行管理办法》的规定，纳税人在计算缴纳企业所得税时，其境外营业机构的盈利可以弥补境内营业机构的亏损。即当“利润总额”加“纳税调整增加额”减“纳税调整减少额”为负数时，该行填报企业境外应税所得用于弥补境内亏损的部分，最大不得超过企业当年的全部境外应税所得；如为正数时，如以前年度无亏损额，本行填零；如以前年度有亏损额，取应弥补以前年度亏损额的最大值，最大不得超过企业当年的全部境外应税所得。

（23）第 19 行“纳税调整后所得”：填报纳税人当期经过调整后的应纳税所得额。金额等于本表第 13+14−15+22 行。当本行为负数时，即为可结转以后年度弥补的亏损额（当年可弥补的所得额）；如为正数时，应继续计算应纳税所得额。

（24）第 20 行“所得减免”：填报属于税收规定的减免金额。

（25）第 21 行“抵扣应纳税所得额”：填报根据税收规定，应抵扣应纳税所得额。

（26）第 22 行“弥补以前年度亏损”：填报纳税人按税收规定可在税前弥补的以前年度亏损额。金额等于附表四《企业所得税弥补亏损明细表》第 6 行第 10 列。但不得超过本表第 23 行“纳税调整后所得”。

（27）第 23 行“应纳税所得额”：金额等于本表第 19−20−21−22 行。本行不得为负数，本表第 23 行或者依上述顺序计算结果为负数，本行金额填零。

（28）第 24 行“税率”：填报税法规定的税率 25%。

（29）第 25 行“应纳所得税额”：金额等于本表第 23×24 行。

（30）第 26 行“减免所得税额”：填列纳税人按税收规定实际减免的企业所得税额。包括小型微利企业、国家需要重点扶持的高新技术企业、享受减免税优惠过渡政策的企业，其实际执行税率与法定税率的差额，以及经税务机关审批或备案的其他减免税优惠。金额等于附表五《税收优惠明细表》第 33 行。

（31）第 27 行“抵免所得税额”：填列纳税人购置用于环境保护、节能节水、安全生产等专用设备的投资额，其设备投资额的 10% 可以从企业当年的应纳税额中抵免；当年不足抵免的，可以在以后 5 个纳税年度结转抵免。金额等于附表五《税收优惠明细表》第 40 行。

（32）第 28 行“应纳税额”：填报纳税人当期的应纳所得税额，根据上述有关的行次计算填列。金额等于本表第 25−26−27 行。

（33）第 29 行“境外所得应纳所得税额”：填报纳税人来源于中国境外的应纳税所得额（如分得的所得为税后利润应还原计算），按税法规定的税率（居民企业 25%）计算的应纳所得税额。金额等于附表六《境外所得税抵免计算明细表》第 10 列合计数。

（34）第 30 行“境外所得抵免所得税额”：填报纳税人来源于中国境外的所得，依照税法规定计算的应纳所得税额，即抵免限额。

企业已在境外缴纳的所得税额，小于抵免限额的，“境外所得抵免所得税额”按其在境外实际缴纳的所得税额填列；大于抵免限额的，按抵免限额填列，超过抵免限额的部分，可以在以后五个年度内，用每年度抵免限额抵免当年应抵税额后的余额进行抵补。

可用境外所得弥补境内亏损的纳税人，其境外所得应纳税额公式中“境外应纳税所得额”项目和境外所得税税款扣除限额公式中“来源于某外国的所得”项目，为境外所得，不含弥补境内亏损部分。

（35）第 31 行“实际应纳所得税额”：填报纳税人当期的实际应纳所得税额。金额等于本表第 28+29−30 行。

（36）第 32 行“本年累计实际已预缴的所得税额”：填报纳税人按照税收规定本年已在月（季）累计预缴的所得税额。

（37）第 33 行“本年应补（退）所得税额金额等于本表第 31−32 行。

（38）第 34 行“汇总纳税的总机构分摊预缴的税额”：填报汇总纳税的总机构 1 至

12月份（或1至4季度）分摊的在当地入库预缴税额。附报《中华人民共和国汇总纳税分支机构所得税分配表》。

（39）第35行“汇总纳税的总机构财政调库预缴的税额”：填报汇总纳税的总机构1至12月份（或1至4季度）分摊的缴入财政调节入库的预缴税额。附报《中华人民共和国汇总纳税分支机构所得税分配表》。

（40）第36行“汇总纳税的总机构所属分支机构分摊的预缴税额”：填报分支机构就地分摊预缴的税额。附报《中华人民共和国汇总纳税分支机构所得税分配表》。

（41）第38行“合并纳税（母子体制）成员企业就地预缴比例”：填报经国务院批准的实行合并纳税（母子体制）的成员企业按规定就地预缴的比例。

（42）第39行“合并纳税企业就地预缴的所得税额”：填报合并纳税的成员企业就地应预缴的所得税额”。根据“实际应纳税额”和“预缴比例”计算填列。金额等于本表第33×38行。

（43）第37行“以前年度多缴的所得税在本年抵减额”：填报纳税人以前年度汇算清缴多缴的税款尚未办理退税的金额，且在本年抵缴的金额。

（44）第38行“以前年度应缴未缴在本年入库所得额”：填报纳税人以前年度损益调整税款、上一年度第四季度或第12月份预缴税款和汇算清缴的税款，在本年入库金额。

（四）表内及表间关系

（1）第1行=附表一（1）第2行或附表一（2）第1行或附表一（3）第3行至7行合计。

（2）第2行=附表二（1）第2行或附表二（2）第1行或附表二（3）第14行。

（3）第10行=本表第1-2-3-4-5-6-7+8+9行。

（4）第11行=附表一（1）第17行或附表一（2）第42行或附表一（3）第9行。

（5）第12行=附表二（1）第16行或附表二（2）第45行。

（6）第13行=本表第10+11-12行。

（7）第14行=附表三第52行第3列合计。

（8）第15行=附表三第52行第4列合计。

（9）第16行=附表三第14行第4列。

（10）第17行=附表五第1行。

（11）第18行=附表五第6行。

（12）第19行=附表五第14行。

（13）第20行=附表五第9行。

（14）第21行=附表五第39行。

（15）第18行=附表六第7列合计。（当本表第13-14+15-16-17行≥0时，本行=0）

（16）第19行=本表第13-14+15-16-17+18行。（当本表第13-14+15-16-17行＜0时，则加18行的最大值）

（17）第 24 行 = 附表四第 6 行第 10 列。

（18）第 23 行 = 本表第 19−20−21−22 行。（当本行＜ 0 时，则先调整 21 行的数据，使其本行≥ 0；当 21 行 = 0 时，19−20−21−22 行≥ 0）

（19）第 24 行填报 25%。

（20）第 25 行 = 本表第 23×24 行。

（21）第 26 行 = 附表五第 33 行。

（22）第 27 行 = 附表五第 40 行。

（23）第 28 行 = 本表第 25−26−27 行。

（24）第 29 行 = 附表六第 10 列合计。

（25）第 30 行 = 附表六第 14 列合计 + 第 16 列合计或附表六第 17 列合计。

（26）第 31 行 = 本表第 28+29−30 行。

（27）第 33 行 = 本表第 31−32 行。

第二十五章

个人所得税

——让老百姓明明白白来缴税

内容概览

纳税是每个企业，每个公民应尽的责任，而个人所得税则是和居民个人息息相关的一个税种。在本章的学习中，我们将解决读者的以下问题：

（1）个人所得税是一种什么税？

（2）哪些人需要缴纳个人所得税？

（3）个人所得税对哪些收入征税？

（4）个人所得税的税率是如规定的？

（5）个人所得税的计税依据如何确认？

（6）如何计算个人所得税的应纳税额？

（7）个人所得税有哪些优惠政策？

（8）如何办理个人所得税的申报与缴纳？

25.1 认识个人所得税

个人所得税是对个人（即自然人）取得的各项应税所得为对象征收的一种税。1980 年 9 月 10 日第五届全国人民代表大会第三次会议通过《中华人民共和国个人所得税法》（以下简称《个人所得税法》），此后全国人民代表大会常务委员会分别于 1993 年 10 月 31 日、1999 年 8 月 30 日、2005 年 10 月 27 日、2007 年 6 月 29 日、2007 年

12月29日、2011年6月30日、2018年8月31日对《中华人民共和国个人所得税法》做出修正，1994年1月28日国务院公布《中华人民共和国个人所得税法实施条例》（以下简称《个人所得税法实施条例》），此后国务院分别于2005年12月19日、2008年2月18日、2011年7月19日、2018年12月18日做出修订，国家财政、税务主管部门又制定了一系列部门规章和规范性文件。这些法律法规、部门规章及规范性文件构成了我国的个人所得税法律制度。个人所得税的概念与特点如图25-1所示。

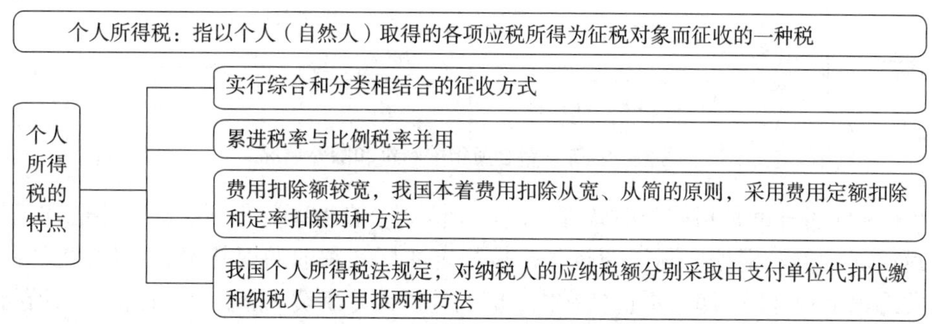

图25-1 个人所得税的概念与特点

25.2 个人所得税的征税对象

个人所得税的征税对象是个人取得的应税所得。《个人所得税法》列举征税的个人所得，也就是个人所得税的税目共有9项。《中华人民共和国所得税法实施条例》及相关法规具体确定了各项个人所得的征税范围。

居民个人取得下述25.2.1至25.2.4项所得（综合所得），按纳税年度合并计算个人所得税；非居民个人取得下述25.2.1至25.2.4项所得，按月或者按次分项计算个人所得税。纳税人取得下述25.2.5至25.2.9项所得，依照法律规定分别计算个人所得税。个人取得的所得，难以界定应纳税所得项目的，由国务院税务主管部门确定。

25.2.1 工资、薪金所得

对于大多数人而言，工资、薪金所得是最常见，也是最主要的收入类别之一。我们在把握工资、薪金所得的范围时，不要受日常生活经验的影响，只认为工资条中工资项目属于工资，而其他诸如月度奖金，年终奖，各种补贴不属于工资。

所谓工资、薪金所得，指个人因任职或者受雇而取得的工资、薪金、奖金、年终加薪、劳动分红、津贴、补贴以及与任职或者受雇有关的其他所得。工资薪金所得的特征和除外情况如图25-2所示。

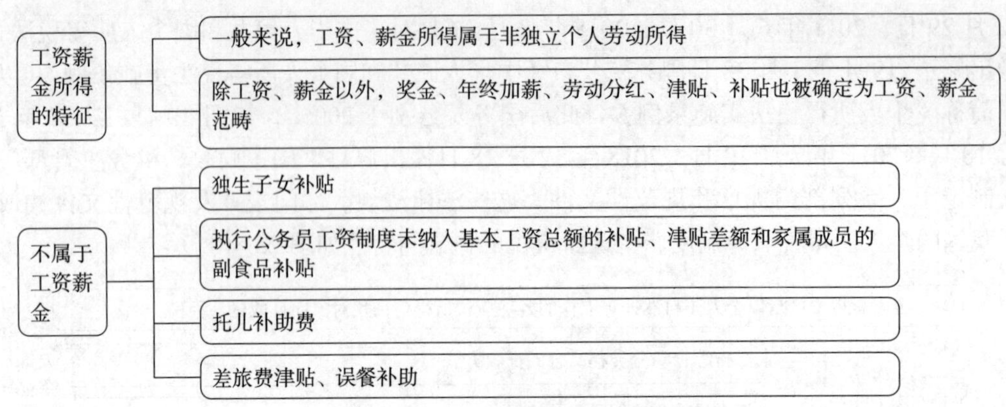

图 25-2 工资薪金所得的特征和除外情况

说明：误餐补助是指按照财政部规定，个人因公在城区、郊区工作，不能在工作单位或返回就餐的，根据实际误餐顿数，按规定的标准领取的误餐费。单位以误餐补助名义发给职工的补助、津贴不包括在内，应当并入当月工资、薪金所得计征个人所得税。

25.2.2 劳务报酬所得

劳务报酬所得，指个人从事劳务取得的所得，包括从事设计、装潢、安装、制图、化验、测试、医疗、法律、会计、咨询、讲学、翻译、审稿、书画、雕刻、影视、录音、录像、演出、表演、广告、展览、技术服务、介绍服务、经纪服务、代办服务以及其他劳务取得的所得。

区分“劳务报酬所得”和“工资、薪金所得”，主要看是否存在雇佣与被雇佣的关系。“工资、薪金所得”是个人从事非独立劳动，从所在单位（雇主）领取的报酬，存在雇佣与被雇佣的关系，即在机关、团体、学校、部队、企事业单位及其他组织中任职、受雇而得到的报酬。而“劳务报酬所得”则是指个人独立从事某种技艺，独立提供某种劳务而取得的报酬，一般不存在雇佣关系。个人所得税所列各项“劳务报酬所得”一般属于个人独立从事自由职业取得的所得或属于独立个人劳动所得。如果从事某项劳务活动取得的报酬是以工资、薪金形式体现的，如演员从其所属单位领取工资，教师从学校领取工资，就属于“工资、薪金所得”，而不属于“劳务报酬所得”。如果从事某项劳务活动取得的报酬不是来自聘用、雇佣或工作单位，如演员“走穴”演出取得的报酬，教师自行举办学习班、培训班等取得的收入，就属于“劳务报酬所得”或“经营所得”。

（1）个人兼职取得的收入应按照“劳务报酬所得”项目缴纳个人所得税。

（2）律师以个人名义再聘请其他人员为其工作而支付的报酬，应由该律师按“劳务报酬所得”项目负责代扣代缴个人所得税。为了便于操作，税款可由其任职的律师事务所代为缴入国库。

25.2.3　稿酬所得

稿酬所得，指个人因其作品以图书、报刊形式出版、发表而取得的所得。作品包括文学作品、书画作品、摄影作品，以及其他作品。作者去世后，财产继承人取得的遗作稿酬，也应按“稿酬所得”征收个人所得税。

25.2.4　特许权使用费所得

特许权使用费所得，指个人提供专利权、商标权、著作权、非专利技术以及其他特许权的使用权取得的所得；提供著作权的使用权取得的所得，不包括稿酬所得。以下情形按照“特许权使用费”项目缴纳个人所得税，如图 25-3 所示。

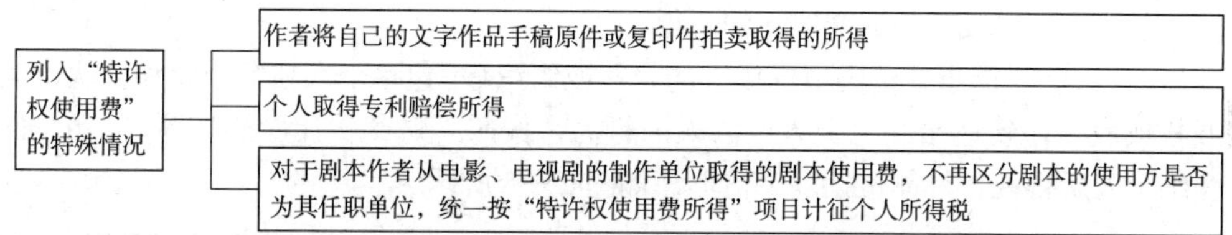

图 25-3　列入“特许权使用费”的特殊情况

25.2.5　经营所得

经营所得包含的情况如图 25-4 所示。

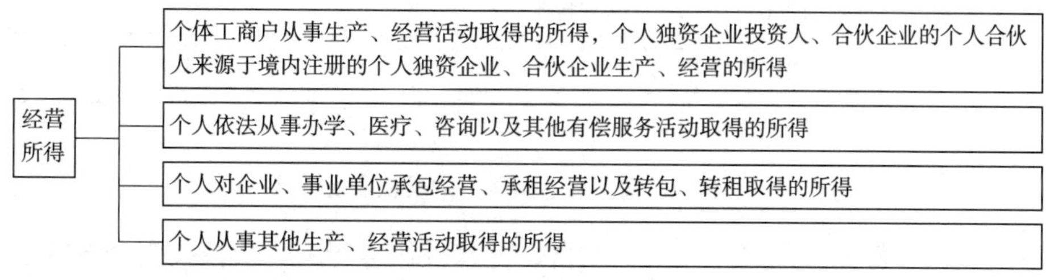

图 25-4 经营所得的范畴

25.2.6　利息、股息、红利所得

利息、股息、红利所得，指个人拥有债权、股权而取得的利息、股息、红利所得。其中，利息一般是指存款、贷款和债券的利息。股息、红利指个人拥有股权取得的公司、企业分红。按照一定的比例派发的每股息金，称为股息。根据公司、企业应分配的超过股息部分的利润，按股派发的红股，称为红利。

25.2.7　财产租赁所得

财产租赁所得，指个人出租不动产、机器设备、车船以及其他财产取得的所得。

（1）个人取得的房屋转租收入，属于“财产租赁所得”项目。

（2）房地产开发企业与商店购买者个人签订协议，以优惠价格出售其商店给购买者个人，购买者个人在一定期限内必须将购买的商店无偿提供给房地产开发企业对外出租使用。该行为实质上是购买者个人以所购商店交由房地产开发企业出租而取得的房屋租赁收入支付了部分购房价款。对购买者个人少支出的购房价款，应视同个人财产租赁所得，按照“财产租赁所得”项目征收个人所得税。每次财产租赁所得的收入额，按照少支出的购房价款和协议规定的租赁月份数平均计算确定。

25.2.8 财产转让所得

财产转让所得，指个人转让有价证券、股权、合伙企业中的财产份额、不动产、机器设备、车船以及其他财产取得的所得。

（1）个人将投资于在中国境内成立的企业或组织（不包括个人独资企业和合伙企业）的股权或股份，转让给其他个人或法人的行为，按照“财产转让所得”项目，依法计算缴纳个人所得税，具体包括以下情形，如图 25-5 所示。

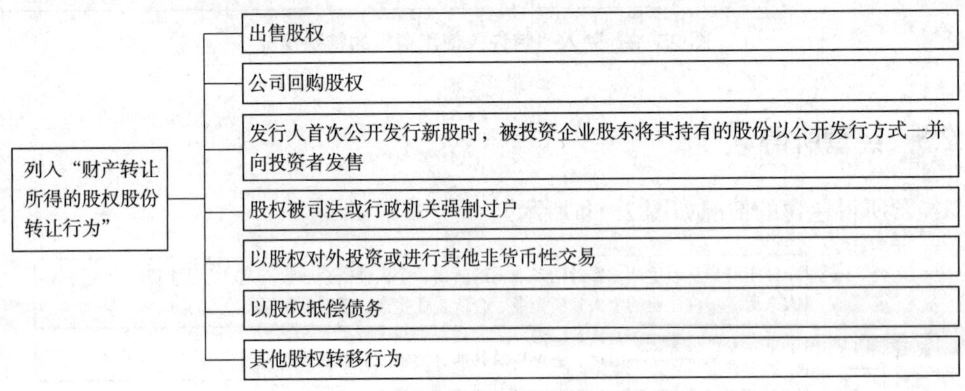

图 25-5 列入“财产转让所得”的股权股份转让行为

（2）个人因各种原因终止投资、联营、经营合作等行为，从被投资企业或合作项目、被投资企业的其他投资者以及合作项目的经营合作人取得股权转让收入、违约金、补偿金、赔偿金及以其他名目收回的款项等，均属于个人所得税应税收入，应按照“财产转让所得”项目适用的规定计算缴纳个人所得税。

（3）个人以非货币性资产投资，属于个人转让非货币性资产和投资同时发生。对个人转让非货币性资产的所得，应按照“财产转让所得”项目，依法计算缴纳个人所得税。

（4）纳税人收回转让的股权征收个人所得税的方法。

① 股权转让合同履行完毕、股权已作变更登记，且所得已经实现的，转让人取得的股权转让收入应当依法缴纳个人所得税。转让行为结束后，当事人双方签订并执行解除原股权转让合同、退回股权的协议，是另一次股权转让行为，对前次转让行为征收的个人所得税款不予退回。

② 股权转让合同未履行完毕，因执行仲裁委员会做出的解除股权转让合同及补充协议的裁决、停止执行原股权转让合同，并原价收回已转让股权的，由于其股权转让行为尚未完成、收入未完全实现，随着股权转让关系的解除，股权收益不复存在，纳税人不应缴纳个人所得税。

（5）对个人转让新三板挂牌公司原始股取得的所得，按照“财产转让所得”，适用20% 的比例税率征收个人所得税。原始股指个人在新三板挂牌公司挂牌前取得的股票，以及在该公司挂牌前和挂牌后由上述股票滋生的送、转股。

（6）个人通过招标、竞拍或其他方式购置债权以后，通过相关司法或行政程序主张债权而取得的所得，应按照“财产转让所得”项目缴纳个人所得税。

（7）个人通过网络收购玩家的虚拟货币，加价后向他人出售取得的收入，应按照“财产转让所得”项目计算缴纳个人所得税。

25.2.9 偶然所得

偶然所得，指个人得奖、中奖、中彩以及其他偶然性质的所得。得奖指参加各种有奖竞赛活动，取得名次得到的奖金；中奖、中彩指参加各种有奖活动，如有奖储蓄、购买彩票，经过规定程序，抽中、摇中号码而取得的奖金。

（1）企业对累积消费达到一定额度的顾客，给予额外抽奖机会，个人的获奖所得，按照“偶然所得”项目，全额缴纳个人所得税。

（2）个人取得单张有奖发票奖金所得超过 800 元的，应全额按照“偶然所得”项目征收个人所得税。税务机关或其指定的有奖发票兑奖机构，是有奖发票奖金所得个人所得税的扣缴义务人。

（3）个人为单位或他人提供担保获得收入，按照“偶然所得”项目计算缴纳个人所得税。

（4）房屋产权所有人将房屋产权无偿赠予他人的，受赠人因无偿受赠房屋取得的受赠收入，按照“偶然所得”项目计算缴纳个人所得税。

（5）企业在业务宣传、广告等活动中，随机向本单位以外的个人赠送礼品（包括网络红包，下同），以及企业在年会、座谈会、庆典以及其他活动中向本单位以外的个人赠送礼品，个人取得的礼品收入，按照“偶然所得”项目计算缴纳个人所得税，但企业赠送的具有价格折扣或折让性质的消费券、代金券、抵用券、优惠券等礼品除外。

25.3 个人所得税的纳税人

25.3.1 哪些人需要缴纳个人所得税

个人所得税纳税人，包括中国公民（含香港、澳门、台湾同胞）、个体工商户、个人独资企业投资者和合伙企业自然人合伙人等。

个人所得税纳税人依据住所和居住时间两个标准，分为居民个人和非居民个人。

25.3.2　居民纳税人与非居民纳税人的判定标准及相应的纳税义务有什么不同

按照《个人所得税法》的规定，我国个人所得税的纳税人包括居民纳税人和非居民纳税人，两者具有不同的纳税义务。居民纳税人与非居民纳税人的判定标准及相应的纳税义务如图 25-6 所示。

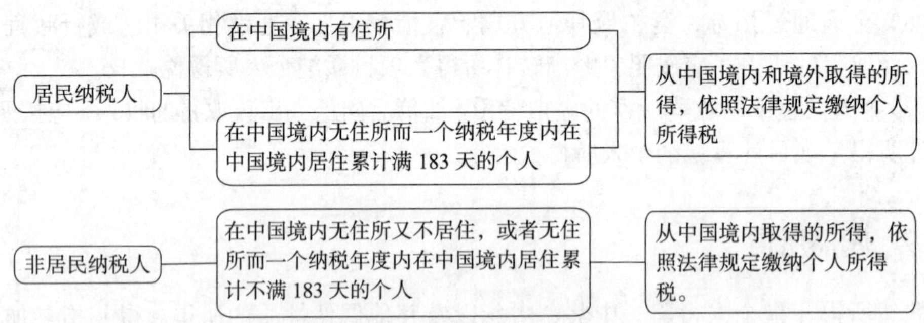

图 25-6　居民纳税人和非居民纳税人的判定标准及相应的纳税义务

（1）判定标准说明

①在中国境内有住所，指因户籍、家庭、经济利益关系而在中国境内习惯性居住。

②纳税年度，自公历 1 月 1 日起至 12 月 31 日止。

③无住所个人一个纳税年度内在中国境内累计居住天数，按照个人在中国境内累计停留的天数计算。在中国境内停留的当天满 24 小时的，计入中国境内居住天数，在中国境内停留的当天不足 24 小时的，不计入中国境内居住天数。

（2）纳税义务说明

①从中国境内和境外取得的所得，分别指来源于中国境内的所得和来源于中国境外的所得。

②在中国境内无住所的个人，在一个纳税年度内在中国境内居住累计不超过 90 天的，其来源于中国境内的所得，由境外雇主支付并且不由该雇主在中国境内的机构、场所负担的部分，免予缴纳个人所得税。

③在中国境内无住所的个人，在中国境内居住累计满 183 天的年度连续不满六年的，经向主管税务机关备案，其来源于中国境外且由境外单位或者个人支付的所得，免予缴纳个人所得税；在中国境内居住累计满 183 天的任一年度中有一次离境超过 30 天的，其在中国境内居住累计满 183 天的年度的连续年限重新起算。

④中国境内无住所的个人一个纳税年度在中国境内累计居住满 183 天的，如果此前六年在中国境内每年累计居住天数都满 183 天而且没有任何一年单次离境超过 30 天，该纳税年度来源于中国境内、境外所得应当缴纳个人所得税；如果此前六年的任一年在中国境内累计居住天数不满 183 天或者单次离境超过 30 天，该纳税年度来源于中国境外且由境外单位或者个人支付的所得，免予缴纳个人所得税。

注：此前六年，指该纳税年度的前一年至前六年的连续六个年度，此前六年的起始

年度自 2019 年（含）以后年度开始计算。

25.3.3　如何确定所得来源于境内还是境外

除国务院财政、税务主管部门另有规定外，下列所得，不论支付地点是否在中国境内，均为来源于中国境内的所得，如图 25-7 所示。

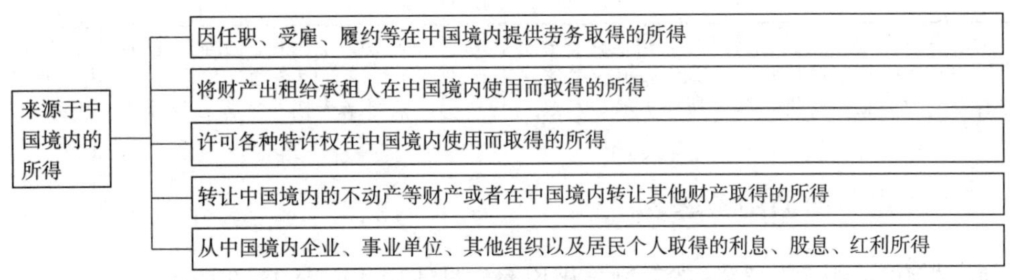

图 25-7　来源于中国境内的所得的确定方法

25.3.4　什么是扣缴义务人

我国个人所得税实行代扣代缴和个人申报纳税相结合的征收管理制度。税法规定，凡支付应纳税所得的单位或个人，都是个人所得税的扣缴义务人。扣缴义务人在向纳税人支付各项应纳税所得（个体工商户生产、经营所得除外）时，必须履行代扣代缴税款的义务。

25.4　个人所得税的税率

个人所得税根据不同的个人所得项目，规定了超额累进税率和比例税率两种形式。

25.4.1　综合所得适用税率

居民个人每一纳税年度内取得的综合所得包括：工资、薪金所得；劳务报酬所得；稿酬所得；特许权使用费所得。

综合所得适用 3%~45% 的超额累进税率。具体税率如表 25-1 所示。

表 25-1　个人所得税税率表

（综合所得适用）

级数	全年应纳税所得额	税率（%）
1	不超过 36 000 元的	3
2	超过 36 000 元至 144 000 元的部分	10

续表

级数	全年应纳税所得额	税率（%）
3	超过 144 000 元至 300 000 元的部分	20
4	超过 300 000 元至 420 000 元的部分	25
5	超过 420 000 元至 660 000 元的部分	30
6	超过 660 000 元至 960 000 元的部分	35
7	超过 960 000 元的部分	45

注：①本表所称全年应纳税所得额指依照法律规定，居民个人取得综合所得以每一纳税年度收入额减除费用 6 万元以及专项扣除、专项附加扣除和依法确定的其他扣除后的余额。②非居民个人取得工资、薪金所得，劳务报酬所得，稿酬所得和特许权使用费所得，依照本表按月换算后计算应纳税额

25.4.2 经营所得适用税率

经营所得适用 5%~35% 的超额累进税率。具体税率如表 25-2 所示。

表 25-2 个人所得税税率表

（经营所得适用）

级数	全年应纳税所得额	税率（%）
1	不超过 30 000 元的	5
2	超过 30 000 元至 90 000 元的部分	10
3	超过 90 000 元至 300 000 元的部分	20
4	超过 300 000 元至 500 000 元的部分	30
5	超过 500 000 元的部分	35

注：本表所称全年应纳税所得额指依照法律规定，以每一纳税年度的收入总额减除成本、费用以及损失后的余额

25.4.3 利息、股息、红利所得，财产租赁所得，财产转让所得和偶然所得适用税率

利息、股息、红利所得，财产租赁所得，财产转让所得和偶然所得适用比例税率，税率为 20%。

自 2001 年 1 月 1 日起，对个人出租住房取得的所得暂减按 10% 的税率征收个人所得税。

25.5 个人所得税应纳税所得额的确定

个人所得税的计税依据是纳税人取得的应纳税所得额。应纳税所得额为个人取得的各项收入减去税法规定的费用扣除金额和减免税收入后的余额。由于个人所得税的

应税项目不同，扣除费用标准也各不相同，需要按不同应税项目分项计算。

25.5.1 个人所得的形式

个人所得的形式，包括现金、实物、有价证券和其他形式的经济利益。确定计税依据的基本方法如图 25-8 所示。

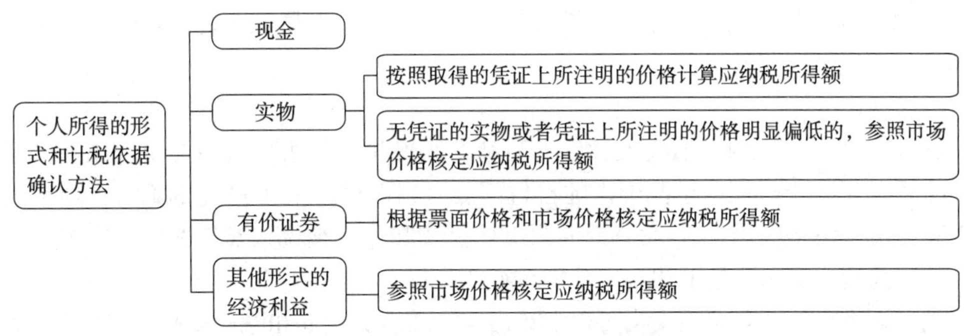

图 25-8 个人所得的形式和计税依据确认方法

25.5.2 居民个人的综合所得如何确定应纳税所得额

居民个人的综合所得，以每一纳税年度的收入额减除费用 6 万元以及专项扣除、专项附加扣除和依法确定的其他扣除后的余额，为应纳税所得额。

综合所得，包括工资、薪金所得，劳务报酬所得，稿酬所得，特许权使用费所得四项。劳务报酬所得、稿酬所得、特许权使用费所得以收入减除 20% 的费用后的余额为收入额。稿酬所得的收入额减按 70% 计算。

（1）专项扣除，包括居民个人按照国家规定的范围和标准缴纳的基本养老保险、基本医疗保险、失业保险等社会保险费和住房公积金等。

（2）专项附加扣除，包括子女教育、继续教育、大病医疗、住房贷款利息或者住房租金、赡养老人等支出。

①子女教育。

纳税人的子女接受全日制学历教育的相关支出、年满 3 岁至小学入学前处于学前教育阶段的子女，按照每个子女每月 1 000 元的标准定额扣除。

学历教育包括义务教育（小学、初中教育）、高中阶段教育（普通高中、中等职业、技工教育）、高等教育（大学专科、大学本科、硕士研究生、博士研究生教育）。

父母可以选择由其中一方按扣除标准的 100% 扣除，也可以选择由双方分别按扣除标准的 50% 扣除，具体扣除方式在一个纳税年度内不能变更。

纳税人子女在中国境外接受教育的，纳税人应当留存境外学校录取通知书、留学签证等相关教育的证明资料备查。

②继续教育。

纳税人在中国境内接受学历（学位）继续教育的支出，在学历（学位）教育期间按照每月400元定额扣除。同一学历（学位）继续教育的扣除期限不能超过48个月。纳税人接受技能人员职业资格继续教育、专业技术人员职业资格继续教育的支出，在取得相关证书的当年，按照3 600元定额扣除。

个人接受本科及以下学历（学位）继续教育，符合本办法规定扣除条件的，可以选择由其父母扣除，也可以选择由本人扣除。

纳税人接受技能人员职业资格继续教育、专业技术人员职业资格继续教育的，应当留存相关证书等资料备查。

③大病医疗。

在一个纳税年度内，纳税人发生的与基本医保相关的医药费用支出，扣除医保报销后个人负担（指医保目录范围内的自付部分）累计超过15 000元的部分，由纳税人在办理年度汇算清缴时，在80 000元限额内据实扣除。纳税人及其配偶、未成年子女发生的医药费用支出，按上述规定分别计算扣除额。

纳税人发生的医药费用支出可以选择由本人或者其配偶扣除；未成年子女发生的医药费用支出可以选择由其父母一方扣除。

纳税人应当留存医药服务收费及医保报销相关票据原件（或者复印件）等资料备查。医疗保障部门应当向患者提供在医疗保障信息系统记录的本人年度医药费用信息查询服务。

④住房贷款利息。

纳税人本人或者配偶单独或者共同使用商业银行或者住房公积金个人住房贷款为本人或者其配偶购买中国境内住房，发生的首套住房贷款利息支出，在实际发生贷款利息的年度，按照每月1 000元的标准定额扣除，扣除期限最长不超过240个月。纳税人只能享受一次首套住房贷款的利息扣除。

首套住房贷款指购买住房享受首套住房贷款利率的住房贷款。

经夫妻双方约定，可以选择由其中一方扣除，具体扣除方式在一个纳税年度内不能变更。

夫妻双方婚前分别购买住房发生的首套住房贷款，其贷款利息支出，婚后可以选择其中一套购买的住房，由购买方按扣除标准的100%扣除，也可以由夫妻双方对各自购买的住房分别按扣除标准的50%扣除，具体扣除方式在一个纳税年度内不能变更。

纳税人应当留存住房贷款合同、贷款还款支出凭证备查。

⑤住房租金。

纳税人在主要工作城市没有自有住房而发生的住房租金支出，可以按照以下标准定额扣除。

a. 直辖市、省会（首府）城市、计划单列市以及国务院确定的其他城市，扣除标准为每月1 500元。

b. 除上述所列城市以外，市辖区户籍人口超过100万的城市，扣除标准为每月1 100元；市辖区户籍人口不超过100万的城市，扣除标准为每月800元。

纳税人的配偶在纳税人的主要工作城市有自有住房的，视同纳税人在主要工作城市有自有住房。

市辖区户籍人口，以国家统计局公布的数据为准。

主要工作城市指纳税人任职受雇的直辖市、计划单列市、副省级城市、地级市（地区、州、盟）全部行政区域范围；纳税人无任职受雇单位的，为受理其综合所得汇算清缴的税务机关所在城市。

夫妻双方主要工作城市相同的，只能由一方扣除住房租金支出。

住房租金支出由签订租赁住房合同的承租人扣除。

纳税人及其配偶在一个纳税年度内不能同时分别享受住房贷款利息和住房租金专项附加扣除。

纳税人应当留存住房租赁合同、协议等有关资料备查。

⑥赡养老人。

纳税人赡养一位及以上被赡养人的赡养支出，统一按照以下标准定额扣除。

a. 纳税人为独生子女的，按照每月 2 000 元的标准定额扣除。

b. 纳税人为非独生子女的，由其与兄弟姐妹分摊每月 2 000 元的扣除额度，每人分摊的额度不能超过每月 1 000 元。可以由赡养人均摊或者约定分摊，也可以由被赡养人指定分摊。约定或者指定分摊的须签订书面分摊协议，指定分摊优先于约定分摊。具体分摊方式和额度在一个纳税年度内不能变更。

被赡养人指年满 60 岁的父母，以及子女均已去世的年满 60 岁的祖父母、外祖父母。

个人所得税专项附加扣除暂行办法所称父母，指生父母、继父母、养父母。所称子女，指婚生子女、非婚生子女、继子女、养子女。父母之外的其他人担任未成年人的监护人的，比照个人所得税专项附加扣除暂行办法规定执行。

个人所得税专项附加扣除内容如图 25-9 所示。

（3）其他扣除，包括个人缴付符合国家规定的企业年金、职业年金，个人购买符合国家规定的商业健康保险、税收递延型商业养老保险的支出，以及国务院规定可以扣除的其他项目。

专项扣除、专项附加扣除和依法确定的其他扣除，以居民个人一个纳税年度的应纳税所得额为限额；一个纳税年度扣除不完的，不结转以后年度扣除。

25.5.3　非居民个人的综合所得如何确定应纳税所得额

非居民个人的工资、薪金所得，以每月收入额减除费用 5 000 元后的余额为应纳税所得额；劳务报酬所得、稿酬所得、特许权使用费所得，以每次收入额为应纳税所得额。

25.5.4　经营所得如何确定应纳税所得额

经营所得，以每一纳税年度的收入总额扣除成本、费用以及损失后的余额，为应纳税所得额。

成本、费用，指生产、经营活动中发生的各项直接支出和分配计入成本的间接费用以及销售费用、管理费用、财务费用；损失，指生产、经营活动中发生的固定资产和存货的盘亏、毁损、报废损失，转让财产损失，坏账损失，自然灾害等不可抗力因素造成的损失以及其他损失。

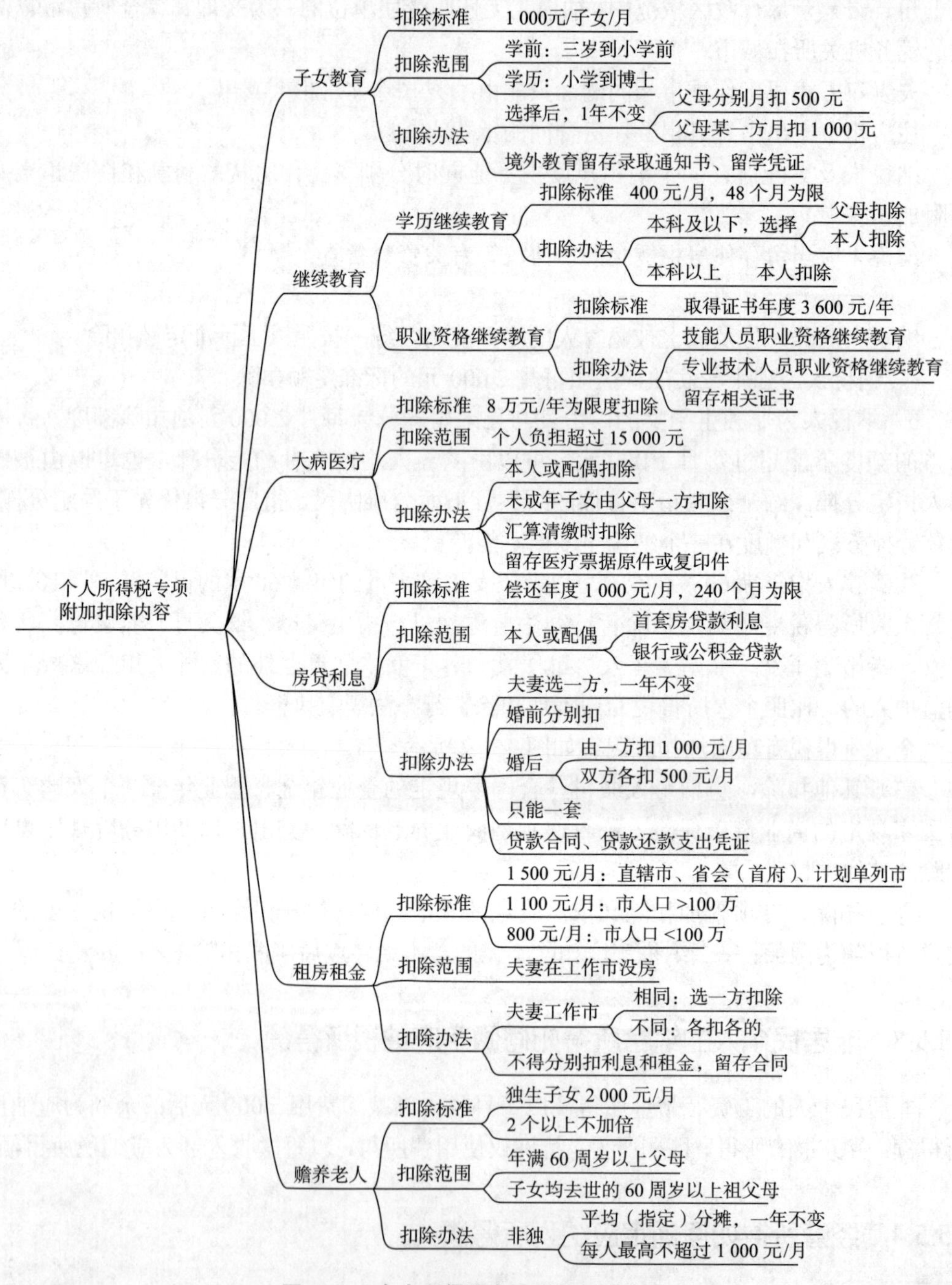

图 25-9　个人所得税专项附加扣除内容

取得经营所得的个人，没有综合所得的，计算其每一纳税年度的应纳税所得额时，应当减除费用 6 万元、专项扣除、专项附加扣除以及依法确定的其他扣除。专项附加扣除在办理汇算清缴时减除。

从事生产、经营活动，未提供完整、准确的纳税资料，不能正确计算应纳税所得额的，由主管税务机关核定应纳税所得额或者应纳税额。

个体工商户的生产、经营所得个人所得税法律具体规定如图 25-10 所示。

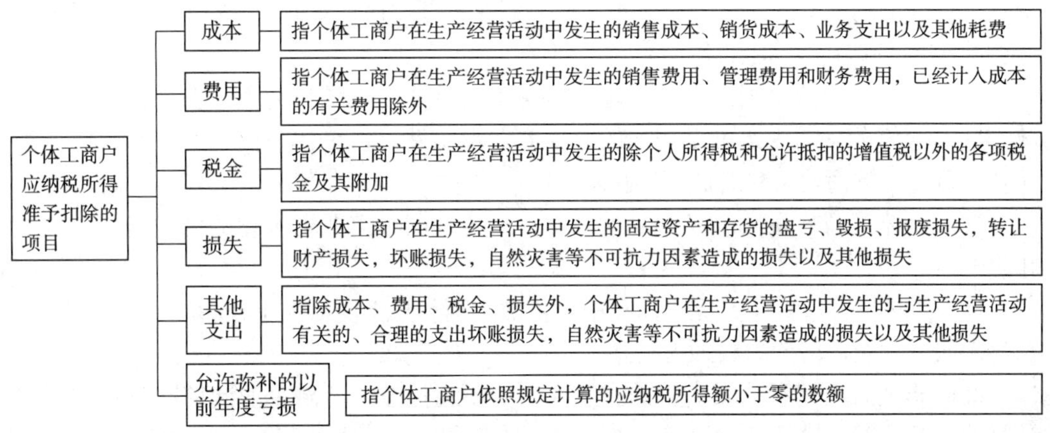

图 25-10　个体工商户应纳税所得额允许扣除的项目

说明：

个体工商户发生的损失，减除责任人赔偿和保险赔款后的余额，参照财政部、国家税务总局有关企业资产损失税前扣除的规定扣除；个体工商户已经作为损失处理的资产，在以后纳税年度又全部收回或者部分收回时，应当计入收回当期的收入。

（1）个体工商户下列支出不得扣除：

①个人所得税税款。

②税收滞纳金。

③罚金、罚款和被没收财物的损失。

④不符合扣除规定的捐赠支出。

⑤赞助支出。

⑥用于个人和家庭的支出。

⑦与取得生产经营收入无关的其他支出。

⑧国家税务总局规定不准扣除的支出。

（2）个体工商户生产经营活动中，应当分别核算生产经营费用和个人、家庭费用。对于生产经营与个人、家庭生活混用难以分清的费用，其 40% 视为与生产经营有关的费用，准予扣除。

（3）个体工商户纳税年度发生的亏损，准予向以后年度结转，用以后年度的生产经营所得弥补，但结转年限最长不得超过 5 年。

（4）个体工商户实际支付给从业人员的、合理的工资薪金支出，准予扣除。个体工商户业主的工资薪金支出不得税前扣除。

（5）个体工商户按照国务院有关主管部门或者省级人民政府规定的范围和标准为其业主和从业人员缴纳的基本养老保险费、基本医疗保险费、失业保险费、工伤保险费和住房公积金，准予扣除。

个体工商户为从业人员缴纳的补充养老保险费、补充医疗保险费，分别在不超过从业人员工资总额 5% 标准内的部分据实扣除；超过部分，不得扣除。

个体工商户业主本人缴纳的补充养老保险费、补充医疗保险费，以当地（地级市）上年度社会平均工资的 3 倍为计算基数，分别在不超过该计算基数 5% 标准内的部分据实扣除；超过部分，不得扣除。

除个体工商户依照国家有关规定为特殊工种从业人员支付的人身安全保险费和财政部、国家税务总局规定可以扣除的其他商业保险费外，个体工商户业主本人或者为从业人员支付的商业保险费，不得扣除。

（6）个体工商户在生产经营活动中发生的合理的不需要资本化的借款费用，准予扣除。

（7）个体工商户在生产经营活动中发生的下列利息支出，准予扣除。

①向金融企业借款的利息支出。

②向非金融企业和个人借款的利息支出，不超过按照金融企业同期同类贷款利率计算的数额的部分。

（8）个体工商户向当地工会组织拨缴的工会经费、实际发生的职工福利费支出、职工教育经费支出分别在工资薪金总额的 2%、14%、2.5% 的标准内据实扣除。

工资薪金总额指允许在当期税前扣除的工资薪金支出数额。

职工教育经费的实际发生数额超出规定比例当期不能扣除的数额，准予在以后纳税年度结转扣除。

个体工商户业主本人向当地工会组织缴纳的工会经费、实际发生的职工福利费支出、职工教育经费支出，以当地（地级市）上年度社会平均工资的 3 倍为计算基数，在规定比例内据实扣除。

（9）个体工商户发生的与生产经营活动有关的业务招待费，按照实际发生额的 60% 扣除，但最高不得超过当年销售（营业）收入的 5‰。

业主自申请营业执照之日起至开始生产经营之日止所发生的业务招待费，按照实际发生额的 60% 计入个体工商户的开办费。

（10）个体工商户每一纳税年度发生的与其生产经营活动直接相关的广告费和业务宣传费不超过当年销售（营业）收入 15% 的部分，可以据实扣除；超过部分，准予在以后纳税年度结转扣除。

（11）个体工商户代其从业人员或者他人负担的税款，不得税前扣除。

（12）个体工商户按照规定缴纳的摊位费、行政性收费、协会会费等，按实际发生数额扣除。

（13）个体工商户参加财产保险，按照规定缴纳的保险费，准予扣除。

（14）个体工商户发生的合理的劳动保护支出，准予扣除。

（15）个体工商户自申请营业执照之日起至开始生产经营之日止所发生符合规定的费用，除为取得固定资产、无形资产的支出，以及应计入资产价值的汇兑损益、利息支出外，作为开办费，个体工商户可以选择在开始生产经营的当年一次性扣除，也可以自生产经营月份起在不短于3年期限内摊销扣除，但一经选定，不得改变。

开始生产经营之日为个体工商户取得第一笔销售（营业）收入的日期。

（16）个体工商户通过公益性社会团体或者县级以上人民政府及其部门，用于《中华人民共和国公益事业捐赠法》规定的公益事业的捐赠，捐赠额不超过其应纳税所得额30%的部分可以据实扣除。

财政部、国家税务总局规定可以全额在税前扣除的捐赠支出项目，按有关规定执行。个体工商户直接对受益人的捐赠不得扣除。

（17）个体工商户研究开发新产品、新技术、新工艺所发生的开发费用，以及研究开发新产品、新技术而购置单台价值在10万元以下的测试仪器和试验性装置的购置费准予直接扣除；单台价值在10万元以上（含10万元）的测试仪器和试验性装置，按固定资产管理，不得在当期直接扣除。

个人独资企业的投资者以全部生产经营所得为应纳税所得额；合伙企业的投资者按照合伙企业的全部生产经营所得和合伙协议约定的分配比例确定应纳税所得额，合伙协议没有约定分配比例的，以全部生产经营所得和合伙人数量平均计算每个投资者的应纳税所得额。生产经营所得，包括企业分配给投资者个人的所得和企业当年留存的所得（利润）。

查账征收的个人独资企业和合伙企业的扣除项目比照《个体工商户个人所得税计税办法》的规定确定。

投资者兴办两个或两个以上企业，并且企业性质全部是个人独资的，年度终了后汇算清缴时，应汇总其投资兴办的所有企业的经营所得作为应纳税所得额，以此确定适用税率，计算出全年经营所得的应纳税额，再根据每个企业的经营所得占所有企业经营所得的比例，分别计算出每个企业的应纳税额和应补缴税额。

投资者兴办两个或两个以上企业的，其投资者个人费用扣除标准由投资者选择在其中一个企业的生产经营所得中扣除。

计提的各种准备金不得扣除。

企业与其关联企业之间的业务往来，应当按照独立企业之间的业务往来收取或者支付价款、费用。不按照独立企业之间的业务往来收取或者支付价款、费用，而减少其应纳税所得额的，主管税务机关有权进行合理调整。

国家对下列情形的个人独资企业和合伙企业实行核定征收个人所得税，具体包括：依照国家有关规定应当设置但未设置账簿的；虽设置账簿，但账目混乱或者成本资料、收入凭证、费用凭证残缺不全，难以查账的；纳税人发生纳税义务，未按照规定的期限办理纳税申报，经税务机关责令限期申报，逾期仍不申报的。

核定征收方式包括定额征收、核定应税所得率征收以及其他合理的征收方式。

25.5.5　财产租赁所得如何确定应纳税所得额

财产租赁所得，每次收入不超过4 000元的，减除费用800元；4 000元以上的，减除20%的费用，其余额为应纳税所得额。

25.5.6 财产转让所得如何确定应纳税所得额

财产转让所得，以转让财产的收入额减除财产原值和合理费用后的余额，为应纳税所得额。财产原值计算方法如图 25-11 所示。

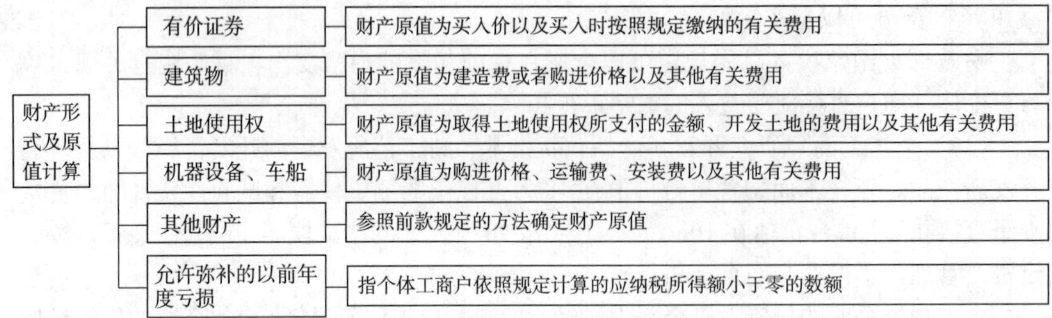

图 25-11 财产形式及原值的计算方法

纳税人未提供完整、准确的财产原值凭证，不能按照规定的方法确定财产原值的，由主管税务机关核定财产原值。

合理费用，指卖出财产时按照规定支付的有关税费。

25.5.7 利息、股息、红利所得和偶然所得如何确定应纳税所得额

利息、股息、红利所得和偶然所得，以每次收入额为应纳税所得额。

25.5.8 费用扣除的有关规定

（1）个人将其所得对教育、扶贫、济困等公益慈善事业进行捐赠，捐赠额未超过纳税人申报的应纳税所得额 30% 的部分，可以从其应纳税所得额中扣除；国务院规定对公益慈善事业捐赠实行全额税前扣除的，从其规定。个人将其所得对教育、扶贫、济困等公益慈善事业进行捐赠，指个人将其所得通过中国境内的公益性社会组织、国家机关向教育、扶贫、济困等公益慈善事业的捐赠。应纳税所得额，指计算扣除捐赠额之前的应纳税所得额。

（2）个人通过非营利性的社会团体和国家机关向红十字事业的捐赠，在计算缴纳个人所得税时，准予在税前的所得额中全额扣除。

（3）个人通过境内非营利的社会团体、国家机关向教育事业的捐赠，准予在个人所得税前全部扣除。

（4）个人通过非营利的社会团体和国家机关向农村义务教育的捐赠，在计算缴纳个人所得税时，准予在税前的所得额中全额扣除。

农村义务教育的范围是指政府和社会力量举办的农村乡镇（不含县和县级市政府所在地的镇）、村的小学和初中以及属于这一阶段的特殊教育学校。纳税人对农村义务教育与高中在一起的学校的捐赠，也享受规定的所得税前扣除政策。

接受捐赠或办理转赠的非营利的社会团体和国家机关，应按照财务隶属关系分别使用由中央或省级财政部门统一印（监）制的捐赠票据，并加盖接受捐赠或转赠单位的财务专用印章。税务机关据此对捐赠个人进行税前扣除。

（5）个人通过非营利性社会团体和国家机关对公益性青少年活动场所（其中包括新建）的捐赠，在计算缴纳个人所得税时，准予在税前的所得额中全额扣除。

公益性青少年活动场所，指专门为青少年学生提供科技、文化、德育、爱国主义教育、体育活动的青少年宫、青少年活动中心等校外活动的公益性场所。

（6）根据财政部、国家税务总局有关规定，个人通过宋庆龄基金会等 6 家单位，中国医药卫生事业发展基金会、中国教育发展基金会、中国老龄事业发展基金会等 8 家单位，中华健康快车基金会等 5 家单位用于公益救济性的捐赠，符合相关条件的，准予在缴纳个人所得税前全额扣除。

（7）根据财政部、国家税务总局有关规定，个人通过非营利性的社会团体和政府部门向福利性、非营利性老年服务机构捐赠，符合相关条件的，准予在缴纳个人所得税前全额扣除。

（8）对个人购买符合规定的商业健康保险产品的支出，允许在当年（月）计算应纳税所得额时予以税前扣除，扣除限额为 2 400 元/年（200 元/月）。单位统一为员工购买符合规定的商业健康保险产品的支出，应分别计入员工个人工资、薪金，视同个人购买，按上述限额予以扣除。2 400 元/年（200 元/月）的限额扣除为个人所得税法规定减除费用标准之外的扣除。适用商业健康保险税收优惠政策的纳税人，指取得工资薪金所得、连续性劳务报酬所得的个人，以及取得个体工商户生产经营所得、对企事业单位的承包承租经营所得的个体工商户业主、个人独资企业投资者、合伙企业合伙人和承包承租经营者。

25.5.9 每次收入的确定

财产租赁所得、偶然所得、股息红利所得等，按次计算应纳税所得额，具体规定如图 25-12 所示。

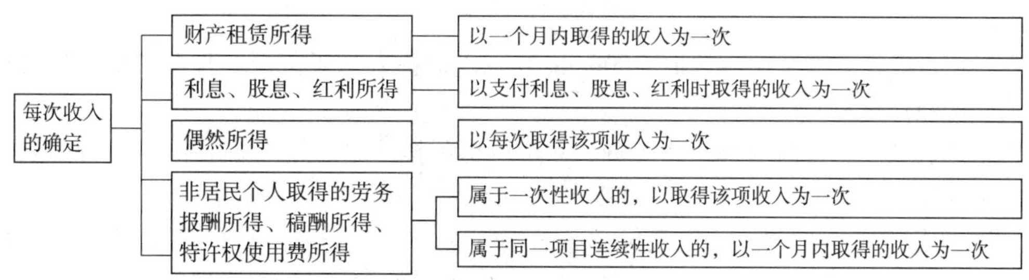

图 25-12 每次收入的确定

25.6 个人所得税应纳税额的计算

25.6.1 应纳税额的计算

（1）综合所得应纳税额的计算。

综合所得应纳税额的计算公式为：

应纳税额＝应纳税所得额 × 适用税率 － 速算扣除数
＝（每一纳税年度的收入额 － 费用 6 万元 － 专项扣除 － 专项附加扣除 － 依法确定的其他扣除）× 适用税率 － 速算扣除数

（2）扣缴义务人对居民个人工资、薪金所得，劳务报酬所得，稿酬所得，特许权使用费所得预扣预缴个人所得税的计算。

① 扣缴义务人向居民个人支付工资、薪金所得时，应当按照累计预扣法计算预扣税款，并按月办理全员全额扣缴申报。累计预扣法，指扣缴义务人在一个纳税年度内预扣预缴税款时，以纳税人在本单位截至当前月份工资、薪金所得累计收入减除累计免税收入、累计减除费用、累计专项扣除、累计专项附加扣除和累计依法确定的其他扣除后的余额为累计预扣预缴应纳税所得额，计算累计应预扣预缴税额，再减除累计减免税额和累计已预扣预缴税额，其余额为本期应预扣预缴税额。余额为负值时，暂不退税。纳税年度终了后余额仍为负值时，由纳税人通过办理综合所得年度汇算清缴，税款多退少补。

具体计算公式如下：

本期应预扣预缴税额＝（累计预扣预缴应纳税所得额 × 预扣率 － 速算扣除数）－累计减免税额 － 累计已预扣预缴税额

累计预扣预缴应纳税所得额＝累计收入 － 累计免税收入 － 累计减除费用 － 累计专项扣除 － 累计专项附加扣除 － 累计依法确定的其他扣除

其中：累计减除费用，按照 5 000 元/月乘以纳税人当年截至本月在本单位的任职受雇月份数计算。

上述公式中，计算居民个人工资、薪金所得预扣预缴税额的预扣率、速算扣除数，按《个人所得税预扣率表一》（见表 25-3）执行。

② 扣缴义务人向居民个人支付劳务报酬所得、稿酬所得、特许权使用费所得，按次或者按月预扣预缴个人所得税。劳务报酬所得、稿酬所得、特许权使用费所得，属于一次性收入的，以取得该项收入为一次；属于同一项目连续性收入的，以一个月内取得的收入为一次。具体预扣预缴方法如下：

劳务报酬所得、稿酬所得、特许权使用费所得以收入减除费用后的余额为收入额。其中，稿酬所得的收入额减按 70% 计算。

减除费用：劳务报酬所得、稿酬所得、特许权使用费所得每次收入不超过 4 000 元的，减除费用按 800 元计算；每次收入 4 000 元以上的，减除费用按 20% 计算。

应纳税所得额：劳务报酬所得、稿酬所得、特许权使用费所得，以每次收入额为预扣预缴应纳税所得额。

劳务报酬所得适用 20%~40% 的超额累进预扣率（《个人所得税预扣率表二》见表 25–4），稿酬所得、特许权使用费所得适用 20% 的比例预扣率。

劳务报酬所得应预扣预缴税额：预扣预缴应纳税所得额 × 预扣率 – 速算扣除数稿酬所得、特许权使用费所得应预扣预缴税额 = 预扣预缴应纳税所得额 ×20%

表 25–3　个人所得税预扣率表一

（居民个人工资、薪金所得预扣预缴适用）

级数	累计预扣预缴应纳税所得额	预扣率（%）	速算扣除数
1	不超过 36 000 元的部分	3	0
2	超过 36 000 元至 144 000 元的部分	10	2 520
3	超过 144 000 元至 300 000 元的部分	20	16 920
4	超过 300 000 元至 420 000 元的部分	25	31 920
5	超过 420 000 元至 660 000 元的部分	30	52 920
6	超过 660 000 元至 960 000 元的部分	35	85 920
7	超过 960 000 元的部分	45	181 920

表 25–4　个人所得税预扣率表二

（居民个人劳务报酬所得预扣预缴适用）

级数	预扣预缴应纳税所得额	预扣率（%）	速算扣除数
1	不超过 20 000 元的部分	20	0
2	超过 20 000 元至 50 000 元的部分	30	2 000
3	超过 50 000 元的部分	40	7 000

居民个人工资、薪金所得，劳务报酬所得，稿酬所得，特许权使用费所得年度预扣预缴税额与年度应纳税额不一致的，由居民个人于次年 3 月 1 日至 6 月 30 日向主管税务机关办理综合所得年度汇算清缴，税款多退少补。

（3）扣缴义务人对非居民个人工资、薪金所得，劳务报酬所得，稿酬所得，特许权使用费所得扣缴个人所得税的计算。

扣缴义务人向非居民个人支付工资、薪金所得，劳务报酬所得，稿酬所得和特许权使用费所得时，应当按以下方法按月或者按次代扣代缴个人所得税。

非居民个人的工资、薪金所得，以每月收入额减除费用 5 000 元后的余额为应纳税所得额；劳务报酬所得、稿酬所得、特许权使用费所得，以每次收入额为应纳税所得额，适用按月换算后的非居民个人月度税率表（《个人所得税税率表三》见表25-5）计算应纳税额。其中，劳务报酬所得、稿酬所得、特许权使用费所得以收入减除20%的费用后的余额为收入额。稿酬所得的收入额减按70%计算。

非居民个人工资、薪金所得，劳务报酬所得，稿酬所得，特许权使用费所得应纳税额＝应纳税所得额 × 税率－速算扣除数

表25-5　个人所得税税率表三

（非居民个人工资、薪金所得，劳务报酬所得，稿酬所得，特许权使用费所得适用）

级数	应纳税所得额	税率（%）	速算扣除数
1	不超过3 000元的部分	3	0
2	超过3 000元至12 000元的部分	10	210
3	超过12 000元至25 000元的部分	20	1 410
4	超过25 000元至35 000元的部分	25	2 660
5	超过35 000元至55 000元的部分	30	4 410
6	超过55 000元至80 000元的部分	35	7 160
7	超过80 000元的部分	45	15 160

（4）经营所得应纳税额的计算。

个体工商户的生产、经营所得应纳税额的计算公式为：

应纳税额＝应纳税所得额 × 适用税率－速算扣除数

＝（全年收入总额－成本、费用、税金、损失、其他支出及以前年度亏损）× 适用税率－速算扣除数

（5）利息、股息、红利所得应纳税额的计算。

利息、股息、红利所得应纳税额的计算公式为：

应纳税额＝应纳税所得额 × 适用税率＝每次收入额 × 适用税率

（6）财产租赁所得应纳税额的计算。

财产租赁所得应纳税额的计算公式为：

① 每次（月）收入不足4 000元的。

应纳税额=[每次（月）收入额－财产租赁过程中缴纳的税费－由纳税人负担的租赁财产实际开支的修缮费用（800元为限）-800元]×20%

② 每次（月）收入在4 000元以上的。

应纳税额=[每次（月）收入额－财产租赁过程中缴纳的税费－由纳税人负担的租赁财产实际开支的修缮费用（800元为限）]×(1-20%)×20%

个人出租房屋的个人所得税应税收入不含增值税，计算房屋出租所得可扣除的税

费不包括本次出租缴纳的增值税。个人转租房屋的，其向房屋出租方支付的租金及增值税额，在计算转租所得时予以扣除。

（7）财产转让所得应纳税额的计算。

财产转让所得应按照一次转让财产的收入额减除财产原值和合理费用后的余额计算纳税。

财产转让所得应纳税额的计算公式为：

应纳税额 = 应纳税所得额 × 适用税率 =（收入总额 − 财产原值 − 合理费用）×20%

个人转让房屋的个人所得税应税收入不含增值税，其取得房屋时所支付价款中包含的增值税计入财产原值，计算转让所得时可扣除的税费不包括本次转让缴纳的增值税。

受赠人转让受赠房屋的，以其转让受赠房屋的收入减除原捐赠人取得该房屋的实际购置成本以及赠予和转让过程中受赠人支付的相关税费后的余额，为受赠人的应纳税所得额，依法计征个人所得税。受赠人转让受赠房屋价格明显偏低且无正当理由的，税务机关可以依据该房屋的市场评估价格或其他合理方式确定的价格核定其转让收入。

（8）偶然所得应纳税额的计算。

偶然所得应纳税额的计算公式为：

应纳税额 = 应纳税所得额 × 适用税率
= 每次收入额 ×20%

25.6.2　应纳税额计算的其他规定

（1）全年一次性奖金的征税规定。

居民个人取得全年一次性奖金，符合相关规定的，在 2021 年 12 月 31 日前，不并入当年综合所得，以全年一次性奖金收入除以 12 个月得到的数额，按照按月换算后的综合所得税率表，确定适用税率和速算扣除数，单独计算纳税。计算公式为：

应纳税额 = 全年一次性奖金收入 × 适用税率 − 速算扣除数

居民个人取得全年一次性奖金，也可以选择并入当年综合所得计算纳税。

自 2022 年 1 月 1 日起，居民个人取得全年一次性奖金，应并入当年综合所得计算缴纳个人所得税。

（2）上市公司股权激励的征税规定。

居民个人取得股票期权、股票增值权、限制性股票、股权奖励等股权激励，符合规定的相关条件的，在 2021 年 12 月 31 日前，不并入当年综合所得，全额单独适用综合所得税率表，计算纳税。计算公式为：

应纳税额 = 股权激励收入 × 适用税率 − 速算扣除数

居民个人一个纳税年度内取得两次以上（含两次）股权激励的，应合并计算纳税。

（3）个人领取企业年金、职业年金的征税规定。

个人达到国家规定的退休年龄，领取的企业年金、职业年金，符合相关规定的，不并入综合所得，全额单独计算应纳税款。其中按月领取的，适用月度税率表计算纳税；按季领取的，平均分摊计入各月，按每月领取额适用月度税率表计算纳税；按年领取的，适用综合所得税率表计算纳税。

个人因出境定居而一次性领取的年金个人账户资金，或个人死亡后，其指定的受益人或法定继承人一次性领取的年金个人账户余额，适用综合所得税率表计算纳税。对个人除上述特殊原因外一次性领取年金个人账户资金或余额的，适用月度税率表计算纳税。

（4）解除劳动关系一次性补偿收入的征税规定。

个人与用人单位解除劳动关系取得一次性补偿收入（包括用人单位发放的经济补偿金、生活补助费和其他补助费），在当地上年职工平均工资3倍数额以内的部分，免征个人所得税；超过3倍数额的部分，不并入当年综合所得，单独适用综合所得税率表，计算纳税。

（5）提前退休一次性补贴收入的征税规定。

个人办理提前退休手续而取得的一次性补贴收入，应按照办理提前退休手续至法定离退休年龄之间实际年度数平均分摊，确定适用税率和速算扣除数，单独适用综合所得税率表，计算纳税。计算公式为：

应纳税额＝{[（一次性补贴收入 ÷ 办理提前退休手续至法定退休年龄的实际年度数）－费用扣除标准]×适用税率－速算扣除数}×办理提前退休手续至法定退休年龄的实际年度数

（6）内部退养一次性补贴收入的征税规定。

实行内部退养的个人在其办理内部退养手续后至法定离退休年龄之间从原任职单位取得的工资、薪金，不属于离退休工资，应按“工资、薪金所得”项目计征个人所得税。个人在办理内部退养手续后从原任职单位取得的一次性收入，应按办理内部退养手续后至法定离退休年龄之间的所属月份进行平均，并与领取当月的工资、薪金所得合并后减除当月费用扣除标准，以余额为基数确定适用税率，再将当月工资、薪金加上取得的一次性收入，减去费用扣除标准，按适用税率计征个人所得税。

个人在办理内部退养手续后至法定离退休年龄之间重新就业取得的工资、薪金所得，应与其从原任职单位取得的同一月份的工资、薪金所得合并，并依法自行向主管税务机关申报缴纳个人所得税。

（7）单位低价向职工售房的征税规定。

单位按低于购置或建造成本价格出售住房给职工，职工因此而少支出的差价部分，符合相关规定的，不并入当年综合所得，以差价收入除以12个月得到的数额，按照月度税率表确定适用税率和速算扣除数，单独计算纳税。计算公式为：

应纳税额＝职工实际支付的购房价款低于该房屋的购置或建造成本价格的差额×适用税率－速算扣除数

（8）个人取得公务交通、通讯补贴收入的征税规定。

个人因公务用车和通讯制度改革而取得的公务用车、通讯补贴收入，扣除一定标准的公务费用后，按照“工资、薪金所得”项目计征个人所得税。

（9）退休人员再任职取得收入的征税规定。

退休人员再任职取得的收入，在减除按个人所得税法规定的费用扣除标准后，按“工资、薪金所得”应税项目缴纳个人所得税。

（10）离退休人员从原任职单位取得各类补贴、奖金、实物的征税规定。

离退休人员除按规定领取离退休工资或养老金外，另从原任职单位取得的各类补贴、奖金、实物，不属于免税的退休工资、离休工资、离休生活补助费，应在减除费用扣除标准后，按“工资、薪金所得”应税项目缴纳个人所得税。

（11）基本养老保险费、基本医疗保险费、失业保险费、住房公积金的征税规定。

企事业单位和个人超过规定的比例和标准缴付的基本养老保险费、基本医疗保险费和失业保险费，应将超过部分并入个人当期的工资、薪金收入，计征个人所得税。

单位和个人分别在不超过职工本人上一年度月平均工资12%的幅度内，其实际缴存的住房公积金，允许在个人应纳税所得额中扣除。单位和职工个人缴存住房公积金的月平均工资不得超过职工工作地所在设区城市上一年度职工月平均工资的3倍，具体标准按照各地有关规定执行。单位和个人超过规定比例和标准缴付的住房公积金，应将超过部分并入个人当期的工资、薪金收入，计征个人所得税。

（12）企业为员工支付保险金的征税规定。

对企业为员工支付各项免税之外的保险金，应在企业向保险公司缴付时并入员工当期的工资收入，按“工资、薪金所得”项目计征个人所得税，税款由企业负责代扣代缴。

（13）兼职律师从律师事务所取得工资、薪金性质所得的征税规定。

兼职律师从律师事务所取得工资、薪金性质的所得，律师事务所在代扣代缴其个人所得税时，不再减除个人所得税法规定的费用扣除标准，以收入全额（取得分成收入的为扣除办理案件支出费用后的余额）直接确定适用税率，计算扣缴个人所得税。兼职律师应自行向主管税务机关申报两处或两处以上取得的工资、薪金所得，合并计算缴纳个人所得税。

兼职律师指取得律师资格和律师执业证书，不脱离本职工作从事律师职业的人员。

（14）从职务科技成果转化收入中给予科技人员的现金奖励的征税规定。

依法批准设立的非营利性研究开发机构和高等学校根据《中华人民共和国促进科技成果转化法》规定，从职务科技成果转化收入中给予科技人员的现金奖励，可减按50%计入科技人员当月工资、薪金所得，依法缴纳个人所得税。

非营利性科研机构和高校包括国家设立的科研机构和高校、民办非营利性科研机构和高校。

（15）保险营销员、证券经纪人取得的佣金收入，属于“劳务报酬所得”，以不含增值税的收入减除20%的费用后的余额为收入额，收入额减去展业成本以及附加税费后，并入当年综合所得，计算缴纳个人所得税。保险营销员、证券经纪人展业成本按照收入额的 25% 计算。

扣缴义务人向保险营销员、证券经纪人支付佣金收入时，应按照规定的累计预扣法计算预扣税款。

（16）个人投资者收购企业股权后，将企业原有盈余积累转增股本个人所得税规定。

一名或多名个人投资者以股权收购方式取得被收购企业 100% 股权，股权收购前，被收购企业原账面金额中的“资本公积、盈余公积、未分配利润”等盈余积累未转增股本，而在股权交易时将其一并计入股权转让价格并履行了所得税纳税义务。股权收购后，企业将原账面金额中的盈余积累向个人投资者（以下称“新股东”）转增股本，有关个人所得税问题区分以下情形处理。

新股东以不低于净资产价格收购股权的，企业原盈余积累已全部计入股权交易价格，新股东取得盈余积累转增股本的部分，不征收个人所得税。

新股东以低于净资产价格收购股权的，企业原盈余积累中，对于股权收购价格减去原股本的差额部分已经计入股权交易价格，新股东取得盈余积累转增股本的部分，不征收个人所得税；对于股权收购价格低于原所有者权益的差额部分未计入股权交易价格，新股东取得盈余积累转增股本的部分，应按照“利息、股息、红利所得”项目征收个人所得税。

新股东以低于净资产价格收购企业股权后转增股本，应按照下列顺序进行，即：先转增应税的盈余积累部分，然后再转增免税的盈余积累部分。

（17）个人从公开发行和转让市场取得的上市公司股票，持股期限在 1 个月以内（含 1 个月）的，其股息红利所得全额计入应纳税所得额；持股期限在 1 个月以上至 1 年（含 1 年）的，暂减按 50% 计入应纳税所得额；上述所得统一适用 20% 的税率计征个人所得税。

对个人持有的上市公司限售股，解禁后取得的股息红利，按照上市公司股息红利差别化个人所得税政策规定计算纳税，持股时间自解禁日起计算；解禁前取得的股息红利继续暂减按 50% 计入应纳税所得额，适用 20% 的税率计征个人所得税。

个人从公开发行和转让市场取得的上市公司股票包括：

① 通过证券交易所集中交易系统或大宗交易系统取得的股票；

② 通过协议转让取得的股票；

③ 因司法扣划取得的股票；

④ 因依法继承或家庭财产分割取得的股票；

⑤ 通过收购取得的股票；

⑥ 权证行权取得的股票；

⑦ 使用可转换公司债券转换的股票；

⑧ 取得发行的股票、配股、股份股利及公积金转增股本；

⑨ 持有从代办股份转让系统转到主板市场（或中小板、创业板市场）的股票；

⑩ 上市公司合并，个人持有的被合并公司股票转换的合并后公司股票；

⑪ 上市公司分立，个人持有的被分立公司股票转换的分立后公司股票；

⑫ 其他从公开发行和转让市场取得的股票。

自 2019 年 7 月 1 日起至 2024 年 6 月 30 日，个人持有全国中小企业股份转让系统挂牌公司的股票，持股期限在 1 个月以内（含 1 个月）的，其股息红利所得全额记入应纳税所得额；持股期限在 1 个月以上至 1 年（含 1 年）的，其股息红利所得暂减按 50% 记入应纳税所得额；上述所得统一适用 20% 的税率计征个人所得税。

对证券投资基金从挂牌公司取得的股息红利所得，按照前述规定计征个人所得税。

（18）房屋买受人在未办理房屋产权证的情况下，按照与房地产公司约定条件（如对房屋的占有、使用、收益和处分权进行限制）在一定时期后无条件退房而取得的补偿款，应按照“利息、股息、红利所得”项目缴纳个人所得税，税款由支付补偿款的房地产公司代扣代缴。

（19）自 2010 年 1 月 1 日起，对个人转让限售股取得的所得，按照“财产转让所得”项目征收个人所得税。

个人转让限售股，以每次限售股转让收入，减除股票原值和合理税费后的余额，为应纳税所得额。即：

应纳税所得额 = 限售股转让收入 −（限售股原值 + 合理税费）

应纳税额 = 应纳税所得额 ×20%

限售股转让收入，指转让限售股股票实际取得的收入。限售股原值，指限售股买入时的买入价及按照规定缴纳的有关费用。合理税费，指转让限售股过程中发生的印花税、佣金、过户费等与交易相关的税费。

（20）两个以上的个人共同取得同一项目收入的，应当对每个人取得的收入分别按照个人所得税法的规定计算纳税。

（21）居民个人从中国境内和境外取得的综合所得、经营所得，应当分别合并计算应纳税额；从中国境内和境外取得的其他所得，应当分别单独计算应纳税额。

居民个人从中国境外取得的所得，可以从其应纳税额中抵免已在境外缴纳的个人所得税税额，但抵免额不得超过该纳税人境外所得依照个人所得税法规定计算的应纳税额。

已在境外缴纳的个人所得税税额，指居民个人来源于中国境外的所得，依照该所得来源国家（地区）的法律应当缴纳并且实际已经缴纳的所得税税额。

纳税人境外所得依照个人所得税法规定计算的应纳税额，是居民个人抵免已在境外缴纳的综合所得、经营所得以及其他所得的所得税税额的限额（以下简称“抵免限额”）。除国务院财政、税务主管部门另有规定外，来源于中国境外一个国家（地区）的综合所得抵免限额、经营所得抵免限额以及其他所得抵免限额之和，为来源于该国家（地区）所得的抵免限额。

居民个人在中国境外一个国家（地区）实际已经缴纳的个人所得税税额，低于依照规定计算出的来源于该国家（地区）所得的抵免限额的，应当在中国缴纳差额部分的税款；超过来源于该国家（地区）所得的抵免限额的，其超过部分不得在本纳税年度的应纳税额中抵免，但是可以在以后纳税年度来源于该国家（地区）所得的抵免限额的余额中补扣。补扣期限最长不得超过 5 年。

居民个人申请抵免已在境外缴纳的个人所得税税额，应当提供境外税务机关出具的税款所属年度的有关纳税凭证。

（22）出租汽车经营单位对出租车驾驶员采取单车承包或承租方式运营，出租车驾驶员从事客货营运取得的收入，按“工资、薪金所得”项目征税。

出租车属于个人所有，但挂靠出租汽车经营单位或企事业单位，驾驶员向挂靠单位缴纳管理费的，或出租汽车经营单位将出租车所有权转移给驾驶员的，出租车驾驶员从事客货运营取得的收入，比照“经营所得”项目征税。

从事个体出租车运营的出租车驾驶员取得的收入，按“经营所得”项目缴纳个人所得税。

（23）关于企业改组改制过程中个人取得的量化资产征税问题。

根据国家有关规定，集体所有制企业在改制为股份合作制企业时，可以将有关资产量化给职工个人。为了支持企业改组改制的顺利进行，对于企业在改制过程中个人取得量化资产的征税问题，税法做出了如下规定。

对职工个人以股份形式取得的仅作为分红依据，不拥有所有权的企业量化资产，不征收个人所得税。

对职工个人以股份形式取得的拥有所有权的企业量化资产，暂缓征收个人所得税；待个人将股份转让时，就其转让收入额，减除个人取得该股份时实际支付的费用支出和合理转让费用后的余额，按“财产转让所得”项目计征个人所得税。

对职工个人以股份形式取得的企业量化资产参与企业分配而获得的股息、红利，应按“利息、股息、红利所得”项目征收个人所得税。

（24）符合以下情形的房屋或其他财产，不论所有权人是否将财产无偿或有偿交付企业使用，其实质均为企业对个人进行了实物性质的分配，应依法计征个人所得税。

① 企业出资购买房屋及其他财产，将所有权登记为投资者个人、投资者家庭成员或企业其他人员的。

② 企业投资者个人、投资者家庭成员或企业其他人员向企业借款用于购买房屋及其他财产，将所有权登记为投资者、投资者家庭成员或企业其他人员，且借款年度终了后未归还借款的。

③ 对个人独资企业、合伙企业的个人投资者或其家庭成员取得的上述所得，视为企业对个人投资者的利润分配，按照“经营所得”项目计征个人所得税；对除个人独资企业、合伙企业以外其他企业的个人投资者或其家庭成员取得的上述所得，视为企业对个人投资者的红利分配，按照“利息、股息、红利所得”项目计征个人所得税；对企业其他人员取得的上述所得，按照“综合所得”项目计征个人所得税。

【例 25-1】3 月份应纳税额的计算

中国某公司职员王某 2×19 年 1 月~3 月每月取得工资、薪金收入均为 10 000 元。当地规定的社会保险和住房公积金个人缴存比例为：基本养老保险 8%，基本医疗保险 2%，失业保险 0.5%，住房公积金 12%。社保部门核定的王某 2×19 年社会保险费的缴费工资基数为 8 000 元。王某 1~2 月累计已预扣预缴个人所得税税额为 192 元。

计算王某3月应预扣预缴的个人所得税税额。

【解析】

（1）累计收入 = 10 000 × 3 = 30 000（元）

（2）累计减除费用 = 5 000 × 3 = 15 000（元）

（3）累计专项扣除 = 8 000 ×（8% + 2%+0.5% + 12%）× 3 = 5 400（元）

（4）累计预扣预缴应纳税所得额：30 000−15 000−5 400 = 9 600（元）

（5）应预扣预缴税额 = 9 600 × 3%−192 = 96（元）

【例25−2】全年应纳税额的计算

甲公司职员李某2×19年全年取得工资、薪金收入180 000元。当地规定的社会保险和住房公积金个人缴存比例为：基本养老保险8%，基本医疗保险2%，失业保险0.5%，住房公积金12%。社保部门核定的李某2×19年社会保险费的缴费工资基数为10 000元。李某正在偿还首套住房贷款及利息；李某为独生女，其独生子正就读大学3年级；李某父母均已年过60岁。李某夫妻约定由李某扣除贷款利息和子女教育费。计算李某2019年应缴纳的个人所得税税额。

【解析】

（1）全年减除费用60 000元

（2）专项扣除 =10 000 ×（8%+2%+0.5%+12%）× 12 = 27 000（元）

（3）专项附加扣除：

子女教育每年扣除12 000元

住房贷款利息每年扣除12 000元

赡养老人每年扣除24 000元

专项附加扣除合计 =12 000+12 000+24 000 = 48 000（元）

（4）扣除项合计 =60 000+27 000+48 000 = 135 000（元）

（5）应纳税所得额 =180 000−135 000 = 45 000（元）

（6）应纳个人所得税额：36 000 × 3% +（45 000−36 000）× 10% = 1 980（元）

【例25−3】2×19年8月王某为某公司提供设计服务，取得劳务报酬所得5 000元。计算王某当月该笔劳务报酬所得应预扣预缴的个人所得税税额。

【解析】劳务报酬所得每次收入不超过4 000元的，减除费用按800元计算；每次收入4 000元以上的，减除费用按20%计算。预扣预缴应纳税所得额不超过20 000元的，预扣率为20%。

应预扣预缴的个人所得税税额 = 5 000 ×（1−20%）× 20% = 800（元）

【例25−4】2×19年10月张某所写的一部小说出版，取得稿酬所得30 000元。计算张某该笔稿酬所得应预扣预缴的个人所得税税额。

【解析】稿酬所得每次收入不超过4 000元的，减除费用按800元计算；每次收入4 000元以上的，减除费用按20%计算。稿酬所得的收入额减按70%计算。预扣率为

20%。

应预扣预缴的个人所得税税额＝30 000×（1−20%）×70%×20%＝3 360（元）

25.7 个人所得税的税收优惠

个人所得税既是一种分配手段，也是体现国家政策的重要工具。为了鼓励科学发明，支持社会福利、慈善事业和照顾某些纳税人的实际困难，个人所得税法对有关所得项目，有免税、减税的优惠规定。

25.7.1 个人所得税的免税项目有哪些

个人所得税法和相关法规、政策规定，对下列各项个人所得，免征个人所得税，详细情况如图 25-13 所示。

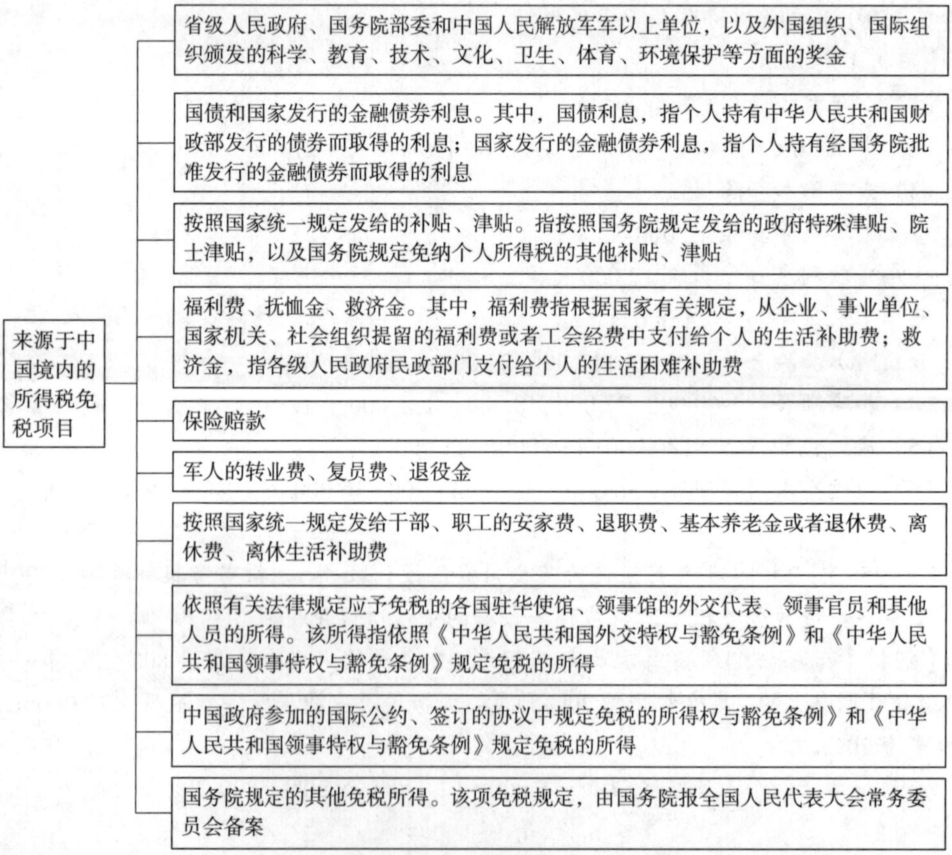

来源于中国境内的所得税免税项目

- 省级人民政府、国务院部委和中国人民解放军军以上单位，以及外国组织、国际组织颁发的科学、教育、技术、文化、卫生、体育、环境保护等方面的奖金
- 国债和国家发行的金融债券利息。其中，国债利息，指个人持有中华人民共和国财政部发行的债券而取得的利息；国家发行的金融债券利息，指个人持有经国务院批准发行的金融债券而取得的利息
- 按照国家统一规定发给的补贴、津贴。指按照国务院规定发给的政府特殊津贴、院士津贴，以及国务院规定免纳个人所得税的其他补贴、津贴
- 福利费、抚恤金、救济金。其中，福利费指根据国家有关规定，从企业、事业单位、国家机关、社会组织提留的福利费或者工会经费中支付给个人的生活补助费；救济金，指各级人民政府民政部门支付给个人的生活困难补助费
- 保险赔款
- 军人的转业费、复员费、退役金
- 按照国家统一规定发给干部、职工的安家费、退职费、基本养老金或者退休费、离休费、离休生活补助费
- 依照有关法律规定应予免税的各国驻华使馆、领事馆的外交代表、领事官员和其他人员的所得。该所得指依照《中华人民共和国外交特权与豁免条例》和《中华人民共和国领事特权与豁免条例》规定免税的所得
- 中国政府参加的国际公约、签订的协议中规定免税的所得权与豁免条例》和《中华人民共和国领事特权与豁免条例》规定免税的所得
- 国务院规定的其他免税所得。该项免税规定，由国务院报全国人民代表大会常务委员会备案

图 25-13 个人所得税免税项目

25.7.2 个人所得税的减税项目有哪些

对于个人的有些收入项目，经省、自治区、直辖市人民政府批准后，可以在一定期限内给予一定的优惠。有下列情形之一的，经批准可以减征个人所得税，如图25-14所示。

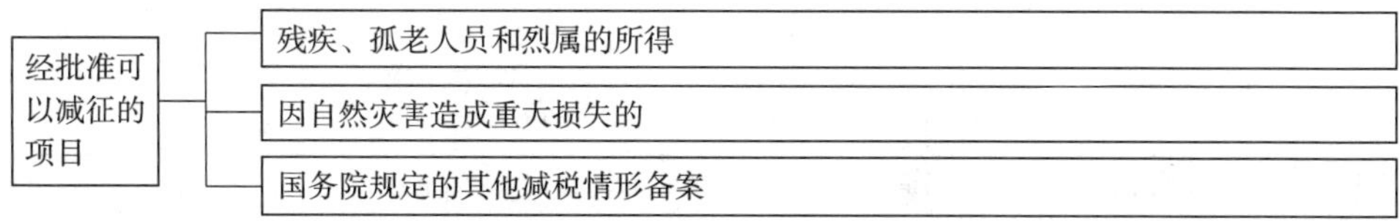

图 25-14 个人所得税的减征项目

说明：

①上述减税项目的减征幅度和期限，由省、自治区、直辖市人民政府规定，并报同级人民代表大会常务委员会备案。

②国务院可以规定其他减税情形，报全国人民代表大会常务委员会备案。

25.7.3 个人所得税的暂免征税项目有哪些

下列所得，暂免征收个人所得税，如图25-15所示。

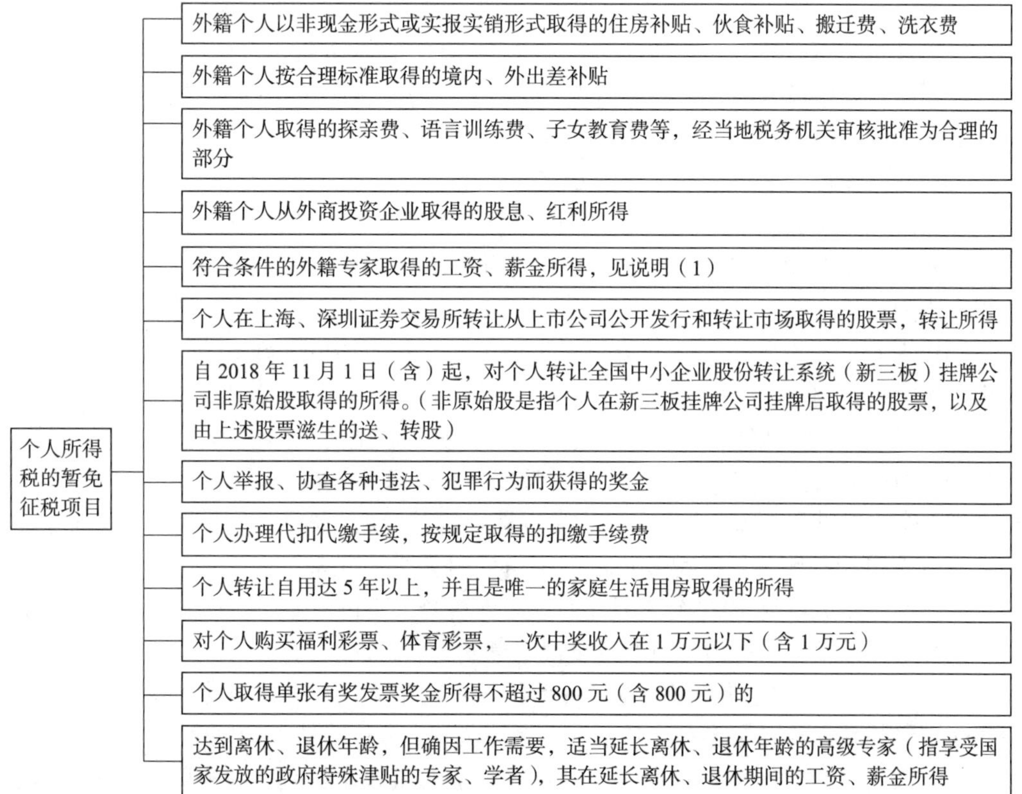

图 25-15 个人所得税暂免征税项目

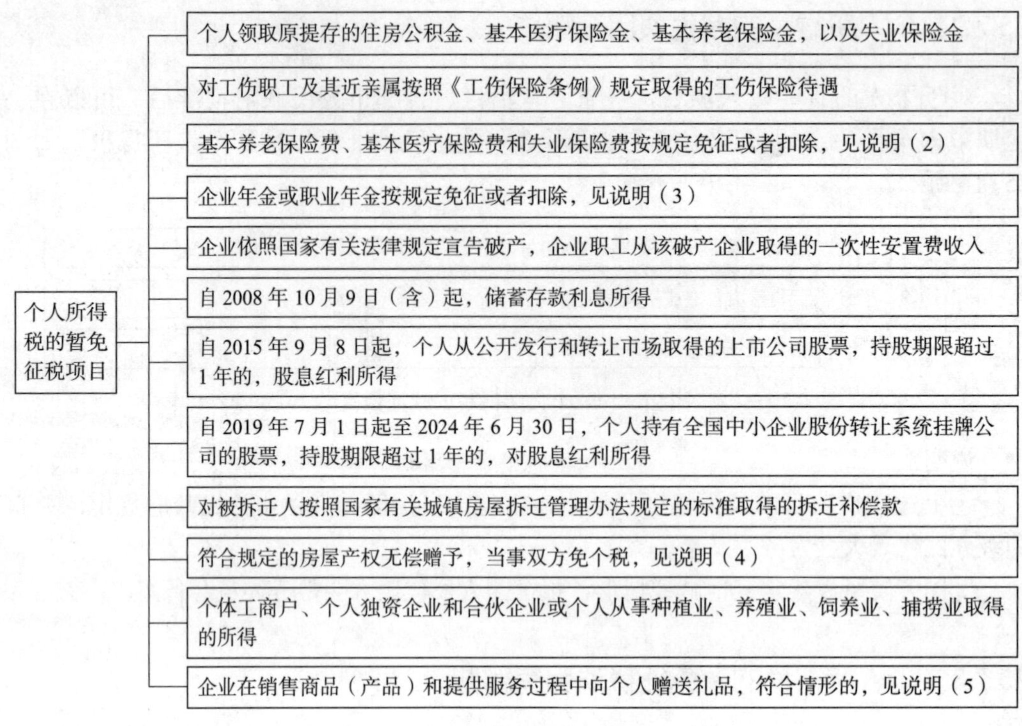

图 25-15　个人所得税暂免征税项目（续）

说明：

（1）凡符合下列条件之一的外籍专家取得的工资、薪金所得可免征个人所得税：

①根据世界银行专项贷款协议由世界银行直接派往我国工作的外国专家。

②联合国组织直接派往我国工作的专家。

③为联合国援助项目来华工作的专家。

④援助国派往我国专为该国无偿援助项目工作的专家。

⑤根据两国政府签订文化交流项目来华工作两年以内的文教专家，其工资、薪金所得由该国负担的。

⑥根据我国大专院校国际交流项目来华工作两年以内的文教专家，其工资、薪金所得由该国负担的。

⑦通过民间科研协定来华工作的专家，其工资、薪金所得由该国政府机构负担的。

2019 年 1 月 1 日至 2021 年 12 月 31 日期间，外籍个人符合居民个人条件的，可以选择享受个人所得税专项附加扣除，也可以选择按照规定，享受住房补贴、语言训练费、子女教育费等津补贴免税优惠政策，但不得同时享受。外籍个人一经选择，在一个纳税年度内不得变更。自 2022 年 1 月 1 日起，外籍个人不再享受住房补贴、语言训练费、子女教育费津补贴免税优惠政策，应按规定享受专项附加扣除。

（2）企事业单位按照国家或省（自治区、直辖市）人民政府规定的缴费比例或办法实际缴付的基本养老保险费、基本医疗保险费和失业保险费，免征个人所得税；个人按照国家或省（自治区、直辖市）人民政府规定的缴费比例或办法实际缴付的基本养老保险费、基本医疗保险费和失业保险费，允许在个人应纳税所得额中扣除。

（3）企业和事业单位根据国家有关政策规定的办法和标准，为在本单位任职或者受雇的全体职工缴付的企业年金或职业年金单位缴费部分，在计入个人账户时，个人暂不缴纳个人所得税。

个人根据国家有关政策规定缴付的年金个人缴费部分，在不超过本人缴费工资计税基数的 4% 标准内的部分，暂从个人当期的应纳税所得额中扣除。

年金基金投资运营收益分配计入个人账户时，个人暂不缴纳个人所得税。

（4）以下情形的房屋产权无偿赠予的，对当事双方不征收个人所得税：

①房屋产权所有人将房屋产权无偿赠予配偶、父母、子女、祖父母、外祖父母、孙子女、外孙子女、兄弟姐妹。

②房屋产权所有人将房屋产权无偿赠予对其承担直接抚养或者赡养义务的抚养人或者赡养人。

③房屋产权所有人死亡，依法取得房屋产权的法定继承人、遗嘱继承人或者受遗赠人。

（5）企业在销售商品（产品）和提供服务过程中向个人赠送礼品，属于下列情形之一的，不征收个人所得税：

①企业通过价格折扣、折让方式向个人销售商品（产品）和提供服务。

②企业在向个人销售商品（产品）和提供服务的同时给予赠品，如通信企业对个人购买手机赠话费、入网费，或者购话费赠手机等。

③企业对累积消费达到一定额度的个人按消费积分反馈礼品。

（6）税收法律、行政法规、部门规章和规范性文件中未明确规定纳税人享受减免税必须经税务机关审批，且纳税人取得的所得完全符合减免税条件的，无须经主管税务机关审核，纳税人可自行享受减免税。

税收法律、行政法规、部门规章和规范性文件中明确规定纳税人享受减免税必须经税务机关审批的，或者纳税人无法准确判断其取得的所得是否应享受个人所得税减免的，必须经主管税务机关按照有关规定审核或批准后，方可减免个人所得税。

【例 25-5】李某 2×20 年 2 月取得如下收入：

（1）到期国债利息收入 986 元。

（2）购买福利彩票支出 500 元，取得一次性中奖收入 15 000 元。

（3）境内上市公司股票转让所得 10 000 元。

（4）转让自用住房一套，取得转让收入 5 000 000 元，该套住房购买价为 2 000 000 元，购买时间为 2007 年并且是唯一的家庭生活用房。

要求：计算李某当月这些收入应缴纳的个人所得税税额。

【解析】国债利息收入免征个人所得税，股票转让所得暂不征收个人所得税，转让自用 5 年以上并且是唯一的家庭生活用房取得的所得暂免征个人所得税，福利彩票收入 15 000 元（超过 1 万元）应缴纳个人所得税，且不得扣除购买彩票支出。

中奖收入应缴纳个人所得税税额 =15 000×20%=3 000（元）

李某当月应缴纳的个人所得税税额为 3 000 元。

25.8　个人所得税征收管理

个人所得税是以自然人个人为纳税人的税种，因此在税款的缴纳上同其他的税种有很大的区别，下面是关于个人所得税代扣代缴、申报、缴纳的一些具体规定。

25.8.1　源泉扣缴情况下，如何申报和缴纳

税法规定，个人所得税以取得应税所得的个人为纳税义务人。但是由于个人所得税的纳税人人数众多，过于分散，非常不便于国家税务机关的税款征收。因此，税法规定以支付所得的单位或者个人为扣缴义务人，包括企业（公司）、事业单位、财政部门、机关事务管理部门、个体工商户等单位或个人。按照税法规定代扣代缴个人所得税，是扣缴义务人的法定义务，必须依法履行。个人所得税需要代扣代缴的情形如图25-16所示。

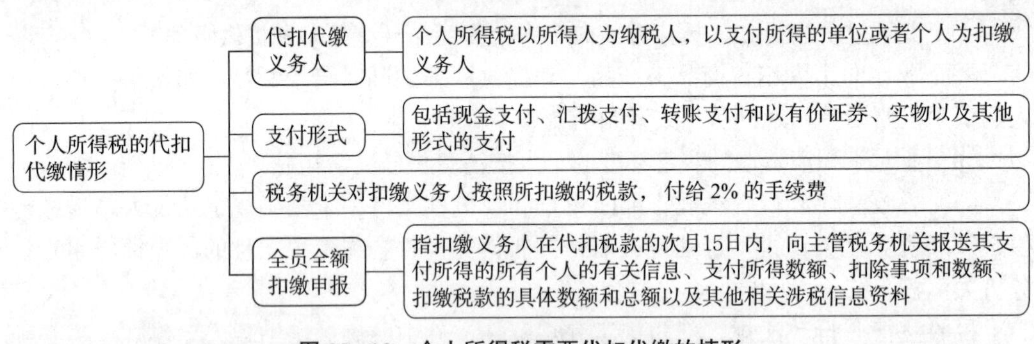

图25-16　个人所得税需要代扣代缴的情形

25.8.2　自行申报情况下，如何申报纳税

有下列情形之一的，纳税人应当依法办理纳税申报，如图25-17所示。

25.8.3　其他申报缴纳注意事项

（1）居民个人取得工资、薪金所得时，可以向扣缴义务人提供专项附加扣除有关信息，由扣缴义务人扣缴税款时减除专项附加扣除。纳税人同时从两处以上取得工资、薪金所得，并由扣缴义务人减除专项附加扣除的，对同一专项附加扣除项目，在一个纳税年度内只能选择从一处取得的所得中减除。

居民个人取得劳务报酬所得、稿酬所得、特许权使用费所得，应当在汇算清缴时向税务机关提供有关信息，减除专项附加扣除。

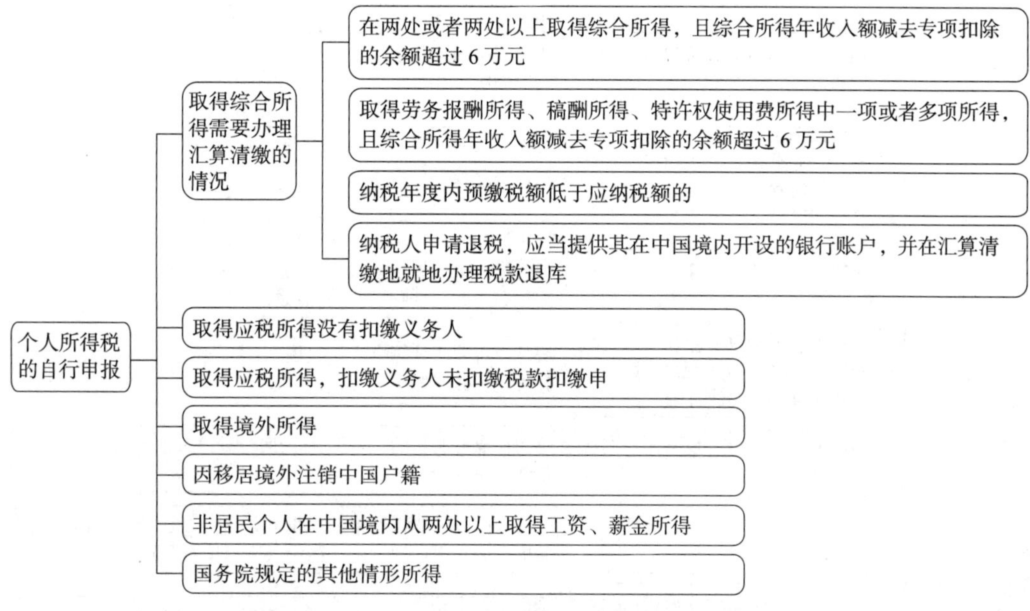

图 25-17　个人所得税需要自行申报的情形

（2）纳税人可以委托扣缴义务人或者其他单位和个人办理汇算清缴。

纳税人发现扣缴义务人提供或者扣缴申报的个人信息、所得、扣缴税款等与实际情况不符的，有权要求扣缴义务人修改。扣缴义务人拒绝修改的，纳税人应当报告税务机关，税务机关应当及时处理。

纳税人、扣缴义务人应当按照规定保存与专项附加扣除相关的资料。税务机关可以对纳税人提供的专项附加扣除信息进行抽查，具体办法由国务院税务主管部门另行规定。税务机关发现纳税人提供虚假信息的，应当责令改正并通知扣缴义务人；情节严重的，有关部门应当依法予以处理，纳入信用信息系统并实施联合惩戒。

（3）纳税人申请退税时提供的汇算清缴信息有错误的，税务机关应当告知其更正；纳税人更正的，税务机关应当及时办理退税。

扣缴义务人未将扣缴的税款解缴入库的，不影响纳税人按照规定申请退税，税务机关应当凭纳税人提供的有关资料办理退税。

25.8.4　个人所得税纳税期限

个人所得税的分类及纳税期限，如图 25-18 所示。

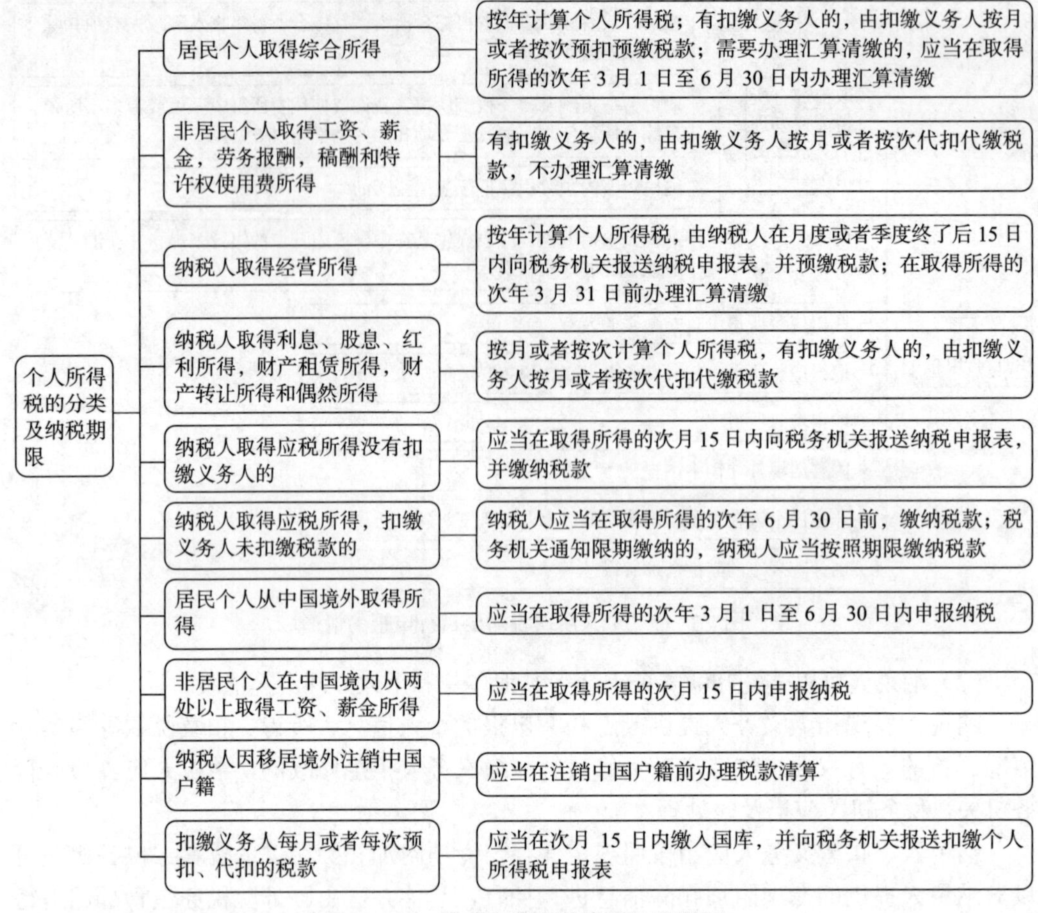

图25-18　个人所得税分类及纳税期限

说明：

各项所得的计算，以人民币为单位。所得为人民币以外货币的，按照办理纳税申报或扣缴申报的上一月最后一日人民币汇率中间价，折合成人民币计算应纳税所得额。年度终了后办理汇算清缴的，对已经按月、按季或者按次预缴税款的人民币以外货币所得，不再重新折算；对应当补缴税款的所得部分，按照上一纳税年度最后一日人民币汇率中间价，折合成人民币计算应纳税所得额。

第二十六章

房　产　税

——房产主们要注意

内容概览

房产税主要是对经营用的房屋征收的一种税，一般个人自主的住房并不需要缴纳房产税。

在本章的学习中，我们将解决读者的以下问题：

（1）房产税是一种什么税？

（2）哪些房屋需要缴纳房产税？

（3）哪些人需要缴纳房产税？

（4）房产税税率有多高？

（5）房产税的计税依据如何确认？

（6）如何计算房产税的应纳税额？

（7）房产税有哪些优惠政策？

（8）如何办理房产税的申报与缴纳？

26.1　认识房产税

房产税是以房屋为征税对象，以房屋的计税余值或租金收入为计税依据，向产权所有人征收的一种财产税。

所谓房产，是以房屋形态表现的财产。房屋指有屋面和围护结构（有墙或两边有柱），能够遮风避雨，可供人们在其中生产、工作、学习、娱乐、居住或储藏物资的场所。至于那些独立于房屋之外的建筑物，如围墙、烟囱、水塔、变电塔、油池油柜、酒窖菜窖、酒精池、糖蜜池、室外游泳池、玻璃暖房、砖瓦石灰窑以及各种油气罐等，则不属于房产。房产税的概念与特点如图 26-1 所示。

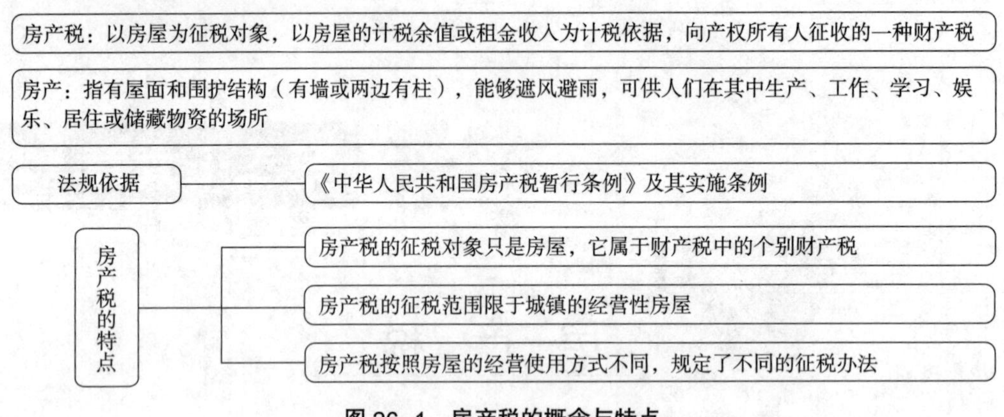

图 26-1 房产税的概念与特点

26.2 房产税的征税范围、纳税人

26.2.1 房产税的征税范围包括哪些

《房产税暂行条例》规定，房产税在城市、县城、建制镇和工矿区征收，即房产税的征税范围是位于以上地区的房屋。房产税征税范围如图 26-2 所示。

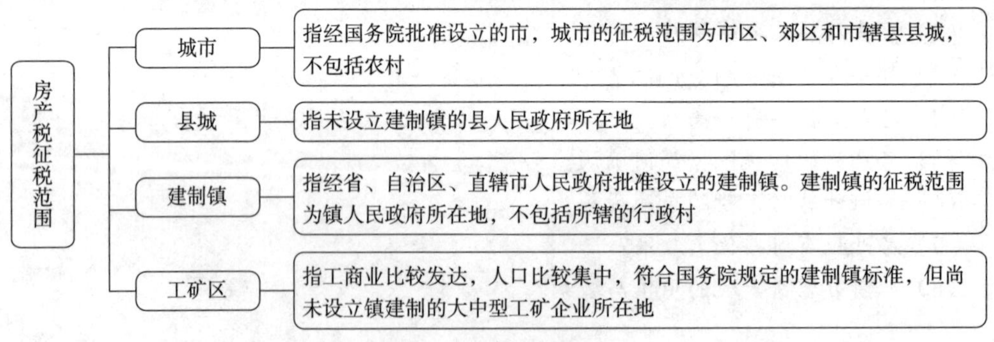

图 26-2 房产税征税范围

26.2.2 哪些人需要缴纳房产税

《房产税暂行条例》规定，房产税以在征税范围内的房屋产权所有人为纳税人。对于不同使用状况，不同产权类型的房屋，如何确定纳税人，具体的规定如图 26-3 所示。

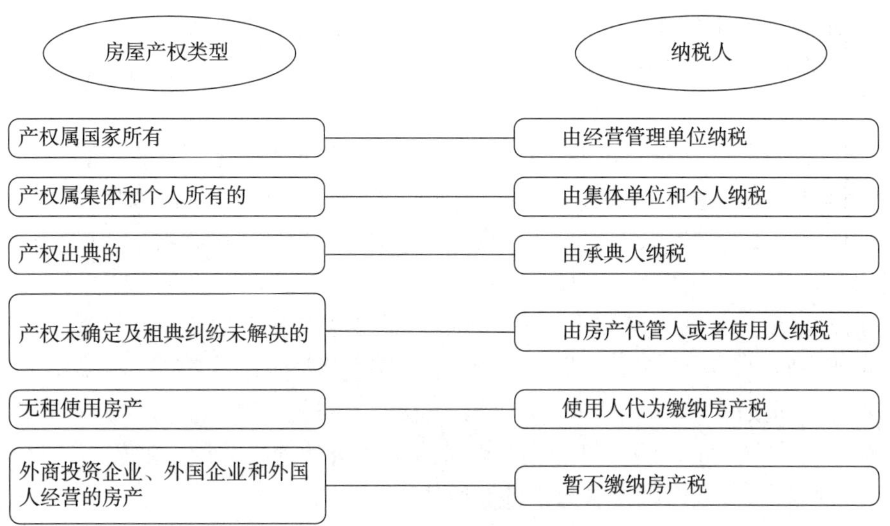

图 26-3 房产税的纳税人

26.3 房产税的计算

26.3.1 房产税的计税依据如何确定

房产税采用从价计征的征税方式，计税办法分为按计税余值计税和按租金收入计税两种，因此房产税的计税依据也就包括房产的计税余值和房屋租金两种。房产税计税依据如图 26-4 所示。

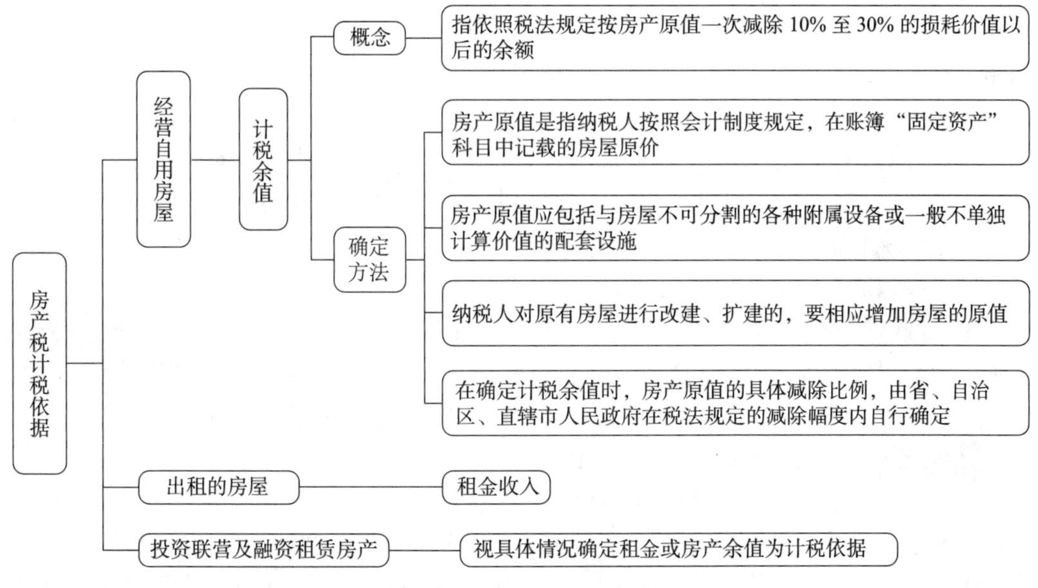

图 26-4 房产税计税依据

（1）对经营自用的房屋，以房产的计税余值作为计税依据。

所谓计税余值，指依照税法规定按房产原值一次减除10%至30%的损耗价值以后的余额。

① 房产原值是指纳税人按照会计制度规定，在账簿“固定资产”科目中记载的房屋原价。因此，凡按会计制度规定在账簿中记载有房屋原价的，应以房屋原价按规定减除一定比例后作为房产余值计征房产税；没有记载房屋原价的，按照上述原则，并参照同类房屋，确定房产原值，按规定计征房产税。

② 房产原值应包括与房屋不可分割的各种附属设备或一般不单独计算价值的配套设施。主要有暖气、卫生、通风、照明、煤气等设备；各种管线，如蒸气、压缩空气、石油、给水排水等管道及电力、电讯、电缆导线；电梯、升降机、过道、晒台等。属于房屋附属设备的水管、下水道、暖气管、煤与管等应从最近的探视井或三通管起，计算原值；电灯网、照明线从进线盒联接管起，计算原值。

③ 纳税人对原有房屋进行改建、扩建的，要相应增加房屋的原值。

④ 在确定计税余值时，房产原值的具体减除比例，由省、自治区、直辖市人民政府在税法规定的减除幅度内自行确定。这样规定，既有利于各地区根据本地情况，因地制宜地确定计税余值，又有利于平衡各地税收负担，简化计算手续，提高征管效率。

如果纳税人未按会计制度规定记载原值的，在计征房产税时，应按规定调整房产原值；对房产原值明显不合理的，应重新予以评估；对没有房产原值的，应由房屋所在地的税务机关参考同类房屋的价值核定。在原值确定后，再根据当地所适用的扣除比例，计算确定房产余值。对于扣除比例，一定要按由省、自治区、直辖市人民政府确定的比例执行。

（2）对于出租的房屋，以租金收入为计税依据。

房产的租金收入，是房屋产权所有人出租房产使用权所取得的报酬，包括货币收入和实物收入。对以劳务或其他形式作为报酬抵付房租收入的，应根据当地同类房产的租金水平，确定一个标准租金额，依率计征。

如果纳税人对个人出租房屋的租金收入申报不实或申报数与同一地段同类房屋的租金收入相比明显不合理的，税务部门可以按照《税收征管法》的有关规定，采取科学合理的方法核定其应纳税款。具体办法由各省、自治区、直辖市地方税务机关结合当地实际情况制定。

（3）投资联营及融资租赁房产的计税依据。

① 对投资联营的房产，在计征房产税时应予以区别对待。对于以房产投资联营，投资者参与投资利润分红，共担风险的，按房产的余值作为计税依据计征房产税；对以房产投资，收取固定收入，不承担联营风险的，实际是以联营名义取得房产租金，应根据暂行条例的有关规定由出租方按租金收入计算缴纳房产税。

② 对融资租赁房屋的情况，由于租赁费包括购进房屋的价款、手续费、借款利息等，与一般房屋出租的“租金”内涵不同，且租赁期满后，当承租方偿还最后一笔租赁费时，房屋产权一般都转移到承租方，实际上是一种变相的分期付款购买固定资产的形式，所以在计征房产税时应以房产余值计算征收。至于租赁期内房产税的纳税人，

由当地税务机关根据实际情况确定。

26.3.2 房产税的税率是怎样规定的

房产税采用比例税率，根据房产税的计税依据分为两种，具体的税率如图 26–5 所示。

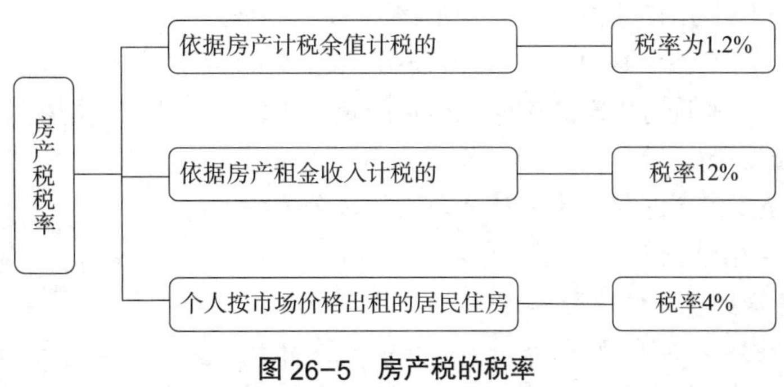

图 26–5 房产税的税率

26.3.3 房产税的减免税优惠是怎样规定的

依据《房产税暂行条例》及有关规定，目前房产税的减免税优惠主要包括以下的几种，如图 26–6 所示：

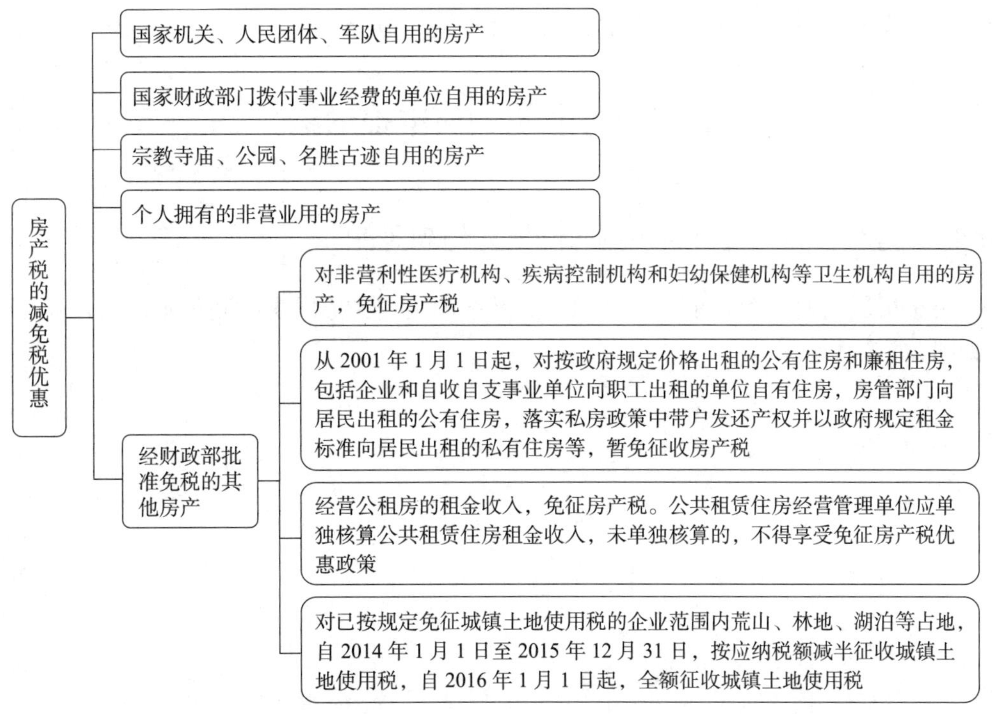

图 26–6 房产税的减免税优惠

26.3.4　房产税应纳税额如何计算

房产税的计税依据有两种，与之相适应的应纳税额计算也分为两种：一是从价计征的计算；二是从租计征的计算。

（1）从价计征的计算

从价计征是按房产的原值减除一定比例后的余值计征，其计算公式为：

应纳税额 = 应税房产原值 ×（1- 扣除比例）×1.2%

如前所述，房产原值是“固定资产”科目中记载的房屋原价，减除一定比例是省、自治区、直辖市人民政府规定的 10%~30% 的减除比例，计征的适用税率为 1.2%。

（2）从租计征的计算

从租计征是按房产的租金收入计征，其计算公式为：

应纳税额 = 租金收入 ×12%（或 4%）

【例 26-1】房产税应纳税额的计算

紫竹公司 2×19 年度自有房屋 10 栋，其中 8 栋用于经营生产，房产原值 1 000 万元，不包括冷暖通风设备 60 万元；2 栋房屋租给某公司作经营用房，年租金收入 50 万元。试计算该企业当年应纳的房产税。（注：该省规定按房产原值一次扣除 20% 后的余值计税）

分析与计算：

（1）自用房产应纳税额＝[（1 000+60）×（1−20%）]×1.2% ＝ 10.176（万元）

（2）租金收入应纳税额＝ 50×12% ＝ 6（万元）

（3）全年应纳房产税额＝ 10.176+6 ＝ 16.176（万元）

26.4　房产税如何申报缴纳

26.4.1　房产税的纳税义务发生时间是如何规定的

由于房屋的使用状况不同，其相应的缴纳的纳税义务发生时间是不同的，具体情况如图 26-7 所示。

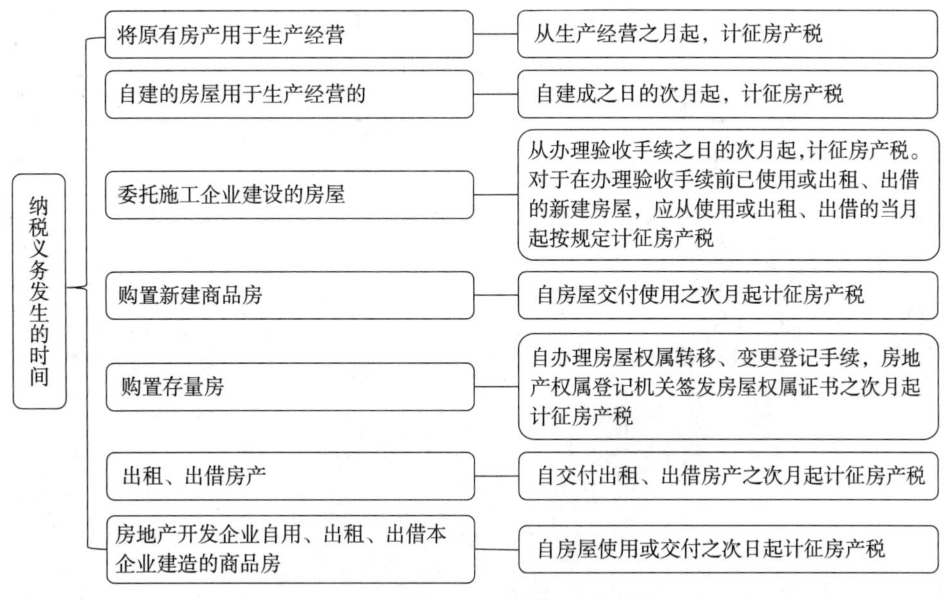

图 26-7　房产税纳税业务的发生时间

26.4.2　房产税的纳税期限是怎样规定的

房产税实行按年征收，分期缴纳，纳税期限由省、自治区、直辖市人民政府规定。各地一般按季或半年预征。

26.4.3　房产税的纳税申报如何办理

房产税纳税义务人应根据税法要求，将现有房屋的坐落地点、结构、面积、原值、出租收入等情况，据实向当地税务机关办理纳税申报，并按规定纳税。如果纳税人住址发生变更、产权发生转移，以及出现新建、改建、扩建、拆除房屋等情况，而引起房产原值发生变化或者租金收入变化的，都要按规定及时向税务机关办理变更登记，以便税务机关及时掌握纳税人的房产变动情况。

26.4.4　房产税的纳税地点是如何规定的

房产税在房产所在地缴纳。房产不在同一地方的纳税人，应按房产的坐落地点分别向房产所在地的税务机关缴纳。

26.4.5　房产税纳税申报表如何填写

房产税的纳税申报表如表 26-1 所示。

表 26-1　房产税的纳税申报表

房产税纳税申报表

税款所属时期：　　　年　　月　　日至　　年　　月　　日　　　　　　　　　　计算单位：元、平方米

<table>
<tr><td rowspan="2">纳税人名称</td><td rowspan="2"></td><td>纳税编码</td><td colspan="2"></td><td colspan="2">身份证号码（个人）</td><td colspan="3"></td><td>电话</td></tr>
<tr><td>房产所属税务机关</td><td colspan="2"></td><td colspan="2">组织机构代码（单位）</td><td colspan="3"></td><td></td></tr>
<tr><td>房产登记编号</td><td>房产地址</td><td>房屋名称（楼名、栋号、房号）</td><td>房产用途</td><td>房产原值</td><td>计税余值</td><td>适用税率</td><td>年应缴纳税额</td><td>本期应缴税额</td><td>本期减免税额</td><td>本期实缴税额</td></tr>
<tr><td></td><td></td><td></td><td></td><td></td><td></td><td></td><td></td><td></td><td></td><td></td></tr>
<tr><td></td><td></td><td></td><td></td><td></td><td></td><td></td><td></td><td></td><td></td><td></td></tr>
<tr><td></td><td></td><td></td><td></td><td></td><td></td><td></td><td></td><td></td><td></td><td></td></tr>
<tr><td></td><td></td><td></td><td></td><td></td><td></td><td></td><td></td><td></td><td></td><td></td></tr>
<tr><td></td><td></td><td></td><td></td><td></td><td></td><td></td><td></td><td></td><td></td><td></td></tr>
<tr><td colspan="2">合计</td><td></td><td></td><td></td><td></td><td></td><td></td><td></td><td></td><td></td></tr>
<tr><td>申报人声明</td><td>本人对所提交的文件、证件以及填写内容的真实性、有效性和合法性承担责任，如有虚假内容，申报人依法承担相关责任。
法定代表人（自然人申报人）签名（盖章）：
年 月 日</td><td>授权人声明</td><td colspan="2">现授权　　　为本申报人本次申报事项的代理人，其法人代表　　　，电话　　　。若采取邮寄方式送达申报有关往来文件，请寄给下列收件人：□申报人；□代理人。
委托代理合同编号：
授权人（法定代表、自然人申报人）签名（盖章）：
年 月 日</td><td>代理人声明</td><td colspan="2">本申报事项根据国家税收法律法规及国家、税务机关的有关规定填报，如有虚假内容，代理人依法承担相关责任。
代理人（法定代表、自然人申报人）签名（盖章）：
年 月 日</td><td>特别声明</td><td colspan="2">本人同意按照税务机关登记的本申报人的房地产信息申报纳税。
法定代表人（自然人申报人）签名（盖章）：
年 月 日</td></tr>
<tr><td colspan="11">受理税务机关（章）：　　　　　　受理录入日期：　　　　　　受理录入人：</td></tr>
</table>

第二十七章

印 花 税

——签订凭证也要纳税

内容概览

凡是炒过股的人，对印花税都不会太陌生，其实在证券交易中缴纳的印花税只是印花税的一种情况。印花税的税目较多，征税范围比较广，几乎覆盖经济生活的各个方面。

在本章的学习中，我们将解决读者的以下问题：

（1）印花税是一种什么税？

（2）哪些经济凭证需要缴纳印花税？

（3）哪些人需要缴纳印花税？

（4）印花税税率有多高？

（5）印花税的计税依据如何确认？

（6）如何计算印花税的应纳税额？

（7）印花税有哪些优惠政策？

（8）如何办理印花税的申报与缴纳？

27.1 印花税与印花税票

27.1.1 印花税是什么

印花税是对经济活动和经济交往中书立、领受的应税经济凭证所征收的一种税。因纳税人主要是通过在应税凭证上粘贴印花税票来完成纳税义务，故名印花税。印花税的概念与特点如图 27-1 所示。

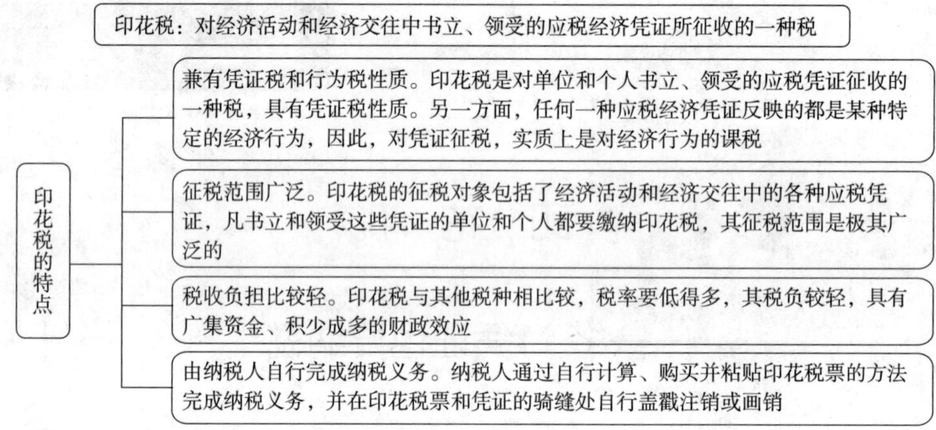

图 27-1 印花税的概念与特点

27.1.2 什么是印花税票，如何购买印花税票

（1）什么是印花税票

印花税票是缴纳印花税的完税凭证，由国家税务总局负责监制。其票面金额以人民币为单位，分为壹角、贰角、五角、壹元、贰元、伍元、拾元、伍拾元、壹佰元九种。缴纳印花税时，按照规定的应纳税额，购买并粘贴相同金额的印花税票，就完成了印花税的缴纳。

（2）印花税票的鉴别

印花税票为有价证券，各地税务机关应按照国家税务总局的管理办法严格管理。新版印花税票采用了全面的防伪措施，大家在购买时，需要认真鉴别。印花税票的防伪措施如图 27-2 所示。

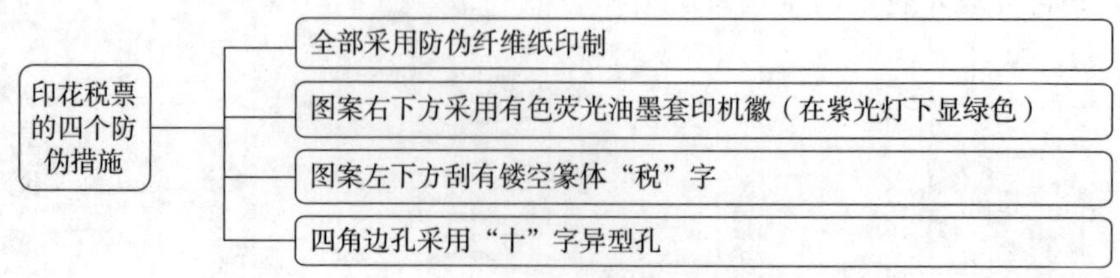

图 27-2 印花税票的防伪措施

（3）印花税票的代售

印花税票可以委托单位或个人代售，并由税务机关付给 5% 的手续费，支付来源从实征印花税款中提取。税务机关和代售单位应共同做好代售印花税票的工作，一般需要经历以下的步骤，如图 27–3 所示。

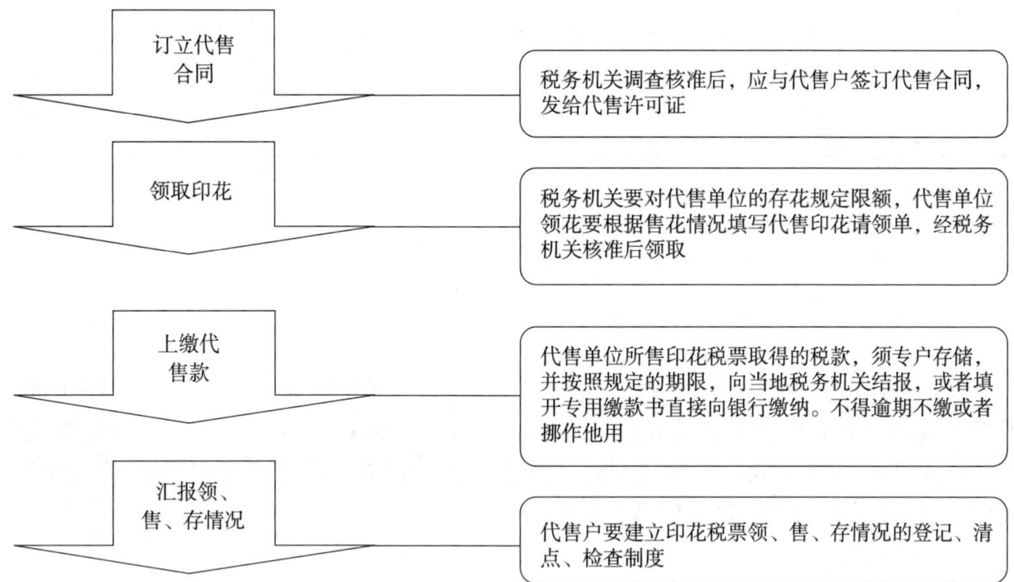

图 27–3 代售印花税票的主要程序

27.2 印花税的征税范围

印花税的征税范围包括哪些？

现行印花税只对印花税条例列举的凭证征收，没有列举的凭证不征税。列举正式的凭证分为五类，即经济合同、产权转移书据、营业账簿、权利、许可证照和经财政部门确认的其他凭证。印花税具体的征税范围如表 27–1 所示。

表 27–1 印花税具体征税范围一览表

序号	税目	概念	具体内容
1	经济合同	合同指当事人之间为实现一定目的，经协商一致，明确当事人各方权利、义务关系的协议。以经济业务活动作为内容的合同，通常称为经济合同	包括购销合同、加工承揽合同、建设工程勘察设计合同、建筑安装工程承包合同、财产租赁合同、货物运输合同、仓储保管合同、借款合同、财产保险合同、技术合同等 10 类经济合同
2	产权转移书据	指在产权买卖、交换、继承、赠予、分割等产权主体变更过程中，由产权出让人与受让人之间所订立的民事法律文书	包括财产所有权、版权、商标专用权、专利权、专有技术使用权共 5 项产权的转移书据

续表

序号	税目	概念	具体内容
3	营业账簿	指按照财务会计制度的要求设置的，反映生产经营活动的账册	包括记载资金的账簿（简称资金账簿）和其他营业账簿两类
4	权利、许可证照	指政府授予单位、个人某种法定权利和准予从事特定经济活动的各种证照的统称	包括政府部门发给的房屋产权证、工商营业执照、商标注册证、专利证、土地使用证等
5	经财政部门确定征税的其他凭证		

27.3 印花税的纳税人

凡在我国境内书立、领受属于征税范围内所列凭证的单位和个人，都是印花税的纳税义务人。包括各类企业、事业、机关、团体、部队，以及中外合资经营企业、合作经营企业、外资企业、外国公司企业和其他经济组织及其在华机构等单位和个人。按照征税项目划分的具体纳税人如图 27-4 所示：

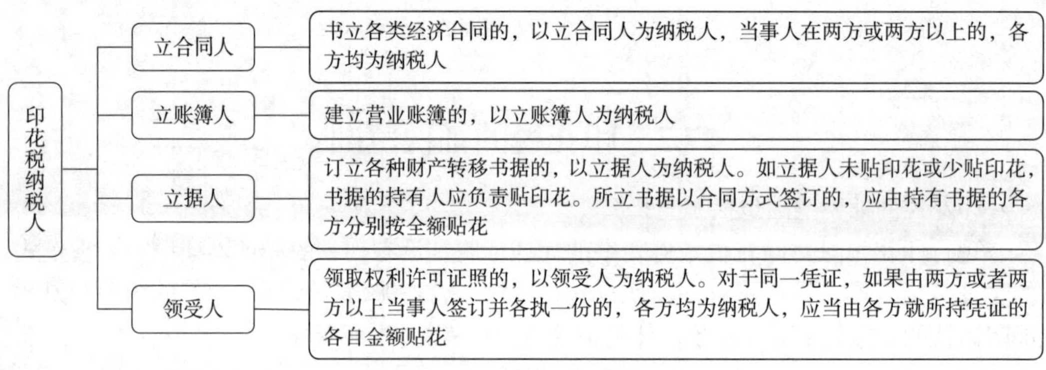

图 27-4　印花税的纳税人

27.4 如何计算印花税

27.4.1 印花税的计税依据如何确定

印花税的计税依据，按照税目的不同，主要分为两种，第一是从价计税，如经济合同、产权转移书据、记载资金的营业账簿等，按照所载金额的一定比例计算应纳税款；另一种是从量计税，按照许可证照，未记载资金的其他营业账簿等，按照其件数按照固定金额计算应纳税额。印花税的计税依据的确定如图 27-5 所示：

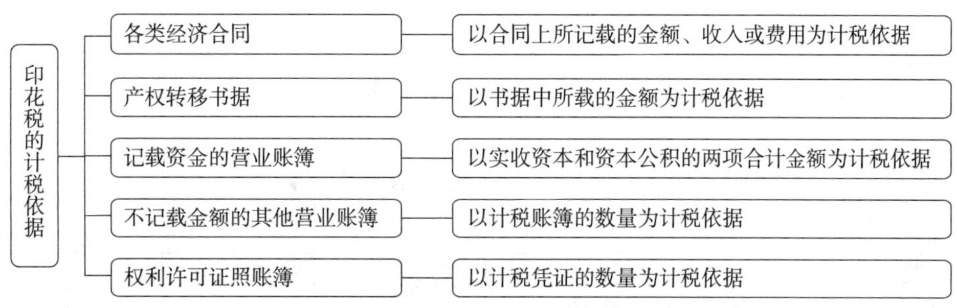

图 27-5 印花税的计税依据的确定

27.4.2 印花税的税率是怎样规定的

现行印花税采用比例税率和定额税率两种税率，详见表 27-2。

（1）比例税率

印花税的比例税率分为五档，即 0.05‰、0.25‰、0.3‰、0.5‰、1‰ 其具体规定如下。

① 适用 0.05‰ 税率的为“借款合同”。

② 适用 0.25‰ 税率的为“营业账簿”税目中记载资金的账簿。

③ 适用 0.3‰ 税率的为“购销合同”“建筑安装工程承包合同”“技术合同”。

④ 适用 0.5‰ 税率的是“加工承揽合同”“建筑工程勘察设计合同”“货物运输合同”“产权转移书据”。

⑤ 适用 1‰ 税率的为“财产租赁合同”“仓储保管合同”“财产保险合同”。

⑥ 在上海证券交易所、深圳证券交易所、全国中小企业股份转让系统买卖、继承、赠予优先股所书立的股权转让书据，均依书立时实际成交金额，由出让方按 1‰ 的税率计算缴纳证券（股票）交易印花税。

（2）定额税率

在印花税的 13 个税目中，适用定额税率的是权利许可证照和营业账簿税目中的其他账簿，单位税额均为每件 5 元。自 2018 年 5 月 1 日起，对按件 5 元贴花征收的其他账薄免征印花税。

（3）适用税率的特殊要求

在确定适用税率时，如果一份合同载有一个或几个经济事项的，可以同时适用一个或几个税率分别计算贴花。但属于同一笔金额或几个经济事项金额未分开的，应按其中一个较高税率计算纳税，而不是分别按多种税率贴花。印花税的税目税率表如表 27-2 所示。

表 27–2　印花税的税目税率表

税目	范围	税率	纳税人	说明
购销合同	包括供应、预购、采购、购销结合及协作、调剂、补偿、易货等合同	按购销金额 0.3‰ 贴花	立合同人	
加工承揽合同	包括加工、定做、修缮、修理、印刷、广告、测绘、测试等合同	按加工或承揽收入 0.5‰ 贴花	立合同人	
建设工程勘察设计合同	包括勘察、设计合同	按收取费用 0.5‰ 贴花	立合同人	
建筑安装工程承包合同	包括建筑、安装工程承包合同	按承包金额 0.3‰ 贴花	立合同人	
财产租赁合同	包括租赁房屋、船舶、飞机、机动车辆、机械、器具、设备等合同	按租赁金额 1‰ 贴花。税额不足 1 元，按 1 元贴花	立合同人	
货物运输合同	包括民用航空运输、铁路运输、海上运输、内河运输、公路运输和联运合同	按运输费用 0.5‰ 贴花	立合同人	单据作为合同使用的，按合同贴花
仓储保管合同	包括仓储、保管合同	按仓储保管费用 1‰ 贴花	立合同人	仓单或栈单作为合同使用的，按合同贴花
借款合同	银行及其他金融组织和借款人（不包括银行同业拆借）所签订的借款合同	按借款金额 0.05‰ 贴花	立合同人	单据作为合同使用的，按合同贴花
财产保险合同	包括财产、责任、保证、信用等保险合同	按收取保险费 1‰ 贴花	立合同人	单据作为合同使用的，按合同贴花
技术合同	包括技术开发、转让、咨询、服务等合同	按所记载金额 0.3‰ 贴花	立合同人	
产权转移书据	包括财产所有权和版权、商标专用权、专利权、专有技术使用权等转移书据、土地使用权出让合同、土地使用权转让合同、商品房销售合同	按所记载金额 0.5‰ 贴花	立据人	
营业账簿	对记载资金的营业账簿征收印花税，对其他营业账簿不征收印花税	按实收资本（股本）、资本公积的 0.25%	立账簿人	
权利、许可证照	包括政府部门发给的房屋产权证、工商营业执照、商标注册证、专利证、土地使用证	按件贴花 5 元	领受人	

27.4.3 印花税的税收减免有哪些

根据印花税暂行条例及实施细则和其他有关税法的规定，下列凭证免纳印花税，如图 27-6 所示：

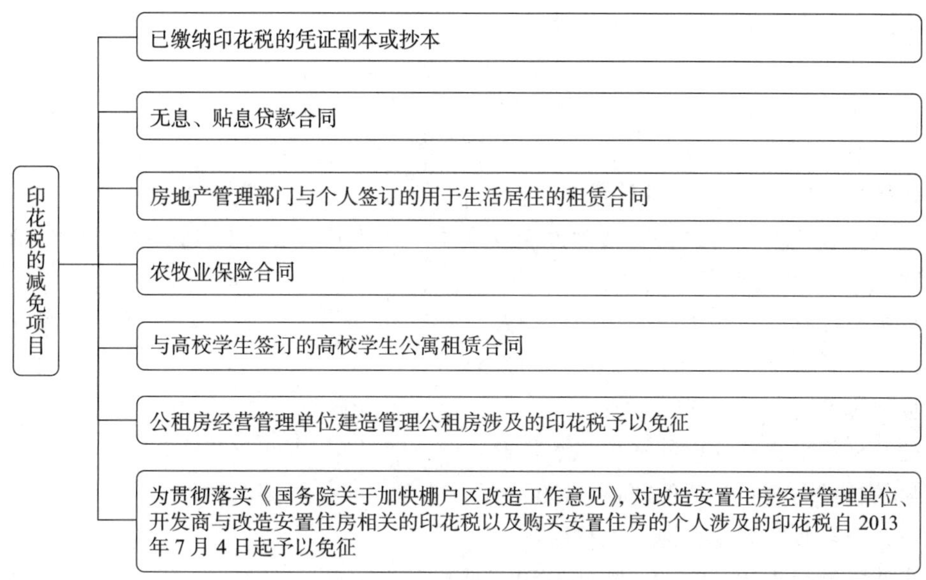

图 27-6 印花税的减免项目

27.4.4 印花税如何计算

按照计税依据的不同，印花税的计算方法也分为两种，具体如图 27-7 所示。

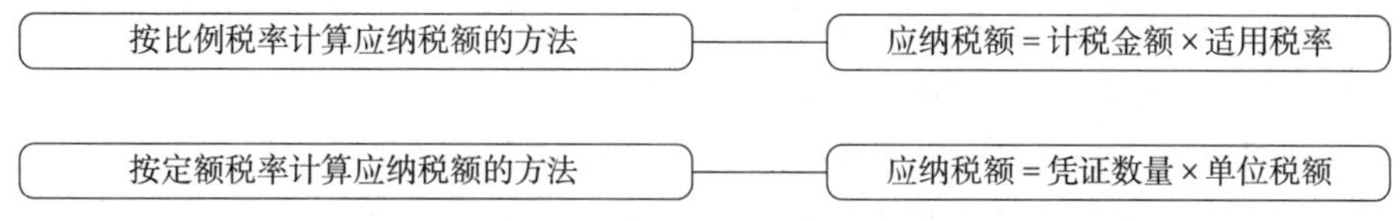

图 27-7 印花税的计算

除了掌握印花税的计算公式之外，计算印花税的应纳税额还应当注意以下的问题。

（1）按金额比例贴花的应税凭证，未标明金额的，应按照凭证所载数量及市场价格计算金额，依适用税率贴足印花。

（2）应税凭证所载金额为外国货币的，按凭证书立当日的国家外汇管理局公布的外汇牌价折合人民币，计算应纳税额。

（3）同一凭证由两方或者两方以上当事人签订并各执一方的，应当由各方所执的一份全额贴花。

（4）同一凭证因载有两个或两个以上经济事项而适用不同税率，如分别载有金额的，应分别计算应纳税额，相加后按合计税额贴花；如未分别记载金额的，按税率高的计税贴花。

（5）已贴花的凭证，修改后所载金额增加的，其增加部分应当补贴印花税票。

（6）按比例税率计算纳税而应纳税额又不足 1 角的，免纳印花税；应纳税额在 1 角以上的，其税额尾数不满 5 分的不计，满 5 分的按 1 角计算贴花。对财产租赁合同的应纳税额超过 1 角但不足 1 元的，按 1 元贴花。

【例 27-1】印花税应纳税额的计算

紫竹公司 2×19 年 2 月开业，领受房产权证、工商营业执照、土地使用证各一件，与其他企业订立转移专用技术使用权书据一件，所载金额 80 万元；订立产品购销合同两件，所载金额为 150 万元；订立借款合同一份，所载金额为 40 万元。此外，公司的营业账簿中，“实收资本”科目载有资金 600 万元，其他营业账簿 20 本。2×19 年 12 月该企业“实收资本”所载资金增加为 800 万元。试计算该公司 2×19 年 2 月份应纳印花税额和 12 月份应补缴印花税额。

分析与计算：

（1）公司领受权利、许可证照应纳税额。

应纳税额＝3×5 ＝ 15（元）

（2）公司订立产权转移书据应纳税额。

应纳税额＝800 000×0.5‰ ＝ 400（元）

（3）公司订立购销合同应纳税额。

应纳税额＝1 500 000×0.3‰ ＝ 450（元）

（4）公司订立借款合同应纳税额。

应纳税额＝400 000×0.05‰ ＝ 20（元）

（5）公司营业账簿中“实收资本”所载资金应纳税额。

应纳税额＝6 000 000×0.25‰ ＝ 1 500（元）

自 2018 年 5 月 1 日起，对按件贴花征收的其他账簿免征印花税

（6）2 月份公司应纳印花税税额。

应纳税额＝15+400+450+20+1 500 ＝ 2 385（元）

（7）12 月份资金账簿应补缴税额。

应补纳税额＝（8 000 000−6 000 000）×0.25‰ ＝ 500（元）

27.5 如何缴纳印花税

27.5.1 印花税的纳税办法是怎样规定的

印花税的纳税方法较其他税种不同，其特点是由纳税人根据税法规定，自行计算应纳税额，自行购买印花税票，自行完成纳税义务。同时，对特殊情形采取特定的纳税贴花方法。印花税的缴纳方法如图 27-8 所示：

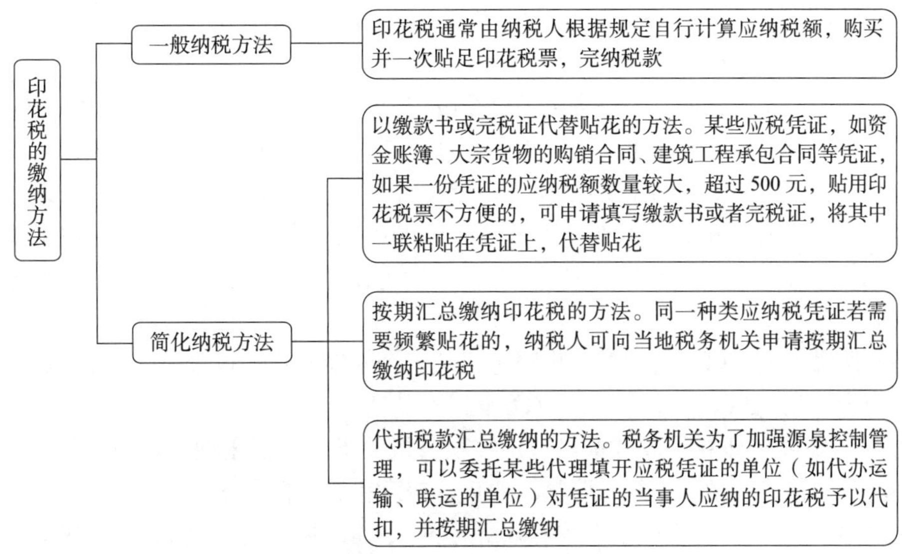

图 27-8 印花税的缴纳方法

纳税人贴花时，必须遵照以下规定办理纳税事宜：

（1）在应纳税凭证书立或领受时即行贴花完税，不得延至凭证生效日期贴花。

（2）印花税票应粘贴在应纳税凭证上，并由纳税人在每枚税票的骑缝处盖戳注销或画销，严禁揭下重用。

（3）已经贴花的凭证，凡修改后所载金额增加的部分，应补贴印花。

（4）对已贴花的各类应纳税凭证，纳税人须按规定期限保管，不得私自销毁，以备纳税检查。

（5）凡多贴印花税票者，不得申请退税或者抵扣。

（6）纳税人对凭证不能确定是否应当纳税的，应及时携带凭证，到当地税务机关鉴别。

（7）纳税人同税务机关对凭证的性质发生争议的，应检附该凭证报请上一级税务机关核定。

（8）纳税人对纳税凭证应妥善保存。凭证的保存期限，凡国家已有明确规定的，按规定办理；其他凭证均应在履行纳税义务完毕后保存 1 年。

27.5.2 印花税的违规行为如何处罚

印花税实行轻税重罚政策。对纳税人不按照税法规定纳税的，应区别不同情况给予下列处罚：

（1）在应纳税凭证上未贴或者少贴印花税票的，或者已粘贴在应税凭证上的印花税票未注销或者未划销的，由税务机关追缴其不缴或者少缴的税款、滞纳金，并处不缴或者少缴的税款 50% 以上 5 倍以下的罚款。

（2）已贴用的印花税票揭下重用造成未缴或少缴印花税的，由税务机关追缴其不缴或者少缴的税款、滞纳金，并处不缴或者少缴的税款 50% 以上 5 倍以下的罚款；构成犯罪的，依法追究刑事责任。

（3）伪造印花税票的，由税务机关责令改正，处以 2 000 元以上 1 万元以下的罚款；情节严重的，处以 1 万元以上 5 万元以下的罚款；构成犯罪的，依法追究刑事责任。

（4）按期汇总缴纳印花税的纳税人，超过税务机关核定的纳税期限，未缴或少缴印花税款的，由税务机关追缴其不缴或者少缴的税款、滞纳金，并处不缴或者少缴的税款 50% 以上 5 倍以下的罚款；情节严重的，同时撤销其汇缴许可证；构成犯罪的，依法追究刑事责任。

（5）纳税人违反以下规定的，由税务机关责令限期改正，可处以 2 000 元以下的罚款；情节严重的，处以 2 000 元以上 1 万元以下的罚款。

① 凡汇总缴纳印花税的凭证，应加注税务机关指定的汇缴戳记，编号并装订成册后，将已贴印花或者缴款书的一联粘附册后，盖章注销，保存备查。

② 纳税人对纳税凭证应妥善保存。凭证的保存期限，凡国家已有明确规定的，按规定办理；没有明确规定的其余凭证，应在履行完毕后保存 1 年。

（6）代售户对取得的税款逾期不缴或者挪作他用，或者违反合同将所领印花税票转托他人代售或者转至其他地区销售，或者未按规定详细提供领、售印花税票情况的，税务机关可视其情节轻重，给予警告或者取消其代售资格的处罚。

27.5.3 印花税的纳税环节

印花税应当在书立或领受时贴花。具体指在合同签订时、账簿启用时和证照领受时贴花。如果合同是在国外签订，并且不便在国外贴花的，应在将合同带入境时办理贴花纳税手续。

27.5.4 印花税的纳税地点

印花税一般实行就地纳税。对于全国性商品物资订货会（包括展销会、交易会等）上所签订合同应纳的印花税，由纳税人回其所在地后及时办理贴花完税手续；对地方主办、不涉及省际关系的订货会、展销会上所签合同的印花税，其纳税地点由各省、自治区、直辖市人民政府自行规定。

27.5.5 如何填报印花税的纳税申报表

印花税纳税申报表如表 27–3 所示：

表 27-3 印花税纳税申报表

印花税纳税申报表

税务计算机代码：

税款所属日期　　年　　月　　日——　　月　　日　　　　单位：元（列至角分）

单位名称：

<table>
<tr><th>税　目</th><th>份数</th><th>计税金额</th><th>税率</th><th>已纳税额</th></tr>
<tr><td>购销合同</td><td></td><td></td><td>0.3‰</td><td></td></tr>
<tr><td>加工承揽合同</td><td></td><td></td><td>0.5‰</td><td></td></tr>
<tr><td>建设工程勘察设计合同</td><td></td><td></td><td>0.5‰</td><td></td></tr>
<tr><td>建筑安装工程承包合同</td><td></td><td></td><td>0.3‰</td><td></td></tr>
<tr><td>财产租赁合同</td><td></td><td></td><td>1‰</td><td></td></tr>
<tr><td>货物运输合同</td><td></td><td></td><td>0.5‰</td><td></td></tr>
<tr><td>仓储保管合同</td><td></td><td></td><td>1‰</td><td></td></tr>
<tr><td>借款合同</td><td></td><td></td><td>0.05‰</td><td></td></tr>
<tr><td>财产保险合同</td><td></td><td></td><td>1‰</td><td></td></tr>
<tr><td>技术合同</td><td></td><td></td><td>0.3‰</td><td></td></tr>
<tr><td>产权转移书据</td><td></td><td></td><td>0.5‰</td><td></td></tr>
<tr><td rowspan="2">账簿</td><td>资金账簿</td><td></td><td>0.25‰</td><td></td></tr>
<tr><td>其他账簿</td><td>件</td><td></td><td></td></tr>
<tr><td>权利许可证照</td><td>件</td><td></td><td>5 元</td><td></td></tr>
<tr><td>其他</td><td></td><td></td><td></td><td></td></tr>
<tr><td>合计</td><td></td><td></td><td></td><td></td></tr>
<tr><td colspan="5">根据印花税暂行条例规定应缴纳印花税的凭证在书立和领受时贴花完税，我单位应纳税凭证均已按规定缴纳，本报表中已纳税额栏填写数字与应纳税额是一致的。</td></tr>
<tr><td colspan="5">经办人（章）：</td></tr>
<tr><td>登记申报单位</td><td colspan="2">企业财务负责人</td><td colspan="2">税务机关受理申报日期：</td></tr>
<tr><td>（盖章）</td><td colspan="2">（盖章）</td><td colspan="2">受理人（章）：</td></tr>
<tr><td></td><td colspan="2"></td><td colspan="2">年 月 日</td></tr>
</table>

第二十八章

车 船 税

——让有车一族缴税不再糊涂

内容概览

对拥有机动车辆的企业而言，每年都需要缴纳车船税，车船税是以车船为征税对象，向拥有并使用车船的单位和个人征收的一种税，对拥有但不使用的车船不征税。

在本章的学习中，我们将解决读者的以下问题：

（1）车船税是一种什么税？

（2）哪些交通工具需要缴纳车船税？

（3）哪些人需要缴纳车船税？

（4）车船税税率有多高？

（5）车船税的计税依据如何确认？

（6）如何计算车船税的应纳税额？

（7）车船税有哪些优惠政策？

（8）如何办理车船税的申报与缴纳？

28.1 车船税基本知识

车船税的概念和特点如图 28-1 所示：

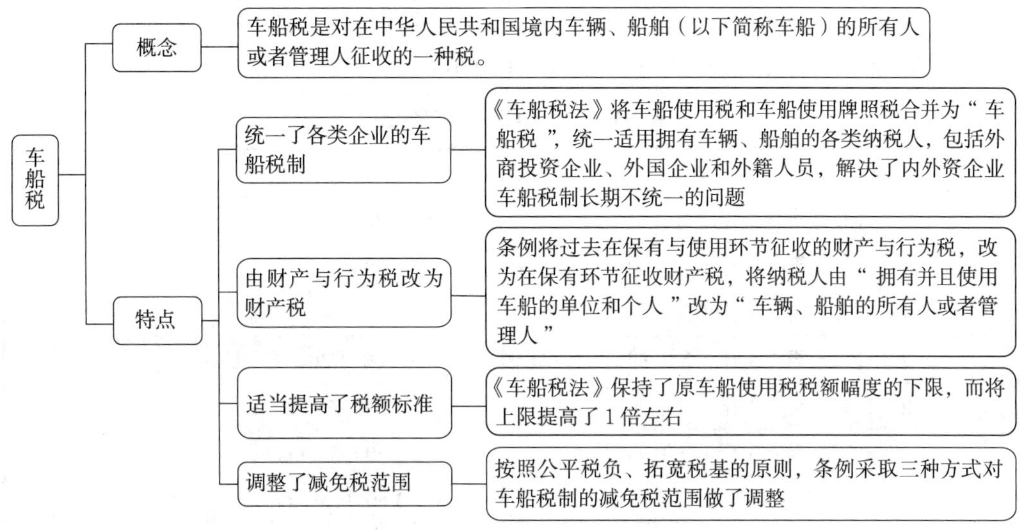

图 28-1　车船税的概念与特点

28.2　车船税的纳税人、征税范围和税额

28.2.1　纳税义务人

车船税的纳税义务人，指在中华人民共和国境内，车辆、船舶（以下简称车船）的所有人或者管理人，应当依照《中华人民共和国车船税法》的规定缴纳车船税。

28.2.2　征税范围

车船税的征收范围，指依法应当在我国车船管理部门登记的车船（除规定减免的车船外）。车船税的征收范围如图 28-2 所示。

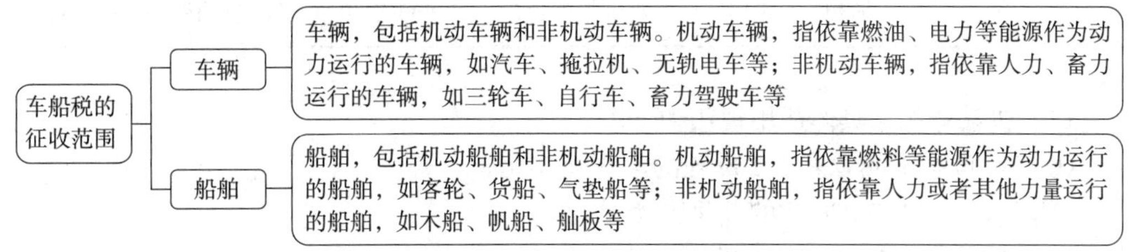

图 28-2　车船税的征收范围

28.2.3　税目与税率

车船税采用定额税率，即对征税的车船规定单位固定税额。车船税确定税额总的

原则是，非机动车船的税负轻于机动车船；人力车的税负轻于畜力车；小吨位船舶的税负轻于大船舶。车船税定额税率表如表 28-1 所示。

表 28-1　车船税定额税率表

<table>
<tr><th colspan="2">目录</th><th>计税单位</th><th>年基准税额（元）</th><th>备注</th></tr>
<tr><td rowspan="7">乘用车按发动机气缸容量（排气量分档）</td><td>1.0 升（含）以下的</td><td rowspan="7">每辆</td><td>60~360</td><td rowspan="7">核定载客人数 9 人（含）以下</td></tr>
<tr><td>1.0 升以上至 1.6 升（含）的</td><td>300~540</td></tr>
<tr><td>1.6 升以上至 2.0 升（含）的</td><td>360~660</td></tr>
<tr><td>2.0 升以上至 2.5 升（含）的</td><td>660~1 200</td></tr>
<tr><td>2.5 升以上至 3.0 升（含）的</td><td>1 200~2 400</td></tr>
<tr><td>3.0 升以上至 4.0 升（含）的</td><td>2 400~3 600</td></tr>
<tr><td>4.0 升以上的</td><td>3 600~5 400</td></tr>
<tr><td rowspan="2">商用车</td><td>客车</td><td>每辆</td><td>480~1 440</td><td>核定载客人数 9 人（包括电车）以上</td></tr>
<tr><td>货车</td><td>整备质量每吨</td><td>16~120</td><td>包括半挂牵引车、挂车、客货两用汽车、三轮汽车和低速载货汽车等。挂车按照货车税额的 50% 计算</td></tr>
<tr><td rowspan="2">其他车辆</td><td>专用作业车</td><td>整备质量每吨</td><td>16~120</td><td rowspan="2">不包括拖拉机</td></tr>
<tr><td>轮式专用机械车</td><td>整备质量每吨</td><td>16~120</td></tr>
<tr><td>摩托车</td><td></td><td>每辆</td><td>36~180</td><td></td></tr>
<tr><td rowspan="2">船舶</td><td>机动船舶</td><td>净吨位每吨</td><td>3~6</td><td>拖船、非机动驳船分别按照机动船舶税额的 50% 计算</td></tr>
<tr><td>游艇</td><td>艇身长度每米</td><td>600~2 000</td><td>游艇的税额另行规定</td></tr>
</table>

（1）机动船舶，具体适用税额如下。

① 净吨位小于或者等于 200 吨的，每吨 3 元。

② 净吨位 201~2 000 吨的，每吨 4 元。

③ 净吨位 2 001~10 000 吨的，每吨 5 元。

④ 净吨位 10 001 吨及以上的，每吨 6 元。

拖船按照发动机功率每 1 千瓦折合净吨位 0.67 吨计算征收车船税。

（2）游艇，具体适用税额如下。

① 艇身长度不超过 10 米的游艇，每米 600 元。

② 艇身长度超过 10 米但不超过 18 米的游艇，每米 900 元。

③ 艇身长度超过 18 米但不超过 30 米的游艇，每米 1 300 元。

④ 艇身长度超过 30 米的游艇，每米 2 000 元。

⑤ 辅助动力帆艇，每米 600 元。

游艇艇身长度是指游艇的总长。

（3）车船税法及其实施条例涉及的整备质量、净吨位、艇身长度等计税单位，有尾数的一律按照含尾数的计税单位据实计算车船税应纳税额。计算得出的应纳税额小数点后超过两位的可四舍五入保留两位小数。

（4）乘用车以车辆登记管理部门核发的机动车登记证书或者行驶证书所载的排气量毫升数确定税额区间。

（5）车船税法和实施条例所涉及的排气量、整备质量、核定载客人数、净吨位、功率（千瓦或马力）、艇身长度，以车船登记管理部门核发的车船登记证书或者行驶证相应项目所载数据为准。

28.3　计税依据及应纳税额的计算

28.3.1　计税依据

（1）纳税人在购买机动车交通事故责任强制保险时，应当向扣缴义务人提供地方税务机关出具的本年度车船税的完税凭证或者减免税证明。不能提供完税凭证或者减免税证明的，应当在购买保险时按照当地的车船税税额标准计算缴纳车船税。

（2）拖船按照发动机功率每 2 马力折合净吨位 1 吨计算征收车船税。

（3）《车船税法》及细则所涉及的核定载客人数、自重、净吨位、马力等计税标准，以车船管理部门核发的车船登记证书或者行驶证书相应项目所载数额为准。纳税人未按照规定到车船管理部门办理登记手续的，上述计税标准以车船出厂合格证明或者进口凭证相应项目所载数额为准；不能提供车船出厂合格证明或者进口凭证的，由主管地方税务机关根据车船自身状况并参照同类车船核定。

（4）《车船税法》及其细则所称的自重，指机动车的整备质量。

（5）对于按照《车船税暂行条例实施细则》的规定，无法准确获得自重数值或自重数值明显不合理的载货汽车、三轮汽车、低速货车、专项作业车和轮式专用机械车，由主管税务机关根据车辆自身状况并参照同类车辆核定计税依据。对能够获得总质量和核定载质量的，可按照车辆的总质量和核定载质量的差额作为车辆的自重；无法获得核定载质量的专项作业车和轮式专用机械车，可按照车辆的总质量确定自重。

28.3.2　车船税应纳税额的计算

购置的新车船，购置当年的应纳税额自纳税义务发生的当月起按月计算。计算公式为：

应纳税额 = 年应纳税额÷12× 应纳税月份数

【例 28-1】车船税应纳税额的计算

紫竹运输公司拥有载货汽车 15 辆（货车自重全部为 10 吨）；乘人大客车 20 辆；小客车 10 辆。计算该公司应纳车船税。（注：载货汽车按自重每吨年税额 80 元，乘人大客车每辆年税额 500 元，小客车每辆年税额 400 元）

（1）载货汽车应纳税额 =15×10×80=12 000（元）

（2）乘人汽车应纳税额 =20×500+10×400=14 000（元）

（3）全年应纳车船税额 =12 000+14 000=26 000（元）

28.4　减免税优惠

车船税的税收优惠如图 28-3 所示。

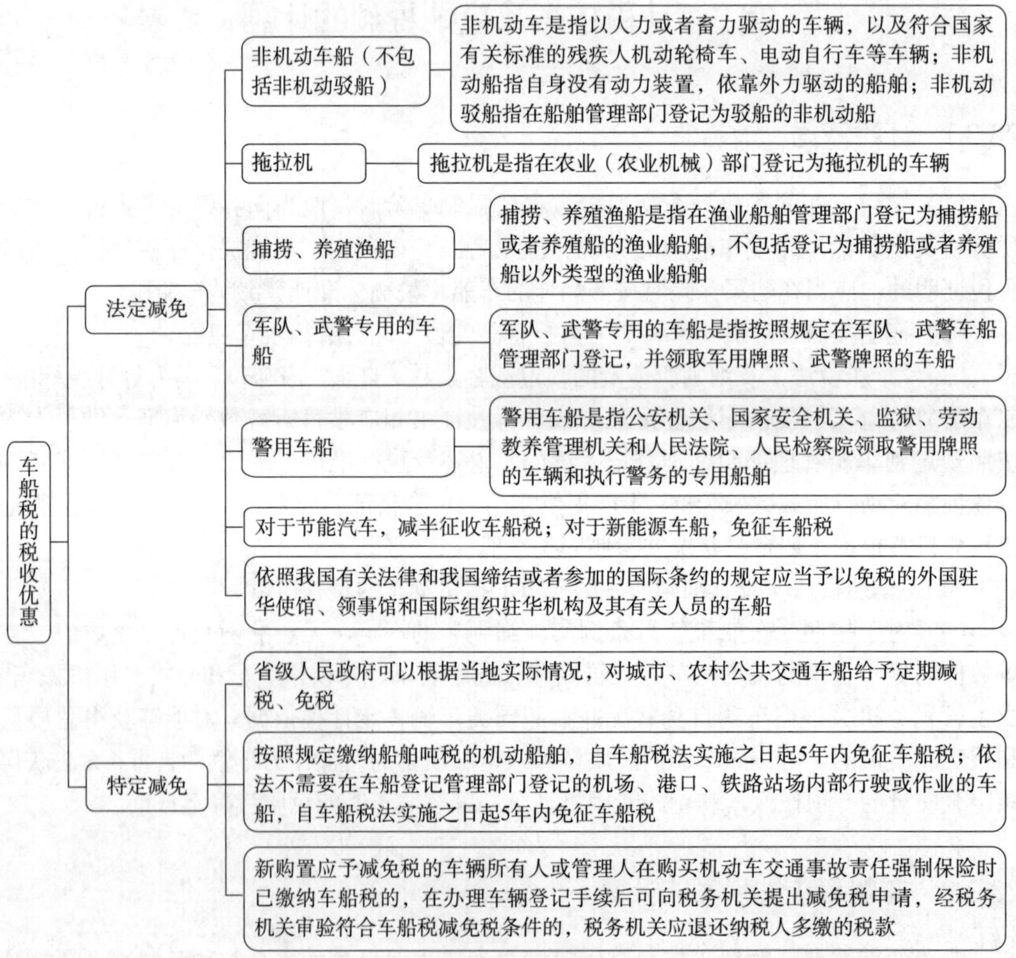

图 28-3　车船税的税收优惠

28.5 申报和缴纳

28.5.1 车船税的纳税期限

车船税的纳税期限如图 28-4 所示。

车船税的纳税义务发生时间，为车船管理部门核发的车船登记证书或者行驶证书所记载日期的当月

纳税人未按照规定到车船管理部门办理应税车船登记手续的，以车船购置发票所载开具时间的当月作为车船税的纳税义务发生时间

对未办理车船登记手续且无法提供车船购置发票的，由主管地方税务机关核定纳税义务发生时间

车船税按年申报缴纳。纳税年度，自公历1月1日起至12月31日止。具体申报纳税期限由省级人民政府确定

图 28-4 车船税的纳税期限

28.5.2 车船税的纳税地点

车船税由地方税务机关负责征收。纳税地点，由省级人民政府根据当地实际情况确定。跨省、自治区、直辖市使用的车船纳税地点为车船的登记地。

扣缴义务人代收代缴车船税的，纳税地点为扣缴义务人所在地。

纳税人自行申报缴纳车船税，纳税地点为车船登记地的主管税务机关所在地。

依法不需要办理登记的车船，纳税地点为车船所有人或者管理人主管税务机关所在地。

28.5.3 车船税的申报缴纳

（1）车船的所有人或者管理人未缴纳车船税的，使用人应当代为缴纳车船税。

（2）从事机动车交通事故责任强制保险业务的保险机构为机动车车船税的扣缴义务人，应当依法代收代缴车船税。

（3）机动车车船税的扣缴义务人依法代收代缴车船税时纳税人不得拒绝。

（4）纳税人对扣缴义务人代收代缴税款有异议的，可以向纳税所在地的主管地方税务机关提出。

（5）纳税人在购买机动车交通事故责任强制保险时缴纳车船税的，不再向地方税务机关申报纳税。

（6）扣缴义务人在代收车船税时，应当在机动车交通事故责任强制保险的保险单上注明已收税款的信息，作为纳税人完税的证明。除另有规定外，扣缴义务人不再给纳税人开具代扣代收税款凭证。纳税人如有需要，可以持注明已收税款信息的保险单，到主管地方税务机关开具完税凭证。

（7）扣缴义务人应当及时解缴代收代缴的税款，并向地方税务机关申报。

（8）地方税务机关应当按照规定支付扣缴义务人代收代缴车船税的手续费。税务机关付给扣缴义务人代收代缴手续费的标准由国务院财政部门、税务主管部门制定。

28.5.4 《车船税纳税申报表》的填报

车船税的纳税人应按照条例的有关规定及时办理纳税申报，并如实填写《车船税纳税申报表》，如表 28-2 所示。

表 28-2　车船税纳税申报表

车船税纳税申报表

纳税人识别号 □□□□□□□□□□□□□□□□□□□□

纳税人名称：（公章）

税款所属期限：自　　年　　月　　日至　　年　　月　　日

填表日期：　　年　　月　　日　　　　金额单位：元

车船类别		计税单位	税额标准	数量	吨位	本期应纳税额	本期已缴税额	本期应补（退）税额
载客汽车	乘坐人数大于或等于 20 人	每辆						
	乘坐人数大于 9 人小于 20 人	每辆						
	乘坐人数小于或等于 9 人	每辆						
	发动机气缸总排气量小于等于 1 升	每辆						
载货汽车（包括半挂牵引车、挂车）		按自重每吨						
三轮汽车		按自重每吨						
低速货车		按自重每吨						
摩托车		每辆						
专项作业车		按自重每吨						
轮式专用机械车		按自重每吨						
小计			—					
船舶	净吨位小于或等于 200 吨	每吨	3 元					
	净吨位 201 吨至 2 000 吨	每吨	4 元					
	净吨位 2 001 吨至 10 000 吨	每吨	5 元					
	净吨位 10 001 吨及其以上	每吨	6 元					
	小计		—					
合计								

续表

<table>
<tr><td rowspan="6">纳税人或代理人声明：
此纳税申报表是根据国家税收法律的规定填报的，是真实的、可靠的、完整的。</td><td colspan="6">如纳税人填报，由纳税人填写以下各栏</td></tr>
<tr><td>经办人（签章）</td><td></td><td>会计主管（签章）</td><td></td><td>法定代表人（签章）</td><td></td></tr>
<tr><td colspan="6">如委托代理人填报，由代理人填写以下各栏</td></tr>
<tr><td>代理人名称</td><td colspan="3"></td><td colspan="2" rowspan="3">代理人（公章）</td></tr>
<tr><td colspan="2">经办人（签章）</td><td colspan="2"></td></tr>
<tr><td colspan="2">联系电话</td><td colspan="2"></td></tr>
<tr><td colspan="7">以下由税务机关填写</td></tr>
<tr><td>受理人</td><td></td><td>受理日期</td><td colspan="2"></td><td>受理税务机关（签章）</td><td></td></tr>
</table>

填表说明：

（1）本表适用于自行申报车船税的纳税人填报。

（2）本表“车船类别”相应栏次分别根据《附表》同类别车船对应栏次合计填写。

该表按照车船税的各税目汇总填报。各汇总数据来自附表，具体说明如下：

第 1 栏税额标准是对应申报表所列举的车船税每一税目，按各自计税单位确定的单位税额标准，是一个既定标准。

第 2 栏数量，指的是对应每一税目申报缴纳车船税的车船数量，统计每一税目对应申报纳税的车辆数。

第 3 栏吨位，对按照自重或净吨位征收的车辆和船舶，每一税目对应的吨位合计。

第 4 栏本期应纳税额按照附表中同一车船类型本期应纳税额的合计数汇总填报。

第 5 栏本期已缴税额是企业在本纳税期实际已缴纳的车船税，包括被委托代征税款等。对企业已被保险机构扣缴的车船税，扣缴后可以不再办理申报。

第二十九章

查账基础知识入门

——财务工作顺利进行的必备“法宝”

本章导读

“查账不是万能的，但没有查账是万万不能的”，查账工作对于确保企业的财务工作顺畅进行，保证财务部门会计核算和会计监督的职能得以有效行使，将起到至关重要的作用。

在本章的学习中，我们将解决读者的以下问题：

（1）什么是查账？

（2）查账的对象、目的及作用分别是什么？

（3）查账工作按照怎样的程序进行？

29.1 查账的内涵

29.1.1 什么是查账

查账是指依据国家的政策、法律、法规、制度规定等，采用专门的方法对企业、其他经济组织的会计档案进行审查，以确定其经济业务是否真实、合法、有效的一种经济监督活动。

查账是一个企业内部控制制度的重要组成部分，是保证企业健康、稳定、协调发展的重要手段。通过查账可以促使企业正确地组织财务收支，严格遵守财务会计制度，完善内部控制机制，使企业遵纪守法。同时通过查账还可以揭露那些贪污舞弊、以权谋私、偷漏税款、行贿受贿等违反国家财经纪律的行为，并对违纪者予以查处。随着企业规模的扩大，经济业务的复杂性日益增加，查账在企业中发挥着越来越重要的作用。

29.1.2　查账应遵循什么原则

如图 29-1 所示，这三项原则是相互联系相辅相成的，客观性是基础，合法性是前提规范，群众性是保证，只有将这三项原则有机地结合起来，会计查账才能真正起到监督的作用。

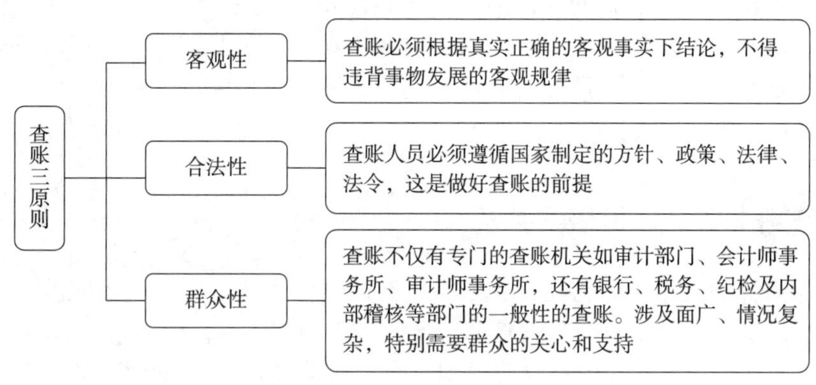

图 29-1　查账三原则

29.2　查账的对象、目的及作用

29.2.1　查账的对象

查账的对象是指被查单位的全部经济活动或部分经济活动。查账既可以是各级人民政府或者有权部门对各类企事业单位进行查账，也可以是企业内部的审计部门对本单位内部财务部门，以及其他部门进行的查账。如图 29-2 所示，查账对象的具体内容包括以下几个方面。

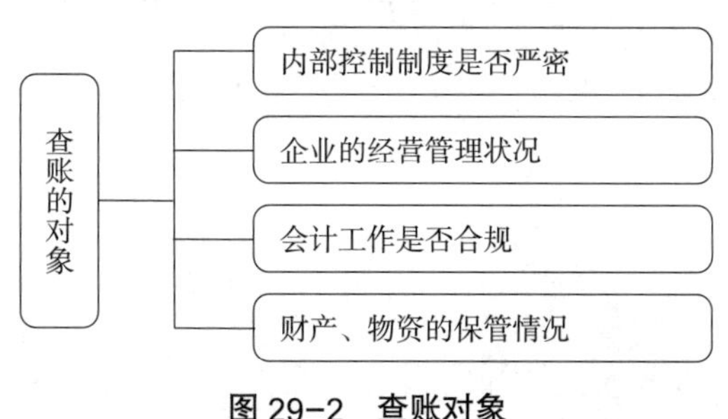

图 29-2　查账对象

29.2.2 查账的目的

由于查账委托人的要求和查账对象的具体情况不同，查账的目的也不尽一致。有的是经济效果的认定，比如，厂长离任审查、承包审计、厂长工作期间审查，有的是对经济效益、专项资金运用情况、举报违法乱纪行为等的审查。总之，查账是被人们所普遍认同的监督方法。

29.2.3 查账的作用

查账是国家经济监督的组成部分，是保证国民经济健康发展的重要手段。通过查账可以检查经济资料及反映的经济活动的真实性和准确性、监督机关、企事业单位是否严格按照国家有关法规办事，还可以对以权谋私、贪污受贿的行为坚决查处，从而维护社会主义财经法纪，促进经济效益的提高。另外查账还可以针对带倾向性的问题提出解决意见，为制定方针政策、健全法规、完善内部控制制度提供客观依据。

29.2.4 查账与审计、稽核的关系

查账与审计的关系十分密切，查账是审计的重要手段，审计是查账技术得以发挥作用的重要领域。很多审计项目都是通过查账手段发现线索，使问题得以揭露。所以，审计离不开查账，但查账与审计又有区别，如表 29-1 所示，审计与查账的区别主要体现在以下几个方面。

表 29-1　审计与查账的区别

比较项目	审计	查账
范围	对被审单位经济活动的全面审查，不仅包括会计的账簿、凭证，还包括企业的所有内部控制制度的制定、人员分工情况等	仅限于会计的账簿、凭证，以及部分内部控制制度，范围要比审计窄
主体	独立的专业人员，必须地位超脱，是与委托人和被查对象无任何利害关系的第三者，具有独立性、客观性、公正性	可以由企业的会计人员、稽核人员，或财政、税务、银行等经济监督机构人员执行，他们受所从事的专业性质限制，不能像审计人员那样超脱，因而独立性权威性较差
作用	不仅仅反映经济活动的真实性、合法性、有效性与可行性，而且还对被审查单位经济活动和经济效益进行鉴证	查账可以查证被审单位会计资料的真实性、合法性，促进被审单位建立完善的内控机制，加强会计基础工作，维护财经纪律

29.3 查账的程序

查账实施程序是指查账人员从开始到结束的全过程。如图 29-3 所示，查账一般分为三个阶段，即查账准备阶段、查账实施阶段和终结报告阶段。

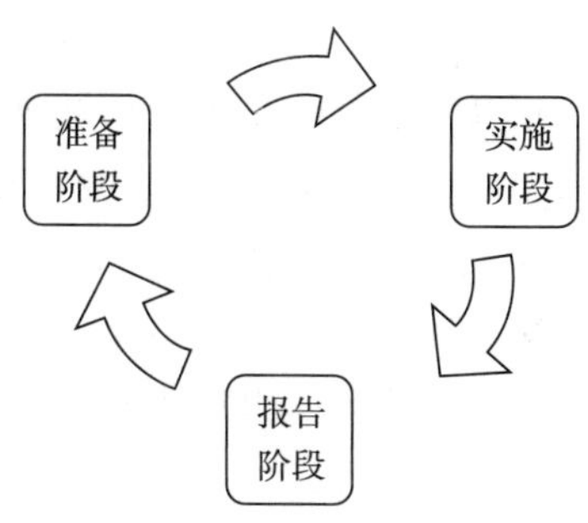

图 29-3　查账的程序

29.3.1　查账准备阶段

查账准备包括组织准备工作、资料准备工作和查账方案准备工作。

组织准备工作是指根据不同的委托指令，确定查账方式、查账对象、查账人员、查账任务、查账要求，下达查账通知书（查账通知书要在查账工作开展前三天送达被查账单位）。

资料准备工作是指根据不同查账方式，向被查账单位索取财务等相关资料，了解被查账单位的财务管理制度及对象运作情况，综合分析确定查账范围和查账内容。

查账方案准备工作是根据查账范围和内容，制订查账工作方案，确定查账工作进程，确定查账人员的分工，同时要求被审单位做好接受查账的各项准备工作。

29.3.2　查账实施阶段

查账实施是查账工作的主要阶段，如图 29-4 所示，查账人员要根据所确定的查账范围和内容及查账工作进程按四个程序进行查账。

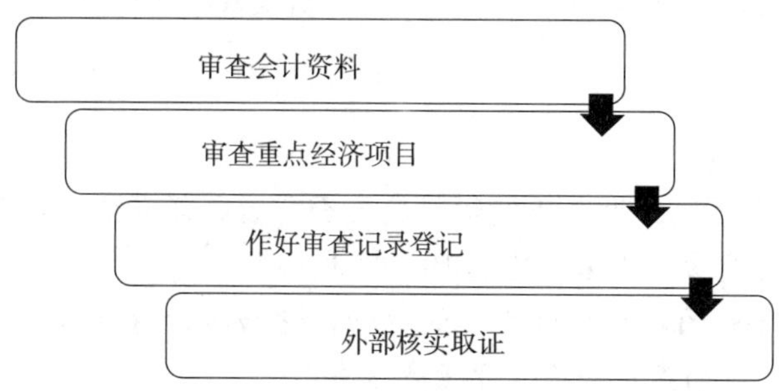

图 29-4　查账工作的四个程序

（1）审查会计资料。审查会计资料是为了查证财务收支及其状况的合法性、合理性、正确性、真实性。它包括资金取得、占用、支出和分配，以及收支的预算、凭证、账簿记录、会计报表等，从会计资料中发现一般性错误和弊端，查找问题线索。

（2）审查重点经济项目。查账人员要根据群众的反映举报情况，结合审查会计资料所掌握的情况，审查资金贪污、私分、占用、挪用、虚报虚列情况，找出问题的突破口，实施追踪审查，为外查获得事实依据。

（3）做好审查记录登记。审查记录登记是查账工作的重要环节，他为终结查账拟定报告、指导调整被查账单位账目差错、完善制度及建议提供便利的文字数据。

（4）外查核实取证。外查核实取证是查账工作的重要方法。外查就是要走访调查知情人，证明事实的真假，索取有利证据。核实就是在外查的前提下，对当事人进一步盘问证实，做出有效的询证笔录，从程序上取得法律效果，为下一步处理落实问题提供坚实的法律依据。

29.3.3 查账终结报告阶段

查账终结报告阶段是指查账完毕后，查账工作组要依据准备阶段和实施阶段所掌握的情况拟写查账报告、查账处理决定及建议，主要有以下工作：

（1）分类整理查账工作底稿、问话记录、外查证据等资料。

（2）做出对问题定性定量处理的初步意见。

（3）拟写查账报告初稿，报告初稿要交查账组负责人或主管领导复核，复核后方可送达被查账单位或委托单位遵照执行。

（4）查账报告及处理决定的时效。查账报告一般自到达被查账单位之日起 60 日内做出查账报告及处理决定和建议，特殊情况可适当延长。被查账单位对处理决定有异议的，自收到处理决定之日起 10 日内向上级业务主管部门或行政复审机关提出复议，否则处理决定生效。

（5）汇编查账工作底稿、问话记录、外查证据、查账报告、处理决定及意见书，将其按顺序编号装订存档。

（6）续审工作。为了维护查账工作的严肃性和权威性，在查账终结报告结论后，要开展查账结论回访工作，如果被查账单位故意拒不执行落实生效的结论，意见及建议，并重复老问题的，必须按法律规定给予经济制裁或法律处分。

本章实操要点

（1）查账主要是针对企业内部控制制度是否严密、经营管理状况的好坏、会计工作的合规与否以及财产物资的保管情况进行查证。

（2）查账的主要目的在于监督企业的运营，它与审计存在较多相同之处，但在审查范围、主体和作用方面存在差异，要注意区分。

（3）查账流程分为三个部分，包括查账准备阶段、查账实施阶段和终结报告阶段，三者缺一不可。其中查账的实施阶段是主体部分，需要重点掌握。

常见会计错弊及其成因

——拨开迷雾，寻找突破

本章导读

在企业的查账业务中，最直接的工作对象就是企业财务工作中出现的，或者企业财务信息中反映出的其他业务部门的错误或者舞弊。

在本章的学习中，我们将解决读者的以下问题：

（1）如何认定会计错弊行为？

（2）会计错弊行为是如何产生的？

（3）会计错弊行为主要有哪些类型？

30.1　会计错弊的概念及成因

30.1.1　什么行为属于会计错弊行为

会计错弊行为是查账活动中寻找的直接目标，它是会计错误和会计舞弊行为的合称，所谓会计错误是指会计人员或有关当事人在计算、记录整理、制证及编表等会计工作或其他与会计有关的工作中，由于客观原因所造成的行为过失；所谓会计舞弊指会计人员或有关当事人为了获得不正当的经济利益而采用非法手段进行会计处理的一种不法行为。

会计错误与会计舞弊都是与会计原则、会计目的相悖的，都不利于会计职能的充分发挥，都会造成会计资料之间或会计资料与实际经济活动的不符。但会计错误与会计舞弊有着本质的区别，二者之间并没有不可逾越的鸿沟。错误和舞弊在一定条件下可以相互转让，某些舞弊者也往往借错误之名行舞弊之实，即采取故意制造错误的手法达到不良企图。因此，在实际工作中，必须结合各种因素，正确区分错误和舞弊，恰当处理两种性质不同的错弊行为，以达到保护无辜者、惩治违法者的监督目的。

会计错误与会计舞弊主要区别如表 30-1 所示。

表 30-1　会计错误与会计舞弊的主要区别

比较项目	会计错误	会计舞弊
形成原因	错误形成的原因是客观的，是行为人不精通业务、技术和政策，不精心操作以及单位管理不善造成的	产生舞弊的原因，是行为人经不住物质利益和管理漏洞的诱惑，侥幸或故意为之所造成的
手段	错误产生时行为人没有采取故意手段，错误发生后行为人也很少去实施掩盖手法	舞弊行为人在舞弊时就采取篡改凭证、重复报销等故意手段，舞弊后又往往实施销毁证据、转移钱物等掩盖手法，所有手段都是围绕着舞弊这个中心目的而策划和实施的
表现形式	错误一般表现为原理性错误和技术性错误，错误形式比较明显，如借贷不平、书写错误等，可以通过正常业务程序得以自我校验并改正	舞弊在形式上则较为隐蔽，迹象不明，结果难查，一般通过正常业务程序难以发现和纠正，如开具虚假发票、虚列成本费用等，比较隐蔽和难以查证
目的	错误不是行为人故意所为，行为人也不以实现错误的结果为目的，也即不以侵吞钱物、粉饰财务状况为目的	舞弊则恰恰相反，行为人为了实现舞弊的结果，如贪污公款、盗窃财物、提供虚假财务报表等，而筹划、制造和掩盖舞弊行为
结果	错误是由于无意所为，因此，其结果在数值上可能是正数也可能是负数；在形式上可能是不影响核算内容的形式性错误，也可能是影响核算内容的实质性错误：此外，错误的数额一般较小，且不据为己有	舞弊的结果在数值上，若是侵吞财产一般表现是实物负差（财产短缺），若是粉饰财务状况则是账面正差（利润增加）；在形式上，一般是对核算内容有影响的实质性错误；最重要的是，舞弊所形成的结果，总是使国家、集体或他人资财遭受损失，行为人或行为人所在单位获取非法所得或收益
性质	属于一种过失行为	属于一种不法行为

30.1.2　会计错弊的特征

随着社会经济的发展，会计错弊行为呈现出如图 30-1 所示的特点。

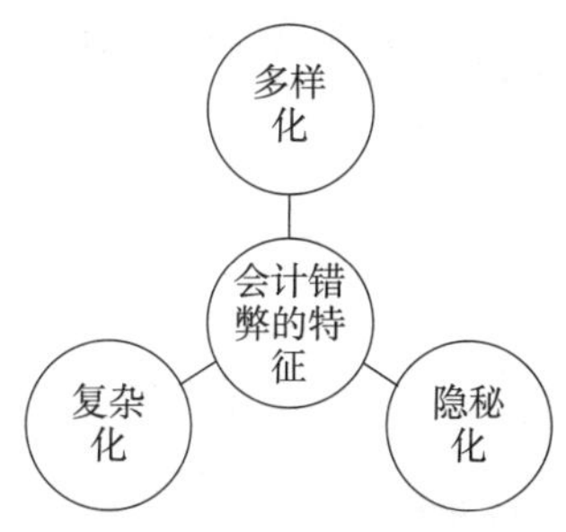

图 30-1　会计错弊的特征

（1）多样化。会计错弊有多种形式，如随意计提坏账准备、未对资本金予以保全、未按规定进行产品成本与销售成本计算等；再如对于营业外支出，既存在过去虚列多列等问题，也增加了将有关违反税法支付的滞纳金、罚款列入营业外支出后，在计缴所得税时，未将其计入应税所得中的问题。

（2）复杂化。我国实施新的会计与税务制度，在一定程度上有利于与国际惯例接轨，其总体效果是减少了国家以行政手段对会计工作及其所反映的经济活动的管理，增强了企业与会计主体自我会计设计与管理的能力与机会。应该说，这是科学与合理的。但是，在我国目前各种经济制度新旧交替、会计与税制尚未真正与国际接上轨的背景下，企业与会计主体自我会计设计与管理机会的增加从一定意义上讲也促成了制造会计错弊的动机与机会。这样，在缺乏外部强有力制约的情况下，加之上述会计错弊又呈多样化特征，就使得会计错弊又更趋复杂化。

（3）隐秘化。隐秘，是会计错弊固有的特征。在会计错弊趋于多样化与复杂化后，这种固有的特征也就更加明显。

30.1.3　会计错弊的危害

（1）会计错误的危害

会计错误发生后，其危害就是会造成会计核算信息的失真，影响会计职能与作用的充分发挥。

（2）会计舞弊的危害

会计舞弊发生后，其危害往往是比较严重的，主要将造成如图 30-2 所示的危害。

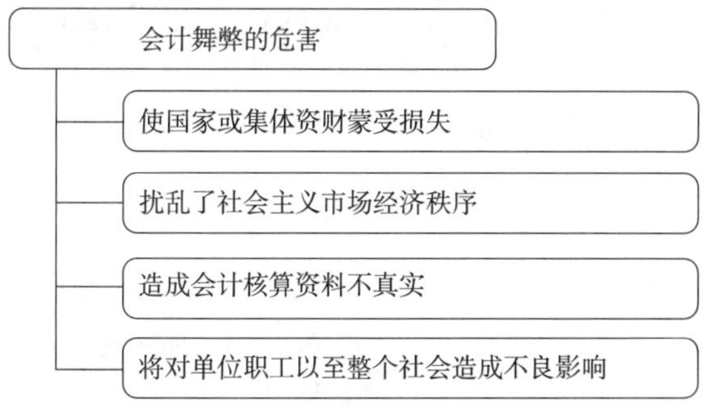

图 30-2　会计舞弊的危害

30.2　会计错弊行为产生的原因

30.2.1　导致会计错弊的主客观因素

（1）导致会计错弊的主观因素，如图 30-3 所示。

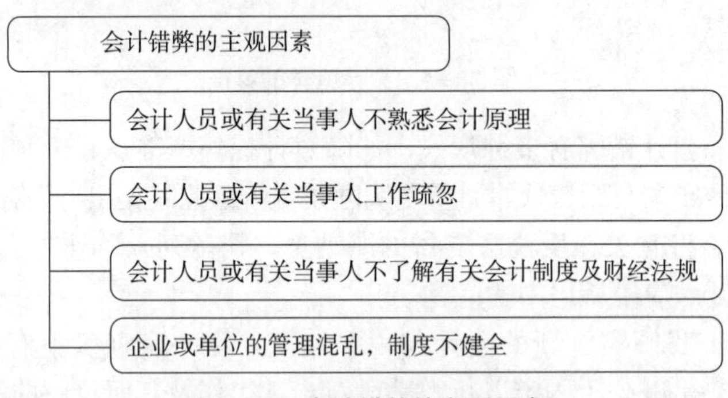

图 30-3　会计错弊的主观因素

（2）导致会计错弊的客观因素，如图 30-4 所示。

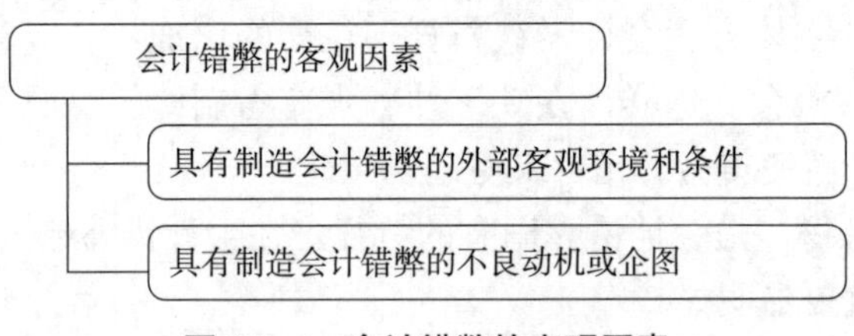

图 30-4　会计错弊的客观因素

30.2.2　常见会计错误产生的原因

会计错误，指会计人员或有关当事人在计算、记录、整理、制证及编表等会计工作中，由于工作疏忽、技能不高、学识水平限制等客观原因造成的会计处理结果不合理、不合法、不真实，但其动机并无恶意或无任何不良意图的一种错误。

会计错误与会计舞弊的重要区别在于：会计错误是一种过失，而舞弊则是一种非过失性的故意行为，其行为人主观上具有不良的企图和特殊目的，并采用了种种伪装、掩盖、粉饰手段。

如图 30-5 所示，常见会计错误的产生原因如下。

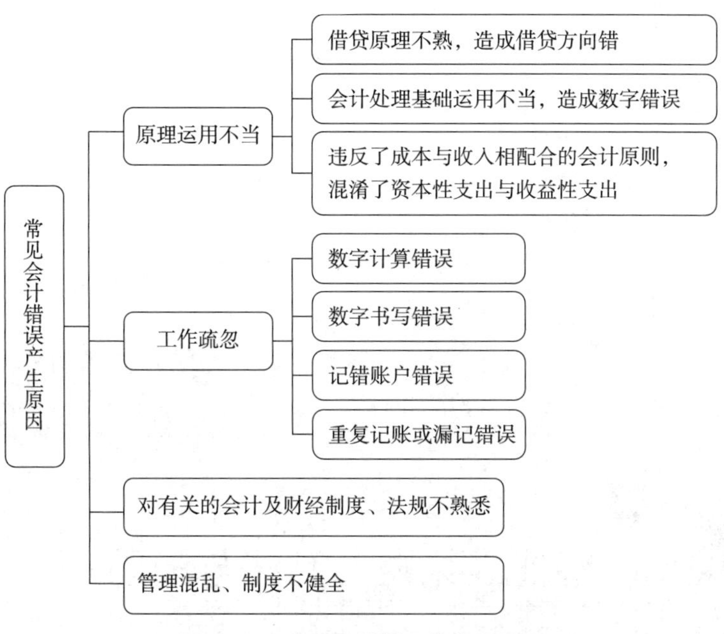

图 30-5　常见会计错误的产生原因

本章实操要点

（1）会计主要的目的在于向信息使用者提供真实可靠的会计信息。会计错弊的存在使得信息的可靠性和真实性受损，因此通过查账来查验企业财务工作中存在的会计错弊是非常必要的。会计错弊是会计错误和会计舞弊的合称，虽然将错误和舞弊并称，但是二者在本质上存在较大的区别，查账人员要注意将这些差异进行区分。

（2）会计错弊具有多样化、复杂化和隐秘化的特征，出现会计错弊会产生很多的危害，因此查账人员要查明错弊所在，首先要明确其成因，才能有的放矢。

查账的策略、方法与技巧

——对症下药，道高一丈

本章导读

“魔高一尺，道高一丈”，尽管会计舞弊的手段方法层出不穷，但查证的方法也是与时俱进。在查账业务中，针对不同的查账目的，采用正确的查证方法也就成了查账工作的关键所在。

在本章的学习中，我们将解决读者的以下问题：

（1）如何确定查账工作的基本策略？

（2）查账工作中有哪些基本的查证方法？

（3）查账工作中有哪些常用的技巧？

在查账业务的方法论问题上，应该是一个有3个层次的方法体系，如图31-1所示，即查证会计错弊的基本策略、查证会计错弊的基本方法、查证会计错弊的常用技巧。因此在查账工作中，首先要选择正确的策略。正确的基本策略可以让我们有正确的查账方向；扎实的基本方法可以让我们找到问题所在；丰富的查账技巧来源于查账业务的实践，可以帮我们提高查账工作的效率。

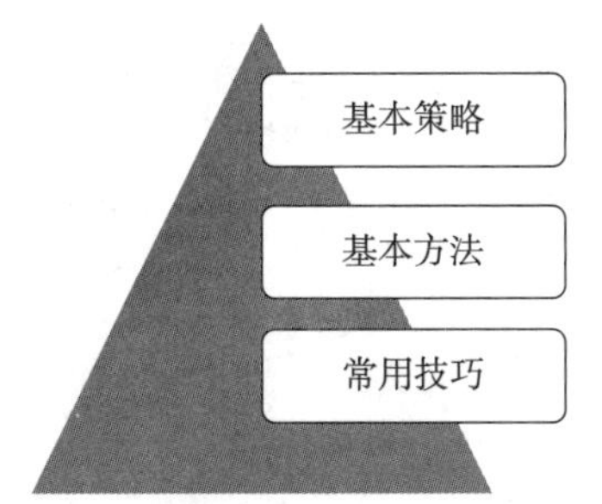

图 31-1 查证会计错弊的方法体系

31.1 查证会计错弊的基本策略

查证会计错弊的基本策略如图 31-2 所示。

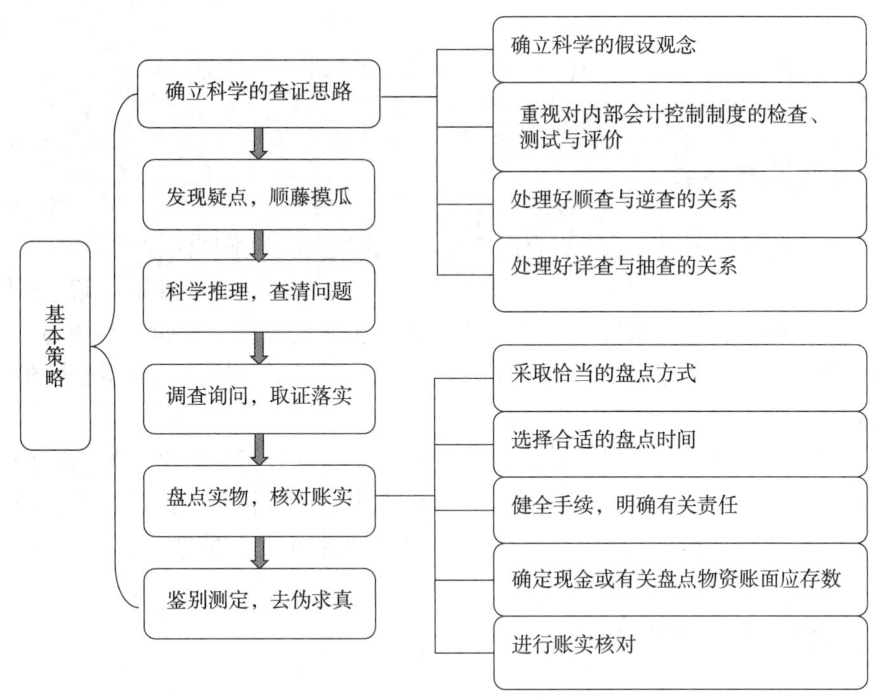

图 31-2 查证会计错弊的基本策略

31.2 查账的基本方法

“魔高一尺，道高一丈”，有舞弊之法，就有救弊之策，查账的方法就是查账人员为达查账目的而采取的手段。没有哪一种查账的方法是万能的，必须根据具体的情况采取不同的查证方法。如图 31-3 所示，查账的方法多种多样，我们可以从不同的角度对查账方法做不同的分类。

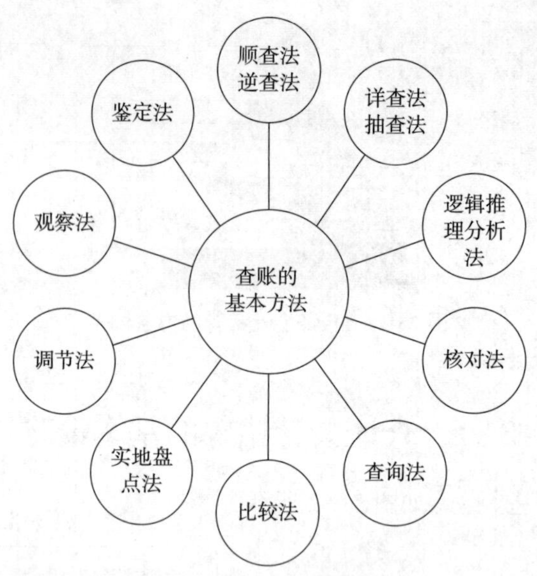

图 31-3　主要的查账方法

31.2.1　顺查法与逆查法

针对查账的顺序不同，纳税审查的方法可分为顺查法和逆查法。

（1）顺查法。顺查法是指按照会计核算程序，从审查原始凭证开始，顺次审查账簿，核对报表，最后审查纳税情况的审查方法。顺查法比较系统、全面，运用简单，可避免遗漏。但这种方法工作量大，重点不够突出，适用于审查经济业务量较少的纳税人与扣缴义务人。

（2）逆查法。逆查法是以会计核算的相反顺序，从分析审查会计报表开始，对于有疑点的地方再进一步审查账簿和凭证。这种方法能够抓住重点，迅速突破问题，适用于注册税务师对于纳税人、扣缴义务人的税务状况较为了解的情况。

31.2.2　详查法和抽查法

详查法和抽查法是根据审查资料的多少进行的分类。

（1）详查法。详查法是指查账人员对查账期间的全部凭证、账簿、报表及其他经济活动进行全面审查。详查法既要对凭证、账簿、报表进行审查，又要审查有关的经济资料并加以分析，所以审查的内容全面，结论和评价准确、科学，但工作业务量大，费时费力。此种方法适用于经济业务较少、会计核算简单或者是为了揭露重大问题而进行的专案审查。

（2）抽查法。抽查法是指查账人员在查账期间从全部凭证、账簿、报表等有关资料中，抽取部分项目进行审查并据以推断全体情况的一种审查方法。由于查账人员在查账之前，对被审查单位会计的薄弱环节并不了解，因此，抽查时往往具有很大的随意性，审查的结论和评价准确性较差，但随着查账人员实践经验的不断积累和判断能力的提高，查账人员可以事先进行周密地准备，有的放矢地进行抽查。抽查法的好处是比较节省时间和人力。

31.2.3　逻辑推理分析法

逻辑推理分析法是根据已知的事实和资料，运用逻辑思维方法，推测和判断单位可能存在的问题和结果的方法。

（1）如何运用逻辑推理

在实际查账工作中，运用逻辑推理的事例很多，我在这里总结一下，查账人员可以从如下几个方面发现分析问题：

① 根据数量、金额之间的逻辑关系进行推理

在会计资料中，有许多存在逻辑关系的数量、金额等。

（a）原始凭证中，数量乘以单价等于金额。

（b）总账中的有关数量和金额等于其所属各明细账中相关数量和金额的合计。

（c）会计报表与账簿及会计报表之间有关的数字存在一定的对应勾稽关系。

查账人员可以根据会计资料中所载明的有关内容查证会计资料有无违反这种逻辑关系，并结合其他方法进一步查证有无会计错误或舞弊。

② 根据事物之间的主从关系进行推理

相关联的若干事物之间，存在着一定的主从关系。

例如，采购费用是因采购材料物资等经济业务而发生，在一般情况下，没有材料采购活动，就不可能有采购费用的发生；采购活动是“主”，采购费用是“从”。如果在会计资料中只有采购费用支付记录，而在时间上明显矛盾，便是在逻辑上违反了主从之间的必然联系，很难让人理解。

查账人员可以根据会计资料中所记载的有关内容审查其有无违背上述主从关系的逻辑错误，并进一步分析矛盾，查清错弊。

③ 根据有关的时间、地点与经济业务的逻辑关系进行推理

经济业务的发生，在时间上和地点上都有一定的规律。一项经济业务发生后，在时间上或地点上与业务内容便形成一定的逻辑关系。

例如，产品的销售时间肯定发生在产品的生产时间之后；材料的领用时间肯定发生在该种材料入库之后；差旅费的发生期间肯定是员工出差的期间。

（2）逻辑推理和其他查账方法综合运用

在查账中，查账人员凭借逻辑推理只能大体对问题进行判断，不能完全依靠逻辑推理来下结论，因此查账人员必须将逻辑推理和其他查账方法相结合。

① 单纯利用逻辑推理的局限性。

查账人员单纯利用逻辑推理来查账，最容易犯的错误是“过于依靠自己的主观判断”。查账毕竟是一个科学的过程，我们虽然在查账中强调在遇到问题时先要简要地分析一下，目的是抓住重点，不在查账中走弯路。如果发现有会计舞弊和会计欺诈的现象，

就需要运用科学的查账方法（顺查法、抽查法、详查法等方法）对会计资料进行检查。

② 如何与其他查账方法相结合。

正如前面提到过，逻辑推理是查账的第一步，如果发现问题，则要运用系统的查账方法来进行判断。但是有时也存在例外，如怀疑采购员吃回扣，完全可以不利用查账程序，而直接向进货单位打一个电话，只要对方承认曾经给采购人员回扣就可以了。所以不是所有的问题都要经过查账，也可以利用函证、询问等其他方式，同样可以查出问题所在。

31.2.4 核对法

核对法就是将两种或两种以上的书面资料相互交叉对照，以验视其内容是否一致、计算是否正确的一种方法。包括核对凭证、账户记录、报表、分析报告、检查报告、预算、计划、方案等。

例如，在财务审计中进行查账，一般要在下列资料间进行核对。

（1）原始凭证同有关原始凭证、记账凭证同所附有关原始凭证以及记账凭证同汇总记账凭证。核对内容是所附或有关的原始凭证数量是否齐全、日期、业务、内容、金额同记账凭证上的会计科目及金额是否相符，以及原始凭证之间，记账凭证同汇总记账凭证之间在内容上是否一致。

（2）记账凭证或原始凭证同账户记录。核对内容是凭证的日期、会计科目、明细科目、金额同账户记录内容是否一致，各种账簿转次页、承前页金额是否前后相符。

（3）明细分类账同总分类账户。核对内容是账户记录同有关报表项目是否相符。

（4）明细表同有关报表。核对内容是明细表的总额同有关报表上的项目金额是否相符。

（5）明细分类账同所编报表。核对内容是账户记录同有关报表项目是否相符。

（6）报表同有关项目。核对内容是不同报表上的相同项目或有勾稽关系的不同项目，其名称及金额是否相符。

用核对法确定书面资料是否真实正确是有条件的，作为佐证证据的资料必须真实正确，且同它对照的书面资料，经核对相符，才能确定是真实正确的。如果作为核对依据的确证证据资料并不真实正确，那么书面资料即使同它核对相符，仍非真实正确的。

在缺乏佐证证据时，用核对法来确定书面资料是真实正确的，可看其是否满足另一个条件，那就是两个数据是通过不同途径取得的。具备这一条件的两个数据，经核对相符，可以认为两者都正确无误，这种情况在会计资料中屡见不鲜。

31.2.5 查询法

查询法是向被审单位内有关人员调查询问，了解书面资料未能详尽提供的信息以及书面资料本身存在的问题，目的是使书面资料成为切实可靠的审计证据。例如，经核对发现资料内容不一致，计算数据不准，或经检查，发现采购不需用的材料，销售收入和利润未同步增长者，都要运用查询法进一步收集证据。对于提供的解释和回答，查询法应以审计标准衡量，使提供的审计证据充分可靠。查询时，最好有审计人员两个以上参加，并作成书面记录，经解答人员签字证实，或取得书面解答。

查询法有广泛的用途，不仅可用来审查书面资料，还可用来证实客观事物。对于不能盘点或观察的债权债务，例如，应收账款、应付账款之类，可用通讯方法向对方查询。一般称函询法或询证法，是查询法的一种。函询应收、应付账款，发函应以审计者名义出面，并由审计人员寄发，内容不限于要求核对的余额，还可包括本期发生额。应将被审单位有关账户抄写清单寄出，要求对方在规定期内予以核对，寄还审计者收取查核。为了保证函询的实效，函询工作应全部由审计人员办理，不宜让被审单位人员插手。必要时，审计人员还要亲临对方，查询疑点。查询法可大量用于经济效益审计，特别是管理审计、业务经营审计。用于管理审计的查询法已逐步发展成为一种特殊的审计方法。审计人员运用查询法要讲究方式方法，谋求被询人员的真诚合作，提供确实有用的审计证据。

31.2.6　比较法

比较法就是把说明被审项目的书面资料、同有关项目进行比较，取得审计证据。例如，以不同时期的报表项目相比（如资料平衡表上在产品比上月增长很多），以本期的有关项目相比（如利润未同产品销售收入同步增长），以被审项目同其他单位的相同项目相比（如把资金利润率同其他类似单位资金利润率相比）等，均足以说明情况，发现问题。

31.2.7　实地盘存法

实地盘存法是一种耗费人力物力的查账方法，但当查账人员面对大量的财产物资，无法确定账面数额是否账实一致，就只能采用实地盘存法来解决问题。

（1）实地盘存法的定义

所谓实地盘存法，就是根据账簿记录对库存现金和各项财产物资进行实物盘点，以确定企业资产是否完整的方法。查账人员利用实地盘存法的目的在于盘存现金与实物，因而盘存的时机选择应恰当适宜。

① 对实物盘点，最好选择在库存材料储备量达到最低之时或者接近年底时。

② 现金的盘存最好不要在发放工资的时候。

③ 对现金和贵重物资、被盗物资仓库和管理混乱的物资仓库的清查，需要采取突击检查的方式，不能事先通知企业内的有关人员。

（2）实地盘存法的分类

实地盘存法一般可以分为直接盘点和监督盘点两种方法。

① 直接盘点就是由企业领导亲自盘点，这种方法一般适用于盘点数目小、而价值较大的物资。

② 监督盘点，主要指企业领导可以指定辅助查账人员盘查，而自己在一旁监督，它一般用于盘点数目较大、价格低、容易损坏的物品。

③ 根据盘点的范围大小，还可以分为全面盘点法和抽样盘点法。

（a）全面盘点法是对列入检查范围的所有财产物资进行全面、彻底的盘点，一般当企业遇到重大问题时，才可以运用这种方法，否则费时费力。

（b）抽样盘点法指在列入检查范围的各种物资中，抽取一部分价值较大、收发频繁，或者是最容易流失的物资进行盘点。

（3）实地盘存法的运用程序

企业领导在运用实地盘存法时可以和其他的查账方法相结合。例如，管理者可以将实地盘存法和核对法结合，检查实际库存的产品或者存货及库存现金与账上的记录数是否相符。具体运用实地盘存法的程序如下。

① 准备工作。

在准备阶段，经营者需要做好以下准备工作。

（a）事先选定想要利用实地盘存法盘存的对象。

（b）拟定盘存的日期，最好是突击检查。

（c）审阅有关账簿，发现可疑问题可以在盘存时着重检查。

（d）核对账表、账账、账卡。

（e）准备盘点表和计量的工具。

② 盘点实物阶段。

查账人员在做好准备工作之后，就可以对货币、物资进行实地的盘点和验证工作，在这一阶段要注意以下问题。

（a）具体了解货币、证券、物资的存放地点和存放规则。

（b）对品种规格相似的物资要区分开。

（c）盘点时要暂停收发业务。

（d）盘点时主要针对有疑点的物资进行盘点，必要时可以进行彻底的盘存。

（e）对于当时填写的盘存单，要由参加盘存的所有工作人员一同签字。

（f）查账人员对盘存中发现的问题要经过研究后处理，不要在现场匆忙做出决定。

③ 将盘存结果与企业账目核对。

在此阶段，查账人员要将盘存过的结果和企业公司的账目进行核对，计算盈亏。如果盘存和查证日不在一个时间点上，还需要将盘存结果进行调整。

这里向管理者介绍一个公式：

盘点日实际数 + 盘点日到查账日减少数 − 盘点日到查账日增加数 = 查账日实际数

在调整完后就可以计算存货或者现金是否发生盘盈或者盘亏现象。如果查账日实际数大于查证日账面数，则为盘盈，反之则为盘亏。

④ 总结阶段。

查账人员在做完了上面的工作后需要进行一个简单的总结，这时才是评价功过是非的时候。必要的时候，管理者可以将盘存结果在公司大会上宣布，并对主要责任人进行处罚，对内部控制制度的薄弱环节提出改进意见。

31.2.8 调节法

从一定出发点上的数据着手，对已发生正常业务而应增、应减的数字进行调整，从而求得需要证实的数据的方法。用于银行存款，调节法可以证实实际存款数与账面余额是否相符，编制银行存款调节表是为此目的通常采用的方法。但调节法不仅可以用于银行存款，还可以用于其他类似场合。当盘点日同书面资料结存日不同时，结合实物盘点，通过两个时期中间账目的调节，可以考察书面资料是否真实正确。

31.2.9 观察法

观察法指审计人员进入被审单位后，对于生产经营管理工作的进行、财产物资的保管、内部控制制度的执行等，进行实地观看视察，注意是否符合审计标准和书面资料的记载，借以收集书面资料以外的审计证据的方法。

例如，对一所学校进行教育经费审计时，发现新建办公用楼房一幢，但账上未见增记此项固定资产，成为一项账外财产。经追踪审查，终于发现该校挪用经费搞计划外基本建设，违犯了财经纪律，于是取得了书面资料以外的证据。应用观察法时，可视必要进行摄影或录像，作为审计证据。在经济效益审计中，考察资源利用和保管情况、劳动效率和劳动态度情况时，要广泛利用观察法。

31.2.10 鉴定法

鉴定法指书面资料、实物和经济活动等的鉴别超出一般审计人员的能力，因而邀请有关专门人员运用专门技术进行确定和识别的方法。如对于书面资料真伪的鉴定，对实物性能、质量、价值的鉴定，以及经济活动合理性、有效性鉴定等。

31.3 查账常用技巧

在查账的过程，正确的寻找切入点对于提高查账工作的效率具有重要的意义。但由于会计错弊具有不确定的特性，很难用一个通用的办法迅速找到会计错弊的问题所在，这就需要查账人员具有一定的经验和职业判断能力。在本节中，我们将根据实践的查账经验总结几条宝贵的查账技巧，这在查账实务中对于迅速找到切入点、提高查账业务的效率具有重要的意义。

31.3.1 高度重视不合常规的地方

检查能否顺利进行，实现既定目标，检查人不但要掌握并熟练运用各种检查方法，更重要的是能否发现问题，找出疑点。根据查账业务的工作实践经验，有以下几种发现问题的方法。即从异常数字中发现问题、从异常的业务往来发现问题、从账户之间异常对应关系发现问题、从异常时间中发现问题、从异常地点发现问题、从有关人员异常生活变化中发现问题、从逻辑矛盾中发现问题和从异常结算方式中发现问题等。如图 31-4 所示，这几种方法主要是根据会计资料的基本要素的特点和检查人员实践经验提炼产生的，检查时应适时交叉运用。

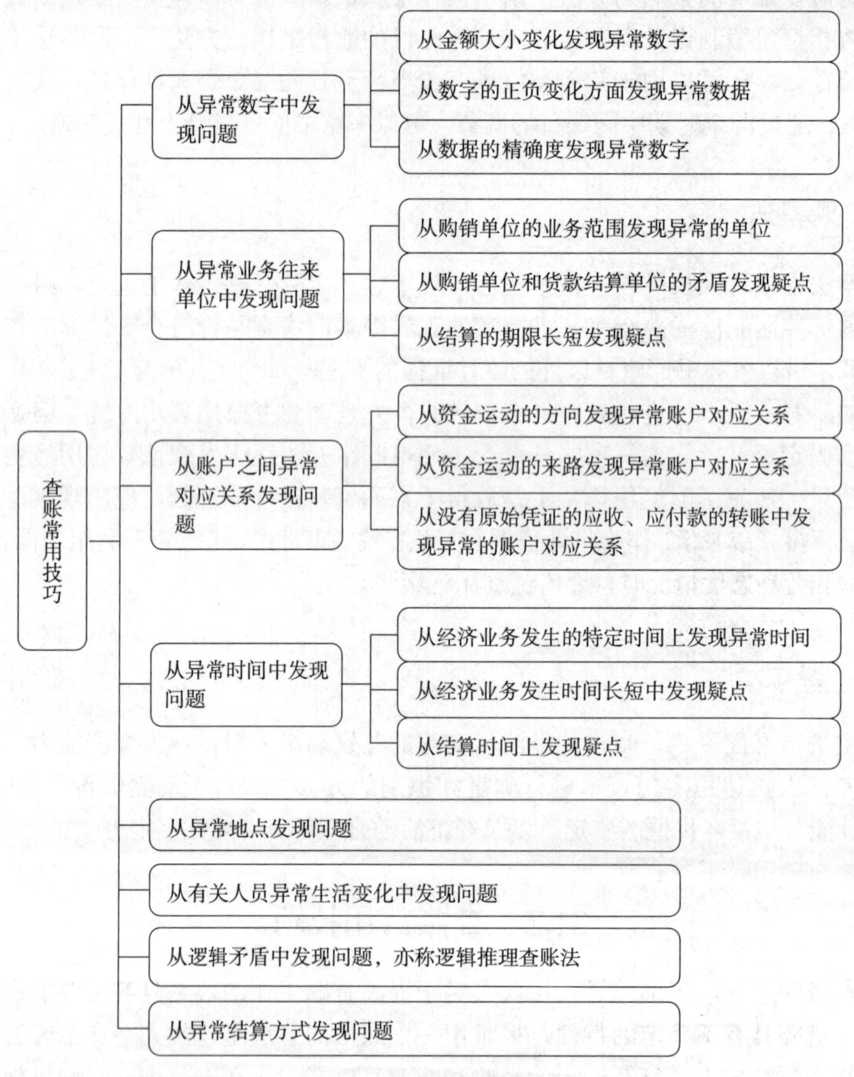

图 31-4 查账常用技巧

31.3.2 运用核对法，检查有关内容是否相符

会计账簿既是根据会计凭证登记的依据，也是用来编制会计报表的主要依据，而且不论是会计凭证、会计账簿，还是会计报表，都是反映与核算实际经济活动的。所以，账证、账表与表表之间存在着必然联系。另外，证证、账证、账账、账实、账表、表表之间依其具体内容也存在着密切的内在联系。因此，通过进行证证、账证、账账、账实、账表之间的核对，可发现其中某些内容不相符的问题，以此为线索或疑点，可

追踪查证会计错弊的具体形态及其制造或形成过程。如图 31-5 所示。

核对法
证证核对
账证核对
账账核对
账实核对
账表核对
表表核对

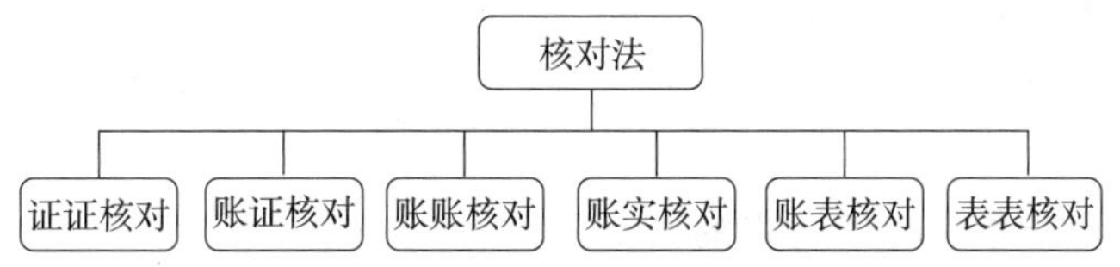

图 31-5　核对法的主要检查内容

31.3.3　三查三找法

对管理混乱、财务上建账不全、记录零乱的企事业单位，可采用三查三找法打破查账困境，具体内容如图 31-6 所示。

三查三找法
查银行对账单，找钱款数量
查其他往来账，找业务关系对象
查应收销货款和应付购货款，找款项的去路

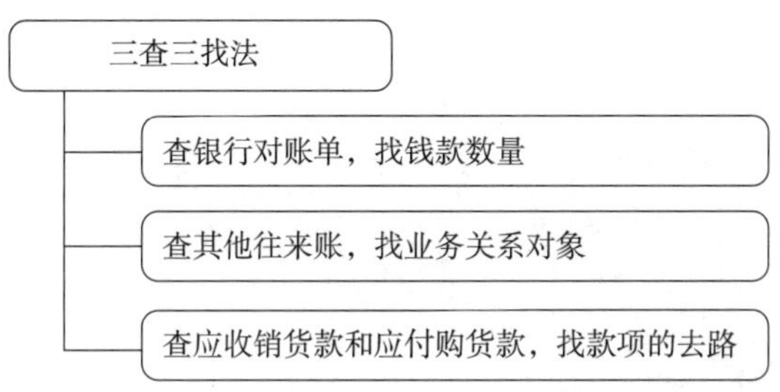

图 31-6　三查三找法的主要检查内容

31.3.4　账外账检查法

账外账指对被查单位隐匿截留资金于账簿内容之外，形成企事业单位的“小金库”，或是为逃避会计监督，巧施手段进行账外交易等违法行为的检查方法。目前，实施账外账已成为相当一部分企事业单位截留收入、分散转移各种基金来建立“小金库”的一个较为普遍的违纪违法的手段。如图 31-7 所示，检查的方法关键是要抓住其主要来源和存在形式。

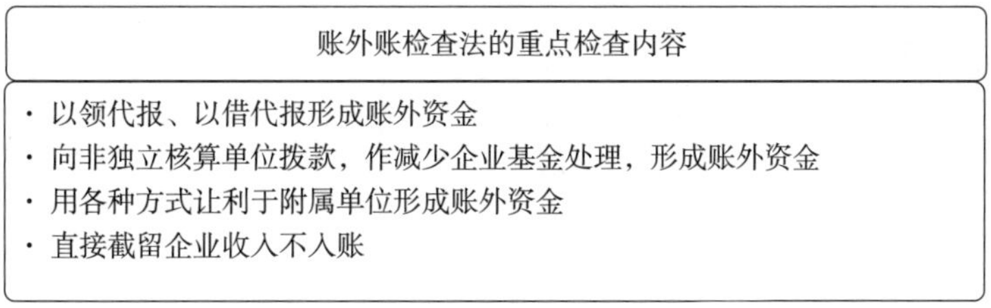

账外账检查法的重点检查内容
· 以领代报、以借代报形成账外资金
· 向非独立核算单位拨款，作减少企业基金处理，形成账外资金
· 用各种方式让利于附属单位形成账外资金
· 直接截留企业收入不入账

图 31-7　账外账检查法的重点检查内容

本章实操要点

（1）查账要有的放矢，首先要确定查账的目标并据此选择相应的策略。

（2）查账中可以用到的方法非常多，包括顺查法与逆查法、详查法与抽查法、逻辑推理分析法、核对法、查询法、比较法、实地盘存法、调节法、观察法和鉴定法等，在查账的过程中会用到多种不同的查账方法，查账人员要根据查账策略选择最适合的方法执行。

（3）由于会计错弊具有不确定的特性，很难用一个通用的办法迅速找到会计错弊的问题所在，这就需要查账人员具有一定的经验和职业判断能力。因此查账过程中可以通过运用一些技巧来提高查账效率，本章总结了四条常用技巧，需要重点关注。

第三十二章

常见会计舞弊行为大曝光

——知己知彼，防微杜渐

本章导读

“知己知彼，百战不殆”，要练就高超的查账本领，首先就要了解在各种业务中，可能出现哪些舞弊行为，然后再根据具体的情况或者查证的证据进行具体分析，对症下药，快速有效的进行查账。

在本章的学习中，我们将解决读者的以下问题：

（1）通过发票、收据等进行的舞弊行为有哪些？

（2）利用报销制度的漏洞进行的舞弊行为有哪些？

（3）在资产业务中进行的舞弊行为有哪些？

（4）在负债业务中进行的舞弊行为有哪些？

（5）在所有者权益业务中进行的舞弊行为有哪些？

（6）在收入、成本、利润业务中进行的舞弊行为有哪些？

32.1　通过会计票证进行的舞弊行为

32.1.1　通过发票、收据等进行的舞弊行为

通过发票、收据等进行的会计舞弊行为，是最常见，也是隐蔽性很强的一种会计舞弊行为，此类会计舞弊行为主要包括如图 32-1 所示的几种。

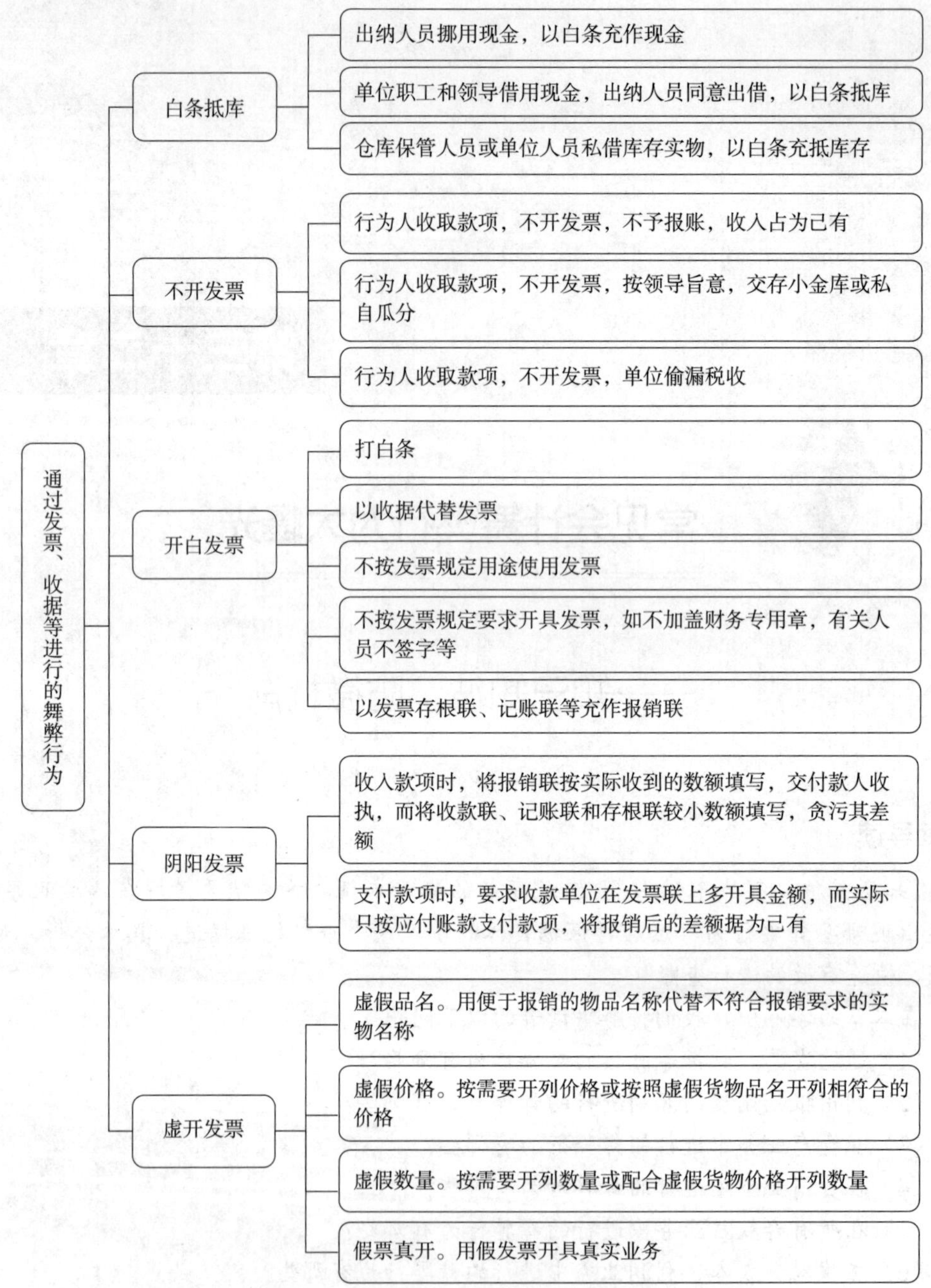

图 32-1　通过发票、收据等进行的舞弊行为

32.1.2　费用报销中的舞弊行为

费用报销是企业中常见的经济行为，几乎每个在职人员都有过报销费用的经历，由于这种业务繁多，涉及的人员也很多，很容易被不法之徒浑水摸鱼，套取单位的资金据为己有。费用报销中的舞弊行为主要包括如图 32-2 所示的几种。

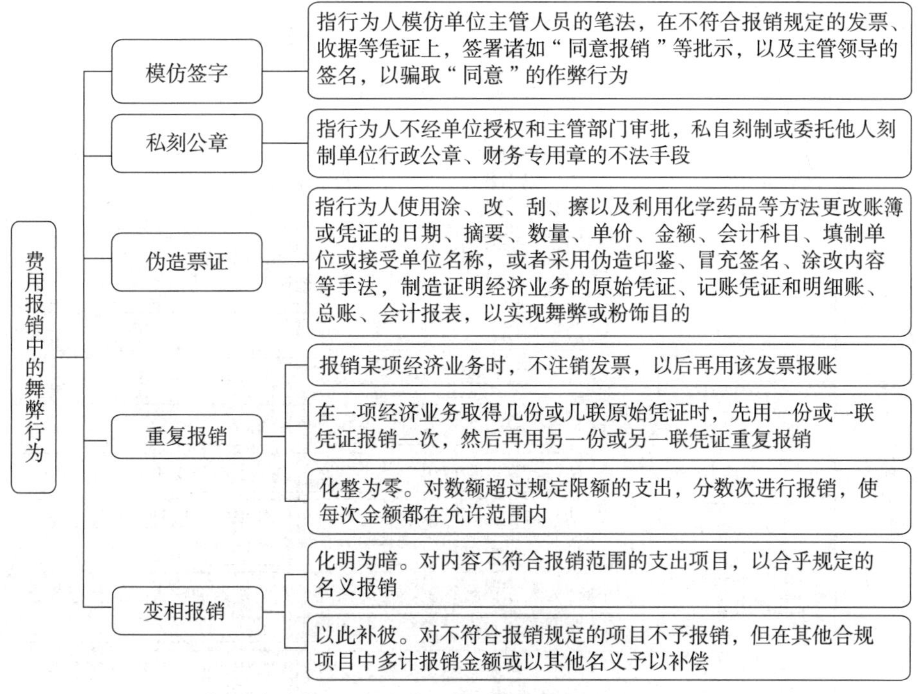

图 32-2　费用报销中的舞弊行为

32.2　资产业务中常见的舞弊行为

32.2.1　现金管理中的舞弊行为

现金管理中存在的主要舞弊行为如图 32-3 所示。

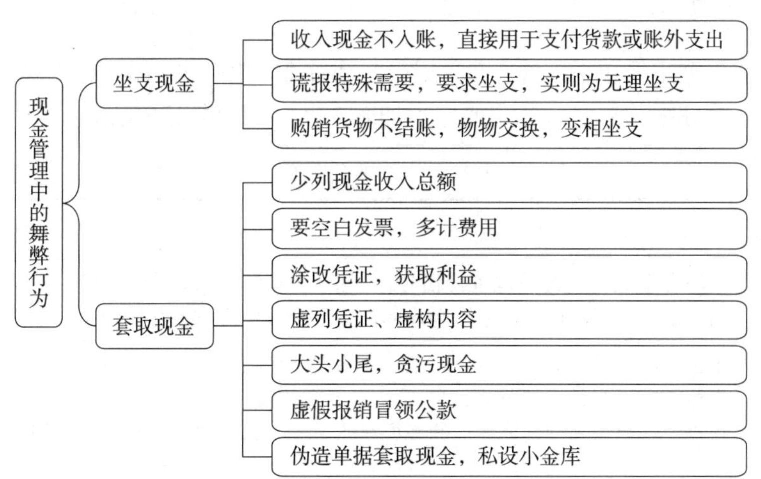

图 32-3　现金管理中的舞弊行为

32.2.2 银行存款管理中的舞弊行为

银行存款管理中的舞弊行为主要如图 32-4 所示。

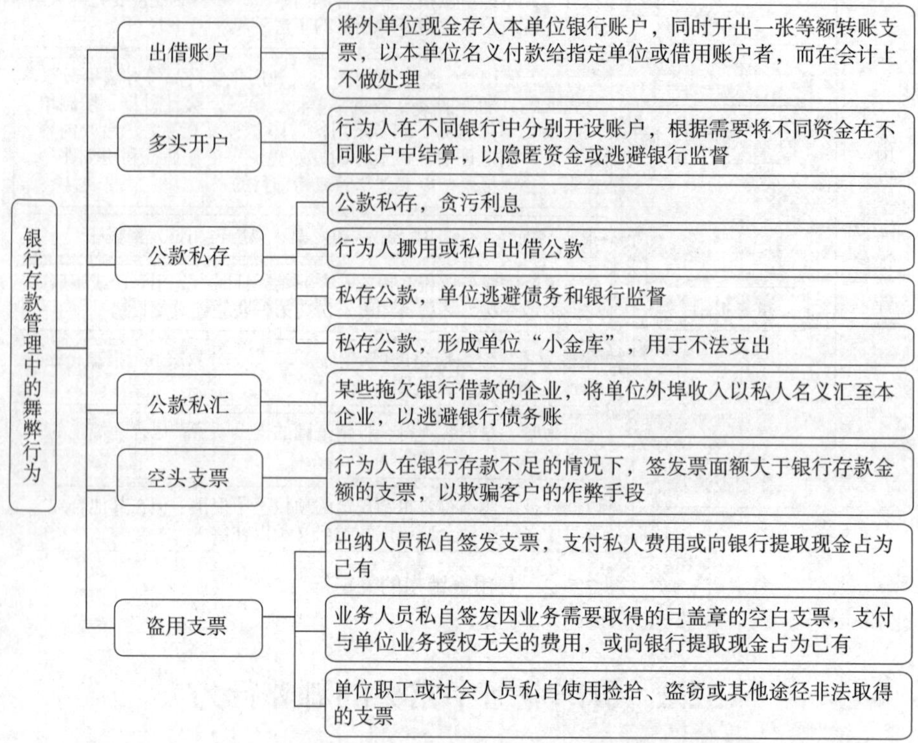

图 32-4 银行存款管理中的舞弊行为

32.2.3 其他货币资金的舞弊行为

其他货币资金主要包括外埠存款、银行汇票存款、银行本票存款、在途货币资金等。其他货币资金管理中的舞弊行为主要包括如表 32-1 所示的几种情况。

表 32-1 其他货币资金管理中的舞弊行为

其他货币资金	定　义	舞弊行为
外埠存款	外埠存款是企业到外地进行临时或零星采购时，汇往外地银行开设采购专户的款项	非法设立外埠存款账户；外埠存款不合理、不合法的支出
银行汇票	汇款人将款项交存当地银行，由银行签发给汇款人持往异地办理转账结算或支取现金的票据，在尚未办理结算之前的票据存款	银行汇票使用不合理、不合法；非法转让或贪污银行汇票；收受无效的银行汇票，给企业带来损失

续表

其他货币资金	定　义	舞弊行为
银行本票	银行本票存款指申请人将款项交存银行，由银行签发给其在同城凭以办理转账结算或支取现金的票据，在办理结算之前形成的存款	银行本票与采购金额不一致；银行本票金额大，致使业务员用假发票抵账，贪污余款
在途货币资金	企业与所属单位或上下级之间汇解款项，在月终尚未到达，处于在途的资金	收到存款或收到在途货币资金不做转账处理，挪作他用或者贪污；虚增在途货币资金，如为了虚列销售收入，表现为增加在途货币资金

32.2.4　应收账款方面的舞弊行为

在会计核算中，涉及往来账核算的虚假手法主要表现在两个方面：一是企业利用应收及预付款账户调节产品成本和当期损益；二是企业有关业务人员利用应收及预付款结算方式及其某些难以控制的薄弱环节，挪用公款谋取私利。具体形式如图 32-5 所示。

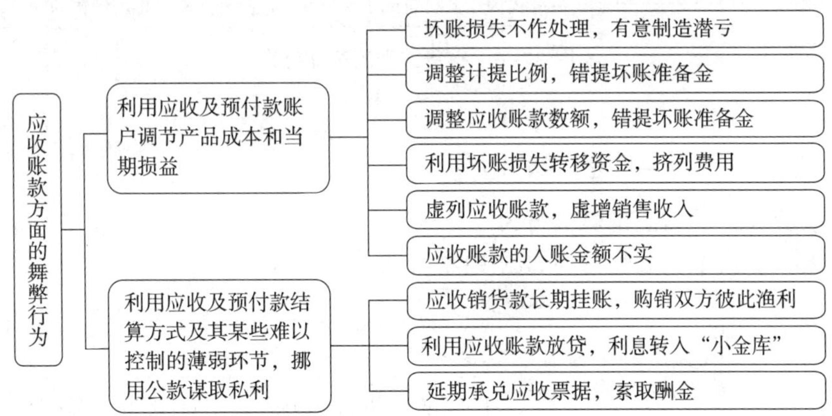

图 32-5　应收账款方面的舞弊行为

32.2.5　预付账款业务往来舞弊行为

按规定，企业的预付款业务必须以有效合法的供应合同为基础，而在实际工作中，有的企业的预付款业务根本无对应的合同，而是利用预付款这一“中转站”往来搭桥，为他人进行非法结算，将所得回扣或佣金据为己有，或利用该项业务转移资金，隐匿收入，私设“小金库”或私分。

如甲企业本与乙企业无任何业务往来，但甲企业的负责人与乙企业的财务主管有亲戚关系，于是，甲企业以收取一定“使用费”为条件，在审计人员的函证中证明该企业收到乙企业的预付款，给审计人员的工作制造了很大的障碍，使甲、乙两企业的会计核算失去了真实性。

32.2.6 存货方面的舞弊行为

在存货管理和核算中的舞弊行为主要有如图 32-6 所示的几种。

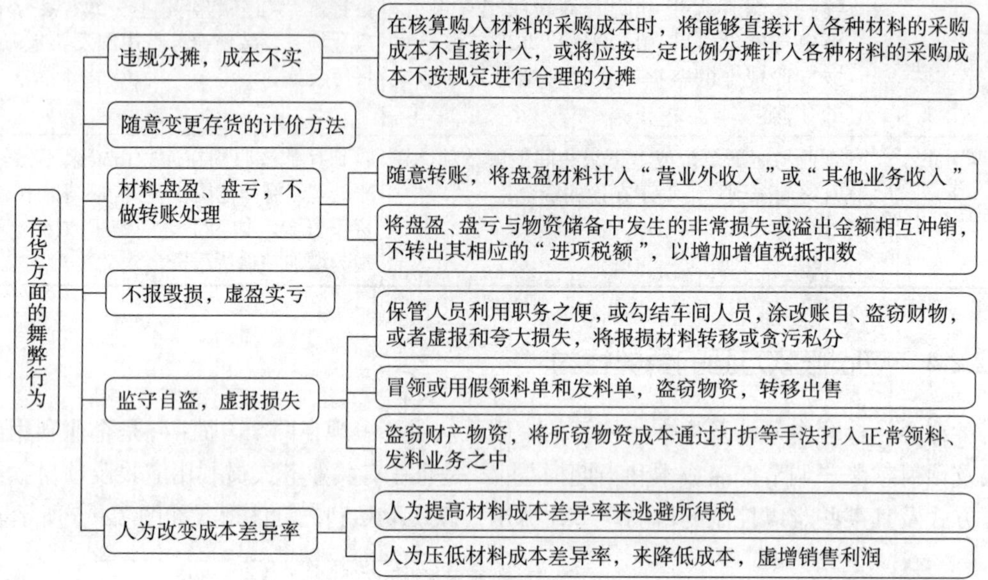

图 32-6 存货方面的舞弊行为

32.2.7 固定资产业务中的舞弊行为

（1）固定资产构成上的舞弊行为

固定资产构成上的舞弊行为如图 32-7 所示。

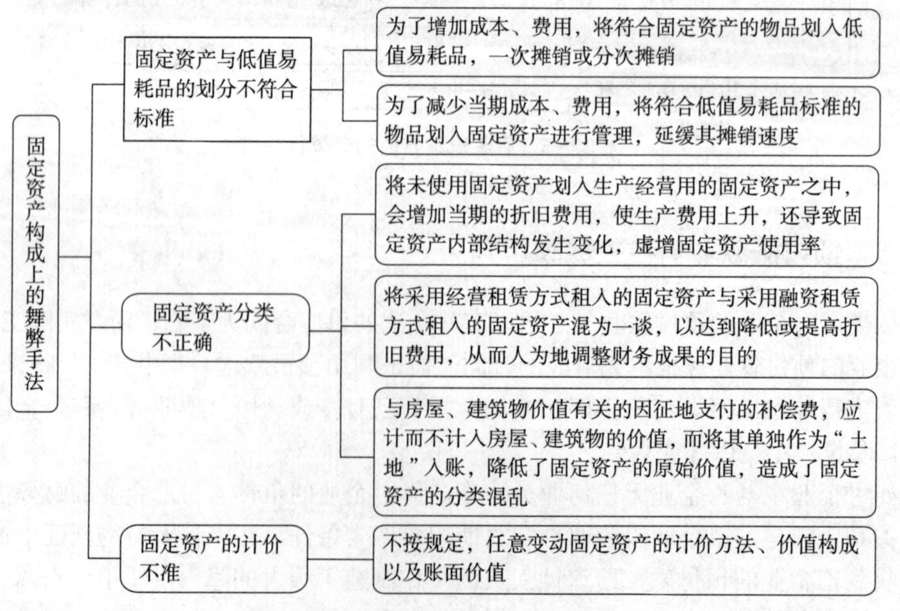

图 32-7 固定资产构成上的舞弊行为

（2）固定资产增减业务方面的舞弊行为

固定资产增减业务方面的舞弊行为如图 32-8 所示。

固定资产增减业务方面的舞弊行为
· 购入固定资产质次价高，采购人员捞取回扣 · 固定资产运杂费，掺入了旅游参观费 · 运杂费用张冠李戴，人为调节安装成本 · 接受贿赂，虚计固定资产重估价值 · 固定资产出租收入，虚挂往来账 · 固定资产变价收入，存入小金库 · 清理固定资产净收益，不按营业外收入记账 · 转移工程借款利息、调节当年损益 · 在建工程试运转收入，不冲减在建工程成本 · 融资租入固定资产的财务费用，计入固定资产价值 · 无偿转让旧设备，清理损失列损益 · 固定资产盈亏，不做账务处理 · 随意改变折旧方法，调节折旧计提数据 · 未使用固定资产（除房屋、建筑物外）提取折旧 · 停用的固定资产，当月不计提折旧 · 当月不应计提折旧的，当月计提折旧 · 变卖固定资产，仍旧提取折旧

图 32-8　固定资产增减业务方面的舞弊行为

32.2.8　无形资产舞弊的常见行为

无形资产方面的舞弊行为主要如图 32-9 所示。

无形资产方面的舞弊行为
· 无形资产所有权和使用权处理不当作假的。将只有使用权的无形资产作为有所有权的无形资产下账，从而增大无形资产摊销，减少利润，进而减少所得税的上缴 · 无形资产的增加不真实、不合规 · 无形资产计价不正确。企业明知计价不合法、不合理，故意将无形资产计价过高或过低；未经法定手续进行评估或确认，随便计价 · 对无形资产摊销期限不符合规定。随意变动摊销期限来调节管理费用，多摊或少摊无形资产，人为调节财务成果的高低 · 无形资产摊销的会计处理方法不正确 · 伪造无形资产增加的虚拟证明 · 虚增商誉，增大费用。商誉的作价入账只是在企业合并的情况下发生的，而企业在正常的经营期内，擅自将商誉作价入账，多摊费用、降低利润 · 出售无形资产，不做账。企业为了增加本公司的费用，以达到降低利润的目的，隐匿出售证据，对出售的“无形资产”不进行账务处理

图 32-9　无形资产方面的舞弊行为

32.3　流动负债中常见的舞弊行为

流动负债主要指企业将在一年内或超过一年的一个营业周期内偿还的债务，包括短期借款、应付票据、应付账款、预收账款、应付职工薪酬、应交税费、其他应付款等内容，它在企业生产经营活动中占有相当重要的地位，下面我们将分别阐述其常见的一些虚假账务处理行为。

32.3.1　短期借款中常见的舞弊行为

短期借款指企业借入的期限在一年以下的各种借款，包括企业从银行或其他金融机构借入的款项。其舞弊行为如图 32-10 所示。

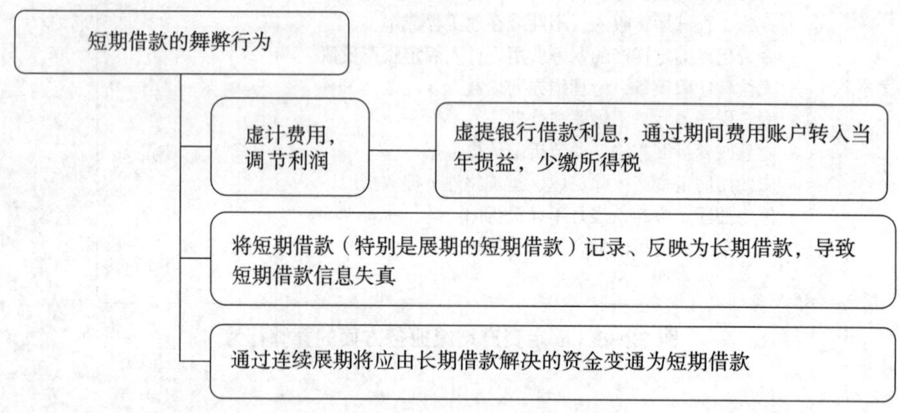

图 32-10　短期借款的舞弊行为

32.3.2　应付账款中常见的舞弊行为

应付账款中常见的舞弊行为如表 32-2 所示。

表 32-2　应付账款方面的舞弊行为

舞弊行为	举　例
应付账款长期挂账	企业的若干“应付账款”明细款项长期未付而挂账，有的属于合同纠纷或无力偿还，有的属于销货单位消亡而无从支付的情况，这样易导致虚列债务
虚列应付账款，调节成本费用	如有些企业为了调控利润的实现数额，就采用虚列应付账款的方式，虚增制造费用，相应减少利润数额和应交所得税
利用应付账款，隐匿收入	如有些企业为了隐藏一些非法收入或不正常收入，以达到偷逃税款的目的，就会在收到现金（或银行存款）时，同时挂“应付账款”
故意增大应付账款	如某企业采购人员在采购某物时，会要求对方开票员多列采购金额，套取企业现金
利用应付账款，贪污现金折扣	指有些企业在支付货款符合现金折扣的条件下，按总额支付，然后从对方套取现金私分或留存“小金库”

续表

舞弊行为	举　　例
故意推迟付款，合伙私分罚款	有些企业财务人员伙同对方财务人员，故意推迟付款，致使企业支付罚款，待支付罚款时，双方私分此罚款，使企业财产受到损失而肥了个人的腰包
隐瞒退货	企业向供货单位购买货物后，取得了蓝字发票，但又因故把货物退回，取得了红字发货票，而作弊人员用蓝字发票计入应付账款，而将红字发票隐瞒，然后寻机转出，贪污“应付账款”
不合理挤入，假公济私	有些企业对于一些非法支出，或已超标准或规定的费用，人为挤入“应付账款”进行缓冲，利用公款为个人谋利
用商品抵顶应付账款，隐瞒收入	企业用商品抵顶债务，不通过商品销售核算，隐瞒商品销售收入，偷漏增值税。

32.3.3　预收账款中常见的舞弊行为

预收账款中常见的舞弊行为主要如图 32-11 所示。

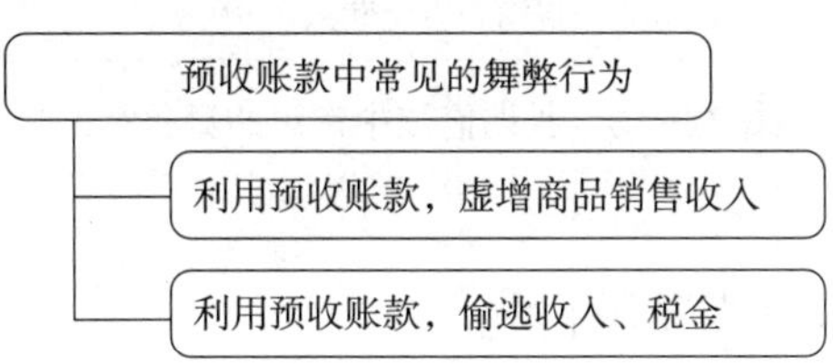

图 32-11　预收账款中常见的舞弊行为

32.3.4　应付职工薪酬中常见的舞弊行为

应付职工薪酬中常见的舞弊行为主要如图 32-12 所示。

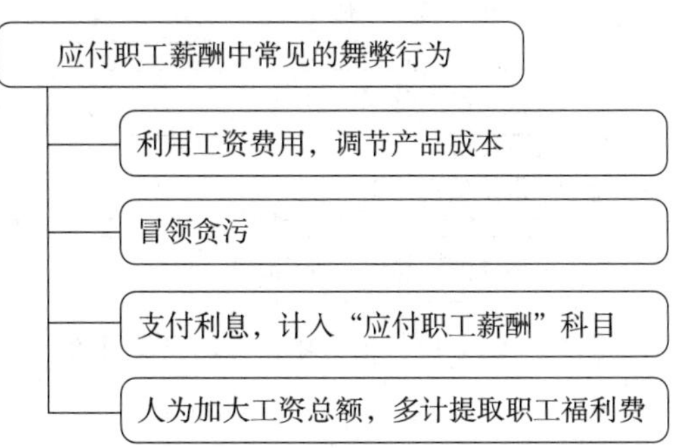

图 32-12　应付职工薪酬中常见的舞弊行为

32.3.5 其他应付款中常见的舞弊行为

根据有关规定，企业收取的包装物押金在“其他应付款”账户中核算。收到时做“借：银行存款，贷：其他应付款”；待归还时，企业再做“借：其他应付款，贷：银行存款”或逾期未还时，可以转为收入。但有些企业将“其他应付款”长期挂账，不转入收入处理，偷逃收入，偷逃税款。如某粮食企业销售粮食时，收取麻袋押金，待归还时退还押金，对于逾期未退的，转入收入。但该企业却不结转其他应付款，使其长期挂账，造成收入不实，负债不实的后果。

32.3.6 长期借款中常见的舞弊行为

长期借款中常见的舞弊行为主要如图 32-13 所示。

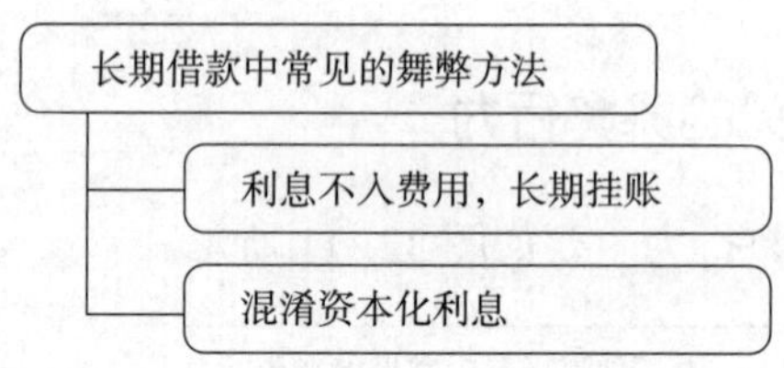

图 32-13 长期借款中常见的舞弊行为

32.3.7 应付债券中常见的舞弊行为

应付债券中常见的舞弊行为如图 32-14 所示。

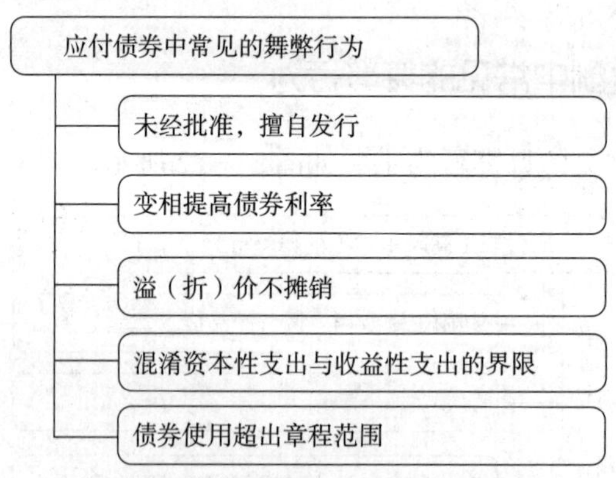

图 32-14 应付债券中常见的舞弊行为

32.3.8 长期应付款中常见的舞弊行为

长期应付款中常见的舞弊行为如图 32-15 所示。

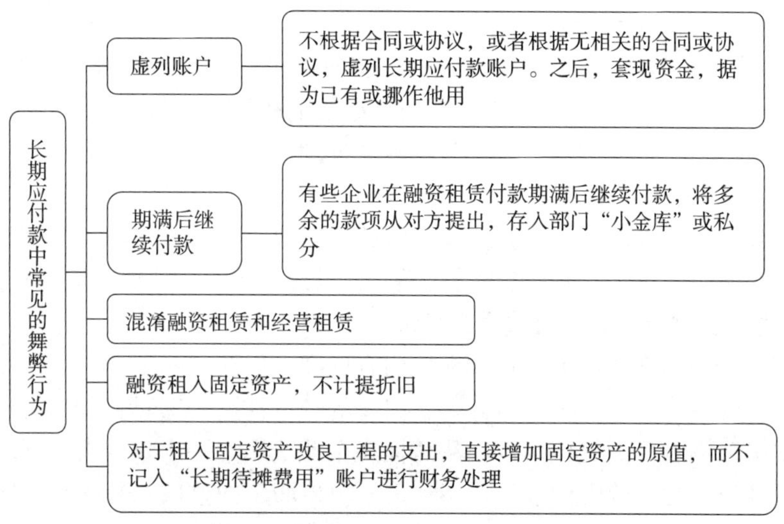

图 32-15　长期应付款中常见的舞弊行为

32.4　所有者权益业务处理方面的舞弊行为

所有者权益业务处理方面的舞弊行为主要如图 32-16 所示。

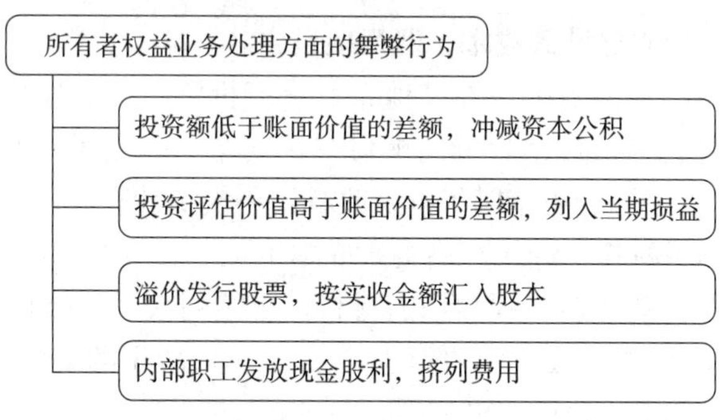

图 32-16　所有者权益处理方面的舞弊行为

32.5　收入、成本和利润业务中常见舞弊行为

在各项作假行为中，有关收入的舞弊行为，已包含在“应收账款”“预收账款”“其他应收款”等往来类科目的作假行为之中，本处不再赘述。

32.5.1　成本费用中常见的舞弊行为

这里所谈的产品成本是指企业在生产过程中为制造产品而耗费的成本，也称为产品制造成本或生产成本。生产成本主要包括三项内容：直接材料、直接人工和制造费用。费用主要是指期间费用，包括销售费用、管理费用和财务费用。

（1）福利费用支出计入成本项目

有些企业违反成本、费用支出的范围，将应由福利费支出的费用列入成本项目，加大成本、减少利润，如某企业将福利部门人员的工资，列入成本项目“直接人工费”。做“借：生产成本，贷：应付职工薪酬”的账务处理。

（2）职工医药费计入管理费用

根据财务会计制度的规定，企业职工医药费支出应在“应付职工薪酬”列支，有些企业为减少福利费支出，往往将部分药费计入管理费用，从而虚减了当期利润。

（3）任意扩大支出范围，提高费用标准

按照财务会计制度的规定，各项支出均有标准，但在实际工作中，存在着许多乱花、乱摊、乱计费用的问题。有些企业为了自身的经济利益，违反财务会计制度的规定，任意扩大支出范围和提高支出标准，从而提高企业费用水平，减少当期利润。如某企业领导人将其家属的“游山玩水”费用列为本单位职工的差旅费来报销，使该企业虚增管理费用，虚减利润。

（4）虚计费用，调节成本

有些企业为了调节产品成本和当年利润，有意将不应计入本账户的费用计入本账户或者将应计入本账户的费用转移计入其他账户。如某企业为了压缩当年利润，于12月份以修理车间的名义，虚领材料，计入制造费用账户，月份终了分配计入产品成本，造成企业本期利润虚减。

（5）把对外投资的支出计入成本、费用项目中

有些企业以材料物资的方式，向其他企业进行投资时，不反映在“长期投资”科目中，而把减少的材料列入成本、费用项目中。这样，一方面加大了产品成本，减少利润，少缴所得税；另一方面也隐瞒了投资收益，再次少计利润，少缴所得税。

（6）基本建设领用材料，计入产品生产成本

如某生产企业将自营建造工程领用的材料，直接列入“直接材料费”，做“借：生产成本，贷：原材料”的账务处理，把不应计入成本、费用的支出计入了成本、费用，虚减了利润，违反了成本、费用支出范围。

（7）多期材料，一期分摊

根据权责发生制的原则，会计核算应正确划分各月份的界限，但有些企业违反规定，将不属于本期产品成本负担的材料费用支出一次全部列入本期成本项目。

（8）回收物资，账外处理

有些企业将回收的废料收集起来，不去冲减当月的领料数，而作为账外物资处理，这样使企业不仅没有如实反映产品生产中材料的实际消耗，而且也相对加大产品的直接材料费成本，少计利润，少纳税金。

（9）未用材料，不作退库

有些企业为了调节本期损益，对车间领用原材料采用以领代耗的办法，将投入产品生产的材料全部计入产品成本，期末有剩余材料，不管下期是否需用，均不作退库处理，造成多计费用少计利润的结果。

（10）改变分配方法，调节当年盈亏

企业计入各种产品成本应在各种产品的完工产品和月末在产品之间进行合理的分配，企业应当根据产品生产的特点选择适合本企业的分配方法，但有的企业为了调节本期盈亏，往往改变已经选用的分配方法，并且在会计当期不作披露。

（11）虚估约当产量，调整本期损益

有些企业利用约当产量估算的特点，采用多计（少计）在产品数量的手法，虚增（或虚减）利润，来调节当年损益。

（12）已销产品不结转成本

有些企业对已销产品不作成本结转，只计收入不记成本。或者相反，对未销售产品视为销售、多转成本。

（13）随意改变结转产品销售成本的方法

根据财务会计制度的规定，企业在某一个会计年度内，一般只能确定一种计价方法。方法一经确定，不能随意变更。如确实需要改变计价方法的，必须在会计报表附注中进行披露。有些企业出于调节当年损益的需要，在年度中间随意改变既定的计价方法。

（14）随意调节成本差异率

有些采用计划成本核算的企业，在结转产品成本差异时，通过调高或压低成本差异率的方式，多计或少计结转的产品成本差异，以达到虚减或虚增利润的目的。

（15）不按比例结转成本

根据财务会计制度的规定，企业采用分期收款销售方式销售产品，按合同约定日期确认销售收入，在每期实现销售的同时，应按产品全部销售成本与全部销售收入的比例，计算出本期应结转的销售成本。有些企业为了调节当年损益，在分期收款销售的产品实现收入时，人为地确定结转产品销售成本的比率，多转或少转销售成本，以虚增或虚减利润。

（16）把应计入成本的运输费列入期间费用

按照有关规定，企业购入固定资产、专项投资用的材料和设备的运输费应计入设备或材料的成本，作为其原值的组成部分，但有些企业却将这部分运输费列入期间费用而增大了本期利润。

（17）生产费用分配，张冠李戴

有些企业为了调节当年损益，将本期发生的生产费用在盈利产品和亏损产品之间进行不合理分配，造成盈亏不实。例如，某服装厂生产男装、女装和童装，1999 年 10 月该企业女装和童装的销售要好于男装，该企业在分配间接费用时，按规定的分配标准计算出各种产品应分配数额后，有意将应分配计入亏损产品的制造费用，加计在盈利产品中。

（18）期间费用计入生产成本，或生产成本计入期间费用

有些企业为了调节当年利润，将发生的费用计入生产成本；或采用将应计入生产成本的费用计入期间费用。

（19）坏账损失不按规定提取

根据财务会计制度的规定，采用备抵法核算坏账损失的企业，应于期末计提坏账准备，计入管理费用。有些企业为了调高或调低期末利润，就会于期末人为地提高（降低）提取比例，或变动提取依据（应收账款）的数额，以增加或减少期间费用，来达到目的。

（20）混淆资本性支出与收益性支出的界限

根据财务会计制度规定，企业向银行借款用于购建固定资产，对固定资产交付使用后支付的借款利息应计入财务费用，在固定资产尚未交付使用前发生的贷款利息，应计入固定资产的造价。但有些企业，为了调节利润，故意混淆计入成本与费用的界限。

（21）将利息收入转作“小金库”，不冲销财务费用

财务费用包括利息净支出，汇兑净损失以及金融机构手续费和筹集生产经营资金发生的其他费用等。但有些企业在实务操作中，违反财务会计制度的规定，将利息收入转作“小金库”，不冲销财务费用，而虚增期末利润。

（22）不按规定摊销无形资产

根据财务会计制度的规定，企业的无形资产摊销应计入“管理费用”，做“借：管理费用，贷：无形资产”的账务处理，但有些企业为了调节期末利润，人为地多摊或少摊无形资产，从而多计或少计费用，以达到其目的。

32.5.2 利润方面的舞弊行为

利润是企业在一定期间所获得的经营成果。企业的利润一般包括营业利润、投资净收益、补贴收入和营业外收支等部分。

在利润方面的舞弊主要涉及营业收入、营业成本、税金及附加、投资收益、投资损失、营业外收入、营业外支出等业务。舞弊行为如表 32-3 所示。

表 32-3 利润方面的舞弊行为

舞弊行为	案 例
虚列收入、调整利润	企业领导人为了私利，授意会计人员虚增利润，造成企业虚盈实亏；有的企业谋求团体利益，虚增、虚减、转移或截留利润；有些效益较好的企业为了偷逃税款，对已实现的收入不作销售处理
转移罚没收入，不作利润处理	企业在经济交往中，收取的赔款、罚金、滞纳金等各种罚没收入均应计入“营业外收入”账户，有的企业为了将罚没收入挪作他用，便虚挂往来账户
转移营业收入，计入营业外收入	营业外收入不属经营性收入、不缴纳销售税金，而经营收入却应缴纳销售税金。有的企业为了少缴税金，故意将营业收入转入营业外收入进行核算
转移投资收入，挂往来账	投资企业收到被投资企业发放的股利，应作为投资收益下账。有的企业为了截留分得的股利，将股利不作为投资收益处理，而计入“其他应付账款”
截留联营利润，发放职工奖金	有的企业为了隐匿利润，授意联营单位将联营利润由“应付股利”直接转入“其他应付款”账户，以后再根据需要将应分得的联营利润直接从联营单位提现，放入“小金库”以备用于职工超过定额的工资及奖金

续表

舞弊行为	案 例
虚转成本，调整利润	有的企业管理混乱，财务部门受领导旨意，人为地增加或减少销售成本，造成利润虚增或虚减。财务管理制度不健全，不设库存账，每笔业务和成本结构结转都是通过计划利润来作相应的调整
没收财产损失，计入当年损益	企业被没收的财物损失，支付的各种罚没资金，应在税后利润中列支。有的企业为了少缴所得税，将被没收的财物损失直接计入了“营业外支出”，按年终实现的利润总额计缴所得税
转移正常停工损失，计入营业外支出	按规定，由于自然灾害造成的非正常损失及非正常停工损失，应计入“营业外支出”。但有的企业为了控制利润水平，延期缴纳所得税，便将正常的停工损失也计入“营业外支出”
提前报废固定资产，调整当年利润	固定资产盘亏、报废、毁损和出售的净损失，均应列作营业外支出。有些企业为了调整当年利润和少缴所得税，将部分固定资产提前报废处理

本章实操要点

本章对财务工作中能够产生的相关舞弊行为进行了分类总结，共分为了6类，包括通过发票、收据等进行的舞弊行为，利用报销制度的漏洞进行的舞弊行为，在资产业务中进行的舞弊行为，在负债业务中进行的舞弊行为，在所有者权益业务中进行的舞弊行为，在收入、成本、利润业务中进行的舞弊行为。查账人员应该熟悉不同会计科目所能发生的舞弊行为，才能对症下药，快速有效地进行查账。

第三十三章

会计基础工作中常见错弊及查证

——见微知著　防患未然

本章导读

“千里之堤，溃于蚁穴”，很多会计错弊行为并不需要很高的技术性，而只是抓住了诸如做凭证、记账，开发票等基础工作的漏洞就造成重大的会计舞弊行为。因此，了解学习会计基础工作中的错弊行为及其查证要领，是做好查账工作的第一步。

在本章的学习中，我们将解决读者的以下问题：

（1）会计凭证有哪些常见的错弊，如何查证？

（2）会计账簿有哪些常见的错弊，如何查证？

（3）会计报表有哪些常见的错弊，如何查证？

（4）会计档案保管中有哪些常见的错弊，如何查证？

33.1　会计凭证的常见错弊及查证

33.1.1　会计凭证的意义和种类

（1）会计凭证的意义

会计凭证是记录经济业务发生和完成情况的书面证明，也是登记账簿的依据，如图 33-1 所示。

任何单位在处理任何经济业务时，都必须由执行和完成该项经济业务的有关人员从单位外部取得或自行填制有关凭证，以书面形式记录和证明所发生经济业务的性质、内容、数量、金额等，并在凭证上签名或盖章，以对经济业务的合法性和凭证的真实性、完整性负责。任何会计凭证都必须经过有关人员的严格审核并确认无误后，才能作为记账的依据。合法地取得、正确地填制和审核会计凭证，是会计核算的基本方法之一，也是会计核算工作的起点，在会计核算中具有重要意义。

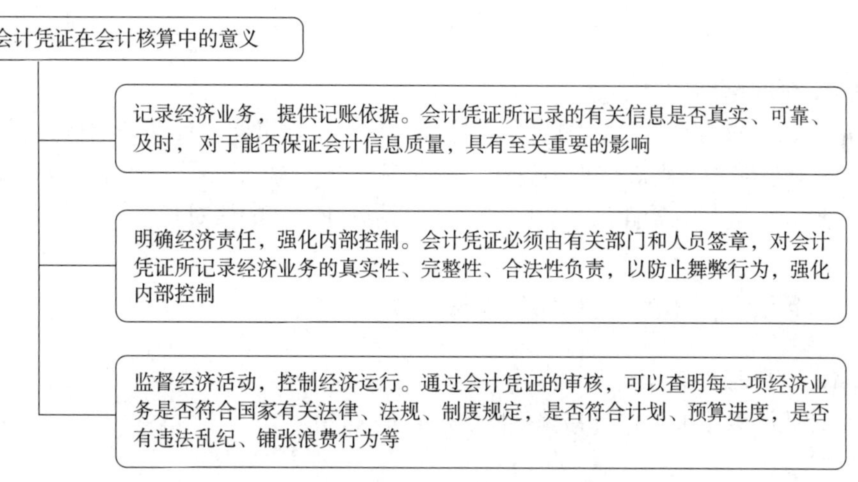

图 33-1　会计凭证在会计核算中的意义

（2）会计凭证的种类

如图 33-2 所示，会计凭证按照编制的程序和用途不同，分为原始凭证和记账凭证两类。

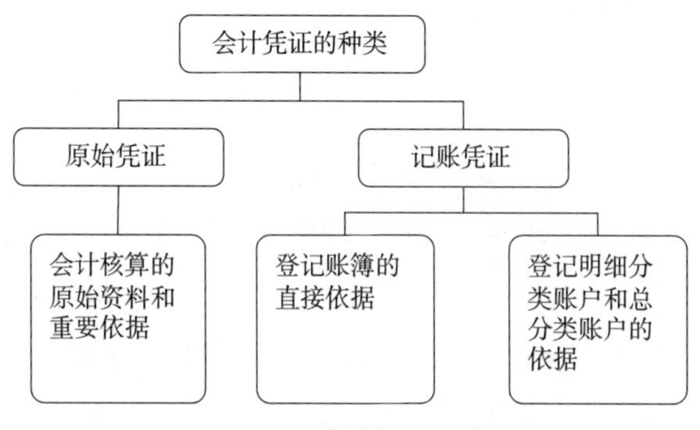

图 33-2　会计凭证的种类

33.1.2　会计凭证名称错弊与查证

（1）常见错弊

会计凭证名称常见错弊如图 33-3 所示。

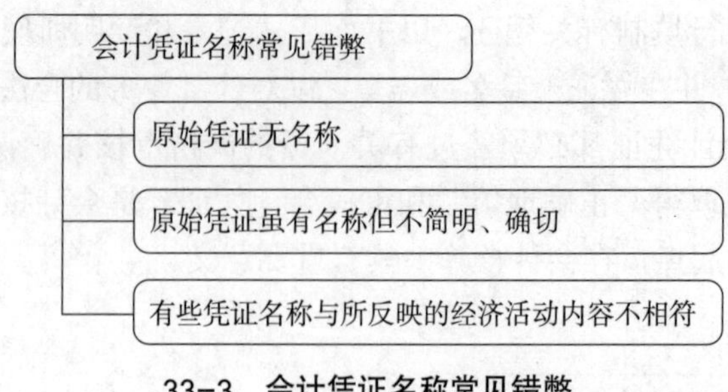

33-3　会计凭证名称常见错弊

（2）查证措施

审阅、审核会计凭证。如属会计错误，只需通过审阅会计凭证的名称便可发现问题；如属会计弊端，则需在审阅凭证名称发现疑点后进行名称与所反映经济业务内容的分析、比较，进行原始凭证与记账凭证或原始凭证之间的核对。

33.1.3　会计凭证数字书写错弊与查证

（1）常见错弊

会计凭证数字书写常见错弊如图 33-4 所示。

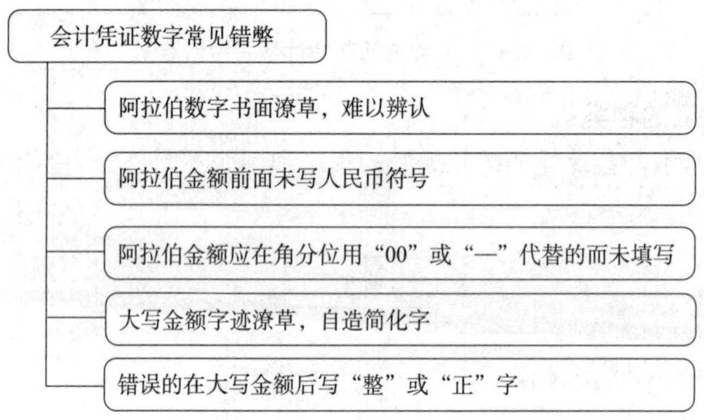

图 33-4　会计凭证数字书写常见错弊

（2）查证措施

① 审阅会计凭证或有重点地抽出一部分会计凭证进行审阅，看其在数字书写上是否符合规定，如有不符合规范之处，应对其进一步查证。

② 若是一般性的会计错误，通过向有关当事人（如制证人员）调查询问便可，若是会计弊端，还应通过进行账证、证证、账实等方面的核对，对有关问题进行鉴定、分析。

③ 对于在数字前后添加数字进行贪污的问题，需要对所发现的有添加数字的痕迹进行技术鉴定。

33.1.4　会计凭证编号错弊与查证

（1）常见错弊

会计凭证编号常见错弊如图 33-5 所示。

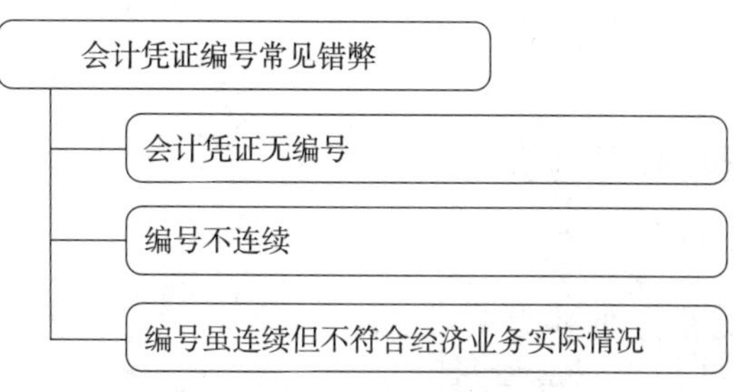

图 33-5　会计凭证编号常见错弊

（2）查证措施

① 确定号码应连续的会计凭证的范围。

② 根据查账工作需要或工作计划，将对应号码连续的会计凭证找出、检查、核对其有无编号、编号是否连续。

③ 注意查找在不同时间接受某单位的若干张号码的有关原始凭证。

33.1.5　会计凭证摘要错弊与查证

（1）常见错弊

会计凭证摘要常见错弊如图 33-6 所示。

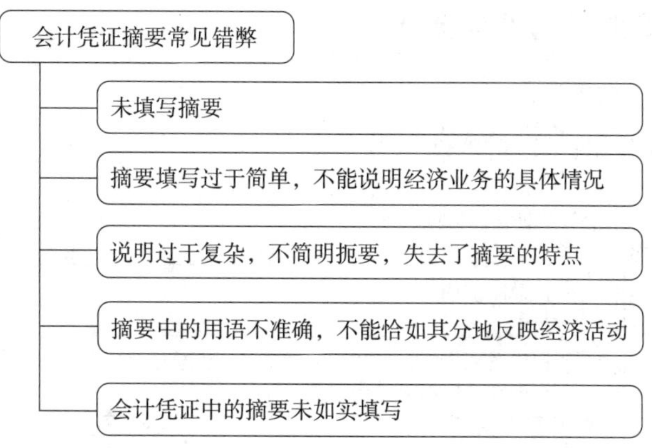

图 33-6　会计凭证摘要常见错弊

（2）查证措施

① 审阅会计凭证中的数量、单价、金额及其他有关内容，检查其摘要的填写是否简明扼要、清楚，有无过于简单或过于复杂的问题。

② 审阅会计凭证中的“摘要”栏，了解其有无未填列摘要的情况。若有，应对过去一年（或更长时间）的会计凭证进行详细审阅，找出所有的未列示摘要的会计凭证，

然后，对这类凭证进行账证、证证、账实核对，调查询问有关情况，结合凭证中其他内容进行综合分析，来查明这类凭证所反映的经济业务是否真实、正确，未写摘要系会计舞弊行为，还是工作马虎、内控制度不健全所致。

③ 根据会计凭证上所注明的填制单位、日期、凭证名称及其他内容，分析判断凭证上的摘要内容与实际经济业务是否相符。

33.1.6 会计凭证日期错弊与查证

（1）常见错弊

会计凭证日期常见错弊如图 33-7 所示。

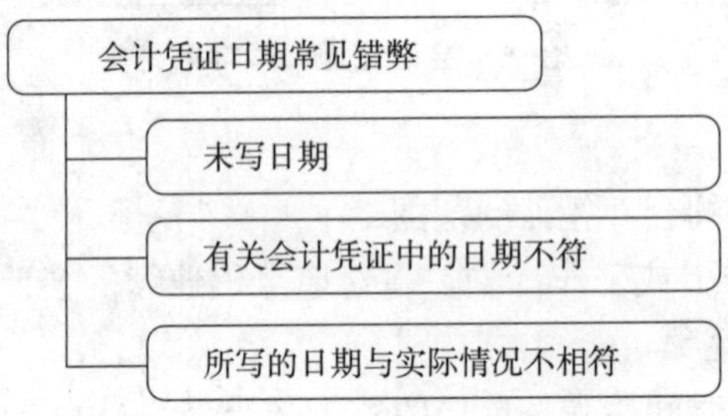

图 33-7 会计凭证日期常见错弊

（2）查证措施

运用审阅法和核对法，检查会计凭证中有无制证或签发日期，所标日期与实际情况是否相符，有关会计凭证中的日期是否相符、衔接一致。

33.1.7 会计凭证汇总错弊与查证

（1）常见错弊

会计凭证汇总常见错弊如图 33-8 所示。

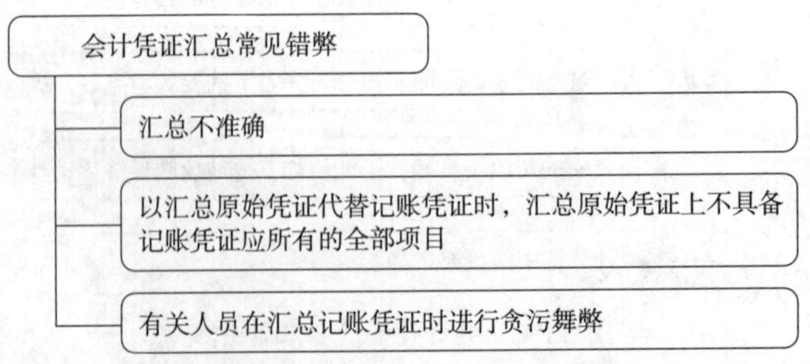

图 33-8 会计凭证汇总常见错弊

（2）查证措施

① 运用审阅法，检查汇总会计凭证的项目是否齐全。

② 运用复核法和核对法，检查汇总会计凭证上的金额及其他有关项目与所依据的原始凭证或记账凭证上的金额及其他有关项目是否相符。

③ 对于多汇总和少汇总的会计弊端，应重视审阅、核对、复核收款凭证和付款凭证及其所附的原始凭证。

33.1.8　会计凭证格式错弊与查证

（1）常见错弊

会计凭证格式的常见错弊如图 33-9 所示。

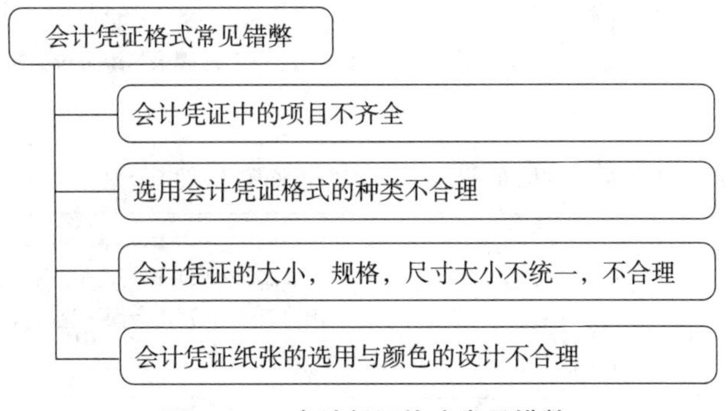

图 33-9　会计凭证格式常见错弊

（2）查证措施

① 分析研究本单位的会计核算与管理对会计凭证格式的要求与需要。

② 针对本单位实际设计、运用的会计凭证的格式，查核确定问题存在与否及其具体形态。

33.2　会计账簿的常见错弊及查证

33.2.1　会计账簿的意义和种类

（1）会计账簿的意义

会计账簿（简称账簿）是指由一定格式账页组成的，以会计凭证为依据，全面、系统、连续地记录各项经济业务的簿籍。如图 33-10 所示，设置和登记账簿，是编制会计报表的基础，是连接会计凭证与会计报表的中间环节，在会计核算中具有重要意义。

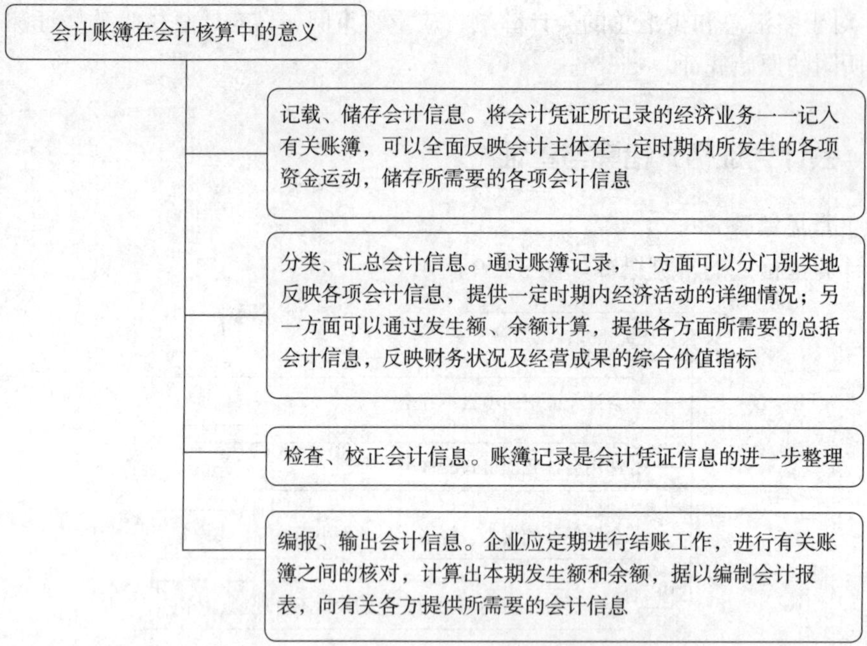

图 33-10　会计账簿在会计核算中的意义

（2）账簿的种类

账簿可以按其用途、账页格式和外型特征等不同标准进行分类。如图 33-11 所示，最常见的分类方法是按账簿用途的不同，将账簿划分为序时账簿、分类账簿和备查账簿三类。

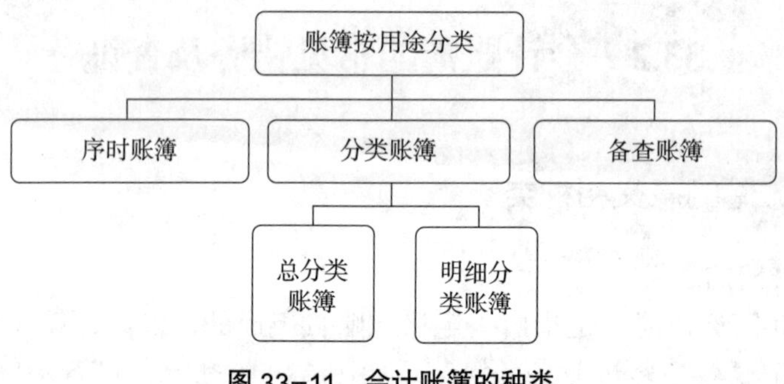

图 33-11　会计账簿的种类

33.2.2　会计账簿启用中的常见错弊及查证

（1）常见错弊

会计账簿启用中的常见错弊及查证如图 33-12 所示。

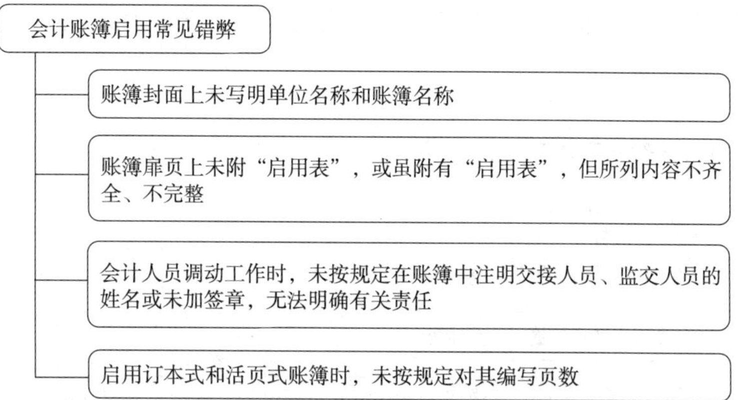

图 33-12 会计账簿启用常见错弊

（2）查证措施

① 审阅每个账簿中的扉页记录和账簿中所有账页的页数编写情况。

② 如属疑点，可进一步询问有关当事人。

③ 在审阅、核对、复核其他有关会计人员的基础上做好调整工作。

33.2.3 会计账簿登记错弊与查证

（1）常见错弊

会计账簿登记中的常见错弊如图 33-13 所示。

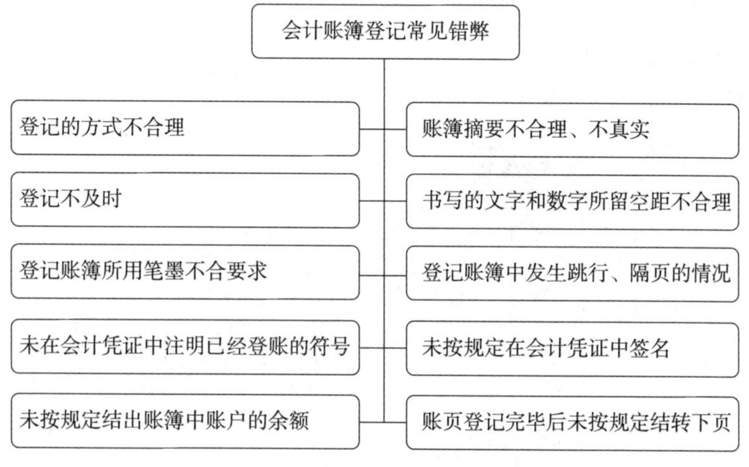

图 33-13 会计账簿登记常见错弊

（2）查证措施

① 审阅会计账簿的登记内容，检查其有无未按规定进行登记的问题，如检查其登记账簿是否按规定使用所允许使用的笔墨，登记账簿有无跳行、隔页的情况。

② 审阅会计凭证上签章在“过账”或“页数”栏中的所作标记，检查其账簿登记完毕后，是否在合计凭证上签章和“过账”或“页数”栏是否做出已记账的标志。

③ 核对账证记录，检查账簿是否根据审核无误的会计凭证登记的，有无账证不符的问题。

33.2.4 会计账簿更正错弊与查证

（1）常见错弊

会计账簿更正中的常见错弊如图 33-14 所示。

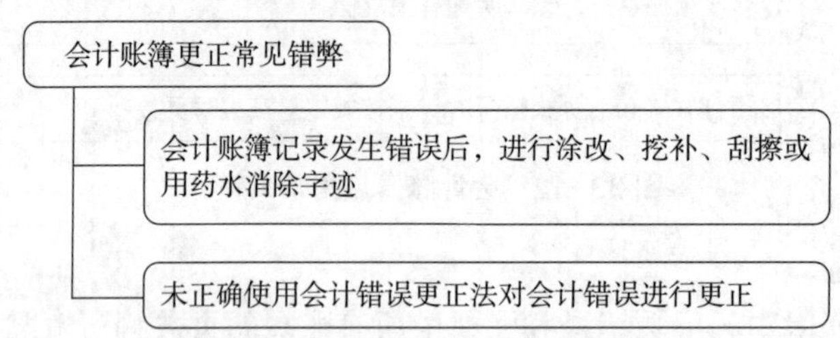

图 33-14 会计账簿更正常见错弊

（2）查证措施

① 审阅账簿中的更正记录。

② 对于未正确使用会计错误更正方法的问题，需要审阅更正错误的会计凭证，并通过账证核对查证问题。

33.2.5 会计结账错弊与查证

（1）常见错弊

会计结账中的常见错弊如图 33-15 所示。

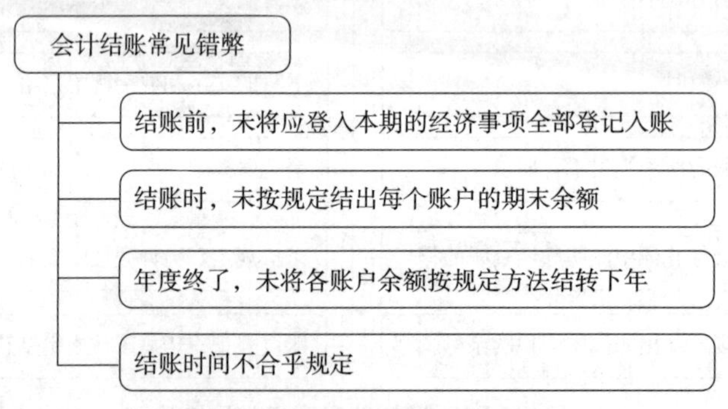

图 33-15 会计结账常见错弊

（2）查证措施

① 审阅账簿结账记录，检查其结账时是否在账户摘要中注明了适当内容，如“本月合计”、“本年累计”、“结转下年”和“上年结转”等；是否在“本月合计”和“本年累计”下面划了单线或双线，是否按规定的时间进行结账等。

② 进行账账、账证核对，并结合审阅、分析、检查其他会计资料及有关经济活动

资料，调查询问有关实际情况，查阅结账前未将应记入本期的经济业务全部登计入账的会计舞弊行为。

33.2.6　会计账簿设计和设置错弊与查证

（1）常见错弊

会计账簿设计与设置中的常见错弊如图 33-16 所示。

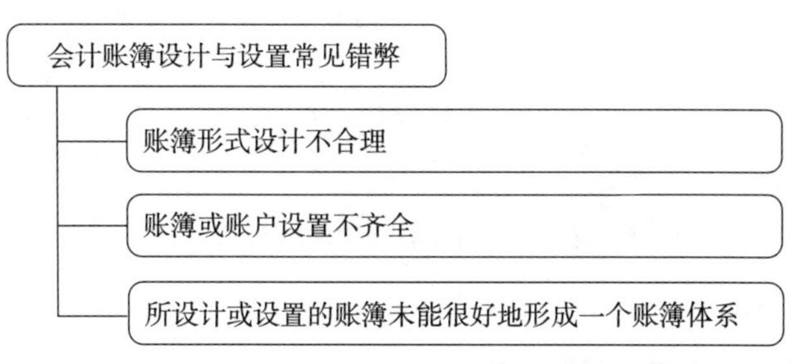

图 33-16　会计账簿设计和设置常见错弊

（2）查证措施

① 运用审阅法，了解本单位所设计与设置账簿的实际情况。

② 将本单位实际设计与设置的会计账簿与实际具体情况和所应设计、设置的会计账簿进行对照比较，发现其是否有账簿设计与设置上的不合理、不恰当的地方。

33.3　会计报表错弊与查证

33.3.1　会计报表概述

（1）什么是会计报表

会计报表是以日常核算资料为主要依据编制的，用来集中反映各单位一定时期的财务状况、经营成果以及成本费用情况的一系列表式报告。如图 33-17 所示，按照我国当前法规的规定，会计报表指资产负债表、利润表、现金流量表和会计报表附注以及相关附表。

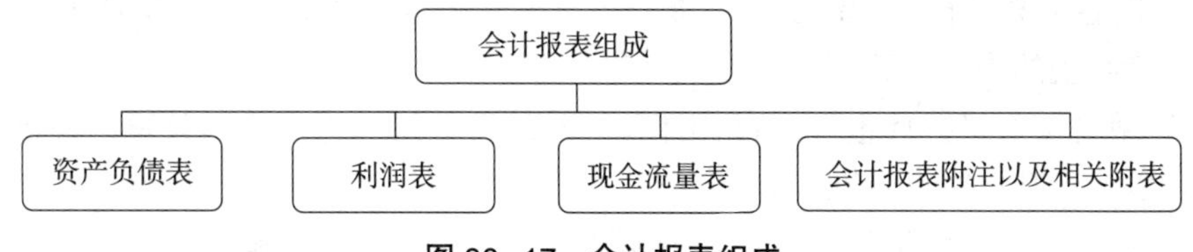

图 33-17　会计报表组成

（2）会计报表的作用

会计报表就像一面镜子，从中可以看到各单位的财务状况和经营全貌，为实施经营管理和进行相关决策提供丰富的会计信息。

具体说来，会计报表的作用主要体现在如图 33-18 所示的几个方面。

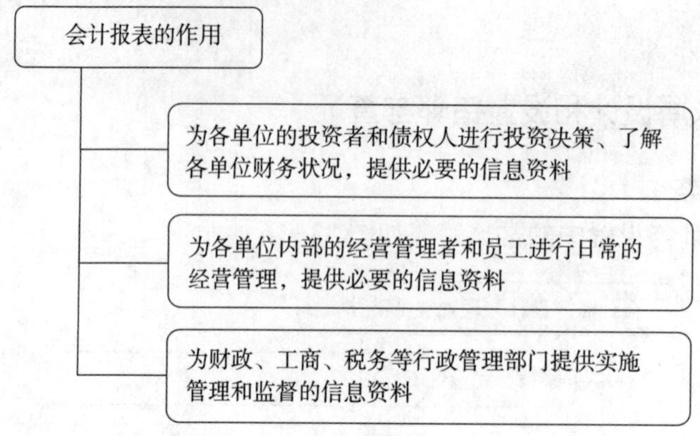

图 33-18　会计报表的作用

33.3.2　会计报表编制中的错弊与查证

（1）常见错弊

会计报表编制中的错弊主要如图 33-19 所示。

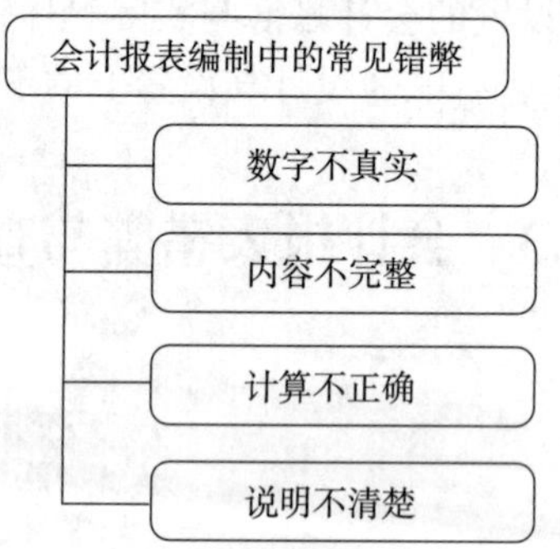

图 33-19　会计报表编制中的常见错弊

（2）查证措施

① 运用核对法，将会计报表中的有关数字与有关账簿或其他方面的数字相核对，以检查其是否相符、真实。

② 审阅各种会计报表的留底，调查分析有关经济活动情况，结合审阅其账簿记录，检查其会计报表的内容是否齐全、完整。

③ 运用复核法将会计报表中存在计算关系的有关指标进行重新计算，并进行二者的核对，以检查其计算是否准确。

④ 审阅检查对会计报表的说明，分析其说明是否清楚、准确，有无未加说明造成会计报表内容不完整的问题。

33.3.3　会计报表勾稽错弊与查证

（1）常见错弊

会计报表勾稽中的常见错弊如图 33-20 所示。

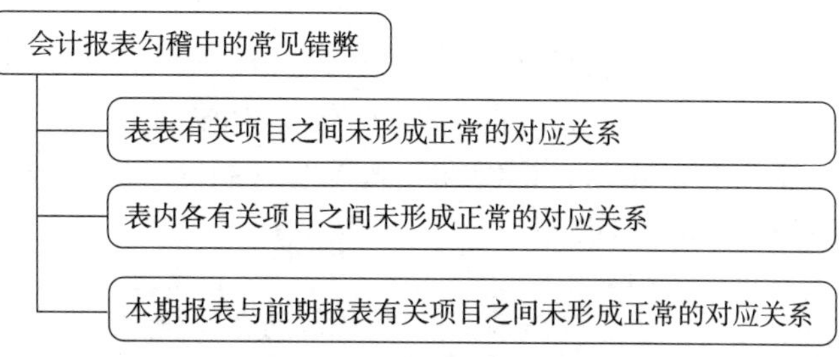

图 33-20　会计报表勾稽中的常见错弊

（2）查证措施

运用分析法、核对法来查证，即将存在对应关系的各报表、本期报表与上期报表、某种报表内部各项目金额进行核对，检查其是否相符。

33.3.4　会计报表分析中的错弊与查证

（1）常见错弊

会计报表分析中的常见错弊如图 33-21 所示。

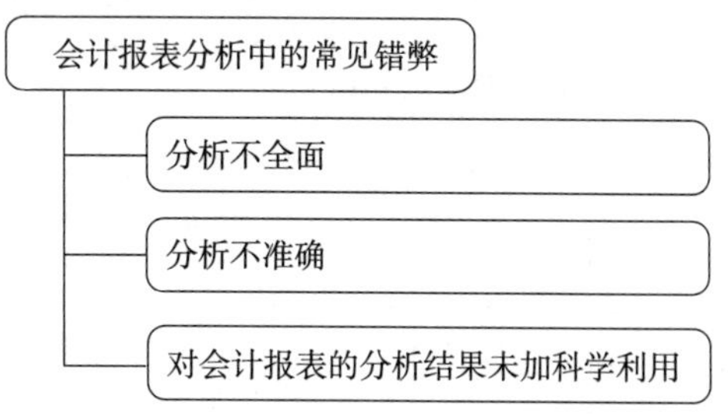

图 33-21　会计报表分析中的常见错弊

（2）查证措施

① 审阅所作的会计报表分析。

② 审阅有关账簿记录，调查分析在特定的时间内的有关经济业务。

③ 在综合对比的基础上，检查其对会计报表分析得是否全面、准确，对全面、准确分析会计报表所作的结果与结论加以科学地利用或运用等。

33.4 会计档案保管中常见错弊及查证

33.4.1 会计档案的保管

会计档案是指会计凭证、会计账簿和财务会计报告等会计核算的专业材料，它是记录和反映经济业务的重要史料和证据。各单位必须加强对会计档案管理工作的领导，建立和健全会计档案归档、保管、调阅和销毁等管理制度，管好会计档案。会计档案保管中的常见错弊如图 33-22 所示。

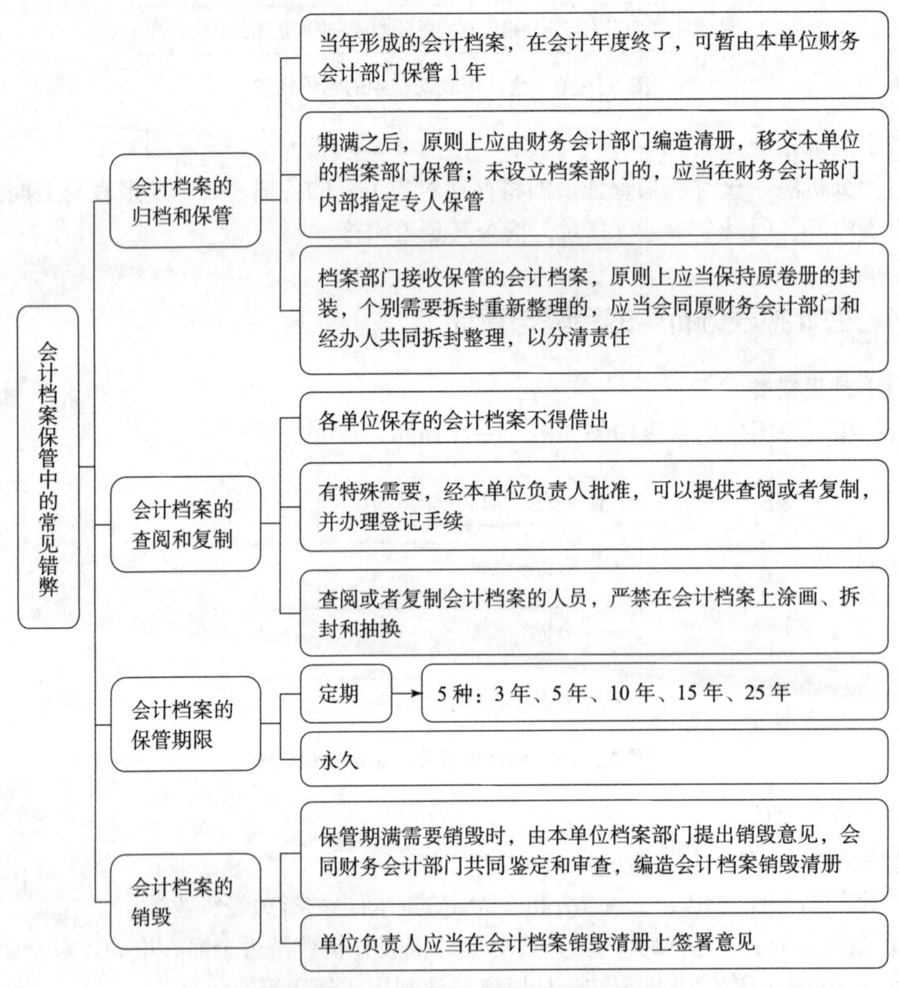

图 33-22 会计档案保管中的常见错弊

33.4.2 会计档案建档时常见的错弊及查证

(1) 常见错弊

会计档案建档时常见的错弊如图 33-23 所示。

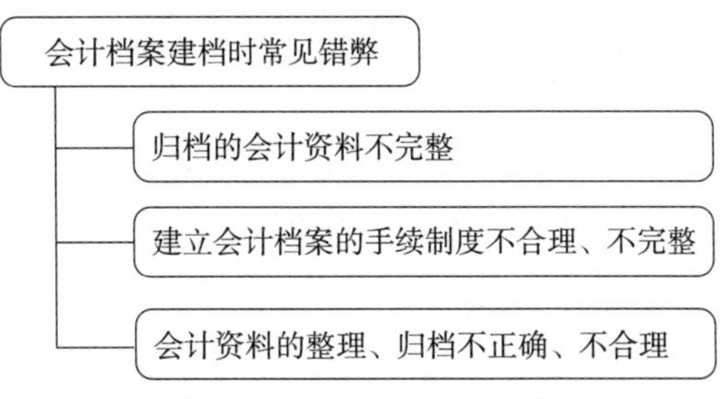

图 33-23　会计档案建档时常见错弊

（2）查证措施

① 审阅财务会计部门或档案部门保管的会计档案，检查其内容是否完整、齐全，有无遗漏有关会计资料的问题。

② 审阅会计档案并调查询问财务会计部门和档案部门及其他有关部门的有关人员，检查其建立会计档案的手续制度是否健全、合理与有效，有无因手续制度不健全、不合理而给会计档案建立以至管理工作造成不良影响的问题。

③ 审阅会计档案，检查其在建立时进行的会计资料整理、分类、装订工作是否正确、合理。

33.4.3　会计档案保管的错弊与查证

（1）常见错弊

会计档案保管中的常见错弊如图 33-24 所示。

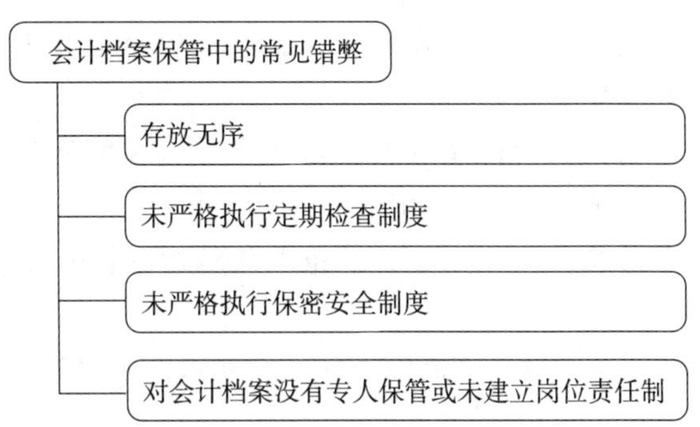

图 33-24　会计档案保管中的常见错弊

（2）查证措施

① 审阅有关部门保管的会计档案，检查其存放是否有序，有无随意堆放，给会计档案利用造成不便的问题。

② 通过调查询问和实地观察，检查有关部门是否严格执行了对会计档案进行定期检查的制度和安全保密制度，有无由于未执行这些制度而造成有关损失的问题；是否设专人对会计档案进行管理并对其建立合理的岗位责任制等。

33.4.4 会计档案处理中常见的错弊及查证

（1）常见错弊

会计档案处理中常见的错弊如图 33-25 所示。

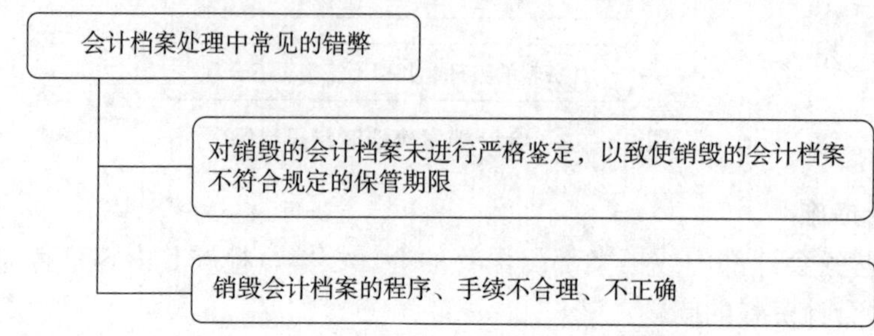

图 33-25 会计档案处理中常见的错弊

（2）查证措施

运用调查询问和分析的方法，因为此时销毁的会计档案已不复存在，无法对其实施直接的审阅、鉴定等。

本章实操要点

（1）会计凭证、会计账簿、会计报表以及会计档案是记录和保存会计信息的实物载体，以上述载体作为对象产生的会计错弊是简单易操作的，因而非常常见。所以执行查账程序时，查验会计凭证、账簿等的错弊是起点。

（2）检查会计凭证的错弊时，主要检查凭证是否按照标准正确填制，格式、内容以及汇总是否有问题等方面。

（3）检查会计账簿的错弊时，重点关注会计账簿的编制是否完整、登记的内容是否合规、更正是否符合标准、结账是否正确等方面。

（4）检查会计报表的错弊时，主要关注报表的编制、报表之间的勾稽关系以及报表的分析是否合理。

（5）检查会计档案的错弊时，重点检查保存和销毁是否存在错弊行为。

读者意见反馈表

亲爱的读者：

感谢您对中国铁道出版社有限公司的支持，您的建议是我们不断改进工作的信息来源，您的需求是我们不断开拓创新的基础。为了更好地服务读者，出版更多的精品图书，希望您能在百忙之中抽出时间填写这份意见反馈表发给我们。随书纸制表格请在填好后剪下寄到：北京市西城区右安门西街8号中国铁道出版社有限公司大众出版中心 王佩 收（邮编：100054）。此外，读者也可以直接通过电子邮件把意见反馈给我们，E-mail地址是：505733396@qq.com。我们将选出意见中肯的热心读者，赠送本社的其他图书作为奖励。同时，我们将充分考虑您的意见和建议，并尽可能地给您满意的答复。谢谢！

所购书名：______________________

个人资料：

姓名：__________ 性别：________ 年龄：________ 文化程度：______________

职业：________________ 电话：______________ E-mail：________________

通信地址：________________________________ 邮编：______________

您是如何得知本书的：

□书店宣传 □网络宣传 □展会促销 □出版社图书目录 □老师指定 □杂志、报纸等的介绍 □别人推荐

□其他（请指明）______________________

您从何处得到本书的：

□书店 □邮购 □商场、超市等卖场 □图书销售的网站 □培训学校 □其他

影响您购买本书的因素（可多选）：

□内容实用 □价格合理 □装帧设计精美 □带多媒体教学光盘 □优惠促销 □书评广告 □出版社知名度

□作者名气 □工作、生活和学习的需要 □其他

您对本书封面设计的满意程度：

□很满意 □比较满意 □一般 □不满意 □改进建议

您对本书的总体满意程度：

从文字的角度 □很满意 □比较满意 □一般 □不满意

从技术的角度 □很满意 □比较满意 □一般 □不满意

您希望书中图的比例是多少：

□少量的图片辅以大量的文字 □图文比例相当 □大量的图片辅以少量的文字

您希望本书的定价是多少：

本书最令您满意的是：

1.

2.

您在使用本书时遇到哪些困难：

1.

2.

您希望本书在哪些方面进行改进：

1.

2.

您需要购买哪些方面的图书？对我社现有图书有什么好的建议？

您更喜欢阅读哪些类型和层次的书籍（可多选）？

□入门类 □精通类 □综合类 □问答类 □图解类 □查询手册类

您在学习计算机的过程中有什么困难？

您的其他要求：